Drucksachen des DJT. 1914.

Verhandlungen

des

Zweiunddreißigsten

Deutschen Juristentages.

(Düsseldorf.)

Herausgegeben

von

dem Schriftführer-Amt der ständigen Deputation.

Erster Band (zweite Lieferung).

(Gutachten.)

Berlin 1914.

Kommissions-Verlag von J. Guttentag, Verlagsbuchhandlung,

G. m. b. H.

VIII.

Gutachten des Herrn Professor Dr. jur. Fritz Fleiner, Heidelberg

über die Frage:

Wie ist der akademische Unterricht im Verwaltungsrecht zweckmäßig zu gestalten?

Innere und äußere Gründe haben dazu geführt, daß im akademischen Unterricht neben der ehemals einheitlichen Vorlesung über Deutsches Reichs- und Landesstaatsrecht eine besondere Vorlesung über Deutsches Verwaltungsrecht eingerichtet worden ist. Während die staatsrechtliche Vorlesung den Hauptakzent auf das Verfassungsrecht und auf die Organisation des Staates und seine Funktionen legt, bildet andrerseits den Stoff der verwaltungsrechtlichen Vorlesung das für die Tätigkeit der Verwaltungsbehörden in Staat und Kommunen maßgebende materielle Recht. Seinem Ursprung nach ist es teils Reichs-, teils Landesrecht. Der äußere Anlaß zu dieser Spaltung der „staatsrechtlichen" Vorlesung ist der Wunsch gewesen, den mächtig angeschwollenen Stoff auf zwei Vorlesungen zu verteilen, um so für die Darstellung jedes dieser beiden Teile mehr Zeit zu gewinnen. Allein viel wichtiger für diese Abschichtung ist ein innerer Grund geworden: der Selbständigkeit, zu der im Laufe der Jahre die verwaltungsrechtliche Disziplin emporgewachsen ist, hat auch der akademische Unterricht Rechnung tragen müssen. Die Literatur hatte diese Selbständigkeit vorbereitet, aber erst die Rechtsprechung der deutschen Verwaltungsgerichte hat vollends gezeigt, welche Fülle eigenartiger Gedanken und Probleme das deutsche Verwaltungsrecht in sich birgt.

Der Stoff, den die verwaltungsrechtliche Vorlesung zu bemeistern hat, ist in einer schier unübersehbaren Menge von Einzelgesetzen und Verordnungen des Reichs und der Bundesstaaten zerstreut. Es liegt deshalb nahe, ihn auch im akademischen Unterricht nach der Methode der Verwaltungslehre zu behandeln, d. h. eine Beschreibung der einzelnen Verwaltungszweige zu bieten, bei der es in erster Linie darauf abgesehen ist, darzulegen, welche Gründe den Gesetzgeber zu einer bestimmten Art der positiven Regelung veranlaßt haben. Da das Juristische bei dieser Betrachtungsweise nur einen Faktor neben wirtschaftlichen, politischen und anderen Elementen bildet, so ist die Verwaltungslehre — und sie will es nicht sein — keine Methode für die juristische Schulung. Verwaltungslehre kann deshalb im akademischen Unterricht niemals als Ersatz für das Kolleg über Verwaltungsrecht gelten; sie kann nur als eventuelle Ergänzung einer Verwaltungsrechts-Vorlesung in Betracht fallen. Anders verhält es sich mit der sogen. staatswissenschaftlichen Methode; diese verlegt das Schwergewicht in die sorgfältige Darlegung der Verwaltungsorganisation und der Gebiete, auf welche sich die Verwaltungstätigkeit erstreckt (Verwaltungszweige) und der für sie geltenden positiven Rechtsvorschriften und gibt dadurch eingehende Kunde über den positiven Inhalt der Gesetze; der Allgemeine Teil tritt demgegenüber zurück, er beschränkt sich auf die Darstellung weniger Fragen (Wesen des Verwaltungsrechts, Trennung der Gewalten, Rechtsschutz und dergl.). Allein die Aufgabe, die sich eine wissenschaftlich-literarische Darstellung gesteckt hat, braucht nicht notwendig auch das Ziel für den Unterricht in dieser Disziplin zu sein. Dazu kommt, daß die staatswissenschaftliche Methode nach ihrer ganzen Anlage das Gewicht mehr auf die Gesetzeskunde, als auf die Herausarbeitung allgemeiner Grundanschauungen legt und daher auch wissenschaftlich nicht der verwaltungsrechtlichen Weisheit letzten Schluß enthält.

Nun besteht aber die Aufgabe der verwaltungsrechtlichen Vorlesung gerade darin, in der Fülle des Stoffes (des Gesetzesmaterials) die leitenden Ideen, die juristischen Begriffe aufzusuchen. In den verschiedenen deutschen Gliedstaaten und im Reiche hat sich das Recht des Beamtenstaats im großen und ganzen nach übereinstimmenden, einheitlichen Anschauungen entwickelt. Diese haben im positiven Reichs- und Landesrecht praktische Gestalt gewonnen. Diese Begriffe dem Studenten zu vermitteln und ihre von der Norm abweichenden Spielarten in einzelnen Landesrechten darzulegen, das muß die Hauptaufgabe des verwaltungsrechtlichen Unterrichts sein. Insoweit deckt sie sich mit den Zielen der neuesten Bestrebungen der Verwaltungsrechtswissenschaft, der sogenannten juristischen Methode; ich brauche nur an die grundlegenden Werke von F. F. Mayer und von

Otto Mayer zu erinnern. Auf diese Weise erreichen wir, schon rein äußerlich betrachtet, eine große Vereinfachung des Stoffes; das Verwaltungsrecht hört auf, eine Gedächtniskunst zu sein. Vor allem aber rüsten wir dadurch den Studierenden mit der Fähigkeit aus, in jeder positiven Gesetzgebung die verwaltungsrechtlichen Begriffe wiederzuerkennen und so das geltende Recht geistig zu beherrschen und in sich aufzunehmen. Wir setzen ihn aber ferner dadurch in den Stand, sich später in der Praxis mit Leichtigkeit in jedem neuen Gesetz zurecht zu finden und in den zahllosen Einzelvorschriften die leitenden Sätze zu erkennen, auf deren Verwirklichung es der Gesetzgeber in erster Linie abgesehen hat. Endlich aber erziehen wir in ihm auf diesem Wege das Talent, für einen gesetzlich noch nicht geordneten Tatbestand aus den obersten Prinzipien des Rechtsstaats den maßgebenden Rechtssatz abzuleiten. Man wende nicht ein, ein derartiges Begreifen der Rechtsbegriffe setze eine Kenntnis der Verwaltungstechnik voraus, wie sie dem Studierenden nicht zu Gebote stehe. Die Formen und Bedürfnisse der Verwaltung sind für den Studierenden nicht schwerer verständlich als z. B. die des Handelsrechts oder des Prozeßrechts. Denn ich setze als selbstverständlich voraus, daß auch in der verwaltungsrechtlichen Vorlesung sorgfältig dargelegt wird, welchen Zwecken die erörterten Rechtssätze dienen, und da hält es nicht schwerer, den Zuhörern eine Vorstellung von den juristischen Problemen zu vermitteln, die bei der Errichtung einer öffentlichen Anstalt (Wasserversorgung, Eisenbahn usw.) oder eines öffentlichen Weges entstehen, als ihnen das Verständnis für die Tragweite prozeßrechtlicher Vorschriften und dergl. beizubringen. Den Mittelpunkt des verwaltungsrechtlichen Universitätsunterrichts muß deshalb die allgemeine Vorlesung über „Deutsches Verwaltungsrecht" bilden, die gemäß dem vorstehenden Vorschlag die Zuhörer mit den allgemeinen verwaltungsrechtlichen Begriffen und Rechtsproblemen bekannt macht; ihr soll eine Semestervorlesung von 4—5 Wochenstunden eingeräumt werden. Sie ist vom Studierenden erst in der zweiten Hälfte seiner Studienzeit, jedenfalls erst nach den Vorlesungen über Reichs- und Landesstaatsrecht und Zivilprozeß zu hören. In dieser Vorlesung sind die gemeinsamen im Reichsrecht und Landesrecht ausgeprägten Grundsätze des deutschen Verwaltungsrechts darzustellen. Ob diese Vorlesung noch Raum genug bietet für die Erörterung des Partikularrechts des Staats, dem die einzelne Universität angehört, ist eine Frage der äußeren Einrichtung. In der Regel wird die allgemeine Vorlesung eine Ergänzung durch eine kürzere Spezialvorlesung über das Verwaltungsrecht des betreffenden Bundesstaates erhalten müssen, die die Kenntnis der allgemeinen Begriffe voraussetzen und sich daher im wesentlichen auf die Besprechung darüber beschränken darf, welche positive Ausgestaltung die partikularrechtlichen Institutionen empfangen haben. Für unerläßlich halten wir es ferner, daß die Sozialversicherung in einer getrennten Spezialvorlesung behandelt wird. Die allgemeine Vorlesung über Deutsches Verwaltungsrecht hat selbstverständlich das Recht der Arbeiterversicherung vielfach zu berücksichtigen; aber eine zusammenfassende Behandlung, die der tiefgehenden praktischen Bedeutung der Reichsversicherungsordnung nach allen Seiten gerecht wird, vermag hier nur das Spezialkolleg zu bieten; im Rahmen der allgemeinen Vorlesung fehlt die erforderliche Zeit.

In der allgemeinen Vorlesung über Deutsches Verwaltungsrecht muß das Schwergewicht auf die allgemeinen Lehren gelegt werden: Begriff der Verwaltung; Trennung von Justiz und Verwaltung; Quellen des Verwaltungsrechts; Grundverhältnis zwischen Staat und Bürger und hier insbesondere die Lehre von den Verfügungen; Rechtsschutz; die typischen Erscheinungen der Verwaltungsorganisation u. a. m. Mit dem Material, das der Dozent in den Gesetzen und Verordnungen des Staats und der Kommunen vorfindet, soll er vor den Zuhörern sein Gebäude aufbauen und so die Studierenden auf Schritt und Tritt an der Arbeit des Findens und Einordnens teilnehmen lassen. Auf diese Weise allein vermag er in ihnen die unerläßlichste juristische Tugend zu wecken, die eigene Anschauung. Keiner besonderen Hervorhebung bedarf es, wie erheblich die Erreichung dieses Zieles gefördert wird durch eine ausgiebige Anführung von Beispielen aus der Praxis der Verwaltungsbehörden und Verwaltungsgerichte. Ein gut gewähltes Beispiel macht häufig eine lange theoretische Auseinandersetzung überflüssig. — Bei der Ausgestaltung des „Besonderen Teils" wird m. E. der Umstand besonders wichtig, daß die verwaltungsrechtliche Vorlesung nicht eine Sammlung von Tatsachen und Gesetzesmaterial zu geben, sondern aus diesem Stoff die juristisch gemeinsamen Begriffe und Institute herauszuschälen hat. In dieser Erwägung ist gerade hier der pädagogische Vorzug der juristischen gegenüber der staatswissenschaftlichen Methode begründet. Indem wir z. B. den Studierenden mit der Funktion bekannt machen, die der Polizeierlaubnis oder der echten Konzession in der Reichs- und Landesgesetzgebung zukommt, haben wir, was innerlich, juristisch zusammengehört, auch im System der Vorlesung als einheitliche Erscheinung behandelt und damit Lehrer und Schüler von der ermüdenden Pflicht befreit, unter verschiedenen Titeln (Baupolizei, Gewerbepolizei u. s. f.) immer wieder dieselben Rechtsgrundsätze wiederholen zu müssen. Diese

Art des Unterrichts bietet dem Dozenten aber auch die Gelegenheit zu näherem Eingehen auf wissenschaftlich oder praktisch besonders bedeutungsvolle Verwaltungszweige oder auf Einzelfragen. So finden die Hauptgrundsätze des deutschen Gewerbepolizei- oder des Baupolizeirechts ihren Platz im Rahmen der Lehre von der Polizeigewalt; die öffentlich-rechtliche Stellung der Eisenbahnen wird sachgemäß im Anschluß an die Lehre von den öffentlichen Anstalten und Konzessionen behandelt, und das Verbot der Doppelbesteuerung im Zusammenhang mit der Lehre vom Steuerdomizil u. s. f. Bei einer Anzahl von Erscheinungen läßt sich wegen ihrer engen Verbindung mit verfassungsrechtlichen Instituten darüber streiten, ob sie zweckmäßiger in der staatsrechtlichen oder aber in der verwaltungsrechtlichen Vorlesung behandelt werden; es sei nur an die Lehre vom Unterstützungswohnsitz erinnert. Hier handelt es sich jedoch nicht um wissenschaftliche Prinzipienfragen, und darum dürfen bei der Entscheidung solcher Kompetenzkonflikte pädagogische Rücksichten und Zweckmäßigkeitserwägungen den Ausschlag geben. Von den wissenschaftlichen Neigungen des einzelnen Lehrers hängt es ferner ab, ob er eine in der allgemeinen Vorlesung in den Grundzügen dargestellte Lehre in einer Spezialvorlesung für Vorgerücktere und Praktiker wissenschaftlich weiter ausbauen und vertiefen will; ich denke da besonders an die Einführung von Spezialkollegien über Finanzrecht.

Eine notwendige Ergänzung der theoretischen Vorlesung über Deutsches Verwaltungsrecht bilden die praktischen Übungen. Sie lassen sich stufenweise gliedern. Wenn die äußeren Verhältnisse es zulassen, so leistet schon ein neben der theoretischen Vorlesung einhergehendes und für deren Zuhörer bestimmtes „Konversatorium" (wöchentlich einstündig) dem Studierenden, wie ich aus eigener Erfahrung weiß, wesentliche Dienste. Der Dozent legt im Konversatorium einfachere Rechtsfälle (Rechtsfragen) vor, die sich auf den in der Vorlesung bereits behandelten Stoff beziehen und läßt diese durch die Teilnehmer sofort mündlich entscheiden. An der Beantwortung solcher Fragen und Fälle lernt der Studierende die Tragweite der in der Vorlesung vorgetragenen Rechtsgrundsätze kennen; sie werden ihm so nochmals in neuer Beleuchtung vor Augen geführt. Der Student erhält Gelegenheit zu Aussprache und Frage, und dem Dozenten bietet sich dabei der willkommene Anlaß, irrige Auffassungen des in der Vorlesung Vorgetragenen zu berichtigen und Erläuterungen und Ergänzungen anzubringen. Ein solches Konversatorium erzieht zum selbständigen juristischen Denken und scheint mir darum allein mit den Grundsätzen des Universitätsunterrichts im Einklang zu stehen und nach jeder Richtung den Vorzug zu verdienen vor den „Repetitorien", die sich auf eine äußerliche Wiederholung der Vorlesungsstoffes beschränken. — Unabhängig von einem solchen Konversatorium sind ferner praktische Übungen (wöchentlich zweistündig) einzurichten für die Studierenden, die die verwaltungsrechtliche Vorlesung hinter sich haben. Wo aus äußeren Gründen nicht getrennte Übungen über die verschiedenen Teile des öffentlichen Rechts, sondern allgemein „öffentlich-rechtliche Übungen" angekündigt werden, da ist um so sorgfältiger darauf zu achten, daß in ihnen das Verwaltungsrecht nicht zu kurz kommt. Auch diese Übungen müssen in der Hauptsache auf die Entscheidung von Rechtsfällen hinauslaufen, aber mit schriftlicher Bearbeitung. Es dürfte sich empfehlen, in diesen Übungen nicht dem systematischen Gange der Vorlesung zu folgen, sondern schon durch die frei gewählte Reihenfolge der Rechtsfälle die Bearbeiter zu zwingen, selbständig den juristischen Zusammenhang zu finden, in den der einzelne Fall hineingehört, und auch im übrigen sind hier selbstverständlich höhere sachliche Anforderungen an das Wissen und Können der Teilnehmer zu stellen, als im Konversatorium. Gelingt es nach der Korrektur der eingelaufenen Arbeiten dem Dozenten, die vertretenen Ansichten so zusammenzufassen, daß sie bei der mündlichen Besprechung eine brauchbare Grundlage für die Diskussion abgeben und eine freie und ungehinderte Aussprache wachrufen, so wird sich bei den Schülern und dem Lehrer das warme Gefühl des Zusammenarbeitens einfinden. — Diese praktischen Übungen zeigen dem wissenschaftlich veranlagten Teilnehmer von selbst, wo die neuen Probleme liegen, und weil er diese aus der Anschauung zuerst kennen lernt, ist gerade diese Methode geeignet, ihn vor Scholastik zu bewahren und ihn auf den Weg zu weisen, den er bei der Anfertigung einer eigenen wissenschaftlichen Arbeit einzuschlagen hat. Von den Neigungen des Dozenten und den Verhältnissen der betreffenden Universität wird es abhängen, ob der Lehrer diese Wegleitung durch weitere persönliche Beratung des Einzelnen weiterführen oder ob er sie schulmäßig ausgestalten will durch Einrichtung eines „Seminars", in welchem eine beschränkte Zahl von Teilnehmern ex professo zu bestimmten theoretischen Arbeiten angeleitet werden.

Der nach den vorstehenden Grundsätzen erteilte verwaltungsrechtliche Unterricht läßt manche Partien und manche Einzelheiten unberücksichtigt, die in verwaltungsrechtlichen Kompendien vielleicht einen verhältnismäßig breiten Raum einnehmen. Allein es kann nicht das Ziel des akademischen Unterrichts im Verwaltungsrecht sein, den Studierenden eine möglichst große Summe positiver Einzelheiten beizubringen. Der

Dozent hat aus der Menge des Stoffes gerade das auszuwählen, was das Typische, juristisch Wesentliche darstellt und es auf klare einfache Grundlinien gebracht dem Studierenden zugänglich zu machen. Einzelbestimmungen und Einzelheiten sind daher nur so weit zu berücksichtigen, als sie zur Veranschaulichung und zum Eindringlichmachen der Grundlehren dienen. Zu größter Enthaltsamkeit in dem ermüdenden Aufzählen von Büchertiteln und Gesetzesüberschriften darf sich der Lehrer in dem beruhigenden Bewußtsein entschließen, daß auch für den akademischen Unterricht Gutenberg nicht umsonst gelebt hat. Durch eine solche Art des Vortrags ziehen wir an den juristischen Fakultäten die Studierenden zu einem wirklichen Verständnis des Verwaltungsrechts heran und legen wir die Methode des mechanischen „Einpaukens" lahm. Denn wie soll im Studenten die Frische und die Freude am Studium und der freie Blick erhalten werden, wenn ihm jede juristische Disziplin ohne Auswahl ihre Haupt- und Nebensachen als gleich wichtig darstellt, unbekümmert darum, daß der Rechtsbeflissene daneben noch die Erkenntnisse anderer juristischer Fächer, die den gleichen Anspruch auf seine Kraft erheben, in sich aufzunehmen und geistig zu verarbeiten hat. Eine bloß mechanische Vorbildung rächt sich schon am ersten Tage, an dem der junge Jurist in die Praxis eintritt. Denn unmöglich ist es für ihn, sich in der Wirrnis von Gesetzen, Verordnungen, Statuten und Instruktionen zurecht zu finden, wenn ihm die Universitätszeit nicht die juristische Wegleitung gegeben hat; noch in den späteren Jahren seines praktischen Dienstes wird jedes neuerlassene Gesetz für ihn zu einer crux — von den Fällen nicht zu reden, in denen das Gesetz schweigt und daher die Entscheidung aus allgemeinen rechtsstaatlichen Grundsätzen abzuleiten ist. Eine solche Entfremdung zwischen dem akademischen Unterricht und der Praxis ist für beide Teile gleich schädlich. Sie nicht aufkommen zu lassen, und wo sie besteht, sie zu beseitigen, hält nicht allzuschwer. Der Universitätslehrer muß sich bei der Erteilung des verwaltungsrechtlichen Unterrichts stets vor Augen halten, daß er seine Zuhörer in erster Linie für die Bedürfnisse der Praxis vorzubereiten hat, und daß er dieser Aufgabe nur gerecht wird, wenn er ihnen das Maß von allgemeinen Kenntnissen und Begriffen beibringt, das sie beim Übergang in die Praxis befähigt, die an sie herantretenden verwaltungsrechtlichen Probleme richtig zu erfassen und in ihren richtigen juristischen Zusammenhang hineinzustellen. Nur dieses Fundament und diese Grundmauern soll der Universitätsunterricht aufrichten. Andrerseits aber darf der Mann der Verwaltungspraxis, der heute allzu geneigt ist zu der Klage, daß „die jungen Herren auf der Universität nichts Rechtes lernen können", von den jungen Juristen nicht die eingehende Gesetzeskunde verlangen, die erst eine lange praktische Tätigkeit in einem sachlich abgegrenzten Gebiet zu vermitteln vermag. Er soll zufrieden sein, wenn der angehende Praktiker von der Universität den besprochenen Rohbau mitbringt und darum die geistige Elastizität und Orientierungsgabe besitzt, diesem an den richtigen Stellen die vielen Einzelheiten einzufügen, die er nunmehr aus der praktischen Erfahrung und aus seiner weitern wissenschaftlichen Fortbildung dazulernt.

Aber freilich: Wie weit die in den vorstehenden Erörterungen vorgeschlagene Ausgestaltung des verwaltungsrechtlichen Universitätsunterrichts für die akademische juristische Jugend tatsächlich wirksam werden kann, hängt zum erheblichen Teil nicht von den juristischen Fakultäten, sondern von den Regierungen, oder genauer gesagt, von den von diesen erlassenen Bestimmungen über die Staatsprüfungen ab. Wird in der ersten Staatsprüfung mehr Gewicht gelegt, um eine Wendung Goethes zu gebrauchen, „auf Sammlung und Entwickelung von Einzelheiten, als auf Resultate“, so besteht die Gefahr, daß sich die Studierenden ihre Examensvorbereitung außerhalb der Fakultäten dort holen, wo nicht auf das juristische Können, sondern auf das mechanische Wissen hingearbeitet wird. Welcher Schaden dem künftigen Beamtentum und der Verwaltung daraus droht, brauche ich nicht auszuführen.

Pädagogische Ratschläge sind wie Gleichungen mit einer Unbekannten. Ob die Rechnung stimmt, hängt von der Unbekannten ab. Nur dann wird der verwaltungsrechtliche Universitätsunterricht die erwarteten Früchte zeitigen, wenn der akademische Lehrer dieselbe Freude am Erkennen, die als ein heiliges Feuer in seiner eigenen Brust brennt, auch in seinen Schülern wachzurufen vermag.

IX.

Gutachten des Oberlandesgerichtspräsidenten Herrn Dr. August Ritter von Pitreich, Exzellenz, Graz

über die Frage:

Empfiehlt es sich, das im Deutschen Reich und in Österreich geltende Recht der Gesellschaft m. b. H. zu vereinheitlichen und gleichzeitig einer Neuordnung zu unterziehen?

Es ist sicherlich nicht zu bedauern, daß das Thema, welches dem deutschen Juristentage in Wien hinsichtlich der Gesellschaften mit beschränkter Haftung vorgelegt wurde, nicht zur Verhandlung gelangte. Die Fassung, welche dem 2. Teile der Frage gegeben war, erleichterte zwar den Gutachtern wie den Referenten ihre Aufgabe, weil sie ihr enge Grenzen steckte, bewirkte aber, daß jene Punkte, in denen beide Gesetze verbesserungsbedürftig erscheinen, in den Gutachten kaum erwähnt, in dem von Liebmann für den Juristentag vorbereiteten und seither im Band LXXIII der Zeitschrift für das gesamte Handels- und Konkursrecht veröffentlichten Referate nur in sehr geringem Umfange gestreift wurden, und daß der von den beiden Referenten übernommene, von Neukamp vorgeschlagene Leitsatz[1]) die Vereinheitlichung in der Weise empfiehlt, daß die Gesetzgebung des Deutschen Reiches die Fortschritte des österreichischen Gesetzes teils unverändert, teils mit den erforderlichen, auch in Österreich einzuführenden Änderungen übernimmt. Mit Recht hebt Hachenburg in dem Gutachten, das er im Jänner l. J. der mitteleuropäischen Wirtschaftskonferenz in Budapest erstattete, hervor, daß man „so die Vereinheitlichung nicht auffassen" dürfe, und daß man vor allem wieder suchen muß, „über das deutsche und das österreichische

---

[1]) Ztsch. f. H. u. K. R. S. 42.

Gesetz hinaus zu einem, die Vorzüge beider in sich verschmelzenden zu kommen". Die Fassung, in der das Thema dem 32. Juristentage vorgelegt wird, ermöglicht nun, den Gedanken mit aller Schärfe zum Ausdruck zu bringen, daß die Vereinheitlichung in dem Maße empfehlenswerter erscheint und den Impuls, sich in beiden Staaten durchzusetzen, um so stärker in sich tragen wird, als damit Mängel beseitigt werden, die heute noch beiden Gesetzen anhaften. An diesem Grundgedanken ändert es nichts, daß ich in bezug auf die Zahl jener Punkte, in denen volle Einheitlichkeit zu erzielen sein wird, weniger optimistisch urteile als Hachenburg.

Daß die Erlassung eines neuen Gesetzes als „vermehrter und verbesserter Auflage" des dermaligen, wovon ich in meinem ersten Gutachten sprach[2]), im Deutschen Reiche sich unmöglich auf eine Rezeption eines Teiles der österreichischen Vorschriften mit oder ohne Modifikation beschränken kann, darüber bestand schon vor 2 Jahren kein Zweifel. Durch die beiden oberwähnten Publikationen Liebmanns und Hachenburgs ist reiches Material für die Feststellung jener Punkte beigebracht, in denen, nach dem in Deutschland zu tage getretenen Bedürfnis gemessen, auch das österreichische Gesetz noch lückenhaft ist. Als deren wichtigster erscheint mir die Frage nach einer Vermehrung des Schutzes der Gläubiger gegen unsolide Gründungen, eine Frage, die ich eben wegen ihrer weittragenden Bedeutung für die Zukunft der neuen Gesellschaftsform schon im Schlußabsatze meines ersten Gutachtens gestreift habe. Auch die von Franz Klein auf der Budapester Wirtschaftskonferenz beantragten und von dieser angenommenen Leitsätze stellen die Forderung nach einer Verschärfung der Verantwortlichkeit für den Wert von Sacheinlagen auf. Wenn man die Sammlung von Beispielen sich vor Augen hält, die Dalberg in seiner Abhandlung über Kreditsicherung bei der Gesellschaft m. b. H.[3]) von Fällen unsolider Gründungen gibt, kann man sich der Überzeugung nicht verschließen, daß eine Gesetzesrevision an den Sacheinlagen nicht mit Stillschweigen vorübergehen kann. Wenn aber die Meinungen über die Mittel zur Abhilfe weit auseinandergehen[4]), so möchte ich als eine der Ursachen dafür betrachten, daß bisher der Untersuchung der Beschaffenheit der Sacheinlagen und ihres Verhältnisses zum gesamten Stammkapital zu wenig Beachtung geschenkt wurde.

---

[2]) S. 315.

[3]) Heft 255/256 der Volkswirtsch. Zeitfragen, herausgegeben von der Volkswirtschaftl. Gesellschaft in Berlin.

[4]) Vgl. die ausführliche Darstellung Dalbergs a. a. O., auch Hachenburg, Gutachten S. 46 u. f.

Es springt in die Augen, daß unter den von Dalberg gebrachten Beispielen sich drei Gruppen bilden lassen: 1. Forderungsgründungen, bei denen das Stammkapital neben einer ganz unbedeutenden Bareinlage nur aus Forderungen besteht, die den Anschein der Dubiosität schon an sich tragen. 2. Patent-Gründungen. 3. Gründungen mit meist recht hoher Bewertung rechtlich völlig unfaßbarer Einlagen (Verfahren — nicht patentiert — zur Präservierung von Lebensmitteln; Idee, Entwurf und Verlagsrecht eines Adreßbuchs; „Fabrikationsrechte" eines Konservenfabrikanten; Kundenkreis und alle in dem speziellen Geschäftszweige von dem Einleger gemachten Erfindungen und Erfahrungen). Eine vierte Gruppe, nämlich die Einbringung von Sacheinlagen im engsten Sinne (von Liegenschaften oder von Mobilien, Warenlager, Geschäftseinrichtung u. dgl.), kommt unter allen Beispielen nur einmal in Kombination mit einer der anderen vor.

Gründungen von der Art, wie sie in den Beispielen der Gruppe 3 gekennzeichnet wird, wären in Österreich nicht zulässig. Abs. 4 des § 6 Ö. G. unterscheidet sich nämlich von Abs. 4 des § 5 D. G. durch das Fehlen der im letzteren enthaltenen Worte: „Sollen von Gesellschaftern Einlagen, welche nicht in Geld zu leisten sind, auf das Stammkapital gemacht . . .". Ob die reichsdeutsche Judikatur nicht auch in diesen Worten eine hinreichende Grundlage hätte finden können, um Gründungen der Gruppe 3 abzulehnen, mag dahingestellt bleiben. In Österreich hat die Finanzprokuratur mit Erfolg die Auslegung vertreten, daß die Verpflichtung eines Gesellschafters, den ausschließlichen Vertrieb seiner Erzeugnisse, seine gesammelten Erfahrungen der Gesellschaft zur Verfügung zu stellen, sogar in Verbindung mit Einbringung der Kundschaft nicht „Vermögensgegenstände" sind, die sich zu einer Sacheinlage eignen[5]). Für das revidierte Gesetz muß jedenfalls eine Fassung empfohlen werden, welche die Einbringung rein fiktiver, einen Vermögensgegenstand nach allgemeiner Anschauung nicht bildender Einlagen ausschließt. Wenn in der Gruppe 2

---

[5]) Oberstger. Entsch. v. 16. Mai 1911, Not. Zt. 32 v. 1911. Die naheliegende Gefahr, daß sich dadurch eine zu engherzige Auslegung herausbilde, dürfte kaum bestehen angesichts einer späteren oberstgerichtlichen Entscheidung vom 12. Dezember 1912 Not. Zt. 22 v. 1913, worin ausgesprochen wurde, daß die Kundschaft eines Unternehmens einen selbständigen Vermögensgegenstand, der ohne das Geschäft übertragen werden könnte, allerdings nicht bildet, daß sie daher keine selbständige Einlage bilden kann, daß sie aber, wenn sie mit dem Geschäfte übertragen wird, als Zubehör bei der Wertbemessung in Betracht kommen kann.

die Hälfte der Beispiele auf Patente entfällt, die noch nicht erteilt, sondern erst angemeldet sind, so weise ich solche Fälle unbedenklich im Effekte der Gruppe 3 zu. Denn die Anwartschaft auf ein Patent bildet ebensowenig einen Vermögensgegenstand, wie die Anwartschaft auf einen Losgewinn, eine Erbschaft usw. Es erübrigen daher nur die Fälle der Einbringung bestehender Patente oder anderer gewerblicher Schutzrechte, dann die Sachgründungen im engsten Sinne und die Forderungsgründungen als solche, für welche es einer Verschärfung der Verantwortlichkeit bedarf. Hierfür das Mittel der Präventivzensur durch Revisoren vorzuschlagen, wie dies Dalberg getan und wie es auch Franz Klein in seinem Referate andeutete, würde ich Bedenken tragen nicht allein aus den von verschiedenen Seiten hervorgehobenen Gründen der Offenlegung von Geschäftsgeheimnissen, sondern weil sie mir nicht in einem richtigen Verhältnisse zu dem angestrebten Erfolge zu stehen scheint. Bei der Gruppe 4, den Sacheinlagen im engsten Sinne, wird sich freilich eine annähernd zutreffende Schätzung in der Regel bewirken lassen, aber auch nicht immer[*]). Bei Forderungen wird sich die Einbringlichkeit beurteilen lassen, wenn der Revisor eine sehr geschäftskundige Persönlichkeit ist, wie eine solche in den Agrargebieten Österreichs nicht immer zu finden sein wird. Wie soll aber der Revisor in zweifelhaften Fällen — und gerade um solche wird es sich handeln — die Richtigkeit beurteilen? Gänzlich versagen wird die Schätzung bei der Gruppe 2. Nun ist aber das Bedürfnis nach einer solchen Verstärkung des Vertrauens für den Kredit Gewährenden bei den reinen Sacheinlagen das geringste, bei denen der Gläubiger sich am leichtesten selbst ein Urteil bilden kann. Ich muß daher bei der vor 2 Jahren ausgesprochenen Ansicht verbleiben, daß es verfrüht wäre, die Präventivzensur durch Revisoren allgemein obligatorisch einzuführen. Dagegen möchte ich zur Erwägung stellen, ob nicht jenen Gesellschaften, die sich das Vertrauen, das eine Präventivzensur zu bewirken geeignet wäre, zu nutze machen wollen, zu gestatten wäre, eine solche vornehmen zu lassen, was sodann in der Eintragung und in deren Kundmachung Platz zu finden hätte.

Sehr beachtenswert erscheint der weitere Vorschlag Dalbergs, die Beschränkung, mit der das österreichische Gesetz schon eingesetzt hat, noch weiter auszudehnen und auch solche ideelle Werte, die zwar einen rechtlich faßbaren Vermögensgegenstand bilden, aber nur einen ideellen,

---

[*]) Ich führe einen Fall an, in dem ein in Exekution gezogenes Kaolinlager 2 mal in einem kurzen Zwischenraum geschätzt wurde. Beide Schätzungen wurden von anerkannten Fachleuten vorgenommen, die Verschiedenheit der angewendeten Schätzungsmethode ergab eine Divergenz um mehr als 100%.

der Abschätzung nach einem bestimmten Geldwerte nicht fähigen Inhalt haben, von der Behandlung als Sacheinlagen ganz auszuschließen. Die Bildung von Patentgesellschaften, für die der Rahmen der G. m. b. H. sich ganz besonders eignet, braucht damit nicht unterbunden zu werden, da ja nach beiden Gesetzen die Einräumung besonderer Begünstigungen an einzelne Gesellschafter als Gesellschaftsrecht mit den aus § 53 Abs. 3 D. G. und § 50 Abs. 4 Ö. G. hervorgehenden Folgen ausdrücklich zugelassen wird. Der Patentinhaber kann sich damit alle von ihm erwarteten Vorteile vor allem am Reingewinnanteil, aber auch am Liquidationserlös sichern, ohne daß ein fiktives Stammkapital in die Erscheinung tritt.

Die von Dalberg gebrachten Beispiele regen aber noch zur Aufwerfung einer weiteren Frage an. Weder das deutsche noch das österreichische Gesetz enthalten eine Bestimmung über das Verhältnis der Sacheinlagen zu den Bareinlagen. Das Stammkapital kann auch im vollen Umfange durch Sacheinlagen aufgebracht werden. Solche Fälle scheinen zwar sehr selten zu sein, wohl aber zeigen einige der Beispiele ein offenbares arges Mißverhältnis zwischen dem Betrage der Sacheinlagen (namentlich Forderungen) und der Bareinlagen. Die Gesellschaft m. b. H. ist ein auf Gewinn berechnetes Unternehmen, ein solches kann ohne einen gewissen Barfonds, dessen Höhe in einer Relation zu dem gesamten investierten Kapital steht, nicht bloß nicht geführt, sondern auch nicht begonnen werden. Die richtige Relation wird allerdings stark variabel sein. aber ein gewisses Minimum in perzentuellem Verhältnisse zur Gesamthöhe des Stammkapitals festzusetzen, dürfte doch möglich sein.

Ein weiterer Reformvorschlag, der von Hachenburg in seinem Gutachten mit Nachdruck vertreten wird, und der auch Aufnahme in die Leitsätze der Wirtschaftskonferenz fand, ist gerichtet auf die nähere Ausbildung der individualistischen Gesellschaftsform, bei welcher eine persönliche Leistungspflicht der Gesellschafter vereinbart wird. Er wendet sich gegen die Beschränkung der Übernahme von Leistungs- (wohl auch Unterlassungs-)pflichten aus dem Titel des Gesellschaftsvertrages auf wiederkehrende, nicht in Geld bestehende, aber einen Vermögenswert darstellende Leistungen (§ 8 Ö. G.)[7], fordert Dispositiv-

[7]) Ob die Auslegung, die H. dem § 8 Ö. G. gibt, sich in Österreich durchsetzen wird, läßt sich aus der bisherigen Judikatur nicht ersehen. Die Regierungsvorlage beabsichtigte dies. Die von der Regierungsvorlage abweichende Fassung, die der § 8 im Gesetze erhielt, deckt sich aber in ihrem Wortlaute mit den erläuternden Bemerkungen nicht, und schließt die Aufnahme anderweitiger Leistungen in den Gesellschaftsvertrag nicht apodiktisch aus.

bestimmungen, die sich den, aus den vorhandenen Gesellschaftsverträgen abzuleitenden Bedürfnissen anschließen, ganz besonders aber die Möglichkeit eines Austrittes einzelner Gesellschafter ohne Auflösung[8]).

Bereits im ersten Gutachten[9]) habe ich darauf hingewiesen, daß das österreichische Gesetz in der Vorschrift des § 29, wonach für Gesellschaften mit mehr als 1 Million Kronen Stammkapital und mehr als 50 Gesellschaftern der Aufsichtsrat obligatorisch ist, den Keim zu einer Differenzierung zwischen größeren, sich den Aktiengesellschaften nähernden und kleineren mehr individualistisch organisierten Unternehmungen enthält. Es ist Hachenburg voll darin beizustimmen, daß es Aufgabe einer Reform in beiden Ländern ist, an diesen Keim anzuknüpfen und die Differenzierung fortzubilden, sie aber in eine andere Bahn als die vom österreichischen Gesetze eingeschlagene zu lenken. Hohes Stammkapital im Vereine mit einer großen Zahl von Gesellschaftern bilden gewiß Kriterien, welche auf kollektivistische Natur der Gesellschaft mit Wahrscheinlichkeit schließen lassen, solche Natur kann aber auch bei wenig Gesellschaftern und niedrigem Stammkapital vorhanden sein, seltener vielleicht wird der umgekehrte Fall eintreten. Jedenfalls entspricht es den tatsächlichen Verhältnissen nicht, schlechthin an diese Kriterien eine Differenzierung anzuknüpfen. Ich habe daher auch die Ansicht vertreten, daß es der Gesellschaft freigestellt sein soll, zwischen der Bestellung eines Aufsichtsrates und dem Rechte der Gesellschafter auf Bucheinsicht zu wählen. Nur soll eines von beiden Schutzmitteln in jeder Gesellschaft vorhanden sein. Den Gesellschaftern noch weitere Dispositivbestimmungen zur Verfügung zu stellen, deren sie sich bedienen können, wenn das Gesellschaftsverhältnis sich mehr jenem der offenen Handelsgesellschaft nähert, wird sicherlich eine gesunde Entwicklung fördern. Daß ein Bedürfnis danach sich auch in Österreich zu zeigen beginnt, beweisen die mir in den letzten zwei Jahren wiederholt bekannt gewordenen Fälle, in denen die Registrierung eines Vertrages deshalb verweigert werden mußte, weil darin ein Kündigungsrecht der Gesellschafter vorgesehen war. Allerdings wird gerade das Ausscheiden eines Gesellschafters ohne Auflösung die größten Schwierigkeiten bereiten, weil der Grundsatz der Erhaltung des Stammkapitals nicht verletzt werden darf und es auch sehr bedenklich schiene, für diesen Fall von dem durch Liebmann[10]) und Hachen-

[8]) Gutachten S. 28 u. f.

[9]) S. 333.

[10]) a. a. O. S. 11.

burg[11]), wenn auch mit einer Einschränkung gebilligten Verbote des Erwerbes eigener Anteile durch die Gesellschaft eine Ausnahme zu machen[12]). Daß die Amortisation diesen Zwecken dienstbar gemacht werden kann und daß überhaupt die Einschränkung der Amortisation im § 58 Ö. G. auf Gesellschaften, bei denen die Vermögenssubstanz durch den Geschäftsbetrieb naturgemäß aufgezehrt werden muß, oder bei denen das Vermögen in zeitlich beschränkten Rechten besteht, nicht gerechtfertigt ist, hat Hachenburg[13]) überzeugend dargelegt.

Als unentbehrliches Mittel der Förderung einer mehr individualistischen Gesellschaftsform betrachte ich die sorgfältige Wahrung der aus dem Gesellschaftsvertrage hervorgehenden Sonderrechte. Beide Gesetze stimmen darin überein, daß eine Vermehrung der den Gesellschaftern nach dem Vertrage obliegenden Leistungen nur mit Zustimmung der Beteiligten beschlossen werden kann (§ 53 D. G., § 50 Ö. G.). Die Auffassung, welche diese Vorschrift in Deutschland fand, geht aber dahin, die Gesellschafter trotzdem völlig schutzlos zu machen[14]). Das österreichische Gesetz, das schon das Stimmrecht jedes Gesellschafters als unentziehbares Recht erklärt, versucht durch den Zusatz im § 53, daß auch eine Verkürzung der einzelnen Gesellschaftern durch den Vertrag eingeräumten Rechte nur mit ihrer Zustimmung beschlossen werden kann, einer solchen Auslegung vorzubeugen. Dazu bemerken die Motive: „Als ein Sonderrecht jedes einzelnen Gesellschafters muß auch der mangels anderweitiger Vertragsbestimmungen bestehende Anspruch auf gleichmäßige Behandlung mit den vorhandenen Gesellschaftern angesehen werden". An diesem Gedanken wäre bei der Revision festzuhalten.

Gegenüber den mehrfachen Vorschlägen zur Verbesserung der ihrem Grundgedanken nach zur Übernahme aus dem österreichischen Gesetze empfohlenen Bestimmungen wird man sich in Österreich zumeist nicht ablehnend verhalten. Ich erwähne nur bei-

[11]) Gutachten S. 38.

[12]) So auch Hachenburg ebenda: Fehlt die Möglichkeit der Übernahme des Anteils durch einen neu eintretenden Gesellschafter und auch jene der Amortisation, so ist das Ausscheiden undurchführbar.

[13]) Gutachten S. 42.

[14]) „Berücksichtigt man, daß der Gesellschafter von dem Gewinnbezug, der Liquidationsdividende, dem Stimmrecht und der Teilnahme an den Versammlungen überhaupt ausgeschlossen werden kann, so ist es möglich, daß von den gesellschaftlichen Beziehungen nichts übrig bleibt, als daß seine Stammeinlage einmal früher das Vermögen der Gesellschaft mitbilden durfte." Liebmann, DJZ. 1913 S. 1377.

spielsweise die Klärung des Verhältnisses, das durch Vereinigung mehrerer Anteile in einer Hand sich ergibt, wenn aus diesen verschiedenartige rechtliche Beziehungen entstehen können[15]), die zeitliche Begrenzung der Auflösung wegen Richtigkeit[16]), die Beschränkung der Pflicht zur Rückerstattung unzulässiger Rückzahlungen auf die Fälle des Erfordernisses zur Befriedigung der Gläubiger[17]), die von Liebmann[18]) vorgeschlagenen Modifikationen der Vorschrift des § 35 Z. 7 Ö. G. über Nachgründungen.

In einem Punkte hat sich die Rechtslage seit 1912 verschoben. Ich durfte im ersten Gutachten der Meinung Ausdruck geben, daß die Frage der Freizügigkeit bei Errichtung von Zweigniederlassungen in einem anderen Staatsgebiet durch eine weiterreichende Rechtsvereinheitlichung nicht beeinflußt wird, weil die Gegenseitigkeit zwar nicht allgemein durch eine im Reichsgesetzblatt kundgemachte Regierungserklärung, wohl aber in einer Reihe einzelner Fälle durch Erklärung des österreichischen Justizministeriums anerkannt war. Im März 1913 brachte das Verordnungsblatt des österreichischen Justizministeriums die Nachricht, daß in mehreren deutschen Bundesstaaten die Zulassung ausländischer Gesellschaften m. b. H. zum Geschäftsbetriebe an staatliche Genehmigung gebunden ist, daß daher im Verhältnisse zum Deutschen Reiche die Beobachtung der Gegenseitigkeit im Sinne des § 108 Z. 4 Ö. G. nicht ohne weiteres als vorhanden angesehen werden kann, vielmehr in jedem einzelnen Falle der Eintragung einer Zweigniederlassung in Österreich entweder eine den speziellen Fall betreffende Gegenseitigkeitserklärung des Justizministeriums oder eine Zulassungsbewilligung des Ministeriums des Innern erforderlich ist. Ich teile zwar die Ansicht Hachenburgs, daß die Freizügigkeit bei Errichtung von Zweigniederlassungen gegenüber den sonstigen Gründen, die für eine Rechtsvereinheitlichung sprechen, in den Hintergrund tritt. Eine Verstärkung können diese aber jedenfalls erfahren; die Richtlinie für dieses Kapitel ist durch das österreichische Gesetz vorgezeichnet.

---

[15]) Neukamp S. 231, Liebmann S. 9, Hachenburg S. 36.

[16]) Liebmann S. 25, Hachenburg S. 33.

[17]) Liebmann S. 6, Hachenburg in DJZ. 1912 S. 1072.

[18]) S. 20. Statt der von ihm vorgeschlagenen Frist, vom Tage der Eintragung der Gesellschaft an gerechnet, würde ich eine, seinem Gedanken Rechnung tragende Erweiterung der für Übernahme von Liegenschaften im Exekutionswege gemachten Ausnahme empfehlen.

X.

Gutachten des Herrn Dr. Ernest Lieblich, II. Sekretär der Handels- und Gewerbekammer in Brünn,

über die Frage:

Ist die Schaffung eines gerichtlichen Ausgleichsverfahrens außerhalb des Konkurses wünschenswert und in welcher Form?

Durch die Aufrollung dieser Frage nimmt der Deutsche Juristentag ein Thema wieder auf[1]), welches er am 29. August 1867 mit dem Votum

[1]) Verhandlungen des Sechsten Deutschen Juristentages I. Bd. 1865, II. Bd. (Sach- und Personenregister zu den Verhandlungen des ersten bis fünften Deutschen Juristentages) 1866 und III. Bd. 1868. Der nach Erstattung der Gutachten der Herren Prof. Dr. von Stubenrauch in Wien, Handelsrichter Lupp in Düsseldorf und Dr. Kompe in Breslau (I. Bd. S. 40, 134 und 164 ff.) modifizierte Antrag des Kreisrichters Lesse lautete: „Der Deutsche Juristentag wolle sich für folgende Sätze, betreffend das Konkursrecht, aussprechen:

I. Es erscheint wünschenswert, daß eine künftige gemeinsame Konkursordnung neben dem gerichtlichen Akkorde im Konkurse ein zweckmäßiges Verfahren zur Abwendung des Konkurses — Stundungs- und Akkordverfahren — einführt.

II. Für das letzte Verfahren sind vorzugsweise folgende Grundsätze durchzuführen:

1. Der von der Mehrheit beschlossene Nachlaßvertrag verpflichtet nur diejenigen Gläubiger, welche dazu eingewilligt haben, nicht aber die Minderheit, welche die Zustimmung verweigerte. Er wirkt also nicht als Zwangsvergleich. Dagegen ist die Minderheit kraft des Gesetzes verbunden, für ihre ganzen aufrecht bleibenden Forderungen gewisse Stundungen dem Gemeinschuldner zu gewähren, deren Zeitdauer das Gesetz nach Abstufungen bestimmt.

entschied, daß er Vorschriften über ein gerichtliches Akkordverfahren außerhalb des Konkurses nicht für erforderlich erachte[2]). Ein solches Verfahren sei „ein Notbehelf, zu welchem die Gesetzgebung nur dann ihre Zuflucht genommen habe, wenn das Konkursverfahren selbst unübersehbar oder so kostspielig war, daß man mit demselben nicht auskommen konnte"[3]). Zu dieser Begründung seines ablehnenden Standpunktes war der damalige Berichterstatter Rechtsanwalt Makower (Berlin) durchaus berechtigt. Die preußische Konkursordnung wurde „im großen und ganzen genommen und auf den Erfolg gesehen von keiner anderen übertroffen" und die Berichte über die österreichischen Ausgleichsverfahren der Jahre 1859 und 1862 lauteten wenig ermutigend. Die beifällige Beurteilung, welche das österreichische Gesetz vom 17. Dezember 1862, RGBl. Nr. 97 trotz seiner bekannten Mängel gefunden hatte, ging nach Ansicht des österreichischen Referenten Professors Dr. v. Stubenrauch auf Rechnung des damals geltenden Konkursrechtes; stand doch noch die Josefinische Konkursordnung vom 1. Mai 1781 in Kraft, welche gewöhnlich nach jahrelangen Verhandlungen und nach Abführung zahlloser Liquidierungsprozesse damit endete, daß der Schuldner gänzlich zugrunde gerichtet

2. Der Zweck der Bestätigung des Akkordes ist nur die Sicherheit seiner Vollstreckbarkeit. Die Bestätigung ist nicht abhängig zu machen von einer Prüfung der Würdigkeit des Gemeinschuldners oder eines öffentlichen Interesses oder des Interesses der Gläubigerschaft.

3. Das Vermögen des Gemeinschuldners wird während des Verfahrens durch einen Gläubigerausschuß möglichst selbständig verwaltet.

4. Die Einleitung des Verfahrens hat in ähnlicher Weise, wie die förmliche Konkurseröffnung, eine Beschränkung der bürgerlichen Ehrenrechte des Gemeinschuldners zur Folge.

III. Für den Akkord im Konkurse sind vorzugsweise folgende Grundsätze durchzuführen:

1. Der Zeitpunkt für die Akkordschließung ist so festzustellen, daß den Gläubigern die Teilnahme daran möglichst erleichtert wird;

2. Der abgeschlossene Akkord bedarf zu seiner Wirksamkeit der Bestätigung durch das Gericht, welches sich dabei auch in eine Prüfung des Verhaltens des Gemeinschuldenrs einzulassen hat;

3. der rechtskräftig bestätigte Akkord gilt als Vergleich zwischen dem Gemeinschuldner und sämtlichen Konkursgläubigern, dieselben mögen ihre Forderungen angemeldet haben oder nicht, an der Beschließung teilgenommen haben oder nicht.

IV. Die Bearbeitung der kaufmännischen Konkurse, wie das Verfahren ad I ist der Zuständigkeit der Handelsgerichte zu überweisen." (Bd. III S. 117, 118.)

[2]) III. Bd. S. 337.

[3]) III. Bd. S. 120.

war, die Gläubiger nichts oder beinahe nichts erhielten und doch die Kosten der Liquidierung tragen mußten[4]). Auch die Befürworter des österreichischen Ausgleichsverfahrens auf dem Juristentage, die Advokaten Dr. Raudnitz (Prag) und Dr. Wehli (Wien), mußten bei aller Anerkennung des praktischen Nutzens die juristische Konstruktion dieses Verfahrens für verfehlt erklären[5]). Das Gutachten des Dr. Kompe hob die großen Vorzüge der Bremenser Debitsordnung vom 1. Juli 1843 hervor, welche jedoch keinen Zwangsnachlaß kannte; die überstimmte Minderheit behielt ihre vollen Rechte, mit der Beschränkung einer gesetzlich erzwungenen Stundung für eine Reihe von Jahren[6]). Dr. Kompe erachtete es für notwendig, zunächst die Ansicht der Kaufleute darüber zu ermitteln, ob sie dem Akkorde nach Bremer Recht oder dem konkursalen Zwangsausgleiche im Sinne der Konkursordnung den Vorzug geben.

Im allgemeinen dürfte die Entscheidung des Sechsten Deutschen Juristentages die für den damaligen Stand der Dinge richtige Anschauung zum Ausdrucke gebracht haben. Man diskutierte noch viel über die Berechtigung des Zwangsausgleiches überhaupt und hielt ihn vielfach für mit den Grundsätzen der Gerechtigkeit und des Privateigentums nicht gut vereinbar. Die Vertragsfreiheit und das Privateigentum bildeten die Grundpfeiler des wirtschaftlichen Liberalismus, dessen Blütezeit gerade in die sechziger Jahre des vorigen Jahrhunderts fällt. Fand sich doch bei der Beratung des Entwurfes einer neuen österreichischen Konkursordnung im Ausschusse des Abgeordnetenhauses im Jahre 1863 eine Majorität von nur einer Stimme für die Aufnahme des Zwangsausgleiches als Beendigungsart des Konkurses[7]). Die erwerbenden Kreise, insbesondere Industrie und Handel, waren sich über ihre Wünsche durchaus nicht klar. Im Auslande war das Zwangsausgleichsverfahren außerhalb des Konkurses nur wenig bekannt. Das englische Arrangement under the superintendence and control of the court wurde im Jahre 1861 wieder aufgehoben[8]).

---

[4]) Reich, Das Ausgleichsverfahren in Österreich, Wien 1865, S. 5.

[5]) Verhandlungen des sechsten Deutschen Juristentages S. 125ff.

Dr. Knepler (Wien) erklärte sich als Gegner des Prinzipes des Zwangsausgleiches, und zwar mit Rücksicht auf die schlechten Erfahrungen mit dem Ausgleichsverfahren des Jahres 1859.

[6]) Verhandlungen des sechsten Deutschen Juristentages 1. Bd. S. 170ff.

[7]) Vgl. Kaserer, Kommentar zur österreichischen Konkursordnung, Wien 1869, S. 250ff.

[8]) Mittermaier, Zeitschrift für das gesamte Handelsrecht (im folgenden „Goldschmidts Zeitschrift" genannt) 8. Bd. 1865 S. 510 ff.

A. Die Bewegung zugunsten des Ausgleichsverfahrens.

I. Mit dieser Aufzählung der Motive für den Standpunkt des Sechsten Deutschen Juristentages sind die Gründe für die neuerliche Behandlung dieser Frage gekennzeichnet. In den letzten fünfzig Jahren hat sich ein anderer Tatbestand entwickelt. Der wirtschaftliche Liberalismus ist bei Aufrechterhaltung der individuellen Verantwortlichkeit dem Prinzipe der Solidarität gewichen. Die Freiheit wirtschaftlicher Betätigung und das Privateigentum müssen sich Schranken gefallen lassen, welche auf die dauernden Interessen der Gesamtheit Rücksicht nehmen. Man ist zur geordneten wirtschaftlichen Freiheit übergegangen, die dem Einzelnen die Möglichkeit der Selbstbehauptung nicht nimmt, ja im Gegenteil mehr als je zur Pflicht macht, ihm jedoch nur eine den Interessen der Gesamtheit nicht widersprechende Ausnützung gestatten will. Der Staat besitzt nicht nur das Recht zu einer das Erwerbsleben regelnden, Eigentum und Freiheit beschränkenden Rechtsordnung; man räumt ihm auch die Macht hierzu ein. Nicht über die Grundsätze des Individualismus und der wirtschaftlichen Freiheit, sondern nur über deren Maß und das Verhältnis des Staates zum Einzelnen, sowie dieser untereinander wird noch gestritten[9]. Das ökonomische Prinzip der Organisation macht von Tag zu Tag größere Fortschritte. Diesen Erscheinungen der Wirtschafts- und Verkehrspolitik kann sich auch die Rechtswissenschaft und die Gesetzgebung nicht entziehen. Gerade im Konkursrechte sind überall die Beziehungen des Rechtes zu den Wirtschaftsverhältnissen und Geistesströmungen besonders augenfällig[10]. Eine Diskussion darüber, ob der Zwangsvergleich prinzipiell zulässig sei und mit der Gerechtigkeit im Einklange stehe, müßte mit verstaubten Requisiten abgeführt werden und würde jedenfalls veraltet anmuten. Je mehr die Doktrin die Unrichtigkeit des Begriffes „Gläubigerschaft" erkennt[11], desto weniger kann sich die Gesetzgebung bei offenem

---

[9]) Siehe insbesondere Philippovich, Die Entwicklung der wirtschaftspolitischen Ideen im 19. Jahrhundert, Tübingen 1910.

[10]) Freund, Der Zwangsvergleich zur Abwendung des Konkurses im Rechte des Auslandes, Goldschmidts Zeitschrift 60. Bd. 1907 S. 306.

[11]) Hierüber Ciuntu, Der Zwangsvergleich im Konkurs, 1892 S. 37 ff. Kohler, Lehrbuch des Konkursrechtes, 1891 S. 370 ff. Löhr, „Über die rechtliche Natur des Zwangsvergleiches" in der Zeitschrift für deutschen Zivilprozeß, Bd. XVI 1891 S. 382 ff. Oetker, „Konkursrechtliche Fragen" in der Festschrift zum fünfzigjährigen Doktorjubiläum von Bernhard Windscheid, herausgegeben

Blick für die Gestaltung der wirtschaftlichen Verhältnisse der Ansicht verschließen, daß die Interessengemeinschaft der Gläubiger das Recht besitzt, ihren Willen einer widerstrebenden Minorität aufzudrängen.

II. Die deutsche und die österreichische Jurisprudenz hat den historischen Widerstand gegen den Zwangsnachlaß noch nicht überwunden[12]), während sich die unmittelbaren Interessenten des Konkursverfahrens über ihre Ziele klar geworden sind. Die preußische Konkursordnung kannte ein Zwangsausgleichsverfahren außerhalb des Konkurses nicht, dessen Einführung bei der Beratung der deutschen Konkursordnung vom 10. Februar 1877 angeregt wurde[13]). Der Entwurf der deutschen Gemeinschuldordnung hatte in den §§ 232 bis 256 ein solches Verfahren normiert, das jedoch in den Motiven zur deutschen Konkursordnung abgelehnt wurde und tatsächlich keine Aufnahme in das Gesetz fand. Vor Erlassung der Novelle zur Konkursordnung vom 17. Mai 1898 hat man sich wieder mit diesem Verfahren beschäftigt, zu dessen Einführung sich jedoch Kommission, Bundesrat und Reichstag nicht entschließen konnten.

Die deutsche Kaufmannschaft entwickelte inzwischen das Zwangsausgleichsverfahren außerhalb des Konkurses zum wesentlichsten Programmpunkt einer Konkursreform. Unter dem 28. Oktober 1904 trat die Handelskammer in Berlin[14]) beim Staatssekretär des Reichsjustizamtes für ein solches Verfahren ein, das von der XXXI. Vollversammlung des Deutschen Handelstages am 15. und 16. Februar 1905 für notwendig erklärt wurde[15]). Auch der Deutsche Anwaltstag vom 13. und 14. September 1905 empfahl ein solches Verfahren. Die Regierung verhielt sich ablehnend; der Staatssekretär Dr. Nieberding glaubte unter Hinweis auf die Vorzüge der deutschen Konkursordnung, daß das Verlangen nach einem derartigen Verfahren im Auslande

---

von der Rostocker Juristenfakultät, 1888 S. 41. Pollak, Das Konkursrecht, 1897 S. 233 ff. und dort angeführte Literatur. Rintelen, Das österreichische Konkursrecht, 1910 S. 134. Schultze, Das deutsche Konkursrecht, 1880 S. 13. Wach, Der Zwangsvergleich, 1896 S. 79.

[12]) Oetker a. a. O. S. 72. Schultze a. a. O. S. 119.

[13]) Siehe zum folgenden insbesondere Ciuntu a. a. O. S. 24 ff. Jäger, Kommentar zur Konkursordnung, 1912 2. Bd. S. 304 ff. Kohler a. a. O. S. 32 ff., 62 ff., Denkschrift über das gerichtliche Zwangsvergleichsverfahren außerhalb des Konkurses, dem Reichstage vorgelegt am 1. Dezember 1906 (im folgenden „Denkschrift" genannt) S. 4 ff., S. 110 ff.

[14]) Mitteilungen der Handelskammer zu Berlin, 1904 Nr. 7 S. 79 ff.

[15]) Stenographischer Bericht dieses Tages, 1905 S. 55—68.

„schwerlich lebhaft hervorgetreten wäre, wenn das Ausland einen so modernen, einen so vollkommenen Konkursprozeß besäße, wie ihn Deutschland, Gott sei Dank, habe"[16]). Dem Verlangen des Reichstages entsprechend wurde diesem am 1. Dezember 1906 eine Denkschrift unterbreitet, in welcher die Gesetzgebung und die Erfahrungen des Auslandes dargelegt und die Gründe für und gegen die Einführung des Zwangsausgleiches auseinandergesetzt werden. In Übereinstimmung mit der Denkschrift, welche keine besonderen Vorteile, wohl aber Nachteile von einem solchen Verfahren erwartet, entschied sich der Reichstag wiederholt für dessen Nichtzulassung. Diese Haltung der gesetzgebenden Faktoren hatte jedoch nur geringen Einfluß auf die Wünsche der Geschäftswelt, welche immer wieder in zahllosen Versammlungen ihre Forderung erneuerte[17]). Unter dem Eindrucke einer zu Berlin am 2. Dezember 1912 unter Teilnahme von 186 wirtschaftlichen Korporationen mit mehreren 100 000 Mitgliedern abgehaltenen Versammlung[18]) nahm der Reichstag am 13. Februar 1913 mit großer Mehrheit eine Entschließung Dr. Belzer und Genossen an, in der die verbündeten Regierungen um die Vorlage eines Gesetzentwurfes über den Zwangsausgleich außerhalb des Konkurses ersucht werden. Der Herr Staatssekretär des Reichsjustizamtes sprach seine Bereitwilligkeit aus, die Angelegenheit von neuem zu prüfen[19]).

---

[16]) Protokoll der 116. Sitzung des Reichstages vom 12. Jänner 1905, S. 3714. Denselben Standpunkt nahm Staatssekretär Dr. Nieberding auch später ein. Siehe Reichstagsprotokolle vom 20. Februar 1906, S. 1455, und vom 22. April 1907, S. 997 ff.

[17]) Siehe insbesondere Dr. Franz Jörissen, Der gerichtliche Zwangsvergleich außerhalb des Konkurses oder der Schuldnachlaß 1912; derselbe, Der gerichtliche Zwangsvergleich ohne Konkurs oder der Konkursabwendungsvergleich in Deutsche Richterzeitung V. Jahrg. Nr. 11 (1. Juni 1913). Wagner, Der Schuldnachlaß, 1904. Mitteilungen des Deutschen Handelstages, insbesondere Bericht vom 21. Mai 1913, S. 28 ff.

[18]) In dieser erstattete Herr Dr. Jörissen ein eingehendes Referat „Die Notwendigkeit eines Gesetzes über den gerichtlichen Zwangsvergleich außerhalb des Konkurses".

[19]) Dr. Jörissen, „Die jüngsten Reichstagsverhandlungen über den Konkursabwendungsvergleich" in Leipziger Zeitschrift für Handels-, Konkurs- und Versicherungsrecht, VII. Jahrg. 1913 Heft 4.

Auf eine weitere Darlegung der deutschen Bewegung zugunsten des gerichtlichen Zwangsausgleichsverfahrens ohne Konkurs muß an dieser Stelle verzichtet werden.

In Österreich stand der außerkonkursliche gerichtliche Akkord wiederholt in Geltung[20]). Nach der Josefinischen Gerichtsordnung vom 1. Mai 1781, welche bis zum Jahre 1869 in Kraft blieb, soll eine Behandlung der Gläubiger, wonach sie einen Teil der Forderungen nachzulassen verurteilt werden (pactum praejudiciale), nicht statthaben, ausgenommen, wenn ein Dritter den über Abzug des gebotenen Nachlasses verbleibenden Schuldenrest zur Zahlung übernimmt und die übernommene Zahlung den Gläubigern vorteilhafter ist als jene, welche sie aus dem Vermögen des Schuldners hoffen können. Diese auch in der westgalizischen Gerichtsordnung vom 19. Dezember 1796 normierte Behandlung der Gläubiger konnte die Exekution weder hemmen noch hindern (Hofdekret vom 4. November 1791), worauf es zurückzuführen sein dürfte, daß diese Art der Erledigung des Konkurses nie rechten Fuß fassen konnte. Der Lichtenfelssche Entwurf einer allgemeinen Konkursordnung, welchen die große Kommission am 6. Dezember 1845 zur kaiserlichen Genehmigung vorlegte und mit einigen Abänderungen im Jahre 1848 veröffentlichte, normierte im § 221, daß eine Behandlung der Gläubiger nicht stattzufinden habe, und zwar mit einer Begründung, die von den bald darauf folgenden Tatsachen widerlegt wurde, sich aber immer noch im Arsenal der modernen Gegner des Zwangsvergleichsverfahrens vorfindet. Die wirtschaftliche Depression führte zu zahllosen Insolvenzen, die man angesichts der schweren Schäden der Konkursordnung durch den außergerichtlichen Ausgleich mittels Kurrenden, häufig sogar ohne Intervention von Rechtsverständigen zu erledigen geneigt war[21]), wobei natürlich von einer gleichen Behandlung der Gläubiger nicht die Rede sein konnte. Die amerikanische Krise des Jahres 1857 machte sich in bedeutendem Maße auch in Wien fühlbar und wurde durch den unglücklichen Ausgang des italienischen **Krieges** 1859 noch verschärft. Angesichts des wirtschaftlichen Notstandes, zur Beruhigung der immer lauter fordernden Interessenten, sowie zur Verhütung des drohenden Bankbruches einer führenden Firma des Wiener Platzes wurde mit der Verordnung vom 18. Mai 1859, RGBl. Nr. 90, ein Vergleichsverfahren bei Zahlungseinstellungen von protokollierten Handels- und Gewerbsleuten und Fabrikanten im größten Teile der österreichischen Erbländer zugelassen und geregelt. Dieses mit so „unglaublicher Hast

[20]) Kaserer a. a. O. S. 1 ff., S. 246 ff. Pollak a. a. O. S. 6 ff. Reich a. a. O. S. 3 ff. Rintelen a. a. O. S. 10 ff. Schwarz, Das österreichische Konkursrecht, 1894 S. 19 ff.

[21]) Reich a. a. O. S. 6.

zustandegebrachte"[22]) Gesetz erwies sich schon am Tage seines Erscheinens als reformbedürftig[23]), woran auch nachträglich erlassene Verordnungen vom 15. Juni, 14. Juli und 1. August 1859, RGBl. Nr. 108, 129 und 143 nichts zu ändern vermochten. Unter Benützung einer Verordnung über die Firmenprotokollierung vom 13. Mai 1860, RGBl. Nr. 123, ließen viele Geschäftsleute ihre Firma nur zu dem Ende protokollieren, um die Wohltaten des Ausgleichsgesetzes genießen zu können[24]). Der Mißbrauch wurde allgemein und man versuchte durch das Ausgleichsverfahren vom 17. Dezember 1862, RGBl. Nr. 97[25]), Abhilfe zu schaffen. Auch dieses Gesetz bewährte sich nicht, so daß bei der Beratung der Konkursordnung vom Jahre 1868 (Gesetz vom 15. Dezember 1868, RGBl. Nr. 1 ex 1869) niemand für die Beibehaltung dieses Ausgleichsverfahrens eintrat[26]). Nach Artikel I des Einführungsgesetzes zu der Konkursordnung wurden die gesetzlichen Bestimmungen über die Behandlung der Gläubiger und die Abtretung der Güter außer Kraft gesetzt.

Aber auch die Behauptung der Gegner des Verfahrens, daß eine neue Konkursordnung die bisherigen Mängel beseitigen werde und damit der Hauptgrund für ein Zwangsausgleichsverfahren entfalle[27]), erwies

---

[22]) Rede des Justizministers Frhr. v. Pratobevera zur Begründung des Gesetzentwurfes über das Ausgleichsverfahren in der Allg. österr. Gerichtszeitung XII. Jahrg. 1861 Nr. 72, 73.

[23]) Dr. Wehli in der Allg. österr. Gerichtszeitung 1859 Nr. 154 und 1860 Nr. 24.

[24]) Reich a. a. O. Götze in der Allg. österr. Gerichtszeitung 1861 Nr. 140 S. 558: „Nimmt man das Amtsblatt der Wiener Zeitung öfter zur Hand, so glaubt man mindestens am Vorabend einer Handelskrisis zu stehen, wenn man alltäglich die Einleitung des Ausgleichsverfahrens wider drei bis vier Wiener Firmen in demselben liest, wobei man nicht selten den auffallenden Umstand wahrnimmt, daß auf der ersten Seite des Blattes eben die Protokollierung der Firma verlautbart wird, welche sich auf der dritten Seite bereits in den schützenden Mantel des Ausgleichsverfahrens hüllt. Sieht man diesen Firmen jedoch näher auf den Leib, so gehören sie meistens Unternehmungen an, welche mit dem Kaufmannsstande und der größeren Industrie gar nichts zu schaffen haben, sondern ganz unbedeutende, dem eigentlichen Handel fernstehende Gewerbszweige betreiben, wie Vordrucker, Spengler, Kaffeesieder, Obsthändler u. dgl."

[25]) Reich, Das Ausgleichsverfahren in Österreich, enthält einen eingehenden Kommentar.

[26]) Kaserer a. a. O. S. 250. Pollak, „Der Vorkonkurs" in Allg. österr. Gerichtszeitung 1895 Nr. 46.

[27]) Minoritätsgutachten des Ausschusses des Abgeordnetenhauses im Jahre 1863, bei Kaserer a. a. O. S. 250.

sich binnen kurzer Zeit als unrichtig. Die als „Erlösung aus unhaltbaren Zuständen" begrüßte neue Konkursordnung begegnete schon alsbald scharfer Kritik[28]). Die Juristenkreise erwarteten eine Abhilfe von der entsprechenden Handhabung des an sich guten Gesetzes[29]), dessen grundlegende Reform die Geschäftswelt behufs Beseitigung der Unsicherheit, Schwerfälligkeit und Kostspieligkeit des Verfahrens begehrte; im Jahre 1889 empfahl die Wiener Handels- und Gewerbekammer[30]) die Wiedereinführung eines Zwangsausgleichsverfahrens außerhalb des Konkurses. Diese Idee wurde von immer weiteren Kreisen aufgegriffen, so daß sich die Regierung Ende 1904 entschloß, dem Herrenhause des österreichischen Reichsrates einen Gesetzentwurf über die Einberufung der Gläubiger (235 der Beilagen zu den stenographischen Protokollen des Herrenhauses XVII. Session 1904) zu unterbreiten, mit welchem ein gerichtliches Zwangsausgleichsverfahren ohne Konkurs in Österreich normiert werden sollte. Diese Regierungsvorlage fand, wenn auch in etwas veränderter Form, die Genehmigung des Herrenhauses (269 der Beilagen zu den stenographischen Protokollen des Herrenhauses XVII. Session 1905). Das Abgeordnetenhaus hat sich mit dem Gesetzentwurfe nicht befaßt, wohl aber wurde er in allen interessierten Kreisen eifrig studiert und kommentiert[31]). Zahlreiche Abänderungs-

---

[28]) Benedikt, Zur Reform der Konkursordnung. Frankl, Zur Revision des österreichischen Konkursrechtes, 1896. Pollak, Vortrag über die Reform des Konkursverfahrens in der Gesellschaft österreichischer Volkswirte vom 17. Dezember 1895 in Zeitschrift für Volkswirtschaft, Sozialpolitik und Verwaltung, 5. Bd. 1896 S. 78 ff.; derselbe, „Die Reform des Konkursrechtes" in „Neue Freie Presse" v. 14. November 1902 und 2. September 1903; derselbe, „Die Reform des Konkursrechtes" in Allg. österr. Gerichtszeitung, 1905 Nr. 37.

[29]) Pollak, Über die Reform der Konkursordnung in „Juristische Blätter", 1895 Nr. 51, 52; derselbe, Das Konkursrecht, 1897 S. 12.

[30]) Gutachten der Handels- und Gewerbekammer in Wien, betreffend die Abänderung einiger Bestimmungen der Konkursordnung, angenommen in der Plenarsitzung vom 28. Februar 1898.

[31]) Elias, „Juristische Blätter" 1905 Nr. 6, 7. Fischl „Juristische Blätter" 1905 Nr. 31. Freund in Goldschmidts Zeitschrift 60. Bd. 1907 S. 359 ff. Gertscher in Allg. österr. Gerichtszeitung 1905 Nr. 16. Grünberg in „Handelsmuseum" 1905 S. 37 ff. Lieblich, Der Zwangsausgleich ohne Konkurs und der Gesetzentwurf über die Einberufung der Gläubiger, 1906 (Sonderabdruck aus der „Juristischen Vierteljahresschrift" Jahrg. 1905/06). Pollak in Leipziger Zeitschrift I. Bd. Nr. 2 und Allg. österr. Gerichtszeitung 1905 Nr. 37. Popper, Vorkonkurs, 1905. Siehe dazu auch Pollak, Der Vorkonkurs, in der Allg. österr. Gerichtszeitung 1895 Nr. 46. Frankl, Revision des österreichischen

vorschläge wurden von berufener und unberufener Seite erstattet. Die Frage, ob ein solches Verfahren eingeführt werden solle, fand wenigstens in den unmittelbar interessierten Kreisen eine nahezu einstimmige Bejahung[32]). Der Industrierat nahm in der Plenarsitzung vom 18. und 19. Dezember 1906 den Standpunkt ein, daß wohl die Einführung des Zwangsausgleiches ohne Konkurs wünschenswert sei, der Regierungsentwurf sich jedoch nicht für die parlamentarische Behandlung eigne, weil er auf der geltenden Konkursordnung beruhe und deren Mängel aufweise; es erscheine vielmehr notwendig, mit der Einführung dieses Verfahrens eine Reform der Konkursordnung zu verbinden, damit kein Stückwerk geschaffen werde, das, soweit die Kritik des vorliegenden Entwurfes schließen lasse, durchaus nicht befriedigen würde. Diesen Standpunkt scheint sich die Regierung, die im Jahre 1904 den Vorvergleich unabhängig von der Reform der Konkursordnung einführen, ja sogar durch ihn erst Anhaltspunkte für die letztere gewinnen wollte, zu eigen gemacht zu haben, da sie bisher keinen neuen Entwurf vorlegte. Die in den letzten Jahren eingetretene Häufung von Insolvenzfällen[33]) veranlaßte wieder

Konkursrechtes, S. 12 ff., Diskussion der Wiener Juristischen Gesellschaft über den Vortrag des Professors Dr. Frankl, „Wege und Ziele der Konkursrechtsreform" vom 20. und 27. Jänner und 3. Februar 1904 (Allg. österr. Gerichtszeitung 1904 Nr. 6 u. 7).

[32]) Gutachten der Handels- und Gewerbekammern, so Brünn, Plenarsitzung vom 6. November 1905. Prag, Plenarsitzung vom 11. Juli 1905. Reichenberg, Plenarsitzung vom 23. Juni 1905. Wien, Plenarsitzung vom 26. April 1906.

[33]) Das Anwachsen der Konkurse in dem Zeitraum 1910—1912 erhellt aus nachstehender Tabelle:

Jahr	Zahl der aus dem Vorjahre anhängig gebliebenen Konkurse	Zahl der eröffneten Konkurse	Zahl der anhängigen Konkurse	Zahl der beendigten Konkurse	Zahl der am Jahresschluß anhängig gebliebenen Konkurse	Im Vergleiche zum Vorjahr sind zugewachsen + −
1910	1177	1276	2453	1270	1183	— 14
1911	1184	1303	2487	1237	1250	+ 27
1912	1248	1834	3082	1349	1733	+ 531

Die Zahlen sind dem Verordnungsblatte des k. k. Justizministeriums 1911 S. 388, 1912 S. 448, 1913 S. 364 entnommen.

eine lebhafte Agitation für das Zwangsausgleichsverfahren außerhalb des Konkurses und die Geschäftswelt gibt sich der Hoffnung hin, daß die österreichische Regierung bei der bevorstehenden Novellierung des Konkursrechtes auch in diesem Punkte ihren Wünschen Rechnung tragen werde.

III. Seit dem Sechsten Deutschen Juristentage haben folgende Länder ein gerichtliches Zwangsausgleichsverfahren außerhalb des Konkurses eingeführt[34]):

1. England: Bankruptcy Act 1883 (An act to amend and consolidate the Law of Bankruptcy, 25. August 1883, 46 und 47 Vict. c. 52) in Verbindung mit Bankruptcy Act 1890 (An Act to amend the Law of Bankruptcy, 18. August 1890, 53 und 54 Vict. c. 71).

2. Luxemburg: Loi concernant le concordat préventif de la faillite vom 14. April 1886.

3. Belgien: Loi relative au concordat preventif de la faillite vom 29. Juni 1887.

4. Frankreich: Loi portant modification à la Législation des Faillites vom 4. März 1889.

5. Schweiz: Bundesgesetz über Schuldbetreibung und Konkurs vom 11. April 1889.

6. Spanien: Codigo civil vom 24. Juli 1889, Buch IV, Titel 17, Kapitel 1 Artikel 1911 bis 1920. Ley de Enjuiciamiento Civil (Zivilprozeßordnung) vom 3. Februar 1881. Art. 1130—1155.

Der Kreditorenverein zum Schutze der Forderungen bei Insolvenzen in Wien weist für die Jahre 1911—1913 nachstehende Ziffern aus:

Jahr	Zuwachs	Beteiligung K.	Passiven K.	hiervon sind Konkurse
1911	904	11 836 232	42 823 100	270
1912	1805	26 659 749	112 007 594	269
1913	1674	21 798 706	73 091 915	184

[34]) Siehe „Denkschrift", Freund a. a. O. Jaeger, Kommentar zur Konkursordnung, 1912, 2. Bd. S. 314. Kohler, Lehrbuch, S. 293 ff. Lieblich a. a. O. S. 11 ff. und die dort angeführte Literatur. Außerdem siehe noch: Italien: Botturi, Il concordato preventivo; Butera, Moratoria, Concordato preventivo etz.; Sraffa, Questioni sull' omologazione del concordato preventivo; Pagani, Sul concordato preventivo; Saggiotti, La garanzia nel concordato preventivo. Schweiz: Jaeger, Bundesgesetz betreffend Schuldbetreibung und Konkurs; Hotz, Der Nachlaßvertrag des schweizerischen Bundesgesetzes; Paschoud, Le concordat préventif de la faillite.

7. Portugal: Codigo de fallencias (Konkursordnung) vom 26. Juli 1899.

8. Norwegen: Lov om Akkordforhandling (Gesetz über das Akkordverfahren) vom 6. Mai 1899 in der Form der Novelle vom 2. Juni 1906.

9. Ägypten: Code de commerce mixte in der Fassung des Gesetzes vom 26. März 1900.

10. Brasilien: Reform a lei sobre fallencias vom 16. August 1902.

11. Italien: Legge portante disposizioni sul concordato preventivo e sulla procedura dei piccoli fallimenti vom 24. Mai 1903.

12. Dänemark: Lov om Tvangsakkord udenfor Konkurs og om Udvidelse af Adgangen til Tvangsakkord under Konkurs (Gesetz, betreffend den Zwangsausgleich außerhalb des Konkurses sowie die Erweiterung der Befugnis zum Zwangsausgleiche während des Konkurses) vom 14. April 1905.

Gewöhnlich unterscheidet man drei Systeme: das englische, welches auch in Argentinien (Ley sobre juicio de quiebras vom 23. Dezember 1902) gilt, das französische und das belgische, dem die meisten Länder mit größeren oder geringeren Abweichungen gefolgt sind. Der wesentlichste Unterschied zwischen diesen Systemen liegt, wie im Abschnitte E eingehender besprochen werden wird, darin, daß das englische Gesetz die Konkurseröffnung zur Einleitung des Verfahrens erfordert, das französische Recht eine konkursale Liquidierung der Forderungen durchführt, während die anderen Länder von konkursalen Grundsätzen mehr oder weniger absehen.

Der Wandel wirtschaftspolitischer Ideen, der Wunsch der vom Konkurse unmittelbar betroffenen Kreise, sowie die Gesetzgebung des Auslandes verdienen gewiß die vollste Beachtung. Bevor jedoch der Gesetzgeber aus diesen Tatsachen Konsequenzen zieht, muß er prüfen, ob das Ziel für ihn anstrebenswert und erreichbar sei.

B. Wirtschaftliche Nachteile des Konkurses.

I. Die Bewegung zugunsten des gerichtlichen Zwangsausgleichsverfahrens außerhalb des Konkurses entspringt der Unzufriedenheit mit dem Konkurse. „So alt wie der Konkurs, ja noch älter als dieser sind die Klagen, welche die Auseinandersetzung zwischen dem Schuldner und einer Mehrheit von Gläubigern mit sich bringt."[35]) Man hat bisher

[35]) Pollak in der Allg. österr. Gerichtszeitung 1895 Nr. 46.

unter jedem Konkursverfahren mehr oder weniger geseufzt. Labyrintus creditorum nennt sein Buch Salgado de Samoza, „das Verhängnis des gemeinen Konkursrechtes“[36]). Nach Leyser[37]) ist der Konkurs das nach Krieg und Pestilenz größte Übel. Die Konkursgesetzgebung hat in den letzten Jahrhunderten manches gelernt, die Klagen vermochte sie nicht zu beschwichtigen. Fruchtlos erscheint ihr Bestreben, durch häufige Abänderungen zu helfen. Alle Länder zeigen auf dem Gebiete des Konkursrechtes eine auffallende Unstetigkeit. Mit Freuden begrüßt, kann sich keine Reform den ungeteilten Beifall auf längere Zeit erringen; immer wieder treten neue Reformwünsche auf, die kaum erfüllt, nicht befriedigen. Das auf dem Gebiete der Gesetzgebung konservativste Land — England — hat seit 1825 zehn Gesetze auf dem Gebiete des Konkurswesens zu verzeichnen[38]). Wenn andere Länder ihre Konkursgesetze weniger häufig reformieren, so ist dies nicht auf die Zufriedenheit der Interessenten zurückzuführen. In Österreich steht die Reform der Konkursordnung nach dem geltenden Gesetze vom 25. Dezember 1868 seit dem Anfang der siebziger Jahre des vorigen Jahrhundertes auf der Tagesordnung[39]).

Die Unzufriedenheit mit dem Konkurse vermag also keinen genügenden Aufschluß über die Bewegung für den Präventivakkord zu bieten. Vielmehr ist zu untersuchen, warum die Wünsche der Geschäftswelt gerade auf die Einführung dieses Ausgleichsverfahrens[40]) gerichtet sind, eine in Österreich umso auffallendere Erscheinung, als ein gleiches Rechts-

---

[36]) Kohler, Lehrbuch, S. 32.

[37]) Medit. ad pand. spec. Siehe Pollak, Konkursrecht, S. 8.

[38]) Im Jahre 1825 wurden die verschiedenen Konkursgesetze zusammengefaßt und 1831 abgeändert. Darauf folgten die Bankruptcy Law Consolidation Act vom 1. August 1849, die Bankruptcy Act 1861, An act to amend the Bankruptcy Act 1861 vom Jahre 1868, An act to consolidate and amend the Law of Bankruptcy 1869, Bankruptcy act 1883, Deeds of Arrangement Act 1887, Bankruptcy Act 1890, Bankruptcy and Deeds of Arrangement Act 1913. Mittermaier in Goldschmidts Zeitschrift Bd. VIII S. 510 ff., Bd. XIII S. 194 ff., Bd. XV S. 357 ff., Bd. XXX S. 557 ff., Bd. XXXIX S. 538 ff.

[39]) Schon im Jahre 1875 stellte Dr. Johanny als Referent des Advokatentages den Antrag auf Revision des Gesetzes.

[40]) Im folgenden werden wir das gerichtliche Zwangsausgleichsverfahren außerhalb des Konkurses kurz „Ausgleichsverfahren“ nennen. Für dieses Verfahren werden die verschiedensten Bezeichnungen, wie Vorvergleich, Präventivakkord, Präventivkonkordat, Nachlaßvertrag usw. gewählt; die Bezeichnung „Vorkonkurs“ ist zwar sehr üblich, jedoch falsch und irreführend, da sie im Gegensatze zu dem Wesen und Ziele des Ausgleichsverfahrens steht.

institut vor einem halben Jahrhundert bestand und wegen seiner vielen Mängel in die geltende Konkursordnung keinen Eingang fand.

Der XXXI. Deutsche Handelstag in Berlin vom 15. Februar 1905[41]) stellte an die Spitze seiner Resolution zugunsten des Ausgleichsverfahrens folgenden Satz: „Ein Verfahren, welches im Falle der Überschuldung einen gerichtlichen Zwangsvergleich außerhalb des Konkurses und zur Abwendung des Konkurses ermöglicht, ist trotz der Vorzüge der deutschen Konkursordnung ein dringendes Bedürfnis

a) um durch ein billiges, beschleunigtes Verfahren und durch Vermeidung der erzwungenen Realisierung der Masse die durch den Konkurs regelmäßig eintretenden erheblichen Verluste der Gläubiger zu verringern,

b) um den Schuldner ohne Benachteiligung der Gläubiger in seiner wirtschaftlichen Existenz zu erhalten,

c) um einer Schädigung des reellen Handels durch das Angebot der Masse zu Schleuderpreisen — Konkursausverkäufe u. dgl. mehr — vorzubeugen."

Die Wiener Handels- und Gewerbekammer entwickelte in einer Eingabe an den k. k. Justizminister im Jahre 1889 ein umfassendes Programm für eine Reform der Konkursordnung und erkärte an erster Stelle, daß es im allgemeinen Interesse liege, die Konkurseröffnung zu vermeiden und das Scheitern privater Ausgleichsverhandlungen zu verhindern, zu welchem Zwecke es nach Ansicht der Kammer nur einen Weg gebe, die Einführung eines der Konkurseröffnung vorausgehenden Ausgleichsverfahrens[42]).

II. Die Vermeidung der schweren Schäden des Konkurses ist also das Ziel, das die Interessenten mit ihrem Verlangen nach dem Vergleichsverfahren in der Hauptsache anstreben.

Merkwürdigerweise liegen wenige wissenschaftliche Untersuchungen über die wirtschaftlichen Nachteile des Konkurses vor, obgleich es sich um allgemein beklagte und vielfach erörterte Tatsachen handelt. Unseren Zwecken genügt es, den wirtschaftlichen Einfluß der wichtigsten Abschnitte des Konkursverfahrens festzustellen[43]).

---

[41]) Stenographischer Bericht dieses Tages S. 67.

[42]) Gutachten der Wiener Handels- und Gewerbekammer vom 28. Februar 1898 S. 3.

[43]) Nähere Ausführungen siehe bei Schullern-Schrattenhofen, „Die Gesetzgebung über den Gläubigerkonkurs vom Standpunkte der Volkswirtschaft", im 1. Bande der Zeitschrift für Volkswirtschaft, Sozialpolitik und Verwaltung

a) Konkurseröffnung. „Auf dem Gesamtgebiete der streitigen und freiwilligen Gerichtsbarkeit dürfte kein anderes gerichtliches Dekret nachweisbar sein, das an Kraft und Fülle der Rechtswirkungen dem Konkurseröffnungsbeschuß gleichkäme."[44])

1. Die tiefgreifenden Wirkungen dieses Dekretes werfen schon vor seiner Erlassung ihre Schatten voraus. Der Schuldner sucht sich solange als möglich über Wasser zu halten und schreckt vor unzulässigen Machenschaften aller Art, Verschleuderung seines Vermögens, Kreditüberspannung, Begünstigung der Gläubiger usw., nicht zurück. Denn wenn es ihm nicht gelingt, mit den Gläubigern ein Abkommen zu schließen, oder, was ja fast nie anzunehmen ist, die Gläubiger vollständig zu befriedigen, so ist der wirtschaftliche Ruin sein Los für alle Zukunft. Die nicht vollständig befriedigten Gläubiger können seine Erwerbstätigkeit auch nach der Konkursbeendigung immer wieder zum Stillstande bringen. Außerdem erfährt der Schuldner durch die Konkurseröffnung eine Verminderung in seiner sozialen und beruflichen Wertung. In Österreich sind an den kaufmännischen Konkurs besondere diffamierende Folgen geknüpft[45]). Endlich wird der Schuldner der ganzen Strenge des Strafgesetzes unterworfen[46]). In dieser Situation vermag der Schuldner naturgemäß den Angriffen seitens robusterer Gläubiger nur schwachen Widerstand entgegenzusetzen. Alles dieses macht die schlechten Massen, das bedeutende Überwiegen der Passiven und die vielen Absonderungsrechte erklärlich, so daß dann auch wieder ein Vergleich oder Zwangsausgleich im Konkurse erheblich erschwert wird[47]).

2. Durch die Konkurseröffnung wird der Schuldner zum Gemeinschuldner und verliert seine Verfügungsmacht. Am besten von allen Beteiligten mit den Verhältnissen seines Betriebes vertraut, was durch die Tatsache der Krida nicht widerlegt ist, wird er von der

---

1892. Frankl, „Zur Revision des österreichischen Konkursrechtes". Lieblich, „Der Zwangsausgleich ohne Konkurs". Pitreich, „Die Konkursgesetzgebung im Lichte der Konkursstatistik", in Allg. österr. Gerichtszeitung, 1903 Nr. 42. Pollak, „Über das Wirtschaftsproblem der österreichischen Konkursrechtsreform", im XIII. Jahrbuch der Export-Akademie des k. k. österr. Handelsmuseums, Wien 1911. Ferner Bericht der Handels- und Gewerbekammer in Brünn vom 14. Oktober 1912 betr. die Reform des Konkursrechtes.

[44]) Oetker, Konkursrechtliche Fragen, S. 5.

[45]) §§ 246—253 Konkursordnung. Siehe darüber Frankl a. a. O. S. 49 ff.

[46]) § 199 lit. f, § 486 des Strafgesetzbuches. Siehe auch hierüber Frankl a. a. O. S. 45 ff. und spätere Ausführungen dieses Referates.

[47]) Ergebnisse der durch Verteilung beendigten Konkurse in Österreich.

Jahr	Zahl der	Betrag in Kronen der anerkannten	Gesamtbetrag der inventierten Aktiven in Kronen	Betrag des a. der Realisierung der Konkursmassen erzielten Erlöses in Kronen	Rückforderungsansprüche		Forderungen der Realgläubiger		Masseschulden		auf die Konkursgläubiger entfiel aus dem realisierten Masseerlös	
	Forderungen der Konkursgläubiger				absolut in Kronen	in % des Realisierungserlöses	absolut in Kronen	in % des Realisierungserlöses	absolut in Kronen	in % des Realisierungserlöses	in Kronen	in %
1908	24 018	49 442 636	28 256 946	15 809 159	122 233	0,8	8 266 189	52,3	2 391 969	15,1	5 001 589	33,8
1909	24 332	40 790 736	29 255 426	17 228 006	120 007	0,7	8 759 995	50,8	3 058 827	17,8	5 284 908	30,7
1910	27 059	56 853 227	26 312 000	15 140 000	164 000	1,1	7 792 000	51,4	2 948 000	19,5	4 233 000	28,0

Diese Zahlen sind der „Österreichischen Statistik": „Die Ergebnisse des Konkursverfahrens im Jahre 1908 und 1909", Wien 1910 und 1911, sowie der „Österreichischen Justizstatistik, Berichtsjahr 1910", Wien 1913, entnommen.

Konkursabwicklung geradezu ausgeschlossen und auch sonst wie ein „Unmündiger behandelt, als hätte er mit der Konkurseröffnung stets alle Redlichkeit, alle Sachkenntnis und alles Interesse an dem Schicksal seines Vermögens verloren“[48]). Er ist verpflichtet, dem Masseverwalter alle zur Geschäftsführung dienlichen Aufklärungen zu erteilen und ihn bei der Ausführung der getroffenen Verfügungen über Aufforderung tätig zu unterstützen (§ 77 KO.). Die Tatsache, daß dieser gesetzlichen Verpflichtung nur ungern entsprochen wird, steht mit dem Vorschlage, den Schuldner zu allen wichtigen Verwaltungshandlungen heranzuziehen und ihm wenigstens eine beratende Stimme zu gewähren[49]), nicht im Einklange. Der Schuldner hat nur dann an der tunlichsten Aufrechterhaltung der produktiven Kraft seines Vermögens und an dessen guter Verwaltung ein Interesse, wenn er weiß, daß er sein Unternehmen nach Beendigung der Krise weiterführen kann; seinen Gläubigern eine möglichst große

---

Über die Beendigung der Konkurse gibt nachstehende Tabelle Aufschluß:

Jahr	Anzahl der Konkurse	Aufgehoben wurden						Beendigt wurden durch					
		mangels der Mehrheit von Konkursgläubigern		mangels des Vermögens		über Einverständnis der Gläubiger		Vergleich		Verteilung des Massevermögens		Zwangsausgleich	
		Zahl	in %	Zahl	in %	Zahl	in %	Zahl	in %	Zahl	in %	Zahl	in %
1908	1149	41	3,6	285	24,8	142	12,4	1	0,1	613	53,3	67	5,8
1909	1168	51	4,4	309	26,4	132	11,3	7	0,6	606	51,9	63	5,4
1910	1270	67	5,4	311	24,5	170	13,3	7	0,6	647	50,9	68	5,4
1911	1241	44	3,5	346	27,9	180	14,5	7	0,6	604	48,6	60	4,9
1912	1349	66	4,9	369	27,3	201	14,9	11	0,8	637	47,2	65	4,9

Diese Zahlen sind den vorangeführten Statistiken sowie den Justizministerialverordnungsblättern pro 1912 und 1913 entnommen.

[48]) Pollak, a. a. O. S. 251; Cosack in Goldschmidts Zeitschrift, 37. Bd., 1890 S. 583: „Bei der Vergleichung (der Vermögenswerte der Aktiva und Passiva) wird stets ein Aktivposten außer acht gelassen, weil er unschätzbar ist nämlich die Person des Schuldners selbst, ihre Arbeitskraft, ihr Kredit. Nun ist aber dieser Aktivposten von allergrößtem Werte; die tägliche Erfahrung lehrt, daß so mancher Schuldner sich nur durch dieses eine Aktivum von dem Konkurse gerettet hat, und daß er häufig die Rettung verdient und auch jeder der Gläubiger den größten Vorteil davon gehabt hat.“

[49]) Pollak a. a. O. S. 272. Schullern-Schrattenhofen a. a. O. S. 434.

Quote zu verschaffen, ist kein ausreichendes Agens seiner Mitwirkung. Erfahrungsgemäß sucht er schon während der Konkursverhandlung die Grundlagen seiner künftigen Existenz zu gewinnen und wendet sich vom Schauplatze seiner in ihren Resultaten so wenig erfreulichen bisherigen Tätigkeit ab, nicht selten derart, daß sich das Gesetz genötigt sieht, gegen die Flucht vorzusorgen (§ 98 KO.).

3. Die Rechtsbeziehungen des Schuldners werden durch die Konkurseröffnung grundlegend verändert und zerrissen[50]). Der ganze Aufbau seiner Wirtschaft wird revolutioniert. Gerade in einem Momente, da er auch nur einzelne Gläubiger nicht befriedigen kann, werden alle Forderungen gegen ihn fällig. Bestehende Rechtsverhältnisse werden aufgehoben oder in wichtigen Belangen abgeändert (§§ 14—23 KO., Anfechtungsgesetz und §§ 35, 159 Zivilprozeßordnung). Dieser tiefe Eingriff in die wirtschaftliche Lage des Schuldners wird häufig nicht genügend gewürdigt.

b) Das Konkursverfahren. Ist die werbende Kraft der schuldnerischen Tätigkeit ausgeschaltet, so liegt das Vermögen brach und es tritt der Zersetzungsprozeß ein. Zwar legen jetzt Gericht, Masseverwalter und Gläubiger ihre Hände auf die Masse, doch nur um sie festzustellen, zu sichern und zu verwerten. Alle Verwaltungshandlungen dieser Organe, mögen diese noch so gewissenhaft sein, sind davon beherrscht, daß es sich nur um ein Provisorium handelt, daß das Konkursvermögen, insbesondere das Unternehmen des Kridatars in andere Hände übergehen oder einer anderen Bestimmung zugeführt werden soll. Außerdem wird die Geschäftsführung durch die Kontrolle des Richters und der Gläubiger schwerfällig und steht der Aufrechterhaltung der Produktivität im Wege.

1. Der Masseverwalter. Keine Stellung im Konkurse läßt sich mit der des Masseverwalters vergleichen[51]). Seine Bestellung und Amtsführung unterliegt auch der heftigsten Kritik in Theorie und Praxis[52]). Es ist gewiß für den Konkurs wichtig, den möglichst besten Verwalter zu finden, doch muß man mit der Tatsache rechnen, daß „in den meisten Fällen Personen, die aus Gemeinsinn oder aus Interesse für die Sache ohne Erwerbszweck sich einer so mühsamen Tätigkeit widmen, nicht zu finden sein werden. Prävaliert aber der Erwerbszweck, so müßte bei dem

---

[50]) Rintelen in Goldschmidts Zeitschrift 61. Bd. 1908 S. 147 ff.

[51]) Thaller, Des fallites en droit comparé, Bd. II S. 176.

[52]) Jaeger, „Laien als Konkursverwalter" in Leipziger Zeitschrift, 3. Jahrg. Nr. 1 1909. Pollak, „Über die Bestellung des Masseverwalters" in Grünhuts Zeitschrift, 24. Bd. 1897 S. 335.

gewissenhaftesten und pflichteifrigsten Masseverwalter doch ein Handeln contra naturam humani generis vorausgesetzt werden, wenn er seinen Spürsinn aufbieten sollte, um zum Nachteile des eigenen Erwerbes nach Vereinfachung zu streben."[53])

2. Gläubigerausschuß und Gläubigerversammlung. Zwischen diesen sind die Funktionen derart verteilt, daß der Ausschuß die normalen Verwaltungsgeschäfte zu leiten und zu überwachen hat, während der Gläubigerversammlung die wichtigeren Verwaltungsgeschäfte, insbesondere die Wahlen und die Kostenfestsetzung vorbehalten sind. Es unterliegt keinem Zweifel, daß die Absichten des österreichischen Gesetzes im Hinblicke auf die Gläubigerautonomie nicht erfüllt werden[54]). Dennoch besteht wenig Aussicht auf eine gründliche Besserung; immer werden die „nicht bequemen" Gläubiger die Übermacht gewinnen. Die Nichtbenützung der weitreichenden Gläubigerautonomie kann ein neues Gesetz kaum ändern. Die Abschwächung dieses Selbstbestimmungsrechtes der Gläubiger verlegt das Schwergewicht der Verwaltung auf den Masseverwalter und das Konkursgericht.

3. Das Konkursgericht übt seine Gerichtsbarkeit im Wesen durch den Konkurskommissär aus, dem die Verfahrensleitung und die regelmäßige Beaufsichtigung des Masseverwalters obliegt; besonders wichtige Akte sind jedoch dem übergeordneten Konkurssenate beim Gerichtshofe vorbehalten. Der Konkurskommissär muß sich mehr oder weniger darauf beschränken, die Rechte der Gläubiger in ihrer Gesamtheit zu wahren, Umtrieben vorzubeugen und den wahren Willen der gesamten Gläubigerschaft zur Geltung zu bringen. Erfordert dies schon eine große Vertrautheit mit dem geschäftlichen Leben, die man im allgemeinen bei Richtern nicht voraussetzen darf, so bleibt dem Richter eine wirksame Teilnahme an der Administration in vielen Fällen versagt; denn „die Gerichte sind keine zur Verwaltung geeigneten Organe"[55]).

c) Die Realisierung. Die wichtigste Verwaltungshandlung im Konkurse ist die Realisierung; sie bildet eine der erheblichsten Schadensquellen[56]). Durch die Realisierung werden vorhandene Affektions-

---

[53]) Pitreich a. a. O. S. 338.

[54]) Pollak, in Juristische Blätter 1895 Nr. 52 und in Allg. österr. Gerichtszeitung 1905 Nr. 37.

[55]) Frankl a. a. O. S. 27.

[56]) Pitreich a. a. O. S. 333 ff.

Zur Verteilung unter die Konkursgläubiger aller Rangsklassen verblieben in Prozenten:

werte vernichtet, Gütern mit bisher überwiegendem Gebrauchswerte ihr geringerer Tauschwert aufgedrängt und es gehen die aus der Komplementarität entspringenden Wertzuschläge mehr oder weniger verloren[57]). Mögen auch diese Ursachen für die Volkswirtschaft im allgemeinen eine gewisse Bedeutung besitzen, so erscheint doch die Art und das Tempo der Durchführung des Verfahrens ausschlaggebend. Die Konkursordnung nimmt zwar an, daß „der eigene Vorteil der Gläubigerschaft genügende Gewähr für die Wahl der ökonomisch vorteilhaftesten Verwertung biete (§§ 142, 145, 146 KO.)"[58]), doch schreibt sie vor, daß nach Abhaltung der allgemeinen Liquidierungstagfahrt das Realisierungsgeschäft mit tunlichster Beschleunigung zu betreiben und zu Ende zu führen sei. Man kann Konkursvermögen, das in Geld zu verwandeln ist, nicht zum Spekulationsobjekt machen und einen passenden Zeitpunkt für die Realisierung abwarten, da ja die Masse mit der Dauer des Konkurses eine progressiv steigende Entwertung erfährt und die Kosten des Verfahrens anwachsen. Der Kontrahent ist immer in der Lage, die Zwangslage der Masse mehr oder weniger auszunützen. Diese Erscheinung ist der Konkursgesetzgebung nur zum geringsten Teile zuzuschreiben. Keine Konkursordnung wird diese, ökonomischen Gesetzen unterliegende Frage zweckmäßig regeln können. In der Hauptsache kommt es auf die Geschicklichkeit der mit der Konkursverwaltung betrauten Organe sowie auf zufällige Verwertungsmöglichkeiten an.

d) Dauer und Kosten des Verfahrens. Auch auf diese übt die Qualifikation der Verwaltungsorgane den größten Einfluß. In der Hand untauglicher Funktionäre werden die besten Vorschriften nichts nützen. Im allgemeinen kann man sagen, daß die Konkurse nicht zu lange dauern[59]). Das Verfahren ist natürlich umso kürzer, je geringer die

---

Jahr, bezw. Durchschnitt	der inventierten Aktiven	der realisierten Aktiven	des Massevermögens nach Abzug der Spezialmassen	der anerkannten Forderungen
1891—1895	21.3	36.6	65.8	14.9
1896—1900	22.5	34.0	63.1	16.5
1901—1905	19.9	30.4	62.5	18.2
1906—1910	20.7	33.—	74.7	12.9
1910	16.1	28.—	58.9	7.4

Aus der Österreichischen Justizstatistik, Berichtsjahr 1910, Wien 1913, S. 153.

[57]) Schullern-Schrattenhofen a. a. O. S. 425 ff.

[58]) Frankl a. a. O. S. 37.

[59]) Von den durch Masseverteilung beendeten Konkursen in Österreich dauerten in den Jahren 1907—1910:

Masse ist, anderseits werden in den größeren Konkursen bessere Ergebnisse erzielt. Endgültige Schlüsse lassen sich aus der Konkursstatistik nicht gewinnen und durch auf die Abkürzung gerichtete gesetzliche Normen werden nennenswerte Vorteile kaum zu erreichen sein. Eine Überhastung der Realisierung dürfte vielmehr die Gläubigerquoten ungünstig beeinflussen.

Die Klage über die unverhältnismäßigen Kosten betrifft vorwiegend nur die geringwertigen Konkurse. An sich ist die absolute Höhe der Kosten kein Moment, das die Quote empfindlich beeinflußt[60]).

e) Beendigung des Konkurses. Dieses Stadium des Konkurses bietet keinen Anlaß zu besonderen Schädigungen, doch treten erst da die schweren wirtschaftlichen Nachteile des Konkurses zutage. Eine der wirksamsten Ursachen schlechter Konkursquoten ist die Durchbrechung der par conditio creditorum durch die Ansprüche der Absonderungsberechtigten[61]). Die Konkursordnung vermag da nicht viel zu bessern.

Jahr	Anzahl der Konkurse	bis 3 Monate	bis 6 Monate	bis 1 Jahr	bis 2 Jahre	über 2 Jahre
1907	1180	243	238	386	220	93
1908	1149	207	204	352	287	99
1909	1168	239	193	341	295	100
1910	1270	254	233	353	297	133

Die Zahlen sind entnommen der „Österreichischen Statistik": „Die Ergebnisse des Konkursverfahrens in den Jahren 1907, 1908, 1909", ferner der „Österreichischen Justizstatistik", 1913.

[60]) Näheres siehe Pitreich a. a. O. S. 334 ff. Die Kosten des Konkursverfahrens betrugen bei den durch Verteilung beendigten Konkursen in Prozenten:

Jahr, bezw. Durchschnitt	der anerkannten Forderungen	der inventierten Aktiven	der realisierten Aktiven	der unter die Konkursgläubiger verteilten Summen
1891—1895	7.6	10.9	19.9	51.4
1896—1900	8.7	11.8	17.8	53.0
1901—1905	8.5	9.3	14.2	46.6
1906—1910	5.2	8.4	13.3	49.0
1910	4.3	9.4	16.3	58.4

Die „Österreichische Justizstatistik", Berichtsjahr 1910, welcher diese Zahlen entnommen sind, „bestätigt die schon wiederholt zutage getretene Beobachtung, daß sich die Kosten bei Konkursen mit kleinen Vermögensmassen relativ höher stellen als bei jenen mit großen Vermögensmassen".

[61]) Vom Erlös des gesamten beweglichen Vermögens entfielen auf Mobiliarpfandrechte in den Jahren 1908 7.4%, 1909 13.9%, 1910 11.5%. Vom Erlös des unbeweglichen Vermögens entfielen auf Hypothekarforderungen in den Jahren 1908 89%, 1909 89.8%, 1910 86%. Bei den durch Verteilung beendigten Konkursen erhielten die Konkursgläubiger III. Klasse Prozente ihrer anerkannten Forderungen:

Im übrigen kommt dieses Moment für unsere Untersuchung weniger in Betracht, da sich der Zwangsausgleich immer nur auf die nicht bevorrechtigten Gläubiger bezieht[62]). Als Beendigungsart des Konkurses hat der Zwangsausgleich die Konkurseröffnung mit allen dieser nachfolgenden Schädigungen zur Voraussetzung und bedeutet im Effekte nur eine Abkürzung des Verfahrens[63]).

III. In dieser Auseinandersetzung wurde auf Vorschläge für die Reform der Konkursordnung nicht eingegangen. Zunächst würde hierdurch der zur Verfügung stehende Raum über Gebühr in Anspruch genommen. Ferner lehrt die Geschichte in unwiderleglicher Weise, daß auch eine Reform die schwersten Mängel des Konkurses nicht zu beseitigen vermag. Man war bisher mit keinem Konkursverfahren zufrieden und wird es auch in Zukunft nicht sein. „Jeder Konkurs ist eine sehr schlimme Sache."[64]) Ob man wie im Zwölftafelrechte den Schuldner in Stücke schneidet und dann den Gläubigern den Zugriff auf das schuldnerische Vermögen gestattet[65]), oder ob, wie jetzt, die wirtschaftliche Existenz des Schuldners aufgehoben und sein Vermögen behufs allerdings peinlich

	Zahl der Fälle in den Jahren		
	1908	1909	1910
bis zu 1%	126	10	20
1— 10%	189	156	103
10— 25%	155	149	224
25— 50%	109	91	204
50— 75%	21	38	63
75—100%	13	61	63

Diese Zahlen sind den in Anmerkung 47 angeführten Statistiken entnommen.

[62]) Oetker a. a. O. S. 37.

[63]) Zahl der durch Zwangsausgleich (§ 207 KO.) beendigten Konkurse, in welchen die Forderungen der Gläubiger III. Klasse befriedigt wurden, in Prozenten in den Jahren:

	1908	1909	1910
bis zu 1%	1	—	—
1— 10%	21	5	11
10— 25%	18	9	5
25— 50%	1	2	1
50— 75%	1	1	—
75—100%	—	—	—
unbekannt	25	46	51

[64]) Renouard zitiert bei Freund a. a. O. S. 372.

[65]) Kohler, Lehrbuch, S. 3 ff. Schwarz, Das österr. Konkursrecht, S. 3 ff.

gerechter Verteilung an die Gläubiger zertrümmert wird, bildet nur einen quantitativen Unterschied. Endlich ist unser Problem nicht darauf gerichtet, ob Konkurs oder Zwangsausgleich ohne Konkurs. Diese Revolution auf dem Gebiete des Konkursrechtes wird von niemandem gefordert. Es wird dem Konkursverfahren auch nicht die Verbesserungsfähigkeit abgesprochen. Wohl aber dringt die Ansicht immer mehr durch, daß der Konkurs an in seinen Prinzipien liegenden Mängeln leide, deren Vermeidung gewiß von allen Seiten gewünscht wird. Über diese Mängel sind auch alle beteiligten Kreise einig, wie ja in der Regel die Negation die erfolgreichere Seite der Kritik ist. Schwieriger wird es, ein Urteil über die Bedeutung und Wirkung des vorgeschlagenen Heilmittels zu gewinnen.

C. Mängel der außergerichtlichen Ausgleiche.

I. Bei Vorhandensein des gewöhnlich „materieller Konkurs" genannten Zustandes entsteht nach unserem positiven Rechte der Anspruch, daß Konkurs sei, der Konkursanspruch[66]). Will man, daß nicht Konkurs sei, so darf der Konkursanspruch nicht wirksam werden. Es muß ein Antrag auf Konkurseröffnung (§§ 62, 63, 64, 198 KO.) oder die Anzeige über die Zahlungseinstellung (§ 194 KO.) unterbleiben, der Zustand „materieller Konkurs" muß beseitigt werden, damit es nicht zur Konkurseröffnung komme. Der Schuldner arrangiert sich mit seinen Gläubigern. Dieser Ausgleich trägt den Charakter einer freien Vereinbarung des Schuldners mit jedem einzelnen Gläubiger. Jeder Gläubiger kann für sich jene Bedingungen festsetzen, die er kraft seiner wirtschaftlichen Macht oder aus sonstigen Gründen zu erreichen vermag. Es ist in diesem Falle auch gleichgültig, aus welchen Mitteln die Gläubiger befriedigt werden. Der Schuldner behält rechtlich die volle Dispositionsfreiheit über sein Vermögen, das nicht realisiert und verteilt wird. In den meisten Fällen gelingt es überdies, die wirtschaftliche Existenz des Schuldners zu erhalten. Es entfallen also wichtige Schadensquellen des Konkurses, womit die Interessen des Schuldners, der Gläubiger und der Allgemeinheit am besten gewahrt werden. Dies kommt auch in den Quoten außergerichtlicher Arrangements zum Ausdrucke, wie nachstehende

---

[66]) Oetker a. a. O. S. 59.

Statistik des Kreditorenvereines
zum Schutze der Forderungen bei Insolvenzen in Wien
über die von ihm in den Jahren 1902—1913 erledigten Fälle

Jahr	durch außergerichtlichen Ausgleich			durch Ausgleich im Konkurse und Zwangsausgleich					durch Verteilung der Konkursmasse			Anmerkung
	Fälle	Kronen	Durchschnittsquote in %	Fälle	darunter Zwangsausgleiche	Kronen	Durchschnittsquote in %	speziell bei den angeführten Zwangsausgleichen	Fälle	Kronen	Durchschnittsquote in %	
1902	597	6 138 935	51.7	94	5	1 247 012	38.2	32.3	204	1 401 358	17.5	
1903	548	7 163 229	50.3	80	7	1 232 839	40.1	23.9	201	1 603 561	16.1	
1904	468	6 060 739	48.2	77	4	1 206 151	37.6	25.9	220	1 606 607	15.9	
1905	638	9 857 906	50.3	93	9	1 939 148	38.1	28.4	175	1 726 954	16.5	
1906	502	6 356 119	53.3	78	5	1 371 868	41.4	19.5	209	2 403 901	17.4	
1907	521	6 975 772	50.2	68	4	1 286 288	36.6	25.7	146	2 446 879	16.8	
1908	535	6 992 462	49.6	69	19	2 182 850	38.3	27.5	179	1 908 997	18.6	
1909	559	7 608 211	47.1	73	9	1 532 263	36.4	30.5	132	1 124 731	17.9	
1910	497	7 051 448	49.0	81	14	1 618 566	35.2	32.1	135	1 577 967	16.8	
1911	466	7 155 106	51.6	78	10	1 483 256	35.7	29.2	156	2 367 520	17.9	
1912	675	10 405 798	54.0	84	12	2 045 958	45.1	22.9	152	1 771 854	13.5	
1913 *)	891	17 005 371	53.9	97	7	2 164 514	37.0	28.7	77	1 048 032	12.5	

*) Bloß in den ersten neun Monaten dieses Jahres.

beweist.

Eine dem Rechenschaftsberichte des Kreditorenvereines für die Gold-, Silberwaren- und Uhrenindustrie in Pforzheim entnommene Tabelle zeigt folgende Durchschnittsquoten für die Jahre 1902—1912 in Prozenten.

a) für Ausgleiche: 54.62, 41.68, 51.32, 51.33, 34.60, 51.41, 38.06, 50.65, 48.70, 44.51, 41.30;

b) für Konkurse: 10.93, 19.58, 22.63, 16.23, 12.02, 13.49, 23.13, 12.02, 16.45, 23.05, 22.04.

Seit Bestehen dieses Kreditorenvereines betragen die Durchschnittsdividenden für Ausgleiche 47,18%, für Konkurse 19,45%.

Die angeführten Zahlen darf man jedoch nicht kritiklos hinnehmen. Zunächst handelt es sich um Mitteilungen von Gläubigerorganisationen, welche sich nur auf die von ihren Mitgliedern erzielten Quoten beziehen; ob alle Gläubiger die gleichen Quoten erhalten haben, ist damit noch nicht festgestellt. Ferner kommen außergerichtliche Ausgleiche erfahrungsgemäß meist in solchen Fällen zustande, welche von Anfang an bessere Chancen für die Gläubiger bieten. Die Quoten werden häufig durch Leistungen von Verwandten oder sonstigen dem Schuldner nahestehenden Personen verbessert, auch die Ehefrau macht ihre vermögensrechtlichen Ansprüche nicht geltend. Ferner sind das Verhältnis der Aktiven zu den Passiven, die Höhe der Absonderungsansprüche und sonstige Umstände zu berücksichtigen. Ein zweifelloser Beweis über die Vorteile der außergerichtlichen Arrangements kann nur durch individuelle Prüfung des einzelnen Falles erlangt werden[67]).

Dennoch lassen die vorstehenden Zahlen den Schluß zu, daß die Quoten bei den außergerichtlichen Ausgleichen am höchsten sind. Diese leiden jedoch an so erheblichen Mängeln, daß mit Recht von einer „wilden Ausgleichsmacherei"[68]) gesprochen wird. Weil jeder Gläubiger die Bedingungen unabhängig von den anderen festsetzen kann, tritt eine Ungleichmäßigkeit in der Befriedigung ein. Jeder einzelne Gläubiger muß fürchten, daß er schlechter als der andere abschneide, ja sogar, daß sich andere Gläubiger bessere Ausgleichsbedingungen auf seine Kosten verschaffen. Auch besteht keine Sicherheit dafür, daß die Leistung des Schuldners seiner Vermögenslage angemessen sei, daß er Aktiven und Passiven richtig angegeben habe und die Gläubiger nicht verkürze. Während der Ausgleichsverhandlungen kann der Schuldner auch die Masse verschlechtern, Vermögen beiseite schaffen, Geschäfte eingehen oder Rechts-

---

[67]) **Pitreich** a. a. O. S. 337.

[68]) **Frankl**, Vortrag in der Wiener juristischen Gesellschaft vom 20. Jänner 1904, Allg. österr. Gerichtszeitung 1904 Nr. 6 S. 48.

getrieben, daß ein Londoner Richter (Kerr) in öffentlicher Sitzung sagen konnte, die Hälfte aller Vergleiche sei Schurkerei."[74]) Ein Verbesserungsgesetz, An act to amend the Bankruptcy Act 1861 vom 31. Juli 1868, unterwarf Schuldner und Gläubiger schriftlichen Eiden. Doch auch dies scheint keine wirksame Abhilfe gebracht zu haben. Denn der Entwurf zu einem neuen Konkursgesetze, An act to consolidate and amend the Law of Bankruptcy vom 9. August 1869, enthielt keinen außergerichtlichen Vergleich mehr. Die Mehrheit des Parlamentes beschloß jedoch entgegen der Ansicht des Attorney General, daß nach der großen Vereinfachung des Verfahrens kein Bedürfnis mehr für den Zwangsvergleich vorliege, den gerichtlichen und außergerichtlichen Vergleich mit bindender Kraft für die Minorität in das Gesetz aufzunehmen[75]). Der außergerichtliche Vergleich (Composition) wurde jedoch vom Gerichte nur formell geprüft und erlangte mit der Registrierung bindende Kraft für alle im Verzeichnis angeführten Gläubiger. Der Erfolg dieses Verfahrens war ein kläglicher. Der Vertrauensmann des Schuldners wußte die Vertretung der Gläubiger zu erlangen, womit dem Betrug und Schwindel die Bahn freilag[76]). Die unbeschränkte Autonomie der Gläubiger führte zur einstimmigen Verurteilung des Gesetzes. „No man, who was properly conscious of his duty to his family would ever think, under the existing law of paying twenty shillings in the pound.“[77]) Das Gesetz wurde beseitigt und seither ist ein Zwangsvergleich ohne Aufsicht des Gerichtes auch in England nicht mehr geschaffen worden. Charakteristisch für den Geist der englischen Gesetzgebung ist es, daß sie auf die Regelung außergerichtlicher Ausgleiche, Arrangements outside the Court, nicht verzichtet, sondern ihnen nur die Zwangswirkung aberkannt hat. Letztere bleibt dem über jeden Konkursantrag einzuleitenden Vergleichsverfahren vorbehalten. Obgleich sich nicht an die dem Konkursantrage folgende receiving order, sondern erst an die eigentliche Konkurserklärung (adjudication) Ehrenminderungen (disqualifications) knüpfen und der Schuldner im Konkurse eine discharge, d. i. die Befreiung von seinen Verbindlichkeiten ohne Zustimmung der Gläubiger erhalten kann, war bald nach Erlassung der Bankruptcy Act 1883 ein solches Anwachsen der außergerichtlichen Arrangements zu verzeichnen, daß eine Regelung durch die Deeds of arrangements Act 1887

[74]) Mittermaier in Goldschmidts Zeitschrift Bd. XIII 1869 S. 196.

[75]) Mittermaier in Goldschmidts Zeitschrift Bd. XV S. 376.

[76]) Mittermaier in Goldschmidts Zeitschrift Bd. XXX S. 557.

[77]) Denkschrift S. 15. Freund a. a. O. S. 311.

notwendig wurde. Die auf Grund dieses Gesetzes geschlossenen Vergleiche sind außergerichtlich, verbinden nur die zustimmenden Gläubiger und sind ohne Registrierung nichtig[78]).

---

[78]) Ein an die Handels- und Gewerbekammer in Brünn gerichtetes Schreiben eines bedeutenden Londoner Rechtsanwalts enthält interessante Ausführungen über die Voluntary arrangements outside the Court. Unter anderem wird folgendes mitgeteilt: Die deeds of arrangements wurden nach Erlassung des Gesetzes vom Jahre 1883 häufiger; insbesondere hat sich die Mitwirkung eines Trustee sowie eines Gläubigerkomitees als überaus wertvoll erwiesen. Die großen Kaufleute gehören gewöhnlich einer Assoziation an, welche einige Chartered Accountants und auch einen Solicitor beschäftigen. Wenn nun ein Kaufmann seine Verbindlichkeiten nicht erfüllen kann, untersucht der Accountant seine Geschäfte und wenn auf Grund des Verhaltens des Schuldners eine gerichtliche Intervention notwendig oder wünschenswert ist, so läßt man ihn eben in Konkurs gehen. Findet man jedoch, daß seine Lage lediglich auf Unglück zurückzuführen ist, dann beruft seine Organisation eine Gläubigerversammlung, die sich gewöhnlich für ein außergerichtliches Arrangement entscheidet. Der Solicitor bereitet den Vergleich vor und führt ihn der Registrierung zu. Der Trustee, der im Wesen dieselben Verwaltungsbefugnisse wie der Official receiver oder ein Trustee im gerichtlichen Konkurse besitzt, kann das Geschäft mit Unterstützung des Gläubigerkomitees fortführen und auch den Schuldner in die Lage setzen, seine Gläubiger zu befriedigen und seine Position aufrecht zu erhalten. Allerdings gibt es zahlreiche Fälle, in welchen skrupellose Schuldner diese außergerichtlichen Arrangements benützen, um einen verlängerten Zahlungsaufschub zu erlangen oder sogar ihre Gläubiger insgesamt zu schädigen. Dies wird dadurch begünstigt, daß die Trustees keine Sicherheit für das in ihre Hand gelangende Geld gewähren müssen. Nur einmal im Jahre haben sie dem Board of Trade für statistische Zwecke Bericht zu erstatten. Eine Kontrolle oder irgendeine Einwirkung dieses Handelsamtes ist ausgeschlossen. Ein zweiter Übelstand ist folgender. Die Exekution dieses Arrangements bildet einen act of bankruptcy und jeder Gläubiger hat es in der Hand, den Schuldner innerhalb dreier Monate nach der Vollziehung des Vergleiches zum Bankrotteur zu machen. Naturgemäß benützen zahlreiche Gläubiger diesen Umstand dazu, um sich direkt oder indirekt bessere Bedingungen zu sichern und ohne diese ihre Zustimmung zum Arrangement zu verweigern.

Eine Abänderung in dieser Hinsicht wird normiert durch die am 14. April 1914 in Geltung tretende Bankruptcy and Deeds of Arrangements Act 1913, von welchen die außergerichtlichen Arrangements in folgenden Punkten besonders berührt werden:

1. Der Vergleich muß innerhalb 7 Tagen registriert werden, doch bleibt er ungültig, wenn nicht innerhalb 21 Tagen nach der Registrierung oder innerhalb einer vom Gerichte erweiterten Frist der Vergleich die Zustimmung der Majorität der Zahl und des Wertes der Forderungen der Gläubiger erhalten hat.

2. Der Trustee muß eine gesetzliche Erklärung vorlegen, ob diese Majorität der Gläubiger erreicht wurde, und gleichzeitig muß er Sicherheit für seine Empfänge leisten.

handlungen vornehmen, die im eventuell nachfolgenden Konkurse nicht mehr anfechtbar sind. Der schwerwiegendste Übelstand liegt darin, daß der Schuldner während der Ausgleichsverhandlungen Exekutionsführungen ausgesetzt ist, die ihn zur Konkurseröffnung oder zur Begünstigung des andringenden Gläubigers nötigen. Nicht selten scheitern die Verhandlungen am Widerstande einzelner Gläubiger, die entweder prinzipiell keinen Ausgleich eingehen und so auf dem Altar der Geschäftsmoral ihre Opfer bringen, oder sich überhaupt um die Sache nicht kümmern und gewohnt sind, insolvente Schuldner rasch aus ihren Büchern zu streichen oder nur unter besonderen Begünstigungen sich auf einen Ausgleich einlassen oder aus sonstigen Gründen für den Ausgleich nicht zu haben sind. Die „Akkordstörer“ bilden den Gegenstand lebhaftester Klagen seitens der Geschäftswelt[69]).

II. Die vorgebrachten Mängel der außergerichtlichen Arrangements sind im Wesen darauf zurückzuführen, daß es an einer Organisation der Gläubiger und am Zwange zum Ausgleiche fehlt. „Zwang zum Ausgleiche“ ist ein schiefer Ausdruck. Eine Pflicht zur Teilnahme am Konkurse besteht nicht[70]) und ebensowenig kann man jemanden zwingen, sich an den Ausgleichsverhandlungen in irgendeiner Form zu beteiligen. Es erscheint vielmehr nur notwendig, auch die nicht zustimmenden Gläubiger an die zwischen Schuldner und organisierter Gläubigerschaft geschlossenen Vereinbarungen zu binden.

Den Mängeln der Organisation der Gläubiger suchen Kreditschutzvereine, Kreditorenvereine usw. abzuhelfen. Sie verständigen ihre Mitglieder von Insolvenzen und leiten Verhandlungen mit dem Schuldner ein, jedoch nur für ihre Mitglieder, während es den anderen Gläubigern überlassen bleibt, sich in beliebiger Weise zu schützen. Auch kann jeder Gläubiger, soweit er nicht durch die Zugehörigkeit zu einer derartigen Organisation gebunden ist, seine Rechte unabhängig von den Ausgleichsverhandlungen geltend machen. Der Schuldner kann ebenfalls eine Organisation seiner Gläubiger ad hoc ins Leben rufen, indem er sie zu Verhandlungen einlädt, in denen dann weitere Beschlüsse ge-

---

[69]) Interessante Zahlen über den verderblichen Einfluß dieser Akkordstörer bieten insbesondere die Zusammenstellungen des Schutzvereines der Berliner Bauinteressenten (Treuhandabteilung) und der Vereinigung der Fabrikanten und Großhändler der Textil- und verwandten Branchen in Elberfeld, welche dem Herrn Staatssekretär des deutschen Reichsjustizamtes im Jahre 1913 vorgelegt wurden.

[70]) Pollak, Konkursrecht S. 31.

faßt werden. Gewöhnlich handelt es sich da um Konventionalmoratorien, Prüfung des Status, eventuell auch um eine Beaufsichtigung des Schuldners. Vielfach übergibt der Schuldner einem Unterhändler die Zustandebringung des Ausgleiches; dieser Vertreter des Schuldners verhandelt dann mit jedem einzelnen Gläubiger. Alle diese Arten von Ausgleichsarrangements leiden an den bereits dargelegten Mißständen. Die planmäßige Aufteilung des Schadens[71]) ist bei solchen Privatausgleichen kaum durchführbar, ein Zwang aber ausgeschlossen.

III. Behufs Organisation der Gläubiger und zur Ausübung des Zwanges fordern die Interessenten die Intervention des Gerichtes. So sagt der XXXI. Deutsche Handelstag: „Das Verfahren zur Herbeiführung eines gerichtlichen Zwangsvergleiches außerhalb des Konkurses ist vom Gerichte zu eröffnen und in kürzester Frist durchzuführen"[72]). Die Wiener Handels- und Gewerbekammer wünschte im Jahre 1889: „Über die Zahlungseinstellung des Gemeinschuldners haben über dessen Antrag die zur Konkurseröffnung berufenen Gerichte das Ausgleichsverfahren einzuleiten und kundzumachen"[73]).

Vom Gesichtspunkte „Schutz des außerkonkursalen Ausgleiches" scheint eine Intervention des Gerichtes unbedingt notwendig. Die englische Bankruptcy Act 1861 hat einen völlig außergerichtlichen Zwangsausgleich mit Wirkung gegen die nicht zustimmende Minderheit gekannt. Wenn die einfache Mehrheit aller Gläubiger, deren Forderungen sich auf mindestens 10 Pfund beliefen, und die Dreiviertelmehrheit der Schuldenmasse einverstanden war, wurde der Vertrag binnen 28 Tagen beim Konkursgerichte registriert und kundgemacht. Der Schuldner konnte wegen der bisherigen Schulden nicht mehr in Konkurs kommen. Es war nicht „die geringste Vorkehr dagegen getroffen, daß der Schuldner nicht mit untergeschobenen Gläubigern unter der Decke spiele. Wenn es auch den geprellten Gläubigern unbenommen blieb, den ohne sie abgeschlossenen Vergleich mit der Erklärung anzufechten, daß ihm die gesetzlichen Erfordernisse fehlen, so wurde doch solcher Mißbrauch mit diesen Vergleichen

---

[71]) Mataja, Das Recht des Schadenersatzes vom Standpunkte der Nationalökonomie, 1888 S. 70 erklärt, das Recht des Konkurses bezwecke eine planmäßige Schadenverteilung bei Insolvenzfällen. Wie aus den folgenden Darlegungen erhellt, wird dieser Zweck viel eher durch das Ausgleichsverfahren als durch den Konkurs erfüllt, der prinzipiell zur Verteilung des schuldnerischen Vermögens führt.

[72]) Stenographisches Protokoll S. 67.

[73]) Gutachten S. 3.

Der völlig außergerichtliche Zwangsausgleich hat sich also in England nicht bewährt und ist anderen Gesetzgebungen unbekannt. Auch für Österreich kann er nicht in Frage kommen. Der Bestand und die Höhe eines Anspruches kann von Gläubigern mit noch so großer Majorität (wenn auch nur behufs Klarstellung des Stimmrechtes) nicht entschieden werden[79]).

---

3. Das Handelsamt kann in gewissen Fällen die Rechnungen des Trustee prüfen und der Trustee muß alle 6 Monate Teilleistungen an jene Gläubiger gewähren, welche dem Arrangement zugestimmt haben.

4. Der Trustee macht sich eines unzulässigen Verhaltens schuldig und ist strafbar, wenn er einem oder mehreren Gläubigern mehr bezahlt als den übrigen.

Das neue Gesetz wird zweifellos einen heilsamen Schutz gegen Handlungen bieten, welche die Gläubiger zu schädigen geeignet sind.

Eine andere wichtige Veränderung ist, daß es in Zukunft strafbar sein wird, wenn ein Bankrotteur, dessen Schulden 100 Pfund übersteigen, keine ordentlichen Rechnungsbücher geführt hat, es sei denn, daß diese Unterlassung ehrenhaft und entschuldbar sei. Diese Vorschrift soll erst im Jahre 1916 in Wirksamkeit treten.

Ob die neuen Vorschriften, insbesondere die Abkürzung des Zustimmungsrechtes der Gläubiger einen Nachteil mit sich bringen werden, bleibt fraglich; der Schuldner wird diese Frist voraussichtlich als zu kurz finden oder erpresserischen Versuchen seitens der Gläubiger noch mehr als bisher ausgesetzt sein. Allerdings sucht man Sonderbegünstigungen durch die Bestrafung des Trustee und des Schuldners zu verhindern. Im übrigen ist es selbstverständlich, daß keine Gesetzgebung gegen alle möglichen Fälle von Mißbrauch vorsorgen kann. Es ist schwer, wenn nicht unmöglich, eine allgemeine Regel aufzustellen; so viel kann jedoch mit Sicherheit gesagt werden, daß in der weitaus größten Mehrzahl der Fälle, wenn der Schuldner ehrenhaft und seine Zahlungsunfähigkeit auf Unglück zurückzuführen ist, die allgemeine Meinung unter den Kaufleuten die außergerichtlichen deeds of arrangement vorzieht; denn der Schuldner vermeidet den Schimpf (slur) des Bankrottes, die Gläubiger können sich in einem Arrangement besser befriedigen und den Schuldner erhalten.

[79]) Pollak, „Vorkonkurs" in Allg. österr. Gerichtszeitung 1895 Nr. 46 S. 390. Der § 28 des Ausgleichsverfahrens v. 17. Dezember 1862 bestimmte folgendes: „Die Forderungen, welche angemeldet wurden, hat der Gläubigerausschuß unter der Leitung des Gerichtskommissärs genau zu prüfen und zu beurteilen, ob und in welchem Betrage jede derselben geeignet sei, bei der Ausgleichung als richtig anerkannt zu werden.

Jene angemeldeten Forderungen, welche der Ausschuß zur Anerkennung geeignet hält, haben bei der Ausdehnung als richtig anerkannt zu gelten; es wäre denn, daß der Gerichtskommissär Bedenken gegen ihre Richtigkeit hätte, oder sie nicht im Rechte gegründet fände. Beharrt in solchem Falle der Ausschuß auf seiner Anerkennung, so hat der Gerichtskommissär den Gegenstand

Kein Interessent müßte sich einem solchen Spruche fügen, welcher, um wirksam zu sein, nur von einer Behörde ausgehen kann. Es bedarf wohl keiner weitläufigen Ausführungen, daß im vorliegenden Falle nur die Gerichte als Spruchinstanz in Betracht kommen.

IV. Diese gerichtlichen Erkenntnisse können auf zwei Wegen gewonnen werden, durch die dem englischen Rechte eigentümliche discharge und auf Grund eines Zwangsausgleiches. Bei ersterer[80]) unterliegt die Befreiung des Schuldners von seinen Verbindlichkeiten dem freien Ermessen des Gerichtes, muß jedoch unter gewissen Voraussetzungen von bestimmten Bedingungen abhängig gemacht, in anderen Fällen vollständig versagt werden. Es ist dies ein ziemlich kompliziertes, nur aus der englischen Gesetzgebung und der Stellung des englischen Richters erklärbares Institut, welches für unser Recht, vorläufig wenigstens, nicht in Betracht kommt, sich aber übrigens vom Zwangsausgleich im Wesen nicht zu sehr unterscheidet. Gerichtlicher discharge und gerichtlichem Erkenntnis auf Grund des Zwangsausgleiches ist gemeinsam, daß der Schuldner von seinen Verbindlichkeiten durch gerichtlichen Ausspruch befreit wird. Der Unterschied liegt in den Voraussetzungen für diese Befreiung. Während der Richter bei der discharge in der Äußerung der Gläubiger lediglich „ein Material für seine causae cognitio, ein Indizium über die Rechtfertigkeit des vom Schuldner gestellten Antrages, und zwar nur ein Indizium unter vielen anderen möglichen Indizien zu erblicken hat"[81]), ist der Richter beim Zwangsausgleiche an die Entscheidung der Gläubiger wenigstens insofern gebunden, als er ohne die Annahme des Vergleiches seitens der Majorität die Befreiung nicht aussprechen kann.

sämtlichen, bei der Ausgleichsverhandlung versammelten Gläubigern zur endgültigen Entscheidung durch Stimmenmehrheit vorzulegen.

Die Ausgleichsverhandlung ist nur dann vorzunehmen, wenn mindestens zwei Dritteile des Gesamtbetrages der angemeldeten Forderungen von dem Ausschusse ohne Widerspruch von seiten des Gerichtskommissärs zur Anerkennung geeignet befunden worden sind."

[80]) Mittermaier in Goldschmidts Zeitschrift Bd. XV S. 370 und Bd. XXX S. 565.

[81]) Schultze a. a. O. S. 121 schränkt die Bedeutung der Willensäußerung der Mehrheit beim Zwangsausgleiche, in welcher nicht Vertragswille, sondern lediglich Erkenntnisquelle für den Richter zu erblicken ist, hierauf ein.

V. Auf eine Auseinandersetzung der rechtlichen Natur des Zwangsausgleiches innerhalb und außerhalb des Konkurses kann verzichtet werden. Die Erörterung der miteinander ringenden Theorien[82]) würde zu weit führen, erscheint aber auch für unsere Zwecke entbehrlich, da es sich in beiden Fällen um dasselbe Rechtsinstitut handelt. Zweifellos würde eine dogmatische Prüfung des Ausgleichsverfahrens zur Erkenntnis des Zwangsvergleiches überhaupt beitragen. Es würden insbesondere die gegen die bestehenden Theorien vorgebrachten Einwendungen in ein noch schärferes Licht gerückt werden. Von einer Gläubigerschaft, von einer Rechtssubjektivität des Gläubigerkreises kann wohl außerhalb des Konkurses noch weniger als im Konkurse gesprochen werden. Auch daß die Auseinandersetzung der Gläubiger und des Schuldners über die Forderungen nicht den wesentlichen Bestandteil des Zwangsausgleiches bilden könne, würde offenbar. Ebensowenig könnte man die Anschauung der Urteilstheorie aufrechterhalten, da es sich doch zweifellos nicht um einen Prozeß handelt.

Unser Problem ist vor allem ein gesetzespolitisches, das sich damit zu befassen hat, ob und inwieweit Vorteile von einem gerichtlichen Zwangsausgleichsverfahren außerhalb des Konkurses zu erwarten sind und wie diese erreicht werden können.

[82]) Die Vertragstheorie vertreten insbesondere v. Canstein in Grünhuts Zeitschrift 9. Bd. S. 463 ff.; Ciuntu a. a. O. S. 27 ff.; Endemann, Das deutsche Konkursverfahren, 1889 S. 581 ff.; Fuchs, Das Konkursverfahren, 1863 S. 80 ff.; Jaeger, Kommentar zur Konkursordnung, ad § 173, S. 304 ff.; Kohler, Lehrbuch, S. 452 ff.; Petersen-Kleinfeller, Konkursordnung für das Deutsche Reich, 1900 S. 556 ff.; Rintelen, Das österreichische Konkursrecht, 1910 S. 354; Wach, Der Zwangsvergleich, 1896 S. 69. Der Vertragstheorie stellte Schultze a. a. O. S. 114 ff. die Urteilstheorie entgegen. Pollak, Konkursrecht, S. 400 erkennt im gerichtlich bestätigten Zwangsausgleiche eine gerichtliche Entscheidung des Verfahrens außer Streitsachen, durch welche der Gemeinschuldner berechtigt wird, seine Verpflichtungen wider seine konkurrierenden und Konkursgläubiger lediglich nach dem Inhalte des Zwangsausgleiches zu erfüllen. Oetker a. a. O. S. 44 ff., 62 ff. definiert den Zwangsausgleich als ein aus drei koordinierten Willenserklärungen, des Kridars, der Gläubigerversammlung, des Konkursgerichtes kombiniertes Rechtsgeschäft. Löhr a. a. O. S. 399 ist der Zwangsvergleich ein Vertrag zwischen dem Gemeinschuldner und den nicht berechteten Konkursgläubigern, welche dem Vergleichsvorschlage zustimmen und zugleich ein Tatbestand mit gesetzlichen Folgen für die übrigen nicht bevorrechteten Konkursgläubiger und den Schuldner. Siehe dazu auch Lieblich a. a. O. S. 40 ff.

scheuen als den Konkurs selbst."[87]) Raschestc Abwicklung, tunlichst geringer Apparat an Vorsichtsmaßregeln, Vermeidung aller kostspieligen und zeitraubenden Formalitäten sind die Gesichtspunkte, von denen der Entwurf beherrscht wird.

II. Die Lösung der gesetzespolitischen Frage, in welcher Form ein Ausgleichsverfahren einzuführen wäre, bedarf eines Rückblickes auf die ausländischen Akkordgesetze, welche trotz der Verschiedenheit der Rechtssysteme, ihrer Ziele und Wege wertvolle Anregungen für die Kodifikation unseres Rechtes enthalten. Wir werden insbesondere auch den österreichischen Entwurf 1904 einer Erörterung unterziehen; er dürfte wohl nicht mehr Gesetz werden, doch bietet die Kritik, welche dieser Entwurf erfahren hat, einen besonders beachtenswerten Aufschluß über das vorliegende Problem. Hierbei wollen wir von der Erörterung der zahllosen Details absehen, unser Augenmerk vielmehr auf jene Momente lenken, welche Besonderheiten des Zwangsausgleichsverfahrens außerhalb des Konkurses bilden und zur Erkenntnis seines Wesens beizutragen vermögen.

E. Die ausländischen Akkordgesetze und der österreichische Entwurf 1904.[88])

I. Die Gerichtsleitung.

Nur aus systematischen Gründen wird die Gerichtsleitung an die erste Stelle gesetzt; die Vergleichung der ausländischen Gesetzgebung hat in dieser Hinsicht wenig Wert, da es sich vornehmlich um eine Frage der jedem Staatsgebiete eigentümlichen Gerichtsorganisation handelt. Die romanischen Länder (Belgien Art. 3, Frankreich Art. 2, Italien Art. 1) erklären den Gerichtshof wie im Konkurse, so auch für das Ausgleichsverfahren als kompetent, übertragen jedoch die unmittelbare Leitung des Verfahrens einem delegierten Richter. In Abweichung von der

[87]) Erläuternde Bemerkungen zur Regierungsvorlage S. 12.

[88]) Vergleiche die deutsche Denkschrift, Freund a. a. O., Gertscher, „Die gerichtliche Liquidation des französischen, der Vorvergleich des belgischen und der Nachlaßvertrag des schweizerischen Rechtes" in der Allg. österr. Gerichtszeitung 1904 Nr. 50, 51 und 52, und 1905 Nr. 3, 4, 5, 8, sowie desselben Verfassers Aufsatz, „Der Entwurf des Gesetzes über die Einberufung der Gläubiger" in der Allg. österr. Gerichtszeitung 1905 Nr. 16; Lieblich a. a. O.; Wirminghaus, „Die Ergebnisse der Konkursstatistik" in den Jahrbüchern für Nationalökonomie und Statistik, 3. Folge 2. Bd. 1891 S. 1 ff., 161 ff. und 321 ff.

triebes eben nur in der Führung von Handelsbüchern besteht"[91]). Dadurch setzte sich das Herrenhaus in einen scharfen Gegensatz zu den Wünschen für die Reform der Konkursordnung, wonach die Dichotomie unseres Konkursrechtes, die Unterscheidung zwischen dem gemeinen und dem kaufmännischen Konkurse überhaupt[92]) entfallen und auch der Zwangsausgleich allen Schuldnern freistehen soll. Der österreichische Entwurf glaubte die erwähnte Einschränkung machen zu müssen, da eine rasche und verläßliche Orientierung nur auf Grund einer ordnungsmäßigen Buchführung möglich sei.

Bei voller Anerkennung des großen Wertes einer geordneten Buchführung geht es doch nicht an, insolange das österreichische Recht auch den Konkurs von Nichtkaufleuten kennt, diese vom Ausgleichsverfahren auszuschließen. Abgesehen davon, daß es sich nur um die tunlichst rasche Feststellung des Vermögens und der Gläubiger handelt, welche in concreto auch auf anderem Wege erreicht werden kann, würde man durch den Ausschluß der Nichtkaufleute einen gewiß nicht beabsichtigten Effekt erzielen. Der nach der Ansicht Pitreichs einzige, aber jedenfalls entscheidende Grund für die Einführung des Verfahrens ist darin zu erblicken, daß es nicht als Konkurs gewertet werde und daher auch nicht den gleichen geschäftlich und sozial diffamierenden Einfluß wie dieser ausübe. Will man Nichtkaufleuten von vornherein nur den diffamierenden Konkurs gestatten?

Handelsbücher im eigentlichen Sinne werden in vielen Gegenden unseres in kultureller und kommerzieller Hinsicht so verschieden entwickelten Vaterlandes meist nur von Vollkaufleuten geführt. Vollkaufmann wird man durch Eintragung in das Handelsregister, welche aber nur von der Steuerleistung abhängt[93]). Es würde also die Steuerleistung über die Möglichkeit entscheiden, eine Krida ohne wesentliche Minderung der sozialen und kaufmännischen Wertung zu überwinden. Auf eigentliche kaufmännische Konkurse entfällt nach der Statistik nur ein geringer Prozent-

---

[91]) Bericht der juridischen Kommission des Herrenhauses über die Regierungsvorlage betreffend die Einberufung der Gläubiger S. 4.

[92]) Frankl a. a. O. S. 6. Sarwey, „Die deutsche Konkursordnung" in Goldschmidts Zeitschrift 23. Bd. 1878 S. 381 ff., insbesondere S. 385: „Zu einer Scheidung des Verfahrens in zwei Arten je nach dem Stande des Gemeinschuldners liegt nirgend ein Grund vor".

[93]) § 7 des Einführungsgesetzes zum Handelsgesetzbuch (kais. Verordnung vom 11. Juli 1898 RGBl. Nr. 124).

D. Einwendungen gegen das Ausgleichsverfahren.

I. Unter Anerkennung aller prinzipiellen Schäden des Konkurses sprechen die Gegner einem solchen Verfahren jede Zweckmäßigkeit ab. Sie können sich auf die bemerkenswerte Erscheinung stützen, daß das Bestreben, den Mängeln der wilden Ausgleichsmacherei zu begegnen, zur Anwendung konkursrechtlicher Begriffe zurückführt. Tunlichste Heranziehung des schuldnerischen Vermögens zur Befriedigung der Gläubiger, Ausschluß der Erwerbung von Sonderrechten, Gleichmäßigkeit in der Befriedigung, Zwang gegen die widerstrebende Minorität, Gerichtsleitung: Konkursrechtliche Begriffe wie Universalität, par conditio creditorum, Zwangsausgleich leben wieder auf. Scheint es da nicht naheliegend, doch lieber gleich beim Konkurse zu bleiben, als ein in seinen Wirkungen nicht völlig erkanntes, wiederholt schon mißglücktes Experiment zu wagen?

Pitreich erklärt[83]): „Der Vorausgleich erheischt notwendig die Gewährung eines gewissen Spielraumes, um den Gemeinschuldner in die Lage zu versetzen, den Gläubigern eine möglichst hohe Quote anzubieten, die Gläubiger aber, sich einen genauen Einblick in die ökonomische Lage des Gemeinschuldners zu verschaffen. In der Zwischenzeit muß, soweit es ohne Einstellung des Geschäftsbetriebes geschehen kann, der status quo aufrechterhalten werden. Es bedarf also eines Moratoriums und der Unwirksamkeit oder mindestens Anfechtbarkeit von Rechtshandlungen des Gemeinschuldners, sowie einer Aufsicht über seine Geschäftsführung. Da nicht jeder Gläubiger abgesondert den Stand der Masse prüfen kann, bedarf es einer Erhebung und Prüfung durch ein das Interesse der gesamten Gläubigerschaft wahrendes Organ. Sowohl um die Legitimation zur Abstimmung festzustellen, als um die Richtigkeit der angebotenen Quote zu prüfen, muß eine, wenn auch noch so summarische Prüfung der Forderungen vorgenommen werden. Damit alle Gläubiger in die Lage kommen, ihr Stimmrecht auszuüben, ist eine Ediktalzitation unvermeidlich. Kommt der Ausgleich nicht zustande, so ist die Folge die Überleitung in das Konkursverfahren zum Zwecke der Realisierung und Verteilung der Masse. Damit sind im wesentlichen alle Momente gegeben, die ein Konkursverfahren, das zum Zwangsausgleich führt, charakterisieren. Vergleicht man die rechtliche Gestaltung, die einem solchen Vorvergleiche höchst wahrscheinlich gegeben werden müßte, mit

---

[83]) a. a. O. S. 337.

dem Zwangsausgleiche ohne Konkurs, so reduzieren sich die Unterschiede auf ein solches Minimum, daß wohl nur der psychologische Effekt (der Vermeidung des Konkurses) als genügendes Moment für die Gestattung zweier verschiedener Verfahrensarten geltend gemacht werden kann."

Pollak[84]) betont, daß das außergerichtliche Ausgleichsverfahren dem Schuldner nennenswerte Vorteile bieten müßte, um von ihm wirklich benützt zu werden. Diese Vorteile lägen in der Majorisierung der dissentierenden Gläubiger, welche aber die Aufbietung des gleichen Apparates wie für den Konkurs und den Zwangsausgleich erforderlich mache. Deshalb seien gerichtliche Nachlaßverträge nicht praktikabel. Wohl hätten derartige Verfahren im Auslande eine starke Verbreitung gefunden, doch handle es sich zumeist um romanische Länder oder solche, deren Jurisprudenz von Frankreich beeinflußt sei. Die romanische Jurisprudenz sei stets ihre eigenen Wege gegangen und so wenig daran gedacht werden könne, den französischen oder belgischen Zivilprozeß oder auch nur deren Beweislehre einfach nach Österreich zu übertragen, ebensowenig gehe das mit dem Ausgleichsverfahren.

Auch im Deutschen Reichstage kam diese Anschauung wiederholt zum Ausdrucke. So erklärte der Abgeordnete Dr. Spahn in der Sitzung vom 20. April 1907[85]), daß andere, auch bedeutsame Staaten den Zwangsvergleich außerhalb des Konkurses in gewissen Formen eingeführt hätten; doch bei allen diesen Staaten lägen „die Verhältnisse anders als bei uns".

Mit den zitierten Äußerungen stimmen die Motive der Denkschrift des deutschen Reichskanzlers ziemlich überein. Man hält ein dem Konkurse ähnliches, vielleicht weniger ausgearbeitetes und weniger formalistisches Verfahren für notwendig, so daß es unbegründet wäre, von einer solchen Gesetzgebung einen besonders günstigen Erfolg zu erhoffen[86]).

Stehen diese Ansichten im Banne des Konkursrechtes, so glaubt der österreichische Entwurf des Jahres 1904 nur von der weitestgehenden Befreiung von konkursrechtlichen Grundsätzen ein praktisches Ergebnis erwarten zu können. „Beschlagnahme, Inventur und Verwaltung werden, mögen sie auch in reduzierter Form auftreten, doch immer ein Analogon des Konkurses bleiben. Man wird sie und den damit verbundenen Kosten- und Zeitaufwand vermutlich nicht viel weniger

[84]) „Der Vorkonkurs", Allg. österr. Gerichtszeitung 1895 Nr. 46.

[85]) Stenographisches Protokoll dieser Sitzung S. 959.

[86]) Freund a. a. O. S. 110.

satz[94]). Die Zulassung des Verfahrens von der Führung von Handelsbüchern abhängig machen, heißt nichts anderes, als den Fehler wiederholen, der schon derzeit den Wert des Zwangsausgleiches herabsetzt, bei einem Zwangsausgleichsverfahren außerhalb des Konkurses aber noch viel mehr in Erscheinung treten würde. Die österreichische Gesetzgebung wird sich daher im allgemeinen einer Unterscheidung zwischen Nichtkaufleuten und Kaufleuten und unter letzteren wieder zwischen Voll- und Minderkaufleuten zu enthalten haben. Die durchaus zu billigende Absicht, nur leicht überbrückbare Kriden zum Verfahren zuzulassen, wird auf anderem Wege erreicht werden können.

III. Voraussetzungen für die Einleitung des Verfahrens.

Alle Rechte machen die Einleitung des Verfahrens von gewissen Voraussetzungen abhängig, um, wie die Motive zum österreichischen Entwurfe 1904 sagen, der größten Gefahr, welche einem neu einzuführenden Ausgleichsverfahren drohen könnte, nämlich der Leichtfertigkeit und dem Mißbrauche zu begegnen[95]). Bei der Einleitung darf insbesondere kein Hindernis für die Bestätigung des Vergleiches vorliegen. Es findet daher regelmäßig eine Vorprüfung statt, die in der verschiedensten Weise durchgeführt wird. Gewöhnlich muß der Schuldner den Inhalt des Ausgleiches genau im einzelnen angeben, die zur Durchführung des Ausgleiches erforderlichen Sicherheiten nachweisen, Bilanz und Geschäftsbücher, zumeist auch noch spezielle Gläubigerverzeichnisse vorlegen. England 1883 Sect. 16 fordert eine beschworene Vermögensaufstellung binnen drei Tagen, wenn der Antrag vom Schuldner ausgeht, sonst binnen 7 Tagen. Zum Unterschiede von anderen Gesetzen (Belgien Art. 3, Italien Art. 2, Norwegen § 1) sieht der österreichische Entwurf 1904 von der Begründung des Ansuchens durch Angabe der Ereignisse, welche die Zahlungseinstellung herbeiführten, ab. Tatsächlich dürfte eine solche Motivierung wenig Wert haben, weil sie dem Schuldner nicht schwer fallen wird, während Wahrheit und Dichtung in diesem Zeitpunkte nicht streng geprüft und geschieden werden können. Viel zweckmäßiger erscheint die Vorschrift des Entwurfes § 2

[94]) Zahl der beendigten Konkurse in den Jahren:

1908	1149, davon handelsgerichtlich		274
1909	1168	„ „	232
1910	1270,	„ „	313.

[95]) Erläuternde Bemerkungen zur Regierungsvorlage S. 14.

Konkursordnung normiert der österreichische Entwurf 1904 (§ 1) die Zuständigkeit des Bezirksgerichtes, in dessen Sprengel sich der Sitz des Unternehmens befindet, wenn dieses aber im Sprengel eines Bezirksgerichtes liegt, an dessen Sitz sich ein Gerichtshof befindet, des zur Ausübung der Konkursgerichtsbarkeit berufenen Gerichtshofes. Diese Vorschrift erscheint im Hinblick auf die bewährte Kompetenzregelung der deutschen Konkursordnung (§ 71) sowie die Gründe, welche auch im österreichischen Rechte immer mehr zu einer Ausdehnung der einzelrichterlichen Zuständigkeit veranlassen, gerechtfertigt. Nur der Einzelrichter vermag die gebotene Raschheit und Einfachheit des Verfahrens zu gewährleisten. Gewisse Beschlüsse, z. B. die Bestätigung der Verweigerung des Verfahrens, die Entscheidung über Rechtsmittel, die Überleitung des Verfahrens in den Konkurs müssen dem Gerichtshofe vorbehalten bleiben, letztere insolange, als nicht auch in Österreich die Kompetenz des Einzelrichters im Konkurse normiert wird.

Über die Befugnisse des Gerichtes wird im folgenden wiederholt zu sprechen sein. Vorläufig sei als vornehmlichste Aufgabe des Gerichtes die Einleitung des Verfahrens und dessen Überwachung, die Wahrung der Gläubigerrechte sowie die Prüfung und Bestätigung des Ausgleiches bezeichnet.

II. Der Antragsteller.

Die Einleitung des Verfahrens kann über Antrag des Schuldners oder eines Gläubigers erfolgen[89]). In England hat der vom Schuldner oder einem Gläubiger ausgehende Konkursantrag die receiving order zur Folge, worauf bis zur adjudication of bankruptcy ein Zwangsausgleich abgeschlossen werden kann. Das österreichische Gesetz 1862

[89]) Das österreichische Recht kennt nur einen Fall der Konkurseröffnung von Amts wegen (§ 199 über das Privatvermögen der persönlich haftenden Gesellschafter); eine Einleitung des Ausgleichsverfahrens von Amts wegen ist ausgeschlossen. Pollak in Allg. österr. Gerichtszeitung 1905 Nr. 37 und in „Wirtschaftsproblem der österreichischen Konkursreform“ S. 270 tritt für amtswegige Konkurseröffnung ein, wenn gegen einen Schuldner gleichzeitig oder in ganz kurzen Zwischenräumen mehrfach Exekutionen zur Hereinbringung von Geldforderungen geführt werden, ohne daß er binnen einer kurzen, gesetzlich festgelegten und unerstreckbaren Frist diese Ansprüche befriedige. Rintelen a. a. O. S. 47 kann sich diesem Vorschlage, der dem Wesen des Konkurses als Exekution widerspricht, nicht anschließen. Auch stehen dieser Anregung die Bedenken entgegen, welche derzeit mit Recht gegen das Bedeckungsverfahren des § 63 KO. geltend gemacht werden.

erklärte im § 3, daß die Einleitung des Verfahrens nie von Amts wegen, sondern nur über Ansuchen des Schuldners oder eines seiner Gläubiger zu geschehen habe. Die Zulassung des Antrages seitens eines Gläubigers ist die Konsequenz der Ansicht, daß das Ausgleichsverfahren eine Wohltat für den Schuldner und die Gläubiger sei. Dennoch überlassen die meisten Gesetzgebungen den Antrag dem Schuldner, der am besten in der Lage ist, zu beurteilen, ob er den Voraussetzungen für das Verfahren zu entsprechen vermöge. Die Möglichkeit der Antragstellung seitens eines Gläubigers könnte im Hinblick darauf, daß das Verfahren unter gewissen Voraussetzungen in den Konkurs überzuleiten ist, dieselben Folgen wie die derzeitige Bedeckungsklage des § 63 KO. zeitigen, welche unter allen Umständen vermieden werden müssen. In Frankreich kommen, obgleich das Gesetz nur den Antrag des Schuldners gestattet, doch auch von Amts wegen eingeleitete Liquidationen vor.

Die Länder, welche nur den kaufmännischen Konkurs kennen, wie Belgien, Frankreich, Italien, eröffnen das Vergleichsverfahren ebenfalls nur Kaufleuten. England, Norwegen und die Schweiz machen keine Unterscheidung zwischen Kaufleuten und Nichtkaufleuten, während Spanien nur letztere zuläßt. Das österreichische Ausgleichsverfahren 1862 (§ 1) schränkte seine Anwendbarkeit auf die seit wenigstens zwei Jahren protokollierten Handels- und Gewerbsleute, Fabrikanten und ihnen durch das Gesetz gleichgestellten Erwerbs- und Wirtschaftsgesellschaften und Aktienvereine ein. Diese in die österreichische Konkursordnung übergegangene Bestimmung bedeutet eine bedauerliche Beeinträchtigung des Zwangsausgleiches, deren Beseitigung für eine Konkursreform gewünscht wird[90]).

Der österreichische Entwurf 1904 normiert, daß der Inhaber eines in kaufmännischer Weise, insbesondere unter Führung von Handelsbüchern gewerbsmäßig betriebenen Unternehmens wegen bereits eingetretener oder drohender Zahlungseinstellung bei Gericht die Einberufung seiner Gläubiger beantragen kann. Das österreichische Herrenhaus räumte dieses Recht nur Inhabern eines gewerbsmäßig betriebenen Unternehmens, welche Handelsbücher führen, ein, „weil nach den Ausführungen des Regierungsvertreters die kaufmännische Weise des Be-

[90]) **Frankl a. a. O. S. 114 ff. Pollak, Wirtschaftsproblem der österr. Konkursrechtsreform S. 274, Bericht der Handels- und Gewerbekammer in Brünn vom 14. Oktober 1912, S. 153.**

(§ 195 KO.), daß sich der Schuldner zum Manifestationseide erbieten müsse, d. h. zu einem Eide darüber, daß er in dem angegebenen Aktivstande nichts verschwiegen und im Passivstande nichts erdichtet habe (§ 96 KO.).

Das Gericht, respektive der beauftragte Richter prüft die Bilanzen, Bücher, Aufzeichnungen, Gläubigerverzeichnisse, den Ausgleichsantrag, dessen Beilagen, sonstige Ausweise und Erklärungen usw. und kann sich hierbei Sachverständiger bedienen. Um leichtfertigen Anträgen vorzubeugen, enthält das dänische (§ 1) und das schweizerische (Art. 293) Gesetz die Vorschrift, daß der Ausgleichsantrag von einem Teile der Gläubiger (in der Schweiz Mehrheit der Köpfe und der Forderungssumme, in Dänemark $^{2}/_{5}$ der Gläubiger nach Anzahl und Forderungsbetrag) schriftlich gebilligt werden muß. Das dänische Recht (§ 1) verlangt überdies noch eine alle in Betracht kommenden Umstände, wie Masse, Geschäftsführung, Insolvenzgrund, Vergleichsvorschlag usw. erörternde Erklärung seitens zweier vom Schuldner hierzu aufgeforderten, der vom Justizminister verfaßten Liste zu entnehmenden Vertrauensmänner, von denen der eine als Sachverständiger in der Art wirtschaftlicher Tätigkeit, wie sie der Schuldner ausübt, der andere als Rechnungssachverständiger anerkannt sein muß.

Der österreichische Entwurf 1904 hat von derartigen Maßnahmen abgesehen, nach dem Vorbilde Italiens (Art. 3) aber für den Ausgleichsantrag eine Mindestquote statuiert. Über die Zweckmäßigkeit dieser Maßnahme sind die Ansichten geteilt[96]). Die Geschäftswelt[97]) tritt im allgemeinen für eine Mindestquote ein, weil diese geeignet ist, dem Herunterwirtschaften vorzubeugen und den Schuldner zur rechtzeitigen Stellung des Ausgleichsantrages zu veranlassen. Man hat in Österreich mit dem konkursalen Zwangsausgleiche ohne Mindestquote überaus

[96]) Frankl a. a. O. S. 116 ff. lehnt eine Mindestquote ab. Pollak frägt in den Juristischen Blättern 1895 Nr. 51 S. 604: „Wie nieder will man die Quote feststellen, um nicht den größten Teil der Zwangsausgleiche zu hindern?", tritt aber im „Wirtschaftsproblem der österreichischen Konkursreform" S. 274 und in der Allg. österr. Gerichtszeitung 1905 Nr. 37 für eine Mindestquote ein.

[97]) Bericht der Handels- und Gewerbekammer in Brünn über die Reform des Konkursrechtes 1912 S. 154, Gutachten der Handels- und Gewerbekammer in Wien vom 28. Februar 1898 nebst Übersichtstabelle der abgegebenen Äußerungen, insbesondere Kreditorenverein zum Schutze der Forderungen bei Insolvenzen in Wien. Auch der Deutsche Handelstag 1905 fordert eine Mindestquote von 50% für die Bestätigung von Zwangsausgleichen außerhalb des Konkurses, Stenograph. Protokoll dieses Tages S. 68.

schlechte Erfahrungen gemacht; kamen doch besonders in den letzten Jahren Quoten von 5, 2, ja sogar $1/2$% vor. Nicht nur, daß das demoralisierend wirken muß, liegt auch die Vermutung nahe, der Zwangsausgleich sei nur durch Sonderbegünstigungen zustandegekommen, welche nicht selten allen Gläubigern, wenn auch in verschiedenem Ausmaße gewährt werden. Man kann geradezu von allgemeinen Sonderbegünstigungen sprechen. Es findet also trotz der Konkurseröffnung eine gleichmäßige Befriedigung der Gläubiger nicht statt. Der Zwangsausgleich zeigt in solchen Fällen seine wahre Natur als eine auf Grund eines Majoritätsbeschlusses der Gläubiger verfügte discharge, bei welcher die Modalitäten des Zwangsausgleiches rechtlich bedeutungslos sind.

Die Mindestquote ist überdies in anderen Ländern gesetzlich normiert, so in Ungarn für den konkursalen Zwangsausgleich und in Italien für den Präventivakkord mit 40%, in England nach der Bankruptcy Act 1890 sect. 3 mit $7^1/_2$ sh auf das Pfund, d. i. $37^1/_2$%, welche Quote durch die Bankruptcy and Deeds of Arrangement Act 1913 auf 5 sh auf das Pfund, d. i. 25%, herabgesetzt wurde. Auch die deutsche Konkursordnung enthält im § 187 eine diesbezügliche Bestimmung.

Die Gegner der Mindestquote betonen, daß sich ein gerechtfertigtes Ausmaß nur schwer feststellen lasse. Man würde die Quote niedrig halten müssen, da ja die Verweigerung des Verfahrens nichts anderes bedeute, als den Schuldner auf Kosten der Gläubiger zu bestrafen. Insbesondere kann die Mindestquote zu einem Maximum werden, bis zu welchem herunterzuwirtschaften die Schuldner sich für berechtigt halten.

Im vorliegenden Falle bleibt noch zu untersuchen, ob die Statuierung der Mindestquote schon einen wesentlichen Teil des Ausgleichsantrages oder erst eine Bedingung des Ausgleichsabschlusses bilden solle. Bei Stellung seines Antrages wird der Schuldner nicht immer in der Lage sein, seine Situation genau zu übersehen. Erst im Laufe des Verfahrens werden sich ihm neue Hilfsquellen eröffnen. Je größer die Aussicht auf das Zustandekommen des Vergleiches ist, desto leichter werden sich Verwandte oder sonst nahestehende Personen zur Unterstützung entschließen. Diesen Erwägungen kommt der österreichische Entwurf 1904 (§ 2) dadurch entgegen, daß er Quoten von 30% im Antrage zuläßt, beim Ausgleichsabschlusse (§ 12) aber jedoch für Quoten unter 40% eine besonders große Majorität fordert. Erscheint auch die Statuierung einer Mindestquote erwünscht, so wäre sie doch dem Abschlusse des Ausgleiches vorzubehalten.

Dem Herunterwirtschaften sucht der österreichische Entwurf 1904 (§ 2) noch durch die Bestimmung vorzubeugen, daß aus den vorgelegten Bilanzen und der Prüfung der Handelsbücher sich ergeben müsse, daß der Passivstand mit Schluß des vorletzten Geschäftsjahres den Aktivstand nicht überstiegen habe. In dem nachfolgenden kurzen Zeitraume kann doch eine Verminderung der Masse um 60—70% nur auf ganz krasse Momente zurückgeführt werden, als da sind unverschuldetes Unglück, unverantwortlicher Leichtsinn, Betrug oder völlige Geschäftsunkenntnis.

Dies führt zur Erörterung der Würdigkeit des Schuldners. In Belgien und Frankreich hat die Bewegung zugunsten des Concordat préventif, respektive der liquidation judiciaire damit eingesetzt, daß man die schweren rechtlichen und sozialen Folgen des Konkurses einem débiteur malheureux et de bonne foi ersparen und ihn zu einer rechtzeitigen Auseinandersetzung mit den Gläubigern im beiderseitigen Interesse veranlassen wollte. Diese Tendenz kommt auch in den späteren Vergleichsgesetzen anderer Länder zum Ausdrucke. In Norwegen (§ 23), welches das Verfahren nicht auf unglückliche und gutgläubige Schuldner beschränkt, genießt der schuldlos zahlungsunfähig gewordene Schuldner die Begünstigung, daß es zur Bestätigung des Zwangsausgleiches nicht der Leistung einer Mindestquote bedarf. Auch der deutschen Konkursordnung ist eine Qualifikation des Schuldners nicht ganz fremd; nach § 187 muß der Vergleich verworfen werden, wenn er den Gläubigern nicht mindestens den fünften Teil ihrer Forderungen gewährt und dieses Ergebnis auf ein unredliches Verhalten des Gemeinschuldners, insbesondere darauf zurückzuführen ist, daß er die Konkurseröffnung verzögert hat; bei leichtsinnigem Verhalten kann der Vergleich verworfen werden. Der österreichische Entwurf 1904 spricht zwar nicht ausdrücklich von der Würdigkeit des Schuldners, doch soll nach den Motiven S. 13 das Verfahren nur einem vermöge seines Verhaltens würdigen Schuldner zugänglich gemacht werden.

Die Untersuchung darüber, ob der Schuldner diese Qualifikation für sich in Anspruch nehmen könne, wird verschieden geregelt. Belgien und Frankreich überlassen sie dem freien Ermessen des Richters, welchem damit eine nicht leicht erfüllbare Aufgabe gestellt wird. Tatsächlich gibt diese Normierung zu vielen Beschwerden Anlaß. Allzu oft werden die Wohltaten des Gesetzes einem Unwürdigen zuteil, da die Gerichte mangels besonderer Gründe für eine andere Ansicht zu einer Präsumtion der

Würdigkeit geneigt sind. Es fehlt nicht an Stimmen, welche über die ausdehnende Auslegung des Gesetzes lebhaft Klage führen[97a].) Dänemark (§ 1) betraut die Vertrauensmänner anläßlich ihrer Erklärung zum Ausgleichsantrage auch mit der Erteilung von Aufschlüssen darüber, ob das Verhalten des Schuldners als ordentlich oder als leichtsinnig bezeichnet werden müsse. England 1883 Sect. 17 erstreckt die öffentliche Prüfung des Schuldners auf sein Verhalten. In der Schweiz (Art. 294) wird die Ursache der Nichterfüllung der Verbindlichkeiten seitens der Nachlaßbehörde geprüft.

Vom Standpunkte des österreichischen Rechtes erscheint es verfehlt, in das Gesetz den Begriff der Würdigkeit des Schuldners einzuführen, den unsere Konkursordnung nicht kennt, mit dem aber auch unsere Konkursrichter nicht viel anzufangen wüßten[98]). Die Würdigung des Schuldners ist Sache der Saatsanwaltschaft und der Strafgerichte, denen der Konkursrichter nicht präjudizieren kann und soll. Auf diesem Standpunkte steht die holländische Gesetzgebung, die allerdings daraus die Konsequenz zieht, den Akkord überhaupt abzulehnen.

Man wird das Verfahren nicht jedem Schuldner bei Vorhandensein der formellen Voraussetzungen gewähren können. Der österreichische Entwurf 1904 (§ 2 Abs. 3) normiert Unwürdigkeitsgründe, welche den Antrag auf Einberufung der Gläubiger unzulässig machen. In dem Bestreben, das Richtige zu treffen, geht er jedoch weit über die Ausschließungsgründe des Zwangsausgleiches im Konkurse hinaus. Nach § 208, lit. d der Konkursordnung ist die Einleitung des Zwangsausgleiches unzulässig, wenn der Gemeinschuldner eines Verbrechens aus Gewinnsucht angeschuldigt oder wegen des Vergehens der schuldbaren Krida nach § 486 lit. g des allgemeinen Strafgesetzbuches (Verzögerung der Konkurseröffnung durch Vermögensverschleuderung oder andere den Gläubigern verderbliche, obgleich nicht betrügliche Mittel) in den Anklagestand gesetzt ist, solange eine Freisprechung von der Anklage nicht erfolgte. Nach dem österreichischen Entwurfe 1904 genügt der begründete Verdacht des Verbrechens der betrügerischen Krida oder des Vergehens der Krida. Der Verdacht muß sich dem Richter ergeben, der über die

[97a]) Siehe die nachfolgenden Berichte über die Erfahrungen, welche in Belgien und Frankreich gewonnen wurden.

[98]) Wirminghaus a. a. O. S. 9 und 345 ff. führt den überzeugenden Beweis, wie schwierig es ist, die wahren Ursachen des Konkurses festzustellen und welche unübersehbaren Umstände zur Krida führen können.

Zulassung des Antrages zu entscheiden hat. Damit wird dem Konkursrichter zugemutet, daß er auf Grund der ihm vorgelegten, nicht immer einen sofortigen Aufschluß über alle in Betracht kommenden Umstände gewährenden Bücher und sonstigen Aufzeichnungen, sowie der von ihm, aber nicht als Strafrichter, daher auch nicht mit den Mitteln des Strafprozesses geführten Erhebungen in kürzester Frist Tatbestände konstruiere und sich ein Urteil bilde, wozu es in der Mehrzahl der Fälle mehrmonatlicher eingehender Erhebungen und Untersuchungen der Staatsanwaltschaft und der Strafgerichte bedarf. In der größeren Zahl der Fälle würde sich dem Richter der Verdacht zumindest des Vergehens der Krida ergeben, so daß ihm die Einleitung des Verfahrens unzulässig erscheinen und die Konkurseröffnung notwendig werden würde.

Artikel 3 des italienischen Gesetzes ist viel vorsichtiger, indem er die Einleitung des Präventivakkordes nur bei Verurteilung wegen bestimmter betrügerischer Handlungen oder bei Vorliegen gewisser Tatsachen wie Flucht, unbekanntem Aufenthalt, verweigert. Eine ähnliche Bestimmung empfiehlt sich auch für das österreichische Verfahren. Es wäre die Einleitung, respektive der Abschluß eines Zwangsausgleiches dem Schuldner zu versagen, der wegen eines Verbrechens aus Gewinnsucht schon verurteilt worden ist, da ein solcher Schuldner wohl nicht mehr den Anspruch auf Vertrauen besitzt, so daß auch das ökonomische Interesse an dem Zwangsausgleiche wegfällt. Ebensowenig kann beim Verdachte des Verbrechens des Betruges die Einleitung oder Fortführung des Verfahrens, sowie der Abschluß respektive die Bestätigung des Vergleiches zugelassen werden. Das Vergehen der Krida vermag dagegen die Zulässigkeit des Verfahrens nicht auszuschließen. Die Reaktion gegen Handlungen, welche den Tatbestand der fahrlässigen Krida bilden, wäre den Gläubigern zu überlassen, welche von der mit der Folge der Konkurseröffnung und darauf einzuleitenden strafgerichtlichen Untersuchung verbundenen Ablehnung des Ausgleichsantrages in den geeigneten Fällen gewiß Gebrauch machen werden. Im übrigen hätte für das Ausgleichsverfahren auch der § 234 KO. Anwendung zu finden, wonach die durch den Zwangsausgleich herbeigeführte Befreiung dem Schuldner nicht zustatten kommt, wenn er sich des Verbrechens der betrügerischen Krida oder des Vergehens der Krida gemäß § 486 lit. g schuldig gemacht hat; im ersteren Falle ist der Ausgleich sogar nichtig (§ 241 KO.).

Die Einführung des Ausgleichsverfahrens hat die Reform des österreichischen Strafrechtes zur unbedingten Voraussetzung, da die Einleitung und Durchführung des Verfahrens den Schuldner gemäß § 486 StrGB. strafbar machen könnte[99]). Die österreichische Regierung legte im Sommer 1912 dem Herrenhause den Entwurf eines neuen Strafgesetzbuches (90 der Beilagen zu den stenographischen Protokollen des Herrenhauses, XXI. Session 1912) vor, der die strafrechtliche Behandlung der Krida auf eine ganz neue Grundlage stellt. Auf eine Kritik der Bestimmungen dieses Entwurfes muß an dieser Stelle verzichtet werden, doch wollen wir die für unsere Zwecke besonders interessanten Bemerkungen der Motive anführen. Der Regierungsentwurf, der die Krida aus dem Gesichtspunkte der Benachteiligung der Gläubiger regelt, verlangt zur Strafbarkeit weder eine Zahlungseinstellung noch eine formelle Konkurseröffnung, da auch bei vorgespiegelter Zahlungsunfähigkeit, beim sogenannten Scheinkonkurse, eine Gläubigerbenachteiligung erfahrungsgemäß beabsichtigt sein kann. Damit sind jene Fälle mitgetroffen, in welchen es zur Konkurseröffnung mangels Masse nicht kommt (§ 66 KO.), oder infolge Vereinbarung mit den Gläubigern eine sie alle schädigende Konkurseröffnung durch eine außergerichtliche Vereinbarung vermieden werden soll. „Es kann als eine in kaufmännischen Kreisen weit verbreitete Anschauung bezeichnet werden, daß gerade der sogenannte Vorkonkurs der beste und billigste Ausgleich zwischen den Interessen des Gläubigers und denen des Schuldners ist. Es ist klar, daß bei dieser Auffassung für eine Unterscheidung zwischen kaufmännischer und nicht kaufmännischer Krida, wie sie noch das geltende Recht bei der schuldbaren Krida kennt, kein Raum ist. In allen Fällen der Krida wird die schuldbare Verursachung des Nachteiles erfordert und von jeder Präsumtion des kausalen Zusammenhanges oder des Verschuldens abgesehen." „Mit den Strafen gegen die fahrlässige Krida wird das Interesse der Gläubiger an einer ordentlichen Wirtschaft des Schuldners geschützt. Auch nach dem Eintritte der Zahlungsunfähigkeit ist eine Schädigung der Gläubiger möglich; die Strafbarkeit ist vom Eintritte eines Nachteiles abhängig; es fällt daher derjenige Schuldner nicht unter das Gesetz, der eine neue Verbindlichkeit nur dazu eingeht, um die alten Gläubiger zu befriedigen. Ebensowenig wird der Schuldner strafbar, der im Einverständnisse mit seinen Gläubigern die Konkursanmeldung unterläßt, um ein außer-

[99]) Frankl a. a. O. S. 45 ff. Bericht der Handels- und Gewerbekammer in Brünn 1912 S. 158.

gerichtliches Arrangement zu erzielen (Vorkonkurs)."[100]) „Auf denjenigen, der im Einverständnisse mit seinen Gläubigern durch außergerichtliches Arrangement seine Verbindlichkeiten ordnet (Vorkonkurs), findet der § 369 (über fahrlässige Krida) keine Anwendung, wodurch einem vielfach geäußerten Wunsche kaufmännischer Kreise entsprochen wird."[101])

Unter dem Gesichtspunkte der Unwürdigkeit des Schuldners verweigert der österreichische Entwurf das Verfahren auch noch dann, wenn bekannt ist, daß der Schuldner schon einmal sich im Konkurse befunden oder mit seinen Gläubigern einen Ausgleich abgeschlossen habe. Auch diese Vorschrift, welche den gewerbsmäßigen Ausgleichen einen Riegel vorschieben will, ist zu drakonisch. Das Ausgleichsverfahren vom Jahre 1859 kannte diese Einschränkung nicht. Fälle, daß der Gemeinschuldner wiederholt das Ausgleichsverfahren über sich einleiten ließ, veranlaßten zunächst die Judikatur, einem Gemeinschuldner, der den im Ausgleiche übernommenen Verpflichtungen nicht nachkam, auch das Ausgleichsverfahren zu versagen. Auf dieser Rechtsprechung fußend, bestimmte das Ausgleichsverfahren 1862, § 1, daß bei Zahlungseinstellungen derjenigen, die sich schon in einem früheren Falle im Konkurse oder im Ausgleichsverfahren befunden haben, ein gerichtlicher Zwangsausgleich nicht mehr stattfinden solle, und diese Bestimmung fand auch Eingang in unsere Konkursordnung (§ 208 lit. b). Für den Präventivakkord läßt sie sich nicht zur Gänze rechtfertigen. Ihr Grund ist wohl, daß derjenige, der schon einmal seine Verpflichtungen nicht erfüllt hat, das Vertrauen für die Zukunft verlor und daß insbesondere Mißbräuchen dieses Verfahrens durch oftmalige Ausgleiche vorgebeugt werden soll[102]). Dem ist jedoch entgegenzuhalten, daß ein wiederholter Vermögensverfall ohne Verschulden möglich ist. Wohl hat jener Schuldner die Berechtigung zu weiterem Fortbestande seiner Selbständigkeit verwirkt, der sich schon einmal im Konkurse befunden und nicht alle Gläubigerforderungen samt Nebengebühren voll bezahlt oder die von ihm beim Zwangsausgleiche im Konkurse übernommenen Verpflichtungen vollständig er-

---

[100]) Erläuternde Bemerkungen zum Entwurfe eines österreichischen Strafgesetzbuches S. 314, 316.

[101]) Bericht der Herrenhauskommission für Justizgegenstände über die Gesetzesvorlage zur Reform des Strafrechtes, 167 der Beilagen zu den Stenogr. Protokollen des Herrenhauses XXI. Session 1913 S. 157.

[102]) Reich a. a. O. S. 13.

füllt hat (Italien Art. 3). Ein solcher Schuldner bietet keine ausreichende Gewähr für die Einhaltung des Ausgleiches. Ebensowenig liegt ein ökonomisches Interesse der Gläubiger bei einem solchen Kridatar vor, der sich in kürzester Frist wiederholt genötigt sieht, an die Nachsicht seiner Gläubiger zu appellieren, oder der seine Verbindlichkeiten aus früheren außergerichtlichen Vergleichen oder Zwangsausgleichen ohne Konkurs noch nicht erfüllt hat. Es muß also seit dem Abschlusse eines Vergleiches oder Zwangsausgleiches ein mehrjähriger Zeitraum verstrichen sein und der Antragsteller muß die in einem früheren Vergleiche oder Zwangsausgleiche übernommenen Verpflichtungen erfüllt haben. Eine weitergehende Vorsicht ist nicht notwendig.

Man darf bei der Normierung der Voraussetzungen für die Zulassung des Verfahrens nicht übersehen, daß die Verweigerung des Verfahrens in der Regel die Überleitung in den Konkurs bedeutet und eine zu harte Feuer- und Wasserprobe den Schuldner veranlassen wird, nicht den vom Gesetze längs vieler Abgründe gebahnten Weg, sondern das freie Terrain der wilden Ausgleichsmacherei zu wählen. Nicht nur für die Voraussetzungen, sondern für das ganze Verfahren muß das Wort Thalers (Traité des faillites en droit comparé, I. Band, S. 66) streng beachtet werden: „Nur jenes Gesetz ist als ein wohl erwogenes zu bezeichnen, welches bewirkt, daß der Schuldner der erste ist, der den Konkurs (in unserem Falle also das Ausgleichsverfahren) anstrebt".

IV. Dispositionsfähigkeit des Schuldners.

Der Antrag soll dem Schuldner einen Spielraum eröffnen, damit er mit seinen Gläubigern verhandeln kann. Während dieser Zeit ist für die Sicherung der Masse nach zwei Richtungen Sorge zu tragen. Einerseits müssen eigenmächtige Handlungen, separate Bedeckungsschritte der Gläubiger ausgeschlossen werden, anderseits ist auch der Schuldner einer Kontrolle zu unterstellen. Die meisten Gesetze (Dänemark § 5, England 1883 Sekt. 9, Frankreich Art. 5, Italien Art. 7, Schweiz Art. 297, österreichischer Entwurf 1904 § 6) bestimmen daher, daß mit der Einleitung des Verfahrens Einzelverfolgungen, Zwangsvollstreckungen usw. ausgeschlossen werden. Das schweizerische Gesetz, Art. 295, leitet das Verfahren mit einer zweimonatigen Nachlaßstundung ein. So selbstverständlich der Ausschluß des Zugriffes auf das schuldnerische Vermögen seitens der Gläubiger ist, so muß doch der Zeitpunkt, von oder der Liquidatoren[104]) Forderungen eintreiben, konservatorische Akte vornehmen, Gegenstände, die dem Verderben unterliegen oder deren Aufbewahrung mit großen Kosten verbunden ist, verkaufen. Zur Fortführung des Unternehmens bedarf es außerdem der Ermächtigung des Gerichtskommissärs. Für einzelne Rechtshandlungen, die im Artikel 7 aufgezählt sind, wird noch das Gutachten der Kontrolleure und eventuell die Genehmigung des Gerichtes gefordert. Die Geschäftsführung ist also weder in Belgien noch in Frankreich eine einfache.

In Italien, Art. 89, behält der Schuldner während des Präventivvergleichsverfahrens die Verwaltung seines Vermögens und besorgt alle gewöhnlichen Angelegenheiten seines Gewerbebetriebes und seines Geschäftes unter Überwachung des Gerichtskommissärs und unter Leitung des Richters. Gewisse Handlungen des Schuldners, Schenkungen, Bürgschaften, sind den Gläubigern gegenüber unwirksam. In gleicher Weise sind den Gläubigern gegenüber Handlungen unwirksam, durch welche der Schuldner Darlehen, auch in wechselmäßiger Form, aufnimmt, sich vergleicht, unbewegliches Eigentum veräußert oder belastet und ohne Genehmigung des beauftragten Richters Gegenstände verpfändet. Mit der Einleitung des Verfahrens hat das Gericht (Art. 4) einen Kommissär zu bestellen, der nicht zu den Gläubigern gehören darf und in der Zwischenzeit die Verwaltung der Masse überwacht, deren Aktiven und Passiven feststellt, über das Verhalten des Schuldners Erhebungen pflegt und in der Gläubigerversammlung einen Bericht erstattet. Nach dem schweizerischen Gesetze, Art. 298, kann der Schuldner sein Geschäft unter Aufsicht des behördlich bestellten Sachwalters betreiben, jedoch vom Zeitpunkte der öffentlichen Bekanntmachung der Stundung nicht mehr Liegenschaften veräußern oder belasten, Pfänder bestellen, Bürgschaften eingehen oder unentgeltliche Verfügungen treffen. Diese Handlungen sind absolut ungültig und können auch nicht mit Genehmigung des Sachwalters vorgenommen werden. Andere im Gesetze bezeichneten Geschäfte sind zwar wirksam, können jedoch über Anzeige

[104]) Sofort bei Eröffnung des Verfahrens bestellt das Gericht provisorische Liquidatoren (Art. 4), deren Zahl 3 nicht übersteigen kann. Ihre Aufgabe ist eine beratende und kontrollierende; in einzelnen Fällen stehen sie dem Schuldner bei, an dessen Stelle sie auch handeln können. An ihre Stelle können von den Gläubigern definitive Liquidatoren vorgeschlagen werden. Von ihnen sind die Kontrollore zu unterscheiden, welche von den Gläubigern über Wunsch gewählt werden können. Näheres siehe bei Gertscher in Allg. österr. Gerichtszeitung 1904 S. 447, 450.

des Sachwalters zur Entziehung der Stundung führen, welche ebenso wie die Vornahme der unbedingt verbotenen Handlungen die Konkurseröffnung auf Antrag eines Gläubigers zur Folge hat. Norwegen § 7, beläßt dem Schuldner die Leitung seiner Angelegenheiten und seines Geschäftes, aber unter der Aufsicht des Akkordvorstandes[105]), nach dessen Weisungen er sich unter der Sanktion der Konkurseröffnung zu richten hat. Das österreichische Ausgleichsverfahren des Jahres 1862, § 7, hat das ganze Vermögen der Verwaltung des Schuldners entzogen.

Der österreichische Entwurf 1904, § 6, erklärt den Schuldner vom Zeitpunkte der Einbringung seines Antrages zu unentgeltlichen Vermögensübertragungen sowie zur Einräumung von Pfand- und Vorzugsrechten an seinem Vermögen nicht mehr befugt. Entgeltliche Rechtsgeschäfte abzuschließen und solche zu erfüllen oder deren Erfüllung in Empfang zu nehmen, ist ihm von diesem Zeitpunkte an nur soweit gestattet, als diese Geschäfte oder Rechtshandlungen zum Fortbetriebe des Unternehmens oder zum Unterhalte des Gemeinschuldners und seiner Familie unerläßlich sind. Diese Bestimmungen des österreichischen Entwurfes erscheinen nicht zweckmäßig. Zunächst sollte die Beschränkung der Dispositionsfähigkeit des Schuldners nicht mit dem Zeitpunkte der Einbringung des Antrages, sondern schon für die am Tage der Einbringung des Antrages vorgenommenen derartigen Rechtshandlungen bestimmt werden[106]). Gerade vor der Antragstellung wird der Schuldner leicht geneigt sein, ein Pfandrecht zu bestellen, einzelne Gläubiger zu begünstigen, er wird dazu gedrängt werden oder sich verleiten lassen. Die Gläubiger können einem solchen Schuldner wohl den Ausgleich verweigern, schädigen sich aber nur selbst damit. Auch die Basis für die Dispositionsfähigkeit des Schuldners ist nicht entsprechend geregelt. Die Unerläßlichkeit ist keine feste Norm, sondern erfordert ein Urteil. Nimmt der Schuldner eine nicht unerläßliche Handlung vor, so ist sie zwar gültig, kann aber angefochten werden, wenn die Gläubiger benachteiligt worden sind und die Umstände nicht die Annahme begründen, daß der andere Teil von dem eingeleiteten Verfahren weder Kenntnis hatte, noch Kenntnis haben mußte (§ 21 des Entwurfes). Der

[105]) Der Akkordvorstand besteht aus einem Akkordkommissär und zwei dazu geeigneten und bereiten Männern, die vorzugsweise unter den Gläubigern oder deren Vertretern zu wählen sind.

[106]) Frankl a. a. O. S. 57 tritt für die gleichartige Bestimmung des § 2 KO. ein.

welchem an diese Beschränkung eintritt, so gewählt werden, daß Begünstigungen einzelner Gläubiger trotz vorliegender Insolvenz und nachträglichen Anfechtungen tunlichst vorgebeugt werde. Der österreichische Entwurf 1904, § 6, erklärt die Bewilligung der Einberufung der Gläubiger für maßgebend. Viel richtiger bestimmt das italienische Gesetz, Art. 7, daß vom Tage der Einreichung des Vergleichsantrages kein Gläubiger Handlungen der Zwangsvollstreckung vornehmen oder fortsetzen lassen, irgendwelche Vorzugsrechte auf das bewegliche Gut des Schuldners erwerben oder Hypotheken eintragen lassen darf. Die Möglichkeit, in der Zeit zwischen dem Antrage auf Einleitung des Verfahrens, der den Gläubigern sehr oft bekannt sein wird, und der Bewilligung dieses Antrages Sicherheiten zu erlangen, kann den Schuldner zur Konkurseröffnung zwingen. Die Erwerbung dinglicher Rechte sollte innerhalb tunlichst langer Zeit vor der Einleitung des Verfahrens unwirksam sein[103]); denn sie richtet sich nicht immer nach dem Zeitpunkte der Entstehung der ihr zugrundeliegenden Forderung. Dingliche Rechte schädigen die Gläubiger im größten Maße, und zwar gerade diejenigen, welche die wirtschaftliche Selbständigkeit des Schuldners erhalten wollen.

Bietet die Frage nach der Einschränkung der Gläubigerrechte keine Schwierigkeiten, so fordert die Regelung der Dispositionsfähigkeit des Schuldners umso größere Sorgfalt. Einer der Hauptvorzüge des Zwangsausgleiches außerhalb des Konkurses liegt in der Aufrechterhaltung der Verfügungsmacht des Schuldners, dessen Entmündigung im Konkurse die schon dargelegten schweren Mängel zur Folge hat. Übereinstimmend wird in den Vergleichsgesetzen dem Schuldner der Besitz und die Verwaltung seines Vermögens nicht entzogen; er behält mehr oder weniger seine Dispositionsfreiheit, muß sich aber einer Kontrolle unterwerfen. In Belgien, Art. 6, bedarf der Schuldner zu Veräußerungen, Verpfändungen oder Verpflichtungen der Autorisation des delegierten Richters. In Frankreich, Art. 6, 7, kann der Schuldner keine neuen Schulden eingehen, noch einzelne Stücke oder die Masse veräußern, außer in den vom Gesetze bezeichneten Fällen. Er darf unter Mitwirkung des

[103]) Pollak, Wirtschaftsproblem S. 267 wünscht für eine Konkursreform, daß alle Pfändungspfandrechte im Konkurse wirkungslos sein sollen, wenn sie nicht innerhalb vier Monaten vor der Konkurseröffnung erworben sind; alle wann immer erworbenen Pfändungspfandrechte werden durch die Konkurseröffnung wirkungslos, wenn sie nicht in diesem Zeitpunkte schon zur Befriedigung des Pfandgläubigers oder doch wenigstens zur Verteilung des Pfanderlöses geführt haben. Siehe auch Schullern-Schrattenhofen a. a. O. S. 440 ff.

Schuldner kann sich auch des Verbrechens des Betruges oder des Vergehens der Krida schuldig machen, wodurch das Verfahren in den Konkurs übergehen kann. Unter dem Schwerte des Richters und an der Hand des vagen Begriffes der Unerläßlichkeit kann man kein Unternehmen betreiben. Vor oder bei Abschluß des Geschäftes darf es dem Schuldner nicht überlassen bleiben, die Unerläßlichkeit zu beurteilen, deren Vorhandensein er gewiß annehmen, zumindest behaupten wird. Auch der Kontrahent kann sich sehr häufig darüber kein Urteil bilden, da er die geschäftlichen oder privaten Verhältnisse des Schuldners nicht genau kennt. Wer würde denn überhaupt mit dem Schuldner noch kontrahieren, wenn jeder Handlung des Schuldners die Scylla der strafgerichtlichen Untersuchung und die Charybdis des Anfechtungsprozesses droht? Zum vorteilhaften Betriebe des Unternehmens während des Verfahrens kann das nicht dienen. Dazu kommt, daß sich der Anfechtungsprozeß zwischen dem anfechtenden Gläubiger und dem Vertragsgenossen des Schuldners abspielt und daher der Gläubiger häufig die Entbehrlichkeit des Geschäftes nicht wird beweisen können, wie auch anderseits dem Vertragsgenossen der Nachweis der Unerläßlichkeit nicht gelingen wird. Hieran dürfte die Möglichkeit, dem Schuldner den Streit zu verkünden oder ihn als Nebenintervenierten dem Streite beizuziehen, nicht viel ändern. Diese Retorsionsmittel des Gesetzentwurfes gegen Übergriffe des Schuldners oder Schädigungen der Gläubigerschaft würden also entweder versagen oder die Absicht, das schuldnerische Geschäft zweckmäßig weiterzuführen, vereiteln.

Vielmehr empfiehlt es sich, den schuldnerischen Übergriffen vorzubeugen, wofür das italienische Recht ein nachahmenswertes Beispiel bietet. Allerdings bedarf es dazu der Bestellung eines Verwaltungsorganes, auf welches der österreichische Entwurf zum Unterschiede von den meisten ausländischen Gesetzen verzichtet. Gerade hierin liegt aber eine seiner größten Schwächen. Ein Sachwalter, Kommissär usw. ist unentbehrlich. Er könnte sich in der notwendigerweise kurzen Zeit vor der Tagsatzung viel genauer informieren, als es die einzelnen Gläubiger vermögen. Dem gerichtlich bestellten Kontrollor wird der Gemeinschuldner auch die erforderlichen Auskünfte nicht verweigern. Das Kontrollorgan kann ohne Beschlagnahme, ohne kostspielige Inventur und weitläufige Ermittlung des Vermögens- und Schuldenstandes alle erforderlichen Informationen einholen und die Gläubigerversammlung entsprechend vorbereiten. Der von einer amtlich bestellten Person erstattete Bericht wird den Gläubigern zumeist genügende

Anhaltspunkte für die Entscheidung über den Ausgleichsantrag auch schon in der ersten Tagsatzung gewähren können.

Man könnte nun daran denken, mit dieser Funktion das Gericht oder einen Gläubigerausschuß zu betrauen. Der Richter kann trotz seiner Autorität und Unparteilichkeit diese Aufgabe nicht erfüllen, weil ihm in Geschäftsangelegenheiten gewöhnlich Kenntnisse nicht zur Verfügung stehen und auch nicht von ihm gefordert werden können. Die Gerichtsleitung muß sich mehr oder weniger auf die formelle Beobachtung der bestehenden Vorschriften beschränken, wie das auch im Konkurse geschieht. Auch die Einsetzung eines Gläubigerausschusses[107]) empfiehlt sich nicht. Mit der Gläubigerautonomie wurden schon im Konkurse die schlechtesten Erfahrungen gewonnen; das Ausgleichsverfahren könnte durch die Wahl eines Gläubigerausschusses, dessen Verwaltungsbefugnisse und sonstige Einflußnahme zu einer Farce unter gerichtlicher Mitwirkung werden. Diesen Erwägungen verschließt sich der österreichische Entwurf 1904 nicht und berechtigt im § 7 Gläubiger, deren nach den Büchern zurecht bestehende oder glaubwürdig bescheinigte Forderungen den vierten Teil des aus der Bilanz sich ergebenden Passivstandes erreichen, zu verlangen, daß ein von ihnen namhaft gemachter Vertrauensmann ermächtigt werde, bis zur Tagfahrt in die Geschäftsgebarung des Schuldners soweit Einsicht zu nehmen, als dies erforderlich ist, um die Einhaltung der im § 6 bestimmten Beschränkungen zu sichern und Anhaltspunkte für die Beurteilung der Vermögenslage des Gemeinschuldners oder seiner Vorschläge zu gewinnen. Dadurch soll eine ähnliche Intervention der Gläubiger ermöglicht werden, wie sie derzeit vielfach bei außergerichtlich erledigten Insolvenzfällen, insbesondere durch Gläubigerschutzvereine geübt wird. Mag sie sich bei diesen bewährt haben, im gerichtlichen Zwangsausgleichsverfahren ist sie nicht am Platze. Außerdem entstünde die Schwierigkeit, wie sich die Gläubiger in der kurzen Zeit vor der Tagsatzung auf einen verläßlichen Vertrauensmann so rechtzeitig einigen sollen, daß er noch alle Erhebungen, Untersuchungen, Berichte vorbereiten kann. Und wenn schon ein Gläubigerschutzverein einen Vertrauensmann entsenden würde, so kann gerade dadurch das Verfahren und die gleichmäßige Behandlung der Gläubiger gestört werden. Machen sich schon im Konkurse die Gläubigercliquen sehr schwer fühlbar, so würden sie im Ausgleichsverfahren geradezu unerträglich.

---

107) Elias in „Juristische Blätter" 1905 Nr. 7 S. 74; Gutachten der Handels- und Gewerbekammer in Wien vom 28. Februar 1898 S. 3 und vom 26. April 1906 S. 7, 12.

Diese Bestimmung des § 7 des österreichischen Entwurfes ist vollständig entbehrlich, wenn ein amtlicher Ausgleichskurator vom Gerichte bestellt wird, welcher kein Gläubiger sein darf. Die Ernennung nach den Büchern des Schuldners ist zu unverläßlich, da die in den Büchern angeführten Personen überhaupt nicht Gläubiger sein müssen. Und was soll das Gericht zur Auswahl bestimmter Gläubiger bewegen? Die Höhe der Forderung ist kein Maßstab, das Erfordernis der Anwesenheit am Gerichts- oder schuldnerischen Wohnorte erweist sich derzeit bereits als ein großer Nachteil für die Bestellung der Gläubigerausschüsse[108]), ein Vorschlag des Gemeinschuldners ist ausgeschlossen. Es bleibt nichts anderes übrig, als nach dem Beispiele des italienischen Gesetzes einen Vertreter durch das Gericht zu bestellen, der nicht zu den Gläubigern gehört und dadurch für seine Unparteilichkeit Gewähr bietet. Man wird geneigt sein, in einem solchen Vertreter den Masseverwalter des ordentlichen Konkursverfahrens zu erblicken und hiermit einen Zweck des Verfahrens, nämlich die Kostenersparnis, vereitelt finden[109]). Dagegen wäre zu bemerken, daß durch den Wegfall der Beschlagnahme, der Einbringung und der Realisierung des schuldnerischen Vermögens die Verfahrenskosten erheblich verringert werden. Behufs Kostenersparnis[110]) könnte für diesen Vertreter ein Perzentualtarif eingeführt werden, der auch für die Masseverwalter im Konkurse gefordert wird[111]). Die Kostenbestimmung durch das Gericht bietet ausreichende Gewähr für eine tunlichste Niedrighaltung.

Für kleine, leicht überbrückbare Kriden, welche die Kontrolle des Schuldners entbehrlich machen, könnte eventuell von der Bestellung des Ausgleichskurators abgesehen werden. Für die Regel aber wäre ein solcher Ausgleichskurator mit amtlicher Qualifikation zu bestellen, da dessen Mitwirkung im Hinblick auf die Grundsätze des Verfahrens unbedingt notwendig ist.

V. Feststellung und Prüfung der Forderungen.

Das Verfahren ist in allen Gesetzen mit Garantien für die größte Öffentlichkeit ausgestattet. (Belgien Art. 5, Dänemark § 6, Frank-

---

[108]) Bericht der Handels- und Gewerbekammer in Brünn über die Reform des Konkursrechtes 1912 S. 146.

[109]) Erläuternde Bemerkungen zur Regierungsvorlage S. 15.

[110]) Der nachfolgende Bericht über das schweizerische Gesetz zeigt, daß sich die Kosten dieses Organes nicht hoch stellen müssen.

[111]) Frankl a. a. O. S. 41 ff.

reich Art. 4, Italien Art. 4, 5, Norwegen § 6, Schweiz Art. 296, österr. Ausgleichsverfahren 1862 § 10, österr. Entwurf 1904 §§ 4, 19.) Diese erscheint nicht nur behufs Verständigung der Gläubiger notwendig, damit sie sich tunlichst zahlreich an dem Verfahren beteiligen, sondern auch für die Fortführung des schuldnerischen Geschäftes unentbehrlich. Kein Kontrahent des Schuldners soll über die Einleitung des Verfahrens im Unklaren bleiben. Von manchen Seiten, insbesondere Wagner[112]), dem sich die deutsche Kaufmannschaft anschließt, wird gefordert, es möge jede öffentliche Bekanntmachung des Vergleichsverfahrens und ein öffentlicher Aufruf an die Gläubiger unterlassen werden, um die Fortführung des Geschäftes nicht zu behindern und insbesondere den Ruf des Schuldners nicht zu beeinträchtigen. Diese Ansicht verkennt, daß die Kundmachung im Amtsblatte oder durch Anschlag bei Gericht viel weniger zur Veröffentlichung beiträgt als die täglichen Insolvenznachrichten in den Zeitungen, die zweifellos auch jene Insolvenzen umfassen werden, hinsichtlich deren die Einleitung des Ausgleichsverfahrens angestrebt wird. Durch die amtliche Verlautbarung würde also die Lage des Schuldners nicht verschlechtert. Der geschäftliche Ruf dürfte insbesondere davon abhängen, ob die Geschäftswelt in der Einleitung des Verfahrens eine bloße Insolvenz erblicken oder sie wie eine Art des Konkurses werten wird. Hierauf dürfte die amtliche Verlautbarung keinen Einfluß üben. Durch die amtliche Kundmachung wird auch der Zeitpunkt festgestellt, von welchem ab die Rechtswirkungen der Einleitung des Verfahrens in Kraft treten, eine Feststellung, von der nicht abgesehen werden kann. In kleinen, klar liegenden Fällen könnte man sich behufs Kostenersparnis mit dem Anschlage bei Gericht begnügen.

Die Durchführung des Prüfungsgeschäftes muß zwei Gesichtspunkten Rechnung tragen, und zwar der Wahrung der Gläubigerrechte und der Notwendigkeit raschester Beendigung des Verfahrens. Die zweckmäßige Vereinigung dieser zwei Erfordernisse wird in den Gesetzen auf verschiedenen Wegen angestrebt. Als äußerste Gegensätze sind das französische Recht und der österreichische Entwurf 1904 anzusehen. In Frankreich wird ein förmliches Liquidierungsverfahren durchgeführt. Binnen 3 Tagen nach dem Urteil des Handelsgerichtes (jugement déclaratif de la liquidation judiciaire) werden die Gläubiger zu einer spätestens binnen 15 Tagen vor dem juge commissaire stattfindenden

---

[112]) Der Schuldnachlaß 1904 S. 8.

Versammlung einberufen, in welcher über die definitiven Liquidatoren entschieden wird und die Kontrollore gewählt werden können. Hierauf folgt ein auf längstens 15 Tage anberaumter Termin behufs erstmaliger Feststellung der Forderungen (vérification des créances), welche wie im Konkurse anzumelden sind. Dann gibt es noch einen zweiten Prüfungstermin binnen weiteren 15 Tagen und erst hierauf wird die Vergleichstagfahrt auf 15 Tage angeordnet. (In Ausnahmsfällen ist sogar noch ein dritter Prüfungstermin zulässig.) Ein Streit über den Bestand oder die Höhe der Forderungen muß vor dem zuständigen Gerichte ausgetragen werden. Auch nach dem englischen Gesetze erfolgt eine konkursale Prüfung der Forderungen; stimmberechtigt sind nur die Gläubiger, die ihre Forderung mit schriftlichem Eide bestätigen. Die dem belgischen System folgenden Gesetze verzichten auf eine materielle Feststellung der Forderungen, die nur auf ihre Stimmberechtigung geprüft werden; die Entscheidung über das Stimmrecht ist für das tatsächliche Forderungsverhältnis ohne Belang (Italien Art. 19, Norwegen § 22). Es können deshalb auch die Termine für die Vorbereitung der Abstimmung auf ein Mindestmaß reduziert werden. Feststellungsprozesse vermögen das Verfahren nicht aufzuschieben.

Ob die Gläubigerversammlung auf eine kürzere oder etwas längere Frist einberufen wird, ist ohne besondere Bedeutung. Im Gegenteil ist es wichtig, das Verfahren nicht allzu rasch durchzuführen, weil die Gläubiger die Gelegenheit zu ausreichenden Informationen besitzen müssen, soll es nicht zu Erstreckungen der Gläubigerversammlung kommen, welche tunlichst zu vermeiden sind. Der Wegfall der Beschlagnahme, sowie die Möglichkeit der Fortführung des schuldnerischen Geschäftes unter ausreichender Kontrolle und Ausschließung von separaten Zugriffen seitens der Gläubiger schützen das Vermögen des Schuldners vor erheblicher Beeinträchtigung. Für die Beurteilung des Wertes des Ausgleichsverfahrens ist weniger dessen Raschheit an sich als der Umstand maßgebend, daß eine förmliche Liquidierung entfällt und Liquidierungsprozesse das Verfahren nicht aufhalten.

Der österreichische Entwurf 1904 übertreibt das Streben nach raschester Durchführung zum Schaden des Verfahrens. Nach § 5 ist die Gläubigerversammlung auf möglichst kurze Zeit so anzuberaumen, daß den Gläubigern, deren Wohnsitz am weitesten entfernt ist, ungefähr 10 Tage vom Tage der Abfertigung der Ladung zur Verfügung bleiben. Diese

Frist erscheint viel zu kurz; die vom Herrenhause beschlossene Verlängerung auf 14 Tage ist unzureichend. Man kann wohl annehmen, daß die Gläubiger in vielen Fällen vor der Tagsatzung mehr oder weniger informiert sein werden, da ja dem Antrage auf Einleitung des Verfahrens sehr häufig außergerichtliche Ausgleichsversuche vorangehen dürften. Da dies aber nicht immer der Fall sein wird, wäre eine ausreichende Frist zur Vorbereitung der Verhandlung zu normieren, wovon der Erfolg des Verfahrens wesentlich beeinflußt werden wird. Mangelnde Vorbereitung der Gläubigerversammlung nötigt zu Erstreckungen, deren Üblichwerden die Praxis herbeiführen kann, die erste Tagsatzung überhaupt nur mehr Informationszwecken zu widmen, so daß dann, wie die Erfahrungen mit dem derzeitigen Konkursverfahren lehren[113]), die Gläubiger zu dieser Tagsatzung gar nicht erscheinen, da sie ja vornehmlich bloß an der Abstimmung über den Ausgleich ein Interesse haben. Je öfter man die Gläubiger zu Tagsatzungen einberuft, desto mehr schwächt man ihre Beteiligung am Verfahren ab. Die vom österreichischen Entwurfe beabsichtigte Beschleunigung würde überdies die schon beantragte Bestellung eines amtlichen Ausgleichskurators noch dringlicher machen, der die Gläubiger bei der ersten Tagsatzung eingehend informiert und ihnen kraft seiner amtlichen Stellung die Gewähr für die Zweckmäßigkeit der schuldnerischen Anträge bietet; anderseits würde die Beaufsichtigung des schuldnerischen Geschäftes durch ihn der erheblichen Verschlechterung der Masse vorbeugen, so daß eine überstürzte Erledigung nicht notwendig wäre.

Bei der Prüfung des Stimmrechtes der Gläubiger handelt es sich in den dem belgischen System folgenden Gesetzen nicht um eine Entscheidung über den Bestand und die Höhe der angemeldeten Forderungen, sondern nur über die Berechtigung zur Stimmführung. Der Zwangsausgleich hat also im Wesen nicht die Auseinandersetzung des Gläubigers und Schuldners über die Forderungen zum Gegenstande, ein Prinzip, das schon im österreichischen Vergleichsverfahren 1862, § 25, normiert[114]) war, und in der Gesetzgebung immer wiederkehrt.

[113]) Frankl a. a. O. S. 105; Pollak in „Juristische Blätter" 1895 Nr. 52 und in „Allg. österr. Gerichtszeitung" 1905 Nr. 37.

[114]) Reich a. a. O. S. 19 hebt als wesentlichen Unterschied zwischen Konkurs und Ausgleichsverfahren hervor, daß bei letzterem die Wirkung der Liquidierung sich nicht über das Verfahren hinaus erstrecke und keine Rechtswirkung habe, wenn die Ausgleichung nicht zustandekomme; die Nichtliquidierung spreche dem Gläubiger kein Recht ab, während sie im Konkurse sein Forderungsrecht aufhebe.

Theoretisch kann man ja auch im Konkurse nicht damit rechnen, daß nur die teilnahmsberechtigten, die wahren Konkursgläubiger über die Annahme des Ausgleiches entscheiden. „Die Kreise der teilnahmsberechtigten und der faktisch teilnehmenden Gläubiger, der Konkursgläubiger und der konkurrierenden Gläubiger können sich im einzelnen Falle mehr oder weniger decken, sie können aber auch so verschieden sein, daß sie nicht ein einziges Mitglied gemeinsam haben."[115]) „Es ist rechtlich irrelevant nicht nur, ob die Mehrheit der Zustimmenden auch die Mehrheit der Konkursgläubiger, sondern auch, ob sie die Mehrheit der mit definitivem Erfolge konkurrierenden Gläubiger darstellt."[116]) Der konkursale Zwangsausgleich darf zwar erst nach der Liquidierungstagfahrt stattfinden, hat aber die vorherige Austragung von Liquidierungsprozessen nicht zur Voraussetzung[117]).

Über das Stimmrecht entscheidet der Richter. Nach den meisten Gesetzen werden bestrittene Forderungen zur vorläufigen Stimmführung zugelassen, doch bleibt die definitive Beschlußfassung dem Gerichtshofe vorbehalten. (Belgien Art. 15, Italien Art. 19, Schweiz Art. 305.) Gemäß dem österreichischen Entwurfe 1904 ist betreffs bestrittener Forderungen ein gütliches Einverständnis zu versuchen. Kann dieses nicht erzielt werden, so hat der Richter unter Erwägung, ob die Forderung und bis zu welchem Betrage sie mit Wahrscheinlichkeit als richtig angenommen werden kann, über die Berechtigung zur Stimmführung mit Beschluß zu entscheiden. Gegen die Entscheidung ist die Beschwerde an den Gerichtshof ohne aufschiebende Wirkung zulässig. Nach dieser Feststellung kann das Stimmrecht im weiteren Verlaufe des Verfahrens nicht mehr angefochten werden. Wenn aber die Forderung oder die dafür beanspruchte Rangordnung durch das rechtskräftige Urteil aberkannt wird, kann das Stimmrecht nicht weiter ausgeübt werden. Auch bei der Feststellung der Richtigkeit und Rangordnung der Forderungen wäre die Mitwirkung des Ausgleichskurators von großem Werte. Der in den meisten Gesetzgebungen normierte Bericht des delegierten Richters, Sachwalters, Kommissärs usw. umfaßt auch eine Äußerung über die Forderungen der Gläubiger, welche nicht immer die komplizierten Verhältnisse sofort bei der Tagfahrt beurteilen können, zumal man ihnen nach Tunlichkeit die Kosten einer rechtskundigen Vertretung ersparen will. Dies führt entweder zur Nichtbestreitung von nicht zurecht be-

---

[115]) Oetker a. a. O. S. 36.

[116]) Pollak, Konkursrecht S. 413.

[117]) Erläuternde Bemerkungen zur Regierungsvorlage S. 16.

stehenden Forderungen oder zur unbegründeten Bekämpfung bestehender Ansprüche. Es sollte daher auch das österreichische Recht den Bericht eines Ausgleichskurators normieren, der die Darstellung der für die Stimmberechtigung entscheidenden Momente zu umfassen hätte[118]).

Welche Forderungen das Stimmrecht genießen, richtet sich im allgemeinen nach den Grundsätzen des Konkursrechtes und bedarf an dieser Stelle keiner weiteren Darlegung. Selbstverständlich ist, daß nur die nicht bevorrechtigten Gläubiger zur Stimmführung zugelassen werden. Bedingte Forderungen gewähren das Stimmrecht. Hinsichtlich zedierter Forderungen würde sich nach dem Beispiele des Art. 15 des italienischen Gesetzes eine Einschränkung des Stimmrechtes empfehlen, da bekanntlich durch solche Forderungen ein illegitimer Einfluß auf das Verfahren genommen werden kann.

Rücksichtlich der Art der Forderung, respektive der Eigenschaft des Gläubigers wäre zu erwägen, ob und inwieweit die mit dem Schuldner durch das Band der Ehe oder durch nahe Verwandtschaft oder Schwägerschaft verbundenen Personen das Stimmrecht genießen sollen. Von zahlreichen Seiten wird eine Beschränkung dieser Stimmberechtigung gewünscht, die auch in der ausländischen Gesetzgebung normiert ist[119]). Im französischen Rechte wird der Anspruch der Ehefrau einer strengeren Prüfung unterworfen[120]). Nach Art. 15 des italienischen Gesetzes dürfen bei Ermittlung der Stimmenmehrheit Forderungen des Ehegatten des Schuldners, seiner Verwandten oder Verschwägerten bis zum vierten Grade einschließlich nicht mitgerechnet werden. Ebenso wird gemäß Artikel 305 des schweizerischen Gesetzes die Ehefrau des Schuldners weder für ihre Person noch für ihre Forderung in die Majorität eingerechnet. Der österreichische Entwurf 1904 nimmt die dem Schuldner nahestehenden Gläubiger nicht aus. „Jeden Gläubiger der bezeichneten Art als einen unreellen zu erklären, ist eine Präsumtion, die sicherlich nicht den Tatsachen völlig entspricht. Bedenken,

---

[118]) Frankl a. a. O. S. 120 tritt dafür ein, daß im konkursalen Zwangsausgleiche behufs Erzielung einer besseren Information der Gläubiger dem Masseverwalter und Gläubigerausschusse die Verpflichtung zur Erstattung von Gutachten über den Vergleichsantrag auferlegt werde.

[119]) Gutachten der Handels- und Gewerbekammer in Wien 1896, S. 11 und Übersichtstabelle der abgegebenen Äußerungen, insbesondere des Kreditorenvereines in Wien.

[120]) Näheres siehe bei Gertscher in Allg. österr. Gerichtszeitung 1904 Nr. 51 S. 445.

die aus dem Verhalten des Schuldners zum Gläubiger hergeleitet sind, vorzubringen, ist aber jedem Beteiligten gestattet, und es kann wohl nicht gezweifelt werden, daß solche Bedenken auf die Entscheidung über das Stimmrecht einen bestimmenden Einfluß üben werden, wenn sie durch irgendwelche Tatsachen substantiiert werden, die noch zum Verwandtschafts- oder Schwägerschaftsverhältnisse hinzutreten."[121]) Die vorliegende Frage kann nur in Übereinstimmung mit den Grundsätzen des Konkursrechtes erledigt werden; die geltende Konkursordnung kennt keine Unterscheidung in der besprochenen Hinsicht.

VI. Die Abstimmung.

Nachdem über die Stimmberechtigung entschieden und die Verhandlung über die Vorschläge des Gemeinschuldners und andere relevante Umstände des Ausgleiches beendet ist, erfolgt die Abstimmung. Die Normierung der Mehrheiten nach Köpfen und Forderungen ist allgemein üblich. Die Verhältniszahlen, die in den ausländischen Gesetzgebungen nicht gleichartig bestimmt sind, erscheinen ohne weiteres Interesse. Unter das Maß der für den konkursalen Zwangsausgleich bestehenden Majoritäten wird man nicht herabgehen können. Eigenartige Bestimmungen treffen Dänemark, Norwegen und der österreichische Entwurf 1904, indem sie die Majoritäten in ein Verhältnis zu den Quoten bringen. Dänemark §14 normiert bei 50% und darüber zwei Drittel der erschienenen stimmberechtigten Gläubiger und drei Viertel der Forderungen, bei 25 bis 50% drei Viertel, unter 25% neun Zehntel in beiden Beziehungen. Norwegen, § 19, bei 50% und darüber zwei Drittel, bei Quoten unter 50% drei Viertel in beiden Beziehungen. Der österreichische Entwurf normiert bei Quoten von 40% aufwärts wie im Konkurse zwei Drittel der Gläubiger und drei Viertel der Forderungen, bei Quoten unter 40% drei Viertel der Gläubiger und neun Zehntel der Forderungen[122]). Diesen Vorschriften liegt die Absicht zugrunde, Garantien gegen Mißbrauch zu bieten und insbesondere der Tendenz des Schuldners, sich an das Quotenminimum zu halten, entgegenzuwirken. Der Schuldner soll das Bestreben haben, eine möglichst hohe Quote ausschütten zu können,

[121]) Erläuternde Bemerkungen zur Regierungsvorlage S. 17. Auch Frankl a. a. O. S. 92 ff. erklärt, daß nicht immer die Gläubiger der schwächere, schutzbedürftige Teil sind.

[122]) Das Herrenhaus änderte diese Majorität der Forderungen in vier Fünftel ab.

da ihm dadurch der Vergleich erleichtert wird. So einleuchtend diese Gründe sind, so beinhalten sie doch eine Erschwerung des Zwangsausgleiches, insbesondere dann, wenn sie, wie in Dänemark oder nach dem österreichischen Entwurfe, neun Zehntelmajoritäten normieren. Der Schuldner, der eine so große Mehrheit aufbringen kann, wird in der Regel auch imstande sein, sich außergerichtlich unter Zustimmung der Gläubiger zu arrangieren, ohne daß er das seinen Kredit immerhin mehr schädigende, jedenfalls aber gefährlichere Ausgleichsverfahren durchführen müßte. Es wirkt dies der Tendenz des Gesetzes entgegen, auf eine tunlichst gleichmäßige Befriedigung der Gläubiger in Kridafällen hinzuwirken. Der Schuldner wird die widerstrebenden Gläubiger durch höhere Quoten für den Ausgleich zu gewinnen trachten. Auch liegt es ja nicht immer in seiner Hand, die Quoten zu bestimmen. Legt man auf eine gewisse „Würdigkeit" des Schuldners Wert, so muß auf allzu große Majoritäten selbst bei minderen Quoten verzichtet werden.

Hinsichtlich der Modalitäten der Abstimmung wäre die tunlichste Mündlichkeit anzustreben. Belgien (Art. 9) fordert schriftliche Erklärungen der erschienenen oder vertretenen Gläubiger, gestattet jedoch auch nachträgliche schriftliche Abstimmung binnen 8 Tagen (Art. 14). In Dänemark (§ 9) kann die Abstimmung schriftlich geschehen. Auch in Italien (Art. 16) werden die binnen 20 Tagen nach Schluß des Protokolles über die Versammlung schriftlich oder telegraphisch einlangenden Zustimmungserklärungen bei Feststellung der Mehrheit der Forderungen mitberücksichtigt. In Norwegen (§ 17) sind schriftliche Erklärungen über den Akkordvorschlag vor oder in der Versammlung abzugeben. Nach dem schweizerischen Gesetz (Art. 302) können Zustimmungserklärungen auch nach der Versammlung innerhalb 10 Tagen erfolgen.

Gemäß dem österreichischen Entwurfe 1904 müssen sich die Gläubiger in der Verhandlung mündlich erklären, ein Vorgang, der durchaus zu billigen ist. Wenn auch vielen Gläubigern die Geschäftslage des Schuldners vor der Tagsatzung ausreichend bekannt sein wird und wenn auch manche Gläubiger kein Interesse an der Anfechtung von Ansprüchen haben und daher den mit dem Erscheinen bei der Tagsatzung verbundenen Zeit- und Kostenaufwand scheuen dürften, bietet doch die mündliche Verhandlung die beste Gewähr gegen Mißbräuche mit dem Verfahren. Der Schuldner soll der insbesondere im englischen Rechte 1883 Sekt. 17 eingehend normierten Prüfung unterzogen werden, der Richter soll aus der mündlichen Verhandlung unmittelbar den Eindruck über die Zulässigkeit des Ausgleiches gewinnen. Insbesondere kann auf diese mündliche Verhandlung nicht verzichtet werden, falls über die Bestätigung des Ausgleiches kein öffentlicher Termin stattfindet. Die Gläubiger sollen sich behufs Wahrung ihrer Rechte an dem Verfahren beteiligen. Eine Pflicht zum Erscheinen kann wohl nicht statuiert werden, doch sollen die säumigen Gläubiger das Nichtzustandekommen des Ausgleiches, d. i. von ihrem Standpunkte die Nichterlangung einer höheren Quote befürchten müssen.

VII. Inhalt des Ausgleiches.

Die Mehrzahl der ausländischen Gesetze enthält keine Vorschriften über den Inhalt des Ausgleiches. Nach belgischem Rechte kann der Vergleich Stundung oder Nachlaß oder auch beides gewähren. Ausdrücklich wird im Art. 24 die Überlassung der Aktivenmasse an die Gläubiger (concordat par abandon d'actif) geregelt. Auch die französische Liquidation kann durch Zwangsausgleich (concordat simple ou traité) oder durch concordat par abandon d'actif beendet werden. (Außerdem sind noch als Beendigungsarten normiert die clôture pour insuffisance d'actif, Realisierung und Verteilung der Masse sowie Überleitung in den Konkurs.) Das italienische Recht kennt prinzipiell nur den Nachlaß, nicht die Stundung, ebenso das schweizerische Recht, das mit der Einleitung des Verfahrens eine mehrmonatliche Stundung verbindet. Nach dem österreichischen Entwurfe 1904 hat der Ausgleich nur einen Nachlaß zum Inhalte[123]). In welcher Weise dieser Nachlaß zu gewähren ist, bleibt den Parteien überlassen[124]). Im übrigen gelten für den Inhalt des Ausgleiches die Vorschriftten des konkursalen Zwangsausgleiches. Es muß die par conditio creditorum mit der Maßgabe beobachtet werden, daß die bevorrechtigten Gläubiger auf ihr Vorrecht, die dinglich sichergestellten Gläubiger auf ihre Sicherheit ganz oder teilweise verzichten können. Die Ansprüche der Gläubiger, welche mit dem Schuldner nach Einleitung des Verfahrens kontrahiert haben, werden durch den Ausgleich nicht berührt[125]). Sonderbegünstigungen sind naturgemäß ungültig

[123]) Über die Stundung siehe Freund a. a. O. S. 375; insbesondere über die holländische Gesetzgebung S. 339. Der österreichische Entwurf sieht davon ab, den Zahlungsaufschub als Inhalt des Zwangsausgleiches speziell zu normieren (Erläuternde Bemerkungen zur Regierungsvorlage S. 19), enthält jedoch in den §§ 14 bis 16 Vorschriften über ein Moratorium ohne Zwangswirkung für die dissentierenden Gläubiger. Näheres hierüber siehe bei Gertscher a. a. O. und Lieblich a. a. O.

[124]) Über die Mindestquote siehe oben S. 360 ff.

und vielfach mit Strafe bedroht. (Belgien Art. 32, Frankreich Art. 16, Italien Art. 866 cod. di comm., Schweiz Art. 314.) Der österreichische Entwurf 1904 schreibt die sinngemäße Anwendung des § 226 der Konkursordnung vor, wonach jedes außer dem Ausgleiche getroffene Übereinkommen, durch welches das in die Ausgleichsmasse gehörige Vermögen seiner Bestimmung entzogen oder einem Gläubiger, auf dessen Ansprüche sich der Ausgleich erstreckt, größere Vorteile oder bessere Bedingungen als nach den §§ 222 und 223 KO. zulässig sind, eingeräumt werden, selbst dann ungültig ist, wenn demselben eine dem allgemeinen Strafgesetze unterliegende Handlung nicht zugrundeliegt. Diese Bestimmung hat sich in der Praxis als vollständig untauglich erwiesen, Sonderabmachungen und Begünstigungen auszuschließen. Die egoistischen Motive des Gläubigers und des Schuldners sind immer stärker und wissen sich in den verschiedensten Formen und Geschäften durchzusetzen, von welchen die zahlreiche Judikatur des obersten Gerichtshofes Zeugnis gibt. Kaum bei einem Konkurse fehlt es an solchen Sonderabmachungen und Begünstigungen, welche die Redlichkeit der Abstimmung in Frage stellen[126]. Leider enthält das österreichische Strafgesetzbuch keine Bestimmung hierüber[127]. Der österreichische Strafgesetzentwurf erklärt in § 367 die Strafbarkeit desjenigen, der nach Eintritt der Unfähigkeit seine Gläubiger oder einen Teil voll zu befriedigen, einen Gläubiger zum Nachteile der anderen begünstigt[128]. Ohne strafrechtliche Ahndung ist eine erfolgreiche Bekämpfung der Sonderbegünstigungen ausgeschlossen. Als Sonderbegünstigung wäre jedoch nur jene aufzufassen, welche nicht in dem von den Gläubigern genehmigten Ausgleiche enthalten ist.

[125]) Sie sind wie Massegläubiger im Konkurse zu behandeln, da anderenfalls an eine Fortführung des schuldnerischen Betriebes während des Verfahrens nicht zu denken wäre. § 225 KO.

[126]) Frankl a. a. O. S. 119.

[127]) Am 21. März 1905 stellten die Abgeordneten Singer und Genossen im Abgeordnetenhause des österr. Reichsrates den Antrag auf Abänderung des § 226 KO. in dem Sinne, daß Sonderbegünstigungen nicht nur ungültig, sondern auch verboten sein sollen, und daß, falls keine strenger zu ahndenden, dem Strafgesetze unterliegenden Handlungen zu grunde liegen, sich alle Personen, welche daran teilgenommen haben, einer Übertretung schuldig machen und mit strengem Arrest bis zu sechs Monaten oder einer Geldstrafe bis zu 5000 Kronen, welche auch mit dem ersteren verbunden werden kann, bestraft werden.

[128]) Von einer Bestrafung des Gläubigers, der die Sicherstellung oder Zahlung einer ihm zustehenden fälligen Forderung annimmt, wird abgesehen, weil dies „unbillig" wäre. Erläuternde Bemerkungen zum Strafgesetzentwurf S. 315.

VIII. Bestätigung des Ausgleiches.

Wird die erforderliche Majorität erzielt, so gilt der Ausgleich als angenommen, worauf er dem Gerichte zur Bestätigung vorzulegen ist. Über die Bestätigung wird in Belgien Art. 15, Frankreich Art. 512, 515, cod. de comm., Italien Art. 18, Norwegen § 21, Schweiz Art. 304, in einem öffentlichen Termine verhandelt, der durch den Bericht des beauftragten Richters beziehungsweise der Liquidatoren, des Gerichtskommissiärs, des Akkordvorstandes, des Sachwalters eingeleitet wird. Der österreichische Entwurf 1904 sieht berechtigterweise von einem solchen öffentlichen Termine ab. Wenn die Prinzipien der Mündlichkeit in der zur Entscheidung über den Ausgleichsantrag abgehaltenen Gläubigerversammlung beobachtet werden, erscheint eine Wiederholung der öffentlichen Verhandlung durchaus entbehrlich.

Wohl aber muß sich die Prüfung des Gerichtes auch auf die Zweckmäßigkeit, Angemessenheit und sonstige für den Ausgleich relevante Umstände erstrecken, wie dies nach den meisten Gesetzen der Fall ist. (Belgien Art. 17, Dänemark §§ 25, 26, Italien Art. 20, Norwegen § 23, Schweiz Art. 306.) Die österreichische Konkursordnung hat das Gericht zu einer Bestätigungsmaschine herabgewürdigt; dieses darf sich bei der Beurteilung des Zwangsausgleiches in eine Prüfung der inneren Bestimmungen und der Zweckmäßigkeit nicht einlassen, und in dieser Richtung angeregte Bedenken sind nicht geeignet, die Vorenthaltung der gerichtlichen Bestätigung zu begründen. Über die Abänderungsbedürftigkeit dieser Norm besteht kein Zweifel[129]). Pollak, Konkursrecht Seite 406, hält zwar bei Vorliegen von Sonderübereinkommen gemäß § 226 KO. die Bestätigung des Ausgleiches für unzulässig, da dieser „gesetzlich unerlaubte Bestimmungen" enthalte. Die herrschende Lehre und insbesondere die Praxis sieht jedoch in solchen Übereinkommen kein Hindernis der Bestätigung, weil diese nicht den Inhalt des dem Gerichte zur Prüfung vorliegenden Ausgleiches bilden. Die Kritik des österreichischen Entwurfes hat dessen Unannehmbarkeit konstatiert, insolange das Gericht nicht in der Lage ist, den genehmigten Zwangsausgleich auf seine Zweckmäßigkeit und Angemessenheit zu prüfen.

Die Wirkung der Bestätigung des Ausgleiches besteht allgemein darin, daß der Schuldner von der Verbindlichkeit befreit wird, den Gläubigern, auf welche sich der Ausgleich bezieht, den nachgelassenen Rest

---

[129]) Frankl a. a. O. S. 121.

zu bezahlen. Dieses Prinzip ist jedoch in der Gesetzgebung nicht konsequent durchgeführt. Nach belgischem Rechte, Art. 25, ist der Schuldner verhalten, en cas de retour à meilleur fortune seine Gläubiger voll zu befriedigen[130]. Der delegierte Richter hat nach Bestätigung des Ausgleiches alle drei Monate sowie über jeweilige Anordnung des Gerichtes die Geschäftslage des Schuldners zu prüfen und dem Gerichte Bericht zu erstatten, welches erforderlichenfalls sogar mit der Konkurserklärung vorgehen kann (§ 28). Die Bestätigung kann gemäß § 20 von jenen Gläubigern angefochten werden, welche nicht geladen worden sind, sich nicht freiwillig bei der Gläubigerversammlung eingefunden oder sonst nicht rechtzeitig (Art. 14) gemeldet haben. In diesem Falle wird die Bestätigung jedoch nur dann aufgehoben, wenn das Gericht den bösen Glauben des Schuldners konstatiert. Nach italienischem Rechte (§ 21) darf der Schuldner mangels entgegenstehender Vereinbarungen oder Beschlüssen vor vollständiger Erfüllung der übernommenen Verpflichtungen weder sein unbewegliches Eigentum veräußern oder belasten, Gegenstände verpfänden, noch sonst über sein Vermögen in anderer Weise verfügen, als es die Art seines Gewerbe- oder Handelsbetriebes erfordert. Zuwiderhandlungen gegen dieses Verbot sind den vor der Bestätigung des Vergleiches vorhandenen Gläubigern gegenüber unwirksam. In Norwegen wird durch § 25 für eine über Antrag von Gläubigern, welche ein Fünftel der Forderungen repräsentieren, zulässige Aufsicht des Schuldners bezüglich der Erfüllung des Akkordes gesorgt. § 38 des österreichischen Ausgleichsverfahrens 1862 gibt den Gläubigern, welche am Verfahren nicht teilgenommen hatten, das Recht, die Befriedigung ihrer Ansprüche im vollen Betrage zu verlangen, falls der Ausgleich nicht wenigstens 60% der anerkannten Forderungen, zahlbar in gewissen Fristen, bietet, allerdings unbeschadet des zur Vergleichserfüllung nötigen Vermögens. Nach der österreichischen Konkursordnung (§ 236) hat der Schuldner, der die Übergehung der Gläubiger im Ausgleiche selbst verschuldet hat, diesen Gläubigern ihre Forderungen im vollen Betrage zu entrichten, unbeschadet des durch den Ausgleich gebundenen Vermögens. Diese Bestimmung wurde vom österreichischen Entwurfe 1904 übernommen. Im allgemeinen wird man daran festhalten müssen, daß der Ausgleich eine unverrückbare Basis für die künftige wirtschaftliche Lage des Schuldners bilden soll und daß daher eine Anfechtung tunlichst zu vermeiden ist.

---

[130]) Daß diese Bestimmung unpraktisch ist, beweist die später angeführte Äußerung über das belgische Recht.

IX. Überleitung des Ausgleichsverfahrens in den Konkurs.

Ist auch der Zwangsausgleich außerhalb des Konkurses kein Vorkonkurs, d. h. kein dem Konkurse vorhergehendes Verfahren, so muß doch auf eine Überleitung in den Konkurs Bedacht genommen werden. Einerseits ist dies notwendig, um Mißbräuchen mit dem Verfahren zu begegnen, anderseits erscheint der Konkurs unter gewissen Umständen unumgänglich. Die schon dargelegte Besonderheit der englischen Gesetzgebung, daß das Zwangsausgleichsverfahren die Konkurseröffnung voraussetzt, erklärt sich aus den schlechten Erfahrungen mit früheren Ausgleichsgesetzen. Nach den meisten Gesetzen ist die Überleitung in den Konkurs obligatorisch, wenn der Ausgleichsantrag zurückgewiesen wird, die Ausgleichsverhandlung nicht zum Abschlusse des Ausgleiches führt, der Ausgleich nicht die Bestätigung erhält, oder wenn während des Verfahrens in welchem Stadium immer strafrechtlich verfolgbare Handlungen hervorkommen. In Dänemark (§ 5) kann, solange kein Vergleich zustandegekommen ist, jeder nicht durch ausreichendes Pfand gesicherte Gläubiger die Konkurseröffnung verlangen; diesem Antrage wird jedoch nur Folge gegeben, wenn ihn ein vom Vergleiche berührter Gläubiger stellt und wenigstens zwei andere solche Gläubiger, die ihre Forderung nicht durch Übertragung nach Eröffnung des Verfahrens erworben haben, zustimmen, endlich wenn die Forderungen der auf das Konkursverfahren antragenden Gläubiger wenigstens ein Zehntel der in diesem Zeitpunkte bekannten Gesamtforderungen ausmachen. Nach dem schweizerischen Gesetze (Art. 309) kann, wenn gegen einen der Konkursbetreibung unterliegenden Schuldner der Nachlaßvertrag verworfen oder die Stundung widerrufen wird, jeder Gläubiger binnen zehn Tagen nach der Bekanntmachung die sofortige Konkurseröffnung verlangen.

Der österreichische Entwurf 1904 (§§ 3, 13) geht mit der Statuierung der Fälle, in welchen das Verfahren in den Konkurs überzuleiten ist, zu weit. Nicht nur wenn Tatsachen, welche der Einleitung des Verfahrens entgegenstehen, nachträglich hervorkommen oder eintreten, ist das Verfahren in den Konkurs überzuleiten. Über die Vorschrift des § 208 lit. d der Konkursordnung hinausgehend, muß das Verfahren schon bei der Einleitung der Voruntersuchung wegen des Verbrechens oder des Vergehens der Krida abgebrochen werden, worauf der Gerichtshof zu beschließen hat, ob wegen vorliegender Zahlungseinstellung der

Konkurs zu eröffnen ist. Dadurch würde die Einberufung der Gläubiger nahezu unmöglich gemacht. Der Schuldner wäre Erpressungen ausgesetzt und es könnte insbesondere an einen gedeihlichen Fortbetrieb des schuldnerischen Geschäftes nicht gedacht werden, da die Überschreitung der vom Entwurfe gezogenen engen Grenzen in der Regel der Fälle eine Kridahandlung darstellen müßte. Ferner normiert der Entwurf, daß der Konkurs zu eröffnen ist, wenn über den Ausgleich nicht abgestimmt werden kann, ohne daß die Voraussetzungen für die Erstreckung vorliegen. Da der Entwurf die Erstreckung an die zur Annahme des Ausgleiches notwendige Majorität bindet, müßte es sehr häufig zu Konkurseröffnungen kommen. Um diesen Fährlichkeiten zu entgehen, wäre der Schuldner genötigt, sich die Anwesenheit der erforderlichen Gläubigermajorität zu sichern, wozu es in der Regel der Fälle der Einräumung von Sonderbegünstigungen bedürfte. Von einer Abstimmung der Gläubiger über die Erstreckung wäre daher abzusehen, diese vielmehr dem Richter von Amts wegen oder über Antrag des Ausgleichskurators, des Schuldners oder eines Gläubigers freizustellen. Die Praxis der österreichischen Gerichte im Zivilprozesse zeigt, daß eine Erstreckung nur in den seltensten Fällen erfolgt; eine entscheidende Einflußnahme der Gläubiger würde der Tendenz des Verfahrens entgegenwirken. Allzu weitgehende Konkursdrohungen können den Schuldner vom Verfahren abschrecken und die Ziele, welche man mit dem Ausgleichsverfahren erreichen will, vereiteln. Soll dieses Verfahren ersprießlich wirken, dann muß die Überleitung in den Konkurs tunlichst vermieden werden. Gegen Mißbräuche stehen andere die Gläubigerrechte sichernde, aber auch das Verfahren fördernde Mittel zur Verfügung.

Die vergleichende Darstellung der Gesetzgebung des Auslandes und des österreichischen Entwurfes 1904 wurde mit einer kritischen Erörterung der wichtigsten Grundsätze des Ausgleichsverfahrens verbunden. Einen wertvollen Beitrag hierzu bietet die Beurteilung, welche die ausländischen Gesetze in der Praxis erfahren. Die Handels- und Gewerbekammer in Brünn hat dem Verfasser dieser Arbeit die Ergebnisse einer von ihr Anfang 1914 durchgeführten Umfrage bei einzelnen österreichisch-ungarischen Konsularbehörden sowie Handelskammern des Auslandes zur Verfügung gestellt und wir wollen im nachstehenden einige charakteristische Äußerungen tunlichst kurz anführen.

F. Erfahrungen des Auslandes mit bestehenden Vergleichsgesetzen.

a) Belgien.

I. Eine amtliche Stelle schreibt: „Das Gesetz (Loi relative au concordat préventif de la faillite vom 29. Juni 1887) hat in Belgien nicht die von ihm erwarteten Resultate ergeben. Als ein Ausnahmsgesetz gedacht, ist es infolge der unerwarteten Ausdehnung eine Maßregel geworden, die jedermann bedauert. In Belgien verlangt der Schuldner das Zwangsausgleichsverfahren außerhalb des Konkurses erst dann, wenn er schon in äußerste Not geraten ist und seine Möbel beschlagnahmt sind. Das Verfahren hat im allgemeinen zu bedauerlichen Mißbräuchen geführt. Gewöhnlich respektiert der Schuldner die mit den Gläubigern getroffenen Vereinbarungen nicht, da sich viele Gläubiger nachlässig zeigen."

II. Ein hoher Richter teilt mit: „Nach dreißigjähriger Wirksamkeit des Gesetzes muß festgestellt werden, daß es den Erwartungen seiner Schöpfer nicht entsprochen hat, vornehmlich deshalb, weil sich das Gericht vom Anfang bis zum Ende des Verfahrens mit der Frage beschäftigen muß, ob es einen débiteur malheureux et de bonne foi vor sich habe. Ein schweres, ja unlösbares Rätsel! Da man böse Absicht nicht voraussetzt, muß man im Zweifel diese Frage bejahen. Die Gläubiger, welche über die Vorschläge des Konkordatwerbers zu stimmen berufen sind, weisen den Vergleich sehr selten zurück. Fast immer sind sie eher geneigt, die Propositionen, welcher Art diese auch seien, anzunehmen, als sich den Folgen des Konkurses auszusetzen, welche sie, oft mit Unrecht, als ihren Interessen nachteiliger erachten. Der Vergleich verbessert nur ausnahmsweise die Lage des Schuldners. Dieser vermeidet wohl den Schimpf des Konkurses; für den Schuldner, der ein abandon d'actif abgeschlossen hat, ist dies ein schätzenswerter Erfolg. Aber die anderen Schuldner, welche an der Spitze ihrer Geschäfte bleiben? Sehr selten gelingt es einem von ihnen, sich von dem Schlage, welchen die Publizität seiner schlechten Situation zur Folge hat, zu erholen. Vor dem Konkordat war sein Kredit erschüttert, nachher ist er vollständig vernichtet. Wenn er noch Kredit genießt, so muß er sich drückenden Bedingungen unterwerfen, er kann nur gegen bar kaufen, wozu es ihm an Mitteln gebricht. Wie soll er sich erholen? Wir haben noch keinen einzigen Akkordwerber zu besseren Vermögensverhältnissen zurückkehren sehen, so daß er seiner gesetzlichen Verpflichtung zur Nachzahlung an die Gläubiger entsprochen hätte. Es kommt häufig vor, daß der nach Abschluß des Konkordates an die Spitze seiner Geschäfte gestellte Kaufmann freiwillig oder unfreiwillig das wenige, das ihm übrig geblieben, verschleudert und später dann den Konkurs anmeldet. In diesen sehr zahlreichen Fällen hätte der Konkurs, wenn er zur Zeit des Ansuchens um das Konkordat eröffnet worden wäre, noch eine Quote ergeben, während dann die Gläubiger dank dem Verfahren und den Erholungsversuchen des Schuldners nach Abschluß des Konkordates alles verlieren. Industrie und Handel dulden dieses Gesetz, aber im allgemeinen wünschen sie dessen Reform. Auf die Geschäftsmoral übt das Konkordat nicht den geringsten Einfluß."

III. Mit diesen Ausführungen stehen die Ergebnisse der Statistik nicht völlig im Einklange. Nach dem **Rapport sur les travaux du tribunal de commerce de l'arrondissement de Bruxelles pendant l'exercice 1912—1913** wurden in der bezeichneten Periode 253 Konkurse deklariert. Von 246 Fallissements wurden 119 mangels Vermögen, 99 durch Liquidation und 24 durch Konkordat beendet. Bei den 99 Liquidationen erhielten die nicht bevorrechtigten Gläubiger in 13 Fällen keine Dividende, in 28 Fällen weniger als 5%, in 18 Fällen 5—10%, in 22 Fällen 10—20%, in 14 Fällen 20 bis 30%, in 2 Fällen 30—40% und in je einem Falle 50—60%, sowie 90 bis 100%. Im Verhältnis zu den realisierten Aktiven wurden im ganzen 56,20% an Dividenden verteilt. Die Rubrik „Par rapport au passif chirographaire p. c. des dividendes distribués" weist die Prozentzahl 10,82 aus.

Viel bessere Ergebnisse zeigen die Präventivakkorde. In der angeführten Periode 1912/1913 wurden 102 Gesuche um concordat préventif gestellt. Von 49 concordats préventifs wurden beendet, und zwar a) 13 par déclaration de faillite, b) 13 par abandon d'actif, c) 21 par dividendes promis und 2 par échange d'obligations. Es wurden Dividenden verteilt:

ad a) in 3 Fällen keine, in den übrigen 10 Fällen folgende: 4,75%, 5,39%, 10%, 10%, 18%, 20,51%, 24,80%, 40%, 48,95%, 80%;

ad b) in einem Falle keine, in den übrigen 12 Fällen 5,44%, 6%, 8%, 13,43%, 21%, 22,58%, 24,43%, 26,74%, 31%, 42%, 45%, 90%;

ad c) in einem Falle 20%, in einem Falle 27,25%, in einem Falle 30%, in 3 Fällen 40%, in einem Falle 46%, in 4 Fällen 50%, in einem Falle 60%, in einem Falle 64%, in einem Falle 75%, in einem Falle 94,55%, in einem Falle 96,73% und in 7 Fällen 100%."

b) Frankreich.

I. Äußerung einer Korporation: „Die Hoffnungen, welche in das französische Gesetz (Loi portant modification à la Législation des Faillites vom 4. März 1889) gesetzt wurden, haben sich nicht erfüllt, da die Schuldner trotz der ihnen gewährten Vorteile in der Regel solange als möglich ihre Lage verschönern und lieber abwarten, bis sie ein Gläubiger in den Konkurs stürzt, zumal auch noch die Bestimmung besteht, daß wenn dem Schuldner kein Akkord zugestanden wird, die liquidation judiciaire ipso facto in den Konkurs umzuwandeln ist. Von den Liquidationen geht ungefähr die Hälfte im Laufe des Verfahrens in den Konkurs über.

II. Die Compte général de l'administration de la justice civile et commerciale pendant l'année 1910 enthält nachstehende statistische Daten. Im Jahre 1910 traten zu 5812 Konkursen 5778 neue und zu 2673 liquidations judiciaires 2494 neue hinzu. Von den Konkursen wurden 6205 beendet und zwar 583 par concordat, 203 par abandon d'actif, 1483 par suite de l'insuffisance d'actif, 392 par rétraction du jugement déclaratif und 32 par jonction. Von 2494 liquidations judiciaires wurden beendet 804 après concordat, 273 par la liquidation de l'actif abandonné, 531 par l'union de créanciers, 839 faute d'actif, die übrigen 54 par jonction ou rétraction du jugement déclaratif. Über die Dividenden gibt nachstehende Tabelle Aufschluß:

	Faillites		Liquidations judiciaires	
	Concordat	Liquidation	Concordat	Liquidation
Weniger als 10% . .	61	625	91	258
10—25% . .	220	461	381	252
26—50% . .	235	199	237	127
51—75% . .	21	47	38	31
76—99% . .	3	17	6	10
100%	43	26	51	10

c) Italien.

Eine amtliche Stelle gibt nachstehendes bekannt: „Die Vorschriften über das concordato preventivo haben sich nach allgemeiner Ansicht hinlänglich bewährt und sehr oft ermöglicht, daß größere Häuser, deren finanzielle Lage schwierig, aber nicht aussichtslos wurde, die für Gläubiger und Schuldner schädlichen Folgen des Konkurses vermeiden und sich wieder konsolidieren konnten. Die Vorteile für die Gläubiger liegen zunächst in der durch das Verfahren gesicherten Erzielung der größtmöglichen Quote, die im Wege des Konkursprozesses in diesem Ausmaße nie zu erlangen wäre. In dieser Hinsicht ist insbesondere in Betracht zu ziehen, daß der Zwangsausgleich nur dann vorgeschlagen werden darf, wenn für die nicht privilegierten und nicht dinglich gesicherten Forderungen eine Quote von mindestens 40% garantiert wird, und daß bei Zwangsausgleichen die mit dem Konkursverfahren verbundenen beträchtlichen Gerichtskosten, sowie die nicht geringen Auslagen für die Entlohnung des Masseverwalters fortfallen. Gerichte und Gerichtskommissär haben nicht nur dahin Einfluß zu nehmen, daß die um Einleitung des Zwangsausgleiches Ansuchenden ihren Gläubigern das höchste Ausmaß der erzielbaren Quote anbieten, sondern auch darüber zu wachen, daß sie verläßliche Garantien für die Erfüllung der durch den Präventivakkord übernommenen Verbindlichkeiten leisten. In dieser Garantie liegt nach allgemeiner Ansicht einer der Hauptvorteile des Zwangsausgleichsverfahrens, der umso höher anzuschlagen ist, als bei den gewöhnlichen Ausgleichen die vereinbarten Quoten nur zu häufig gar nicht oder in sehr reduziertem Ausmaße bezahlt werden. Wenn die Juristen und die Geschäftsleute im großen und ganzen von dem Gesetze, insoweit es sich mit dem concordato preventivo befaßt, befriedigt sind, so wird doch auch nicht verkannt, daß der Text an mehreren Stellen Lücken aufweist und nicht hinlänglich präzise formuliert ist, Übelstände, die nach fachmännischer Ansicht durch die Neuredigierung und Umarbeitung einiger Bestimmungen leicht zu beheben wären. Eine lebhafte Opposition findet lediglich der Abschnitt über das Verfahren in kleinen Konkursfällen (procedura dei piccoli fallimenti). Hier liegt eines der schwerst umstrittenen Probleme." Diese amtliche Stelle beruft sich noch auf die Äußerung des bekannten Handelsrechtslehrers Prof. Leone Bolaffio, der sich über den Präventivakkord auf Grund der mehrjährigen Erfahrungen äußerst günstig ausspricht.

d) Norwegen.

I. Von amtlicher Stelle: „Das Gesetz vom 6. Mai 1899 hat im großen und ganzen befriedigend gewirkt. In einigen weniger wesentlichen Punkten erscheinen Veränderungen wünschenswert. Insbesondere ist die Festsetzung der Fristen, innerhalb welcher das Akkordverfahren zustandegebracht sein muß, nicht zweckmäßig, weil zwischen großen und kleinen Massen kein Unterschied gemacht wird. Eine Abänderung des Gesetzes ist in der Richtung angezeigt, daß dem Teilungsgerichte, unter dessen Aufsicht das Akkordverfahren stattfindet, die Vollmacht erteilt werde, für jedes einzelne Verfahren die Fristen zu bestimmen. Die inländische Industrie, sowie Handel und Handwerk finden das Prinzip des Gesetzes sehr befriedigend, da es die Absicht erfüllt, die mit dem Konkurse verbundene Strenge auszuschließen, und dem Kridatar Gelegenheit bietet, seine Tätigkeit ohne besondere Unterbrechung fortzusetzen, falls nicht ein Konkurs dienlicher erscheint. Auch verschafft es den Gläubigern höhere Quoten als der Konkurs. Die Bestimmung des Gesetzes, daß Zwangsausgleiche auch bei einem so niedrigen Satze wie 25% geschlossen werden können, findet man jedoch demoralisierend, und sie steht auch in einem gewissen Gegensatze zu der allgemeinen Auffassung, daß ein Geschäft nicht längere Zeit mit Unterbilanz betrieben werden soll. Die Grenze für die Erreichung eines Zwangsausgleiches wäre nicht niedriger als mit 50% zu bestimmen. Aus diesem Grunde haben die hier bestehenden privaten Gläubigervereine, denen die meisten Firmen und Industriellen angehören, den Beschluß gefaßt, daß sämtliche Akkordansuchen unter 50% von diesen Vereinen nicht angenommen werden. womit der Abschluß des Zwangsvergleiches unter 50% unmöglich ist. Nur in ganz besonderen Fällen kann, doch nur mit größten Hindernissen, eine Befreiung von dieser Bestimmung erreicht werden. Von einer Opposition gegen das Gesetz ist nichts bekannt, weder von kaufmännischer noch von juristischer Seite, außer in der schon erwähnten Hinsicht. Trotz dem Gesetze über Akkordverfahren finden Abmachungen unter der Hand, also außerhalb der offiziellen Instanzen statt. Dies erklärt sich daraus, daß viele am liebsten die Veröffentlichung einer derartigen Ordnung umgehen möchten; auch entstehen Formalitäten und Kosten. Eine weitere Ursache hierfür ist darin zu erblicken, daß die Unter der Hand-Akkorde ebenfalls durch die genannten privaten Gläubigervereine gehen müssen und deren Revision und Kontrolle unterliegen. Die Erfahrung hat auch gezeigt, daß eine Akkordleitung von drei Personen, wie sie das Gesetz vorschreibt, bei kleinen Massen ziemlich überflüssig und verhältnismäßig kostspielig ist. Unter der Hand-Akkorde gehen sehr häufig in öffentliche Akkordverfahren über, um durch das Gesetz einen Zwangsausgleich zu erreichen."

II. Mit diesen Mitteilungen stimmt die Äußerung einer Korporation im wesentlichen überein. Von dieser Korporation wird noch folgendes angeführt: Der Handel findet das Gesetz prinzipiell befriedigend. Sicher ist, daß man durch das Konkordat größere Quoten als durch den Konkurs erhält. Man glaubt nicht, daß das Gesetz die kaufmännische Moral gehoben hat, im Gegenteil ließe sich vielleicht behaupten, daß die Möglichkeit einer Quote von 25% demoralisierend wirkt. Dennoch gibt es wohl niemanden, der dem Gesetze opponieren würde, wenngleich, wie schon erwähnt, Abänderungen gewünscht werden.

III. Nach den übermittelten Statistiken des Kreditorenvereines in Kristiania ergeben sich für das Jahr 1908 bis 1912 nachstehende Zahlen:

Behandelte Massen: 298, 335, 245, 230, 277.

Konkursmassen: 112 (darunter 21 aus Akkordverhandlungen übergeleitete), 139 (41), 103 (31), 96 (21), 128 (24).

Hiervon in den einzelnen Jahren beendet: 85, 70, 83, 65, 58.

Konkurse, bei denen auf die nicht bevorrechtigten Gläubiger keine Quote entfiel: 25, 9, 14, 5, 14.

Durchschnittsquote der übrigen Konkurse 18,8%, 25,2%, 23%, 23%, 28,27%.

Ausgleichsverhandlungsmassen: Zahl der Massen: 90, 90, 62, 56, 68.

Davon noch nicht abgeschlossen 10, 11, 3, 9, 12.

Von den übrigen ergaben 25—50%: 49, 26, 24, 32, 32; 51—75%: 20, 49, 30, 14, 22; 76—100%: 11, 4, 5, 0, 2.

Die Durchschnittsquote der Ausgleichsverhandlungsmassen betrug: 54%, 53,1%, 52,4%, 51,5% und 56,4%.

Nicht offizielle Massen: 96, 106, 80, 78, 81.

Die Durchschnittsquote dieser Massen betrug: 54,4%, 62,5%, 62,4%, 63,7% und 72,1%.

e) Schweiz.

I. Die Handelskammer Zürich verweist auf ihr im Jahresberichte 1904 veröffentlichtes Gutachten, welches einer niederrheinischen Handelskammer erstattet wurde. Aus diesem Gutachten wäre nachstehendes hervorzuheben: „Das gerichtliche Zwangsausgleichsverfahren außerhalb des Konkurses hat sich in der Schweiz und speziell im Kanton Zürich überaus bewährt. Es wird dadurch zahlreichen Kauf- und Gewerbsleuten ermöglicht, ihre ökonomische Existenz fortzusetzen, die sonst durch den Konkurs vernichtet würde. Die Dauer des Verfahrens ist bedeutend kürzer als im Konkurse; zwei bis drei Monate genügen in der Regel bis zur Durchführung. Die Kosten sind erheblich geringer. Die Gerichtskosten übersteigen selten den Betrag von 100 Fr. Für den Sachwalter sind im Durchschnitte 300 bis 400 Fr. in Anschlag zu bringen. Auch bei geringen Massen zieht der Schuldner den Vergleich vor, weil er den Konkurs als Schande empfindet. Im erhöhten Maße trifft dies in jenen Kantonen zu, in welchen der Konkurs mit harten Strafen verbunden ist. Von erfahrener Seite wird bestätigt, daß der Abschluß eines Zwangsausgleiches nicht als ehrenkränkend gilt. Allerdings gibt es auch Geschäftsleute, die keinen großen Unterschied zwischen beiden Verfahren machen. Die Gläubiger erhalten bei dem Nachlaßvertrage mehr als beim Konkurse, zumal Verwandte und Freunde sich eher anstrengen. Auch die Ehefrau verzichtet häufig auf ihre Rechte, während sie im Konkurse ihre Ansprüche voll zur Geltung bringt."

II. Eine amtliche Stelle teilt mit: „Die Erfahrungen, die mit dem Gesetze gemacht wurden, sind im allgemeinen befriedigend. Die Institution war für die meisten schweizerischen Kantone eine Neuheit, hat sich aber während der 25 Jahre ihres Bestandes gut eingelebt und es würde daher gegenwärtig niemandem mehr einfallen, ihre Aufhebung zu verlangen. Die praktische Anwendung hat allerdings gezeigt, daß dem Gesetze noch Mängel anhaften. Insbesondere müßte die Sicherstellung der Vollziehung des Nachlaßvertrages einläßlicher geordnet sein. Die Behandlung der Pfandgläubiger ist nicht glücklich. Das Gesetz bietet auch zu wenig Garantien gegen eine einseitige Begünstigung einzelner Gläubiger. Endlich ist es ein Übelstand, daß die paulianische Anfechtungsklage, sobald der Konkurs durch den Nachlaßvertrag ersetzt wird, vollständig ausgeschlossen ist. Das sind aber untergeordnete Punkte, die an dem allgemeinen Urteile, daß die Institution bisher ihren Zweck in der Hauptsache erfüllt habe und nicht mehr entbehrt werden könne, nichts ändert. Industrie und Gewerbe sind mit dem Gesetze im allgemeinen zufrieden. Wenn es von den Gerichten streng nach seinem Wortlaute, Sinn und Geist angewendet wird, garantiert es in der Tat in sehr vielen Fällen den Gläubigern höhere Dividenden als der Konkurs, namentlich dann, wenn es sich darum handelt, durch eine langsame, bedächtige, den Verhältnissen des Falles angepaßte Liquidation die aus der manchmal überstürzten, unnotwendig raschen sowie rücksichtslos vorgehenden Verwaltung im Konkurse entstehenden Verluste zu vermeiden.

Die Geschäftsmoral hat unter dem Gesetze nicht gelitten. Was etwa zu Beanstandungen Anlaß gibt, ist, daß die Gerichte es mit der

Dies ist nur bei einer gewissen Qualifikation des Schuldners vorauszusetzen, die weniger in positiven Merkmalen als in seinem bisherigen Verhalten, insbesondere in der Straflosigkeit und der ordentlichen Erfüllung seiner Verbindlichkeiten zum Ausdrucke kommt. Die „Würdigkeit" des Schuldners ist ökonomisch zu werten.

VI. Die Erörterungen über die Vor- und Nachteile des Zwangsausgleichsverfahrens ohne Konkurs beschäftigen sich auch mit Momenten moralischer, ethischer und psychologischer Natur. Eine Diskussion hierüber ist zwar interessant, vermag jedoch zur Klärung der vorliegenden Frage nicht viel beizutragen. Einer der Grundfehler der belgischen und französischen Gesetzgebung, von welchem sich auch die anderen Gesetze nicht ganz zu befreien vermochten, ist die Einführung des Moralbegriffes der „Würdigkeit" in das Gesetz. Diese Versuche müssen versagen. Die Aufrechterhaltung der Solidität und kaufmännischen Rechtlichkeit ist Sache des Strafrechtes und der öffentlichen Meinung[136]). Der Erfolg des Verfahrens wird zweifellos von psychologischen Einflüssen abhängen; insbesondere entsteht die Frage, ob die Geschäftswelt das Verfahren als Konkurs oder als mildere Austragung einer Insolvenz beurteilen wird[137]). Wenn das Verfahren die Unterschiede vom Konkurse kräftig unterstreicht, insbesondere keine Ehrenfolgen hiermit verbindet und keine überflüssigen Konkursdrohungen enthält, dann ist das letztere anzunehmen. Gewißheit besteht hierüber nicht.

VII. Der ökonomische Vorteil spricht für ein Zwangsausgleichsverfahren ohne Konkurs. Der österreichische Gesetzgeber wird dieses Verfahren aber nicht ohne weiteres einführen können. Grundlegende Voraussetzung ist die Reform der Konkursordnung, des Anfechtungsgesetzes und des Strafrechtes. Die österreichische Konkursordnung, insbesondere auch das 2. Hauptstück des II. Teiles betreffend den kaufmännischen Konkurs leidet an schweren, zum Teil dargelegten Mängeln, deren Behebung angesichts der erwähnten Gemeinsamkeit des Zwangsausgleiches im Konkurs und außerhalb desselben unbedingt erforderlich ist, bevor an die zweckmäßige Regelung des Ausgleichsverfahrens gedacht werden kann. Für dieses besitzt auch das Anfechtungsgesetz, dessen Reformbedürftigkeit außer Frage steht[138]), eine erhöhte Bedeutung. Nicht weniger wichtig ist endlich die Novellierung des Strafrechtes, durch welche das Ausgleichsverfahren eigentlich erst ermöglicht wird.

---

[136]) Freund a. a. O. S. 342.

[137]) Pitreich a. a. O. S. 338.

[138]) Pollak, Wirtschaftsproblem S. 268 ff.

VIII. Unter der Voraussetzung, daß diese Reformen durchgeführt werden, würden sich in Zusammenfassung unserer Ausführungen nachstehende Grundsätze des Vergleichsverfahrens in Österreich empfehlen.

1. Mit der Gerichtsleitung ist das örtlich zuständige Bezirksgericht zu betrauen, das über die Einleitung des Verfahrens zu entscheiden, für die Beobachtung des Gesetzes und insbesondere die Wahrung der Gläubigerrechte zu sorgen hat. Die Beschlüsse, mit welchen die Einleitung oder Fortsetzung des Verfahrens verweigert wird, wären dem übergeordneten Gerichtshofe zur Bestätigung vorzulegen, der auch über Rechtsmittel, insoweit diese zugelassen werden, zu entscheiden hätte. Die Überleitung des Verfahrens in den Konkurs ist dem zur Konkursgerichtsbarkeit berufenen Gerichte vorbehalten.

2. Der Antrag auf Einleitung des Verfahrens kann von jedem Schuldner gestellt werden. Hierbei hat der Schuldner eine übersichtliche Darstellung seines Vermögensstandes, insbesondere seiner Aktiven und Passiven, sowie ein Verzeichnis über seine Gläubiger, deren Wohnsitz und Forderungen, vorzulegen. Ist der Schuldner ein zur Führung von Handelsbüchern verpflichteter Kaufmann, so ist auch eine auf den Tag der Einbringung des Antrages gestellte Bilanz zu überreichen. Kann der Schuldner diesen Vorschriften nicht sofort entsprechen, so muß er die entgegenstehenden Hindernisse bezeichnen und nach deren Behebung ehestens die erforderlichen Ausweise nachtragen. In dem Antrage hat der Schuldner den Inhalt des Ausgleiches im einzelnen genau anzugeben und die für diesen gebotenen Sicherheiten bindend auszuweisen. Gleichzeitig hat er sich zum Manifestationseide zu erbieten. Das Gericht muß unter Zuziehung von gerichtlich beeideten Sachverständigen den Antrag und alle Beilagen desselben genau prüfen. Falls keine verläßliche Orientierung durch die vom Schuldner beigebrachten Behelfe, Bücher, Bilanzen, Urkunden, Ausweise usw. möglich ist, ist der Ausgleichsantrag zurückzuweisen. Das gleiche gilt, wenn der Schuldner schon einmal wegen eines Verbrechens aus Gewinnsucht verurteilt wurde oder wenn sich gegen den Schuldner der Verdacht des Verbrechens des Betruges ergibt, ferner wenn bekannt ist, daß der Schuldner schon einmal im Konkurse war und nicht Kapital, Zinsen und Kosten aller zum Konkurse mit Erfolg angemeldeten Forderungen bezahlt hat, oder daß die vom Schuldner in einem früheren Ausgleiche oder Zwangsausgleiche übernommenen Verbindlichkeiten nicht vollständig erfüllt wurden, oder daß seit dem Konkurse oder Abschlusse eines Ausgleichs oder Zwangsausgleichs seitens desselben Schuldners als Kridatars noch nicht fünf Jahre verstrichen sind.

Prüfung der Frage nicht genau nehmen, ob der Schuldner die Wohltat des Nachlaßvertrages verdiene, und ihm diese gewähren, obschon er bei einigem Zusehen sich nicht als würdig erweist. Im allgemeinen kann gesagt werden, daß schon viele ohne Verschulden in Verlegenheit geratene Schuldner durch die Institution vor dem endgültigen Ruin bewahrt wurden, daß ihr viele ökonomische Existenzen, die ein rücksichtslos durchgeführter Konkurs vernichtet hätte, die Rettung verdanken. Daher macht sich auch gegen die Institution keine Opposition geltend. Die Geschäftswelt hat sich längst damit abgefunden, und wenn ungünstige Stimmen laut werden, so erheben sie sich, wie bereits gesagt, gegen die hier und da zu laxe Praxis der Gerichte, gegen die das Bundesgericht nicht einschreiten kann, weil ihm das Gesetz in dieser Materie keine Zuständigkeit einräumt."

III. Ein Rechtsanwalt schreibt in ähnlichem Sinne und fügt noch hinzu: „Die Vorzüge des Verfahrens sind im allgemeinen die Schnelligkeit und Billigkeit, welche den Gläubigern zugute kommen. Handel und Industrie sind mit dem Gesetze sehr zufrieden. Es hat in den Geschäftsverkehr ein größeres Vertrauen und eine erhöhte Sicherheit gebracht, man kann rascher und billiger größere Quoten als im Konkurse erzielen. Das Gesetz übt daher einen außerordentlich heilsamen Einfluß auf Schuldner und Gläubiger aus. Es gibt keine Opposition gegen das Gesetz, seitdem es in Geltung steht".

IV. Die Eidgenössische Betreibungsstatistik

weist für die Jahre 1897 bis 1904[131]) nachstehende Ziffern aus:

Einleitung des Konkursverfahrens.

Konkursbegehren: 10 727, 11 132, 12 670, 14 078, 12 981, 12 073, 12 458, 14 253.

Konkurserkenntnisse durch die Gerichte: 2830, 2031, 2293, 2588, 2 535, 2332, 2249, 2313.

Konkurseröffnungen durch die Konkursämter: 1826, 1901, 2213, 2531, 2487, 2298, 2223, 2241.

Nachlaßstundungen und Nachlaßverträge.

Begehren um Nachlaßstundung:
eingegangen: 151, 197, 227, 294, 334, 266, 261, 296;
bewilligt: 147, 190, 200, 253, 296, 232, 234, 261.

---

[131]) Seit dem Jahre 1905 wurden die statistischen Erhebungen des Bundesgerichtes auf diesem Gebiete eingestellt.

Begehren um Bestätigung des Nachlaßvertrages im Konkurse:
eingegangen: 118, 153, 155, 183, 195, 166, 143, 140;
bewilligt: 112, 133, 138, 157, 172, 139, 120, 127.

Begehren um Bestätigung des Nachlaßvertrages außerhalb des Konkurses:
eingegangen: 119, 132, 167, 198, 249, 203, 198, 222;
bewilligt: 96, 109, 138, 163, 191, 181, 167, 189.

Dauer des Verfahrens außerhalb des Konkurses:

Minimum: 8 Tage, 10 Tage, 15 Tage, 27 Tage, 15 Tage, 1 Monat 5 Tage, 14 Tage, 3 Tage.

Maximum: 6 Monate 20 Tage, 9 Monate 1 Tag, 20 Monate 5 Tage, 12 Monate 14 Tage, 18 Monate 21 Tage, 12 Monate 13 Tage, 10 Monate 5 Tage, 8 Monate 1 Tag.

G. Grundsätze des Ausgleichsverfahrens in Österreich.

I. Die Erfahrungen des Auslandes und die Kritik des österreichischen Entwurfes bieten ausreichende Anhaltspunkte dafür, in welcher Weise dem Probleme des Zwangsausgleichsverfahrens ohne Konkurs in Österreich beizukommen wäre. Die Gesetzgebung wird davon auszugehen haben, daß für die Einführung dieses Verfahrens das ökonomische Interesse des Schuldners, der Gläubiger sowie der Allgemeinheit entscheidende Bedeutung besitzt. Dieses Interesse gebietet, die Einleitung des Konkursverfahrens zum Zwecke des Abschlusses eines Zwangsausgleiches zu vermeiden[132]). Das Ziel des Konkurses ist die cessio bonorum mit darauffolgender Versilberung und Verteilung des Erlöses an die Gläubiger. Das Ziel des Zwangsausgleiches besteht in der Herbeiführung eines Ausgleiches, damit der Konkursanspruch nicht wirksam werde, beziehungsweise wieder erlösche. Beim konkursalen Zwangsausgleiche werden durch die Konkurseröffnung Wirkungen hervorgerufen, welche einem dem Ausgleiche fremden Zwecke dienen, sich aber, wie eben dargelegt wurde, als ökonomisch äußerst nachteilig erweisen. Ein Verfahren

[132]) Oetker a. a. O. S. 56 Anm. 1 erklärt, der § 173 (jetzt § 188) der deutschen Konkursordnung, der dem Richter eine materielle causae cognitio unter gewissen Voraussetzungen ermöglicht, werde genügen, um einem Mißbrauche des Akkordes (Akkord nicht als Mittel der Konkursbeendigung, sondern Konkurs als Mittel der Akkorderlangung) erfolgreich zu begegnen.

behufs Herbeiführung eines Ausgleiches zwischen einem zahlungsunfähigen Schuldner und einer Mehrheit von Gläubigern muß diese Wirkungen und Schäden der Konkurseröffnung tunlichst vermeiden.

II. Der Unterschied zwischen dem Zwangsausgleichsverfahren ohne Konkurs und dem durch Zwangsausgleich beendeten Konkursverfahren zeigt sich naturgemäß vornehmlich in den Stadien bis zum Abschlusse des Ausgleiches. Ein solcher prinzipieller Unterschied besteht, wie die besprochenen Gesetze darlegen. Die Eröffnung des Ausgleichsverfahrens führt nicht zur Universalexekution[133]). Der Schuldner behält seine Verfügungsmacht, die werbende Kraft seines Vermögens wird nicht erheblich und nur vorübergehend beeinträchtigt, seine Rechtsbeziehungen werden nicht gestört. Die Bestellung einer Vermögensverwaltung ist entbehrlich, Schuldner und Gläubiger werden lediglich gewissen Beschränkungen und einer Kontrolle unterworfen, um die tunlichst beste, gleichmäßige Befriedigung der Gläubiger zu sichern. Die Organisation der Gläubiger hat nicht den Zweck, das Vermögen des Schuldners festzustellen, zu verwalten und zu verwerten, sondern nur möglichst verläßliche Grundlagen für die Entscheidung über den Ausgleichsantrag zu gewinnen. Die Forderungen der Gläubiger werden nur auf ihre Stimmberechtigung geprüft, eine Liquidierung zum Behufe der Prüfung ihres Bestandes entfällt. Liquidierungsprozesse finden nicht statt. Einer der größten Mängel der französischen liquidation judiciaire liegt in der Nichtbeobachtung dieser Grundsätze.

Die angeführten gesetzespolitischen Maßnahmen, wie Schutz des schuldnerischen Vermögens, Gläubigerorganisation, Prüfung der Forderungen, entspringen nicht konkursrechtlichen Grundsätzen, sondern sind in der Hauptsache nur notwendig, um die par conditio creditorum zu wahren[134]). Diese ist zwar dem Konkurse, aber nicht ihm allein eigentümlich.

---

[133]) Über die Frage, ob der Konkurs des österreichischen Rechtes eine Generalexekution ist, siehe Pollak, „Über die rechtliche Natur des österreichischen Konkursverfahrens", in Grünhuts Zeitschrift 37. Bd. 1910 S. 499 ff. und Rintelen, Das österr. Konkursrecht S. 19.

[134]) Soweit die Aufsicht über das schuldnerische Vermögen Verletzungshandlungen des Schuldners vorbeugen soll, ist in ihr keine der Konkursverwaltung analoge Einrichtung zu erblicken; vielmehr handelt es sich um eine Funktion des Gerichtes, welche aus Zweckmäßigkeitsgründen einem besonderen, amtlich bestellten Organ übertragen wird. Siehe hierzu Voß, „Die formelle Seite der Besitzergreifung des Konkursverwalters (§ 117 KO.) im Verhältnis zu derjenigen des Zwangsverwalters und Nachlaßverwalters", in Goldschmidts Zeitschrift 62. Bd. S. 356 ff., und Potyka, „Die Rechtsstellung des Konkursverwalters

Sie muß im Konkurse so wie beim Zwangsausgleiche im Konkurse und außerhalb desselben, und sollte auch im außergerichtlichen Ausgleiche beobachtet werden. Sie allein vermag auch die zwingende Kraft des Ausgleiches zu rechtfertigen. Ihren Grund findet sie in der Konkurrenz der Gläubiger eines zahlungsunfähigen Schuldners.

III. Vom Momente der Abstimmung hören die prinzipiellen Unterschiede zwischen dem Zwangsausgleich im Konkurs und jenem außerhalb des Konkurses auf. In beiden Verfahren wird der Inhalt, die Wirkung, die Aufhebung des Ausgleiches usw. von gleichen Grundsätzen beherrscht. Differenzen des Verfahrens können sich daraus ergeben, daß dem konkursalen Zwangsausgleiche die Konkurseröffnung vorangeht, dem Zwangsausgleiche außerhalb des Konkurses die Konkurseröffnung nachfolgen kann. Aber auch der konkursale Zwangsausgleich kann wieder in den Konkurs übergehen.

IV. Aus diesen Feststellungen folgt, daß das Zwangsausgleichsverfahren außerhalb des Konkurses doch etwas „anderes ist, als ein Konkurs unter anderem Namen"[135]). Die Verfahrensnormen, aus welchen eine Ähnlichkeit mit dem Konkurse behauptet wird, sind im Wesen eine Konsequenz der nicht nur dem Konkurse eigentümlichen, sondern bei jeder planmäßigen Auseinandersetzung eines zahlungsunfähigen Schuldners mit seinen Gläubigern zu beobachtenden par conditio creditorum.

V. Die Konkurseröffnung zum Zwecke des Zwangsausgleiches stellt einen ökonomisch vermeidbaren, daher auch tunlichst zu vermeidenden Aufwand dar. Aber nicht unter allen Umständen ist die Einleitung des Ausgleichsverfahrens ökonomisch vorteilhaft, sondern nur dann, wenn tatsächlich begründete Aussicht für den Abschluß des Zwangsausgleiches von vornherein gegeben ist; denn bei der nachträglich eintretenden Notwendigkeit, das Verfahren in den Konkurs überzuleiten, erscheinen die inzwischen aufgelaufenen Kosten, die unabwendbare Beeinträchtigung des Befriedigungsfonds der Gläubiger, der Zeitverlust usw. als faux frais. Auch muß Gewähr dafür geboten sein, daß der Zwangsausgleich zustandekommt und nachträglich nicht wieder nichtig oder nicht erfüllt wird, sowie daß er für die Gläubiger die beste Lösung des Insolvenzfalles bedeutet.

---

im allgemeinen und insbesondere den Absonderungsgläubigern gegenüber", in Goldschmidts Zeitschrift 70. Bd. S. 490 ff. und 71. Bd. S. 121 ff. Gertscher in Allg. österr. Gerichtszeitung 1904 Nr. 51 S. 447 meint, daß die liquidateurs des französischen Rechtes eine Amtswirkung auszuüben haben, die vielleicht am besten mit der auctoritas tutoris verglichen werden könnte.

[135]) Pollak, Wirtschaftsproblem S. 264.

forderlich ist. Bei der erstreckten Tagfahrt ist das Stimmrecht der hierzu erschienenen Gläubiger, soweit es nicht schon anerkannt wurde, festzustellen.

7. Das Verfahren ist sofort einzustellen:

a) wenn eine der Tatsachen eintritt oder bekannt wird, welche die Einleitung des Verfahrens unzulässig gemacht hätte;

b) wenn der Schuldner flüchtig wird oder den Manifestationseid verweigert.

In diesem Falle sind die Akten dem für das Konkursverfahren zuständigen Gerichte behufs Entscheidung über die Konkurseröffnung vorzulegen.

8. Für das Zustandekommen des Ausgleiches gelten die für den Zwangsausgleich im Konkurse festgesetzten Majoritäten und sonstigen Vorschriften. Der Ausgleich ist nur zulässig, wenn zweifellose Sicherheiten für die Bezahlung einer Quote von mindestens 50% innerhalb eines Zeitraumes von höchstens einem Jahre geboten werden.

9. Wirkung und Inhalt des Ausgleiches sind dieselben wie im konkursalen Zwangsausgleiche. Der Ausgleich muß sich auf alle bekannten Forderungen beziehen.

10. Jedes außer dem Ausgleiche getroffene Übereinkommen, wodurch einem Gläubiger, auf dessen Anspruch sich der Ausgleich erstreckt, größere Vorteile oder bessere Bedingungen, als ihm gebühren, eingeräumt werden, ist nicht nur ungültig, sondern auch strafbar (§ 367 des Entwurfs der Strafgesetznovelle).

11. Der abgeschlossene Vergleich bedarf zu seiner rechtlichen Wirksamkeit der Bestätigung durch den übergeordneten Gerichtshof, welchem die Akten mit einem eingehend motivierten Berichte des Verhandlungsrichters sowie des Ausgleichskurators vorzulegen sind. Die Prüfung des Ausgleiches hat sich nicht auf die Beobachtung der formellen Erfordernisse zu beschränken, sondern ist insbesondere auch auf die Angemessenheit und Zweckmäßigkeit unter Berücksichtigung der dagegen vorgebrachten Bedenken auszudehnen. Der Ausgleich ist nur dann zu bestätigen, wenn für die Erfüllung der Ausgleichsbedingungen unzweifelhafte Sicherheiten geleistet werden. Die Bestätigung ist zu versagen, falls einer der Gründe vorliegt, welche die Einleitung oder Fortsetzung des Verfahrens unzulässig gemacht hätten.

12. Außer in den bereits genannten Fällen hat das für die Konkursverhandlung zuständige Gericht über die Konkurseröffnung zu beschließen, falls der Ausgleich nicht zustandekommt sowie nichtig wird. Die Nichtigkeit des Ausgleiches ist an dieselben Voraussetzungen wie im konkursalen Zwangsausgleiche geknüpft.

13. Die Bestimmungen des Anfechtungsgesetzes gelten mit der Modifikation, daß an Stelle des Einbringens des Begehrens um Konkurseröffnung, respektive der Konkurseröffnung das Einbringen des Antrages auf Einleitung des Verfahrens tritt. Die dem Schuldner untersagten Handlungen unterliegen der Anfechtung seitens der benachteiligten Gläubiger.

Dieser Vorschlag macht nicht den Anspruch auf Vollständigkeit, will insbesondere nicht als einzig mögliche Lösung des Problems betrachtet werden. Er zeigt nur die Methode und die Tendenz, von welchen sich der Gesetzgeber bei der Kodifikation des Ausgleichsverfahrens leiten lassen sollte. Daß dieses Rechtsinstitut auch in Österreich mit Nutzen eingeführt werden kann, glauben wir dargelegt zu haben. Wir müßten schon vorgebrachtes wiederholen, wenn wir auf die großen ökonomischen Vorteile hinweisen wollten, welche in der Vermeidung des Konkurses liegen. Die außergerichtlichen Ausgleiche werden nicht verschwinden; diese Tatsache lehrt das Beispiel des Auslandes. Unserer Ansicht nach sollen sie gar nicht verhindert werden, da sie die zweckmäßigste Art der Lösung eines Kridafalles darstellen. Es handelt sich nur darum, ihre Schäden zu beseitigen. Die Sanierung der außergerichtlichen Ausgleiche durch das Ausgleichsverfahren wäre als großer Erfolg zu begrüßen.

Sind wir auch davon überzeugt, daß das Ausgleichsverfahren einen Fortschritt auf legislatorisch-politischem Gebiete bedeutet, den die wachsende Erkenntnis der innigen Beziehungen zwischen Recht und Wirtschaft empfiehlt, so möchten wir doch vor übertriebenen Erwartungen warnen. Frei von jedem Pessimismus, der sich so leicht bei der Behandlung der Probleme des Konkursrechtes einstellt, erkennen wir, daß dem Gesetzgeber gerade in dieser Materie keine dankbare Aufgabe obliegt. Er muß sich damit genügen lassen, die verfügbaren Mittel in den Dienst der sozialen Rechtshilfe zu stellen. Der vornehmlichste Zweck des Rechtes ist nicht die Wahrheit zu finden und Glück zu verbreiten, sondern Ordnung zu schaffen und größeres Unglück zu verhüten. Diese Erwägungen werden auch dem Bestreben zugrundezulegen sein, die Auseinandersetzung eines zahlungsunfähigen Schuldners mit einer Mehrheit von Gläubigern möglichst schmerzlos durchzuführen. Das praktische Leben allein, das sich nicht in theoretische Schranken bannen läßt, wird über den Erfolg entscheiden.

In eine weitere Prüfung der Würdigkeit des Schuldners ist bei der Entscheidung über den Antrag nicht einzugehen.

3. Der Beschluß, mit welchem die Einleitung des Verfahrens bewilligt wird, ist durch ein Edikt kundzumachen und an der Gerichtstafel anzuschlagen. Bei kleinen, sofortigen Aufschluß gewährenden Massen kann von dem Edikt abgesehen werden. In diesem Beschlusse hat das Gericht Ort, Tag und Stunde der Verhandlung auf tunlichst kurze Frist, nicht über 30 Tage hinaus, anzuberaumen; gleichzeitig sind der Antragsteller, die aus den schuldnerischen Aufzeichnungen ersichtlichen und sonstigen bekannten Gläubiger, sowie alle interessierten Ämter, Behörden und Korporationen zu verständigen und die Einleitung des Verfahrens in den öffentlichen Büchern, eventuell im Handelsregister anzumerken. Dem Schuldner wird die Verpflichtung auferlegt, zur Gläubigertagsatzung persönlich zu erscheinen und diejenigen Personen mitzubringen, die zu einer Sicherheitsleistung oder zur Übernahme der Aktiven und Passiven sich bereit erklären. Die Gläubiger werden aufgefordert, für die Tagfahrt die Beweismittel für ihre Forderungen bereit zu halten oder sie dem Gerichte schon vorher vorzulegen; gleichzeitig ist ihnen der Inhalt des angebotenen Ausgleiches bekanntzugeben und zu eröffnen, daß sie die Vorschläge des Schuldners bei Gericht einsehen, sowie Informationen vom Gerichte oder dem Ausgleichskurator erhalten können. Endlich sind die Gläubiger auch über ihre Rechte bei der Ausgleichstagsatzung und über die Folgen des Nichtzustandekommens des Ausgleiches zu belehren.

In dem Beschlusse betreffend die Einleitung des Verfahrens ist außer bei ganz kleinen Massen auch ein Ausgleichskurator, welcher kein Gläubiger sein darf, mit dem Auftrage zu ernennen, die Geschäftsführung des Schuldners zu überwachen, die Aktiven und Passiven, überhaupt den Vermögensstand festzustellen, über das Verhalten des Schuldners Nachforschungen zu pflegen, sowie für die Gläubigerversammlung einen alle in Betracht kommenden Umstände umfassenden Bericht vorzubereiten.

4. Der Schuldner bleibt im Besitze und in der Verwaltung seines Vermögens, hat sich jedoch bis zur Bestätigung des Ausgleiches auf die gewöhnliche Besorgung seiner Geschäfte zu beschränken, sowie sich auch hierbei den Weisungen des Gerichtes und des Ausgleichskurators unbedingt zu fügen. Alle weitergehenden Handlungen bedürfen der Genehmigung des Ausgleichskurators. Im Zweifel oder bei Meinungsverschiedenheit ist die Entscheidung des Richters einzuholen. Zu unentgeltlichen Vermögensübertragungen, zur Einräumung von Pfand- und Vorzugsrechten

ist der Schuldner vom Tage der Einbringung seines Antrages überhaupt nicht mehr befugt. Von diesem Zeitpunkte bis zur Bestätigung des Ausgleiches ist ein Antrag der Gläubiger auf Konkurseröffnung unzulässig und es können auch keine Zwangsvollstreckungen gegen den Schuldner mehr vollzogen werden. Der Schuldner kann jederzeit die Überleitung in den Konkurs begehren. Das Ansuchen um Einleitung des Verfahrens ersetzt die Anzeige der Zahlungseinstellung.

5. Bei der Ausgleichstagfahrt hat der Ausgleichskurator den Bericht (ad 3) zu erstatten. Jedem erschienenen Gläubiger steht es frei, weitere Erkundigungen einzuholen und Auskünfte zu erteilen, sowie alle Einwendungen gegen den Ausgleichsantrag oder den Bericht des Ausgleichskurators vorzubringen. Hierauf ist die Stimmberechtigung der Gläubiger zu prüfen. Kann betreffs bestrittener Forderungen ein gütliches Einverständnis nicht erzielt werden, so entscheidet der Richter, gegen dessen Entscheidung die Beschwerde an den übergeordneten Gerichtshof gestattet ist, die jedoch keine aufschiebende Wirkung besitzt. Nach dieser Feststellung kann das Stimmrecht nicht mehr angefochten werden, wohl aber kann es nicht mehr ausgeübt werden, sobald die Forderung oder die dafür beanspruchte Rangordnung durch rechtskräftiges Urteil aberkannt worden ist.

Jede angemeldete Forderung, hinsichtlich deren das Stimmrecht nicht bestritten oder durch Gerichtsbeschluß anerkannt wurde, ist in ein Verzeichnis einzutragen. Den Personen, die einen Anspruch aus einem dinglichen Rechte erheben, steht ein Stimmrecht nur insoweit zu, als sie auf die Geltendmachung des dinglichen Rechtes verzichten, und nur für jenen Betrag, für den ihnen auf Grund ihrer Anmeldung das Stimmrecht zuerkannt wird. Dieser Betrag ist auch für die Berechnung der Majorität entscheidend.

Sodann ist über den Vorschlag des Schuldners mit den erschienenen Gläubigern und den zur Sicherheitsleistung oder zur Übernahme des Vermögens bereiten Personen zu verhandeln. Sobald die Vermögenslage, die Stimmberechtigung, sowie alle sonst in Betracht kommenden Umstände völlig klargestellt sind, kann dem Schuldner die Ablegung des Offenbarungseides vom Richter von Amts wegen oder auf Antrag des Ausgleichskurators oder eines Gläubigers aufgetragen werden.

6. Eine Erstreckung der Tagfahrt ist tunlichst zu vermeiden, kann jedoch vom Richter von Amts wegen oder auf Antrag des Ausgleichskurators, des Schuldners oder eines Gläubigers angeordnet werden. Die Tagfahrt darf nur auf so lange erstreckt werden, als es unbedingt er-

XI.

Gutachten des Herrn Universitätsprofessors Robert Bartsch in Wien

über die Frage:

Empfiehlt es sich, das Recht der Gläubigeranfechtung, insbesondere auch mit Rücksicht auf die Verträge unter Ehegatten oder eines Ehegatten mit einem Dritten zugunsten des anderen Ehegatten einer Änderung zu unterziehen?

Das vorliegende Gutachten beschränkt sich auf die Anfechtung im Konkurs. Hier tritt hauptsächlich die praktische Bedeutung der Frage zutage. Außerhalb des Konkurses sind Anfechtungen selten. Ist man sich übrigens über die Gestaltung des Anfechtungsrechtes im Konkurse im klaren, so ergibt sich das meiste für die Anfechtung außerhalb des Konkurses von selbst.

Mit Rücksicht auf meine starke anderweitige Inanspruchnahme und die mir zur Verfügung gestandene beschränkte Zeit habe ich nur eine Reform der Anfechtungsfälle behandelt. Die übrigen Fragen des Anfechtungsrechtes (Subjekte, Inhalt des Anspruchs usw.) scheinen mir eine Änderung teils überhaupt nicht, teils nicht dringend zu erheischen. Die Begründung hierfür muß ich mir versagen.

Endlich möchte ich bemerken, daß ich das Problem wesentlich vom Standpunkte des österreichischen Rechts behandle. Die in diesem Gutachten behandelten Fragen sind darum trotz gleicher Rechtslage großenteils andere als die von Levin (S. 35ff.) behandelten Fragen.[1]) In Österreich hat die Praxis eben andere Übelstände

---

[1]) Das Levinsche Gutachten ist mir erst bei der Korrektur vorgelegen. Es konnte darum bei Abfassung dieses Gutachtens nur in geringem Maße benutzt werden.

gezeitigt als im Deutschen Reich. Da ich an den Vorarbeiten des k. k. Justizministeriums zur Reform des österreichischen Konkursrechts beteiligt bin, stand mir ein reiches amtliches Material zur Verfügung, das ich zwar nur mit der durch meine Amtspflichten bedingten Zurückhaltung benutzen und anführen kann, das aber begreiflicherweise meine Ansichten in vielen Punkten entscheidend beeinflußt hat. Das gilt besonders von den im Winter 1913—1914 im Justizministerium abgehaltenen Beratungen, an der ein erlesener Kreis von Männern der Wissenschaft und Praxis teilnahm.

Zu ganz besonderem Dank bin ich dem Anwalt des Kreditorenvereins zum Schutze der Forderungen bei Insolvenzen, Herrn Hof- und Gerichtsadvokaten Dr. Rudolf Schalek in Wien verbunden, der mir außeramtlich aus seiner reichen Erfahrung in Insolvenzfällen in allen österreichischen Kronländern und in Ungarn wertvolle Mitteilungen gemacht und Material zur Verfügung gestellt hat.

Auch in Ungarn wird an der Reform des Konkursrechtes gearbeitet. Nach den mir von Dr. Jakob Schreyer (Budapest), der im Auftrage des ungarischen Justizministers einen Entwurf ausgearbeitet hat, gemachten Mitteilungen über die geplanten Reformen im Anfechtungsrecht scheinen sich die Reformbestrebungen in Ungarn im wesentlichen in derselben Richtung zu bewegen wie in Österreich.

I.

Das geltende Anfechtungsrecht.

Man kann die Notwendigkeit einer Rückwirkung der Konkurseröffnung auf früher vorgenommene Rechtshandlungen nicht besser begründen als mit den Worten der Motive zur DKO. (Drucks. RT. 1874—1875 S. 1705) daß Schuldner in ihrer Not beträchtliche Werte verschleudern, um den drohenden Konkurs abzuwenden, daß bedrängte Schuldner ihr Vermögen unter ihre Gläubiger verteilen nicht nach Recht und Billigkeit, sondern nach Zufall und eigener Willkür, daß Schuldner leicht zugänglich und in Erwartung von Gegendiensten die letzten Augenblicke ihrer Verfügungsfreiheit dazu benutzen, einzelne Gläubiger vor anderen zu begünstigen, daß böswillige Schuldner oft schon von langer Hand Vermögensstücke beiseite schaffen, um dann „in Konkurs zu gehen", oder daß sonst die Gläubiger, wenn es endlich zum Konkurs kommt, ein leeres Nachsehen finden.

So kommt es, daß alle Gesetzgebungen heute Bestimmungen enthalten, nach denen die Konkurseröffnung neben anderen Wirkungen auch die hat, daß früher vorgenommene Rechtshandlungen, die dem gemeinsamen Interesse der Gläubiger widersprechen, entweder von selbst oder infolge einer Rechtshandlung des Masseverwalters überhaupt oder doch im Verhältnis zu den Konkursgläubigern ihre Wirkung verlieren.

Die Begrenzung findet die Unwirksamkeit früherer Rechtshandlungen in der Notwendigkeit, die Rechtssicherheit des Verkehrs zu schützen und darum alle Rechtshandlungen eines nicht erkennbar in seiner Verfügung Beschränkten aufrechtzuhalten.

Im allgemeinen sind es zwei Grundgedanken, auf denen sich das heutige Anfechtungsrecht nicht nur Deutschlands und Österreichs, sondern der ganzen europäischen Welt aufbaut.

Der eine Gedanke ist römischer Herkunft, er ist aus der actio Pauliana des gemeinen Rechts entsprungen.

Danach gehört wesentlich zur Begründung der Anfechtbarkeit die Absicht des späteren Gemeinschuldners, seine Gläubiger zu benachteiligen (in fraudem creditorum agere) und die Kenntnis dieser Absicht beim Dritten (conscientia fraudis).

Der andere Gedanke beruht auf dem italienischen Handelsrecht des Mittelalters und dem älteren französischen Recht. Danach wirkt die Konkurseröffnung zurück. Gedacht war eine materielle Grundlage der Rückdatierung, nämlich auf die Zeit, in der der Schuldner zahlungsunfähig wurde, allein wie das in einfacher entwickelten Rechten Regel ist, gesetzt war eine formale Regel, entweder die Knüpfung an eine förmliche Zahlungseinstellung des Schuldners oder noch formaler die Erstreckung der Rückwirkung auf eine bestimmte Frist vor der Konkurseröffnung.

Das heutige deutsche und österreichische Recht haben diese beiden Grundsätze durcheinander gewoben, die paulianische Anfechtung durch Knüpfung an Fristen vor der Konkurseröffnung und durch Abschwächung der Beweislast in einigen besonderen Fällen der Insolvenzanfechtung genähert und diese durch das Erfordernis eines bösen Glaubens beim Dritten, dessen Inhalt in einzelnen Fällen verschieden ist, der paulianischen Anfechtung genähert. Dadurch ist aber eine kasuistische Zersplitterung des Anfechtungsrechtes eingetreten, die die Nachteile aller Kasuistik trägt. Mit dem Streben, allen Feinheiten des wirklichen Lebens gerecht zu werden, vereinigt sich die Schwierigkeit, die allgemeinen Gesichtspunkte klar zu halten und es dem Unredlichen unmöglich zu machen, durch die Maschen der gesetzlichen Bestimmungen zu schlüpfen.

Im einzelnen umfaßt das heutige deutsche Recht, dem das österreichische, ungarische, kroatische und bosnisch-herzegowinische Recht fast durchaus folgen[2]), die nachstehenden Anfechtungstatbestände im Konkurs:

1. Die paulianische Anfechtung von Rechtshandlungen, die der Gemeinschuldner in der dem anderen Teile bekannten Absicht, seine Gläubiger zu benachteiligen, vorgenommen hat (§ 31 Z. 1 DKO., § 2 österr. AnfG., § 29 ung. KO., § 2 kroat. AnfG., § 2 bosn. AnfG.).

Nach deutschem und ungarischem Recht ist die Anfechtung ohne Rücksicht auf die Zeit der Vornahme der Rechtshandlung gegeben, nach österreichischem, kroatischem und bosnischem Recht nur, wenn die Handlung in den letzten 10 Jahren vor der Eröffnung des Konkurses vorgenommen worden ist.

Nach allgemeinen Regeln trifft den Masseverwalter als Kläger die Beweispflicht für beide subjektive Voraussetzungen, für die Benachteiligungsabsicht beim Gemeinschuldner, und für die Kenntnis dieser Absicht beim Anfechtungsgegner.

Eine Besonderheit besteht hinsichtlich der Beweislast, wenn die anzufechtenden Rechtshandlungen Verträge des Gemeinschuldners mit gewissen nahen Angehörigen sind, durch deren Abschluß die Gläubiger

---

2) Das Anfechtungsrecht ist geregelt
für das Deutsche Recht früher in den §§ 22—34, seit 1898 in den §§ 29—42 KO. und im Gesetz betr. Anfechtung von Rechtshandlungen eines Schuldners außerhalb des Konkurses (neue Fassung von 1898);
für Österreich in dem AnfG. vom 16. März 1884 RGBl. Nr. 36;
für Ungarn in den §§ 26—37 der KO. (GA. 17 von 1881);
für Bosnien und die Herzegowina im AnfG. vom 2. März 1887;
für Kroatien im AnfG. v. 24. März 1897;
für die Schweiz in den Art. 286—288 (vgl. auch Art. 198, 199, 214) des Bundesgesetzes über Schuldbetreibung u. Konkurs v. 11. April 1889;
für die Niederlande in den §§ 31, 33, 42—47 des Konkursgesetzes vom 30. Sept. 1893 mehrfach abgeändert;
für Frankreich in den Art. 446—448 CComm. und Art. 1167 CC. (die übrigen romanischen Länder haben diese Bestimmungen in ihre Gesetzgebungen größtenteils unverändert übernommen);
für Italien in den Art. 707—712 Cod di comm. Art. 1235 Cod civ.;
für Spanien in den Art. 879—882 Cod de comm.;
für England in s. 45—49 Bankruptcy act 1883;
für Dänemark in den Art. 20—30 des Konkursgesetzes v. 25. März 1872 (abgeändert durch Gesetz v. 20. März 1901);
für Schweden in den Art. 36—37 der Konkurslag v. 18. Sept. 1862;
für Norwegen in den §§ 42—49 der Konkurslov v. 6. Juli 1863 (revidiert 1899).

benachteiligt werden, und die Geschäfte im letzten Jahr vor der Konkurseröffnung geschlossen worden sind. Für diese nach drei Gesichtspunkten (Person des Dritten, Zeit der Vornahme und Gattung der Rechtshandlung) besonders hervorgehobenen Rechtshandlungen besteht eine Besonderheit hinsichtlich der Beweislast insofern, als die Kenntnis der Absicht des Gemeinschuldners seine Gläubiger zu benachteiligen beim Dritten vermutet wird, und ein Beweis dieser Benachteiligungsabsicht überhaupt nicht im Gesetz erwähnt wird, das heißt, da der Gegner seine Unkenntnis der Benachteiligungsabsicht wohl auch damit beweisen kann, daß er nachweist, eine solche Absicht hätte beim Gemeinschuldner nicht bestanden, sowohl für diese Absicht, wie für die Kenntnis dieser Absicht durch den Dritten besteht eine widerlegbare praesumptio iuris.

Der Kreis dieser sogenannten familia suspecta ist dahin gezogen, daß er vor allem den Ehegatten, auch wenn das Geschäft vor Eingehung der Ehe geschlossen worden ist, sodann die Vorfahren und Nachkommen und Geschwister des Gemeinschuldners und seines Ehegatten, sowie die Ehegatten dieser Personen umfaßt, also Verwandte und Verschwägerte in gerader Linie und im 2. Grad der Seitenlinie, sowie affines secundi generis in den gleichen Graden (§ 31 Z. 2 DKO., § 3 Z. 4 österr. AnfG., § 3 Z. 4 bosn. AnfG., ferner § 28 Z. 2 ung. KO. und § 3 kroat. AnfG.; in den beiden letztgenannten Gesetzen jedoch mit zweijähriger Anfechtungsfrist).

Nach österr. (und bosnischen) Anfechtungsrecht (§ 4) sind sechs Monate vor der Konkurseröffnung eingegangene Kauf-, Tausch- und Lieferungsgeschäfte des Gemeinschuldners anfechtbar, sofern der andere Teil in dem Geschäft eine die Gläubiger benachteiligende Vermögensverschleuderung erkennen mußte. Hier ist der für die paulianische Anfechtung geforderte Beweis in zweifacher Weise erleichtert. Es genügt der objektive Tatbestand einer die Gläubiger schädigenden Vermögensverschleuderung, es ist nicht Nachweis der Benachteiligungsabsicht gefordert, und die Kenntnis dieser Tatsache durch den Dritten ist nicht unbedingt notwendig, es genügt vielmehr auch die verschuldete Unkenntnis („erkennen mußte").

2. Als quasi paulianisch ist die Anfechtung unentgeltlicher Vermögensverfügungen des Gemeinschuldners anzusehen. Von einzelnen Fällen des römischen Rechts ausgehend, hat man den Nachweis einer betrügerischen Absicht des Schuldners und deren Kenntnis durch den Dritten bei unentgeltlichen Verfügungen als entbehrlich angesehen.

Die allgemeine Vorstellung, daß unentgeltlicher Erwerb nicht den Vertrauensschutz entgeltlichen Erwerbes genieße[3]), führte dazu, daß man bei unentgeltlichem Erwerb von jeder subjektiven Voraussetzung absah, sowohl beim Gemeinschuldner wie beim Dritten. Anfechtbar sind darum unentgeltliche Verfügungen des Gemeinschuldners schlechtweg, sofern sie binnen einer bestimmten Frist vor der Konkurseröffnung vorgenommen worden sind. Diese Frist beträgt nach österreichischem und bosnischem Recht ein Jahr (§ 3 Z. 1 öst. AnfGes., § 3 Z. 1 bosn. AnfG.), nach ungarischem und kroatischem Recht zwei Jahre (§ 28 Z. 1 ung. KO., § 4 kroat. AnfG.), nach deutschem Recht bei Verfügungen zugunsten des Ehegatten zwei Jahre, bei anderen Verfügungen ein Jahr (§ 32 KO.).

Das deutsche Anfechtungsrecht vor 1898 hat im Zusammenhang mit der Anfechtung unentgeltlicher Rechtshandlungen des Gemeinschuldners auch die Sicherstellung oder Rückstellung des Heiratsgutes und des auf Grund ehemännlichen Rechtes in die Verwaltung des Gemeinschuldners gekommenen Vermögens seiner Ehefrau für anfechtbar erklärt, wenn er dazu nicht verpflichtet war. Ohne diese Handlungen für unentgeltlich oder gar für betrügerisch zu erklären, glaubte das Gesetz sie doch, sofern für ihre Vornahme weder eine gesetzliche noch eine vertragsmäßige Verpflichtung bestand, den unentgeltlichen Verfügungen gleichstellen zu sollen.

Das österreichische Gesetz (§ 3 Z. 2 u. 3) hat diese Bestimmung übernommen und ihm folgt das ungarische (§ 28 Z. 3), das bosnische (§ 3 Z. 2 u. 3) und das kroatische Recht (§ 5), weil solche Sicherstellungen nach den Ausführungen der Motive zum österreichischen Gesetz, auch wenn ein Entgelt für sie geleistet worden ist, „wie aus der Natur der Sache hervorgeht und die Erfahrung in vollstem Maße bestätigt hat, fast ausnahmslos mit der Absicht erfolgen, die Gläubiger zu benachteiligen". Das österreichische Gesetz zog aus dieser Bestimmung aber auch die Folge, die gleichen Grundsätze wie für den Konkurs des Mannes auch für den Konkurs der Frau anzuwenden und demgemäß die Sicherstellung der Forderung auf Ausfolgung des Heiratsgutes oder die Übergabe des Heiratsgutes von der Frau an den Mann, für anfechtbar zu erklären, soweit die Frau zur Vornahme dieser Handlungen nicht verpflichtet war.

---

[3]) So schon Ulpian in D. 42. 8. 6, § 11: nec videtur iniuria affici is, cum lucrum extorqueatur, non damnum affligatur.

Das deutsche Recht hat die Anfechtbarkeit der oben erwähnten Verfügungen des Ehemannes zugunsten seiner Gattin gelegentlich der Novellierung der KO. im Jahre 1898 wieder aufgegeben.

Die geschilderten zwei Gruppen von Anfechtungsfällen haben das Gemeinsame, daß die anfechtbaren Tatbestände an sich den Erwerber, sei es weil er an einem Betruge teilnimmt, sei es weil er unentgeltlich erwirbt, als minder schutzwürdig erscheinen lassen gegenüber anderen Gläubigern des Gemeinschuldners. Mit dem Konkurs, insbesondere mit der den Konkurs veranlassenden Zahlungsunfähigkeit stehen sie in keinem Zusammenhang. Daher begründen diese Tatbestände auch außerhalb des Konkurses Anfechtbarkeit.

Ganz anders steht es mit den im folgenden zu erörternden zwei Gruppen anfechtbarer Tatbestände. Ihre Anfechtbarkeit ist darin begründet, daß sie die Zahlungsunfähigkeit entweder herbeiführen oder als schon eingetreten voraussetzen, der Anfechtungsgrund liegt somit nicht in einem absoluten Mangel voller Schutzwürdigkeit, sondern nur in der Verletzung der im Konkursfall eintretenden Gleichbehandlung aller Gläubiger. Sie wirken daher wie eine teilweise Rückbeziehung der Wirkungen der Konkurseröffnung auf einen früheren Zeitpunkt. Unter diesen Gesichtspunkt fallen zwei Gruppen von Rechtshandlungen: die Rechtshandlungen nach Eintritt der Zahlungsunfähigkeit und die unmittelbar vor ihrem Eintritt geschehenen Begünstigungen einzelner Gläubiger.

3. Die erste Gruppe knüpft geschichtlich an den Grundsatz des älteren italienisch-französischen Rechts an, daß die Wirkung der Konkurseröffnung zurückzuverlegen sei auf die Zeit der Zahlungseinstellung.

Es tritt also eine Art Rückwirkung der durch die Konkurseröffnung begründeten Verfügungsbeschränkung ein. Diese sich in der Anfechtbarkeit äußernde Rückwirkung tritt jedoch nur mit Einschränkungen ein. Zunächst ist sie abhängig davon, daß die Zahlungen eingestellt oder Antrag auf Konkurseröffnung gestellt worden ist. Nicht der materielle Zustand der Zahlungsunfähigkeit, sondern gewisse typische Folgen davon begründen die Anfechtbarkeit, sodann sind nicht alle Rechtshandlungen anfechtbar, sondern nur Rechtsgeschäfte des Gemeinschuldners, durch deren Eingehung die Konkursgläubiger benachteiligt werden, und alle Rechtshandlungen des Gemeinschuldners, wie eines Gläubigers, durch die ein Konkursgläubiger Sicherstellung oder Befriedigung erhält. Dadurch sind auch Exekutionshandlungen der Gläubiger anfechtbar, sofern der Gläubiger nicht in unanfechtbarer Weise bereits vorher ein Absonderungsrecht erworben hatte.

Endlich ist eine weitere Einschränkung der Anfechtbarkeit das Erfordernis der Kenntnis der Zahlungseinstellung oder des Eröffnungsantrages beim Dritten. Hinsichtlich dieses Erfordernisses besteht Beweispflicht für den Kläger, ohne Rücksicht darauf, ob der Gegner zur familia suspecta des Gemeinschuldners gehört oder nicht.

4. Die letzte Gruppe anfechtbarer Handlungen sind die Begünstigungen einzelner Gläubiger. Sie sind anfechtbar, nicht nur wenn sie nach der Zahlungseinstellung oder dem Eröffnungsantrag vorgenommen worden sind, sondern auch wenn sie kurz vorher geschehen sind. (D. § 30 zehn Tage, Österr. § 5, Ung. § 27 Z. 3, Kroat. § 6, Bosn. § 5 vierzehn Tage.) Man geht dabei von dem Gedanken aus, daß die Begünstigung eines Gläubigers, das heißt seine Sicherstellung oder Befriedigung auf Kosten der anderen, auch dann anfechtbar sein soll, wenn sie die Zahlungsunfähigkeit herbeiführt. Das wird aber bei einer in außergewöhnlicher (begünstigender) Form vorliegenden Zahlung oder Sicherstellung regelmäßig zutreffen.

Ob eine Handlung als Begünstigung anfechtbar ist, macht das Gesetz von zwei Voraussetzungen abhängig:

1. Von der Form der Handlung; nicht jede Begünstigung, das heißt eine Handlung, die auf Kosten der anderen Gläubiger einen von ihnen besser sicherstellt oder befriedigt, ist anfechtbar, sondern nur die Begünstigung durch sogenannte inkongruente Deckung (Menzel a. a. O. 193, Jäger § 30 Einl.), nämlich eine Sicherstellung oder Begünstigung, die der Gläubiger nicht oder nicht in der Art oder nicht in der Zeit zu beanspruchen hatte. Damit scheiden alle Zahlungen fälliger Geldforderungen in Geld aus. Nicht die Absicht, die Umstände oder die Wirkung machen eine Zahlung oder Sicherstellung zur Begünstigung, sondern ihre Form. Es sind nur typische Begünstigungsfälle, die das Gesetz als Begünstigungen anerkennt.

2. Die zweite Voraussetzung ist subjektiver Art, die dem Dritten bekannte Absicht des Gemeinschuldners, ihn vor den übrigen Gläubigern zu begünstigen. So allerdings ist die Voraussetzung nicht formuliert, weil die Beweislastfrage anders geregelt ist. Aber in der gewählten Fassung springt der Zusammenhang mit der paulianischen Anfechtung in die Augen. Bei diesen Voraussetzungen subjektiver Art ist jedoch der Masseverwalter hinsichtlich der Beweislast sehr günstig gestellt. Die Absicht des Gemeinschuldners und ihre Kenntnis beim Dritten werden vermutet, und zwar unwiderleglich, wenn ihm die Zahlungseinstellung oder der Eröffnungsantrag bekannt war, was allerdings der Kläger nachweisen müßte, sonst widerleglich.

Zuchthaus vorbestraft, beschwor als Zeuge vor dem Untersuchungsrichter, daß er dem Gemeinschuldner ein bares Darlehen von 22 000 Kronen zugezählt habe. Darauf ließ der Staatsanwalt die Betrugsuntersuchung als aussichtslos fallen, und das Zivilgericht erkannte, daß die Voraussetzungen der Pauliana nicht erwiesen seien.

Dr. Schalek erzählt in einem Vortrag, den er am 6. Mai 1913 in der Industriellen Vereinigung in Wien über die Reform des Konkursrechtes hielt, folgendes:

„Wenn sich ein galizischer Kaufmann insolvent erklärt, so kann man sich darauf verlassen, daß dies erst geschieht, wenn er von Verwandten und Freunden, oft von fingierten Gläubigern bis zur vollen Höhe seiner Aktiven abgepfändet ist.

Diese Pfändungen sind so exakt, daß man aus der Höhe der Beträge, für die die Pfändungen erwirkt wurden, sofort auf den Wert des gepfändeten Warenlagers schließen kann. — — — —

Diesen Pfändungen ist es unmöglich zuvorzukommen." (S. 38.)

Notariatsakte, Blankowechsel und Zahlungsaufträge sind vom Moment der Etablierung an vorbereitet. Sie lauten auf unverhältnismäßig hohe Beträge, zum Teil gleich der Jahreslosung des Schuldners oder zugunsten vermögensloser Personen (eine Äpfelfrau in Czernowitz trat in einem Konkurs mit einer Forderung von 10 000 Kronen auf). Die Wechsel werden nicht am Wohnsitz des Schuldners, sondern in entlegenen Orten zahlbar gestellt, damit dort geklagt werden kann, von wo nicht leicht Nachricht zu den Gläubigern dringen kann. Sobald Gefahr von einem Gläubiger droht, sind die Pfändungen schon vollzogen.

Hat der Schuldner aber auch solche Vorsichtsmaßregeln nicht getroffen, so findet er noch immer Mittel, schneller zu sein als seine Gläubiger. Ein Vergleich, in dem der Schuldner sich bei Terminsverlust zur Zahlung der ersten Rate auf denselben Tag verpflichtet, und auf Grund dessen schon am nächsten Tag Zwangsvollstreckung stattfindet, soll nichts Seltenes sein. Gelingt es dem Gläubiger überdies, das Gericht zu bestimmen, daß die Verhandlung sofort stattfindet, dann kann sich alles in ein paar Stunden abspielen. Dr. Schalek erzählt von einem Fall, wo die Klage bei einem Bezirksgericht auf Grund telegraphischer Vollmacht um 10 Uhr vormittags überreicht wurde, um 2 Uhr nachmittags fand die Verhandlung statt, bei der ein Vergleich geschlossen wurde, um 5 Uhr war wegen Gefahr im Verzuge die Pfändung vollzogen. Am folgenden Tage mochte ein Konkursantrag kommen.

Neben den Verwandten sind es im Süden Österreichs (Triest, Dalmatien) besonders die Geschäftsvorgänger, die für Kaufpreisreste Pfändungen erwirken. Der Vorgang ist dabei folgender. Jemand gründet ein Geschäft und veräußert es um einen unverhältnismäßig hohen Preis an einen Verwandten, Freund oder sonstigen Strohmann. Der Kaufpreis wird gestundet, seine Höhe und der damit anscheinend gegebene hohe Wert des Unternehmens verschafft dem Nachfolger neuen Kredit, und ist auch dieser tüchtig ausgenutzt, dann pfändet der Geschäftsvorgänger im entscheidenden Augenblick alles, was an Aktiven vorhanden ist. Die Warengläubiger haben das Nachsehen. Solche Geschäfte gehen oft durch mehrere Hände, die Forderungen wechseln durch Abtretung ihr Subjekt, so daß der Nachweis eines bösen Glaubens ausgeschlossen ist.

Neben die Pfändungen treten als Geschäfte zweifelhafter Natur auch Rechtshandlungen des Schuldners, Zahlungen und Sicherstellungen, die er, ohne daß der typische Tatbestand einer Begünstigung nach § 30 DKO. oder § 5 österr. AnfG. vorliegt, zur Begünstigung einzelner Gläubiger vornimmt. Er zahlt, bevor er die Zahlungen einstellt, Forderungen seiner Verwandten zurück, die mit Absicht fällig gestellt sind. In einem von Schalek mitgeteilten Falle hatte der Schuldner sein Geschäftskapital von 40 000 Kronen in Form von Darlehen von seinem Vater und Bruder erhalten. Den Kredit auf Grund dieses Kapitals nutzt er zu umfangreichen Einkäufen aus, aus den Eingängen zahlt er Vater und Bruder aus und wird dadurch zahlungsunfähig. Da die Darlehen jederzeit zurückgefordert werden konnten, lag in der Zahlung keine Begünstigung.

In dieselbe Gruppe gehört es, wenn ein Heiratsgut dem Manne übergeben wird, das rückzahlbar ist „jederzeit" oder „im Falle der Zahlungseinstellung" oder bei Unstimmigkeiten im ehelichen Verhältnisse.

Zu einer Reihe recht zweifelhafter Handlungen gibt auch die Verpfändung offener Buchforderungen Anlaß.

Der Schuldner wird bekanntlich regelmäßig von der Verpfändung nicht benachrichtigt, der Zedent (Kreditnehmer) bleibt sonach formell zur Eintreibung befugt, er ist nur dem Kreditgeber gegenüber verpflichtet, ihm das eingegangene Geld zur Verfügung zu stellen. Sehr oft geschieht dies nicht, der Zedent behält das Geld, namentlich wenn er in Zahlungsschwierigkeiten ist, stellt dafür aber dem Kreditnehmer andere Forderungen als Pfänder zur Verfügung. Seitdem die Gerichte derartige Verpfändungen als Begünstigungen anfechtbar erklären, pflegen die Buchforderungseskompteure sich von vornherein im Krediteinräumungsvertrag auszubedingen, daß der Kreditnehmer verpflichtet sei, an Stelle einge-

Begründet ist diese Beweiserleichterung darin, daß die oben geschilderte Form als Begünstigung verdächtig ist und darum dem Begünstigten auffällig sein mußte.

II.

Die Mängel des geltenden Rechts.

Der geschilderte Zustand des Anfechtungsrechtes kann unmöglich befriedigen. Es ist eine Fülle von Gedanken, aber keiner ist folgerichtig durchgeführt, jeder nur in einer einzelnen Anwendung dargestellt; in dem einen Fall ist dieser Umstand, in dem anderen jener in den Vordergrund gestellt, ohne daß ein Grund für diese Verschiedenheit ersichtlich wäre. Die Begünstigung ist nur anfechtbar, wenn sie sich in einer sogenannten inkongruenten Deckung ausdrückt, ohne daß man erfährt, warum nicht auch bei kongruenter Deckung eine offene Begünstigung anfechtbar sein soll; bei Verwandten ist die Kenntnis der Benachteiligungsabsicht vermutet, nicht aber auch die der Zahlungseinstellung; überall sind kasuistisch einzelne Fälle herausgehoben, ganz gleich zu behandelnde Fälle aber nicht der Anfechtung unterworfen.

Diese theoretisch unbefriedigende Gestalt des Anfechtungsrechtes wäre aber zu ertragen, wenn es praktisch ausreichen würde[4]); das ist aber nicht der Fall. Die geschilderte Eigenart des Anfechtungsrechtes macht Umgehungen sehr leicht. Man braucht eine den Interessen der Gläubiger zuwiderlaufende Handlung nur in eine Form zu bringen, die keinem der Anfechtungsfälle entspricht, was bei den komplizierten Tatbeständen des Anfechtungsrechtes gar nicht so schwer ist. Man kann unmittelbar vor der Insolvenz ungescheut einzelne Gläubiger begünstigen, wenn man nur rechtzeitig vorgesorgt hat, daß ihre noch nicht fälligen Forderungen fällig werden, man kann Zahlungen auch nach eingetretener Zahlungsunfähigkeit ohne Gefahr der Anfechtung leisten, wenn sich der Gläubiger nur hütet, die Tatsache der Zahlungseinstellung zu erfahren usw.

Aus den Reihen der Praktiker dringt immer lauter der Ruf, durch eine einheitliche und womöglich einfachere, klarere und übersichtlichere Ordnung des Anfechtungsrechtes Praktiken unmöglich zu machen, die heute noch die Ausplünderung der Konkursmasse gestatten und es dahin bringen, daß die Gläubiger das Nachsehen haben[5]).

---

[4]) Ganz ähnlich Levin a. a. O. S. 37.

[5]) Zahlreiche Handels- und Gewerbekammern Österreichs, darunter die von Wien, Eger und Olmütz und viele angesehene kaufmännische Körperschaften betreiben seit Jahren eine Reform des österr. Anfechtungsrechts. Auch Theo-

Als solche Praktiken, die zum Teil gegen den Willen des Gemeinschuldners, meistens aber im Einverständnis mit ihm vorgenommen werden, sind hauptsächlich Pfändungen, der einseitige Erwerb von Absonderungsrechten zugunsten einzelner Gläubiger unmittelbar vor der Zahlungseinstellung oder der Überreichung des Konkursantrages, in Übung.

Wenn die Pfändung noch am Tag vor der Zahlungseinstellung oder am Tage vor Anbringung des Konkursantrages, ja auch nur eine Stunde vorher vorgenommen wird, ist sie unanfechtbar.

In einem Falle in Wien wurde dem zur Vornahme der Pfändung erschienenen Gläubiger mitgeteilt, daß der Schuldner das Konkursgesuch überreichen wolle, das Gesuch wurde auch sofort mittels Kraftwagens zu Gericht gebracht, inzwischen war die Pfändung vollzogen.

Um Pfändungen nicht in solcher Hast vollziehen zu müssen, werden sie, namentlich wenn der Schuldner ihnen wohlwollend gegenüber steht, erst nach 5 Uhr abends, der Stunde, zu der die Gerichte ihre Einlaufstellen schließen, vorgenommen, so daß Konkursanträge erst am nächsten Tag überreicht werden können. Nächtliche Pfändungen wegen großer Summen kommen vor, ohne daß man etwas anderes als die Strafanzeige dagegen einleiten könnte, die aber bei einigermaßen geschickten Vorkehrungen des pfändenden Gläubigers und des Gemeinschuldners wenig Erfolg verspricht.

In einem Falle in Wien wurde der Schuldner von einem Verwandten bis zur vollen Höhe des Wertes seines Warenlagers für eine auf Blankowechsel gegründete Forderung von 22 000 Kronen gepfändet, die Gattin pfändete sodann für eine Mitgiftforderung von 6000 Kronen. Wiewohl die Warengläubiger nach Erlag einer Kaution die Konkurseröffnung erwirkten, blieben die Anfechtungsprozesse erfolglos und der Konkurs ergab nichts für die Gläubiger. Der Pfandgläubiger, ein notorisch vermögensloser Mann, Hausbesorger in Budapest, mit 3 Jahren

---

retiker, die sich mit der Konkursordnung befassen, haben mehrfach Änderungen des Anfechtungsrechtes angeregt. So besonders: Frankl, Zur Revision des österr. Konkursrechts JBJSch. 28, 1 ff. Pollak, Gutachten über die Reform des Konkursrechtes für den 11. österr. Advokatentag 1908, Schalek, Zur Reform des österr. Konkursrechtes 1913 u. a.

Vgl. über das österr. Anfechtungsrecht besonders Steinbach-Ehrenzweig, Kommentar zum Anfechtungsgesetz[3], 1905; Menzel, Anfechtungsrecht der Gläubiger, 1886; Krasnopolski in Grünhuts Z. 14 und 15. Kafka, die anfechtungsrechtliche Judikatur des österr. k. k. Obersten Gerichtshofes 1900—1907 ZHR. 62, 246 ff. Kafka, die konkursrechtliche Judikatur des österreichischen k. k. Obersten Gerichtshofes 1900—1910 ZHR 73, 79 ff.

zogener Forderungen andere zu verpfänden. Solche Abtretungen sind, auch wenn sie am Tage vor der Zahlungseinstellung stattfinden, nicht als Begünstigungen anfechtbar.

Die von Levin besonders behandelten Fälle unentgeltlicher Arbeitszuwendung, des Lohnverzichts und der Arbeits- und Versicherungsverträge zugunsten Dritter haben in der österreichischen Praxis bisher nicht zu nennenswerten Übelständen geführt. Kafkas Übersichten der Rechtsprechung des Österreichischen k. k. Obersten Gerichtshofes (siehe Note 5) enthalten keinen Spruch, der sich auf einen der oben erwähnten Fälle beziehen würde. Ich enthalte mich daher aller Ausführungen über die Frage der Anfechtbarkeit solcher Rechtshandlungen.

III.

Reformvorschläge im allgemeinen.

Daß die geschilderten Zustände dem nicht entsprechen, was man von einem Anfechtungsrecht billig erwarten kann, steht wohl außer Zweifel. Es fragt sich vor allem, ob die bestehenden Übelstände im Gesetze liegen.

Großenteils liegen nun die Mängel, wie schon eine flüchtige Betrachtung der beanstandeten Fälle ergibt, nicht im Anfechtungsrecht, sondern in der ängstlichen, engherzigen und verständnislosen Anwendung dieses Rechtes durch die Gerichte. Namentlich überall dort, wo eine Absicht der Parteien oder die Kenntnis gewisser Umstände oder Absichten des anderen Teils Voraussetzung der Anfechtung ist, zeigt sich nicht selten eine Naivität, über die sich jeder, der mit der Praxis des Geschäftslebens näher vertraut ist, verwundern muß. Die österreichischen Gerichte vertreten den Standpunkt, die conscientia fraudis müsse strikt nachgewiesen sein, Indizien genügten nicht für diesen Beweis, und eine noch so nahe liegende Vermutung könne den Beweis der conscientia fraudis nicht ersetzen.[6])

---

[6]) Schalek (35) erzählt nachstehenden Fall einer Anfechtung außerhalb des Konkurses: Für einen Vertrag über mehrere hunderttausend Kronen stand eine Gebührenvorschreibung samt Geldstrafe wegen Hinterziehung in Aussicht. An dem Tage, an dem der eine Vertragsteil eine Vorladung zur Gebührenbehörde erhielt, übertrug er durch Notariatsakt sein ganzes Vermögen, das in einer Forderung von 150 000 Kronen an den anderen Vertragsteil bestand, an seine ebenfalls bemittelte Schwester, mit der er seit Jahrzehnten in gemeinsamem Haushalt lebte, angeblich als Entgelt für die ihm während dieser ganzen Zeit gewährte Verpflegung und Unterstützung. Der andere Vertragsteil mußte

Soweit die Mängel der Anfechtungspraxis auf dieser Seite liegen, ist von einer Gesetzesänderung nichts zu erhoffen, man kann nur von einer besseren wirtschaftlichen Vorbildung der Richter, von ihrer Erziehung zu geschäftsmännischer Betrachtung der Lebensverhältnisse, zu Verständnis für die Erfordernisse der Wirklichkeit und von einer vernünftigen Anwendung ihres Beweiswürdigungsrechtes eine Besserung erwarten.

Allein damit ist es, wie ich glaube, doch nicht getan. Die Mängel liegen doch auch zum Teil im Recht selbst; denn es gibt genug Fälle, in denen der vernünftigste, erfahrenste und verständigste Richter ein Geschäft zufolge des ausdrücklichen Wortlautes des Gesetzes für unanfechtbar erklären muß, das den Grundsatz der par conditio creditorum offen verletzt, oder das aus Gründen der öffentlichen Moral die Anfechtbarkeit verdienen würde.

Eine Gesetzänderung ist aber, wenn man diesen Mängeln abhelfen will, schon darum empfehlenswert, weil eine zur Erkenntnis ihrer bisherigen unzweckmäßigen Haltung gelangende Praxis ohne gesetzlichen Anhaltspunkt leicht zu Ausschreitungen nach der anderen Seite kommen kann, wie das Beispiel Ungarns beweist.

Das ungarische Anfechtungsrecht verlangt, fast wörtlich mit dem deutschen und österreichischen übereinstimmend, zur Anfechtbarkeit der Befriedigung oder Sicherstellung eines Gläubigers dessen Kenntnis von der Zahlungseinstellung.

Während aber dieser Nachweis in Österreich bei der Strenge der Gerichte in der Beweisfrage fast nie gelingt, außer wenn ein Postrückschein über den Empfang einer ausdrücklichen Insolvenzerklärung vorgelegt wird, sehen die ungarischen Gerichte die Kenntnis von der Zahlungseinstellung schon dann als nachgewiesen an, wenn zur Erwirkung der Zahlung oder Sicherstellung gerichtlicher Zwang notwendig war.

Demnach sind sämtliche Pfändungen aus den letzten 6 Monaten vor der Konkurseröffnung anfechtbar, und alle Zahlungen, die infolge Klage oder Exekution geleistet wurden, können zurückgefordert werden. Ungarische Masseverwalter machen sich diese Rechtsprechung im weitesten Umfang zunutze, ja sie fordern alle Zahlungen aus den letzten 6 Monaten

---

die Gebühr bezahlen, er erwirkte ein Urteil auf Ersatz der Hälfte des bezahlten Betrages von etwa 9000 Kronen. Die Zwangsvollstreckung blieb fruchtlos, weil kein pfändbares Vermögen vorhanden war. Die Anfechtungsklage wurde aus dem oben angeführten Grunde in allen drei Instanzen abgewiesen.

unter Drohung der Anfechtungsklage zurück und überlassen es dem Prozeß, ob ein Zwang in irgend einer Form nachweisbar ist (Schalek a. a. O. 40—41).

Es fragt sich, ob den vorhandenen Mängeln des Rechts durch einen bloßen Ausbau des geltenden Anfechtungsrechtes abgeholfen werden kann? Ich glaube diese Frage bejahen zu können. Die Mängel des Anfechtungsrechtes gehen nämlich sämtlich nicht auf Fehler oder Mängel in den Grundgedanken, sondern nur auf die lückenhafte und einseitige Ausführung dieser Grundgedanken zurück.

Es fragt sich weiter, ob eine Verallgemeinerung der Tatbestände allein diese Aufgabe leisten kann. Zum Teil ist das der Fall. Allein man wird doch daran festhalten müssen, daß die oben geschilderten vier Gruppen anfechtbarer Tatbestände: betrügerisches Handeln des Gemeinschuldners, unentgeltlicher Erwerb, Begünstigungen und Geschäfte im Zustand der Zahlungsunfähigkeit sich nicht auf einen einheitlichen Grundgedanken zurückführen lassen, außer den, daß die erwiesene oder vermutete Kenntnis des Betruges, der Begünstigung oder der Zahlungsunfähigkeit beim Dritten oder die Unentgeltlichkeit seines Erwerbes ihn als minder schutzwürdig erscheinen läßt.

Eine Verallgemeinerung wird darum die Besonderheiten der vier Tatbestände nicht verwischen dürfen, aber doch so weit gehen müssen, daß eine Umgehung durch Ausnutzung der gesetzlichen Schranken nicht allzuleicht möglich wird.

Die Reformwünsche allgemeiner Natur lassen sich in die folgenden Gruppen bringen:

1. Am radikalsten ist der Vorschlag, alle Rechtshandlungen aus einer bestimmten Zeit vor der Konkursöffnung oder vor der Zahlungseinstellung schlechtweg für anfechtbar zu erklären und von jeder subjektiven Voraussetzung beim Anfechtungsgegner, Kenntnis der Zahlungsunfähigkeit oder einer rechtswidrigen Absicht des Gemeinschuldners abzusehen[7]).

Es ist kein Zweifel, daß dieser Vorschlag alle Übelstände, die sich aus einer allzu ängstlichen Stellung des Gerichtes gegenüber Beweisfragen ergeben, kurzweg abschneiden würde. Der anfechtbare Tatbestand könnte klar, einfach und zweifelsfrei aufgestellt werden. Die Anfechtung wäre einfach eine Rückdatierung einzelner Wirkungen der Konkurseröffnung. Ich lehne diesen Vorschlag als viel zu weitgehend ab. Er würde die Übelstände der ungarischen Praxis herbeiführen, ja sie noch bedeutend vermehren.

---

[7]) So Pollak, Gutachten 38 ff., Schalek 41.

Heute schon ist es dem Gläubiger eines ungarischen Schuldners unmöglich, das im Zwangsweg erhaltene Geld vor Ablauf von 6 Monaten fruchtbringend zu verwenden, da mit der Rückforderung bei Ausbruch eines Konkurses gerechnet werden muß. In Zukunft würde das für jede Zahlung, jeden Vertrag, überhaupt den ganzen Geschäftsverkehr gelten. Dann wäre aber nur zweierlei möglich. Entweder bestimmt man die Anfechtungsfrist sehr kurz, dann wird sie den Gläubigern zwar nur wenig Schaden bringen, aber es wäre auch sehr leicht durch Hinausschiebung von Zahlungseinstellung oder Konkurseröffnung zweifelhafte Geschäfte unanfechtbar zu machen, mit anderen Worten, eine kurze Anfechtungsfrist ist wertlos, wenn man mit der Anfechtung Ernst machen will. Macht man aber die Frist lange, dann würde ein Moment der Unsicherheit in den Geschäftsverkehr getragen. Jedes Geschäft, jede Zahlung stünde monatelang unter dem Damoklesschwert der Anfechtung. Gerade der gutgläubige Dritte, der auf die Zahlungsfähigkeit des Gegners vertrauend, sich keine Reserven hält, würde am empfindlichsten getroffen werden.

Man wird daher wohl dabei bleiben müssen, ein gewisses Maß von subjektiven Voraussetzungen beim Anfechtungsgegner aufrechtzuhalten. Denn die Verfügungsfähigkeit jedes einzelnen ist eine Tatsache, auf die man im Verkehr seine Erwartungen und Berechnungen stützen muß. Nur derjenige, der unentgeltlich erwirbt, muß, wie immer, darauf gefaßt sein, die Bereicherung herauszugeben, sonst aber wird nur ein schuldhaftes Verhalten geeignet sein, jemandem die Vorteile zu entziehen, die ihm die angenommene Verfügungsfähigkeit des Gegners in Aussicht stellt.

2. Der für die Anfechtung von Rechtshandlungen im Zustande der Zahlungsunfähigkeit und von Begünstigungen maßgebende Zeitpunkt soll in Zukunft nicht mehr die Zahlungseinstellung oder gar wie in Österreich nur die Zahlungseinstellung eines protokollierten Kaufmanns sein, der maßgebende Zeitpunkt soll vielmehr für jedermann — er mag Kaufmann sein oder nicht — der Eintritt der Zahlungsunfähigkeit sein. Die Zahlungseinstellung ist nur ein Anzeichen der eingetretenen Zahlungsunfähigkeit (§ 102 DKO.). Es ist kein Grund, das Symptom zu nennen, das vielleicht gar nicht oder doch erheblich später zutage tritt, nachdem der materielle Konkursgrund früher entstanden ist. Es ist für das geltende Anfechtungsrecht charakteristisch, daß es seine Tatbestände nach äußeren Symptomen aufstellt. Für das Konkursrecht ist aber nur die Tatsache der Zahlungsunfähigkeit von Belang. Bereits mit diesem Augenblick tritt die Pflicht des Gemeinschuldners ein,

alle Gläubiger gleichmäßig zu befriedigen und es kann ihm nicht gestattet werden, einzelne Gläubiger nach seiner Wahl zu befriedigen und die Zeit einer allgemeinen Zahlungseinstellung hinauszuschieben. Vor allem aber darum ist die Zahlungseinstellung als Stichtag für die Anfechtbarkeit ungeeignet, weil sie mehr oder weniger zeitlich willkürlich bestimmt werden kann. Die Zahlungsunfähigkeit ist dagegen eine vom Willen des Schuldners viel weniger beeinflußbare Tatsache, die sich nachträglich aus seinen Büchern und anderen Behelfen feststellen läßt. Die Zahlungseinstellung dagegen läßt sich durch verschiedene Hilfsmittel, wenn auch vielleicht nur um wenige Tage, verschieben. Das wird aber oft genügen, um gewissen Rechtshandlungen die Unanfechtbarkeit zu sichern.

Das österreichische Recht hätte sich in dieser Richtung vor allem dem deutschen Recht darin anzuschließen, daß es die Zahlungsunfähigkeit allgemein für jedermann zum entscheidenden Moment für die Anfechtung macht und gleichzeitig die Zahlungsunfähigkeit schlechtweg zum Konkursgrund erhebt. Der gegenwärtige Zustand, wonach nur bei protokollierten Kaufleuten die Zahlungseinstellung Konkursgrund ist, während bei anderen Personen Konkurs auf Antrag der Gläubiger nur bei Nachweis fortgeschrittener Folgen des Vermögensverfalles, wie mehrfacher Auspfändungen oder Flucht des Gemeinschuldners eröffnet werden kann, ist unhaltbar[8]). Er führt nicht nur zu mißbräuchlicher Verschleppung des Konkurseröffnungsverfahrens und zu mißbräuchlicher Verwendung des Konkursantrages zur Erpressung von begünstigender Befriedigung der Antragsteller, er führt insbesondere durch seine folgerichtige Durchführung im Anfechtungsrechte dazu, daß für Geschäfte in statu cridae und Begünstigungen bei anderen als protokollierten Kaufleuten lediglich der Tag des Konkurseröffnungsantrages als der entscheidender Stichtag gilt, also ein Zeitpunkt, der viel zu spät ist, um Bezahlung einzelner Gläubiger und den Abschluß nachteiliger Geschäfte in statu cridae unwirksam zu machen.

Es fragt sich nur, ob die Ersetzung der Zahlungseinstellung durch die Zahlungsunfähigkeit namentlich dann, wenn, wie unten vorgeschlagen

---

[8]) Dies ist die allgemeine Überzeugung bei Theoretikern und Praktikern in Österreich. Frankl, a. a. O. 56. Menzel, a a. O. 177 f.

Zahlreiche Handelskammern und kaufmännische Körperschaften, darunter der niederösterr. Gewerbeverein und der Verein reisender Kaufleute in Eingaben an das Justizministerium. Auch im österreichischen Abgeordnetenhaus ist diese Teilreform in den letzten Jahren als besonders dringlich wiederholt angeregt worden (Interpellation Lecher, Antrag Neumann).

wird, ihre verschuldete Unkenntnis der Kenntnis gleichgestellt wird, nicht in die Stellung des Dritten eine die Verkehrssicherheit gefährdende Ungewißheit bringt. Richtig ist, daß die Zahlungseinstellung als eine offenzutage tretende Folge der Zahlungsunfähigkeit leichter objektiv festzustellen ist, und daß ihre Kenntnis leichter jemand nachzuweisen ist, als das bei der doch vielfach nur intern wirkenden Zahlungsunfähigkeit der Fall ist.

Allein ich glaube, daß diese Bedenken doch nicht entscheidend sind. Weiß jemand von der Zahlungsunfähigkeit eines anderen, bevor er noch seine Zahlungen eingestellt hat, so besteht kein Grund, ihn besser zu behandeln, als wenn er von einer eigentlichen Zahlungseinstellung Kenntnis erlangt hätte.

Schließlich ist es Sache des Klägers, im Widerspruchsfall nachzuweisen, daß der Gemeinschuldner zur Zeit des vorgenommenen Geschäfts bereits zahlungsunfähig war. Den Tag, an dem die Zahlungsunfähigkeit eingetreten ist, braucht er nicht nachzuweisen, sondern nur, daß er bereits vor der Zeit der angefochtenen Rechtshandlung lag. Wir bedürfen darum auch nicht einer einheitlichen Festsetzung des Tages, an dem die Zahlungsunfähigkeit eingetreten ist, mit Wirkung für und wider alle Gläubiger; schon darum nicht, weil diese objektive Feststellung an sich keinen Wert hat, wenn nicht auch die subjektiven Voraussetzungen bei dem einzelnen Anfechtungsgegner zutreffen.

3. Eines der schwersten Hemmnisse für die Durchsetzung der Anfechtungsansprüche ist, wie bereits erörtert, der Beweisnotstand hinsichtlich der subjektiven Voraussetzungen. In dieser Hinsicht sind Erleichterungen möglich, jedoch darf durch sie nicht das Wesen der einzelnen Anfechtungsfälle verändert werden. Als wesentlich wird man aber ansehen müssen, daß der Dritte durch rechtswidriges Verhalten den anfechtbaren Tatbestand herbeigeführt hat, ausgenommen den Fall unentgeltlichen Erwerbes. Rechtswidrigkeit liegt aber nicht nur bei Bösgläubigkeit vor, sondern auch bei schuldhafter Unkenntnis der für die Beurteilung der Anfechtbarkeit wesentlichen Umstände. Während nach unserem Recht die Kenntnis der betrügerischen Absicht des Gemeinschuldners zur paulianischen Anfechtung notwendig ist, genügt es z. B. nach schweizerischem Recht (Art. 288), daß die betrügerische Absicht des Gemeinschuldners dem Dritten erkennbar war. Das ist vollauf berechtigt, es ist gewiß rechtswidrig, wenn man mit Hintansetzung der gehörigen Sorgfalt über vorhandene bedenkliche Umstände hinweggeht, wohl gar geflissentlich die Möglichkeit einer Aufklärung außer acht läßt. Der heutige Zustand

setzt eine Prämie auf die Unachtsamkeit im Verkehr, ja sogar auf das absichtliche Verschließen der Augen vor zweifelhaften Erscheinungen. Wer Geschäfte mit einem anderen eingeht, darf an Momenten, die die Redlichkeit des anderen Teils in zweifelhaftem Licht erscheinen lassen, nicht vorbeigehen.

Es handelt sich hier um drei Tatbestände: die Kenntnis betrügerischer Absicht, die Kenntnis der Begünstigung und die Kenntnis der Zahlungsunfähigkeit, in allen diesen drei Fällen ist der Kenntnis des betreffenden Tatbestandes seine verschuldete Unkenntnis gleichzuhalten.

Damit ist für den Kläger, der einen der genannten Tatbestände nachzuweisen hat, eine gerechtfertigte Beweiserleichterung geschaffen. Die Kenntnis einer bestimmten Tatsache ist nur in glücklichen Fällen einem anderen nachzuweisen, z. B. wenn er Äußerungen getan oder Handlungen vorgenommen hat, die auf diese Kenntnis mit Notwendigkeit schließen lassen. Viel leichter gestaltet es sich, jemandem Umstände vorzuhalten, die in ihm bei gehöriger Aufmerksamkeit Zweifel an dem Nichtbestand des geforderten Tatbestandes erregen müssen.

Es wird daher überall, wo im Anfechtungsrecht vorausgesetzt ist, daß dem Dritten eine Tatsache „bekannt war" hinzuzusetzen sein „oder bekannt sein mußte"[9]).

Damit ist durchaus nicht etwa die ungarische Praxis in vollem Umfange rezipiert. Vielmehr werden individuelle Momente gerade bei Beurteilung der Verschuldensfrage eine hervorragende Rolle spielen, und Hauptsache ist schließlich, daß die objektiven Momente, die Begünstigung oder die Zahlungsunfähigkeit auf jeden Fall vom Kläger nachzuweisen sind.

Eine weitere Beweiserleichterung kennt schon das geltende Recht hinsichtlich der paulianischen Anfechtung beim Ehegatten und bei nahen Angehörigen. Grund für diese besondere Behandlung ist, daß bei diesen Personen eine Kenntnis der Verhältnisse des Gemeinschuldners vorausgesetzt werden muß. Gilt dies aber von der betrügerischen Absicht, so gilt dies gewiß in noch höherem Maße von der Zahlungsunfähigkeit und von der Begünstigung. Es ist nicht anzunehmen, daß die Angehörigen von diesen Umständen keine Ahnung haben, mindestens sind ihnen Tatsachen bekannt, die in ihnen so weit Verdacht erwecken müssen, daß eine Unterlassung näherer Erkundigung als schuldhafte Unkenntnis der be-

[9]) Diese Fassung ist dem HGB. entnommen, vgl. AllgDHGB. Art. 25, 46 u. a., Deutsches HGB. § 15.

treffenden Tatsachen anzusehen ist. Ich würde darum vorschlagen, die im geltenden Recht auf die paulianische Anfechtung beschränkte Umkehrung der Beweislast bei der familia suspecta auch auf alle anderen Anfechtungsfälle auszudehnen, in denen die Kenntnis gewisser Tatsachen beim Dritten (sowie nach den obenstehenden Ausführungen deren schuldhafte Unkenntnis) Voraussetzung der Anfechtbarkeit ist.

Der Kreis der nahen Angehörigen erstreckt sich nach geltendem Recht in der Seitenlinie bloß auf die Geschwister und Schwäger gleichen Grades. Das ist nach der Erfahrung zu eng. Man muß sich vor Augen halten, daß eine Zahlungseinstellung ein Ereignis ist, das über den nächsten Verwandtenkreis hinausdringt, und wenn ein in Zahlungsunfähigkeit geratener Schuldner Hilfe sucht, beschränkt er sich dabei nicht auf seine und seiner Gattin Geschwister, sondern erfahrungsgemäß wird dabei ein viel weiterer Kreis von Angehörigen in Anspruch genommen.

Der Familiensinn macht sich hierbei gern in gegenseitiger Hilfeleistung auf Kosten der Gläubiger geltend. Dabei ist zu beachten, daß nicht nur die dem unmittelbaren Einfluß des Gemeinschuldners und seiner Gattin ausgesetzten Personen, sondern auch Angehörige, die den Einflüssen zwischenstehender Personen schwer Widerstand leisten können, zur familia suspecta zu zählen sind. Der Bruder ist den Bitten des Bruders gegenüber wenig widerstandsfähig, aber nicht nur wenn der Bruder selbst Hilfe braucht, sondern auch wenn er für seinen Sohn oder Schwiegersohn Hilfe erbittet.

Der Kreis der befangenen Verwandten ist demnach so weit zu ziehen, als das Recht in anderen Verhältnissen eine Befangenheit annimmt; das ist bei dem Ausschluß von der Gerichtsbarkeit und bei der Entschlagung vom Zeugnis im Strafprozeß nach österreichischem Recht bis zum vierten Grad in der Seitenlinie der Fall. Geschwisterkinder wird man regelmäßig als die äußerste Grenze der Verwandtschaft in diesem Sinne ansehen dürfen.

Ein mehrfach geäußerter Wunsch, den Angehörigen den Entlastungsbeweis gänzlich zu versagen, die Vermutung ihres Einverständnisses mit dem Gemeinschuldner zu einer unwiderleglichen zu machen, geht zu weit.

Denn man kann nicht sagen, daß die Tatsache der Verwandtschaft oder Schwägerschaft mit dem Gemeinschuldner an sich verdächtig macht; sie begründet nur die Annahme, daß der Angehörige die Vermögenslage des Gemeinschuldners und dessen den Gläubigern nachteilige Absichten gekannt hat. Das kann aber im Einzelfall unzutreffend sein. Der Beweis dafür kann nicht von vornherein für unzulässig erklärt werden.

Vor allem darum kann man diesen Entlastungsbeweis nicht ausschließen, weil eine solche Vorschrift den ehrlichen Mann geradezu abschrecken würde, mit Verwandten in geschäftliche Verbindung zu treten und durch seinen Kredit oder seine materielle Beihilfe Insolvenzen zu verhindern. Der Unehrliche würde aber trotzdem einen vorgeschobenen nichtverwandten Strohmann finden.

Die gleiche Umkehrung der Beweislast für die Empfänger von Sicherungsübereignungen, wie sie der 31. Deutsche Juristentag vorschlägt, scheint mir zu weit zu gehen. Dem praktischen Bedürfnis ist Rechnung getragen, daß man dem Sicherungseigentümer nicht nachzuweisen braucht, daß er die Zahlungsunfähigkeit gekannt hat, sondern bloß, daß er sie kennen mußte. Ob die Tatsache der Sicherungsübereignung an sich Bedenken gegen die Zahlungsfähigkeit des Kreditnehmers erweckt, und ob diese Bedenken so stark sind, daß man Zahlungsunfähigkeit annehmen muß, ist Sache der Beurteilung des Einzelfalles.

4. Ein weiterer allgemeiner Reformwunsch ist der nach Verlängerung der Anfechtungsfristen. Man klagt darüber, daß die Kunst, sich von langer Hand auf einen Konkurs vorzubereiten, zugenommen habe. Unlautere Gemeinschuldner verstehen es, die Masse rechtzeitig verschwinden zu lassen, und dann noch so lange die Konkurseröffnung zu verzögern, bis die Rechtshandlung unanfechtbar geworden ist.

Diesem zweifellos vorhandenen Bedürfnis nach ausreichend großen Anfechtungsfristen steht das vielleicht ebenso wichtige Interesse der Verkehrssicherheit gegenüber. Wer etwas auf eine Weise erworben hat, die bei Eintritt des Konkurses seines Vormanns die Anfechtung begründet, soll nicht ewig in Ungewißheit darüber bleiben, ob sein Erwerb endgültig ist oder nicht. Die Anfechtbarkeit legt entweder Kapitalien beim Dritten unnütz fest, oder sie bringt ihn, falls er für diesen Fall nicht Vorsorge getroffen hat, unvermutet in eine schlimme Lage und darunter hat nicht nur der Anfechtungsgegner zu leiden, der wegen seines regelmäßig vorhandenen bösen Glaubens, weniger Rücksicht verdient, sondern es werden dann meistens auch dessen Gläubiger getroffen. So zieht eine Insolvenz andere nach sich und es kann nicht Aufgabe des Anfechtungsrechtes sein, die Quoten der Gläubiger im ersten Konkurs durch Herbeiführung des Konkurses anderer Personen zu erhöhen.

Endlich besteht auch ein allgemeines Interesse daran, möglichst wenig verschiedene Anfechtungsfristen einzuführen. Einheitliche Fristen haben den Nachteil der Härte und der mangelhaften Elastizität gegenüber dem

Einzelfall; sie haben aber den großen Vorteil der leichten Übersehbarkeit für die Beteiligten und ihr Ablauf gewährt ihnen das Bewußtsein der Sicherheit.

Betrachten wir die Frage vom Standpunkt des geltenden Rechts. Wir haben zunächst Fristen, die von der Konkurseröffnung an gerechnet werden:

für die Paulianische Anfechtung mit Beweislast des Klägers im Deutschen Reich und in Ungarn unbegrenzt, in Österreich, Kroatien, Bosnien 10 Jahre;

für die Schenkungsanfechtung (Anfechtung ehegüterrechtlicher Verfügungen) in Ungarn, Kroatien 2 Jahre, in Österreich 1 Jahr, im Deutschen Reich regelmäßig 1 Jahr, bei Verfügungen zugunsten des Ehegatten 2 Jahre;

für die Paulianische Anfechtung mit umgekehrter Beweislast (familia suspecta) in Ungarn, Kroatien 2 Jahre, in Österreich und im Deutschen Reich 1 Jahr;

für Begünstigungen 1 Jahr nach österreichischem, ungarischem, kroatischem und bosnischem Recht, keine Frist nach deutschem Recht (vgl. Jäger zu § 32);

für Rechtshandlungen nach Zahlungseinstellung usw. 6 Monate;

sodann kommt noch die Berechnung von Fristen nach dem Zeitpunkt der Zahlungseinstellung (Eröffnungsantrag); Begünstigungen sind in den letzten 10 oder 14 Tagen vorher und nach Eintritt dieses Ereignisses anfechtbar.

Eine Änderung dürfte für die Schenkungsanfechtung und die Pauliana mit umgekehrter Beweislast empfehlenswert sein; ich würde hierfür die einheitliche Frist von 2 Jahren vorschlagen.

Einer Erweiterung scheint mir sonst nur die Frist bei Begünstigungen zu bedürfen. 14 Tage oder gar 10 Tage sind zu kurz, um alle Begünstigungen zu treffen, die eine Zahlungsunfähigkeit herbeiführen; besonders da Zahlungen häufig monatlich stattfinden, wird häufig die Zahlungsunfähigkeit infolge einer begünstigenden Zahlung erst gegen Ende eines Monats zutage treten. Es wird daher die Frist zweckmäßig auf etwas mehr als Monatsfrist zu stellen sein.

5. Von besonderer Wichtigkeit ist die Behandlung der ehegüterrechtlichen Ansprüche im Konkurs. Die Rechtspolitik hat auf diesem Gebiete seit jeher geschwankt. Das römische Recht hat der Gattin für den Anspruch auf Rückstellung der dos einerseits die größten Privilegien (gesetzliches Vorzugspfandrecht am ganzen Vermögen des Mannes) eingeräumt, anderseits die Sicherung dieser Forderung durch Bürgen

verboten (C. 5. 20, c. 2). Das österreichische Gesetzbuch gibt der Frau den Anspruch auf angemessene Sicherstellung des Heiratsgutes, „wenn in der Folge Gefahr eintritt" (§ 1245 ABGB.). Doch ist eine solche Sicherstellung der Anfechtung ausgesetzt, wenn binnen Jahresfrist Konkurs verhängt wird, weil nach österr. AnfG. § 3 Z. 2 die Sicherstellung des Heiratsgutes auf ein Vermögen des Ehemannes nur dann unanfechtbar ist, wenn dieser zur Sicherstellung im Falle der Beendigung der ehelichen Gemeinschaft durch das Gesetz verpflichtet war. Die gesetzliche Verpflichtung wegen Gefahr schließt somit die Anfechtung nicht aus. (So Bericht des Justizausschusses, Steinbach-Ehrenzweig, Kommentar zum AnfG.³, 48; vgl. Krasnopolski, Grünhuts Z. 15, 79.)

Gerade umgekehrt ist es im deutschen Recht gegangen. Die KO. stellte die Anfechtbarkeit mit Ausnahme der gesetzlichen Verpflichtung zur Sicherstellung auf, das BGB. gewährt im Falle der erheblichen Gefährdung Anspruch auf Sicherheitsleistung (§ 1391) und Rückstellung (§ 1418, 1) und die Novelle zur KO. beseitigt zur Vermeidung einer Kollision die Anfechtbarkeit einer Sicherstellung oder Befriedigung ehegüterrechtlicher Ansprüche überhaupt (§ 33).

Man hat in dieser Hinsicht zu unterscheiden, ob es sich um Aussonderungsansprüche der Ehegattin oder um Forderungen handelt. Hinsichtlich jener begehrt die Frau die Ausscheidung aus der Konkursmasse. Zur Verhinderung einer übermäßigen oder betrügerischen Anwendung dieser Ansprüche trifft § 45 deutsche KO. Vorkehrungen.

Es handelt sich also hier nur um die Fälle, in denen die Frau als Gläubigerin auftritt. In den Motiven zu § 25 (jetzt 32) der Novelle zur deutschen KO. (Drucks. RT. 1898, 1018) heißt es, daß bei Aufrechthaltung des älteren Anfechtungsrechts eine Rückgewähr oder Sicherstellung, die zu einer Zeit erfolgt ist, in welcher eine Beeinträchtigung der Rechte der Frau nicht zu besorgen war, der Mann sich vielmehr in einer günstigen Vermögenslage befand, ohne weiteres angefochten werden könnte, während eine bei ungünstiger Vermögenslage des Mannes bewirkte Rückgewähr oder Sicherstellung der im § 25 vorgesehenen Anfechtung entzogen bliebe.

Um diesen Widerspruch zu beseitigen, wurde das Anfechtungsrecht der Sicherstellung oder Rückgewähr ehegüterrechtlicher Forderungen gänzlich beseitigt.

Ein solcher Widerspruch wäre darum eingetreten, weil § 25 der alten deutschen KO. die Anfechtung einer Sicherstellung soweit ausschloß, als der Mann zur Sicherstellung durch das Gesetz verpflichtet war, dieses

Gesetz aber (§ 1391 BGB.) nunmehr in jedem Gefährdungsfall den Anspruch auf Sicherstellung gewährt.

Es entsteht nun die Frage, ob wirklich jede gesetzlich vorgeschriebene Sicherstellung von der Anfechtbarkeit ausgenommen sein soll, und ob man wegen Bejahung dieser Frage die Anfechtung auch der anderen gesetzlich nicht vorgeschriebenen Sicherstellungen fallen lassen soll.

Die Konkursordnungsreform hat diese Frage bejaht, weil sie in Übereinstimmung mit der bei der Beratung des BGB. maßgebenden Anschauung bleiben wollte, „daß es vom sozialen Standpunkt den Vorzug verdiene, der Frau und den Kindern des Gemeinschuldners, wenn auch auf Kosten der übrigen Gläubiger einen erhöhten Schutz zu gewähren, statt sie der öffentlichen Armenpflege zur Last fallen zu lassen". (Prot. II, 277 I.)

Ich weiß nicht, welche Erfahrungen man mit diesen nunmehr seit anderthalb Dezennien in Kraft stehenden Vorschriften im Deutschen Reiche gemacht hat. Nach den österreichischen Erfahrungen dienen Eheverträge im Konkurse regelmäßig dazu, die Gläubiger vorsätzlich zu schädigen. Der Mann quittiert große Summen, die er niemals erhalten hat, ohne daß dem abgeholfen werden kann. Die Bindung der Gültigkeit solcher Erklärungen an die Form eines Notariatsakts schützt nicht, sie sichert nur gegen betrügerische Rückdatierungen; selbst wenn vorgeschrieben würde, der Notar müsse der Übergabe persönlich beiwohnen und deshalb bei Heller nnd Pfennig nachzählen, wäre es nicht ausgeschlossen, daß der Mann eigenes oder entlehntes Geld mitbringt oder sich vor dem Notar zuzählen läßt.

Das österreichische Gesetz nimmt nicht jede Sicherstellung oder Rückzahlung von der Anfechtung aus, zu der der Mann durch das Gesetz verpflichtet ist, sondern nur solche, zu denen er im Falle der Beendigung der ehelichen Gemeinschaft durch das Gesetz verpflichtet ist. Diese Beschränkung hat sich bewährt. Die gesetzliche Sicherstellungspflicht bei Gefährdung des Anspruchs ist zwar nicht aufgehoben, aber derartige Sicherstellungen bleiben anfechtbar, wenn binnen Jahresfrist Konkurs ausbricht. Sie werden nach Ablauf dieser Frist unanfechtbar und sie haben auch vorher ihren Wert, soweit die Sicherstellungen die Verfügungsfreiheit des Mannes beschränken, ohne ein Vorrecht vor anderen Gläubigern zu gewähren.

Mit Rücksicht darauf, daß ich die deutschen Erfahrungen mit dem geltenden Recht nicht kenne, sehe ich davon ab, für das deutsche Recht Reformvorschläge zu machen, möchte aber für Österreich ernstlich widerraten, dem deutschen Beispiel zu folgen.

Ja sogar eine Verschärfung des österreichischen Gesetzes hat sich als notwendig herausgestellt. Nach dem geltenden AnfG. ist nämlich die Anfechtung einer Sicherstellung oder Rückstellung auch dann ausgeschlossen, wenn der Mann dazu durch einen bei Eingehung der Ehe oder bei Empfangnahme des Heiratsgutes geschlossenen Vertrag verpflichtet war.

Das hat, wie oben erwähnt, dazu geführt, daß in den Verträgen die Pflicht des Mannes zur Sicherstellung „jederzeit" oder „im Falle der Insolvenz" oder „bei Klage oder Exekution" oder endlich noch feiner, weil unverfänglich aussehend, leicht beweisbar und schwer widerleglich, „bei Unstimmigkeiten im ehelichen Verhältnisse" festgesetzt wird. Das Spiel ist leicht zu durchschauen: der Mann nimmt eine wirkliche oder scheinbare große Mitgift, das erhöht seinen Kredit, er stellt sie aber nicht sofort sicher, denn das würde seinen Kredit wieder beeinträchtigen. Sobald es aber schief geht, tritt der vorhergesehene Fall der Sicherstellungspflicht ein, es werden nötigenfalls Unstimmigkeiten im ehelichen Verhältnisse inszeniert und die Gläubiger haben das Nachsehen. Ich würde darum vorschlagen, auch vertragsmäßig vereinbarte Sicherstellungen und Rückzahlungen aus der kritischen Zeit nur dann von der Anfechtung auszunehmen, wenn der Fall einer Beendigung der ehelichen Gemeinschaft vorliegt. Dem Betrug wird man dadurch sicherlich auch nicht völlig steuern; aber Ehescheidungen zu fingieren, entschließt man sich doch schwerer, als bloße Unstimmigkeiten.

Schließlich scheint es mir, ganz abgesehen von der Gefahr eines nicht erweislichen betrügerischen Vorgehens, keine Ungerechtigkeit, wenn man jede Sicherstellung oder Rückstellung außer der Beendigung der ehelichen Gemeinschaft eine Zeitlang — ein bis zwei Jahre — in Unsicherheit läßt. Die Frau, die sich einem Manne mit ihrer ganzen Person hingibt, muß ihm auch hinsichtlich ihres Vermögens trauen. Vollstes Vertrauen in persönlichen Sachen, die innigste Gemeinschaft in persönlicher, moralischer und gesellschaftlicher Hinsicht verträgt sich schlecht mit Sicherungsmaßregeln in finanzieller Hinsicht auf Kosten der Gläubiger. Heißt es doch mit Recht im römischen Recht: bonum erat mulierem, quae se ipsam viro committit, res etiam eiusdem pati arbitrio gubernari (C. 5. 14. c. 8) und das kanonische Recht schließt gleichfalls von der Hingabe der Person auf die Anvertrauung des Vermögens: cum satis possit ei modicum credi dotis, cui creditum est corpus uxoris (X 4. 20. c. 7).

§ 6. So viele Lücken das Anfechtungsrecht aufweisen mag, so ist es doch hinsichtlich der eigenen Rechtshandlungen des Schuldners ziemlich reich ausgebildet, dagegen ist es völlig unzureichend in der Behandlung einseitiger Rechtshandlungen der Gläubiger, vor allem der Exekutionshandlungen, und des Erwerbes Dritter gelegentlich einer Exekution.

Strenge genommen können sämtliche vier Gesichtspunkte, die für Rechtshandlungen des Schuldners in Betracht kommen, auch auf Exekutionshandlungen oder auf den Erwerb aus Exekutionen angewendet werden.

Sie können auf betrügerischem Einverständnis mit dem Schuldner beruhen, sie können einen unentgeltlichen Erwerb aus einer Exekution bewirken, sie können Begünstigungen einzelner Gläubiger enthalten, oder endlich nach eingetretener Zahlungseinstellung vorgenommen sein.

Nach geltendem Recht sind aber nur Handlungen der vierten Art anfechtbar[10]).

Es fragt sich nun, ob nicht auch für die anderen Fälle Vorsorge zu treffen ist. Hierbei will ich von dem betrügerischen Einverständnis mit dem Gemeinschuldner absehen, weil dieses sich wohl stets auch in einer Rechtshandlung des Gemeinschuldners äußern muß und dann die Voraussetzungen der paulianischen Anfechtung gegeben sind.

Nicht ohne Bedeutung ist aber der materiell unentgeltliche Erwerb in der Exekution. Es gehört zu den beklagenswertesten Übelständen, daß heute nicht selten Personen im Laufe einer Exekution Sachen des Schuldners erwerben, ohne aus eigenem ein Entgelt dafür zu leisten. Sie erhalten die Mittel zu diesem Erwerb direkt oder indirekt aus dem Vermögen des Schuldners, er stellt ihnen Geld zur Verfügung, sie rechnen Gegenforderungen auf, die erdichtet sind, sie lassen sich alle unsicher gedeckten Forderungen gegen billiges Geld abtreten und legen die Quittungen der abgefundenen Pfandgläubiger mit dem vollen Forderungsbetrag an Zahlungsstatt dem Gerichte vor. Auf diese Weise gelingt es, ohne daß es einer Rechtshandlung des Schuldners bedarf, dessen Unternehmen, Warenlager usw. noch vor dem Konkurse in eine fremde Hand, in die eines Freundes oder Verwandten zu bringen, und wenn dann Konkurs eröffnet wird, ist das Aktivvermögen längst verschwunden. Namentlich die Übernahme nach § 271 der österr. EO., eine sonst wirtschaftlich wohltätige Vorschrift, wird in dieser Weise mißbraucht. Danach

[10]) Auch bei Begünstigungen ist nicht erfordert, daß die Rechtshandlung eine solche des Gemeinschuldners sei. Aber die Rechtsprechung hat Pfändungen grundsätzlich nicht als Begünstigungen angesehen, weil der Gläubiger nur das fordert und erhält, was ihm gebührt.

kann das Gericht nach Anhörung des Verpflichteten mit Zustimmung der betreibenden und aller nicht voll gedeckten Pfandgläubiger vor der Versteigerung die gepfändeten Sachen an eine Person übertragen, die sich bereit erklärt, die Sachen ganz oder in größeren Partien um einen Preis zu übernehmen, der ihren Schätzungswert um mindestens ein Viertel übersteigt, und alle bisherigen Vollstreckungskosten ohne Anrechnung auf den Übernahmspreis zu tragen.

Das Anfechtungsrecht bedarf mit Rücksicht auf die gemachten Erfahrungen einer Ergänzung dahin, daß auch einseitiger Erwerb auf Kosten oder mit Mitteln des Gemeinschuldners der Anfechtung gleich einer unentgeltlichen Verfügung des Gemeinschuldners unterliegen soll. Der Begriff „mit Mitteln des Gemeinschuldners" hat gegenüber anderen Konstruktionen den Vorzug, daß er dem geltenden deutschen Konkursrecht, wenn auch zu ganz anderem Zwecke (§ 43), bereits geläufig ist.

Weiter fragt es sich, ob auf die Führung einer Zwangsvollstreckung der Begriff der Begünstigung anwendbar ist. Wenn man allerdings, wie es das geltende Recht tut, eine Begünstigung bloß dann anerkennt, wenn der Gläubiger etwas erhält, was ihm nicht gebührt, dann ist in der Zwangsvollstreckung, die doch stets nur darauf hinausläuft, dem Gläubiger zu dem zu verhelfen, was ihm gebührt, keine Begünstigung zu erblicken[11]). Allein wenn man, wie oben ausgeführt, jede Verletzung der par conditio creditorum durch Handlungen, die die Zahlungsunfähigkeit herbeiführen, als Begünstigung ansieht, dann entsteht sehr wohl die Frage, ob die Vorzugsstellung, die der Gläubiger durch Einleitung der Zwangsvollstreckung erlangt, wirklich auch dann berechtigt ist, wenn sie zur Herbeiführung der Zahlungsunfähigkeit und damit zur Schädigung der anderen Gläubiger beiträgt.

Dabei ist davon auszugehen, daß jede Zwangsvollstreckung damit beginnt, daß der Gläubiger im Verhältnis zu den Vermögensstücken des Schuldners, auf die er greift, die Stellung eines Pfandgläubigers erhält. Außerhalb des Konkurses ist dies vollauf begründet, durch den Erwerb pfandrechtlicher Sicherstellung ist der Gläubiger davor gesichert, daß der Schuldner durch spätere rechtsgeschäftliche Verfügungen die durch die Pfändung geschaffene Lage des Gläubigers wieder verschlimmere.

Allein es ist doch sehr fraglich, ob diese Folgerung auch für das Konkursrecht Geltung haben soll. Es ist bekanntlich ein Grundsatz fast aller

[11]) So ist in Österreich allgemein die Rechtsprechung, trotz mancher Versuche, literarisch die gegenteilige Ansicht zu verfechten, vgl. Kafka in ZHR 73, 115, η Nr. 4.

modernen Konkursordnungen, daß sie die privatrechtliche Vorrechtsstellung der Pfandgläubiger auch im Konkurse aufrecht halten. Das bedeutet nach deutschem und österreichischem Recht, daß ihnen die reale Sicherheit verbleibt, daß sie den Vorrang vor den Nichtpfandgläubigern aus dem Wert der Sache haben, und daß sie bei einer Mehrheit von Pfandrechten in einer gesicherten, grundsätzlich nach der Zeit ihrer Begründung geregelten Rangordnung stehen. (Pollak, Gutachten 29.)

Man wird zugeben müssen, daß diese Behandlung der Pfandrechte im Konkurs dort in der Natur der Sache begründet ist, wo die Einräumung von Pfandrechten vertragsmäßig zu dem Zweck geschieht, Kredit zu erlangen oder zu verlängern, also wo es sich um rechtsgeschäftlich begründeten Realkredit handelt. Denn das Vertrauen des Kreditgebers auf den Bestand der ihm eingeräumten Sicherung soll durch späteren Vermögensverfall des Schuldners, auch nicht durch Konkurseröffnung über dessen Vermögen beeinträchtigt werden.

Bei gesetzlichen Pfandrechten und den Zurückhaltungsrechten sprechen verschiedene Gründe für eine gleiche Behandlung. Zum Teil sind die gesetzlichen Pfandrechte nur der Niederschlag einer Verkehrssitte, regelmäßig Pfänder zu bestellen, zum Teil wollen sie die Kreditgewährung von vornherein durch die in Aussicht gestellte Sicherheit erleichtern, zum Teil sind es öffentliche Interessen, die die Bevorrechtung einzelner Forderungen wünschenswert erscheinen lassen. Auch hier ist die Entstehung der Forderung mit der Entstehung des Pfandrechtes verbunden.

Dagegen fehlt jeder wirtschaftlich wichtige Grund für die Behandlung der durch den ersten Schritt der Zwangsvollstreckung erworbenen Stellung gleich einer Realsicherheit im Konkurse. Wer Personalkredit eingeräumt hat, erhält nachträglich eine Vorzugsstellung vor anderen Gläubigern doch nur aus wirtschaftlich unerheblichen Gründen, weil er rechtzeitig von der Unsicherheit des Schuldners erfährt, weil er härter gegen den Schuldner vorgegangen ist, weil er schneller mit dem gerichtlichen Verfahren gegen den Schuldner bis zur Vollstreckung kommt als ein anderer. Alle diese Zufälle drücken sich dann in einer starren Rangordnung aus, als ob jeder einzelne dieser Pfandgläubiger im Vertrauen auf die Tatsache, daß die Sache nur mit den bereits vorhandenen Pfandrechten belastet sei, Realkredit gewährt hätte.

Eine pfandrechtsähnliche Stellung ist für die Zwangsvollstreckung begründet und gerechtfertigt, solange die Betreibung der Forderung Sache des einzelnen ist und unter den einzelnen konkurrierenden Gläubigern der Grundsatz des Zuvorkommens gilt, sie wird widersinnig und grundsatzwidrig, wenn vor endgültiger Durchführung der Zwangsvollstreckung, ja vielleicht gerade infolge ihrer Einleitung die Generalzwangsvollstreckung, der Konkurs, eintritt, und nun der einzelne auf Kosten der anderen, lediglich infolge der auf Zufällen beruhenden früheren Vornahme gewisser prozessualer Schritte ein dauerndes Vorzugsrecht erlangt.

Das richterliche Pfandrecht hat aber nicht nur den Nachteil, daß der einzelne im Konkurs mehr erhält als ein anderer. Es führt zu dem wilden Auspfänden, dem regellosen Wettlauf der Gläubiger um das Pfandrecht in guter Rangstellung, bei dem nicht immer die Wachsamkeit und Energie, sondern blinde Zufälle aller Art — sehr oft aber unredliches Einverständnis mit dem Gemeinschuldner zum Siege führt. Dieses Pfänden, diese Reihung in einer mehr oder weniger willkürlichen Rangordnung hebt den Hauptgrundsatz des Konkurses, die Gleichheit der Gläubiger völlig auf. Auf die Pfändungen ist es in erster Linie zurückzuführen, wenn so viele Konkurse für die Konkursgläubiger unglaublich niedrige Bruchteile ergeben, und ebenso wenn in zahllosen Fällen der Zahlungsunfähigkeit mangels einer Konkursmasse der Konkurs nicht eröffnet, oder ein Antrag auf Eröffnung gar nicht gestellt wird.

Diesen Pfändungen kann entweder durch Anfechtung des zwangsweisen Pfandrechtserwerbes oder durch Fortführung der Zwangsvollstreckung im Interesse nicht der Pfandgläubiger, sondern aller Konkursgläubiger entgegengetreten werden. Jenen Weg hat die skandinavische Gesetzgebung eingeschlagen, indem sie richterliche Pfandrechte, die innerhalb einer bestimmten kurzen Frist vor der Konkurseröffnung begründet worden sind, ohne jede weitere subjektive oder objektive Voraussetzung anfechtbar erklärt. (Dän. KO. § 23, Norw. KO. § 46, Schwed. KO. § 36.) Den anderen Weg haben England und die Schweiz betreten, indem sie den Erlös einer vor Eröffnung des Konkurses eingeleiteten, während des Konkurses beendigten Exekution in die allgemeine Konkursmasse fließen lassen. (Sect. 45 der Englischen Bankruptcy act, Art. 129 des Schweizerischen Gesetzes über Schuldbetreibung und Konkurs.)

Allein das ist nicht genügend. Denn es ist damit für den Fall eines freiwilligen Ausgleiches oder eines Zwangsausgleiches keine ordentliche Grundlage gegeben. Denn wenn es zu einem Ausgleich kommt und die Pfändungsgläubiger nicht freiwillig auf ihre Vorrechte für alle Zukunft verzichten, würden derartige Ausgleiche unter Aufrechthaltung der Pfändungen nur die Ausschüttung niedriger Quoten gestatten, während bei Durchführung der Realisierung im Konkurs wegen des Wegfalls der Pfändungspfandrechte für die Konkursgläubiger ein besseres Ergebnis zu erwarten wäre. Es wäre demnach beim Vorhandensein von Pfändungspfandrechten für die große Menge der nicht bevorzugten Gläubiger vorteilhafter, Ausgleiche abzulehnen und die Durchführung des Konkurses vorzuziehen. Dieser volkswirtschaftlich unzweckmäßige Erfolg läßt sich nur dann vermeiden, wenn die Konkurseröffnung nicht nur für das Konkursverfahren, sondern für alle Zukunft die Wirkung einer Beseitigung der Pfändungspfandrechte nach sich zieht. Nur dann kann von einem Wiederaufleben dieser Rechte eine Rede sein, wenn der Konkurs wegen nachträglicher Auffindung eines Konkurshindernisses (z. B. Mangel eines die Kosten deckenden Vermögens) wieder aufgehoben wird.

Man wird daher verlangen müssen, daß die zwangsweise erworbenen Absonderungsrechte mit der eben erwähnten Ausnahme durch die Konkurseröffnung erlöschen müssen. Jedoch bedarf eine solche Bestimmung aus Rücksichten auf die Verkehrssicherheit einer Begrenzung in zweifacher Hinsicht. Zunächst wird sich diese Norm nur auf Pfandrechte erstrecken dürfen, die in der letzten Zeit vor der Konkurseröffnung erworben worden sind; ältere, wenngleich exekutiv erworbene Absonderungsrechte sollen nicht getroffen werden. Die Frist wird mit 1—2 Monaten zu bemessen sein, einem Zeitraum, innerhalb dessen erfahrungsgemäß der Konkurs ausbrechen mußte, wenn er durch die Zwangsvollstreckungen herbeigeführt wird. Sodann wird die Hinfälligkeit des Vorrechtes dann gegenstandslos, wenn es zur Befriedigung des Gläubigers geführt hat und dieser nicht bösgläubig ist. Man kann bestimmen, daß ein Gläubiger, der ein Pfandrecht erworben hat, sich die Zweifelhaftigkeit seiner Sicherung vor Augen halten muß; allein man kann dem Gläubiger, der endlich zu seinem Gelde gekommen ist, nicht zumuten, daß er noch längere Zeit mit der Rückstellung der erhaltenen Summe rechnen müsse, es sei denn, daß bei ihm die subjektiven Voraussetzungen der Anfechtbarkeit in anderer Richtung vorliegen[12]).

Aus dem Gesagten geht hervor, daß die Unwirksamkeit zwangsweise begründeter Absonderungsrechte überhaupt nicht Gegenstand einer Anfechtung sein soll, sondern von selbst durch die Konkurseröffnung mit absoluter Wirkung einzutreten hat. Denn nicht nur im Verhältnis zu den übrigen Gläubigern, sondern auch im Verhältnis zum Gemeinschuldner für die Zeit nach Beendigung des Konkurses soll das Absonderungsrecht keine Kraft haben. Auch andere Erwägungen führen

---

[12]) Darin liegt ein Gegensatz gegen die ungarische Praxis, die auch Zahlungen auf Grund von Exekutionen rückfordern läßt.

zu demselben Ergebnis. Der Mangel jeder subjektiven Voraussetzung, überhaupt jedes zweifelhaften beweisheischenden Tatbestandes, das Aufgehen der Individualexekution in die Generalexekution des Konkurses, die Gerichtlichkeit des einen wie des anderen Verfahrens, alles das läßt es als zweckmäßig erscheinen, hier vom Grundsatz der Anfechtbarkeit abzugehen und das Erlöschen der Absonderungsrechte als materielle Wirkung der Konkurseröffnung selbst aufzustellen. Der Masseverwalter soll nur die Wahl haben, ob er in die von anderen Personen begonnenen Zwangsvollstreckungen als betreibender Gläubiger eintritt oder nicht. Das Erlöschen der Absonderungsrechte bedarf keiner Rechtshandlung von seiner Seite, ebensowenig aber einer Handlung des bisherigen Absonderungsgläubigers.

IV.

Die einzelnen Anfechtungsfälle.

1. Die paulianische Anfechtung bedarf am wenigsten einer Änderung. Praktisch ist sie wegen der Schwierigkeit des doppelten Beweises von geringer Bedeutung. Es ist darum auch nicht von besonderem Belang, ob Rechtshandlungen ohne jede zeitliche Grenze oder wie im geltenden österreichischen Recht nur solche aus den letzten 10 Jahren vor der Konkurseröffnung anfechtbar sein sollen. Im Interesse der Verkehrssicherheit dürfte die österreichische Bestimmung, der sich der ungarische Referentenentwurf anschließt, vorzuziehen sein.

Wichtiger ist, daß es genügen soll, wenn die Benachteiligungsabsicht dem anderen Teil bei Anwendung gehöriger Sorgfalt *erkennbar* war (vgl. Schweiz. Art. 288).

Die besondere Bestimmung des § 4 österr. Anfechtungsgesetz, die übrigens nie von besonderer praktischer Bedeutung war, wird dadurch entbehrlich. Denn wenn man jemandem nachweisen kann, daß er in der Rechtshandlung des Gegners eine Vermögensverschleuderung erkennen mußte, wird wohl jeder unbefangene Richter annehmen, daß aus derselben Handlung eine Absicht die Gläubiger zu benachteiligen erkennbar war. Dann bliebe allerdings immer noch ein kleiner ungedeckter Rest, weil die Pauliana Beweis der Schädigungsabsicht des Gemeinschuldners voraussetzt, § 4 österr. Anf.-G. davon absieht; allein ich glaube, daß dieser Unterschied bei der Erweiterung des Begünstigungsbegriffs recht unbedeutend wird und daß schließlich die Ökonomie es erfordert, allzu subtile Besonderheiten zugunsten eines deutlicheren Hervortretens der Grundgedanken des Anfechtungsrechtes zurücktreten zu lassen.

Für den Ehegatten und nahe Angehörige in dem oben entwickelten Sinne soll wie bisher die Beweislast hinsichtlich der Unkenntnis der Benachteiligungsabsicht umgekehrt werden, auch hier erweitert durch die Notwendigkeit des Nachweises, daß diese Absicht dem anderen Teil auch nicht bekannt sein mußte.

Die Vermutung der Benachteiligungsabsicht auf entgeltliche Verträge einzuschränken, besteht kein Anlaß, sie soll vielmehr bei allen auch einseitigen Rechtshandlungen des Gemeinschuldners eintreten, soweit eben die paulianische Anfechtung reicht.

Gerechtfertigt ist es, daß diese hinsichtlich der Beweislast bevorzugte Form der paulianischen Anfechtung zeitlich enger begrenzt wird, bei allzu langer Dauer der Anfechtbarkeit entschwinden dem Angehörigen die Beweismittel für den allenfalls nötigen Entlastungsbeweis. Aber es besteht kein ernstliches Hindernis, diese Frist, wie das im ungarischen und kroatischen Recht geschieht, auf zwei Jahre auszudehnen. Auch das englische Recht, sect. 47, sieht eine zweijährige Anfechtbarkeit von Akten zugunsten naher Angehöriger vor. Die Gesetzgebung würde damit nur zu dem älteren preußischen (KO. 1855 § 102) und bayrischen Recht (PO. § 1223 Nr. 4) zurückkehren.

2. Die Anfechtung unentgeltlicher Verfügungen des Gemeinschuldners bedarf keiner Änderung. Doch sollte die Frist einheitlich, die unentgeltliche Verfügung mag zugunsten des Ehegatten oder anderer Personen geschehen sein, auf 2 Jahre vor der Konkurseröffnung erstreckt werden.

Den unentgeltlichen Verfügungen des Gemeinschuldners gleich behandelt müssen die Rechtshandlungen dritter Personen werden, durch die sie Sachen des Gemeinschuldners ohne materielles Entgelt erwerben. Hierbei ist besonders der Erwerb im Laufe einer Exekution gegen den Gemeinschuldner zu erwähnen. Die Gattin, der Bruder, ein Freund oder sonstiger Strohmann des Gemeinschuldners erwirbt das Warenlager im Wege der Versteigerung oder lieber mit Umgehung der Versteigerung aus freier Hand am liebsten durch Stellung eines Übernahmsantrages, indem er sich erbietet, ein Viertel mehr als den Schätzwert zu zahlen (§ 371 österr. EO.). Er zahlt den Kaufschilling aber aus Mitteln, die ihm der Gemeinschuldner zur Verfügung stellt, durch Kompensation mit eigenen, oft erdichteten Forderungen oder indem er sich Forderungen abtreten läßt usw. Die Hauptsache ist, daß er das Aktivvermögen in seine Hand bringt, ohne daß er aus eigenem dafür ein Entgelt leisten würde.

Solche Fälle sind unentgeltlichen Verfügungen des Gemeinschuldners, auch wenn im einzelnen Fall kein nachweisbares Einverständnis mit dem Gemeinschuldner bestünde, gleichzuhalten.

Der Nachweis der materiellen Unentgeltlichkeit ist regelmäßig Sache des Klägers, bei nahen Angehörigen soll hierfür eine widerlegbare Vermutung bestehen; es ist auffällig, wenn jemand die Aktiven eines nahen Angehörigen bei einer Exekution an sich bringt; hat er es in lauterer, vielleicht sogar opferwilliger Weise getan, so mag er dartun, daß es seine eigenen Mittel waren, mit denen er die Sache erwarb. Kann er das nicht, dann wird man — und vieljährige Erfahrungen speziell in Galizien haben es bestätigt — mit Recht annehmen dürfen, daß der Erwerb in unlauterer Weise zu dem Zweck geschehen ist, um dem Aktivvermögen des Schuldners Gegenstände zu entziehen, die sonst einen Bestandteil seiner Konkursmasse bilden würden.

3. Die Begünstigung bedarf einer besonderen Ausgestaltung. Es genügt nicht, nur gewisse typische Begünstigungsfälle für anfechtbar zu erklären, es muß vielmehr der Tatbestand der Begünstigung eines Gläubigers überhaupt, woferne sie nur dem Gläubiger erkennbar war, anfechtbar sein. Die Absicht des Gemeinschuldners und deren Kenntnis oder Unkenntnis sind nicht entscheidend. Entscheidend ist nur der objektive Tatbestand der Begünstigung und dessen Kenntnis oder schuldbare Unkenntnis durch den Gläubiger.

Das geltende Recht sieht als Begünstigung eine Zahlung oder Sicherstellung nur dann an, wenn sie der Gläubiger nicht, oder nicht in der Zeit oder nicht in der Art zu fordern hatte, und es läßt einen Entlastungsbeweis in der Richtung zu, daß ihm eine Begünstigungsabsicht des Gemeinschuldners nicht bekannt gewesen sei.

Diese ungenügende Regelung ist nach zwei Seiten zu ergänzen. Zunächst muß bei den angegebenen Formen der Begünstigung die Zulässigkeit eines Entschuldigungsbeweises fallen. Denn wie oben ausgeführt wurde, soll der Beweis der Unkenntnis einer die Anfechtung begründenden Tatsache nicht genügen, wenn nicht auch weiter erwiesen wird, daß diese Tatsache dem Dritten nicht bekannt sein mußte. Nun bildet aber die Begünstigung durch sogenannte inkongruente Deckung eine so auffällige Tatsache, daß der begünstigte Gläubiger sich nicht damit entschuldigen kann, es sei ihm ohne sein Verschulden die Tatsache einer begünstigenden Behandlung durch seinen Schuldner verborgen geblieben.

Sodann sind anfechtbar zu erklären alle anderen Fälle einer Begünstigung, insbesondere auch die Bezahlung einer fälligen Forderung mit ordentlichen Zahlungsmitteln, jedoch nur unter der Voraussetzung, daß durch sie der betreffende Gläubiger wirklich begünstigt worden ist und diese Tatsache dem Gläubiger bekannt war oder doch bekannt sein mußte. Die Absicht des Gemeinschuldners ist auch hier gleichgültig, wichtig ist nur die Tatsache der Kenntnis einer objektiv vorhandenen begünstigenden Behandlung.

Für nahe Angehörige kann auch hier die Kenntnis einer solchen Tatsache oder doch deren nur durch Verschulden verursachte Unkenntnis als das Regelmäßige angesehen werden, daher wäre auch in diesem Falle die Beweislast umzukehren.

Die Frist der Anfechtbarkeit von Begünstigungshandlungen wäre mäßig zu erweitern auf etwa ein bis zwei Monate vor Eintritt der Zahlungsunfähigkeit.

4. Der Kreis der nach Eintritt der Zahlungsunfähigkeit anfechtbaren Rechtshandlungen kann ungeändert bleiben, nur wäre auch hier der Kenntnis der Zahlungsunfähigkeit die verschuldete Unkenntnis gleichzustellen und die Beweislast hinsichtlich dieser subjektiven Voraussetzung für nahe Angehörige umzukehren.

Die einzelnen Tatbestände dürfen nicht gegeneinander ausschließend gefaßt sein. Es soll möglich sein, daß eine Handlung unter mehrere Anfechtungstatbestände fällt. Dies hat seine besondere Wichtigkeit für den Entlastungsbeweis. Ein naher Angehöriger, der nach Eintritt der Zahlungsunfähigkeit Zahlung erhielt, wird nachzuweisen haben, daß er weder eine Absicht des Schuldners, seine Gläubiger zu benachteiligen, noch die Tatsache, daß er durch die Zahlung vor anderen Gläubigern begünstigt worden ist, noch endlich die Tatsache der eingetretenen Zahlungsunfähigkeit des Schuldners gekannt hat und daß ihm auch keine dieser drei Tatsachen bloß infolge seines schuldhaften Verhaltens unbekannt geblieben ist.

V.

Entwurf einer Neuregelung der Anfechtungsfälle im Konkurs.

Die vorstehenden Ausführungen und Vorschläge fasse ich in einen Entwurf zusammen, dessen Bestimmungen die §§ 30—33 der deutschen KO. und die §§ 2—7 und 9—10 des österreichischen Anfechtungsrechts ersetzen sollen. Die Bestimmungen sind nicht ausgefeilt und dem geltenden Rechte in allen Einzelheiten angepaßt, sie sollen bloß eine Skizze dafür bilden, in welcher Weise ich mir eine Ausgestaltung des Anfechtungsrechtes im Konkurse denke.

§ 1.

(An Stelle der §§ 2 u. 3 Z. 4 österr. AnfG., § 31 deutsche KO.)

Anfechtbar sind: 1. alle Rechtshandlungen, die der Gemeinschuldner in der dem anderen Teil bei Anwendung gehöriger Sorgfalt erkennbaren Absicht, seine Gläubiger zu benachteiligen, in den letzten 10 Jahren vor der Eröffnung des Konkurses vorgenommen hat;

2. alle Rechtshandlungen, die der Gemeinschuldner in den letzten zwei Jahren vor der Konkurseröffnung gegenüber seinem Ehegatten — vor oder während der Ehe — oder gegenüber nahen Angehörigen oder zugunsten der genannten Personen vorgenommen hat, es sei denn, daß dem anderen Teil zur Zeit der Vornahme der Rechtshandlung eine Absicht des Gemeinschuldners, seine Gläubiger zu benachteiligen, weder bekannt war noch bekannt sein mußte.

§ 2.

(An Stelle des § 3 Z. 1—3 österr. AnfG., § 32 deutsche KO.)

Anfechtbar sind folgende in den letzten zwei Jahren vor der Konkurseröffnung vorgenommenen Rechtshandlungen:

1. unentgeltliche Verfügungen des Gemeinschuldners, soweit es sich nicht um die Erfüllung einer gesetzlichen Verpflichtung oder um gebräuchliche Gelegenheitsgeschenke handelt;

2. die Sicherstellung oder Befriedigung der ehegüterrechtlichen Ansprüche gegen den Gemeinschuldner, soweit er zu diesen Rechtshandlungen nicht wegen Beendigung der ehelichen Gemeinschaft durch das Gesetz oder einen früher geschlossenen Vertrag verpflichtet war;

3. der Erwerb von Sachen des Gemeinschuldners durch einseitige Handlungen des Ehegatten oder naher Angehöriger oder durch obrigkeitliche Verfügungen zugunsten dieser Personen, es sei denn, daß das Entgelt nicht aus Mitteln des Gemeinschuldners geleistet worden ist;

4. der Erwerb von Sachen des Gemeinschuldners durch einseitige Handlungen anderer als der in Z. 3 genannten Personen oder durch obrigkeitliche Handlungen zu ihren Gunsten, wenn das Entgelt aus Mitteln des Gemeinschuldners geleistet worden ist.

§ 3.

(An Stelle des § 5 österr. AnfG., § 30, 3 deutsche KO.)

Anfechtbar ist eine nach Eintritt der Zahlungsunfähigkeit oder in den letzten 60 Tagen vorher vorgenommene Sicherstellung oder Befriedigung eines Gläubigers,

1. wenn der Gläubiger eine Sicherstellung oder Befriedigung, die er nicht oder nicht in der Art oder nicht in der Zeit zu beanspruchen hatte, erlangt hat,

2. wenn sie zugunsten des Ehegatten oder naher Angehöriger geschehen ist, es sei denn, daß diesen weder bekannt war noch bekannt sein mußte, daß sie dadurch vor anderen Gläubiger begünstigt werden,

3. wenn sie zugunsten anderer als der unter Z. 3 genannten Personen geschehen ist und diesen bekannt war oder doch bekannt sein mußte, daß sie dadurch vor anderen Gläubigern begünstigt werden.

§ 4.

(An Stelle der §§ 6, 9, 10 österr. AnfG., §§ 30 : 1 u. 33 deutsche KO.)

Anfechtbar sind folgende nach Eintritt der Zahlungsunfähigkeit oder nach dem Antrage auf Konkurseröffnung vorgenommenen Rechtshandlungen:

1. Rechtshandlungen, durch die der Ehegatte oder ein naher Angehöriger des Gemeinschuldners für seine Konkursforderung Sicherstellung oder Befriedigung erlangt, und alle vom Gemeinschuldner mit diesen Personen eingegangenen, für die Gläubiger nachteiligen Rechtsgeschäfte, es sei denn, daß dem Ehegatten oder nahen Angehörigen die Zahlungsunfähigkeit oder der Eröffnungsantrag weder bekannt war noch bekannt sein mußte.

2. Rechtshandlungen, durch die ein anderer Konkursgläubiger Sicherstellung oder Befriedigung erlangt und alle vom Gemeinschuldner mit anderen Personen eingegangenen, für die Gläubiger nachteiligen Rechtsgeschäfte, wenn dem anderen Teil die Zahlungsunfähigkeit oder der Eröffnungsantrag bekannt war oder bekannt sein mußte.

Die Anfechtung ist ausgeschlossen, wenn die anfechtbaren Rechtshandlungen früher als sechs Monate vor der Konkurseröffnung vorgenommen worden sind.

§ 5.

Nahe Angehörige im Sinne der vorstehenden Bestimmungen sind Personen, die mit dem Gemeinschuldner oder dessen Ehegatten in gerader Linie oder bis zum vierten Grad der Seitenlinie verwandt oder verschwägert sind. Außereheliche Verwandtschaft ist der ehelichen gleichzustellen.

§ 6.

Absonderungsrechte, die in den letzten 60 Tagen vor der Konkurseröffnung durch Zwangsvollstreckung neu erworben worden sind, erlöschen durch die Konkurseröffnung. Sie leben wieder auf, wenn der Konkurs nach § 154 österrKO. = § 204 deutsche KO. aufgehoben wird.

XII.

Gutachten des Herrn Dr. Carl Karlik, Niederösterreichischem Landesrat, zweiten Direktor-Stellvertreter der Niederösterreichischen Landes-Hypothekenanstalt zu Wien

über die Frage:

Ist eine Besserung der Wohnungsverhältnisse zu erwarten,

a) wenn durch gesetzgeberische Maßregeln eine selbstständige Belastung des Bauwerkes, unabhängig von Grundeigentum und Erbbaurecht, ermöglicht wird,

b) wenn durch gesetzgeberische oder Verwaltungsmaßregeln die Verbreitung der Tilgungshypotheken (Amortisationshypotheken) behufs Entschuldung des städtischen Grundbesitzes gefördert wird?

Der neueste, dem preußischen Abgeordnetenhause im Jahre 1914 vorgelegte Entwurf eines Wohnungsgesetzes enthält in seiner Begründung den bemerkenswerten Satz: „Es darf nicht verkannt werden, daß es zur Beseitigung von Wohnungsmißständen sogenannte große Mittel nicht gibt. Das Ziel wird vielmehr nur durch Eingreifen auf den verschiedenen in Frage kommenden Gebieten der öffentlichen Verwaltung und durch eine vereinte planmäßige Anwendung aller zum Ziel führenden einzelnen Mittel erreicht werden können." Was in dieser Äußerung vor allem auffällt, das ist die Anschauung, daß durch tiefgehende Änderungen unserer heutigen Rechtsordnung, nur darunter können die „großen Mittel" verstanden werden, eine Besserung der bestehenden Wohnungsmißstände nicht erwartet wird. Es werden nicht bloß tiefe Eingriffe in die bestehenden Rechtseinrichtungen abgelehnt, eine Stellungnahme, die für eine Regierung begreiflich ist, indem sie an Fragen, die noch nicht geklärt sind, mit äußerster Zurückhaltung herantritt, die Enunziation der preußischen Regierung geht weiter, indem sie derartigen „großen Mitteln" in der Wohnungsfrage auch die Wirksamkeit abspricht. Da an dieser berufenen Stelle die Bestrebungen der bodenreformerischen Kreise in der angedeuteten Richtung bekannt sind, so ist ein Urteil von dieser Seite allerdings nicht ermutigend; für das preußische Staatsgebiet wenigstens sind derartige Vorschläge vorläufig in das Stadium theoretischer Erörterung gewiesen. Allein alle diese Fragen, zu denen auch die erste des vorliegenden Themas über die selbständige Belastung des Bauwerkes gehört, sind seit Jahren der Gegenstand eifriger Erörterung. Sie rühren an einen Fundamentalsatz unserer bestehenden Rechtsordnung, nämlich an das Privateigentum am Grund und Boden; dieser Umstand allein läßt ihre Behandlung vor dem deutschen Juristentage für gerechtfertigt erklären.

Beide Fragen des vorliegenden Themas, sowohl die über die selbständige Belastung des Bauwerkes, unabhängig von Grundeigentum und Erbbaurecht, als auch die der größeren Verbreitung der Tilgungshypotheken, berühren sich in einem Punkte, der auch gleichzeitig als ihr Brennpunkt bezeichnet werden muß, nämlich in der Frage des Bodenpreises und seiner Einwirkung auf die Höhe der städtischen Mietzinse. Gerade um diesen Punkt tobt der Streit in der Wohnungsfrage am stärksten, ohne daß behauptet werden kann, daß er auch bereits abgeschlossen sei. Sagte ja noch Dr. Rudolf Eberstadt in seinem „Handbuch des Wohnungswesens" (Jena 1910): „Die Frage, auf die wir heute vor allem eine Antwort suchen, lautet: Ist es das Steigen des Bodenpreises, das das Steigen der Mieten bewirkt: oder ist es umgekehrt das Steigen der Mieten, das den Bodenpreis in die Höhe treibt?" Seine Berufung auf die praktischen Erfahrungen Max Koskas und die weiteren Ausführungen in seinem für ein „Handbuch" leider zu wenig objektiven Werke lassen die Annahme gerechtfertigt erscheinen, daß nach seiner Ansicht der erstere Teil seiner Frage mehr Geltung habe.

Dem gegenüber erklärt Dr. Adolf Weber in seinem Buche „Bodenrente und Bodenspekulation": „Die Rente ist hoch, weil die Miete hoch ist und nicht umgekehrt." Deutlicher noch erörtert Weber in seinem Buche: „Boden und Wohnung" diese Ansicht mit dem Satze: „Der zukünftige Ertrag bestimmt endgültig den effektiven Bodenwert und keineswegs kann man den Ertrag eigenmächtig bestimmen nach Maßgabe dessen, was man selbst für den Boden bezahlt hat." Und zum Beweise dessen, daß auch in bodenreformerischen Kreisen die Meinungen darüber nicht klargestellt sind, zitiert er das Wort Damaschkes aus „Aufgaben der Gemeindepolitik“: „Beim Boden bestimmt nicht der Preis die Rente, sondern die Rente, die in ihrer Höhe allein durch Angebot und Nachfrage bestimmt wird, schafft den Preis.“

Diese Zitate sollen nur dartun, daß die Meinungen in einer der wichtigsten Fragen des städtischen Bodenrechts auch heute noch nicht zur Klärung gekommen sind, trotz der großen Literatur, die seit Ricardo über die Grundrente entstanden ist. Es bedarf daher wohl noch eines eingehenden Beweises, wenn in der Denkschrift zu dem eingangs erwähnten Wohnungsgesetzentwurf behauptet wird, „daß infolge einer ungesunden Boden- und Häuserspekulation die Mietpreise zu unverhältnismäßiger Höhe getrieben werden“: vollends seltsam aber nimmt es sich aus, wenn darin gesagt wird, „daß durch die Höhe der Bodenpreise in den Großstädten Wohnungen errichtet werden mußten, die in bezug auf Licht und Luft modernen Ansprüchen nicht genügten“. Dieser Satz verkehrt offenbar Ursache und Wirkung.

Darüber dürfte ja kein Zweifel bestehen, daß nicht infolge der hohen Bodenpreise der Baugrund übermäßig, in einer Licht und Luft raubenden Weise ausgenützt wird, sondern daß das durch unrichtige Bauordnungen, Bauvorschriften usw. bewirkte Übermaß an Ausnutzungsmöglichkeit infolge der hohen Bodenrente den Grundwert im Preise so hoch hinaufschraubt. Der tägliche Grundstücksverkehr liefert dem in den städtischen Grundwerten nur einigermaßen Bewanderten hierfür zahlreiche Beispiele. Grundstücke, die in ziemlich gleicher Lage sind, differieren ganz bedeutend im Preise, wenn ihre Bebauungsmöglichkeit durch Einteilung in verschiedene Bauzonen eine verschiedene ist; ein Baugrund, der bisher in der Zone mit dreistöckiger Bebauung gelegen ist, schnellt im Preise sofort hinauf, wenn für diese Gegend die vierstöckige Bebauung gestattet wird; umgekehrt würde die etwa auf Grund einer neuen Bauordnung bedingte Vergrößerung der Freifläche eines Baugrundes den Preis dieses Grundes herabdrücken, wenn damit dessen geringere Ausnutzungsmöglichkeit verbunden wäre.

Anderseits haben die städtischen Mietzinse das Bestreben, sich sowohl an der obersten Grenze des Erreichbaren zu halten, als auch sich gegenseitig auszugleichen. Steuer- und andere Erleichterungen wirken daher in der Regel nicht verbilligend auf den Mietzins. Das in Österreich am 28. Dezember 1911 (RGBl. Nr. 242) erlassene Steuerbegünstigungsgesetz für Neubauten usw., durch welches insbesondere den Kleinwohnungen

Begünstigungen zuteil wurden, hat weder in den neuen noch in den alten Häusern niedrigere Zinse geschaffen. Wenn die Mietzinse sich tatsächlich in der letzten Zeit in abwärts gehender Bewegung befinden, so ist dies auf andere wirtschaftliche Ursachen zurückzuführen.

Es würde zu weit führen, die Erörterung hierüber weiter auszuspinnen. Im Rahmen dieses Gutachtens ist weder der Platz, noch ist es dessen Aufgabe, diese Frage der Wirkung von Mietzins auf Bodenpreis und umgekehrt, so wichtig sie erscheint, zum Austrag zu bringen. Wir bescheiden uns damit, festzustellen, daß sich im allgemeinen die Höhe der städtischen Grundpreise nach der Höhe der zu erreichenden Rente richtet, wir wollen dabei nicht festzustellen suchen, in wessen Tasche die Gewinne aus Grundpreissteigerungen oder aus der Umwandlung von Acker- in Bauland fließen; wir können weiter als zweifellos annehmen, daß die Mietzinse im allgemeinen die Tendenz haben, die größtmögliche Höhe zu erreichen, und zwar auch dann, wenn es möglich gewesen ist, den Baugrund billig zu verschaffen; und wir müssen es schließlich dahingestellt sein lassen, ob die Möglichkeit gegeben ist, durch verschiedene Machenschaften den Preis des Baugrundes hinaufzutreiben und dadurch erhöhend auf die Mietzinse zu wirken.

Den zwei zum Thema gestellten Fragen liegen nun Erscheinungen zugrunde, die vom volkswirtschaftlichen Standpunkte gewiß nicht unbedenklich sind. Die eine zeigt sich darin, daß der Handel mit städtischen Baustellen in der Regel nur mit weitgehender Zuhilfenahme des Hypothekarkredits erfolgt, daß infolgedessen nicht mit der nötigen Sorgfalt die Qualität des Käufers beachtet wird, daß daher ein Hinauftreiben der Baustellenpreise leichter ermöglicht wird und daß es durch unsere Grundbuchseinrichtung ermöglicht wird, die auf diese Weise erreichten hohen Grundpreise bei Bebauung der Baustelle bzw. der Belehnung in Sicherheit zu bringen. Der zweiten Frage liegt die Beobachtung zugrunde, daß städtische Hypotheken in der Regel nicht amortisiert werden, daß also Gläubiger und Schuldner daran interessiert sind, die durch die Wertverminderung des Gebäudes entstehenden Verluste durch entsprechende Steigerung des Baugrundes auszugleichen und auf diese Weise eine allgemeine Steigerung der Baustellenpreise herbeizuführen. Die Schlußfolgerung aber, die aus den angeführten Voraussetzungen in beiden Fällen gezogen werden müßte, hätte, um unser Interesse in diesem Gutachten zu erwecken, dahin zu lauten, daß diese Preissteigerungen des Baugrundes in letzter Linie auf die Mieter überwälzt würden, eine Schlußfolgerung, die uns wieder zum Ausgangspunkt unserer Erörterungen, nämlich der Wechselwirkung von Bodenpreis und Bodenrente zurückführt, also zu einer hier nicht zur Entscheidung kommenden Frage.

Wir haben uns aber mit gewissen Feststellungen begnügt und wollen diesen noch die weitere hinzufügen, die als die gewöhnliche Folgeerscheinung der eben angeführten beiden Erscheinungen anzusehen ist, daß nämlich der letzte Hausbesitzer deshalb, weil er eben das Haus teuer in der Hand hat, mit allen Mitteln trachten muß, ja vielleicht in vielen Fällen „in seiner ganzen Existenz damit verknüpft ist", die Mietzinse auf der möglichst erreichbaren Höhe zu halten (siehe hierzu: Dr. Eberstadt, Die Spekulation im neuzeitlichen Städtebau, Seite 63 ff.).

I.

Eberstadt prägt den Satz: „Bodenspekulation ist Hypothekenspekulation", und erläutert ihn durch folgende Worte: „Unsere sogenannte Bodenspekulation, wie sie in Deutschland und nur hier besteht, ist nichts anderes als Hypothekenspekulation. Die Preistreiberei . . . ist nur durchführbar durch unsere nationalen grundbuchlichen Einrichtungen, die es ermöglichen, fortgesetzt durch Einschiebung kapitalsschwacher und mittelloser Personen im Wege der Bodenbelastung künstliche Werte zu schaffen." Der weitere Gedankengang ergibt sich wie folgt:

Nur durch die Heranziehung kapitalsschwacher, also gegenüber dem Bodenspekulanten auch wirtschaftlich schwacher Bauunternehmer ist es möglich, hohe Bodenpreise zu erzielen, die natürlich hypothetiert werden. Gelangt dann die Baustelle zur Bebauung und Belehnung, so wird die Baustellenhypothek auf Grund ihrer guten Priorität im Grundbuche realisiert und der Bau ist mit einem hohen Grundkaufpreis schwer belastet.

Alles dies ist aber nur deshalb möglich, weil nach unserem Immobilienrecht der römisch-rechtliche Grundsatz: superficies solo cedit sich vollständig durchgerungen hat, die Grundhypothek daher auch das Bauwerk erfaßt und infolge ihres bücherlichen Ranges zum Zuge kommt.

Wenn sich auch der Vorgang gewöhnlich nicht in dieser schematischen Form abspielt, so gestattet doch die heutige Ordnung unseres Immobilienverkehres, daß auf diesem Wege Preistreibereien stattfinden. Uns interessieren jedoch nicht die Gewinne und Verluste der an der Herstellung eines Zinshauses beteiligten Personen durch dieses Unternehmen, daher auch nicht die an sich außerordentlich wichtige Frage des Baugläubigerschutzes, sondern nur die der Rückwirkung dieser Verhältnisse auf die Höhe des Mietzinses. Daß der letzte Besitzer des Hauses in der Regel mit allen Kräften an einem hohen Ertrage des Hauses interessiert ist, haben wir bereits festgestellt; denn er ist es, der bei dieser Ordnung der Dinge das ganze Risiko der Wohnungskonjunktur auf sich genommen hat. Eberstadt sagt aber in seinem „Handbuch": „Ist es erst gelungen, die Beleihung durchzuführen, so steht hinter der Aufrechterhaltung der Bewertung des Grundstückes die ganze Macht der Hypothekengläubiger." Selbstverständlich ist darunter keine organisierte Macht zu verstehen, sondern das allen Gläubigern gemeinsame Interesse, das sie zum gleichen Ziel drängt. Dieses gemeinsame Ziel liegt aber darin, daß die Forderungen dieser Gläubiger ihre Sicherheit nicht verlieren, zumal eine Amortisation in der Regel nicht stattfindet. Solange die Baustelle bebaut ist und einen Ertrag abwirft, wobei ja der Wert der Baustelle als solcher nicht besonders zum Ausdruck kommt, muß es ihnen also vor allem darum zu tun sein, den Mietzins hinaufzudrücken, da sich ja mit der erhöhten Rente auch der Wert der Baustelle hebt.

In dieser Beziehung geht das Interesse der Hypothekargläubiger mit dem der Baustellenbesitzer und Hausbesitzer Hand in Hand. Dabei kommen weniger die Hypothekarkreditinstitute in Betracht, die ja in der ersten Satzpost gedeckt sein werden, als vielmehr die Besitzer zweiter und dritter Hypotheken. Der Baustellenverkäufer wieder ist an den hohen Mietzinsen häufig durch den Besitz anderer in der Nachbarschaft gelegener Baustellen interessiert.

Die Höhe der Mietzinse ist jedoch ebenso, wie so viele andere Dinge im wirtschaftlichen Leben, eine Machtfrage. Daß der Sieg in diesem wirtschaftlichen Kampfe nicht immer auf Seite derjenigen ist, die ein Interesse daran haben, den Mietzins hinaufzutreiben, bestätigen die auf- und abschwankenden Wohnungskonjunkturen.

Es kann also den Ausführungen Eberstadts in „Die Spekulation im neuzeitlichen Städtebau" (Seite 69) nicht vollständig beigepflichtet werden, daß die Mieter keinerlei Einfluß auf die Gestaltung der Bodenwerte besitzen, wobei es als selbstverständlich anzunehmen ist, daß dieser Einfluß kein „persönlicher" ist.

Daß die Zufuhr fremden Kapitales bei der heutigen Form der Wohnungsherstellung nicht zu vermeiden ist, daß dies nur im Wege des Kredits erfolgen kann, darüber weiter zu reden, wäre müssig. Der Aufschwung der Städte und ihre fortwährend wachsende Ausdehnung, deren Nachteile gewiß nicht zu übersehen sind, ist nur ermöglicht worden durch die mit fremden Geldern bewirkte Ausgestaltung des städtischen Bauwesens. Die bestehenden Rechtseinrichtungen konnten dem in verhältnismäßig kurzer Zeit eingetretenen starken Umschwunge in ihrer Entwicklung nicht folgen; die großen Übelstände im Wohnungswesen aber zwingen zu Maßnahmen, die sich auch auf Rechtseinrichtungen erstrecken müssen, insoweit diese an den Wohnungsmißständen mit schuldtragend sind. Unter den verschiedenen in dieser Beziehung gebrachten Vorschlägen interessieren uns jene, welche auf eine Reform des heutigen Grundbuchwesens hinausgehen.

Eberstadt fordert „Rückkehr zu unserem deutsch-rechtlichen System der rechtlichen Scheidung von Boden und Bauwerk" und stellt den „Grundsatz der Hypothekendifferenzierung auf, das ist der Scheidung und dauernden Trennung der Hypotheken in Meliorationshypotheken, die für die zur Besserung (Bebauung) des Grundstückes verwendeten Darlehen gewährt werden und in einfache Bodenschulden".

Die Vorschläge Eberstadts, deren weitere Ausführung er unterlassen hat, entbehren genügender Klarheit. Es werden darin offenbar zwei Forderungen, deren Vereinigung nicht gut möglich ist, miteinander vermengt, nämlich einerseits die Forderung der Meliorationshypothek in der Form des Pfandvorrechtes und anderseits die Forderung der Trennung von Grund und Bauwerk, die nur in der Form der grundbücherlichen Scheidung vor sich gehen kann. Auch seine Behauptung, daß die sogenannte Meliorationshypothek (Art. 118 EG. zum BGB.) landesgesetzlich die rechtliche und grundbuchliche Trennung einer auf Melioration beruhenden Forderung zulasse, beruht auf dieser begrifflichen Verwechslung. Die Meliorationshypothek des Art. 118 EG. BGB., ebenso wie die Meliorationsdarlehen nach dem österreichischen Gesetze vom 6. Juli 1896 Nr. 144 RGBl. genießen bloß den Pfandvorrang vor anderen Belastungen des Grundstückes, sie sind agrarische Institutionen, eine grundbücherliche Scheidung dieser Hypotheken gegenüber anderen, etwa durch Beschränkung auf die Melioration, findet nicht statt, dürfte sich auch nach der Natur der Melioration in den wenigsten Fällen durchführen lassen. Der primäre Zweck dieses den Meliorationsdarlehen eingeräumten Vorzugspfandrechts liegt darin, die Melioration landwirtschaftlicher Grundstücke möglichst zu fördern und dieser Zweck soll durch die begünstigte Rechtsstellung der die Gelder hierzu vorstreckenden Gläubiger erreicht werden. Demgegenüber sollen beim städtischen Hausbau die Meliorationsgläubiger nicht deshalb begünstigt werden, damit sie, sondern weil sie zur Bebauung des Grundstückes beitragen. Kapital ist ja für den städtischen Hausbau bisher genügend zur Verfügung gestanden, die Verschuldung ist eine steigende, aber die Grundwertsteigerung absorbierte bisher den wachsenden Kapitalszufluß.

Wir wollen daher vorerst genau diese Vorschläge voneinander sondern und in dieser Absicht einen kurzen historischen Rückblick machen. Diesbezüglich kommt uns die exakte und interessante Arbeit M. Weyermanns: „Zur Geschichte des Immobiliarkreditwesens in Preußen mit besonderer Nutzanwendung auf die Theorie der Bodenverschuldung" außerordentlich zustatten.

Das Grundbuchswesen war in Deutschland ebenso wie in Österreich frühzeitig entwickelt. Weyermann behandelt das preußische Immobiliarkreditwesen, das jedenfalls mustergebend für andere Länder geworden ist, da es als eines der ersten zur Ausgestaltung gelangt ist. Für seine Untersuchungen nimmt Weyermann als Ausgangspunkt den Gegensatz, der im Bodenrecht zwischen dem römischen Recht in der Form des gemeinen Rechts und den deutschrechtlichen Institutionen bestanden hatte. Das römische Recht stand auf dem streng durchgeführten Grundsatz: superficies solo cedit; dieser Grundsatz wurde aber durch Pfandprivilegien, die kraft Gesetzes, insbesondere auch auf Grund der volkswirtschaftlichen Nützlichkeit einer Kreditgewährung von selbst eintraten, bedeutend abgeschwächt. In den alten deutschen Partikularrechten dagegen wird ein Sondereigentum, insbesondere auch an Gebäuden auf fremdem Grunde, sogar in der Form des getrennten Stockwerkseigentums anerkannt. Außerdem hatte nach älteren deutschen Rechten das Recht des „Bessernden" an der „Besserung" Geltung. Demgegenüber entwickelte sich in den deutschen Rechten frühzeitig ein streng formales Bodenpfandrecht auf den Grundsätzen der Publizität, Spezialität und der reinen Altersrangfolge. „Dem strengen schematischen superficies solo cedit trat in Rom ein fein nuancierendes Pfandrecht zur Seite; das formale deutsche Bodenpfandrecht wiederum hatte sein Gegengewicht in den vielgestaltigen, frei beweglichen Bodeneigentumsverhältnissen, insbesondere der rechtlichen Trennbarkeit von Bodenfläche und Bauwerk."

Das alte preußische Landrecht vom Jahre 1620 trug nun im Vereine mit der gleichzeitig ergangenen Konkursordnung diesen verschiedenen Systemen in glücklicher Weise Rechnung. Die Grundsätze der Publizität und Spezialität wurden weiter ausgebildet, ohne daß aber das Prinzip der Privilegierung beseitigt wurde. Im besonderen gilt dies von den Bauhypotheken. Hierbei wird aber eine außerordentlich feine Unterscheidung getroffen. Den Vorzug sollen nur jene Hypotheken genießen, welche zum „notwendigen Bau und Unterhaltung eines Gutes" gegeben wurden; als notwendiger Bau sei aber, wie Weyermann betont, im Gegensatz zu dem damals wiederholt bekämpften „leichtfertigen", „unnützen", verschwenderischen Bauen das zu verstehen, was wir als „Melioration" bezeichnen. Das alte deutsche Recht an der Besserung erscheine hier nicht mehr in der Form des getrennten Eigentums, sondern im römischen Gewande pfandrechtlicher Privilegierung. „Es blieben also auf diese Weise sämtliche vorhandenen Immobiliarobjekte, Grundflächen wie Bauwerke, völlig dem Kreditverkehr zugänglich", und die Bestimmung, daß der Bau ein notwendiger sein mußte für die Privilegierung, sei auch für die Sicherheit der Hypothekargläubiger von Bedeutung gewesen, „denn der notwendige, d. h. wirtschaftlich rationelle Bau wird normalerweise seine Herstellungskosten in der Subhastation eingebracht haben, so daß der Bodengläubiger durch die späteren Baugläubiger des Grundstückes, wie vom Gesetzgeber beabsichtigt, weder Vorteil noch Schaden hatte".

Wir sehen, daß man damals Pfandvorrang und rechtliche Scheidung von Grund und Bauwerk sehr scharf auseinander zu halten wußte, und daß man auch die wirtschaftlichen Folgen derartiger gesetzlicher Maßnahmen wohl abzuwägen verstand.

Was bedeutet nun die von Eberstadt vorgeschlagene Hypothekendifferenzierung? Die Scheidung von Boden- und Meliorationsschulden läßt sich nur in zwei Formen denken: entweder durch Verschiebung in der Rangordnung der Pfandrechte, dabei bliebe das Grundbuchsobjekt hinsichtlich Boden und Bauwerk einheitlich, oder durch grundbücherliche Trennung des Bodens vom Bauwerke, dann müßten zwei voneinander getrennte Grundbuchsobjekte geschaffen werden. Eberstadt hat offenbar den ersteren Weg im Auge, wenn er als Meliorationshypotheken „im Sinne des Art. 118 EG. BGB. nur diejenigen Beträge grundbuchlich eintragen" will, „die tatsächlich . . . auf die Besserung des Grundstückes verwendet sind. Die Eintragung der der Meliorationshypothek nachstehenden und mit ihr nicht verschmelzbaren Bodenschulden bliebe dagegen unkontrolliert und unbeschränkt". Das Vorzugspfandrecht soll also allen Pfandgläubigern zugute kommen, die zum Baue des Hauses nicht nur unmittelbar, sondern auch durch Gewährung von Darlehen beigetragen haben. Insofern geht dieser Vorschlag weit hinaus über die Maßnahmen, welche man unter dem Titel: „Schutz der Baugläubiger" zusammenfaßt. Aber die Schwierigkeiten, die sich bei der letzteren Materie geltend machen (siehe das von Prof. Robert v. Mayr auf dem II. Internationalen Mittelstandskongreß Wien 1908 erstattete Gutachten: Das Problem des Baugläubigerschutzes), wachsen ganz bedeutend mit der Ausdehnung des Pfandschutzes. Denn tatsächlich läßt sich die Frage der Meliorationshypothek nicht trennen von der des Baugläubigerschutzes.

Mit der bloßen Forderung Eberstadts, daß mit diesem Vorzugspfandrechte die Verpflichtung zu wahrheitsgemäßen Angaben, nämlich der tatsächlich stattgefundenen Bauauslagen, eventuell unter Strafe, zu verbinden wäre, ist wenig getan. Die größte Schwierigkeit bietet schon die Abgrenzung des Begriffes der Melioration; soll sie nur Wohngebäude umfassen und erstreckt sie sich auch auf landwirtschaftliche Bauten; wo ist die Grenze zwischen ländlicher und städtischer Melioration zu suchen? Wie verhält es sich bei unrationeller oder nur teilweiser Bebauung von Grundstücken, wie bei Voluptuarbauten oder bei gewerblichen und Industrieanlagen? Wie wäre die Pfandvorrangseinteilung zu bewirken, wenn zu bestehenden Bauten Zu- oder Aufbauten oder an jenen wesentliche Veränderungen erfolgen? Daß die Bodenpfandgläubiger vollständig zurückgedrängt werden sollen, ist weder rechtlich begründet noch wirtschaftlich zu empfehlen. Es wäre gewiß nicht zu rechtfertigen, daß ein Gläubiger, welcher an einem bebauten Grundstück ein Pfandrecht besitzt, dadurch zu Schaden kommt, daß das Haus vom Eigentümer abgebrochen oder durch ein Elementarereignis zerstört wird, und nun infolge Neubaues des Hauses einem anderen Pfandgläubiger, der nachweislich das Geld hierfür vorgestreckt hat, im Range nachstehen muß. Würde sich überhaupt ein Geldgeber finden, der einen Baugrund allein belehnt, wenn ihm die Hypotheken, deren Valuta für die Herstellung des Hauses verwendet wurde, im Range vorgehen, ohne daß ihm der geringste Einfluß auf die Bebauung der Baustelle zusteht, so daß im Falle der Versteigerung seine Forderung in die größte Gefahr kommen könnte? Die mündelsichere Belehnung von Baustellen wäre selbstverständlich unter diesen Umständen ausgeschlossen, sie wäre im Falle des Abbruches eines bestehenden Gebäudes und eines Neubaues an dessen Stelle sehr gefährdet. Eine ganze Flut von Fragen und Zweifeln drängt sich auf, unter denen die Frage der richtigen Scheidung der Boden- und Bauwerkshypothek eine der schwierigsten ist.

Die schwerste Erschütterung des Realkredits wäre bei strenger Durchführung der Meliorationshypothek die Folge; um sie also möglich zu machen, müßten derartige Einschränkungen und Verklausulierungen erfolgen, daß sie nichts anderes wäre als eine unter gewissen Voraussetzungen gegebene Ausnahme. Ob aber dann eine solche Maßnahme den beabsichtigten Zweck erreicht, nämlich eine allgemeine Verbilligung der Mietzinse, das dürfte wohl zu verneinen sein.

Nicht mindere Schwierigkeiten würden sich ergeben, wenn die Meliorationshypothek im Range nach jenen Bodenschulden loziert würde, welche auf Grund einer nicht durch die Spekulation hinaufgetriebenen Bewertung des Baugrundes gerechtfertigt wären. Diese Formulierung hätte zur Voraussetzung eine vorherige Schätzung des Baugrundes. In dem Momente aber, in welchem eine Baustelle zur Bebauung kommt, ist der Prozeß der Preistreiberei bereits vollzogen. Hierbei kämen aber eigentlich nur jene Baustellen in Betracht, welche erstmalig zur Bebauung gelangen, hauptsächlich also nur solche, welche aus Ackerland in Bauplätze umgewandelt wurden. Der Kreis der in Betracht kommenden Objekte müßte ganz bedeutend eingeengt werden. Und welcher Preis dieser Baustellen soll für den Vorrang der gerechtfertigten Bodenschulden maßgebend sein? Eine ganze Skala wäre hier möglich vom Ackerland bis zur fertigen Baustelle. Und trotz alledem wäre es noch ungewiß, ob nicht die Mietzinse sich in ihrer Höhe sofort nach den Zinsen der umliegenden Häuser regulieren würden. Zweifellos würde durch diese Ordnung der Dinge der Bodengläubiger, also hauptsächlich der Grundspekulant, da er mit seiner ungerechtfertigten Mehrforderung hinter die Meliorationshypothek käme, an dem Risiko teilnehmen müssen, das heute hauptsächlich den Meliorationsgläubiger und insbesondere den Bauhandwerker trifft, allein an der Höhe der Mietzinse — und darum handelt es sich hier vor allem — ändert die verschiedene Verteilung des Risikos der an dem Zustandekommen eines Hauses Beteiligten nichts.

Die geringe Anwendung des österreichischen Gesetzes über Meliorationsdarlehen trotz der starken Einengung des in Betracht kommenden Gebietes nur auf Bewässerungs- und Entwässerungsanlagen, spricht in der Praxis nicht für einen durchschlagenden Erfolg derartiger gesetzlicher Maßnahmen.

„Die Rückkehr zum deutschrechtlichen System der Trennung von Boden und Bauwerk" bedeutet allerdings etwas anderes; sie setzt die Trennung auch im Grundbuche voraus, hätte somit auch das geteilte Eigentum zur Folge. Eine solche Teilung liegt ja auch im Erbbaurechte vor, jedoch nur auf eine im vorhinein bestimmte Zeit beschränkt. Schon die Einführung des Erbbaurechts in Österreich durch das Gesetz vom 26. April 1912 Nr. 86 RGBl. betreffend das Baurecht stieß auf bedeutende Bedenken. Der Bericht der Kommission für Justizgegenstände des österreichischen Herrenhauses sagt darüber: „Die gesetzliche Anknüpfung aber an das ‚Bodenzinsrecht‘ des A. B.G.B. wäre eine Wiedererlebung des ‚geteilten Eigentums‘, auf die — ganz abgesehen von der Frage ihrer staatsgrundgesetzlichen Zulässigkeit — schon deshalb nicht eingeraten werden kann, weil solches Nutzungseigentum erfahrungsgemäß immer die Tendenz hat, in zinspflichtiges Volleigentum am Grund und Boden überzugehen.“

Ebenso äußert sich der Bericht des Justizausschusses des österreichischen Abgeordnetenhauses: „Das Baurecht ist seiner Natur nach sozial bedenklich. Es bildet als vererbliches und veräußerliches Recht auf fremdem Grund eine Art geteilten Eigentums, so wie Erbzins- und Erbpachtrecht und hat bei stärkerer Entwicklung ähnliche Gefahren wie diese. Es macht den Bauberechtigten von dem Bodeneigentümer wirtschaftlich abhängig.“

Dieselben Bedenken machen sich auch im Deutschen Reiche geltend; Prof. Dr. Erman zitiert in seinem am 5. Oktober 1912 in Posen gehaltenen Referate die Anschauung Dr. Roschers, Prof. Andrés u. a.: daß das Erbbaurecht den Boden festhalte, sei nur in der Theorie wahr. Für zwei oder drei Erbbauhäuser möge es gelten, aber wenn zahlreiche Häuser oder ganze Stadtviertel im Erbbaurecht erbaut würden, sei diese Rücknahme nach Ablauf der Erbbaufrist praktisch undenkbar.

Es ist nun die Frage, ob, abgesehen von diesen schwerwiegenden Bedenken gegen das geteilte Eigentum, die sich bei der unbeschränkten Teilung noch stärker geltend machen würden, dieser Weg auch zu dem angestrebten Ziele der Verbilligung der Mietzinse führt. Im Mittelalter war das geteilte Eigentum eine wirtschaftliche Notwendigkeit, da sich Grund und Boden in den Händen bevorrechteter Stände befand. Die spätere Entwicklung hat zum freien Eigentum an Grund und Boden geführt. Würde heute die Teilung infolge Erbauung eines Hauses durchgeführt werden, so dürfte sich zu Beginn der ganzen Bewegung Grund und Bauwerk im Eigentum desselben Subjektes befinden. Weitgehende Verpfändungsbeschränkungen, um nicht durch die Anwendung der Simultanhypothek den angestrebten Zweck zu vereiteln, wären die nächste Folge. Wer würde aber seinen Grund ohne weiteres zu dem Zwecke hergeben, damit ein Anderer hierauf ein Haus erbaut, das Eigentum an diesem erwirbt und dann den Grund auf unabsehbare Zeit dem Eigentümer entzieht? Und wer würde einen solchen Grund belehnen? Würde aber nicht ein solches Recht, auf fremdem Grund zu bauen, ebenfalls ein Handelsobjekt werden, das ebenso wie dies heute bei den Baustellen der Fall ist, im Preise hinaufgetrieben werden könnte? Der Erfolg bezüglich Gestaltung der Mietzinse würde dem angestrebten Zwecke gerade entgegengesetzt sein.

Diese Ausführungen zwingen uns zu dem Schlusse, daß das „große Mittel" der Reform unseres Grundbuchsrechtes allerdings große Umwälzungen hervorrufen würde, daß es den kunstvollen Bau unserer Grundbuchseinrichtung in Verwirrung bringen müßte, daß damit aber das Ziel, eine Verbilligung der städtischen Mietzinse und damit eine Besserung der Wohnungsverhältnisse herbeizuführen, nicht erreicht würde.

II.

Wir wenden uns nun zu dem „kleinen Mittel" der stärkeren Verbreitung der Tilgungshypotheken.

Der erste Entwurf zum deutschen Hypothekenbankgesetz bezeichnet diejenigen Darlehen als Amortisationshypotheken, „die durch regelmäßig wiederkehrende Leistungen zu tilgen sind". Abgesehen von den Teilrückzahlungen einer Schuld, die nicht als Amortisation anzusehen sind, gibt es verschiedene Formen der Amortisationstilgung, deren primitivste die Rückzahlung in sogenannten gemeinen Raten ist. Diese Raten bleiben in ihrer Höhe unverändert, während die Zinsen allmählich fallen, so daß die Gesamtleistungen des Schuldners von Termin zu Termin sinken. Der Schuldner ist somit zu Beginn seiner Zahlungen stärker belastet. Vorteilhafter stellt sich die Amortisation in Form der Annuitäten dar: Verzinsung und Tilgung der Schuld erfolgt mit einer alljährlich gleichbleibenden Summe, der Annuität. Die durch die Teilrückzahlungen ersparten Zinsen werden zur Kapitalszahlung verwendet, so daß sich die Schuld in steigendem Maße vermindert. Der Anteil, der hierbei den ersparten Zinsen zukommt, ist ein ganz bedeutender, z. B. bei 4%iger Verzinsung des Kapitals und ½%iger Amortisation erfolgt die in 54½ Jahren vollzogene Tilgung mit 28,1% in Amortisationsraten, dagegen mit 71,9% durch ersparte Zinsen. (Siehe: „Die Entschuldung des ländlichen Grundbesitzes durch Annuitäten und Lebensversicherung" von Dr. Felix Hecht in „Jahrbücher des europäischen Bodenkredits".) Dieser Erfolg ist aber nur dadurch möglich, daß die Annuitätenrechnung eine Zinseszinsrechnung ist, und zwar zu dem jeweiligen Zinsfuß des

Darlehens selbst. Je höher also die Verzinsung des Darlehens, desto rascher tilgt sich die Schuld bei der Annuitätenamortisation.

In neuester Zeit wurde auch die Lebensversicherung in den Dienst der Schuldentilgung gestellt, insbesondere Felix Hecht hat diese Form der Amortisation als Hypothekentilgungsversicherung auf das eifrigste propagiert. Nach seinem Vorschlage sollte der durch die normale Amortisation erzielte jeweilige Kapitalsrest Gegenstand der Lebensversicherung bilden. Eine andere Art der Hypothekentilgungsversicherung durch Verwendung der Amortisationsbeiträge als Versicherungsprämien kam durch die ostpreußische Landschaft, sodann durch die Landschaften in Westpreußen, Pommern, Posen und Schlesien sowie einige andere Kreditinstitute tatsächlich zur Einführung. Bei der Hypothekentilgungsversicherung erfolgt die Amortisation im Wege der Prämienzahlung; durch den Erfolg aber, den diese Form der Schuldenabstattung auch bei frühzeitigem Tode des Schuldners mit sich bringt, erscheint sie wohl als die wirtschaftlich vollkommenste.

Der Amortisation der Hypothekarschulden wird eine immer mehr zunehmende Beachtung geschenkt; nicht bloß beim ländlichen Grundbesitz, bei welchem seit langem schon die Amortisation als ein wichtiges, vielleicht das wichtigste Postulat der Entschuldung gilt, wobei vom Großgrundbesitz mehr oder weniger abzusehen ist. Auch im städtischen Hypothekarkreditverkehr wird in neuerer Zeit die Notwendigkeit der Amortisation betont, allerdings aus anderen Gründen wie beim landwirtschaftlichen Besitze. Denn bei diesem herrscht die Ansicht vor, daß seine allmähliche Entlastung von den Hypothekarschulden ein Gebot der Erhaltung der heutigen Grundbesitzverfassung ist; beim städtischen Besitze wird dagegen auf die wachsende Hypothekarverschuldung und die infolgedessen befürchtete ungünstige Einwirkung auf die Höhe der Mietzinse hingewiesen.

Nun ist es aber Tatsache, daß heute die Amortisation städtischer Hypothekarschulden in der Regel weder den Schuldnern erwünscht, noch von den Gläubigern gefordert wird. Die Ursachen dieses Unterschiedes zwischen dem landwirtschaftlichen und städtischen Besitze haben in der Eigenart beider Besitzgattungen ihre Begründung. Weyermann sagt in dem oben zitierten Werke (Seite 37): „Der Bauer sieht sein Gut allgemein als Ertragsquelle an, ja als die notwendige Voraussetzung für die Ausübung dessen, was er kann und versteht; als seine gegebene Unterlage der Existenz. Das wirkt dahin, eine hohe Grundverschuldung höchstens zu produktiven Zwecken einzugehen und sie nach Kräften wieder zu tilgen; das Ziel ist: schuldenfreier Besitz." Wenn auch die Verschuldung bäuerlicher Anwesen heute mehr aus Gründen des Besitzwechsels als zu produktiven Zwecken erfolgt, so ist es doch richtig, daß der Landwirt trachten muß, eine Überlastung seines Besitzes, mit dem seine Existenz verknüpft ist, zu verhindern und ihn möglichst entlastet seinem Nachfolger zu übergeben.

Ganz anders haben sich beim städtischen Hausbesitz die Verhältnisse entwickelt. Auch hier können wir den Untersuchungen Weyermanns mit Nutzen folgen. Nach dem alten preußischen Landrecht vom Jahre 1620 sei die ganze Kreditnahme auf liegende Güter nur als eine außerordentliche und vorübergehende Maßregel erschienen; anders als gegen sehr hohe Amortisation sei überhaupt Hypothekarkredit nicht zu haben gewesen. „Die Kreditierung von Kaufgeldresten stellte nichts weiter dar als eine fixierte, meist recht kurz bemessene Stundung von Teilen des Kaufpreises.“ In der Mitte des 18. Jahrhunderts sei aber in Preußen ein gewaltiger Umschwung eingetreten. Es hatte sich das formale Element der reinen Altersrangfolge im Grundbuche durchgesetzt, die Rückzahlung der Hypothekardarlehen hatte daher für jene Gläubiger, welche sich im gesicherten Range wußten, keine Eile mehr, im Gegenteile machte sich das Bestreben geltend, in dieser Weise die Kapitalien anzulegen. „Mit der formalen Ausprägung der Hypothek stieg die städtische Verschuldung ungeheuer.“ Die weitere Entwicklung sei durch die drei Momente gekennzeichnet: Dauerverschuldung, Kaufgeldverschuldung, Grundstückpreissteigerung.

Es ist kein Zweifel, daß diese Entwicklung, welche in deutschen Landen ziemlich gleichmäßig vor sich gegangen sein wird, auch maßgebenden Einfluß auf die Ausgestaltung unseres heutigen Wohnwesens, insbesondere auf das Entstehen der Zinskaserne gehabt haben wird. Das städtische Haus ist heute mit wenigen Ausnahmen nur Kapitalsanlage, der Beruf seiner Besitzer liegt im Gegensatze zum Landwirt, auf einem anderen Gebiete. Auch wenn das städtische Haus hoch verschuldet ist, muß die wirtschaftliche Existenz des Besitzers nicht gefährdet sein, da seine Einkünfte aus anderen Quellen, Gewerbe, Industrie, feste Anstellung usw. stammen. Deshalb war auch die Notwendigkeit einer Amortisation nicht so hervorgetreten, diese war aber geradezu störend für den Besitzer, wenn er die Absicht hatte, das Haus nicht dauernd im Besitze zu halten, sondern abzustoßen und noch mehr dann, wenn seine Tätigkeit darin bestand, Häuser zu kaufen und mit Gewinn weiter zu verkaufen oder, wie der heutige gewerbsmäßige Bauunternehmer, Zinshäuser herzustellen, sie zu belehnen und dann gegen kleine Anzahlungen an Kapitalisten, die durch diese Anlage hoffen, ihre Rente zu vergrößern, weiter zu verkaufen. Dem so entstandenen Hausbesitze aber ist es naturgemäß nicht daran gelegen, die Hypothekarlast im Wege der Amortisation abzustoßen, da er dadurch seine Einkünfte schmälern würde. Die durch die Abnützung des Gebäudes eintretende Wertverminderung wird durch die seit Jahrzehnten sich fortsetzende Wertsteigerung des städtischen Baugrundes ausgeglichen und heute sieht sich daher weder der Schuldner noch der Gläubiger veranlaßt, an eine Schuldenabzahlung zu denken.

Deshalb konnte auch Felix Hecht in seiner Denkschrift über die rheinische Hypothekenbank in Mannheim 1871—1896 mit Recht sagen: „Das moderne städtische Wohnhaus in unseren großen Städten trägt einen anderen Charakter als das ländliche Besitztum. Es ist leider mehr oder weniger Handelsobjekt geworden." Und weiter: „Der Sparsinn des städtischen Hauseigentümers kann in anderer Weise sich betätigen, als in der allmählichen Tilgung der Hypothekenschuld. Für disponible Mittel ist im Gewerbebetrieb reichliche Verwendung und die Verkäuflichkeit des Hauses wird durch eine möglichst hohe erste Hypothek gesteigert." Wo bodenständiger Hausbesitz vorhanden ist, insbesondere beim Familienhaus, fällt das Moment der Spekulation weg; dort zeigt sich auch das Bestreben, die auf dem Hause lastenden Schulden abzustoßen. Ludwig Altschüler äußert sich hierüber bei Besprechung der belgischen Wohnungsverhältnisse in den „Jahrbüchern des europäischen Bodenkredits": „Die belgischen Bodenkreditinstitute halten an dem Grundsatz fest, im allgemeinen nur Annuitätendarlehen zu gewähren. Es ist ihnen dies um so leichter möglich, als sie dabei in Übereinstimmung mit den meisten Darlehensnehmern handeln und deren Wünschen direkt entgegenkommen. Dieselben sind bei Eingehen des Darlehens von der Absicht geleitet, schon bevor sie sich das nötige Kapital erworben haben, die Vorteile des Bewohnens eines eigenen Hauses zu genießen und sich allmählich vermittels Zahlung jährlicher Amortisationsquoten ein freies Eigentum zu erwerben."

Daß die Amortisation dort sofort Platz greift, wo sie eine innere Notwendigkeit ist, zeigt sich beim Erbbaurecht, bei welchem das preissteigernde Moment des Grundbesitzes wegfällt und dem Herabsinken des Gebäudewertes Rechnung getragen werden muß. Ebenso sind die Baugenossenschaften, deren einziger Zweck die Herstellung und Vermietung von Wohngebäuden ist, gezwungen, entweder Reserven sich zu schaffen oder die Hypothekarschulden zu amortisieren. Das Statut zum österreichischen Wohnungsfürsorgefonds schreibt bei den vom Fonds gewährten oder verbürgten Darlehen ausdrücklich die Tilgung in Annuitäten vor und verlangt sogar die Amortisation der diesem Darlehen vorangehenden Satzposten.

Rodbertus schon nennt die Amortisation eine Zwangssparkasse. Dort, wo sie Anwendung zu finden hat, ist sie von großer erziehlicher Bedeutung. Dieser Wert kommt insbesondere der annuitätenweisen Schuldentilgung zu, da hier Zins auf Zins gelegt wird. Der Einwand, der gerade dieser Form der Amortisation gegenüber erhoben wird, daß sie zu lange, mehr als eine Generation überdauert, trifft beim städtischen Hausbesitz nicht zu, da bei diesem die Abnützung des Gebäudes mit der Schuldentilgung parallel geht. Der Grundsatz, den Felix Hecht für die ländliche Verschuldung aufstellt, daß jede Generation die Schulden, die sie aufgenommen habe, tilgen müsse, hat bei der städtischen Hypothekarverschuldung nur in beschränktem Maße Anwendung.

Vom volkswirtschaftlichen Standpunkte ist die Schuldentilgung von großer Wichtigkeit. Das Bestehen einer Schuld hat wirtschaftlich nur solange Berechtigung, als die damit geschaffene Investition noch andauert; wenn sie nicht mehr produktiv ist, dann ist die Schuld eine tote Last, die unnütz weiter geschleppt wird. Mit diesem Grundsatze deckt sich allerdings nicht ganz die Gebarung der Staaten, welche ihre Schulden vielfach in die Form der ewigen Rente kleiden. Allein hier ist das Rechtssubjekt ein dauerndes und für den Staat ist es wirtschaftlich günstiger, Rente zu begeben, als zu amortisieren und für seine Bedürfnisse unter neuerlichen Kosten wieder Schulden zu machen. Daß die Staaten vielfach noch amortisable Schulden aufweisen oder in neuerer Zeit wieder neu begründen, liegt in der Technik unseres Anleihewesens, in der historischen Entwicklung der staatsfinanziellen Wirtschaft und in den Marktverhältnissen (siehe Saling, Börsenpapiere I. Teil). Für die Volkswirtschaft ist aber im allgemeinen die Schuldentilgung eine Notwendigkeit. Nicht nur von dem Gesichtspunkte aus, daß die Schulden nur solange gerechtfertigt sind, als die damit geschaffenen Investitionen bestehen, sondern auch aus dem Grunde, daß sich das produktive Kapital immer wieder erneuert.

Die Kapitalien, die produktive Verwendung suchen, fließen aus den Ersparnissen der Volkswirtschaft. Bleiben sie gebunden, so reicht bei der heutigen Wirtschaftsentwicklung der Zuwachs an Ersparnissen nicht zu, um die mit der fortschreitenden Kultur steigenden Kapitalsbedürfnisse zu befriedigen.

In dieser unausgesetzten Bewegung des Kapitals und der durch die steten Rückflüsse bewirkten Befruchtung der wirtschaftlichen Tätigkeit liegt die große allgemeine Bedeutung der Amortisation. Im Hausbau sind viele Milliarden investiert; Ziffern zu bringen, ist wohl nicht nötig. Es ist gewiß von nicht zu unterschätzender Bedeutung, wenn alljährlich von diesen Kapitalien die Amortisationsbeträge, welche nicht unbedeutend sind, neuerlich im Hausbau Verwendung finden und dadurch ausgleichend auf die durch die Geldkonjunkturen hervorgerufenen Schwankungen in der Wohnungsproduktion wirken, zumal die freigewordenen Kapitalien vielfach der gleichen Anlage wieder zustreben. Es kommt noch ein Umstand hinzu: In vielen Fällen wird die Amortisation tatsächlich ein Sparen sein, der Zwang zur Schuldentilgung wird von unnützen Ausgaben abhalten, die sonst gemacht worden wären, und dieser Zwang wird somit neues Kapital produzieren, das sonst nicht gespart worden wäre.

Josef R. v. Hattingberg stellt in seinem an den österreichischen Landwirtschaftsrat erstatteten „Referate betreffend die Frage der Hypothekarentschuldung" Tabellen auf, in denen er den volkswirtschaftlichen Effekt der Amortisation in interessanter Weise darstellt. Er nimmt beispielsweise die grundbücherliche Belastung eines Landes mit 255 Millionen an, ferner die jährliche Neubelastung mit 4 Millionen, und zwar durch Hinzuwachs von 2 Millionen alle Halbjahre. Ohne Rückzahlung würde diese Schuld am Ende des 110. Semesters die Höhe von 475 000 000 erreichen und dann noch immer weiter steigen. Würde aber die alte und auch die neu hinzukommende Schuld (bei 4 % Verzinsung) mit ½% jährlich getilgt werden, so würde die Gesamtschuld im 24. Jahr bis auf 292 597 570 als Höchstsumme steigen, dann aber abnehmen und im 110. Semester nur mehr den Betrag von 146 856 120 erreichen. Es wäre also in dieser Zeit nicht bloß die alte Schuld von ursprünglich 255 Millionen getilgt, sondern auch an Stelle einer Neuverschuldung von 220 Millionen eine Schuld von nur rund 147 Millionen getreten, die aber in dieser Höhe stehen bliebe und nicht mehr wachse, da die jährliche Neuverschuldung von da ab wieder vollständig amortisiert würde. Die tatsächliche Schuldentilgung betrüge somit in dem Zeitraum von 55 Jahren 328 Millionen; dabei wäre dieser Effekt mit der geringfügigen jährlichen Leistung von ½% des ursprünglichen Kapitals erreicht.

Es würde zu weit führen, wollte man die Wichtigkeit der Amortisation für die Volkswirtschaft weiter auseinandersetzen. Nur langsam ringt sich die Erkenntnis von ihrer Notwendigkeit durch. In Österreich liegen die Verhältnisse allerdings günstiger. Die Sparkassen, die heute in Österreich den größten Teil des Hypothekarkredits bestreiten, sind bereits durch das Sparkassenregulativ vom Jahre 1844, wenigstens grundsätzlich, gezwungen, nur Amortisationsdarlehen zu gewähren. Die Landeshypothekenanstalten, die sowohl in der Zahl als auch im Umfange ihrer Geschäfte im fortwährenden Steigen begriffen sind, haben das Annuitätensystem mit Tilgungszwang vollständig und ohne Ausnahme durchgeführt. Da auch die österreichischen Aktienpfandbriefinstitute an der Amortisation festhalten, bleibt nur ein kleiner Teil von Instituten, der nicht tilgungspflichtige Darlehen gewährt.

Viel weniger durchgedrungen ist die Amortisation im Deutschen Reiche. Selbst die Landschaften und Landeskreditinstitute haben sie nicht rein zur Durchführung gebracht, da aus den Amortisationsbeträgen Tilgungsfonds gebildet werden, welche wieder vom Schuldner abgehoben werden können. Die Hypothekenbanken, die hauptsächlich für den städtischen Hypothekarkredit in Betracht kommen, haben aber zum geringsten Teil ihre Darlehen als Amortisationsdarlehen gewährt; sie sind damit den Bedürfnissen des städtischen Hausbesitzes, wie er sich in den letzten Jahrzehnten immer schärfer herausgebildet hat, entgegengekommen. Schon die preußischen Normativbestimmungen für die Errichtung und den Geschäftsbetrieb der Hypothekenbanken bezeichneten die Amortisationshypotheken als „unkündbar" und § 19 des Hypothekenbankgesetzes vom 13. Juli 1899 verfügt ausdrücklich, daß bei diesen Hypotheken zugunsten der Bank ein Kündigungsrecht nicht bedungen werden darf. Von diesem für den städtischen Hausbesitz ganz unschätzbaren Vorteil — das Jahr 1913 hat es bewiesen — wurde nur geringer Gebrauch gemacht.

Diese Ausführungen dürften genügen, um den wirtschaftlichen Wert der Amortisation sowohl für den einzelnen als für die gesamte Volkswirtschaft darzulegen. Sie haben uns aber auch gezeigt, wo die Ursachen liegen, daß nicht amortisiert wird. Dort, wo der spekulative Häuserbau besteht, wo die Häuser nicht zum dauernden Besitz, sondern mit der Absicht, sie mit Gewinn wieder abzustoßen, errichtet werden, ferner dort, wo die Hypotheken nur reine Kapitalsanlagen darstellen, dort greift die Amortisation nicht durch. „Im Berliner Mietskasernengeschäft gilt als Regel die Nichtamortisation der Hypotheken," sagt Prof. Erman in seinem bereits erwähnten Posener Referate.

Nicht die Ursache, sondern die Wirkung solcher Erscheinungen ist das Vermeiden der Amortisation. Der momentane Profit, das Bestreben, gegenwärtig eine möglichst hohe Rente, ohne Rücksicht auf die Zukunft, aus dem Hause zu schlagen, verhindern eine Schuldentilgung, deren sich sonst ein ordentlicher Wirtschafter nicht entziehen könnte. Aber da die Häuser, wie eine Handelsware von Hand zu Hand gehen, erscheint dem momentanen Besitzer die Amortisation als eine Angelegenheit, mit der sich der jeweilige Besitznachfolger zu beschäftigen hat.

Daß ein solcher Zustand volkswirtschaftlich ungesund und bedenklich ist, daß das Steigen des Bodenpreises, auf dessen Rechnung die Schulden geschoben werden müssen, wenn die Häuser abbruchreif sind, nicht unausgesetzt sich fortsetzen kann, ist begreiflich. Allerdings findet die Liquidation der ungetilgten Hypothekarschulden nicht bei sämtlichen Häusern gleichzeitig statt, sie kann aber für einzelne Existenzen eine wirtschaftliche Katastrophe bedeuten, und sie würde, wenn sie in dieser Form als Massenerscheinung auftritt, böse wirtschaftliche Folgen nach sich ziehen. Es ist daher vollständig gerechtfertigt, wenn der Ruf nach Amortisation der Hypothekarschulden immer lauter erschallt und wenn auf die Gefahren hingewiesen wird, welche die heutigen Zustände in Zukunft bringen können.

Es mag dahingestellt bleiben, ob nach Eberstadt hinter der Aufrechterhaltung der Bewertung der Grundstücke „die ganze Macht der Hypothekengläubiger" steht oder nach Erman „das herrschende System im handgreiflichen Selbsterhaltungsinteresse mit der ganzen Wucht des im Boden arbeitenden Großkapitals (Hypothekenbanken und Großbanken) für die möglichste Hochtreibung der Bodenpreise wirkt" und damit auf eine allgemeine Steigerung der Mietzinse — und darauf kommt es eben an — hinarbeitet. Im ersten Teil dieses Gutachtens wurde darauf hingewiesen, daß die Höhe der Bodenpreise zunächst von der zu erreichenden Rente bestimmt wird und nicht umgekehrt, eine Anschauung, die auch von Adolf Weber vertreten wird.

In Österreich sind die hauptsächlichsten Hypothekarkreditinstitute, die Sparkassen und Landeshypothekenanstalten, keineswegs an den Geschäften an Grund und Boden interessiert; sie haben keine „Verbindung mit dem spekulativen Bodengeschäft und den mit diesem verknüpften Hantierungen und Zwischengewinnen"; bei ihnen besteht die Amortisation im weitesten Umfange; sie erfüllen die Anforderungen, die Eberstadt für den Realkredit aufstellt: „Realkreditinstitute, die nach geschäftlichen Grundsätzen, aber doch mit einem wesentlich einfacheren Apparat einen billigen Realkredit für den städtischen Häuserbau vermitteln und auf die Tilgung der Bodenschulden hinwirken sollen", und stehen also den gepriesenen Realkrediteinrichtungen in England nicht nach — und doch findet auch in den österreichischen Städten ein fortwährendes Steigen der Grundpreise und der Mietzinse statt.

Solange eben die Ursachen fortwirken, welche diesen Erscheinungen zugrunde liegen, Ursachen, die auf ganz anderem Gebiete als dem des Realkreditwesens liegen, solange wird auch eine stärkere Verbreitung der Tilgungshypotheken, sei es im gesetzlichen, sei es im administrativen Wege, eine Änderung nicht hervorrufen.

Dort sind die Hebel anzusetzen, die Amortisation der Hypothekarschulden kommt dann von selbst!

XIII.

Gutachten des Herrn Kriegsgerichtsrats Dr. Rissom in Flensburg

über die Frage:

Welcher Änderungen wird das Militärstrafgesetzbuch bedürfen mit Rücksicht auf die Beschlüsse der Strafrechtskommission über den Entwurf eines Strafgesetzbuchs?

Inhaltsübersicht.

Erster Unterabschnitt. Die Todesstrafe.

Zweiter Unterabschnitt. Freiheitsstrafen.

Vierter Unterabschnitt. Schadensersatz.

Neunter Abschnitt. Nebenstrafen und Maßregeln der Besserung und Sicherung.

Erster Unterabschnitt. Ehrenstrafen.

Einleitung.

Der Vorentwurf eines deutschen Strafgesetzbuchs vom Jahre 1909 ist durch die vom Reichs-Justizamt einberufene große Strafrechtskommission durchberaten worden. Die Ergebnisse der Beratung liegen, wenn auch der Wortlaut noch nicht veröffentlicht wurde, seit Ende 1913 vollständig vor. Damit ist wieder ein erheblicher Fortschritt erreicht, der es gestattet, die Frage aufzuwerfen, welchen Einfluß der Entwurf in seiner jetzigen, dem künftigen StGB. vermutlich sehr nahekommenden, Fassung auf die Neugestaltung des militärischen Strafgesetzes auszuüben geeignet ist.

Daß dem künftigen Strafgesetzbuch ein neues Militärstrafgesetzbuch folgen muß, darüber herrscht wohl Einstimmigkeit. So war es bereits im Jahre 1872, sachlich auch bei Erlaß des Preußischen StGB. von 1851, dessen Grundzüge bereits im wesentlichen feststanden, als das Preußische MStGB. von 1845 erschien.

In der Tat ist nicht zu bestreiten, daß das Militärstrafrecht auf den Grundanschauungen beruht, welche auch dem gemeinen Strafrecht seine Gestalt geben, daß es in zahlreichen Einzelheiten von der mit weit reicheren Mitteln arbeitenden bürgerlichen Strafrechtspflege und ihrer Wissenschaft nur lernen kann, endlich, daß der Anschluß an das gemeine Recht, wo er erreicht werden kann, eine günstige Aussicht auf weitere Entwicklung eröffnet.

Auf der anderen Seite lehrt ein Blick auf die Geschichte des Preußischen Militärstrafrechts, des Österreichischen und der sonstigen zahlreichen alten Deutschen Heeresrechte, daß hier eine eigene, innerlich durchaus selbständige, mit dem Leben und den Bedürfnissen des Heeres aufs engste verwachsene Entwicklung vorliegt. Das Heeresstrafrecht ist kein Ableger des gemeinen Strafrechts. Es ist genau so selbständig wie dieses aus der gemeinsamen Quelle letzter Überzeugungen der Volksgemeinschaft hervorgegangen, wenn es nicht gar, geschichtlich betrachtet, als ursprünglich führend angesehen werden muß.

Das aus dieser doppelten Beziehung des Militärstrafrechts, einmal zur eigenen Geschichte, sodann zum gleichzeitigen gemeinen Strafrecht, sich ergebende Gegenspiel der Kräfte ist bei der Beratung des MStGB. von 1872 nicht verkannt worden. Trotzdem scheint der damals eingenommene Standpunkt nicht immer der richtige gewesen zu sein. Man gewinnt, namentlich nach den Reichstagsverhandlungen, den Eindruck, daß die Übertragung von Grundsätzen des bürgerlichen als ohne weiteres zulässig erachtet wurde, falls nicht entgegenstehende besondere Gründe dargetan wurden. Statt dessen hätte d. E. die Frage so gestellt werden müssen, ob jedesmal wirklich Gründe vorhanden seien, eine geschichtlich entwickelte Besonderheit in die allgemeine Regel aufgehen zu lassen.

Dieser Gedanke ist im folgenden nach Kräften durchgeführt. Allerdings brachte die gestellte Aufgabe es mit sich, daß vorzugsweise auf die etwa möglichen Verbindungslinien geachtet wurde. Der Vergleich mit dem ausländischen Recht ist in der Hauptsache auf später zurückgestellt.

Auf folgende Werke sei hier verwiesen: Vorentwurf zu einem Deutschen Strafgesetzbuch, 1909; Aschrott und von Liszt, Die Reform des Reichsstrafgesetzbuchs, zwei Bände, 1910; Gegenentwurf zum Vorentwurf eines Deutschen Strafgesetzbuchs, mit Begründung, 1911; Olshausen, Kritische Bemerkungen zu den Beschlüssen der Deutschen Strafrechtskommission; Ebermayer, Der Entwurf eines Deutschen Strafgesetzbuchs, nach den Beschlüssen der Strafrechtskommission, 1914.

Das Schrifttum über das Militärstrafrecht findet sich zusammengestellt in Romen und Rissom, Militärstrafgesetzbuch 1912 (S. 8 und vor den einzelnen Paragraphen), Dietz, Handwörterbuch des Militärrechts, 1912, Archiv für Militärrecht, herausgegeben von Dietz seit 1909.

Für die Reform des MStGB. sind namentlich die Schriften von M. E. Mayer von Bedeutung: DJZ. 1905, S. 225—232; Monatsschr. f. Kriminalpsych. u. Strafrechtsref. 1906, S. 534; Arch. f. Mil. R. **1**, 7; DJZ. 1911 Nr. 12. Zahlreiche Anregungen enthält auch desselben Verfassers Deutsches Militärstrafrecht 1907 (Zusammenstellung von Philippi in Aschaffenb. Monatsh. 5. Jhg. S. 185), ferner der Kommentar von Rotermund zum MStGB. 1909 und 1911. Weiter sind zu nennen: Rotermund, Rückwirkungen des neuen StGB. (Vorentwurf) auf das MStGB., Arch. Mil. R. **1**, 200—205, 271—274; Endres, Der Vorentwurf zu e. D. StGB. und das Militärstrafrecht, Jahrb. f. d. D. A. u. M. 1910, S. 71—82; Steidle, Militärrechtliches zum Deutschen Strafgesetzentwurf in Mil. Rechtl. Studien, 1910, S. 257—292; Ph. O. Mayer, Die Reform des Militärstrafrechts, DJZ. 1913, S. 314—318; Rissom, Zur Reform des MStGB., Arch. Mil. R. **4**, 418—422. Beachtenswerte Winke können den Arbeiten, namentlich von Dietz, über die Statistik der Militärrechtspflege und den Schriften von Stier, Fahnenflucht und unerlaubte Entfernung 1905, Akute Trunkenheit 1907, Die Bekämpfung des Verbrechens in der Armee, im Arch. Mil. R. **1**, 84 entnommen werden. Vgl. auch die Statistik im Arch. M. R. **5**, Heft 6.

Der Vorentwurf ist als VE. angeführt, der Kommissionsentwurf als KE. unter Zählung der Paragraphen nach dem VE., da eine andere Zählung bei der Niederschrift noch nicht bekannt war. Die Zusammenstellung von Ebermayer von 1914 ist zugrunde gelegt. Aschrott und v. Liszt, Reform des RStGB. 1910, der Gegenentwurf von 1911 nebst Begründung, auch Olshausen, Kritische Bemerkungen zu den Beschlüssen der Strafrechtskommission, 1913, sind fortlaufend berücksichtigt.

Erster Hauptteil.

Einfluß im ganzen.

I.

Grundlegende Anschauungen.

1. Die Grundanschauungen des KE. dürften mit denen des VE. übereinstimmen. Sie mit einem kurzen Wort zum Ausdruck zu bringen, ist schwer, namentlich weil die gewählte Arbeitsweise dahin ging, an Überkommenes und Bewährtes anzuknüpfen, Neues nur mit Vorsicht aufzunehmen. Indessen gibt schon diese mit Recht beobachtete Art der Arbeit einen Fingerzeig, dessen Richtung bestätigt wird durch eine Bemerkung in der Einleitung der Begründung des VE. Dort wird S. IX ausgeführt: Der Entwurf vertrete nicht den Standpunkt einer bestimmten wissenschaftlichen Richtung. Die Zwecke der Strafe seien nicht lediglich aus einem Gesichtspunkt zu erfassen, sondern, wie fast alle menschlichen Einrichtungen, aus mehreren. Vergeltung, Besserung, Schutz der Gesellschaft, General- und Spezialprävention lägen zusammen in ihr beschlossen. Allen diesen Zwecken müsse der Gesetzgeber Beachtung schenken, und vor allem die praktischen Bedürfnisse berücksichtigen. Hiernach könne der eingenommene Standpunkt wissenschaftlich etwa dahin bestimmt werden, „daß der Entwurf im allgemeinen zwar auf dem Boden der sogenannten klassischen Strafrechtsschule steht, jedoch der modernen Schule eine Anzahl von Zugeständnissen macht, die von dem Bedürfnis der Zeit und von der öffentlichen Meinung nicht mit Unrecht gefordert werden". Solche Zugeständnisse lägen namentlich in den Vorschlägen, die auf Einführung der „bedingten Verurteilung" und „sichernder Maßnahmen" gerichtet seien.

Mit dieser Anerkennung der Vergeltung als des beherrschenden Grundgedankens des Strafrechts hat der VE. sich an die geschichtliche Entwicklung, wie u. a. die Ausführungen zu den Entwürfen des Preuß. StGB. von 1851 (Goltdammer, Materialien, I, 77 fg.) zeigen, angeschlossen. Die Vergeltungsidee verankert die Strafe in letzten ethischen Gedanken. Sie stellt als sittliches Ziel des Einzelnen das Ganze, den Staat, als Träger noch höherer sittlicher Ziele hin, und erreicht damit eine Unmittelbarkeit und Unbedingtheit des Sollens, welche die Quelle starker seelischer Kräfte ist, aus denen das pflichtmäßige Handeln emporwächst. Diese Gedanken sind aber nur möglich auf der Grundlage einer

Anschauungsweise, welche den tiefsten Sinn der menschlichen Dinge dann erreicht zu haben glaubt, wenn sie sie nicht als Erscheinungen, sondern als Entscheidungen zu betrachten gelernt hat (Münsterberg).

Eine andere Anschauungsweise, welche mit dem Zeitalter der Aufklärung an Macht gewann, verlegte das Schwergewicht auf die Individuen, aus deren Vereinigung in der Art einer Vertragsgemeinschaft zu gegenseitigem Nutzen sie erst den Staat entstehen ließ. Die mächtig aufblühende Naturwissenschaft unternahm es, auch das seelische Leben den allgemeinen Gesetzen des Geschehens ein- und unterzuordnen. So wurde die Strafe zur Mechanik der psychischen Antriebe — Abschreckung, Besserung — und des körperlichen Zwanges durch Unschädlichmachung — Sicherung —. Die hieraus sich ergebende Richtung der Strafrechtswissenschaft kann das Verdienst in Anspruch nehmen, die Aufmerksamkeit auf zwar nicht völlig unbekannte, aber in den Hintergrund getretene Gedanken erneut hingelenkt, und den Blick für die Tatsächlichkeiten des menschlichen Lebens geschärft zu haben. Ob die neuen Gedanken im ganzen eine härtere oder mildere Beurteilung der Verbrechen zur Folge gehabt haben, ist zweifelhaft. Im Anfang scheint die härtere Stimmung überwogen zu haben, während neuerdings Anzeichen einer milderen Strömung vorhanden sind. Jedenfalls liegt stets die Gefahr der Maßlosigkeit vor.

Die Vergeltungsidee dagegen ist ihrer Natur nach auf die Wahrung des gerechten Maßes eingestellt. Sie vermag die dargestellten Zwecke der Abschreckung, Besserung und Sicherung zum guten Teile in sich aufzunehmen. Auch widerstrebt sie keineswegs einem ergänzenden System bessernder oder sichernder Maßregeln, vielmehr fordert sie lediglich, daß diese — oft notwendige — Ergänzung sich als reine, des Strafcharakters entbehrende Maßnahme erkennbar macht.

2. Die Grundanschauung des militärischen Strafrechts und namentlich des MStGB. ist keine andere als die bisher dargestellte.

a) Das Heer als die zum Kriege bereite Macht des Staates, bringt die straffste Anspannung des Staatsgedankens zum Ausdruck. Darin liegt wieder der ethische Gedanke des Ganzen, in dessen Wohl sich einzuordnen des Einzelgliedes sittliche Pflicht ist.

Diese Anschauung kann als alte deutsche Volksüberzeugung angesprochen werden. Sie kommt in Sage und Geschichte zum Ausdruck in dem persönlichen Verhältnis der Mannen zu ihrem Könige, und zwar nach der tätigen Seite hin als Treue, die mit dem eigenen Leibe den Herrscher im Schlachtgewühl deckt, nach der Seite der inneren Selbstbeherrschung hin als unbedingter Gehorsam. Dieser Überzeugung entspricht die Auffassung der Strafe als Vergeltung, Sühne, Richtigstellung der in der objektiven Welt wie in der Seele des Verbrechers durch die Tat gestörten Verhältnisse. Sehr wirkungsvoll kommt die gleiche Anschauung auch in den Förmlichkeiten des Spießrechtes der Landsknechte zum Ausdruck. Auch der Gedanke der Gesamtschuld der Gemeinschaft und der Reinigung auch der Gemeinschaft durch die Strafe findet hier seine sinnbildliche Gestaltung, wenn die Fähnriche ihre Fähnlein zusammengerollt in die Erde stecken, um sie nicht eher in Ehren wieder fliegen zu lassen, bis auf die Klage ein Urteil ergehe. Seitdem endlich nach den Freiheitskriegen infolge Einführung der allgemeinen Wehrpflicht unser Heer zum Volksheer geworden ist, und die befruchtenden Ströme ethischer Kräfte hin- und herüberfließen, kann es keinem Zweifel unterliegen, daß die grundlegende Anschauung des Strafrechts auf bürgerlichem und militärischem Gebiete die gleiche ist und sein muß. Kleine Unterschiede zwischen dem Volksempfinden und der Rechtsüberzeugung des Heeres, z. B. hinsichtlich der Höhe der Strafwürdigkeit einer Tat, mögen vorhanden sein, doch handelt es sich dabei nur um gradweise Unterschiede.

Die Idee der gerechten Vergeltung beherrscht also auch das Heeresstrafrecht. Dem entspricht es durchaus, daß als Gegenstand des strafrechtlichen Schutzes die Disziplin bezeichnet wird. Disziplin ist nichts anderes als die staatliche Organisation selbst, wie sie im Heerwesen zum Ausdruck kommt. Nach ihrem Wertverhältnis zur Disziplin ist die strafbare Handlung zu messen. Die Tat — allerdings unter Berücksichtigung auch der subjektiven Tatseite —, nicht der Täter ist zu bestrafen.

b) Es ist bereits darauf hingewiesen, daß die Vergeltungsstrafe auch die Zwecke der Abschreckung — der Allgemeinheit wie des Täters — der Besserung und der Unschädlichmachung in sich aufzunehmen vermag.

Das Hauptkennzeichen eines jeden Militärstrafgesetzbuchs ist wohl stets die Härte seiner Strafdrohungen gewesen. Romani imperii custos severa castrorum disciplina, bemerkt schon früher der Geschichtsschreiber. Diese Erscheinung, die übrigens in ähnlicher Weise wiederkehrt bei allen Verbrechen, die, wie Hoch- und Landesverrat, Verrat militärischer Geheimnisse, unmittelbar an den Bestand des Staates rühren, findet ihre Erklärung in der Bestimmung des Heeres für den Krieg. Gerade hier tritt mit besonderer Greifbarkeit hervor, daß das Wesen des Staates Macht ist. Die kriegerische Betätigung, mit ihrem Ziel der gewaltsamen Niederwerfung des Feindes, und die Schulung für diese Betätigung sind mit einer gewissen Härte und Rücksichtslosigkeit untrennbar verbunden.

Das Leben des Soldaten ist rauh und reich an Entbehrungen und persönlichen Gefahren. Die zarteren Regungen der Seele werden zurückgedrängt. Unter diesen Umständen muß notwendig die Abschreckung eine besondere Bedeutung gewinnen. Auch die leichteren Strafen müssen immer noch den nötigen Abstand von der täglichen Lebensweise haben. Der stramme Dienst verlangt, daß die Freiheitsstrafen Schärfungen erfahren, sollen sie nicht als angenehme Erholungszeit, sondern wirklich als Übel empfunden werden. Die Strafe muß der Tat möglichst rasch und möglichst ohne Ausnahmen auf dem Fuße folgen. Eigene Gerichtsbarkeit und eigene Vollstreckung suchen dies zu gewährleisten. Feine Unterscheidungen sind nicht angebracht. Darum haben Einrichtungen, wie geminderte Zurechnungsfähigkeit, bedingter Straferlaß und ähnliche, den Verhältnissen der Einzelpersönlichkeit Rechnung tragende neuere Gedanken der Strafzumessung hier von vornherein einen schweren Stand. Namentlich gilt dies auch für die in letzter Zeit mehrfach praktisch gewordene Herabsetzung der Strafmindestmaße.

Gegenüber diesen aus der Hervorkehrung des Machtgedankens sich ergebenden Bestrebungen behauptet sich eine durch das Verfassungsleben der modernen Zeit genährte Strömung, welche nach Garantien und Schranken zugunsten der Freiheit des Einzelnen gegenüber der Staatsgewalt ruft. Die wiederholten Angriffe gegen den strengen Arrest entspringen dieser Quelle. Die Einseitigkeit dieser Richtung bedarf keines Beweises. Dennoch kann sich der Staatsgedanke als nackte Machttheorie sich ihr nicht innerlich überlegen zeigen, sondern nur dann, wenn die Macht als im Dienste der sittlichen Idee stehend, aufgefaßt wird. Daß dies aber möglich sei, wenn auch unter hartem Herangehen an die Schranken unseres Erkennens, ist schon wiederholt dargelegt. Das Leben ist der Güter höchstes nicht. Dies Wort gilt auch für den Staat.

Neben der Abschreckung hat die Besserung im militärischen Strafrecht ihre Stelle. Die Erziehung des Soldaten in dem militärischen Organismus setzt sich während der Strafverbüßung und mittels ihrer fort. Damit rechtfertigt sich die Forderung eigener militärischer Strafarten, eine Forderung, welche im geltenden Recht nur mangelhaft erfüllt ist, weil man bei Schaffung des Gesetzes zu sehr von dem Gedanken der einfachen Übernahme bürgerrechtlicher Einrichtungen oder wenigstens Namen erfüllt war. Die längere, in Festungsgefängnissen vollstreckte Strafe ist in den Einzelheiten des Dienstes militärisch erziehend gestaltet. Die kürzere Freiheitsstrafe des Arrestes ist dem Disziplinarrecht, in dem sie sich bewährt hat, entnommen. Den neueren Versuchen, an die Stelle der Strafe lediglich bessernde Maßnahmen zu setzen, z. B. Straferlaß durch Straffreiheitserklärung oder ein ihr nahekommendes Herabgehen der Strafe nach Art und Maß, bedingte Begnadigung, sind vom Standpunkte der gerechten Vergeltung aus wenigstens für das Gebiet des militärischen Recht starke Bedenken entgegenzusetzen. Vielleicht ist gerade das Militärstrafrecht berufen, gegenüber der jetzigen Überflutung der alten Welt mit amerikanischen Gedanken die bisherigen Überzeugungen in eine günstigere Zeit hinüberzuretten. Übrigens ist auch die Vergeltungsstrafe keineswegs so starr, daß sie einer passenderen Sühne, als der Buchstabe des Gesetzes sie verlangt, entgegenstünde. Ein Beispiel bietet der § 88 MStGB., der in gewissen Fällen der Feigheit den Ausgleich der Tat durch hervorragende Beweise von Mut — auf verlorenem, mindestens gefahrvollem Posten — gestattet. Auch Anfänge der Wiedereinsetzung sind im militärischen Leben in der Rehabilitierung der in die zweite Klasse des Soldatenstandes Versetzten bereits ausgebildet.

Die Aufgabe der Unschädlichmachung hat für das Heer eine etwas andere Bedeutung, als für die übrige Strafrechtspflege. Der Dauerverbrecher kommt entweder nicht erst ins Heer hinein, weil Zuchthaus zum Heeresdienste unfähig macht — eine Bestimmung, deren Aufhebung oder auch nur Abschwächung ausgeschlossen sein muß, umsomehr als das künftige StGB. voraussichtlich für manche bisher mit Zuchthaus bestraften Verbrecher Gefängnis bereithalten wird — oder er findet während der kurzen Dienstzeit keinen Entwicklungsraum. Schlimmenstenfalls wird er wieder an die bürgerliche Gesellschaft abgegeben. Die Aufgaben des Heeres sind zu ernst, erfordern auch gerade bei der neuzeitlichen Entwicklung des Heereswesens eine zu große Verantwortlichkeit des Einzelnen, als daß man die Armee — entsprechendes gilt stets für die Marine, die sich als jüngere Schöpfung regelmäßig mit der stillschweigenden Verweisung begnügen muß — als Bewahrungsanstalt für Verbrecher verwenden dürfte. (Vgl. das Schrifttum über Wehrpflicht der Verbrecher!) Die Besorgnis, daß Verbrechen gerade zu dem Zwecke begangen werden würden, um dem Heeresdienste zu entgehen, erscheint übertrieben, kann auch nicht ausschlaggebend sein.

Teilweise unter den Gesichtspunkt der Sicherung fällt auch die — neuerdings aus übertriebener Rücksicht auf die Einzelperson bekämpfte — Ehrenstrafe der Versetzung in die zweite Klasse des Soldatenstandes.

Ergänzende Maßregeln zur Bekämpfung militärischer Pflichtverletzungen sind im Heere zahlreich ausgebildet. Der körperliche und geistige Gesundheitszustand wird dauernd beachtet. Er kann zur Ablehnung der Einstellung oder später zur Wiederentlassung führen. Mehr als früher wird dabei auf die Ausmerzung geistig Minderwertiger Wert gelegt, die militärisch wenig leisten, aber dafür sorgen, daß auch das Heer seine Rückfälligen hat. Weiter sind zu erwähnen die weitgehende Disziplinargewalt des Heeres, deren Abgrenzung vom Strafrecht namentlich auf dem Gebiete der Entziehung eines Dienstgrades nicht immer völlig klar ist, und die Abgabe an Disziplinar- und Arbeiterabteilungen. Näheres bei Hoffschulte: Inwiefern sind die Methoden der modernen Verbrechensbekämpfung bereits im Deutschen Militärstrafrecht angewandt? Deutsche Richterzeitung 1912, S. 96 und 150, Arch. Mil. R. **3**, 42 8und in dem schon genannten Aufsatz von Stier: Die Bekämpfung des Verbrechens in der Armee, Arch. Mil. R. **1**, 84.

Die ergänzenden Maßnahmen des gemeinen Strafrechts, wie sie vom VE. und KE. vorgeschlagen werden, wie Unterbringung in eine Irrenanstalt, Trinkerheilanstalt, oder in ein Arbeitshaus, haben für die militärische Strafrechtspflege ein geringes Interesse, müßten jedenfalls, falls sie zur Anwendung kämen, das vorgängige Ausscheiden aus der aktiven Truppe zur Voraussetzung haben.

II.

Fortschritte der Gesetzgebungstechnik.

Zu den Vorzügen des Preußischen MStGB. von 1851 gehörte eine anschauliche, dem Bedürfnisse des täglichen militärischen Lebens entgegenkommende Sprechweise. Das Deutsche MStGB. von 1872 war genötigt, manche Lücken auszufüllen, offen gelassene Fragen zu beantworten. Diese Ergänzungen erschwerten, da die ziemlich willkürliche bisherige Stoffanordnung beibehalten wurde, die Übersicht noch erheblich mehr als früher. Nicht ohne Grund wurden dann an die Stelle konkreter Einzelfälle allgemeine Bezeichnungen gesetzt. Der damit erzielte Gewinn aber wurde durch den Verlust der bisherigen Frische des Ausdrucks erkauft. Mit Recht wird neuerdines mehr und mehr verlangt, daß der Gesetzgeber klar und volkstümlich spreche. Diese Forderung gilt namentlich für das militärische Recht.

Nach Kräften ist dahin zu streben, daß das Gesetz auf sich selbst beruhe, aus sich selbst heraus verständlich sei. Dahin gehört vor allem, daß die allgemeinen strafrechtlichen Grundsätze im Gesetz selbst festgelegt werden, statt daß sie, wie bisher, aus zwei Gesetzbüchern zusammengesucht werden müssen.

Die Anordnung des Gesetzes ist erheblicher Verbesserungen fähig. Was in den allgemeinen Teil gehört, soll auch dahin gestellt werden. Die Vorschriften über die dem Gesetz Unterworfenen würden hiernach an den Anfang gehören. Immerhin bedarf es der Erprobung, ob die bisherige Anordnung, soweit sie von den Verhältnissen des Personenstandes ausgeht und namentlich die Kriegsverhältnisse an den Schluß stellt, nicht auch ihre Vorzüge hat. Im besonderen Teil ließe sich die Anordnung durch Zugrundelegung der verletzten Rechtsgüter noch verbessern.

Da das Gesetz ein organisches Ganzes ist, können auch die Überschriften der einzelnen Abschnitte zur Auslegung verwendet werden, ja gelegentlich kann es als Absicht des Gesetzes gelten, in der Überschrift ein Tatbestandsmerkmal für die sämtlichen im Abschnitt enthaltenen Strafvorschriften zu geben (etwas scharf Ph. O. Mayer, Arch.Mil.R. **3**, 85 zu RMG. **3**, 126 über die Überschrift des X. Abschnitts des MStGB.: Verletzung von Dienstpflichten „bei Ausführung besonderer Dienstverrichtungen"). Scheinbar wird beabsichtigt, dem künftigen StGB. kurze Randbezeichnungen zu jedem Paragraphen mitzugeben. Dies wäre auch für das MStGB. sehr erwünscht. Bereits das Preuß. MStGB. hatte diese Randbezeichnungen, wenn auch unvollkommen, ausgebildet. Natürlich handelt es sich hier um Schlagworte, die dem genaueren Inhalt des Textes nicht vorgehen dürfen. Daß sie für die Auslegung aber von vornherein unerheblich seien, wird sich nicht behaupten lassen.

Für das militärische Strafgesetz gilt ganz besonders die Wachsche Regel: Überflüssiges meiden, Notwendiges sagen! Das jetzige MStGB. ist bereits gegenüber dem Preußischen stark verkürzt. Manches könnte noch weggelassen oder vereinfacht werden, anderes wäre ausdrücklich festzustellen, namentlich, wer dem Gesetz und dessen einzelnen Vorschriften unterliegt. Anlehnend an den § 12 VE., der durch den KE. noch ergänzt ist (z. B. Unternehmen bedeutet: Vollendung und Versuch) und an den § 12 MStGB., der den Begiff der versammelten Mannschaft bestimmt, könnten zweckmäßig eine Anzahl von Rechtsbegriffen, wie Soldat, Untergebener, Befinden im Dienste und in Ausübung desselben (falls man den Unterschied beibehalten will), Waffe, Nachteil, Ausland, Kriegsgesetze, gesetzlich bestimmt werden. Auf Gleichmäßigkeit und Genauigkeit des Ausdrucks ist schon von anderer Seite hingewiesen.

In der Gestaltung der Tatbestände muß eine militärische Sprechweise herrschen, die sich nach Möglichkeit an die in der Wirklichkeit vorkommenden Handlungsweisen anschließt. Eine allzugroße Zersplitterung in Einzelfälle, wie sie z. B. §§ 58 MStGB., 243 RStGB. bieten, ist zu vermeiden.

Die größere Freiheit, die man dem Richter bei der Strafbemessung gewähren kann, wird einschränkend auf die Verzweigung der Tatbestände wirken.

III.

Abgrenzung gegen das gemeine Strafrecht.

Die Frage, in welchem Gesetz eine die militärischen Interessen berührende Vorschrift ihren Platz finden soll, läßt sich nicht lediglich nach logischen Gesichtspunkten entscheiden. Das Herkommen, die leichte Auffindbarkeit für die in erster Linie zur Anwendung des Gesetzes Berufenen, sind mitbestimmend. Schließlich bleibt dem MStGB. die Aufgabe, das zu regeln, was das gemeine Strafrecht zu ordnen unterlassen hat.

Die Geltungsgrundlage des MStGB. ist von jeher eine persönliche. Auf dieser Grundlage behandelt das Gesetz die eigentümlich militärischen Pflichtverletzungen wie auch diejenigen an sich gemeinstrafrechtlichen Delikte, welche infolge gleichzeitiger Verletzung militärischer Pflichten als besondere militärische Straftaten angesehen werden. (Die Grenze ist flüssig!) Damit sind zahlreiche Tatbestände des gemeinen Rechts für Soldaten außer Anwendung gesetzt. Zweifel, die hinsichtlich der im MStGB. für Beamte geltenden Strafdrohungen jetzt bestehen, werden später ausgeschlossen werden müssen. Der Kreis der zu übernehmenden Straftaten wird zu erweitern sein. Eine Herübernahme z. B. des Duells der Militärpersonen des MStGB. (vgl. ArchMil.R. 1, 272, **3**, 476) ist aber, wie schon hier bemerkt sein mag, ausgeschlossen. Nicht immer völlig klar von der letztgenannten Klasse geschieden sind bisher die allgemeinen Bestimmungen, welche für die Behandlung gemeiner Delikte, falls sie von Soldaten begangen werden, in einzelnen Punkten Abweichungen oder Ergänzungen bringen, wie z. B. § 29 MStGB. betr. Verzug der Freiheits- vor der Geldstrafe in gewissen Fällen, oder § 127 MStGB. betr. Unnötigkeit des Strafantrages im Felde für gewisse Straftaten oder die Vorschriften über die Verhängung militärischer Ehrenstrafen.

Gleichfalls ins MStGB. gehören die Vorschriften, welche, namentlich für Kriegszeiten, unter gewissen örtlichen, sachlichen oder persönlichen Voraussetzungen den Kreis der dem MStGB. Unterworfenen ausdehnen. So weit allerdings, wie im § 161 MStGB. die räumlich erweiterte Herrschaft der bürgerlichen Strafgesetze ausgesprochen wird, sind es nur äußere Gründe, welche das MStGB. an die Stelle des eigentlich zuständigen bürgerlichen Strafgesetzes treten lassen.

Die Bestimmungen über die Teilnahme von Zivilpersonen an militärischen Straftaten, deren Heimatsrecht streitig sein konnte, ist jetzt in § 80 des KE. getroffen, und zwar im Sinne der bisher herrschenden, nicht ohne Grund oft, so zuletzt Arch.Mil.R. **4**, 225, bestrittenen Rechtsprechung der obersten Gerichte. (Ob die Fassung des KE. genügend klar ist, kann allerdings erst beurteilt werden, wenn der Wortlaut vorliegt.)

Verletzungen militärischer Interessen, die durch Zivilpersonen so gut wie durch Soldaten begangen werden können, gehören grundsätzlich ins gemeine Strafrecht. Beispiele: Der Verrat militärischer Geheimnisse, §§ 126 VE. betr. Widerstand gegen die bewaffnete Macht, 148—154 VE. betr. Vergehen gegen die Wehrpflicht, Heer und Marine, 197 VE. betr. Bestechung eines Mitglieds der bewaffneten Macht, § 307 Ziff. 3 VE. betr. Auswanderung Wehrpflichtiger. Auch Strafbestimmungen zum Schutze des militärischen Dienstes, wie sie im Arch.Mil.R. **4**, 369, 441, 470, DJZ. **13**, 340 erörtert sind, würden hierher gehören. Die Reform des MStGB. hat aber Grund, sich um diese Bestimmungen des gemeinen Rechts zu kümmern, weil sie insoweit selbst entlastet wird, oder weil sie bei Aufstellung entsprechender Vorschriften, z. B. über Selbstverstümmelung und Wehrbetrug, gegen Soldaten die gemeinrechtlichen Vorschriften zum Vergleich heranziehen muß.

Zweiter Hauptteil.

A.

Einfluß im allgemeinen Teil.

Die Notwendigkeit eines in sich geschlossenen Gesetzes.

Der § 2 des Preußischen MStGB. bestimmte: „Insoweit dieses Strafgesetzbuch, die Kriegsartikel und die Militärgesetze nichts anderes vorschreiben, verbleibt es bei den Vorschriften der allgemeinen Landesgesetze und Verordnungen, bei deren Anwendung jedoch die militärischen Dienstverhältnisse besonders zu berücksichtigen sind." Hierzu bemerkt bereits der Flecksche Kommentar, das MStGB. sei ein „Spezialrecht" mit einer Sammlung militärischer Verbrechen und ein „Singularrecht" mit einer Zusammenstellung von Abweichungen vom gemeinen Strafrecht. Die Eigenschaft als Sonderrecht ist im § 2, die als Ausnahmerecht im § 3 des jetzigen Gesetzes behandelt, allerdings nicht in einer Weise, daß man von einem wesentlichen

Fortschritt über die wenig klare Fassung des Preußischen Gesetzes heraus sprechen könnte.

Der § 2 des jetzigen MStGB. bestimmt: „Diejenigen Bestimmungen, welche nach den Vorschriften des Deutschen Strafgesetzbuchs in Beziehung auf Verbrechen und Vergehen allgemein gelten, finden auf militärische Verbrechen und Vergehen entsprechende Anwendung."

Hiernach und nach dem Inhalt der nachfolgenden Vorschriften des MStGB., auch nach der Entstehungsgeschichte ist anzunehmen, daß das MStGB. sich die selbständige Aufstellung eines allgemeinen Teils sparen wollte, und sich damit begnügte, mittels des § 2 den allgemeinen Teil (einschließlich der einleitenden Bestimmungen) hinüberzunehmen, so daß diese Bestimmungen angesehen werden sollten, als wenn sie im Gesetz selbst stünden. Die nötigen Abweichungen wurden denn als Ausnahmen besonders bestimmt.

Diese enge Auslegung stieß aber bei der Handhabung des Gesetzes auf Schwierigkeiten. Im besonderen Teil des Gesetzes sind mehrfach Begriffe, die auch im gemeinen Strafrecht vorkommen, wie Diebstahl, Unterschlagung, Beleidigung ohne nähere Erläuterung angeführt. Man konnte noch annehmen, daß die Bestimmung dieser Begriffe im gemeinen Strafrecht damit einfach übernommen werden sollten. Allerdings waren Zweifel möglich. So ist neuerdings mit gewichtigen Gründen die Ansicht vertreten, daß der Begriff der Beleidigung für das MStGB. völlig selbständig dem Sprachgebrauch zu entnehmen sei. Auch waren Zweifel möglich, welche Bestimmungen denn den Begriff einer strafbaren Handlung bildeten, so namentlich, ob der § 193 StGB. betr. Wahrnehmung berechtigter Interessen noch den Begriff der Beleidigung mit bilden helfe. Konnte man diese Übertragung noch ohne Zuhilfenahme des § 2 ausführen, so schien es doch nicht möglich, ohne weiteres aus den gemeinrechtlichen Strafbestimmungen über Diebstahl, Unterschlagung und Sachbeschädigung die Bestimmung über die Strafbarkeit des Versuchs auf die §§ 137, 138 MStGB. zu übertragen. Man versuchte nun, auch diese Vorschriften über die Strafbarkeit des Versuchs als solche, welche „in Beziehung auf Verbrechen und Vergehen allgemein gelten" zu bezeichnen, um so ihre Anwendbarkeit auf den § 2 zu stützen. Diese Auslegung, welche sich die Plenarentscheidung RMG. 1, 134 zu eigen machte, mußte sich den Vorwurf gefallen lassen, daß die auf ein besonderes Vergehen bezogenen Bestimmungen doch nicht als „allgemeine" bezeichnet werden könnten. Brauchbar auch für diese Fälle wäre allerdings die von M. E. Mayer vorgebrachte Deutung, daß der § 2 nicht auf dem Unterschied zwischen allgemeinen und besonderen Vorschriften innerhalb des StGB. fußen, sondern die sämtlichen Bestimmungen des StGB. als allgemeine, als gemeines Recht zur Grundlage des militärischen Sonderrechts habe machen wollen. Ob aber diese Deutung der Gesetzesabsicht entspringt, erscheint sehr zweifelhaft.

Unter den zur Übernahme in Frage kommenden Bestimmungen des besonderen Teils des StGB. fanden sich aber einzelne, welche auf die militärischen Verhältnisse nicht zu passen schienen. Nach dem Vorgange des Kommentars von Koppmann (2. Auflage) erklärte daher der schon genannte Plenarbeschluß des RMG. es als zulässig, diejenigen Bestimmungen — es wurde namentlich der § 193 StGB. hierher gerechnet — welche mit den Anforderungen der militärischen Disziplin nicht vereinbar seien, abzulehnen. Dies wurde durch den Hinweis auf das Wort: „entsprechende Anwendung" sehr notdürftig begründet. Der allgemeine Widerspruch, der sich gegen diese Art der Beweisführung erhob, scheint aber nach RMG. **16**, 8 (II. Sen.) und 117 (I. Sen.) doch nicht ganz ohne Wirkung geblieben zu sein.

Die Reihe der Streitfragen könnte noch weiter aufgerollt werden. Aber das Gesagte dürfte bereits genügen, um nachzuweisen, auf wie schwankendem Grunde das Gesetz mittels des § 2 aufgebaut ist. Der oberste Gerichtshof hat sich schließlich genötigt gesehen, selbst die Aufgaben des Gesetzgebers, die dieser ungelöst liegen ließ, in Angriff zu nehmen. Wird nun ein neues StGB. eingeführt, so könnte man vielleicht annehmen, daß nun der § 2 sich auf das neue Strafgesetz bezieht. Aber die Reihe der Zweifelsfragen würde dann voraussichtlich noch erheblich vermehrt werden. Nicht nur im Interesse der Übersichtlichkeit, sondern auch um den Gesetzgeber zu zwingen, sich über die zu treffenden Entscheidungen klar zu werden, muß verlangt werden, daß das künftige StGB. sich auf eigene Füße stellt. Dabei kann bereitwillig anerkannt werden, daß das Militärstrafrecht in zahlreichen Punkten von dem mit viel reicheren Mitteln arbeitenden bürgerlichen Strafrecht lernen kann. Auch Verweisungen auf bestimmte einzelne hier selten oder nie zur Anwendung kommende Bestimmungen des bürgerlichen Strafrechts an Stelle der Wiederholung des Wortlauts mögen sich öfter empfehlen. Daß eine selbständige Darstellung erreichbar ist, hat das Bayerische MStG. von 1869 gezeigt.

Die tiefere Bedeutung dieser Frage aber, die keineswegs eine bloß technische ist, liegt in folgendem:

Die Begründung des Entwurfs zum MStGB. bemerkt: „Leitender Gedanke war, das Militärstrafrecht in bezug auf systematischen Aufbau des Gesetzes tunlichst dem deutschen Zivilstrafrecht, insbesondere also dem Strafgesetzbuch für das Deutsche Reich, zu assimilieren, es mit den leitenden Gedanken desselben und dadurch mit den Anforderungen der heutigen Strafrechtswissenschaft in Einklang zu bringen, beides aber immer nur insoweit, als die besonderen Bedürfnisse des Heeres und die als oberstes Gesetz geltende Rücksicht auf die Erhaltung der Disziplin in demselben damit vereinbar erschien." Dieser Leitgedanke wurde auch vom Bundesratsbevollmächtigten Friedberg bei der ersten Beratung scharf zum Ausdruck gebracht. Also Anpassung an das bürgerliche Recht war die treibende Kraft, die Rücksicht auf die Disziplin, obwohl ganz richtig als oberstes Gesetz bezeichnet, erst in zweiter Linie als Ausnahme! Sobald aber an eine vollständige Ausarbeitung herangetreten wird, kehrt sich das Verhältnis von selbst um. Die sachlichen Rücksichten treten in den Mittelpunkt die Angleichungswünsche kommen ins zweite Treffen. Nichts anderes hat Moltke sagen wollen, wenn er verlangt, sich bei Schaffung eines Gesetzes für die Armee auf den „militärischen Standpunkt" zu stellen. Nur darf dazu, und namentlich zu obiger Bemerkung der Begründung gesagt werden, daß der „juristische Standpunkt", so wie er heutzutage wenigstens aufgefaßt wird, keine lebensfremde, der praktischen Anwendung abgekehrte Theorie ist, sondern daß für ihn das suum cuique, die richtige Rangordnung der Werte stets die erste Forderung bleibt. Übrigens beruhten die mehrerwähnten Angleichungswünsche, deren eigentlicher Träger s. Z. der Reichstag war, keineswegs lediglich auf formalen Rücksichten. Sie waren vielmehr bestimmt, die Bahn zu ebnen, auf der die in der Richtung des Schutzes des Interessenkreises des Individuums liegenden Gedanken des allgemeinen Rechts ins militärische Strafrecht hinübergleiten konnten. Daß die Bedenken, welche man schon damals, z. B. hinsichtlich der Strafarten, gegen diese ganze Auffassung hätte erheben können, gegenüber dem Entwurf des künftigen StGB. in verstärktem Maße bestehen, wird zu einzelnen Punkten noch näher nachzuweisen versucht werden.

B.

Durchprüfung der Einzelbestimmungen des allgemeinen Teils.

Die gestellte Aufgabe ergab den Anschluß an die Ordnung des Kommissionsentwurfs. Die angeführten Paragraphen sind dabei nach dem Vorentwurf gezählt, da über eine abweichende Zählung des Kommissionsentwurfs bei der Niederschrift noch nichts bekannt war.

Der Abschnitt des MStGB.: Einleitende Bestimmungen und der Schlußabschnitt, enthaltend Zusatzbestimmungen für die Marine, könnten aufgelöst werden.

Erster Abschnitt.

Geltung und Sprachgebrauch des Gesetzes.

I. Zeitlich-persönliche Geltung. Die Frage der zeitlichen Geltung des künftigen MStGB. bezieht sich in erster Linie auf das Verhältnis zum jetzt geltenden MStGB. Insoweit wäre es gerechtfertigt, die nötigen Bestimmungen ins Einführungsgesetz aufzunehmen. Indessen kommen auch etwaige spätere Änderungen, z. B. Einschiebung neuer Tatbestände und Milderung oder Schärfung von Strafsätzen, in Betracht. Dies spricht für die Aufnahme ins Gesetz selbst. Dorthin würde ja auch der erste Satz des § 2 VE. insofern gehören, als er verbietet, eine Bestrafung lediglich auf Analogie zu gründen. Vielleicht wäre dieser Zweck der Bestimmung in den Vordergrund zu stellen, wie dies v. Bar bei Aschrott und v. Liszt, Reform S. 39, vorschlägt. Die Tragweite einer Änderung des Beginns der Verjährung bei Fahnenflucht wäre ausdrücklich zu regeln.

Es ist streitig, welchen Einfluß die Änderung eines außerhalb des Strafgesetzes liegenden Gesetzes auf die Strafdrohung hat. Für das Gebiet des militärischen Rechts hat die Änderung des Beginns der Verjährung der Fahnenflucht infolge Änderung der Wehrgesetze früher erhebliche Zweifel wachgerufen, dem gegebenenfalls durch ausdrückliche Regelung vorzubeugen wäre.

Nach den Beschlüssen der 2. Lesung des KE. soll die Anwendung des günstigsten Gesetzes im Falle einer Änderung der Anordnug von Maßregeln der Besserung oder Sicherung auf Grund des späteren Gesetzes nicht entgegenstehen. Vgl. v. Bar a. a. O. S. 41. Diese Vorschrift erscheint für das MStGB. verwendbar.

Die vom KE. hinzugefügten Bestimmungen über das ausnahmsweise Fortbestehen aufgehobener Gesetzesbestimmungen für die noch abzuurteilenden Fälle dürften für das MStGB. entbehrlich sein.

Dagegen wäre erwünscht gewesen, daß der KE. die im § 2 Abs. 3 GE. vorgeschlagene Bestimmung über den Fortfall bereits erkannter Strafen oder Maßnahmen infolge Fortfalls des Gesetzes übernommen hätte, wie dies auch von Olshausen S. 28 vorgeschlagen wird. Allerdings bliebe zu erwägen, auf welche Weise dieser Gedanke zur prozessualen Durchführung kommen sollte.

Besondere Zeitbestimmungen innerhalb der allgemeinen zeitlichen Geltung des Gesetzes ergeben sich zunächst daraus, daß das MStGB. als Gesetzbuch für den Soldaten und die ausnahmsweise ihm gleichgestellten Personen in gleicher Weise höchstpersönlicher Natur ist, wie das soldatische Pflichtverhältnis selbst, an welches es sich unmittelbar anschließt.

Nun hat die Zugehörigkeit zum Soldatenstande für den Einzelnen jedesmal einen Anfang und ein Ende. Die Gesetzgebung muß darauf achten, die Folgen dieser Übergänge für die Bestrafung — vgl. militärische Ehrenstrafen wegen der vor dem Dienstantritt begangenen Handlungen — und für die Vollstreckung — z. B. von Freiheitsstrafen nach dem Ausscheiden — klarzustellen.

Innerhalb dieses Zeitraums der Zugehörigkeit fällt die Anwendungszeit der sogenannten „Kriegsgesetze", welche an die Voraussetzung der Begehung im Felde (§§ 9, 10 StMGB.), teils als strafbegründenden, teils als straferhöhenden Merkmals gebunden sind. Die Gesetzgebung wird sich darüber schlüssig werden müssen, ob Kenntnis dieser Voraussetzung seitens des Täters zu verlangen ist.

Als Tatbestandsmerkmale — tunlichst im allgemeinen Teil — wären auszubilden die gleichfalls auf zeitlicher Grundlage beruhenden Voraussetzungen der Ausübung des Dienstes und des verwandten Sichbefindens im Dienste, oder der Begehung der Tat vor dem Feinde (§§ 11, 163 MStGB.). Entsprechendes gilt für die Begehung militärischer Straftaten gegen Militärpersonen verbündeter Staaten nach § 8 MStGB.

Gleichfalls persönlich-zeitliche Bedeutung haben die Bestimmungen über die Unterwerfung der Personen des Beurlaubtenstandes und der Militärbeamten unter das Gesetz. Teilweise sind hier auch sachliche Abstufungen infolge Beschränkung auf einzelne Teile des Gesetzes vorhanden. Die Behandlung der Kontrollversammlungen enthält, wie die Beratung der im Frühjahr 1914 regierungsseitig eingebrachten Vorlage zeigt, den Stoff zu erheblichen theoretischen und praktischen Meinungsverschiedenheiten.

Zeitlich beschränkt, und zwar auf Kriegszeiten, meist auch persönlich, teilweise örtlich begrenzt, sind die Vorschriften über die Anwendung des Gesetzes auf Heeresgefolge, Kriegsgefangene, Straftaten auf dem Kriegsschauplatz und im besetzten Gebiete.

Ein näheres Eingehen auf diese Punkte liegt nicht im Bereiche der gestellten Aufgabe. Ob die jetzige Anordnung, welche, obwohl in Einzelheiten verbesserungsfähig, doch bei ihrer Anpassung an das Hauptgebiet, die aktive Soldateneigenschaft in Friedenszeiten, Einfachheit und Klarheit des Ausdrucks festhält, beizubehalten ist, oder ob eine systematisch richtige Reihenfolge, welche wiederum zur Beseitigung mancher Zweifel namentlich hinsichtlich der Verhältnisse in Kriegszeiten führen würde, vorzuziehen sei, muß der Versuch entscheiden.

II. Örtlich-persönliche Geltung. 1. Bürgerliches Strafrecht. Das in den §§ 3—9 StGB. dargestellte, gegenwärtig geltende Recht geht vom Grundsatz der Beschränkung auf das Staatsgebiet aus. Ergänzungen, jedoch in engen Grenzen, bilden der — gleichmäßig auf Deutsche und Ausländer bezogene — Schutzgrundsatz, dem nur wenige strafbare Handlungen unterstellt sind, und der Grundsatz der persönlichen Geltung für Reichsangehörige im Auslande, der zum großen Teil durch die Unzulässigkeit der Auslieferung eigener Reichsangehöriger an eine fremde Macht bedingt ist und daher auf das Recht des Staates des Begehungsortes Rücksicht nimmt.

Der VE. geht zwar auch vom Grundsatz der Geltung im Staatsgebiet aus, erweitert aber die Anwendung des Schutzgrundsatzes wie des Persönlichkeitsgrundsatzes in einer Weise, die die Souveränität der übrigen Staaten bedenklich streift, und auch sonst weder gerecht noch nützlich erscheint.

Die KE. hat denn auch die Anwendung der beiden Ausnahmegrundsätze wieder etwas eingeschränkt. Auf dem Gebiete des Schutzgrundsatzes ist die allgemeine Formel: „Begehung gegen einen Deutschen" gestrichen, soweit nicht die Tat auf staatenlosem Gebiete begangen wurde. Auf dem Gebiete des Persönlichkeitsgrundsatzes sind zwar eine ganze Anzahl von Straftaten als unbedingt strafbar hervorgehoben, im übrigen aber wird, wie schon im geltenden Recht, Strafbarkeit zugleich nach dem Gesetz des Ortes der Tat verlangt. (Leider scheint man die Bestimmung des Begriffs des Inlandes in der Hauptsache dem Völkerrecht überlassen zu haben.)

Übertretungen, im Auslande begangen, sollen nur verfolgbar sein, wenn besondere Gesetze und Verträge es bestimmen.

2. Militärstrafrecht. Das militärische Strafgesetz ist, wie bereits bemerkt, persönlicher Natur. Es knüpft — in seinem Regelfall — die Strafdrohung an die Voraussetzung der Zugehörigkeit zum Heere. Das durch diese Zugehörigkeit begründete besondere Pflichtverhältnis ist aber an keinen Ort gebunden. Ein Eingriff in fremde Souveränitätsrechte liegt keinesfalls in der Bedrohung der militärischen Pflichtverletzung, wo sie auch begangen sein möge, mit Strafe. Auch sonst haben die Gründe, welche im Gebiet des gemeinen Rechts für die Einschränkung des Persönlichkeitsgrundsatzes angeführt werden, hier keine durchschlagende Bedeutung. Mit Recht bestimmt daher Art. 10 des BayerMStGB., daß,

zwischen Begehung im Inlande und im Auslande kein Unterschied gelte. Das jetzige MStGB., in Anlehnung an § 2 des Preuß. Ges. v. 15. April 1852, macht im § 7 die übrigens geringfügige, nur die beurlaubten oder unerlaubt abwesenden Militärpersonen freilassende Einschränkung, daß die Militärpersonen sich bei den Truppen oder sonst in dienstlicher, z. B. diplomatischer Stellung befinden müssen.

Aber auch auf dem Gebiete des gesamten bürgerlichen Rechts erscheint es gerechtfertigt, auf die im Auslande befindlichen (aktiven) Heeresangehörigen unbedingt, also ohne Rücksicht auf das fremde Recht, abgesehen etwa von der Anrechnung einer bereits vollstreckten Strafe, das einheimische Recht in Anwendung zu bringen. Dies tut auch schon das geltende Recht im § 7 MStGB. mit der schon erwähnten, auch hier nicht hinreichend begründeten Einschränkung. Ob, wie dies bisher der Fall, auch Übertretungen umfaßt werden sollen, ist eine — eher zu verneinende — Frage ohne erhebliche praktische Bedeutung.

Wie einst die Legionen ihr Recht mit sich führten, wohin auch die römischen Adler flogen, so ist es auch jetzt noch ein Gebot innerer Notwendigkeit, daß das Heer in Kriegszeiten von seinem Rechte begleitet wird. Die Gewalt, welche das Heer dort übt, wo es sich gerade befindet, handhabt das Recht des Heimatstaates.

Diese im Kern persönliche, örtlich und zeitlich nur durch die Grenzen der Herrschgewalt des Heeres eingeengte Unterwerfung unter das Strafgesetz bezieht sich nach geltendem Recht gemäß §§ 155—159 MStGB. zunächst auf Personen, die als Heeresgefolge oder Kriegsgefangene zum unmittelbaren Machtbereich gehören, und die deshalb den aktiven Soldaten insoweit gleichgestellt werden. Nach der Begründung und der älteren Auslegung, die auch im Gesetzestext, wie der Vergleich von §§ 155, 158 MStGB. mit § 161 (Strafvorschriften des Gesetzes — Gesetze des Deutschen Reichs) zeigt, einen Anhalt findet, sollte nur die Unterwerfung unter die Strafdrohungen wegen militärischer Strafdrohungen gemeint sein. Neuerdings (doch auch schon bei Solms) versucht man durch Heranziehung des § 7 MStGB. auch die Anwendung des bürgerlichen Strafrechts auf diese Personenklasse zu begründen.

Kann man die bisher genannten militärrechtlichen Sonderfälle noch im ganzen dem § 4 Ziff. 1 des VE. (Begehung von Straftaten jeder Art durch Deutsche) anreihen, so schließen die jetzt noch anzuführenden Fälle mehr der Ziff. 2 a. a. O. (Begehung bestimmter Verbrechen gegen den Staat oder von Straftaten jeder Art gegen Deutsche oder deutsche Beamte) an. Bestimmte schwere Angriffe auf die Sicherheit des Heeres, nämlich

Kriegsverrat und Beraubung Toter oder Verwundeter. auf dem Kriegsschauplatze werden nach § 160 MStGB. bedroht. Straftaten jeder Art werden nach § 161 MStGB. gleichwie im Inlande geahndet, wenn sie in besetztem ausländischen Gebiete gegen deutsche Truppen und Behörden begangen werden. Es handelt sich im § 161 praktisch nur um bürgerliche Straftaten namentlich der Bewohner des feindlichen Landes, mithin um eine Ergänzung der Bestimmungen des StGB., die nur aus äußeren, allerdings berechtigten, Gründen ins MStGB. aufgenommen ist.

Alle diese Vorschriften, soweit sie das bürgerliche Strafrecht berühren, werden auch neben dem KE., ihn abändernd oder ergänzend, bestehen bleiben können.

III. Kontrollversammlungen. Anhangsweise mag hier mit Rücksicht auf das starke Interesse, das sie neuerdings gefunden hat, die Frage kurz berührt werden, ob die Beorderung zur Kontrollversammlung Zugehörigkeit zum aktiven Heere, und dann natürlich gemäß § 38 RMG. für den ganzen Tag begründet. Eine Entscheidung des Reichsgerichts hat diese Ansicht im Jahre 1885 aufgebracht, während bis dahin, wie mir auch ein alter preußischer Auditeur bestätigt hat, die Praxis der Militärgerichte einen anderen Standpunkt einnahm. Begründet war die Entscheidung im wesentlichen damit, die Kontrollversammlung sei „Dienst". Diese Entscheidung mußte in dem Augenblick unzulänglich erscheinen, als das RMG. **9**, 179 die ältere, fast vergessene Auffassung zu Ehren brachte, daß es auch einen Dienst im Beurlaubtenverhältnis, also während der Fortdauer der Beurlaubung, gäbe. An diese Entscheidung knüpften sich denn auch die Bestrebungen, welche darauf ausgingen, die Kontrollversammlung als Dienst im Beurlaubtenverhältnis zu erweisen. Danach würden während der Dauer der Kontrollversammlung die Beurlaubten nach § 6 MStGB. dem MStGB. unterstehen, nicht aber vor und nach derselben. Für diese Lösung neuerdings Hamm, DJZ. 1913 S. 1355. Eine eingehende Behandlung des gesamten Stoffes gibt Gerland, Die Kontrollversammlungen und der § 38 B 1 des Reichsmilitärgesetzes, Tübingen 1914, eine kürzere, nicht unanfechtbare Darstellung bietet Höpfner, DStrZ. 1914 S. 115. Wenn die Beweisführung jetzt etwas stark ihre Richtung gegen das Reichsmilitärgericht, welches in der Kontrollversammlungsfrage den bisherigen Standpunkt beibehielt, wendet, so darf wohl darauf aufmerksam gemacht werden, daß erst die obengenannte Entscheidung dieses Gerichtshofes, RGM. **9**, 179, den Weg zur erneuten Prüfung gewiesen hat, und daß ohne sie die bereits 1886 von Häcking im Arch. f. Strafr. **34**, 452 gegebene Lösung des Problems wahrscheinlich heute noch ebenso begraben sein würde, wie es bis 1908 tatsächlich der Fall gewesen ist. Über die geschichtliche und dogmatische Seite der Auslegung ist nach Gerland kaum etwas mehr zu sagen. Was aber die Frage des überwiegenden Interesses anlangt, so ist doch wohl davon auszugehen, daß in der Regel jeder am besten selbst weiß, ob seine Interessen berührt werden, daß also hier die Heeresverwaltung und die Staatsregierung in erster Linie zum Urteil berufen sind. Daß aber diese Stellen auf die Beibehaltung des jetzigen Zustandes Wert legen, haben die diesjährigen Reichstagsverhandlungen ergeben. Gewiß sind die früheren Abhandlungen über diese Frage nicht nur der Theorie zuliebe geschrieben worden. Man empfand die Bestrafung in manchen Fällen als nicht mit dem wirklichen Wert der Tat in Einklang stehend. Manches kam da zusammen: eine sehr strenge Irrtumslehre, die Annahme eines Aufruhrs schon von zwei Personen, die Vorgesetzteneigenschaft der preußischen Gendarmen — für deren Aufrechterhaltung sich übrigens im „Tag" vom 2. Mai 1914 eine beachtenswerte Stimme erhoben hat —, endlich die den ganzen Tag fortdauernde Vorgesetzteneigenschaft auch der nicht in Uniform befindlichen Beurlaubten höheren Dienstgrades. Es handelte sich aber nicht allein um das Einzelschicksal der betroffenen Personen. Vielmehr litt auch das Ansehen der Militärjustiz darunter, daß diese Einzelfälle ein ganz falsches Bild von der militärischen Rechtspflege, welche doch nach den von Dietz mehrfach gegebenen Nachweisen keineswegs zu übertriebener Härte neigt, geben mußten. Es genügt, auf den Erfurter Fall zu verweisen. Auf der anderen Seite liegen schutzbedürftige Interessen vor, welche durch die Annahme eines aktiven Dienstes für den ganzen Tag gewahrt werden. Dahin gehört, was allgemein, auch z. B. von Gerland und Hamm, zugegeben wird, der Schutz der die Kontrollversammlung leitenden Vorgesetzten, und der Beurlaubten höherer Dienstgrade in der Zeit vor und nach der Kontrollversammlung. Über die sachlichen und zeitlichen Grenzen dieses Schutzes ließe sich wohl ein Einvernehmen erzielen. Vorschläge bei Gerland S. 110 (etwas eng) und bei Hamm. Der von Gerland S. 98 verlangten Statistik der vorgekommenen Fälle ist allerdings keine entscheidende Bedeutung zuzusprechen, da in ihr gerade die Vorfälle fehlen, die durch die jetzige strenge Auffassung und durch die steten Belehrungen der Beurlaubten in diesem Sinne vermieden sind. Auch die Bedenken hinsichtlich der politischen Betätigung der Beurlaubten am Kontrollversammlungstage scheinen bei Gerland S. 100 unterschätzt zu sein. Wenn nach Schluß der Kontrollversammlungen die Beurlaubten von staatsfeindlichen Agitatoren geschlossen in die Versammlungshäuser geführt werden — ein Fall, dessen Möglichkeit doch nicht ganz außer acht gelassen werden darf —, wenn also die Zusammenberufung den schließlichen Erfolg hat, die Verfolgung staatsfeindlicher Bestrebungen zu erleichtern, so haben sie gewiß ihren Zweck verfehlt. Sobald erst der Schutz auch dieses Interesses als eine berechtigte Forderung anerkannt sein wird, wird über die juristische Konstruktion schon ein Einverständnis herbeizuführen sein.

IV. Sprachgebrauch des Gesetzes. Dem §12 KE entsprechend wird es von Vorteil sein, die gesetzliche Bedeutung bestimmter, oft wiederkehrender Bezeichnungen gleich am Anfang festzustellen. Beispiele: versammelte Mannschaft, Sichbefinden im Dienste, Ausübung des Dienstes, Begehung im Felde, Heeresangehörige, Soldat, Beamter, Vorgesetzter, Untergebener, Wache, Beurlaubter, Gewalt, Tätlichkeit, Waffe, Gefahr, Nachteil, Unternehmen. Einzelne Begriffe, wie Dienst, Befehl in Dienstsachen, Diensthandlung, werden ihre nähere Ausgestaltung allerdings wohl nur an der Hand der dem militärischen Leben folgenden Rechtsprechung erlangen können.

Zweiter Abschnitt.

Die strafbare Handlung.

I. Dreiteilung. Der KE. hat unter einer etwas farblosen, aber gerade darum einen guten Sammelnamen abgebenden Überschrift die Vorschriften über die Einteilung der strafbaren Handlungen, über Zeit und Ort der Tat und über Begehungsdelikte durch Unterlassung zusammengestellt.

Einem allgemeinen Verlangen nachgebend, hat der KE. entgegen dem VE. die Übertretungen als besonderes Buch ausgeschieden, und damit, wie anzunehmen, die oft geforderte Unterscheidung zwischen Justiz- und Polizeidelikten anerkannt. Das MStGB. hat diesen Schritt bereits getan. Es kennt im § 1 nur militärische Verbrechen und Vergehen, während die Übertretungen von Pflichten der militärischen Zucht und Ordnung der Disziplinarbestrafung überlassen sind. Die Anerkennung der bürgerlichen Übertretungen als nicht nur gradweise, sondern dem inneren Wesen nach von den Justizdelikten unterschiedener Ordnungswidrigkeiten wird voraussichtlich in Zukunft die Inanspruchnahme der Disziplinargewalt zur raschen und militärisch angemessenen Ahndung der von Soldaten begangenen Übertretungen gerechtfertigt erscheinen lassen. Näheres darüber Arch. Mil. Recht **4**, 434, **5**, 161, 163, 173, und unten unter III.

Die Einteilung der kriminell strafbaren Handlungen, der sog. Justizdelikte in Verbrechen und Vergehen hat der KE. beibehalten.

Eine mit dem Tode, mit Zuchthaus oder mit Einschließung von über fünf Jahren bedrohte Handlung ist ein Verbrechen, eine mit Gefängnis, mit Einschließung bis zu fünf Jahren oder mit Geldstrafe von über dreihundert Mark bedrohte Handlung ist ein Vergehen. (Wie kurz und klar der GE.!)

Dem militärischen Recht ist diese Zweiteilung, die das Preußische MStGB. noch ablehnte, innerlich noch fremder als dem bürgerlichen. Sie lebt nicht im militärischen Bewußtsein, sie findet keinen klaren Ausdruck im Strafensystem. Die Unterschiede der Behandlung werden in Zukunft noch erheblich geringer sein als früher. Die Bedeutung für den Prozeß als Zuständigkeitsnorm ist im bürgerlichen Verfahren bis zur Unkenntlichkeit herabgeschmolzen, im Militärstrafverfahren überhaupt nicht vorhanden. (S. aber § 338 MStGO. betr. notwendige Verteidigung.) Für das militärische Recht erscheint also die Zweiteilung entbehrlich. Wird sie im Interesse der Gleichmäßigkeit und als Spracherleichterung, vor allem auch zur Sicherung der gleichen Rangordnung der militärischen und bürgerlichen Justizdelikte beibehalten, so wäre es erwünscht, zugleich einer zusammenfassenden Bezeichnung, etwa unter dem Ausdruck „militärische Straftat", die gesetzliche Weihe zu geben.

II. Militärische Straftaten sind die dem militärischen Pflichtenkreise eigentümlichen strafbaren Handlungen, deren Tatbestände und Strafen festzustellen die Hauptaufgabe des militärischen Strafgesetzes sein muß. Sie sind von den bürgerlichen Straftaten unterschieden durch einzelne nur sie betreffende Vorschriften allgemeiner Natur, vor allem aber durch ein Strafsystem, das, trotz reichlich weitgehender Annäherung an das bürgerliche, namentlich in der Arreststrafe auf die militärischen Verhältnisse Rücksicht nimmt. Auch für die Bestimmung der Gerichtsbarkeit ist die Eigenschaft der Straftat von Bedeutung. Es ist daher notwendig, daß das Gesetz deutlich bestimmt, was militärische Straftat sei, und was nicht. Nach dem Zweck des militärischen Strafgesetzes sind es naturgemäß die in diesem — und in etwaigen unselbständigen Ergänzungen — enthaltenen strafbaren Handlungen, oder, wie § 1 MStGB. sich ausdrückt, Handlungen, welche dieses Gesetz mit Strafe bedroht.

Daß aber mit dieser Bestimmung nur ein ungefährer Anhaltspunkt gegeben ist, zeigt ein Blick auf den jetzigen Rechtszustand und auf dessen zahlreiche, noch keineswegs ausgetragene Streitfragen. Ebenso lehrt eine nähere Betrachtung des Inhalts der militärischen Straftaten, daß die Schwierigkeiten in der Sache selbst begründet liegen. Nur ein Teil der militärrechtlichen Tatbestände erweist sich als in allen Teilen eigenartig und selbständig. Andere Tatbestände dagegen besitzen Verwandtschaft mit den Tatbeständen des bürgerlichen Strafrechts, ja lassen sich teilweise als Unterfälle gemeinrechtlicher Tatbestände, welche durch Hinzufügung einzelner Merkmale militärischer Natur ergänzt sind, auffassen. Das geltende Recht macht sich diese Verwandtschaft zu nutze, indem es — nicht nachahmenswert — Verbrechensbegriffe wie Strafdrohungen durch Verweisung einfach aus dem bürgerlichen Recht herübernimmt, wie dies z. B. im § 138 Abs. 2 MStGB., schweren oder Rückfalldiebstahl gegen Kameraden usw. betreffend, der Fall ist. Endlich enthält das Gesetz eine Anzahl von Tatbeständen, welche aus Verbindung eines Tatbestandsmerkmals, das die verletzte besondere militärische Pflicht angibt, mit gleichviel welchem — auch bürgerlichen — Verbrechen oder Vergehen hergestellt sind. Vgl. §§ 115, 116 MStGB. betr. Verleitung Untergebener zu strafbaren Handlungen, § 143 das. betr. Duldung von Straftaten durch Posten, § 145 das. betr. Straftaten von Soldaten im Bereiche der Heeresverwaltung. Die letzten Ausläufer dieser Richtung sind § 55 das., enthaltend eine Anzahl strafschärfender Umstände, und § 29 das., der bestimmt, daß bei Verletzung einer militärischen Dienstpflicht im Fall der Wahl zwischen Freiheits- und Geldstrafe nicht auf die letztere erkannt werden darf.

Dieser, in ihrem Verlauf immer unsicherer werdenden Reihe läuft eine zweite entgegen, die vom zweifellosen bürgerlichen Verbrechen ausgeht. Schon im Preußischen Recht hatte sich das Bedürfnis herausgestellt, auch die bürgerlichen Verbrechen der — aktiven — Soldaten in mancher Beziehung den militärischen gleich zu behandeln. Der § 192 des Preuß. MStGB. enthielt hierüber genauere Vorschriften. Namentlich fand das militärische Strafensystem eine weitgehende Anwendung. Das geltende Recht vertritt, wenn auch abgeschwächt, da die Geltung des militärischen Strafensystems wesentlich auf Ehrenstrafen beschränkt ist, den gleichen Standpunkt. Der § 3 MStGB. läßt allerdings nicht erkennen, welche allgemeinen militärischen Vorschriften Anwendung finden, und in einzelnen Punkten sind daher Zweifel möglich. Die Gleichstellung bezieht sich auf die Vollstreckung von Todes- und Freiheitsstrafen, Ehrenstrafen, Befehl als Strafausschließungsgrund, Nichtberücksichtigung von Furcht und Trunkenheit in bestimmten Fällen, beschränktes Antragserfordernis im Felde. Die oben genannte Vorschrift des § 29 wird wohl einstimmig hierher gerechnet, überwiegend auch die schon erwähnten Fälle des § 55.

Die Grenze zwischen militärischen und bürgerlichen Straftaten ist also eine durchaus flüssige. Sie ist auch geschichtlich an verschiedenen Punkten der bei näherem Zusehen einheitlichen Reihe gezogen worden. Für das geltende Recht hat sich die Formel festgesetzt, es sei zu prüfen, wo die Strafdrohung ihren „Sitz" habe. Verbessert ist die Formel neuerdings dadurch, daß für „Strafdrohung" der „Tatbestand" der strafbaren Handlung eingesetzt ist. (So Ph. O. Mayer, Arch. Mil. R. 4, 226.) Wo aber die strafbare Handlung ihren Sitz, ihren Schwerpunkt hat, läßt sich mit Anspruch auf Allgemeingültigkeit nicht immer entscheiden. Anzustreben ist daher eine möglichst klare gesetzliche Festlegung. Sachlich ist die Ausdehnung des Gebiets der militärischen Straftaten zu wünschen. Der in seiner jetzigen Auslegung praktisch ziemlich wertlose § 55 MStGB., namentlich die Begehung „in Ausübung des Dienstes", könnte dadurch zu hoher Bedeutung gebracht werden. Vgl. die im KE. wenig geänderte Vorschrift des § 210 VE. Ja, auch die im § 29 MStGB. genannte Verletzung einer militärischen Dienstpflicht (namentlich auch Mißbrauch der militärischen Gewalt und der Waffen) erscheint geeignet, die Umformung in eine militärische Straftat zu begründen. Es wäre mit dieser Eigenschaft vor allem die Anwendung der militärischen Strafenordnung zu verbinden.

Von geringerem Interesse wäre die Frage, wenn man sich entschlösse, überhaupt die gegen aktive Soldaten zu erkennenden Strafen wegen der von ihnen begangenen bürgerlichen Straftaten auf Grund der militärischen Strafenordnung festzusetzen, wie dies im früheren Preußischen Recht der Fall war. Die für diese Regelung sprechenden Gründe sollen späterhin erörtert werden.

Die übrigen allgemeinen Bestimmungen des Gesetzes sollten möglichst gleichmäßig auf militärische und bürgerliche Verbrechen und Vergehen zur Anwendung kommen.

Im Vorbeigehen sei auf § 11 MStGO. hingewiesen, wo die eine Eigenschaft der militärischen Straftaten, nämlich die militärgerichtliche Verfolgbarkeit, auf Beleidigungen usw., die nach dem Dienstantritt erfolgen, ausgedehnt wird.

Teilnahme an einer militärischen Straftat seitens eines dem MStGB. Unterworfenen ist schon nach geltendem Recht zweifellos als militärische Straftat anzusehen. Es wäre anzustreben, auch strafbare Fälle der Begünstigung, Nichtanzeige, Aufforderung, Nichthinderung, soweit auf militärische Straftaten bezogen, gleichfalls als militärische Straftaten zu erklären.

Die Stellung der gemeinrechtlichen Übertretungen zu allen diesen Fragen wäre möglichst gleichmäßig, jedenfalls zweifelsfrei, zu regeln. Vielleicht wird man sie am besten völlig außenvor lassen. Auch bei den späteren Abschnitten sind die Übertretungen im Auge zu behalten. Die Frage der Gesamtstrafe im Falle des Zusammentreffens mit militärischen Straftaten ist jedenfalls nicht zu übergehen.

III. Erledigung im Disziplinarwege. Im Anschluß an § 2 der Preußischen Disziplinarstrafordnung von 1841 und § 76 des Preußischen MStGB. von 1845 gestattet auch das geltende Recht im § 3 EG. MStGB. einzelne leichtere Vergehen im Disziplinarwege zu ahnden, und zwar durch Arreststrafen in bestimmter Höhe.

Meist wird diese Erledigungsart als Verhängung einer kriminellen Strafe durch den an die Stelle des Richters tretenden Vorgesetzten beschrieben. Richtiger wird man sagen, daß infolge Verhängung einer gleich schweren Disziplinarstrafe auf Grund der Disziplinargewalt das Gesetz den Anspruch auf die Rechtsstrafe als ausgeglichen ansieht. Näheres Romen-Rissom, MStGB. § 3 EG. Anm. 4, Rissom, Arch. Mil. R. 5, 169.

Diese altüberkommene Art der Erledigung hat sich bewährt. Sie trägt den Anforderungen einer der Tat möglichst auf dem Fuße folgenden scharfen Gegenwirkung Rechnung, stärkt das Dienstansehen des Vorgesetzten, paßt sich der Eigenart des Täters an und erreicht so das höchstmögliche Maß erziehlicher Wirkung. Dabei vermeidet sie die unangenehmen Begleiterscheinungen des den Vorfall leicht unnötig aufbauschenden, gerichtlichen Verfahrens, indem sie die Sache im engen Kreise abgemacht und damit aus der Welt geschafft sein läßt, zumal die Dienstvorschriften ziemlich weitgehend für die spätere Löschung der Strafeintragungen sorgen.

Hiermit erweist sich die Verwandtschaft dieser Einrichtung mit neuzeitlichen Bestrebungen. Diese laufen hinaus auf den Ersatz der gerichtlichen Strafe, die erfahrungsmäßig oft recht hart trifft und namentlich vor Rückfällen nicht hinreichend zu schützen scheint, durch völligen Strafnachlaß, durch bedingte Strafaussetzung oder bedingte Verurteilung mit späterem Straferlaß, oder durch sonstige erzieherische Mittel, prozessual auf Ausnahmen von der unbedingten Strafverfolgungspflicht. Der große Vorzug der militärischen Einrichtung besteht aber darin, daß sie, bei aller Erleichterung und allem Entgegenkommen, doch den ernsten Strafcharakter durchaus wahrt. In diesem Sinne ist eine Erweiterung und Verbesserung der Einrichtung anzustreben.

Der Kreis der einer Erledigung im Disziplinarwege fähigen militärischen Vergehen wäre zu erweitern, etwa durch Einbeziehung aller Vergehen, deren Strafdrohung innerhalb eines gewissen Höchstmaßes, etwa von zwei Jahren, liegt. Auch gemeinrechtliche Übertretungen wären einzubeziehen. Die zu verhängende Strafe wäre Arrest in den gesetzlichen Grenzen. Die Strafzuständigkeit der einzelnen Disziplinarvorgesetzten dem Höchstmaße nach rangweise zu bestimmen, bliebe der Dienstordnung überlassen. Bei dieser Regelung könnte die ganze niedere Gerichtsbarkeit in Fortfall kommen.

Fast eben so wichtig, und gleichfalls mit den erwähnten neuzeitlichen Forderungen zusammenhängend ist die schon öfter aufgeworfene, meist bejahte Frage nach der gesetzgeberischen Zweckmäßigkeit der Zulassung kleinerer militärischer Disziplinarstrafen, wie Verweis, Dienstverrichtungen außer der Reihe, Löhnungsverwaltung, Rückkehr vor dem Zapfenstreich, Quartierarrest, zur Erledigung militärischer Vergehen.

Die Gründe für diese offenbar sehr weitgehende Milderung des militärischen Strafrechts wären etwa folgende: Der Zug der Zeit geht auf Milderung der Strafen. Im militärischen Leben mit seinen hochgespannten Anforderungen wird auch der Tüchtige und Gutwillige gelegentlich in Schuld und Strafe verstrickt. Die strengen Grundsätze der Auswahl im Wettbewerb verhindern oder erschweren die Beförderung zum Gefreiten, die Verlängerung der Kapitulation, die bevorzugten Kommandos. Bis in die höchsten Stellen hinauf kann das Übersehen eines der vielen den Dienstbetrieb regelnden geschriebenen und gedruckten Befehle zur Freiheitsstrafe führen. Minder feste Naturen können, wenn sie gleich bei dem ersten Zusammenstoß mit dem militärischen Strafgesetz mit der Arreststrafe Bekanntschaft machen, die Scheu vor dieser Strafe und das Ehrgefühl verlieren und so dauernd rückfällig werden. Endlich ist darauf hinzuweisen, daß der Täter ja keineswegs ganz straffrei ausgeht, vielmehr einen kleinen Denkzettel doch bekommt, und daß der Vorgesetzte, wenn ihm dieser Weg versperrt ist, gelegentlich der Versuchung unterliegen kann, zur Vermeidung der Arreststrafe die Sache überhaupt unter den Tisch fallen zu lassen.

Darauf ist zu erwidern: Die Zeitströmung ist kein Maßstab des Wertens, sondern selbst der Wertung bedürftig. Die hochgespannten Anforderungen des militärischen Lebens würden nachlassen, wenn der sie tragende Geist nicht überall im militärischen Bereiche, auch in den Strafen, in Erscheinung träte. Die Betrachtung aus dem Gesichtswinkel des Bestraften ist zu eng. Soweit unberechtigte Härten in der dienstlichen

Laufbahn die Folge der Bestrafung sind, wäre die dienstliche Auffassung, nicht die Rechtspflege zu ändern. Führt eine bestimmte Strafdrohung leicht zu unangemessen schweren Bestrafungen, so prüfe man, ob sie nicht zu streichen ist. Dies gilt für den — nach herrschender Ansicht — im § 92 MStGB. enthaltenen fahrlässigen Ungehorsam und für die vorschriftswidrige Behandlung Untergebener nach § 121 MStGB. Für schwächere Naturen ist die Scheu vor der ersten Bestrafung meist ein noch besserer Halt, als die Angst vor der zweiten. Gewiß ist die vorgeschlagene Erledigungsart der bedingten Begnadigung noch vorzuziehen. Aber die in Frage kommenden Strafen sind doch derart leicht, daß man im Ergebnis auf ein Absehen von der Bestrafung im Gewande einer Strafe hinauskommt. Man könnte nun auch diese Mischung als eine besonders glückliche Lösung verteidigen. Aber rein und klar ist sie nicht. Dann lieber noch die Zulassung völliger Abstandnahme von der Strafe! Es kommt hinzu, daß man dem erkennenden Gerichte die Befugnis, auf außerhalb des Gesetzes liegende, teilweise rein disziplinär gefärbte kleinere Disziplinarstrafen zu erkennen, nicht wohl zusprechen kann. Schließlich den Satz: „minima non curat praetor“ wird auch die beste Gesetzgebung nicht aus der Welt schaffen können. Aber man soll ihn nicht in Paragraphen fassen. Die Disziplinargewalt soll nach den weiter oben gemachten Vorschlägen noch mehr als bisher zum Ersatz gerichtlicher Freiheitsstrafen durch Disziplinararreststrafen herangezogen werden. Aber eine Vermischung beider Gebiete durch Verwendung auch der leichteren Disziplinarstrafen ist sachlich nicht gerechtfertigt und würde Verwirrung stiften. Wollte man das Hinabgleiten nach unten zulassen, so könnte man sich auch nur schwer den in der Theorie und in der älteren Gesetzgebung gelegentlich gemachten Versuchen entziehen, umgekehrt die reine Disziplinarübertretung nach Wahl auch als gerichtlich zu ahndende Straftat aufzufassen. Näheres hierüber s. Arch. f. Mil. R. 2, 106, 107.

IV. 1. Zeit und Ort der Tat. Nach dem KE. soll die strafbare Handlung, ohne Rücksicht auf den Eintritt des Erfolgs, als zu der Zeit begangen angesehen werden, in der der Täter gehandelt hat oder hätte handeln müssen. Sie ist an jedem Orte begangen, wo sich der Tatbestand ganz oder teilweise verwirklicht hat oder nach dem Vorsatze des Täters verwirklichen sollte.

Die Herübernahme dieser Bestimmungen in das militärische Recht mit seinen verhältnismäßig einfachen Tatbeständen erscheint kaum erforderlich.

2. Begehungsdelikte durch Unterlassung. Nach dem KE. ist wegen Herbeiführung eines Erfolgs durch Unterlassung nur strafbar,

wer rechtlich verpflichtet war, den Eintritt des Erfolgs durch Handeln zu hindern, wobei eine solche Pflicht auch für den besteht, der durch seine Tätigkeit die Gefahr des Eintritts des Erfolgs herbeigeführt hat.

Die Bestimmung ließe sich übernehmen. Ihr Wortlaut läßt aber die — auch sonst wichtige — Frage auftauchen, ob eine militärische Dienstpflicht stets zugleich auch eine Rechtspflicht ist. Als Rechtspflichten anerkannt sind z. B. die Pflicht des Postens zur Verhinderung strafbarer Handlungen nach § 143 MStGB., die Pflicht zur Verhinderung von Kriegsverrat, Fahnenflucht, Meuterei nach §§ 60, 77, 104 MStGB., die Pflicht zum Schutze der beaufsichtigten Untergebenen vor Mißhandlung nach RMG. 9, 244 zu § 122 MStGB.

Dritter Abschnitt.

Voraussetzungen der Strafbarkeit.

Der KE. hat, im ganzen wie in Einzelheiten stark vom VE. abweichend, als Voraussetzungen der Strafbarkeit die Schuldarten, die Zurechnungsfähigkeit und die Rechtswidrigkeit im dritten Abschnitt zusammengestellt. Mit erheblichen weiteren Änderungen ist zu rechnen. Die Darstellung muß sich daher hier noch mehr als anderswo darauf beschränken, die Probleme in ihrer Anwendung auf das Militärstrafrecht lediglich aufzuzeigen. Die vom KE. gewählte Anordnung, welche systemgerecht hätte umgekehrt werden müssen, erschwert die Darstellung.

I. Schuldarten. 1. Allgemeines. Vom Gesetz kann verlangt werden, daß es sich darüber ausspricht, ob nur die vorsätzliche oder auch die fahrlässige Begehung einer Handlung strafbar sein soll. Es ist daher zu begrüßen, daß der KE. in zweiter Lesung feststellt, daß fahrlässiges Handeln nur strafbar sein soll, soweit es ausdrücklich mit Strafe bedroht ist. Dieser Grundsatz hat nicht lediglich formale Bedeutung. Denn er stellt so manche fahrlässige Begehung einer Straftat, welche bisher, als vom Gesetz stillschweigend erklärt, mit der vorsätzlichen Begehungsart in den Gerichtsgebrauch hinüberschlüpfte, erneut zur gesetzgeberischen Erörterung. Für diese Prüfung grundlegend muß aber der Gedanke sein, daß für das Gebiet des kriminellen Strafrechts der Vorsatz der böse Wille ist, daß aber die Fahrlässigkeit, die mangelnde Anspannung, um so eher ausgeschieden werden kann, als eine kräftig ausgebildete Disziplinargewalt gerade hier das eigentliche Gebiet ihrer Anwendung findet. Allerdings muß auch hier darauf hingewiesen werden, daß eine Einschränkung des Strafrechts eine entsprechende Ausdehnung der Disziplinargewalt, oder genauer die Erweiterung der Schranken, die man ihr in übergroßer Vorsicht gesetzt hat, erforderlich macht. In Frage kommen hier namentlich der fahrlässige Ungehorsam nach §§ 92, 93 und die fahrlässige vorschriftswidrige Behandlung nach § 121 MStGB., über welche im besonderen Teil Näheres bemerkt wird. Wegen der §§ 60, 77, 104, 62, 63, 64, 65, 66, 68, 141, 146, 87, 151 vgl. Arch. Mil. R. **2**, 15, wegen des Ungehorsams Arch. Mil. R. **2**, 100 fg.

2. Bei der Begriffsbestimmung von Vorsatz und Fahrlässigkeit ist der KE. zu den in der Rechtsprechung auch des RMG. gehandhabten Formeln zurückgekehrt. (Ob unter diesen Umständen eine gesetzliche Festlegung überhaupt nötig ist, ist eine Frage für sich.) Demgemäß ist der bedingte Vorsatz (Eventualdolus) bestimmt als das Bewußtsein der Möglichkeit der Verwirklichung der Tatumstände, verbunden mit dem Einverständnis damit, falls es geschieht. (Ältere Franksche Formel.) Die militärische Rechtspflege wird kaum Grund haben, sich nach endgültiger Feststellung der Begriffe abweichende Bestimmungen auszusuchen. Vielleicht aber darf mit Rücksicht auf PE. **13**, 33 und **15**, 46 der Wunsch ausgesprochen werden, näher festzustellen, was unter wissen (oder kennen) zu verstehen ist. Nach den genannten Prüfungsergebnissen soll „Kenntnis zur Zeit der Tat", z. B. Kenntnis der Vorgesetzteneigenschaft, dadurch nicht ausgeschlossen sein, daß der Täter im Augenblick „nicht daran denkt", oder, wie es PE. **5**, 106 heißt, „im Augenblicke der Tat diese Kenntnis nicht in den Kreis der seinen Willen bestimmenden Erwägungen zieht".

Das Erfordernis der Fahrlässigkeit ist im geltenden MStGB. auf die verschiedenste Weise — nicht vorsätzlich, in schuldhafter Weise, aus Fahrlässigkeit, nicht getan, was die Pflicht erfordert, verabsäumen — zum Ausdruck gebracht. An einigen Stellen wird Verbesserung der Fassung möglich sein.

3. Inhalt der Kenntnis oder des Kennenmüssens. Für das geltende Recht steht nach § 59 StGB. soviel fest, daß zum Vorsatz die Kenntnis (zur Fahrlässigkeit, die im folgenden nicht weiter beachtet wird, das Kennenmüssen) aller zum gesetzlichen Tatbestand gehörenden Tatumstände verlangt wird. Dahin gehören zunächst die konkreten Tatsachen, welche die gesetzlichen Merkmale erfüllen. Die herrschende, auch vom RMG. gebilligte, Ansicht stellt der Unkenntnis dieser Tatsachen die Annahme von Tatsachen, welche, wenn vorhanden, die Rechtswidrigkeit der Tat ausschließen würden, gleich. So jetzt ausdrücklich der KE. Nun verwenden aber die Strafgesetze eine ganze Reihe von Tatbestands-

merkmalen, wie Soldat, Vorgesetzter, Beamter, fremde Sache, die nicht lediglich der konkreten sinnlichen Wahrnehmung entnommen werden, sondern erst durch deren Verbindung mit Rechtssätzen — oder unmittelbar als Rechtsverhältnisse — zum Bewußtsein gelangen. Die Rechtsprechung, auch die des RMG., hat hier den Unterschied zwischen strafrechtlichen und außerstrafrechtlichen Rechtssätzen einzuführen versucht, und nur dem Irrtum über außerstrafrechtliche Rechtssätze vorsatzausschließende Kraft beigemessen. Auf ziemlich einstimmigen Widerspruch ist diese noch in § 61 VE. gemachte Unterscheidung im KE. zweiter Lesung aufgegeben. Endlich ist noch des Falles zu gedenken, daß die als einzelne zutreffend erfaßten Tatumstände sich nicht derart zu einem geistigen Bilde zusammenfügen, daß sich damit das Bewußtsein der Rechtswidrigkeit verbindet, sei es nun, daß lediglich dieses Bewußtsein fehlt, sei es, daß infolge unzutreffender Würdigung dieser Tatumstände (oder anderer vorhandener oder vorgestellter Umstände, welchen eine zu weit reichende Wirksamkeit zugeschrieben wird) positiv ein Recht zur Vornahme der Handlung angenommen wird. Die herrschende Meinung, so auch das RMG., unterscheidet auch hier außerstrafrechtlichen und strafrechtlichen Rechtsirrtum. Der KE. hat auch hier in zweiter Lesung diese Unterscheidung aufgegeben.

Außer Streit ist, daß ein Irrtum über die Folgen der Tat, also z. B. die Meinung, daß die als rechtswidrig erkannte Tat straflos sei, niemals vor Strafe schützt, ebensowenig der Glaube, einer dem staatlichen Gesetz zuwiderlaufenden vermeintlich höheren Pflicht gehorchen zu müssen. (Der § 48 MStGB. erscheint daher entbehrlich.)

Die Behandlung des Rechtsirrtums ist nun vom KE. dahin festgestellt, daß bei nachweislichem Rechtsirrtum auf gewisse Strafarten nicht erkannt werden kann und an die Stelle der angedrohten härteren Strafe eine mildere tritt. Ist aber der Irrtum entschuldbar, so soll der Richter die ordentliche Strafe oder die an ihre Stelle tretende Strafe nach freiem Ermessen mildern können, auch, wenn nach den besonderen Umständen des Falles eine Bestrafung nicht geboten ist, von Strafe abzusehen berechtigt sein.

Dieser Lösungsversuch stellt eine Art mittlerer Linie dar und leidet wohl auch an den Mängeln einer solchen. Unklar ist namentlich das Wort „entschuldbar". Wenn damit Freiheit von Schuld bezeichnet, und hieran zwar eine geringere Strafe, aber immerhin doch Strafe angeknüpft werden soll, so scheint der Gedanke des § 58 VE., daß ohne Schuld keine Strafe eintreten soll, ausdrücklich beseitigt zu sein. Das Innerste, die Seele der

Schuld, bleibt schließlich immer die Kenntnis der Rechtswidrigkeit, oder mindestens die Vorstellung von der Tat als einer schädlichen, nicht sein sollenden (Kohlrausch). Man mag das Kennenmüssen der Kenntnis gleichstellen, und damit, wie auch bei den Begriffen der Zurechnungsfähigkeit und der Fahrlässigkeit überhaupt, in jenes Gebiet hinübergreifen, auf dem die Schuld Wesensschuld, tragische Schuld zu werden beginnt. Als Leitgedanke, als Grundlegung, wird die Schuld dann immer doch festgehalten. Aber an einen entschuldbaren Rechtsirrtum, wenn das Wort wirklich etwas anderes bedeuten soll als „verzeihlich", „schuldmindernd", dürfte man eine Strafe grundsätzlich nicht anknüpfen.

Eine Verteidigung des KE. hat Lucas in der DJZ. 1914 S. 249 bis 256 veröffentlicht.

Die strenge Auffassung, welche das militärische Strafrecht durchzieht, muß hier zunächst zu der Forderung führen, eine Fassung zu wählen, welche eine Freisprechung schuldhaft Handelnder infolge Beweisschwierigkeiten (welche übrigens wohl meist überschätzt werden) vermeidet. Sodann wäre Stellung zu nehmen zum Irrtum über militärdienstliche Rechtsverhältnisse, z. B. das Vorgesetzten- und Untergebenenverhältnis und überhaupt zum Irrtum über militärdienstliche Grundsätze, welche den Pflichtenkreis des Soldaten näher bestimmen. Die bisherige Rechtsprechung des RMG., zusammengestellt bei Ph. O. Mayer, Erörterungen 1908 S. 32 fg., Romen und Rissom, MStGB. § 48 Anm. 3, in den Besprechungen der Entscheidungen im Arch. Mil. R. und im Gerichtssaal, zeigt eine zunehmende Neigung, derartigen Irrtum dem Tatirrtum zuzurechnen (vgl. namentlich RMG. **14**, 278). Ferner ist von Bedeutung für das militärische Recht die im militärischen Leben übliche dienstliche Belehrung über die Dienstpflichten, an welche der Soldat, wie das RMG. öfter ausgesprochen hat, sich zu halten dienstlich verpflichtet ist. (Es erhebt sich hier die Schwierigkeit der falsch verstandenen Belehrung.)

Von noch weit größerer Tragweite ist die Frage, welche Wirkung dem auf Begehung einer strafbaren Handlung gerichteten Befehl des Vorgesetzten zuzuschreiben ist. Die im § 47 MStGB. getroffene, aus dem Preußischen Recht stammende Regelung läßt Zweifel offen, ob ein Fall des Irrtums über die Rechtswidrigkeit oder ein besonderer Schuldausschließungsgrund, oder gar ein Grund des Ausschlusses der Rechtswidrigkeit aufgestellt werden sollte. Näheres s. unter Teilnahme.

Zu § 126 des VE. betr. Widerstand gegen die Staatsgewalt hat der KE. durch ausdrücklichen Zusatz festgestellt, daß die Rechtmäßigkeit der Amtsausübung des Beamten lediglich objektive Voraussetzung der Strafbarkeit sei, so daß also Irrtum darüber, gleichviel, ob Tat- oder Rechtsirrtum, niemals von Belang ist. Die gleiche Behandlung muß bei dem entsprechenden § 96 MStGB. (Widersetzung) eintreten. Ebenso wie die Widersetzung gegen eine Diensthandlung, muß aber der Ungehorsam gegen einen Dienstbefehl nach §§ 92—95 MStGB. behandelt werden, wie dies auch das RMG. seit dem 7. Bande der Entscheidungen dauernd festhält. Die gesetzgeberische Rechtfertigung der Verweisung eines mit dem Wesen der Tat so eng zusammenhängenden Umstandes in die objektiven Strafbarkeitsbedingungen, also auf die gleiche Stufe wie Verbürgung der Gegenseitigkeit, Scheidung der Ehe usw., gegenüber dem Begriff der Schuld als der seelischen Beziehung zu allen wesentlichen Merkmalen der Tat ist allerdings nicht einfach.

4. Erfolghaftung. Der im KE. sachlich nicht geänderte § 62 VE., nach welchem der im Gesetz als straferhöhend bezeichnete Erfolg wenigstens zur Fahrlässigkeit zuzurechnen sein muß, um Berücksichtigung zu finden, ist auch für das Militärstrafrecht, welches von dieser Form, z. B. bei Berücksichtigung eines Nachteils oder der Gefahr eines Nachteils, recht oft Gebrauch macht, gut zu verwenden. (Vgl. einerseits Lelewer, Militärstrafrecht 1909 S. 14, anderseits M. E. Mayer in Aschrott und v. Liszt, Reform 1, 354.)

II. Zurechnungsfähigkeit. 1. Allgemeines. Der geltende § 51 StGB. verlangt als erste Voraussetzung der Unzurechnungsfähigkeit einen Zustand von Bewußtlosigkeit oder krankhafter Störung der Geistestätigkeit. Im KE. ist „Bewußtseinsstörung" gesagt, und in zweiter Lesung noch die Geistesschwäche mit aufgenommen. Damit ist eine, auch in der militärischen Strafrechtspflege empfundene, Lücke ausgefüllt. (Besondere Bestimmungen über jugendliches Alter können in einem MStGB. fehlen. S. § 50 MStGB.)

Als zweite Voraussetzung fordert das geltende Recht den Ausschluß der freien Willensbestimmung infolge jener Zustände. Der Sinn dieser Bestimmung ist umstritten. Es läßt sich die Meinung vertreten, daß damit eine wirkliche tatsächliche Voraussetzung gar nicht gegeben, sondern nur ein anderer Ausdruck für den Gedanken, daß die Tat nicht mehr zugerechnet werden könne, gegeben sei. Damit wäre also gesagt, daß wenn die Abweichung vom normalen Bilde so groß sei, daß die Tat nicht mehr zuzurechnen sei, die Zurechnung auch nicht erfolgen solle, oder anders ausgedrückt, die Frage der Zurechnung wäre dem pflichtmäßigen Ermessen des Richters überlassen, der dabei den Menschen als Ganzes zu beurteilen hat. Man wird auch nicht darüber hinwegkommen, daß die Frage der Zurechnung letzten Endes keine tatsächliche Entscheidung, sondern eine Wertbeurteilung, die Anlegung eines rechtlich-sittlichen Maßstabes enthält. Aus diesem Gedankengange heraus läßt es sich erklären, daß der VE. die bisherige Fassung beibehielt.

Auf der anderen Seite ergibt sich aus dieser Auffassung, welche die Beurteilung der zweiten Voraussetzung dem ärztlichen Gutachten im wesentlichen entzieht, daß der Verständigung zwischen dem Richter und dem Psychiater gewisse Schwierigkeiten entgegenstehen. Entweder vermeidet der Sachverständige dieses Gebiet: dann wird der Richter mit dem Gutachten gerade in zweifelhaften Fällen wenig anfangen können. Oder er unterzieht sich der rechtlich-sittlichen Beurteilung des ganzen Menschen: dann unterliegt er dem Bedenken, daß sein Gutachten als ein rein ärztliches nicht mehr angesehen werden kann. Diese Erwägungen sind gerade in der Militärgerichtsbarkeit im Verhältnis zu den Militärärzten, die auch der dienstlichen Verantwortung für den Inhalt ihres Gutachtens unterliegen, praktisch geworden. Vgl. Stier, Akute Trunkenheit, 1907, und Rissom, Zurechnungsfähigkeit in Dietz' Handwörterbuch, 1912.

Es lohnt sich daher der Versuch, die einzelnen geistigen Tätigkeiten, auf deren Störung es ankommt, in die Begriffsbestimmung aufzunehmen. Der KE. verlangt demgemäß, daß der Täter nicht die Fähigkeit besaß, „das Ungesetzliche seiner Tat einzusehen oder seinen Willen dieser Einsicht gemäß zu bestimmen". Vielleicht ließe sich diese Fassung noch verbessern, wenn an die Stelle der Hemmung der Willensbestimmung der Hinweis auf die Änderung des Trieblebens, die vom normalen Bild abweichende Lustbetonung der einzelnen Vorstellungen eingesetzt würde. Eine Beschränkung auf die Verstandesseite wie sie neuerdings von Ph. O. Mayer, Erörterungen 1913 S. 57, vorgeschlagen wird, erscheint als zu eng.

Hiernach wird voraussichtlich die gemeinrechtliche Begriffsbestimmung unbedenklich ins Militärstrafrecht übernommen werden können. In der Praxis kommen hier hauptsächlich epileptische Dämmerzustände, Entwicklungshemmungen und Trunkenheit zur Beurteilung. Über die letztere s. unten.

Daß es wünschenswert ist, auch dem militärischen Berufsrichter die Möglichkeit der Sammlung psychiatrischer Kenntnisse zu gewähren, darf wohl im Vorbeigehen erwähnt werden.

Die sichernden Maßnahmen gegen Unzurechnungsfähige haben für das Militärstrafrecht keine erhebliche Bedeutung.

2. Geminderte Zurechnungsfähigkeit. Es entspricht einem verbreiteten Wunsche, daß der VE. und der KE. die geminderte Zurechnungsfähigkeit, soweit sie nicht auf selbstverschuldeter Trunkenheit beruht, als Strafmilderungsgrund anerkannt haben. In dieser Begrenzung wäre auch die Übernahme ins Militärstrafrecht nicht unbedingt abzulehnen. Anwendung würde diese Form hier namentlich gegenüber den in der Entwicklung gehemmten Personen finden, deren geistige Minderwertigkeit in Fortlaufen und Ungehorsam an den Tag zu treten pflegt, sobald die Anforderungen an die eingestellten Rekruten etwas strenger werden. Diese Personen liegen der militärischen Ausbildung nur zur Last. Ihre Entlassung wurde aber bisher leicht dadurch gehindert, daß, falls das Gericht sich zu einer Freisprechung nicht entschließen konnte, die ausreichende Geistesbeschaffenheit gewissermaßen festgenagelt wurde. In Zukunft wird die leichtere Bestrafung einerseits der Tat die gewünschte Sühne auferlegen, andererseits der Entlassung die Wege ebnen.

Das angeführte Beispiel zeigt, daß im militärischen Strafrecht die Wirkung der Zwischenstufe wohl in erster Linie die sein wird, an die Stelle der sonst vielleicht eintretenden Freisprechung eine leichtere Strafe zu setzen. Ob damit den Befürwortern der Zwischenstufe gedient sein wird, erscheint allerdings zweifelhaft. Aber gerade diese Wirkung wäre auch im gemeinen Strafrecht noch am ehesten zu ertragen. Wenn aber über die hart an der Grenze der Zurechnungsfähigkeit stehenden Fälle hinaus die verminderte Zurechnungsfähigkeit zum Sammelbecken aller derjenigen Elemente würde, die infolge mangelhafter Erziehung, Willensschwäche und Haltlosigkeit sich den Anforderungen des gesellschaftlichen Zusammenlebens nicht gewachsen zeigen, so würde die Gefahr einer Knochenerweichung des Strafrechts allerdings nahe rücken. Nicht ohne Grund haben daher die Verhandlungen des Deutschen Vereins für Psychiatrie zu Straßburg im April d. J. auf die schweren Bedenken hingewiesen, welche sich aus der Einführung der Zwischenstufe, namentlich in der Richtung der Zerstörung des beim Täter noch vorhandenen Verantwortlichkeitsgefühls, ergeben würde. Sind auch diese Gefahren, wie schon bemerkt, auf dem Gebiete des militärischen Strafrechts nicht in gleichem Umfange vorhanden, so wird doch die Frage der verminderten Zurechnungsfähigkeit im MStGB. weiterer Prüfung bedürfen.

3. Trunkenheit. a) Als Strafausschließungsgrund. Die Anerkennung der Trunkenheit als Schuldausschließungsgrund ist neueren

Datums. Die an Art. 150 der Carolina sich anschließenden partikularen Gesetzgebungen, so § 22, II, 20 Allg. Landrechts, ließen, in Übereinstimmung mit dem gleichzeitigen französischen Recht, bei selbstverschuldeter Trunkenheit mindestens Bestrafung wegen fahrlässiger Begehung der Straftat eintreten. So auch § 64 VE., unzureichend insofern, als nur solche Straftaten getroffen wurden, die in der Fahrlässigkeitsform vom Gesetz bedroht wurden. Das militärische Strafrecht war regelmäßig noch schärfer, und gestattete nicht einmal mit Rücksicht auf die (sinnlose) Trunkenheit — bei Straftaten gegen die Subordination und in Ausübung des Dienstes — von der ordentlichen Strafe des Vorsatzes auf das außerordentliche Strafmaß der Fahrlässigkeit überzugehen. So § 70 Preußisches MStGB. Einen ganz anderen Sinn aber erhielt, im Hinblick auf § 51 StGB., der § 49 Abs. 2 MStGB., nach welchem bei allen Straftaten gegen die Pflichten der Unterordnung und den in Ausübung des Dienstes begangenen strafbaren Handlungen die selbstverschuldete (nicht sinnlose) Trunkenheit keinen Strafmilderungsgrund, d. h. keinen Grund zur Annahme eines minder schweren Falles oder mildernder Umstände, abgeben soll. Näheres Rissom, Art. Trunkenheit in Dietz' Handwörterbuch, 1912.

Der KE. hat den Art. 64 des VE. aufgegeben, und dafür den Tatbestand eines besonderen Vergehens geschaffen, indem er — nach der Fassung der zweiten Lesung — mit Gefängnis bis zu zwei Jahren denjenigen bestraft, der sich durch eigenes Verschulden in Trunkenheit versetzt und in diesem Zustande ein Verbrechen begeht. (Weniger wichtig ist hier die aus § 306 Ziff. 3 und § 309 Ziff. 6 VE. zusammengezogene Übertretung der gefährlichen groben Trunkenheit.)

Für das militärische Strafrecht wäre es notwendig, die Begehung militärischer Straftaten — einschließlich der Vergehen im Zustande sinnloser Trunkenheit als militärisches selbständiges Vergehen zu bedrohen. Vgl. § 7 Österr. MStGB. Neben dieser Strafvorschrift sind die bisherigen Sonderbestimmungen, nämlich § 151 betr. Sichbetrinken im Dienst oder nach Befehligung zum Dienst, § 141 betr. Wachvergehen, § 85 betr. Feigheit vor dem Gefecht ihrem wesentlichen Inhalt nach aufrecht zu erhalten. Dabei ist Wert darauf zu legen, daß entweder durch die Fassung der Strafvorschriften oder durch besondere strafprozessuale Vorschrift die Möglichkeit eröffnet wird, bei erhobener Anklage aus der Haupttat im Falle fehlender Zurechnungsfähigkeit ohne neue Anklage die Verurteilung wegen des Sichbetrinkens eintreten zu lassen.

b) Trunkenheit als Strafmilderungsgrund zu behandeln, ist für das militärische Strafrecht in gewissen Fällen schon jetzt durch § 49 Abs. 2 MStGB. verboten. Aus demselben Grundgedanken heraus, dessen Richtigkeit mehr und mehr anerkannt wird, schließt jetzt auch der KE. in Übereinstimmung mit dem VE. die Berücksichtigung selbstverschuldeter Trunkenheit als Grund zur Annahme geminderter Zurechnungsfähigkeit aus. Beide Bestimmungen werden im künftigen Militärstrafrecht nebeneinander bestehen bleiben müssen. Ja, wenn man die großen Schädigungen erwägt, die dem Volkskörper dauernd durch den Alkoholismus zugefügt werden, und wenn man sich vor Augen hält, wie unendlich viel an erziehlicher Wirkung gerade das Strafrecht erreichen kann, wenn es als Äußerung eines festen staatlichen Willens eine völlig klare Parole ausgibt, so muß man jenen Gedanken auch ganz durchführen, und die Berücksichtigung selbstverschuldeter Trunkenheit als Strafminderungsgrund auch auf dem Gebiete der gewöhnlichen Strafzumessung, also des ordentlichen Strafrahmens, verbieten. Ob die Trunkenheit, was auch vorkommen kann, als straferschwerend zu berücksichtigen ist, wird allerdings der Beurteilung im einzelnen Falle überlassen bleiben können.

c) Sicherheitsmaßnahmen gegen Trunksüchtige nach Art des § 65 VE. werden im militärischen Leben selten in Frage kommen.

III. Rechtswidrigkeit. 1. Eine allgemeine Bestimmung des Inhalts, daß nicht strafbar ist eine Handlung, deren Rechtswidrigkeit durch das öffentliche oder bürgerliche Recht ausgeschlossen ist, wurde in den KE. noch in zweiter Lesung eingeschoben. Notwendig erscheint sie nicht. In militärischen Verhältnissen sind — im Anschluß an den Artikel Strafausschließungsgründe in Dietz' Handwörterbuch, 1912 — zu erwähnen:

a) Krieg. Er begründet grundsätzlich die Rechtsmäßigkeit der durch den Kriegszweck gebotenen Handlungen. Ein Anwendungsfall ist der des § 130 MStGB, nach welchem Aneignung von Lebensmitteln nicht als Plünderung anzusehen ist.

b) Verwaltungsmäßiger Waffengebrauch und sonstige Verwaltungszwangsrechte im Frieden. Ein Einzelfall, Erzwingung des Gehorsams, ist im § 124 MStGB. geregelt. Näheres s. Romen und Rissom, Waffengebrauch und Festnahmerecht des Militärs, 1914.

c) Militärgerichtsbarkeit und Disziplinargewalt, überhaupt Dienstgewalt. Auf letzterer beruht u. a. auch das Recht auf ärztlichen Eingriff zur Erhaltung oder Wiederherstellung der Dienstfähigkeit. Darüber RMGB. 8, 288, M.E. Mayer, Operation auf Befehl, DJZ. 09 f

S. 533, Rotermund, das. S. 709, M.E. Mayer im Arch.Mil.R. 1, 14, Romen und Rissom, MStGB. § 92 Anm. 2 c Ziff. 7. Über das Briefgeheimnis s. Dietz, Art. Briefgeheimnis in Dietz' Handwörterbuch 1912; und Funk, Handbuch des (Öst.-Ung.) mil. Disziplinarstrafrechts, 1914 S. 52, 91 fg., Jung, Arch.Mil.R. 4, 375.

d) Befehl. Seine Rechtswidrigkeit ist für die Frage der Rechtsmäßigkeit des Ungehorsams von Bedeutung. Ferner erhebt sich die sehr umstrittene Frage, ob die Ausführung eines rechtswidrigen Befehls als eine rechtmäßige Handlung sich darstellen kann. Näheres unter Teilnahme Ebenso entsteht die Frage, ob die Rechtswidrigkeit einer Diensthandlung den ihr geleisteten Widerstand rechtfertigt.

e) Notwehr und Notstand. Darüber s. unten.

f) Ausübung des Anzeige-, Beschwerde- und Verteidigungsrechts, einer Antworte-, Melde- oder Zeugnispflicht, Wahrheitsbeweis. Sie sind geeignet, die Rechtswidrigkeit einer Beleidigung auszuschließen. Vgl. Romen und Rissom, MStGB. § 91 Anm. 7.

g) Selbstverletzung und Verletzung eines Einwilligenden, soweit dem Verletzten eine Verfügung über das Rechtsgut zusteht.

Einer allgemeinen Regelung werden diese Fälle kaum noch bedürfen.

Die Rechtswidrigkeit als besonderes Tatbestandsmerkmal zu verwenden, wird aus den vom gemeinen Strafrecht her bekannten Gründen möglichst zu vermeiden sein. Vgl. §§ 137, 149, 64, 89, 117, 118, 119, 150 121 MStGB.

2. Notwehr. Der KE. hat, wie schon der VE. das geltende Recht im großen und ganzen übernommen. Zunächst ist durch den Satzbeginn des KE. :„Nicht rechtswidig ist die Notwehr" jeden Zweifel daran beseitigt, daß die Notwehr als rechtsmäßige Handlung anerkannt werden soll (vgl. aber Begr. z. GE. S. 37).

Verletzung von Rechten Dritter ist keine „Verteidigung" mehr, somit schon durch die Umgrenzung des Notwehrbegriffs im geltenden Recht ausgeschlossen. (Vgl. Frank, Reform 1, 262, Begr. d. GE. S. 38.) Im Verhältnis zum Angreifer aber ist der KE. namentlich insoweit scharf geblieben, als er sich gegen die Bestrebungen, den Wert des angegriffenen Guts gegen den des verteidigungsweise verletzten Guts abzuwägen, ablehnend verhalten hat (vgl. Begr. d. GE. S. 37).

Überschreitet der Täter die Grenzen der Notwehr, so können hinsichtlich der Bestrafung die Vorschriften über den Versuch angewendet werden (neu!); hat der Täter in entschuldbarer (= verzeihlicher?) Aufregung oder Bestürzung gehandelt, so ist er straflos.

Eine der bedeutsamsten Fragen der Reform des Militärstrafrechts ist nun die: Kann dieses ausgedehnte Notwehrrecht auch auf militärische Verhältnisse übertragen werden? Oder, in Anwendung auf den eigentlich wichtigen Fall gefaßt: Soll der Untergebene, der vom Vorgesetzten beleidigt, vorschriftsmäßig behandelt, mißhandelt wird oder zu werden glaubt, in und außer Dienst zur Notwehr gegen diesen Vorgesetzten, namentlich, in Ermangelung gelinderer Mittel, zum tätlichen Angriff gegen ihn berechtigt sein? Die Frage stellen, heißt für das militärische Gefühl zunächst, sie verneinen. Der näheren Betrachtung aber ergibt sich bald, daß ein rundes Nein nicht schlechtweg und ausnahmslos vertreten werden kann. Ein tieferes Eindringen nötigt ferner zur Beachtung der Pflichten der Kameradschaftlichkeit. Müssen nicht auch diese es verbieten, allemal hart auf hart zu setzen? Ferner: Befehl und Diensthandlungen überhaupt sind die Mittel, mit denen der Vorgesetzte sich zur Geltung bringt. Die Frage der Nichtbefolgung des Befehls oder des Widerstandes gegen die Diensthandlung sind teils in der Notwehrfrage beschlossen, teils ihr eng verwandt. Zieht der Vorgesetzte durch Befehl Untergebene zur Hilfeleistung heran, so fragt es sich, ob sie folgen müssen, oder ob sie, wenn sie es tun, rechtmäßig handeln. Wieder andere Lagen ergeben sich bei der Nothilfe: Dem von einem Unteroffizier rechtswidrig angegriffenen Gemeinen kommen ein Gemeiner, ein Unteroffizier, ein Offizier, eine Zivilperson zu Hilfe. Dürfen sie das? Oder umgekehrt, ein Gemeiner wehrt den Angriff eines Unteroffiziers auf einen Offizier ab. Nachdem der Verfasser anläßlich des Dessauer Falles, einer Schlägerei zwischen Gemeinen und Unteroffizieren wegen eines Tanzbodenstreits, in Notwehr und Waffengebrauch der Militärpersonen, 1906, gleichzeitig auch Nostiz-Wallwitz, Ungehorsam 1906 S. 60—68, diesen Fragen eingehender nachgegangen sind, sind sie recht häufig Gegenstand der wissenschaftlichen Erörterung gewesen. Zu erwähnen sind: M. E. Mayer, Militärstrafrecht 1907, **1**, 107—109, derselbe, Mängel des MStGB., Arch.Mil.R. **1**, 7, Guht, Mißhandlung Untergebener 1908 S. 62—82, Kowerk, Das Notwehrrecht der Militärpersonen nach deutschem und ausländischem Recht 1910, Rissom, Der rechtswidrige Befehl, in Steidles Festschrift 1910, Rieter, Ungehorsam 1911 S. 109—121, Grützmacher, Art. Notstand und Notwehr in Dietz' Handwörterbuch 1912, Rügi, Waffengebrauch des Militärs der Schweiz 1913 S. 31—59, Petri, Notwehr im Reichsmilitärrecht, ZStW. **33**, 175—183 (vg. Arch.Mil.R. **4**, 70), Bartolomäus, Notwehr im Reichsmilitärrecht, Arch.Mil.R. **4**, **444**, **445**.

Daß das militärische Leben Einschränkungen des Notwehrrechts, namentlich im Verhältnis des Untergebenen zum Vorgesetzten, erfordert, vor allem nach dem geltenden gemeinen Recht, das die Notwehr bis an die äußersten Grenzen ausdehnt, dürfte bei unbefangener Prüfung nicht bestritten werden können. Das Wesen der militärischen Organisation ist die Zusammenfassung von Einzelkräften unter einem Führer, die der so geschaffenen Gesamtkräfte wieder unter einheitlicher Leitung. Das so geschaffene innere Gefüge ist zahlreichen Widerständen ausgesetzt. Es kommt darauf an, ihm die höchstmögliche Festigkeit zu verleihen. Diesem Bestreben dient alles, was die Person des Vorgesetzten mit Würde umgibt, im Untergebenen das Gefühl, sich unter- und einordnen zu müssen, wachruft und stärkt. Die ganze Erziehung des Soldaten, die Ehrenbezeugungen und sonstigen Vorzugsrechte, die der Stellung des Vorgesetzten gebühren, sind auf die Kräftigung dieses inneren Gefüges, der Disziplin, zugeschnitten. In dem Zusammenhange dieser erziehenden Maßnahmen darf aber der Grundsatz der Unantastbarkeit des Vorgesetzten nicht fehlen. Die Bedeutung dieses Grundsatzes steigert sich im Dienst, und namentlich beim Dienst im größeren Verbande. Es ist ein alter, überall geltender militärischer Grundsatz, daß der Soldat, auch wenn er aus irgend einem Grunde Anlaß zur Klage zu haben glaubt, dennoch verbunden ist, seine Dienstobliegenheiten unweigerlich zu erfüllen. Den etwa nötigen Ausgleich soll dann auf Beschwerde der höhere Vorgesetzte eintreten lassen. Damit sind natürlich außerordentlich hohe Anforderungen an die Selbstzucht des Einzelnen gestellt, doch nicht im Interesse des Vorgesetzten, sondern im Interesse der Kraftsteigerung des Ganzen.

Der § 116 des Dänischen MStGB. v. 7. Mai 1887 (abgedruckt in Bd. 2 der Z. f. d. ges. Strrwiss.) bestimmt:

> „Wer sonst im Dienste oder aus Anlaß des Dienstes gegen seinen Vorgesetzten Gewalt anwendet, wird usw.
>
> Die Strafe entfällt nicht, mag auch die Tat verübt worden sein, um einen rechtswidrigen Angriff des Vorgesetzten abzuwehren, wenn dieser Angriff keinen Grund zu der Befürchtung gab, daß er den Tod, eine Verstümmelung oder einen anderen unersetzlichen Schaden verursachen konnte (vgl. § 123)."

Bei Gewalt außer Dienst und nicht in Anlaß des Dienstes ist Notwehr dagegen zulässig.

Ähnlich, aber wenig klar das von **Klibanski** bei Guttentag 1913 in Übersetzung herausgegebene Russische MStGB. von 1869, wenn es zur Notwehr einen Angriff verlangt, von dem dem Untergebenen „offenbare

Gefahr" droht, und die Abwehr „auf das Maß des zur persönlichen Selbsterhaltung notwendigen Schutzes" beschränkt.

Das Preußische MStGB. von 1845 verwies im § 2 der Einleitung allgemein auf die Landesgesetze, „bei deren Anwendung jedoch die militärischen Dienstverhältnisse besonders zu berücksichtigen sind". Die Rechtspflege war jedenfalls der Notwehr wenig günstig.

Daß auch das geltende MStGB. Einschränkungen der Notwehr im Interesse der Aufrechterhaltung der Disziplin kenne, wird auf verschiedene Arten nachzuweisen versucht. Diese Versuche haben das Gemeinsame, daß die praktische Notwendigkeit der Einschränkung ihre Hauptstärke ist. Teils wird die Einschränkung, unter Berufung auf die Plenarentscheidung RMG. 1, 134, damit gerechtfertigt, daß § 2 des Gesetzes nur eine „entsprechende", also eine den Forderungen des militärischen Lebens, also hier der Disziplin angepaßte Anwendung der allgemein geltenden Vorschriften des StGB. auf das MStGB. anordne (Grützmacher, Art. Notstand). Unter Ablehnung dieses Gedankens wird entweder das zwar nicht unbestrittene, aber doch wohl mehr und mehr anerkannte Verbot der Verletzung der Rechte Dritter, also Unbeteiligter, bei der Notwehr zugrunde gelegt, und die Disziplin als ein derartiges Rechtsgut des Staates bezeichnet, mit der Folge, daß je nach Umständen die Disziplin die Notwehr bald gestatten, bald verbieten könne. (Guht, S. 78.) Oder es wird ausgegangen von der Tatsache, daß die Rechtswidrigkeit einer sonst strafbaren Handlung durch besondere, außerhalb des Strafrechts liegende Umstände ausgeschlossen werden kann, und hieraus gefolgert, daß auch die vom Strafrecht im Falle der Notwehr ausnahmsweise anerkannte Rechtmäßigkeit der Handlung durch besondere, außerstrafrechtliche, dem Wesen des militärischen Dienstes entspringende Umstände wieder beseitigt werden könne (Rissom, Notwehr S. 30). Alle drei Konstruktionen laufen darauf hinaus, daß im einzelnen Fall ein angemessener Ausgleich der sich gegenüberstehenden Interessen des Einzelnen und der Gesamtheit gesucht werden muß. Das haben auch schon Hecker und Brauer gesagt, wenn sie verlangen, daß jedesmal zu prüfen sei, ob die Pflicht der Unterordnung oder das Recht der Notwehr überwiege. Bei dieser Prüfung sind von Bedeutung einerseits die Gefährlichkeit des Angriffs — damit ist der auch für das gemeine Recht aufgestellten Forderung der Verhältnismäßigkeit Rechnung getragen —, andererseits die Rücksicht auf den Dienst (Diensthandlung des Vorgesetzten, Begehung im Dienst, namentlich vor versammelter Mannschaft) und die Möglichkeit späteren Ausgleichs mit Hilfe des Beschwerderechts (Rissom, Notwehr S. 33 fg.).

Diese Gedanken erscheinen auch für die gesetzgeberische Gestaltung einer das Notwehrrecht des Soldaten einschränkenden Bestimmung verwendbar. Letztere müßte sich auf Straftaten jeder Art, gleichviel ob dem gemeinen oder militärischen Strafrecht angehörig, beziehen.

Daraus ergäbe sich für das MStGB. die Fassung:

> Nicht rechtswidrig ist die Notwehr.
>
> Notwehr ist diejenige Verteidigung, welche erforderlich ist, um einen gegenwärtigen, rechtswidrigen Angriff von sich oder einem anderen abzuwenden, und welcher überwiegende Pflichten der Unterordnung oder der Kameradschaftlichkeit nicht entgegenstehen. Dies gilt auch für Zuwiderhandlungen gegen die Vorschriften der allgemeinen Strafgesetze.
>
> Überschreitet der Täter die Grenzen der Notwehr, so kann die Strafe nach freiem Ermessen gemildert werden.
>
> Hat der Täter in entschuldbarer Aufregung oder Bestürzung gehandelt, so ist er straflos.

Als Überschreitung der Notwehr gilt also hier auch die Verteidigung, welcher überwiegende Pflichten der Unterordnung oder der Kameradschaftlichkeit entgegenstanden.

Keine Verteidigung und deshalb grundsätzlich strafbar ist die Verletzung der Rechte Dritter bei der Notwehr, z. B. Nichtbefolgung von Befehlen. Beispiele: Ein Verbrecher, der unbedingt lebend überbracht werden soll, wird bei einem Angriff auf den Transportführer getötet. Straffrei ist die Tötung, strafbar die Nichtbefolgung des Befehls. Ein Posten überschreitet seinen Bezirk, um Nothilfe zu leisten. Strafbar bleibt das Verlassen des Postens. Zu beachten bleibt aber, daß auch die Nichtbefolgung des Befehls infolge veränderter Umstände nach militärdienstlichem Grundsatz gerechtfertigt sein kann.

Noch etwas strenger, aber nicht so elastisch, ist die von Kägi S. 38 vorgeschlagene Fassung:

> Während des Dienstes darf der Untergebene gegen seinen Vorgesetzten nur dann Notwehr ausüben, wenn er dadurch keine dienstlichen Interessen verletzt; es sei denn, daß ihm durch den Angriff ein bleibender körperlicher Nachteil erwachsen würde.

Nicht erheblich abweichend ist der von M. E. Mayer im Arch.Mil.R. 1, 19 fg. gemachte Vorschlag. Er unterstellt die Handlung zwei Beurteilungen. Soweit sie sich gegen den Angreifer richtet, ist sie rechtmäßig und straflos. Soweit sie aber die Disziplin verletzt dadurch, daß das eigene Recht über die Pflicht der Unterordnung gesetzt wurde, soll, wenn auch unter Beschränkung auf gröbliche Fälle, Strafe nach einer besonderen Strafvorschrift eintreten. Hiernach gewinnt er die Fassung:

> Wer in Notwehr Pflichten der Unterordnung gröblich verletzt, wird wegen Mißachtung der Disziplin mit Arrest oder Festungshaft bis zu 6 Monaten bestraft.

Diese Fassung könnte nun allerdings dahin mißverstanden werden, als ob bei Wegfall der einen Tat unter dem Gesichtspunkte der Notwehr eine Verletzung der Disziplin allemal übrig bleibe, eine Annahme, der u. a. auch die von M. E. Mayer gewählte Formel der Idealkonkurrenz von Recht und Unrecht Vorschub leisten könnte. Die Meinung ist aber auch hier die, daß durch einen Vergleich der verschiedenen Anforderungen ermittelt werden soll, ob der Untergebene die Verletzung zu erdulden dienstlich verpflichtet war, oder nicht. Es soll also geprüft werden, ob nach Aufrechnung von Soll und Haben noch ein Debetsaldo des Untergebenen übrig bleibt. Verbessert würde der Vorschlag also durch eine Fassung, welche diese Abwägung zum Ausdruck brächte, etwa:

> Wer in Notwehr erheblich überwiegende Pflichten der Unterordnung verletzt, wird wegen Mißachtung der Disziplin mit Freiheitsstrafe bis zu sechs Monaten bestraft.

Ein weiterer Einwand könnte dahin gehen, daß doch sonst nicht alle Verletzungen von Pflichten der Unterordnung, sondern nur bestimmte tatbestandsmäßige Pflichtverletzungen bestraft werden, daß man also auch in diesem Falle ruhig bei den alten Typen, um die es sich schließlich doch wieder handelt, mit ihren eingewurzelten Wertbeurteilungen, doch unter Herabsetzung des Strafmaßes, bleiben könne. Diese Erwägung hat den eigenen, weiter oben mitgeteilten Vorschlag bestimmt. Doch hat die Schaffung einer besonderen Vergehensart wieder den Vorteil, dadurch daß sie zugunsten des Täters mit der ursprünglichen Straftat reinen Tisch macht, die Entwertung des Angreifers für seine Person klar vor Augen zu führen.

3. Notstand. Am Notstandsbegriff hat der KE. allerlei Kleinarbeit verrichtet, und dadurch Fortschritte herbeigeführt. Die endgültige Fassung scheint aber noch nicht erreicht zu sein. Der Kreis der Güter, deren Gefährdung den Notstand begründen soll, ist erweitert, Notstandshilfe grundsätzlich gestattet. Dafür ist verlangt, daß die Gefahr gegenwärtig, auf andere Weise nicht zu beseitigen, nicht gering und namentlich nicht verschuldet sei. Auch darf die Handlung nicht gegen Leib und Leben eines durch die Gefahr nicht betroffenen Dritten sich richten (in letzterem Falle mildere Bestrafung zugelassen). Die Vorschriften über ärztlichen Eingriff interessieren weniger, da für den Militärarzt bei Behandlung von Soldaten

ein dienstliches Recht zum Eingreifen in bestimmtem Umfange besteht. (Allerdings kann er Privatpraxis haben.)

Sehr wichtig für militärische Verhältnisse aber ist die Bestimmung, daß Notstand nicht gegeben ist, wenn für den in Gefahr Befindlichen die rechtliche Pflicht bestand, das drohende Übel zu ertragen. Diese Vorschrift, durch Hinweis auf die militärische Dienstpflicht ergänzt, wäre an die Stelle des ungeschickt gefaßten, daher auch in seiner Tragweite streitigen § 49 Abs. 1 MStGB. zu setzen.

Vierter Abschnitt.

Versuch.

Der KE. hat in zweiter Lesung den § 75 VE. dahin gefaßt, daß wegen Versuchs zu bestrafen ist, „wer den Vorsatz, eine strafbare Handlung zu begehen, durch Handlungen betätigt, welche die Tat zur Ausführung bringen sollen". Die Abweichung vom § 43 des geltenden Rechts soll zum Ausdruck bringen, daß die subjektive Theorie des Reichsgerichts übernommen werde. Ein in zweiter Lesung noch gemachter Zusatz bestimmt dann noch ausdrücklich, daß auch der untaugliche Versuch (grundsätzlich) strafbar sein solle. Dies mag sich trotz starker Bedenken empfehlen, um im Gerichtssaal die sonst vorauszusehenden endlosen Erörterungen über relative oder absolute Untauglichkeit des Versuchs abzuschneiden. Die militärische Rechtspflege hat an der Strafbarkeit des untauglichen Versuchs geringes Interesse. (Über den sog. Mangel am Tatbestand s. RMG. **16**, 136.)

Im § 56 des Entwurfs des jetzigen MStGB. war für alle mit mehr als sechs Monaten bedrohten Vergehen die Versuchsstrafe vorgesehen. Diese Art der Regelung dürfte der besonderen Bezeichnung vorzuziehen sein. Jedenfalls wären, wenn die letztere Art gewählt würde, entsprechende Zusätze bei den §§ 137 (Beschädigung von Dienstgegenständen) und 138 (Diebstahl und Unterschlagung) zu machen.

Bei der Strafzumessung läßt der KE. die Mindestmaße der Strafsätze wegfallen, was berechtigt erscheint. Die Ehrenstrafen (und Sicherungsmaßregeln) sind beim Versuch nur zugelassen, niemals zwingend vorgeschrieben. Dies hatte der § 46 MStGB., seiner Zeit vorauseilend, im Gegensatz zu § 45 StGB. bereits vorgesehen.

Die geltenden Vorschriften über Rücktritt vom laufenden und tätige Reue beim beendeten Versuch sind — unter Verbesserung im einzelnen — beibehalten. Nach einem Beschluß der 2. Lesung soll die Bestimmung über Straflosigkeit des Rücktritts nicht Platz greifen, soweit der Versuch als

Unternehmen mit der gleichen Strafe bedroht ist, wie die vollendete strafbare Handlung. Dies würde z. B. gelten für § 97 MStGB. Ebenso soll der Rücktritt von einer vorbereitenden Handlung (Beispiele § 59 MStGB. betr. Verabredung des Kriegsverrats und § 103 das. betr. Meuterei) nicht strafbar machen. Dagegen wurde die in 2. Lesung beschlossene gleiche Bestimmung für die besonderen Vorschriften, welche den Versuch als selbständigen Tatbestand unter Strafe stellen, schließlich wieder gestrichen, so daß hier scheinbar der Rücktritt straflos machen soll. (Beispiele § 102 MStGB. betr. Unternehmen der Erregung von Mißvergnügen, § 116 das. betr. versuchte Bestimmung zu Straftaten, § 117 das. betr. versuchtes Abhalten von Beschwerden.) Über die Berechtigung der verschiedenen Behandlung ließe sich streiten.

Die kurze Übersicht ergibt, daß auf dem Gebiete des Versuchs wesentliche Abweichungen vom gemeinen Strafrecht nicht erforderlich sind.

Fünfter Abschnitt.

Täter und Teilnehmer.

I. Die Grundfragen. 1. Gemeines Recht. Die Regelung der Teilnahme muß der Tatsache Rechnung tragen, daß die Verwirklichung eines Tatbestandes nicht selten auf das Handeln mehrerer Personen zurückgeführt werden kann. Als Arten dieser Beteiligung haben unter dem Begriff der „Teilnahme" die Mittäterschaft, die Anstiftung und die Beihilfe im geltenden Recht allgemeine Geltung verschafft. Einzelne Formen, wie die Begünstigung, sind aus dieser Einteilung herausgenommen.

Mehrfache wirkliche oder vermeintliche Lücken dieser Einteilung führten zunächst zu der Forderung, den Täterbegriff, namentlich durch weite Zulassung der sog. mittelbaren Täterschaft, möglichst auszudehnen, und der Anstiftung (Urheberschaft) eine hilfsweise Stellung zuzuweisen.

Der KE. kommt diesem Verlangen sehr weit entgegen. Da er aber von dem nicht völlig klaren VE. ausging, und sich nur schritt- und stückweise der vom GE. und ähnlich bei Olshausen, Krit. Bem. S. 38 empfohlenen Fassung nähert, so läßt sich ohne Kenntnis des Wortlauts schwer beurteilen, wo die Grenze zwischen Täter und Anstifter schließlich gezogen ist. Jedenfalls ist dafür Sorge getragen, daß die Bestrafung des einen Handelnden nicht von der Feststellung der Schuld usw. des anderen Handelnden abhängig ist.

Die Grenze zwischen Mittäterschaft und Beihilfe wird nach der bisherigen Rechtsprechung wesentlich subjektiv bestimmt, also von der Willensrichtung des Handelnden abhängig gemacht, derart, daß es darauf ankommen soll, ob der Handelnde die Tat als eigene will oder nicht. So der VE. (nach der Begründung) und, wie anzunehmen, auch der KE. Dagegen ist bereits früher eingewendet, daß der Handelnde regelmäßig eine Tat dann und nur dann als die seine will, als sie die seine wirklich ist. Es scheint also die objektive Bestimmung, nach der als Täterschaft die Mitwirkung bei der Ausführung anzusehen ist, wie sie gleichfalls vom GE. im § 31 vertreten wird, den Vorzug verdienen.

Eine mit dem gemeinen Recht übereinstimmende Ausprägung der Grundlagen im Militärstrafrecht wird anzustreben sein.

Eine Frage, welche die militärischen Interessen stark berührt, die aber auf dem Gebiete des gemeinen Rechts zu lösen ist, ist die der Teilnahme von Zivilpersonen an militärischen Straftaten. Für das geltende Recht bestehen trotz der die Möglichkeit einer Anstiftung und Beihilfe bejahenden Rechtsprechung starke Zweifel, namentlich weil das MStGB. auf einem besonderen Pflichtenkreis des Soldaten aufgebaut ist, also persönlich bindet. So auch Ph. O. Mayer, Arch.Mil.R. **4**, 225. Dieser Gedanke erzeugt auch gesetzgeberische Bedenken. Da indessen eine vollständige Freilassung berechtigte Interessen preisgeben würde, und eine Hervorhebung einzelner strafbarer Handlungen willkürlich erscheint, so ergibt sich der Mittelweg des KE. als zutreffende Lösung. Der KE. hat nämlich dem § 80 des VE., nach welchem persönliche Eigenschaften oder Verhältnisse, welche die Strafbarkeit erhöhen, vermindern oder ausschließen, nur hinsichtlich derjenigen zu berücksichtigen sind, bei dem sie vorliegen, den Satz hinzugefügt, daß, soweit besondere Eigenschaften oder Verhältnisse die Strafbarkeit *begründen*, der mittelbare Täter, der Anstifter und der Gehilfe auch dann strafbar sind, wenn diese Umstände in ihrer Person nicht vorliegen, daß aber die Strafe des mittelbaren Täters und des Anstifters nach den für die Bestrafung der Beihilfe geltenden Grundsätzen gemildert werden kann. Vielleicht wäre es erwünscht, auszusprechen, daß dies auch auf Teilnahme an militärischen Straftaten gelte, soweit Anstifter und Gehilfen (auch unmittelbare Täter?) in Frage kommen.

2. *Anwendung auf das Militärstrafrecht.* Wie bereits bemerkt, ist Gleichmäßigkeit der Grundsätze über die Behandlung der Teilnahme im Bereiche des gemeinen und militärischen Strafrechts anzustreben. Dabei ist aber darauf hinzuweisen, daß die Schwierigkeiten, welche der § 80 des VE. (§ 50 StGB.) betr. die persönlichen Eigenschaften und Ver-

hältnisse der Beteiligten schon im gemeinen Strafrecht entstehen läßt, im militärischen Recht ganz besonders bemerkbar werden, da hier die persönliche Stellung, namentlich der Dienstrang, häufig ganz selbständige Tatbestände schaffen. Beispielsweise ist tätliches Sichvergreifen am Vorgesetzten nach § 97 MStGB. eine erheblich schwerere, auch sachlich andere Straftat, als die Mißhandlung eines Untergebenen nach § 122 MStGB., diese wieder anderer Art als die Körperverletzung, verübt am Gleichgestellten nach § 223 StGB. Da fragt es sich nun, welches Verhältnis jedesmal zugrunde zu legen ist. Schematische Übersicht s. unter „Persönliche Eigenschaften" in Dietz' Handwörterbuch, 1912. Möglichst eingehende gesetzliche Regelung ist erwünscht.

Einzelne Fälle hat das jetzige MStGB. schon herausgegriffen:

a) Nach § 143 MStGB. soll ein Befehlshaber eines Kommandos oder ein Wachtposten, der eine Straftat begehen läßt, die er verhindern mußte, so bestraft werden, als ob die Handlung von ihm selbst begangen wäre. Hat also der Befehlshaber oder Posten den tätlichen Angriff eines Gemeinen auf einen Unteroffizier nicht verhindert, so ist er selbst wegen tätlichen Vergreifens am Vorgesetzten strafbar, hat er eine Kameradenschlägerei nicht verhindert, so haftet er regelmäßig wegen Mißhandlung Untergebener. Die Handlung ist in jedem Falle militärische Straftat.

Eine entsprechende Vorschrift besteht im jetzigen § 357 StGB. für Beamtenverhältnisse. Sie ist zwar im § 208 VE. gestrichen, aber im § 31 des GE. wieder aufgenommen, und zwar als allgemeine Vorschrift: Als Täter wird bestraft, wer die Ausführung durch einen anderen „pflichtwidrig zuläßt". Wie der KE. sich zu der Frage stellt, ist nicht völlig klar. Vielleicht wäre eine entsprechende allgemeine Vorschrift auch für das militärische Strafrecht brauchbar. Es würde sich aber dann wohl die Frage erheben, ob alle militärischen Pflichten zugleich Rechtspflichten sind (vgl. § 29 MStGB.). Wegen Nichtanzeige geplanter Straftaten vgl. die Ausführungen unter c.

b) Der Beteiligung der Vorgesetzten an Straftaten Untergebener hat das geltende Recht gebührende Beachtung geschenkt, namentlich in den §§ 55 Ziff. 1 und 2, 115, 116 MStGB. (Vgl. auch § 110 Ziff. 3 das.)

Das gesetzgeberisch Wesentliche dieser Vorschriften ist die — hinsichtlich des § 55 allerdings sehr streitige — Umformung bürgerlicher Straftaten in militärische. Die Straferhöhung ist weniger wichtig.

Der § 115 MStGB. bedroht den Vorgesetzten, der durch Mißbrauch seiner Dienstgewalt oder seiner dienstlichen Stellung (also meist Nötigung oder Irrtumserregung) den Untergebenen zu einer Straftat vorsätzlich bestimmt hat, „als Täter oder als Anstifter" mit (erhöhter) Strafe. Damit ist sachlich ein erweiterter Begriff der Täterschaft, der dem § 31 GE. entsprechen dürfte, zugrunde gelegt.

Der § 116 MStGB. behandelt den Versuch der Verleitung der Untergebenen zur Straftat. Er entspricht dem — etwas strengeren — § 357 StGB. betr. versuchte Verleitung durch Amtsvorgesetzte, dem § 208 des VE. und dem — wieder etwas milderen — KE. Der GE. hat im § 32 Abs. 2 eine allgemeine Strafdrohung für versuchte Verleitung zu Verbrechen. Der § 132 des VE. und der im ganzen sich anschließende KE. haben den § 49 a StGB. betr. Aufforderung und Anerbietung zu Verbrechen übernommen und fortgebildet. An die Aufforderung zum Ungehorsam nach §§ 99, 100 MStGB., an die öffentliche Aufreizung oder Aufforderung zu Straftaten nach dem StGB. und an § 55 Z. 3 MStGB. sei noch erinnert, um die großen Schwierigkeiten wie auch die Notwendigkeit einer Neufassung vor Augen zu führen. Vgl. Art. Teilnahme Vorgesetzter in Dietz' Handwörterbuch, 1912.

c) Die Nichtanzeige geplanter Straftaten, im § 174 VE. und (erheblich abweichend) im KE. geregelt, ist in den §§ 60, 77, 104 MStGB. in bezug auf Kriegsverrat, Fahnenflucht, Meuterei mit Strafe bedroht. Eine allgemeine Regelung, etwa unter dem Gesichtspunkt der Beihilfe, wäre anzustreben. Vgl. auch a.

II. Den Massenverbrechen schenkt bereits das geltende MStGB. die gebührende Beachtung. Auf die Bestimmungen der §§ 106 fg. MStGB. betr. Aufruhr, 135 Abs. 2 betr. Marodieren und Plünderung, 72 betr. Fahnenflucht, namentlich im Felde, 55 Z. 3 betr. Begehung von Straftaten „unter Zusammenrottung", wird verwiesen. Die Masse als Hintergrund ist in §§ 12, 89, 95, 97 MStGB. betr. Begehung von Straftaten „vor versammelter Mannschaft" und in § 55 Z. 3 MStGB. betr. Begehung von Straftaten „vor einer Menschenmenge" berücksichtigt.

III. Vorbereitungshandlungen sind für das militärische Strafrecht von gesetzgeberischem Interesse namentlich soweit Zusammenwirken einer Mehrheit von Personen in Frage steht. Das Wichtigste hat bereits das geltende Recht erledigt. Vgl. die Verabredung zum Kriegsverrat nach § 59 MStGB., zu Unterordnungsverbrechen (sog. Meuterei) nach § 103 das. (beide mit Strafnachlaß für den wieder umkehrenden und Anzeige erstattenden Teilnehmer), die Verbreitung von geistigem Ansteckungsstoff durch Erregung von Mißvergnügen und Veranstaltung von Versammlungen nach §§ 102, 101 MStGB. und ähnliche Fälle, zusammengestellt im Art. „Teilnahme nach dem MStGB." in Dietz' Handwörterbuch, 1912.

IV. Die Verantwortlichkeit des Untergebenen für eine auf Befehl in Dienstsachen begangene Straftat wird unter dem Abschnitt „Teilnahme" im § 47 MStGB. behandelt. Das Gesetz bestimmt:

„Wird durch die Ausführung eines Befehls in Dienstsachen ein Strafgesetz verletzt, so ist dafür der befehlende Vorgesetzte allein verantwortlich. Es trifft jedoch den gehorchenden Untergebenen die Strafe des Teilnehmers:

1. wenn er den ihm erteilten Befehl überschritten hat, oder
2. wenn ihm bekannt gewesen, daß der Befehl des Vorgesetzten eine Handlung betraf, welche ein bürgerliches oder militärisches Verbrechen oder Vergehen bezweckte."

Man ist sich ziemlich einig darüber, daß diese Vorschrift nichts, oder nichts Wesentliches, zur Teilnahmelehre enthält. Sie ist trotzdem hier angeführt, einmal wegen ihres bisherigen Platzes im Gesetz, sodann, weil sie sonst an mehreren Stellen zu behandeln wäre, endlich, weil ein näheres Eingehen auf die sich hier eröffnenden Fragen mit Rücksicht auf ihre verhältnismäßige Selbständigkeit gegenüber den Entwürfen zum StGB. nicht geboten erscheint. Im Interesse der Abrundung der Darstellung darf aber wohl folgendes bemerkt werden:

So viel steht fest, daß die Vorschrift, die strafrechtliche Haftung des Untergebenen für die Verletzung eines Strafgesetzes regeln will, und zwar in einem den Untergebenen günstigen Sinne. Soweit er aber verantwortlich gemacht wird, ist es klar, daß er nicht gehorchen darf, folglich auch für die Nichtbefolgung des Befehls nicht verantwortlich gemacht werden kann. Danach erweist sich die Vorschrift nun sofort als auch für den Umfang der Gehorsamspflicht und demgemäß für die Anwendung des § 92 MStGB. als bedeutsam. Über diese Selbstverständlichkeit hinaus erhebt sich die Frage, ob umgekehrt aus dem § 47 MStGB. auf die Verbindlichkeit des Befehls, soweit die Befolgung nicht strafrechtlich haftbar macht, geschlossen werden kann. Diese Frage wird mit Recht jetzt ziemlich allgemein verneint, nachdem zuerst M. E. Mayer, Der rechtswidrige Befehl des Vorgesetzten, 1908 S. 159 auf die Unzulässigkeit einer derartigen Umkehrung gewiesen hat. In gleichem Sinne Rissom, Der rechtswidrige Befehl, in Steidles Festschrift 1910 S. 221, Rieter, Ungehorsam 1911 S. 33, Frh. Marschall von Bieberstein, Verantwortlichkeit und Gegenzeichnung bei Anordnungen des Obersten Kriegsherrn 1911 S. 385 Anm. 1632.

Es zeigt sich also, daß die Frage nach dem Umfange der Gehorsamspflicht, anders ausgedrückt, nach der verbindenden Kraft des rechtswidrigen Befehls, im Gesetze selbst eine Entscheidung nicht gefunden hat. Vielleicht ist es auch richtiger, die Lösung dieses Problems dem Staatsrecht zu überlassen. Dort wird nun immer wieder, so auch in dem erwähnten Werk von Marschall von Bieberstein, die Verbindlichkeit des rechtswidrigen Befehls auf das mangelnde — oder stark eingeschränkte — Prüfungsrecht des Soldaten zurückzuführen versucht. Unbedingt sicher ist diese Stütze nicht. Denn wenn auch dem Soldaten dies Prüfungsrecht fehlte, dem Richter, der später die Verbindlichkeit beurteilt, braucht es darum doch nicht zu fehlen. Immerhin ist die theoretische Möglichkeit einer bindenden Kraft des rechtswidrigen Befehls nicht in Abrede zu stellen. Bei der Durchführung ergeben sich allerdings große Schwierigkeiten. Ist die Ausführung des verbindlichen rechtswidrigen Befehls eine rechtsmäßige Handlung, Notwehr gegen sie also ausgeschlossen? Oder gibt die Pflicht zur Ausführung nur einen persönlichen Schuldausschließungsgrund für den ausführenden Untergebenen ab, während er sich allerdings der berechtigten Notwehr des Dritten ausgesetzt sieht?

Ein Teil dieser Schwierigkeiten wird vermieden, wenn man sich darauf beschränkt, nur den rechtmäßigen Befehl für verbindlich zu erklären. Brauchbar aber wird dieser Ausgangspunkt nur dann, wenn man den Begriff der Rechtsmäßigkeit — und den des Befehls in Dienstsachen — nicht zu eng zieht, und wenn man ferner — im Interesse der sicheren Ausführung rechtsmäßiger Befehle — vom Untergebenen verlangt, daß er auf die Rechtmäßigkeit des Befehls vertraut, und ihn daher, wenn er im Glauben an die Unrechtmäßigkeit des Befehls den Gehorsam versagte, die Gefahr des Irrtums tragen läßt. Diesen Weg hat die Rechtsprechung des RMG. eingeschlagen. Nachweisungen bei Romen und Rissom, MStGB. §§ 47 Abs. 13 und 22 Anm. 3. Weitere Fälle s. im Arch.Mil.R. **1**, 225, 458, **2**, 225, 308, **4**, 52, 55, 122, 123, 128, 209, 226, 285, 288. In gleichem Sinne Keil, Zur Auslegung der Ziff. 2 des § 47 MStGB., Arch.Mil.R. **5**, 26—39.

Von diesem Standpunkte aus kann in der Vorschrift des § 49 Ziff. 2 natürlich nur ein Schuldausschließungsgrund erblickt werden.

Die dem Preußischen Recht entnommene Fassung des § 47 Ziff. 2 ist allerdings nicht sehr klar. Sie dürfte dahin zu deuten sein, daß die Strafhaftung des Untergebenen nicht schon dann eintritt, wenn er die ihm befohlene Handlung als strafbar erkannt hat, sondern erst dann, wenn er wußte, daß auch dem Vorgesetzten diese Strafbarkeit klar gewesen ist. Ähnlich RMG. **13**, 185.

Das geltende Recht hält sich also zwischen dem § 24 des Norwegischen MStGB. vom 22. Mai 1902, welcher den Untergebenen haften läßt, wenn er „eingesehen hat oder sichtlich einsehen mußte, daß er durch Ausführung des Befehls zu einer rechtswidrigen Handlung mitwirke", und dem § 58 des Entwurfs zum MStGB., welcher den Untergebenen nur dann haften läßt, „wenn die Befolgung des Befehles eine Handlung gegen die militärische Treue in sich schließt".

Diese letzte Fassung, die mit ihrem beherzten Vertrauen auf den gesunden Sinn des Soldaten und auf ein nachfühlendes Herz des Richters so vorteilhaft gegen die verklausulierten Vorbehalte der geltenden Gesetzesvorschrift absticht, gibt Anlaß, nochmals auf die Frage des bindenden rechtswidrigen Befehls zurückzukommen. Nach unserer Auffassung vom Wesen der militärischen Macht ist die Treue das grundlegende Verhältnis zwischen dem Soldaten und seinem obersten Kriegsherrn. Dieses Verhältnis ist damit als eine Beziehung unmittelbarster, persönlichster Natur gekennzeichnet. So gewinnt der Gehorsam, der dem Inhaber der Kommandogewalt, und abgeleitet seinem Bevollmächtigten, dem einzelnen Vorgesetzten, geleistet wird, etwas Ethisches, Unbedingtes. Und erwägt man einerseits die ungeheuren, mit der Größe der neuzeitlichen Heere immer nur wachsenden Widerstände und Hemmungen, welche sich der einheitlichen Leitung aller Einzelwillen entgegenstemmen, und würdigt man auf der anderen Seite die hinreißende Kraft solcher ethischen, unbedingten Normen, so wird man schon im erziehlichen Interesse die Frage des unverbindlichen Befehls nur mit großer Vorsicht berühren. Ja, mehr als das. Wie das Recht von der Forderung nicht ablassen kann, das Ganze des staatlichen Lebens zu umfassen, und so sehr es dem Gedanken widerstreben muß, das zu gebieten, was es selbst für rechtswidrig erklärt — denn darauf läuft der verbindliche rechtswidrige Befehl hinaus —, ebensowenig wird es verkennen dürfen, daß hier unter Umständen Grenzen erreicht werden, an denen Kräfte sich bewähren, die alles staatlichen Rechtes Voraussetzung und Grundlage sind. (Vgl. Arch. f. Strafr. 56, 180.)

Sechster Abschnitt.

Zusammentreffen strafbarer Handlungen.

Unter der hier angeführten kurzen Überschrift (beruhend auf Ebermayer S. 31, während Olshausen S. 39 unten eine andere Fassung angibt) ist im KE. das vom VE. so bezeichnete Zusammentreffen „mehrerer Strafgesetze" (Tateinheit) und das Zusammentreffen mehrerer strafbarer Handlungen (Tatmehrheit) zusammengefaßt. Der KE. scheint also entweder die Genauigkeit der bisherigen Überschrift nach dem VE. der Kürze geopfert oder hinsichtlich der theoretischen Auffassung der Tateinheit einen Stellungswechsel vorgenommen zu haben. Die zu erwartende Begründung des KE. wird hier wie auch in manchen anderen Punkten erwünschte Aufklärung bringen. Von einer Aufgabe der Unterscheidung zwischen beiden Formen überhaupt ist mit Recht abgesehen.

I. Tateinheit. Der bisherige § 73 StGB. ist sachlich im ganzen aufrecht erhalten. Nur ist eine alte Streitfrage dahin entschieden, daß auf kein niedrigeres Strafmaß und auf keine leichtere Strafart erkannt werden darf, als nach einem anderen anwendbaren Strafgesetze zulässig ist, während nach der bisherigen, nicht ohne Grund angefochtenen Rechtsprechung, z. B. PE. **6**, 117, bis auf das Mindestmaß des zur Anwendung kommenden Gesetzes heruntergegangen werden konnte, auch wenn die übrigen milderen Gesetze ein höheres Mindestmaß hatten. Ebenso sollen Nebenstrafen und sichernde Maßnahmen der milderen Gesetze Anwendung finden. Beide Zusätze, namentlich der zweite, sind zu begrüßen.

Zum Begriff der Handlung darf auf die Arbeiten von Ph. O. Mayer, Arch. Mil. R. **2**, 432, **3**, 3, verwiesen werden.

Die Grundsätze über Bestrafung der Tateinheit lassen sich in voller Reinheit nicht durchführen, wenn der Tatbestand mehreren Strafdrohungen unterfällt, welche verschiedenen Gerichtsbarkeiten, z. B. einerseits der ordentlichen, anderseits der Militärgerichtsbarkeit unterstehen. Vgl. darüber Romen und Rissom, MStGB. § 54 Anm. 3. Besonderer gesetzlicher Regelung wird aber dieser Punkt kaum bedürfen.

Die praktische Ausübung des Militärstrafrechts wird leider ziemlich durch das ideale Zusammentreffen der Strafdrohungen des MStGB. und wie hier gleich bemerkt sein mag, durch das so leicht vorkommende Zusammentreffen mehrerer selbständiger Straftaten nebeneinander belastet. In gewissem Umfange mag die Änderung der Strafbestimmungen Abhilfe schaffen können. Vgl. unten die Ausführungen über gewohnheitsmäßige Mißhandlung Untergebener. Von erheblich größerer Bedeutung wäre es, wenn auch bei uns allseitig das Bestreben herrschte, der Mahnung v. Bars, mit der Aufstellung von Konkurrenzfällen keinen übertriebenen Aufwand zu treiben, nachzukommen. Aber die militärische Genauigkeit bringt es wohl mit sich, daß schon in der Anklageverfügung das Verhalten des Täters bis in die kleinsten Einzelheiten auseinandergelegt wird. Auch von der ausdrücklichen Erlaubnis der MStGO., einzelne Straftaten ohne Belang für die Gesamtbeurteilung unter den Tisch fallen zu lassen, scheint selten Gebrauch gemacht zu werden. Sehr gefördert wird diese übertriebene Genauigkeit durch die von der MStGO. leider aus dem Preußischen Recht übernommene Einrichtung der vierteljährlichen Aktendurchsicht auf vorgekommene Mängel und Verstöße. Wegen dieses bisher wohl noch wenig beachteten Rechtsinstituts darf auf den Artikel Militärjustizverwaltung in Dietz' Handwörterbuch des Militärrechts, 1912, verwiesen werden.

II. Tatmehrheit. Auch der KE. hält fest an dem Grundsatz der Strafhäufung, bei Freiheitsstrafen regelmäßig in der Form der Gesamtstrafe, gebildet durch Erhöhung der verwirkten schwersten Strafe. Gegenüber dem VE. sind aber die verschiedenen Arten der Freiheitsstrafen wieder mehr verselbständigt.

Das künftige MStGB. wird genötigt sein, die jetzt im § 54 MStGB. nicht lückenlos gegebene Einordnung des militärischen Strafensystems möglichst zweifelsfrei zu regeln. Die Einzelheiten werden natürlich von der Wahl des militärischen Strafensystems abhängen.

Daß bei Verhängung von Strafen im Disziplinarwege die Festsetzung von Gesamtstrafen unterbleibt, wäre zweckmäßig anzuordnen. Vgl. Romen und Rissom, MStGB. § 3 fg. Anm. 3 b.

Siebenter Abschnitt.

Strafantrag.

Die Natur der militärischen Straftaten verbietet es, die Verfolgung von einem Antrage des Verletzten abhängig zu machen. Der § 51 des jetzigen MStGB. spricht dies ausdrücklich aus. Bei Verselbständigung des Gesetzbuchs wird diese Bestimmung, weil rein verneinenden Inhalts, entbehrlich. An dessen Stelle würden Vorschriften treten, welche, wie jetzt § 127 MStGB. für gewisse Straftaten im Felde, auch für gemeinrechtliche Vergehen das Antragserfordernis unter gewissen Voraussetzungen beseitigen. Zu prüfen wäre allerdings, ob man nicht aus dieser Beseitigung Anlaß nehmen will, die betreffenden Straftaten unter bestimmten Voraussetzungen als militärische Vergehen zu erklären.

Achter Abschnitt.

Hauptstrafen und Schadensersatz.

Vorbemerkungen. Die gesetzgeberische Frage der Strafen geht dahin, eine Ordnung zu finden, welche den mannigfachen Abstufungen der strafbaren Handlungen in sachlicher und persönlicher Hinsicht zu folgen vermag, unnötige Härten und schädliche Nebenwirkungen möglichst vermeidet.

Im gemeinen Strafrecht hat sich die jetzt geltende Strafenordnung in ihren Grundzügen derart im Allgemeinbewußtsein festgelegt, daß der VE. und der KE. sich darauf beschränkt sahen, in Einzelheiten, deren Zahl allerdings groß ist, die bessernde Hand anzulegen. Einige Verschärfungen des bisherigen Zustandes werden durch die Art der Verwendung der Strafen, namentlich durch die Ausdehnung der Strafrahmen nach unten und durch die hilfsweise Zulassung milderer Strafarten in leichteren und leichtesten Fällen mehr als aufgewogen.

Das militärische Strafrecht hat wohl von jeher, wie es auch nicht anders sein darf, ein noch erheblich ernsteres Gesicht getragen, als das gemeine. Dies zeigt sich sowohl in der Art wie in der Anwendung der Strafen. Die geschichtlich erwachsene, den Bedürfnissen des Heeres Rechnung tragende Selbständigkeit der Strafen ist leider im jetzigen MStGB. einer zu weitgehenden Annäherung an die gemeinrechtliche Strafenordnung gewichen, immerhin unter Wahrung einiger Eigentümlichkeiten. Ein Zurückgreifen auf ältere Anschauungen wird durch Rücksichten der militärischen Erziehung geboten sein.

Erster Unterabschnitt.

Die Todesstrafe.

I. Allgemeines. Wenn auch die Todesstrafe an den Unvollkommenheiten alles Menschlichen reichlich teilhat, muß sie doch, sowohl vom Standpunkt der Vergeltung aus, wie unter dem Gesichtspunkt der Sicherung der Lebensbedingungen der Gesellschaft, für einstweilen unentbehrlich erklärt werden. Bei dem Streit um ihre Notwendigkeit handelt es sich nicht allein um die wenigen schwersten Verbrechen, die zum Glück nur verhältnismäßig selten vorkommen. Nein, sie gibt der Strafrechtspflege, als Ganzes genommen, den tiefsten Ernst und die eindringlichste Wirkung. So reicht ihre Bedeutung bis in die kleinste Strafdrohung hinein. Wenn es zulässig erscheint, der auf Milderung der Strafen gerichteten Zeitströmung in gewissem Grade entgegenzukommen, so ist dies nicht zum letzten dadurch ermöglicht, daß die Androhung der Todesstrafe mahnend im Hintergrunde steht.

Die auf Abschaffung der Todesstrafe gerichtete, meist — wenn auch nicht immer — der Fürsorge für die Einzelpersönlichkeit entsprungene Bewegung hat scheinbar ihren Höhepunkt schon überschritten, namentlich seitdem im Jahre 1908 die französische Kammer den auf Abschaffung gerichteten Gesetzentwurf, einem starken Umschwung in der Stimmung der Bevölkerung folgend, abgelehnt hat.

II. Gebiet der Todesstrafe. Das gemeine Strafrecht droht die Todesstrafe an für Mord, also die vorsätzliche überlegte Tötung eines Menschen, und drei nur wenig abweichende besondere Tatbestände, von denen der Hochverrat in seinem schwersten Fall hier genannt sein möge. Der KE. bleibt im großen und ganzen bei der bisherigen Begrenzung stehen.

Für das Militärstrafrecht ist die Unentbehrlichkeit der Todesstrafe, soweit die im Felde (§ 9 MStGB.) begangenen Handlungen in Frage kommen, wohl kaum jemals bestritten worden. Es handelt sich hier um die Erzwingung der Erfüllung militärischer Pflichten auch in Todesgefahr, um die Aufrechterhaltung der äußeren und inneren Ordnung auch bei höchster Steigerung der Anforderungen, alles dies unter Umständen, in denen ein Versagen die unheilvollsten Folgen nach sich ziehen kann.

Das geltende Recht beschränkt die Todesstrafe auf schwerste Pflichtverletzungen im Felde — im Kriege, vor dem Feinde. Folgende sechs Gruppen sind zu unterscheiden:

1. Kriegsverrat in zwei Formen, Kapitulation nach §§ 58 (160), 60, 63 MStGB.

2. Fahnenflucht in drei Formen, Feigheit nach §§ 71—73, 84 das.

3. Schwerste Auflehnungsverbrechen in vier Formen nach §§ 95, 97, 107, 108 (110) das.

4. Plünderung mit Tötung eines Menschen, § 133 das.

5. Schwere Dienstpflichtverletzung von Befehlshabern und Posten vor dem Feinde nach § 141 das.

6. Bruch des Ehrenworts Kriegsgefangener nach § 159 das.

Die vom Gesetz getroffene Auswahl ist im wesentlichen als zutreffend anzuerkennen, doch bedarf wohl die teilweise vorgenommene Einbeziehung der Fahrlässigkeit der Nachprüfung. Im einzelnen erscheint namentlich § 141, weil zu vielfältig und unbestimmt, nicht völlig zweckmäßig gefaßt.

Nach § 4 EG. z. RStGB. (für Bayern nicht gültig) werden bis zum Erlaß der in Art. 61 und 68 der Reichsverfassung vorbehaltenen Reichsgesetze gewisse hoch- und landesverräterische und gemeingefährliche Verbrechen, wenn sie auf einem in Kriegszustand erklärten Gebiet oder auf dem Kriegsschauplatz verübt sind, mit dem Tode bestraft. Die Vorschrift ist diess. Erachtens noch zu keinem Teile aufgehoben, weder durch das Reichsmilitärgesetz vom 2. Mai 1874 noch durch den nur auf militärische Verbrechen bezüglichen § 160 des MStGB. Es fragt sich, ob man nicht diese Straftaten zu militärischen Verbrechen umschaffen soll, eine Frage, die nur unter Mitberücksichtigung der Gesetze über den Belagerungszustand zu lösen ist. Auf den zweifelhaften § 91 RStGB. sei hier nur nebenbei hingewiesen. Vgl. Romen und Rissom, Waffengebrauch, S. 138, 193.

III. Absolute Androhung. Es läßt sich wohl die Ansicht begründen, daß der volle Ernst der Todesstrafe erst dann zum Ausdruck komme, wenn sie unbedingt angedroht werde, daß also dem Gewicht der Strafdrohung Abbruch getan werde, wenn für leichtere Fälle eine mehr oder minder schwere Freiheitsstrafe zugelassen werde.

Der VE. und ihm folgend der KE. hat zwar nicht für den Hochverrat (bei welchem der KE. freilich Unterscheidungen macht), wohl aber für den Mord ein Herabgehen auf Freiheitsstrafe im Falle mildernder Umstände zugelassen. Die Begründung des VE. bezieht sich dabei auf den Umstand, daß in §§ 58, 60, 63, 95 Abs. 2, 97 Abs. 3, 141 Abs. 2 MStGB. neben der Todesstrafe in minder schweren Fällen eine Freiheitsstrafe angedroht sei. Es ist zuzugeben, daß Fälle dieser Art nicht selten so gelagert sein können, daß die Todesstrafe zu hart erscheint. Demgegenüber wird es richtig sein, die dagegen sprechenden allgemeinen Gesichtspunkte zurückzustellen, zumal die militärische Rechtspflege für die nötige Strenge der Behandlung Gewähr bietet. In den übrigen Fällen mag man es ruhig bei der unbedingten Androhung der Todesstrafe belassen. Die allgemeine Zulassung leichterer Fälle, wie in § 87 Ziff. 1 GE. vorgesehen, erscheint hier nicht rätlich.

Über jugendliches Alter und verminderte Zurechnungsfähigkeit als allgemeine Strafmilderungsgründe sind die betreffenden Abschnitte zu vergleichen.

IV. Ehrenfolgen. Einem Beschlusse des Danziger 30. Juristentages folgend, hat der KE., abweichend vom VE., die Aberkennung der bürgerlichen Ehrenrechte neben der Todesstrafe, allerdings unter Voraussetzung der Feststellung ehrloser Gesinnung, zwingend vorgeschrieben. Der GE. hatte an die Todesstrafe die dauernde Unfähigkeit zum Dienst in Heer und Marine als notwendige unmittelbare Folge geknüpft, und daneben die Erkennung auf dauernde Unfähigkeit zur Ausübung der bürgerlichen Ehrenrechte vorgeschrieben, wenn nicht der Umstand, daß die Tat nicht aus ehrloser Gesinnung hervorgegangen ist, besondere Berücksichtigung verdient.

Für bürgerliche Verbrechen sind derartige Bestimmungen im militärischen Interesse zu begrüßen (s. unter V). Für militärische Verbrechen wäre der unbedingte Anschluß von Ehrenfolgen höchstens für diejenigen Verbrechen ratsam, bei denen die Todesstrafe absolut angedroht ist. Näheres unten bei Besprechung der Ehrenstrafen.

V. Vollstreckung der Todesstrafe. Nach § 14 des MStGB. ist die Todesstrafe durch Erschießen zu vollstrecken, wenn sie wegen eines militärischen Verbrechens, im Felde auch dann, wenn sie wegen eines nichtmilitärischen Verbrechens erkannt ist. Der Vollzug der durch Erschießen zu vollstreckenden Todesstrafe erfolgt nach § 453 MStGO. durch die Militärbehörden. (Eigentlich umgekehrt: Das Militär vollstreckt mit der Schußwaffe.)

Diese Vorschriften sind insofern unvollkommen, als Todesurteile gegen aktive Militärpersonen und militärgerichtliche Todesurteile gegen Personen des Beurlaubtenstandes (selten vorkommend) auch dann von den Militärbehörden zu vollstrecken sein dürften, wenn wegen gemeinrechtlichen Verbrechens auf Todesstrafe erkannt wird. Eine Ausnahme würde aber dann eintreten, wenn infolge einer Ehrenstrafe oder aus anderen Gründen das militärische Dienstverhältnis völlig beendet wird.

Zweiter Unterabschnitt.

Freiheitsstrafen.

Wie im jetzigen, so werden auch im künftigen Strafgesetzbuch die Freiheitsstrafen „den Mittelpunkt und eigentlichen Kern des Strafensystems", wie die Begründung des VE. sich ausdrückt, bilden. Dies gilt noch mehr für das Militärstrafrecht, das insbesondere dem Hauptwettbewerber, der Geldstrafe, einen sehr engen Raum anweisen muß.

Die vier Hauptfreiheitsstrafen des geltenden Rechts: Zuchthaus, Gefängnis, Festungshaft und Haft, waren im Entwurf durch Ausscheidung der Festungshaft auf drei zurückgeführt. Der KE. hat die alte Vierzahl wiederhergestellt, unter Umwandlung der Festungshaft in die Einschließung. Die Gedanken der Schärfung des Strafvollzuges, des Ersatzes durch gelindere Strafen oder Straffreiheitserklärung in leichteren Fällen, der bedingten Strafaussetzung haben, wie schon im VE., Berücksichtigung gefunden.

Die militärischen Freiheitsstrafen haben eine lange und in wichtigen Punkten selbständige Entwicklung durchgemacht. Es ist erforderlich, diese Selbständigkeit zu achten. Als Eigentümlichkeiten der militärischen Strafordnung sind hervorzuheben: Strenge im großen wie im kleinen, Erziehung, soweit Erziehung möglich ist, Ausscheidung aus dem militärischen Verbande bei den schwersten Strafen, Berücksichtigung der Anforderungen der soldatischen Ehre und des Dienstansehens bei Auswahl der Strafarten. Beispiele bieten die vierfach abgestufte Strafe des Arrestes und die weitgehende wahlweise Androhung von Gefängnis und Festungshaft unter dem diese Strafen mit dem Arrest vereinigenden Namen der „Freiheitsstrafe", endlich die eingehend ausgearbeitete Ordnung der an die Hauptstrafen sich anschließenden Ehrenstrafen.

Wie weit der bürgerlichen Strafordnung, unter Berücksichtigung der vom KE. vorgeschlagenen Änderungen, zu folgen, und wie weit die Selbständigkeit der militärischen Strafordnung zu erhalten und auszubauen ist, sollen die nachfolgenden Untersuchungen ergeben.

A. Zuchthaus.

I. Allgemeines. Mit Recht hat man für die Abstufung der Freiheitsstrafen im VE. wie im KE. die objektive Schwere der Straftaten als grundlegend erachtet, ohne darüber die Stärke der verbrecherischen Gesinnung zu sehr in den Hintergrund zu drängen. Mit dem Namen der Zuchthausstrafe hat sich aber seit langem im Volksbewußtsein die Anschauung festgesetzt, daß ihre Verbüßung den Betroffenen mit dem Makel der Ehrlosigkeit behafte. Natürlich ist dieses Urteil von dem Werturteil über die Tat hergenommen. Aber dieses Wert- oder vielmehr Unwerturteil hat sich durch die Beziehung auf die Stätte des Strafvollzuges als des Sammelbeckens aller schweren und verwerflichen Handlungen in eigentümlicher Weise verstärkt. Dieser entehrende Charakter der Zuchthausstrafe gibt ihrer Androhung eine besonders abschreckende Kraft. Auf der anderen Seite ist es begreiflich, daß der Wunsch entsteht, die Anwendung der Zuchthausstrafe auf diejenigen Tatbestände zu beschränken, welche ihrer Natur nach eine ehrlose Gesinnung des Täters verraten. Von diesem Standpunkt aus erscheint auch die wahlweise Androhung von Zuchthaus und Gefängnis (für leichtere Fälle) gesetzgeberisch bedenklich.

II. Militärrechtliches. Im MStGB. sind 18 militärische Verbrechen mit Zuchthaus bedroht (§§ 57 und 60, 86, 107, 133, 59 und 60, 71, 86, 123, 70, 134, 135, 85, 140, 62, 138). Die hier in Frage kommenden strafbaren Handlungen sind im ganzen solche, deren schärfste Kennzeichnung als ehrlos gerechtfertigt und im militärischen Interesse geboten ist. Dies gilt insbesondere für Kriegsverrat, schwerere Formen der Feigheit, des Aufruhrs und der Fahnenflucht, Plünderung, Diebstahl an Gebliebenen, Marodieren, Bestechlichkeit, schwerer und Rückfalldiebstahl.

Legt man auf diesen Charakter der Ehrlosigkeit der Tat besonderes Gewicht, so muß man aber auch Bedenken tragen, in minder schweren Fällen, wie dies bei Feigheit im Felde nach § 85 vorgesehen, Gefängnis zuzulassen.

Die nach § 123 gleichfalls mit Zuchthaus bedrohten Fälle der Körperverletzung eines Untergebenen mit Todeserfolg, mit dem beabsichtigten oder lediglich verursachten Erfolge einer schweren Körperverletzung fallen nicht ohne weiteres unter den Gesichtspunkt der Ehrlosigkeit. Doch werden hier die Strafsätze nicht umhin können, sich an die der entsprechenden gemeinrechtlichen Tatbestände anzuschließen. Hier ist in leichteren Fällen neben Gefängnis auch Festungshaft zugelassen. Näheres s. unten, B. I.

Die Frage der Erhöhung des Mindestmaßes der Zuchthausstrafe ist für das Militärstrafrecht zu verneinen, da auf die Kennzeichnung des ehrlosen Charakters der Tat Gewicht zu legen, und daher der als Folge eintretende Ersatz durch Gefängnisstrafe in leichteren Fällen zu vermeiden ist.

Ein bereits im jetzigen MStGB. erreichter Fortschritt ist die, allerdings bereits in der Entwicklung des Preußischen MStGB. angebahnte, mit der Kennzeichnung der grundsätzlichen Ehrlosigkeit verbundene Wirkung der Zuchthausstrafe. Sie hat das völlige Ausscheiden aus jedem Militärverhältnis zur Folge. Darüber, ob diese Folge von Rechts wegen eintritt oder als Nebenstrafe auszusprechen ist, vgl. Näheres unten. Mit diesem Ausscheiden ist dann der Übergang der Vollstreckung auf die bürgerlichen Behörden verbunden. Diese außerordentlich befriedigende Lösung erledigt zugleich die Frage, ob an die Stelle der Zuchthausstrafe eine mehr militärisch geartete zu setzen sei — vgl. §§ 2—4 Preußisches MStGB. — in verneinendem Sinne.

Über die Zuständigkeit der bürgerlichen Behörden im Falle des Überganges der Vollstreckung sind im § 15 EG. z. MStGO. Vorschriften gegeben, die unter Anlehnung an § 9 der preußischen Militärstrafvollstreckungsvorschrift noch ergänzt werden könnten.

Ebenso empfiehlt sich zur Beseitigung von Zweifeln eine Bestimmung darüber, ob und inwieweit nicht allein der technische Vollzug, sondern auch die Herrschaft über die Vollstreckung, z. B. hinsichtlich Aufschub und Aussetzung des Vollzuges, der bürgerlichen Strafvollstreckung zufalle.

B. Gefängnis, Festungshaft, Arrest.

I. **Bürgerliches Recht.** Nach geltendem Recht erscheint das Gefängnis als die Strafe der Vergehen, d. h. der strafbaren Handlungen von mittlerer Schwere, wie das Zuchthaus als die Strafe der schwersten Straftaten.

Dieses Verhältnis kommt u. a. darin zum Ausdruck, daß an Stelle von Zuchthaus, wenn die Tat im einzelnen Falle als minder schwer sich darstellt, in weitem Umfange Gefängnis als Ersatzstrafe eintritt. Legt man nun Gewicht darauf, die Anwendung der Zuchthausstrafe auf Tatbestände zu beschränken, deren Erfüllung grundsätzlich eine ehrlose Gesinnung verrät, so gelangt man zu der Forderung des Ausschlusses der milderen Ersatzstrafe in allen diesen Fällen. Vertritt man aber den Standpunkt, daß im konkreten Fall die Anwendung der Zuchthausstrafe von dem Nachweis ehrloser Gesinnung als Triebfeder abhängig zu machen sei, so ist man folgerecht genötigt, die Zulassung der milderen Ersatzstrafe neben jeder Androhung von Zuchthaus zu fordern, eben für den Fall, daß die Ehrlosigkeit der Gesinnung nicht festzustellen ist.

Erheblich verwickelter noch wird dieses Problem durch das Hinzutreten einer dritten Strafe, der Festungshaft, die einerseits als Strafe der schwersten Verbrechen mit dem Zuchthaus in Wettbewerb tritt, anderseits bei ihrem ausgeprägten Charakter als custodia honesta und nach der Art des Vollzuges sich dem Gefängnis gegenüber als noch leichtere Strafart darstellt. Die Festungshaft wurde früher in Preußen Einschließung, noch früher Festungsarrest genannt. Der den Ort der Vollstreckung bezeichnende Name weist auf militärische Herkunft hin. Die Verwendung namentlich bei politischen Verbrechen scheint darauf hinzudeuten, daß die Strafe ihrem Wesen nach weniger ein ethisches Unwerturteil zum Ausdruck bringen als der Sicherung gegen politische, als solche meist den oberen Ständen der Gesellschaft angehörige, Gegner dienen sollte. Das geltende Strafrecht hat sie auch als Strafe des Zweikampfes verwendet.

Während der Vorentwurf die Festungshaft als veraltetes Standesvorrecht durch die Haft ersetzen wollte, hat der KE., der die Haft — soweit ich feststellen konnte — auf Übertretungen beschränkte, sie unter dem Namen „Einschließung" — dem § 13 des Preußischen Strafgesetzbuchs vom 15. April 1852 entnommen — wiederaufleben lassen, unter ziemlicher Einschränkung ihres Geltungsbereichs gegenüber der Haft des VE.

Die Frage der Abgrenzung der drei Strafen voneinander hat nun der KE. in erster Lesung dahin zu beantworten gesucht, daß er bei Zulassung der Wahl in geeigneten Fällen für Zuchthaus „ehrlose", für Gefängnis „verwerfliche" Gesinnung verlangte. Nun ist dieses bereits auf dem Wiener Juristentag angefochtene Merkmal verwerflicher Gesinnung so wenig bestimmt, daß man auf den Gedanken kommt, es würde in der Praxis verwerfliche Gesinnung festgestellt werden, wenn man Gefängnis gibt, statt umgekehrt. Es erscheint daher richtiger, im Falle der Feststellung, daß die Tat nicht aus ehrloser Gesinnung hervorgegangen sei, die Wahl zwischen Gefängnis und Einschließung einfach dem richterlichen Ermessen zu überlassen. So jetzt auch KE. in zweiter Lesung. Vgl. Ebermayer S. 25 und 32, 33, Olshausen, Krit. Bem. S. 15.

Die Höchstgrenze von Gefängnis und Festungshaft wird wesentlich davon abhängen, in welchem Umfange man sie neben Zuchthaus — gegebenenfalls auch neben der Todesstrafe — zur Wahl stellt.

II. Militärstrafrecht. 1. Richtlinien. Der militärische Körper ist ein in sich geschlossenes Ganzes, ein Organismus mit eigenem Leben. Das bedingt Besonderheiten seiner Strafordnung.

a) Strenge. Von jeher ist das hervortretendste Merkmal der militärischen Rechtspflege ihre Strenge gewesen. Dieses Merkmal kann und darf nicht verloren gehen, mögen auch — mit zunehmender Erziehung und Bildung der Volkskreise — Milderungen eintreten. Zu dieser Erziehung gehört in erster Linie Willenszucht und Einordnungsvermögen. Ob diese Eigenschaften in unseren Zeitläuften merkbar zunehmen, mag zweifelhaft erscheinen. In sichtlicher Zunahme begriffen ist allerdings das Selbstbewußtsein der Einzelpersönlichkeit. Soweit dieses als erhöhtes Ehrgefühl auch geringere Strafen wirksam erscheinen läßt, ist gegen deren Herabsetzung nichts einzuwenden. Soweit es aber lediglich verneinend sich in der Ablehnung der strafenden Zucht erschöpft, gebührt ihm keine Anerkennung, mag es auch als „Zeitströmung" auftreten. Die Entwicklungsstrebungen der Zeit sind nicht Norm, sondern sie bedürfen selbst der Beurteilung.

Die Strenge zeigt sich namentlich in der Weite der Strafrahmen, und in der Schärfe des kurzzeitigen militärischen Strafmittels, des Arrestes.

b) Berücksichtigung des Ehrenpunktes. Die Ausbildung des militärischen Ehrgefühls nach Inhalt und Stärke hängt aufs innigste mit der Wahrung derjenigen Eigenschaften und Verhältnisse zusammen, welche dem Waffendienst als solchem eigentümlich sind, und die volle Erfüllung aller der bewaffneten Macht als solcher obliegenden Pflichten bedingen.

Hieraus ergibt sich, wie schon erwähnt, das Bestreben, gewisse Arten strafbarer Handlungen, wie die Feigheit, als ehrlos zu kennzeichnen, und die Sorge für sofortige Ausscheidung der mit Zuchthaus, als entehrender Strafe, belegten Heeresangehörigen.

Auf der anderen Seite wird nach Möglichkeit auch der Bestrafte noch in seiner Ehrenstellung als Angehöriger der bewaffneten Macht nach Möglichkeit geschützt. So wird auch bei Strafhöhen, welche die des bürgerlichen Rechts erheblich überschreiten, noch eine tunlichst wenig ehrenrührige Strafart angedroht, unter Vermeidung des Zuchthauses. So werden vor allem die Rangunterschiede der militärischen Über- und Unterordnung noch in der Bestrafung und Strafvollstreckung peinlich gewahrt.

c) Erzieherische Gesichtspunkte. Die militärische Erziehung wird auch im Strafvollzuge, den die militärische Macht ihren Angehörigen gegenüber selbst übernimmt, mit wesentlich gleichbleibenden Zielen fortgesetzt. Ist nun die militärische Erziehung eine Erziehung zur Ertragung von Anstrengungen und Entbehrungen, so ergibt sich von selbst, daß die Gestaltung der Strafen dieser Lebenshaltung Rechnung trägt. Wenn die Kameraden auf Wache mit der harten Pritsche oder im Biwak mit feuchtem Boden sich begnügen müssen, darf im Arresthaus nicht der Strohsack als normales Lager gelten. Es ergibt sich also eine nach streng militärischen Gesichtspunkten geregelte Vollstreckung, die für kurzzeitige Strafen in den geltenden Formen des Arrestes zur Darstellung gelangt.

Das starke Hervortreten des erzieherischen Gesichtspunkts rechtfertigt auch den möglichst engen Anschluß an die Disziplinargewalt und die von ihr zu verhängenden Strafen.

2. Bisherige Entwicklung. a) Älteres Recht. Das Preußische MStGB. von 1845 kannte Festungsstrafe, Festungsarrest und Arrest in vier Graden, Strafen, die im Grunde als eine einheitliche militärische Freiheitsstrafe anzusprechen sind. Die kürzeren Strafen wurden als Arrest in der Garnison verbüßt, die längeren auf einer Festung, und zwar von Mannschaften als Festungsstrafe, von Offizieren als Festungsarrest.

Die Festungsstrafe gegen Gemeine und — zuvor zu degradierende — Unteroffiziere beginnt mit einem Mindestmaß von drei Monaten. Sie besteht in der Einstellung in eine Festungs-Strafabteilung mit Zwang zur Beschäftigung mit militärischen Arbeiten. Die Strafe besteht in dieser Form bereits seit dem Jahre 1808.

Der Festungsarrest, mit 6 Wochen beginnend, ist die Strafe der Offiziere und einiger ihnen hier gleichgestellten Klassen. Schon das

Brandenburgische Kriegsrecht von 1656 kannte diese besondere Strafart für Offiziere.

Es legt sich also die militärische Freiheitsstrafe nach dem Range in zwei Arten auseinander.

Als Unterstufe beider Arten dient der Arrest, dessen vier Arten in erster Linie sich den Dienstgraden der Offiziere, Feldwebel, Unteroffiziere, Gemeinen anpassen, allerdings zum Teil auch zur Kennzeichnung der Straftaten nach ihrer Schwere benutzt werden. Mehrere Vorschriften sichern den zwanglosen Übergang vom Arrest zu den höheren Strafen.

Die Vorschriften über die militärischen Ehrenstrafen stehen mit diesen Abstufungen in enger Beziehung.

Diese militärischen Freiheitsstrafen wurden nach überkommener, in § 58 des Preuß. MStGB. und § 8 des Pr. Ges. v. 15. 4. 1852 nur anerkannter Rechtsübung von den militärischen Gerichten gegen aktive Militärpersonen auch dann festgesetzt, wenn eine Verurteilung aus dem bürgerlichen Strafgesetzbuch — außer zu Zuchthaus — erfolgte. Auch hier war die Berücksichtigung des Dienstranges vorgeschrieben oder zugelassen. Ein nicht ganz einfaches Umrechnungssystem war in den §§ 63, 66 des Preuß. MStGB. näher — und doch nicht ganz vollständig — geregelt.

Im Bayerischen MStGB. vom 29. 4. 1869 ist die Regelstrafe Gefängnis, welches nach Art. 15, 16 nach Art des Arrestes geschärft werden kann. Im übrigen wird die Unterscheidung der Dienstgrade nach Art. 19—21 wesentlich in die Vollstreckung verlegt.

b) Entwurf des Deutschen MStGB. Auf der Grundlage des Preußischen MStGB. beruhen die Vorschläge des Regierungsentwurfs zum Deutschen MStGB. Grundsatz war hier: gegen Militärpersonen militärische Freiheitsstrafe, abgestuft nach dem Dienstgrade, und zwar auch wegen bürgerlicher Vergehen unter entsprechender Umwandlung. Neben Erkennung auf Entfernung aus dem Heere jedoch Eintritt der Strafen des bürgerlichen Strafrechts, auch wegen militärischer Straftaten. Die Strafart richtet sich also vollkommen nach dem Personenstand. Für die Umrechnung waren bestimmte Vorschriften vorgesehen. Als Ausdruck, nicht der Sache nach, neu war die Bezeichnung „militärische Freiheitsstrafe". Sie war bei mindestens zweimonatlicher Dauer „Festungsstrafe", bei kürzerer Dauer „Arrest". Die Festungsstrafe sollte erkannt werden: gegen Offiziere und Gleichgestellte als Festungsarrest, gegen Unteroffiziere (mit abgesonderter Vollstreckung) als Festungsarbeitsstrafe.

c) Das geltende Recht. Diese Vorschläge stießen auf starken Widerspruch des Reichstages, der auch hier bemüht war, die Annäherung an das bürgerliche Strafrecht möglichst weit durchzuführen. Andererseits konnte sich aber auch der Reichstag der Anerkennung nicht ganz entziehen, daß sowohl die Eigenart des militärischen Dienstes als auch der Unterschied des Dienstgrades Berücksichtigung verdienten. Das Ergebnis war eine Halbheit. Es blieb die Unterstufe, der Arrest mit seinen vier Arten. Dagegen wurde die Oberstufe in die beiden bürgerlichen Strafarten, Gefängnis und Festungshaft, zerschlagen. Gemildert wurde dieser Übergang einmal durch die grundsätzlich nachgelassene Wahl zwischen beiden Strafarten, sodann durch die Beibehaltung der militärischen Strafvollstreckung gegen alle aktiven und alle militärgerichtlich abgeurteilten Militärpersonen, unter Abgabe der Vollstreckung an die bürgerliche Behörde im Fall der völligen Auflösung des militärischen Dienstverhältnisses. Technisch nicht ungeschickt wurden nunmehr unter dem Namen „Freiheitsstrafe" Gefängnis, Festungshaft und Arrest zusammengefaßt. Indessen gilt der Arrest als selbständige Strafe, weshalb mehrere Arreststrafen nur zu Arrest zusammengezogen werden können.

3. Vorschläge. a) Selbständige militärische Strafen. Das militärische Leben bildet einen in sich geschlossenen Kreis. Die Erfüllung der militärischen Aufgabe, unter vollster Entwicklung und straffster Zusammenhaltung aller Kräfte ist der Mittelpunkt, um den sich alles dreht. Wie nun die militärischen Pflichten besondere sind, so hat auch deren Verletzung einen eigentümlichen ethischen Charakter. Diesem wird aber gerade eine auf militärischem Boden gewachsene Strafe gerecht. Für diese hat sich der Name geschichtlich entwickelt aus dem Ort der Vollstreckung, der Festung. Mit diesem Worte sind bestimmte Gefühlswerte, die eben den Charakter der Strafart, auf der Grundlage der militärischen Pflichtverletzung und der militärischen Vollstreckung, ausmachen, fest verknüpft. Gerade mit Rücksicht auf diese Verknüpfung wäre es geboten gewesen, bei Schaffung des MStGB. den alten Namen beizubehalten. Wie stark die natürliche Anschauung wirkt, erkennt man daraus, daß nach der Sprachweise des gemeinen Soldaten trotz der langen Geltung des Gesetzes auch jetzt noch der Mann wegen Gehorsamsverweigerung vor versammelter Mannschaft „auf Festung" kommt, der Fahnenflüchtige „sechs Monate Festung und zweite Klasse" erhält.

Die Behandlung dieser Frage bei Schaffung des MStGB. hat offensichtlich unter dem Druck des Bestrebens gestanden, die Einrichtungen des bürgerlichen Strafrechts in möglichst weitem Umfange auf das militärische Strafrecht zu übertragen. Gewiß ist gegen eine Anwendung der im größeren Gebiet erprobten Gedanken auf das kleine Sondergebiet grundsätzlich nichts einzuwenden. Wenn im Gebiet des gemeinen Strafrechts also, wie dies im VE. für die Zuchthausstrafe ausgeführt wird, der Gedanke sich durchringt, daß man Namen, mit denen sich bestimmte Gefühlswerte verbunden haben, nicht leichthin durch andere Bezeichnungen ersetzen darf, so möge man diesen Gedanken getrost übertragen. Je mehr Gemeinsamkeit in derartigen Gedanken, um so besser. Aber die rein mechanische Übertragung einer Strafe, hier Gefängnisstrafe, auf ein Gebiet, dem sie bis dahin fremd ist, führt nur eine ganz äußerliche Gleichheit herbei.

Es soll nicht verkannt werden, daß für die Herstellung dieser äußerlichen Gleichheit noch weitere Gründe maßgebend gewesen sind.

Je weniger Strafarten, um so leichter lassen sich Schwierigkeiten beim Zusammentreffen und Umrechnen verschiedener Strafen vermeiden. Nun, es käme zunächst auf den Versuch an, dieser Schwierigkeiten Herr zu werden. Der erste gesetzgeberische Versuch mag unvollkommen ausfallen. Aber die jetzt durch die Entscheidungen eines obersten Gerichtshofes geleitete militärische Rechtsprechung würde die Streitfragen bald schlichten und eine lückenlose Ordnung schaffen, mindestens vorbereiten.

Ein weiterer Grund der jetzigen Regelung lag, wie es scheint, darin, daß man die Scheidung der Strafarten nach dem Dienstgrade, die — äußerlich betrachtet — allerdings mit den höheren Dienstgraden leichter wurden, für die längeren Zeitmaße nicht mehr mit der Unbefangenheit hinnahm, wie das preußische Recht es getan hatte. Dazu ist zunächst zu bemerken, daß mit dem höheren Dienstgrade auch die weiteren Folgen der Bestrafung regelmäßig um so mehr fühlbar werden. Maßgebend muß aber auch hier die Bedeutung des Dienstgrades und die Aufrechterhaltung des ihm zukommenden Dienstansehens sein. Übrigens wäre gegen weitgehende Milderungen in der Richtung, daß von den leichteren Strafen auch niedere Dienstgrade nicht völlig ausgeschlossen würden, keine Einwendungen zu erheben.

Endlich ergibt sich aus dem Vorhandensein einer besonderen militärischen Freiheitsstrafe noch ein mehrfacher Zwiespalt.

Aktive Militärpersonen können wegen bürgerlicher Vergehen zur Bestrafung gelangen. Sollen dann militärische oder bürgerliche Strafarten verhängt werden? Gewiß kreuzen sich hier die Erwägungen. Diesseits wird der militärischen Strafe der Vorzug gegeben, und zwar weil diese dem militärischen Bedürfnis und den Strafzwecken am günstigsten angepaßt ist. Auf einige Verwicklungen sei hier hingewiesen: Die Strafe kann ausnahmsweise von den bürgerlichen Gerichten festgesetzt werden. Hier wird man es bei den ursprünglichen Strafdrohungen belassen können. Auch können bürgerliche Strafen, die vor dem Diensteintritt erkannt wurden, zur militärischen Vollstreckung kommen. Auch im letzteren Falle eine Umwandlung eintreten zu lassen, erscheint, wenn auch möglich, so doch nicht erforderlich. Wohl aber wäre die Art der Vollstreckung gesetzlich zu regeln. Hier sei auch der Fall erwähnt, daß Personen des Beurlaubtenstandes wegen bürgerlicher Vergehen militärgerichtlich, was nach §§ 10 Abs. 2, 11 MStGO. vorkommen kann, und grundsätzlich militärische Vollstreckung der Strafe zur Folge hat, verurteilt werden. Eine gesetzliche Regelung wird sich alle diese Fälle vor Augen halten müssen.

Personen, die zur Zeit des Urteils in keinem Militärverhältnis mehr stehen, oder infolge des Urteils aus dem Militärverhältnis völlig ausscheiden, würden umgekehrt nicht zu militärischen Freiheitsstrafen, sondern zu entsprechenden des bürgerlichen Strafrechts zu verurteilen sein. Die Regelung dieser Frage hätte schon das jetzt geltende Recht beschäftigen müssen, und zwar in dem Falle, daß Erkennung von Arrest gegen solche Personen in Frage stand. Eine Vorschrift in dieser Richtung ist aber übersehen oder für unwichtig gehalten. So ist im geltenden Recht diese Frage in die Vollstreckungsinstanz gedrängt. Man ist darüber ziemlich einverstanden, daß bürgerliche Strafen an die Stelle treten müssen, welche es aber sein sollen, darüber ist eine Einigung bisher nicht erzielt.

Hiernach wäre etwa vorzuschlagen:

Zugrunde liegt die Bestrafung mit „Festung". Ein Zusatz bestimmt, daß wahlweise in allen Fällen auch „Festungshaft" neben der „Festung" (Festungsstrafe) zur Verfügung steht. Auf Festung ist stets über 6 Wochen zu erkennen, unter dieser Höhe nur als Arrest in vier Stufen. Festung und Arrest gehen gegenseitig ineinander über. Die Gesamtbezeichnung „militärische Freiheitsstrafe" oder kürzer „Militärstrafe" wird sich empfehlen.

Bei gleichzeitiger oder früherer Auflösung des militärischen Dienstverhältnisses ist auf bürgerliche Strafen, Gefängnis, Einschließung, nach Wahl auch Haft, zu erkennen. Ausscheiden nach Rechtskraft des Urteils hat nachträgliche Umänderung durch Gerichtsbeschluß zur Folge.

Wegen bürgerlicher Vergehen ist gegen aktive Militärpersonen auf militärische Freiheitsstrafe zu erkennen. Dieses gilt auch für Personen des Beurlaubtenstandes, soweit sie militärgerichtlich verurteilt werden. Kommt eine schon rechtskräftig erkannte bürgerliche Strafe, namentlich infolge späteren Eintritts in den aktiven Dienst, zur militärischen Vollstreckung, so wird Gefängnis bis zu sechs Wochen als gelindeste zulässige Arrestart, Gefängnis über sechs Wochen — sofern nicht Entlassung erfolgt — als Festungsstrafe, Einschließung als Festungshaft vollstreckt.

Die Abweichungen, die sich aus der ausnahmsweisen Vollstreckung bürgerlicher Strafen, namentlich der Gefängnisstrafe, durch die militärischen Behörden hinsichtlich der Art der Vollstreckung ergeben, wären durch Gesetz oder Verweisung auf dienstliche Regelung, festzustellen.

b) Erledigung im Disziplinarwege. Das Militärstrafrecht ist geschichtlich aus dem militärischen Disziplinarrecht erwachsen, gewissermaßen — wie man in Umkehrung eines Labandschen Wortes sagen kann — als ein Ableger des Disziplinarrechts für schwerere Fälle. Auch nach seiner Verselbständigung ist mit der Tatsache zu rechnen, daß neben ihm eine kräftig entwickelte Disziplinargewalt besteht, die rege geübt wird, und einen großen Teil der Arbeit leistet, die sonst dem Strafrecht zufallen würde.

Diese Tatsache ist schon bei der Auswahl der Tatbestände zu berücksichtigen. Es ist also stets zu fragen: Was kann man der Disziplinargewalt überlassen?

Aber darüber noch hinaus hat sich namentlich im Preußischen Recht ein Verhältnis der Wahl entwickelt, derart, daß die im täglichen Leben der Truppe am häufigsten vorkommenden Vergehen, wie unerlaubte Entfernung, Ungehorsam usw. in leichteren Fällen im Disziplinarwege erledigt werden können. Man faßt diese Erledigungsart meist als die Verhängung einer Kriminalstrafe auf, die ausnahmsweise der Kommandogewalt überlassen ist. Richtiger erscheint die Auffassung, daß hier eine echte Disziplinarstrafe verhängt wird, die, eben weil sie — als Arrest — in der Vollstreckung der Kriminalstrafe entspricht, als hinreichender Gegenwert angesehen wird. Gerade von diesem Standpunkt aus betrachtet, erscheinen die Beschränkungen, welche — noch über das Preußische Recht hinausgehend — dieser Erledigungsart in § 3 EG. z. MStGB. auferlegt sind, als nicht genügend begründet. Auch die Erfahrungen der Gerichtspraxis, die Weitläufigkeit und Zeit- und Kraftverschwendung des jetzigen militärischen Strafprozesses fordern dringend, diese Möglichkeit der Erledigung im Disziplinarwege erheblich zu erweitern, sowohl hinsichtlich der Zahl der hierher gehörigen militärischen Vergehen, als auch hinsichtlich der Höhe der verhängbaren Strafe. Auch nach unten hin wäre es möglich, den Disziplinarvorgesetzten freier zu stellen, sowohl nach dem Maß wie nach der Art der zu verhängenden Arreststrafe.

Ja, es fragt sich ernstlich, ob nicht noch weiter gegangen werden und einem oft hervorgehobenen Wunsch der Truppe entsprechend, auch eine leichte Disziplinarstrafe — Verweis oder besondere Dienstverrichtungen — als Ausgleich der Kriminalstrafe anerkannt werden kann. Bei Entscheidung dieser Frage machen sich aber allgemeine Erwägungen geltend, die näherer Erörterung bedürfen.

Bereits die Begründung zum VE. prüft — mit wesentlich verneinendem Ergebnis —, ob an die Stelle der kurzzeitigen Freiheitsstrafe andere Strafmittel gesetzt werden können. Das militärische Strafrecht ist in einer erheblich besseren Lage, weil es die sorgfältig den Bedürfnissen angepaßte und ausreichend abgestufte Strafe des Arrestes besitzt. Möglich erscheint allerdings, daß im Einzelfall auch die kürzeste und leichteste zulässige Arreststrafe als eine zu schwere Sühne erscheint. Aber dem muß zunächst, soweit möglich, durch strenge Auswahl der Tatbestände abgeholfen werden. Eine vollständige Aufnahme leichterer Strafen in die Strafenordnung des MStGB., derart, daß auch das erkennende Gericht diese Strafen auszusprechen befugt wäre, erscheint bedenklich. Es würde das dem angestrebten Ernst der Strafdrohung und der Stellung der Spruchgerichte nicht recht entsprechen, auch würden sich die jetzt üblichen Disziplinarmittel, welche gerade auf Verhängung und Vollstreckung durch den Disziplinarvorgesetzten zugeschnitten sind, kaum recht dazu eignen.

Eher würde sich fragen, ob nicht das Gericht oder die sonst zur Verfolgung berufene Stelle von einer Strafe in besonders leichten Fällen überhaupt absehen kann. Wie später auszuführen, ist diesem Vorschlage des VE. für das Gebiet des militärischen Strafrechts nicht zuzustimmen.

Man kommt also wieder auf die Frage zurück, ob nicht gerade die Anerkennung der disziplinaren Ahndung des Vorgesetzten als Gegenwert der Kriminalstrafe einen Ausweg und Ausgleich bietet. Der Disziplinarvorgesetzte ist in der Lage, die Art der Disziplinarstrafe der Persönlichkeit des zu Bestrafenden genau anzupassen. Er vollstreckt auch selbst die Strafe. Der Forderung, daß keine Straftat ohne Sühne bleibe, wird Rechnung getragen. Diejenigen Fälle, in denen ausnahmsweise eine Arreststrafe als zu hart erscheinen sollte, erfahren eine gerechte Regelung. Allerdings damit muß man sich abfinden, daß dem Disziplinarvorgesetzten Strafen freistehen, die dem erkennenden Gericht versagt sind.

Es muß gewiß danach gestrebt werden, die Grenzen zwischen Kriminal- und Disziplinarrecht nicht unnötig zu verwischen. Vorzuziehen wäre daher eine Regelung, welche die in Frage kommenden Tatbestände ganz aus dem Strafgesetz ausschiede. Sollte sich dieses aber als nicht möglich erweisen, so bliebe allerdings noch jenes äußerste Rettungsmittel, welches immerhin dem völligen Unterdentischfallenlassen, wie es jetzt gelegentlich vorkommen soll, mit der daraus folgenden Verwirrung des Rechtsgefühls vorzuziehen ist. Es handelt sich hier namentlich um ganz leichte Fälle vorschriftswidriger Behandlung, und um fahrlässigen Ungehorsam — wenn man ihn mit dem RMG. unter den § 92 MStGB. bringen will —, der auch in höheren Dienststellen bei der großen Zahl der zu beachtenden Vorschriften gelegentlich vorkommen kann.

Trotz dieser gewiß beachtenswerten Gründe muß daran festgehalten werden, daß das geltende Recht, wenn es, in Übereinstimmung mit dem Preußischen MStGB., vom Beschreiten dieses Weges absah, das Richtige getroffen hat. Das Strafgesetz verliert schließlich seinen vollen Ernst, wenn es mit allen, auch den leichtesten Strafmitteln bepackt wird. Die Zulassung dieser Strafmittel verzögert den Reinigungsprozeß des Militärstrafrechts, aus dem gerade nach Möglichkeit alles heraus soll, was der Disziplinarerledigung überlassen werden kannn, und verlockt im Gegenteil dazu, gesetzgeberisch und in der Auslegung die strafbaren Tatbestände immer mehr zu erweitern. Endlich wäre auch der Disziplinarvorgesetzte dem Vorwurf parteiischer Handhabung seiner Strafgewalt gar nicht selten ausgesetzt.

C. Haft

Die Haft ist als einfache Freiheitsentziehung im geltenden Strafrecht auf Übertretungen, stellenweise auch auf Vergehen, z. B. Beleidigung, neben Gefängnis und Geldstrafe angewandt. Der VE. hat sie mit der Festungshaft zu verschmelzen gesucht. Der KE. dagegen hat die Festungshaft als „Einschließung“ wieder zu Ehren gebracht und die Haft auf Übertretungen — soweit ich feststellen konnte — beschränkt, die in ein besonderes Buch verwiesen sind. Wie es scheint, ist damit ein Versuch gemacht, die oft verlangte Unterscheidung zwischen Justiz- und Polizeidelikten praktisch durchzuführen.

Zu einer Übernahme der Haft in die militärische Strafenordnung besteht kein Anlaß. Ihr Gebiet wird durch das Bestehen der Disziplinargewalt ausgefüllt. Für militärische Verbrechen und Vergehen wird sie durch Arrest und Festungshaft ersetzt.

Wird die Haft im bürgerlichen Strafrecht nicht mehr als Strafe für Vergehen verwendet, so erscheint es auch bedenklich, sie als Strafe für militärische Vergehen gegen Personen, die in keinem Militärverhältnis stehen, zu verwenden.

Begehen aktive Militärpersonen eine Übertretung, so sind sie nach geltendem Recht mit Haft zu bestrafen Daneben kann die Verletzung der militärischen Zucht und Ordnung, welche in der Straftat regelmäßig zu finden ist, auf Grund der Disziplinargemalt geahndet werden. Da nun die Disziplinargewalt über schärfere, der Eigenart des militärischen Dienstes angepaßte Strafmittel verfügt, erscheint es gerecht und zweckmäßig, in Anlehnung an den in § 73 des StGB. ausgedrückten Gedanken, die Disziplinarbestrafung als Ausgleich der Übertretungsstrafe gelten zu lassen. Dabei ist zunächst an die Verhängung einer Arreststrafe gedacht. Aber auch die Verhängung einer leichteren Disziplinarstrafe wird man sich noch gefallen lassen können, wenn man erwägt, daß das erkennende Gericht gegebenenfalls von Strafe ganz absehen kann.

Eine andere Lösung könnte darin bestehen, daß, ähnlich wie dies im § 29 MStGB. bestimmt ist, an die Stelle der Haft die militärische Freiheitsstrafe stets dann zu treten hat, wenn durch die Handlung zugleich eine militärische Dienstpflicht verletzt ist. So der Vorschlag von Hecker, Arch. Mil. R. 1, 57. Es erhebt sich aber hier die Schwierigkeit, daß man eine Übertretung mit Vergehensstrafen belegen muß, falls man nicht vorzieht, einen neuen (allgemeinen) Tatbestand eines militärischen Vergehens zu schaffen. (Vgl. Abschn. Geldstrafe.)

Dritter Unterabschnitt.

Geldstrafe.

Die Geldstrafe ist in unserem, wesentlich durch Aushebung auf Grund der allgemeinen Wehrpflicht gebildeten Heere bisher mit Recht für militärische Vergehen nicht zur Anwendung gelangt. Als Disziplinarstrafe ist sie — zusammen mit der Haft — nur einmal ausnahmsweise verwendet, und zwar als Strafe für Personen des Beurlaubtenstandes wegen Verletzung der zur Aufrechterhaltung der militärischen Kontrolle gegebenen Vorschriften.

Das künftige bürgerliche Strafrecht wird voraussichtlich noch mehr als das jetzige von diesem Strafmittel Gebrauch machen, sei es allein oder neben oder wahlweise mit einer Freiheitsstrafe. Das Preußische MStGB. verordnete in seinen §§ 59, 67, daß an Stelle von Geldstrafe militärgerichtlich auf entsprechende militärische Freiheitsstrafe zu erkennen sei. Der § 29 des jetzigen MStGB. hat dies dahin abgeschwächt, daß dann, wenn die allgemeinen Strafgesetze Geld- und Freiheitsstrafe wahlweise androhen, und durch die strafbare Handlung zugleich eine militärische Dienstpflicht verletzt ist, auf Geldstrafe nicht erkannt werden darf. Die Beschränkung auf diesen Fall erscheint nicht bedenkenfrei. Der Hauptmangel der Vorschrift aber besteht darin, daß sie auf halbem Wege stehen blieb. Würde überhaupt auf die Verletzung der militärischen Dienstpflicht Gewicht gelegt, so müßte auch militärische Freiheitsstrafe eintreten. Ob lediglich diese Bestimmung getroffen wird oder gleich die Umschaffung zu einem militärischen Vergehen erfolgt, ist eine zweite Frage.

Schwierigkeiten ergeben sich auch hier bei der Anwendung dieser Grundsätze auf die wahlweise oder allein mit Geldstrafe bedrohten Übertretungen. Es fragt sich, ob man sie nicht ganz draußen vor lassen und dafür die schon besprochene Erledigung im Disziplinarwege, also den Ersatz der Geldstrafe durch eine Disziplinarbestrafung, einführen will.

Als Ersatzstrafe für eine nicht beizutreibende Geldstrafe hat der KE. die Haft. Ein Zusatz hinsichtlich der aktiven Militärpersonen erscheint nicht erforderlich.

Vierter Unterabschnitt.

Schadensersatz.

I. Allgemeines. Das geltende StGB. hat die Buße nur bei Körperverletzungen und Beleidigungen zugelassen. In diesem engen Rahmen hat die Buße aber doch einen reicheren Inhalt gewonnen, insofern sie von der Rechtsprechung auf Entschädigung auch für ideelle und psychische Nachteile erstreckt ist. Der VE. hat an die Stelle der Buße den Schadensersatz gesetzt, diesen inhaltlich auf die nach dem bürgerlichen Recht zustehenden Ersatzansprüche beschränkt, dem Umfange nach auf alle strafbaren Handlungen ausgedehnt. Diese Regelung ist bekämpft worden, als lediglich dem Prozeßrecht zugehörig. Andererseits hat man die Einführung der Buße als dem Zivilrecht zufallend abgelehnt. Der KE. hat sich im wesentlichen dem VE. angeschlossen, obwohl ein Hinübergreifen ins Zivilrecht des Entwurfs sich empfohlen hätte. Im einzelnen ist noch beschlossen, daß das Gericht zur Erkennung des verlangten Schadensersatzes neben der Strafe nur berechtigt, nicht verpflichtet sein soll, und daß die Erkennung des Ersatzes weitere Entschädigungsansprüche gegen den Verurteilten ausschließt.

II. Militärrechtliches. 1. Die Natur des militärischen Strafprozesses schließt die Geltendmachung einer Buße oder eines Schadensersatzanspruchs nicht unbedingt aus. Für das Gebiet der jetzigen MStGO. ist auch anerkannt, daß der Antrag auf Buße gestellt werden kann. Eine Nebenklage mit weiteren prozessualen Rechten der Antragstellung, Rechtsmitteleinlegung usw. ist nicht vorgesehen. Der Antragsteller ist also, soweit er nicht selbst als Zeuge oder Sachverständiger verwertet wird, auf Anregungen vor und in der Hauptverhandlung beschränkt.

Es sei bemerkt, daß die Österreichische MStPO. v. 5. 7. 1912 zwar in §§ 104—108 einen sogenannten Privatkläger — ohne daß damit eine von unseren Vorschriften über die Rechte des Verletzten wesentlich abweichende Rechtsstellung verbunden wäre — kennt, daß aber die Geltendmachung von Schadensersatzansprüchen hier nicht vorgesehen ist.

Es ist allerdings zu berücksichtigen, daß die Fragen des bürgerlichen Rechts den militärischen erkennenden Gerichten erheblich ferner liegen als den bürgerlichen. Daher wäre eine freiere Gestaltung in der Art der Buße angenehm empfunden worden. Aber schließlich werden die militärischen Gerichte wohl nicht allzu häufig mit der Entschädigungsfrage befaßt werden. Über das grundsätzliche Bedenken, daß hier ein an sich der Entscheidung des bürgerlichen Gerichts zustehender Ausspruch dem militärischen Gericht zugewiesen wird, kann man im Interesse des Beschädigten vielleicht hinwegsehen. Unerfreulich ist dagegen, daß die Verfolgung weitergehender Ansprüche durch die Zubilligung des Ersatzanspruchs ausgeschlossen werden soll. Unter diesen Umständen muß man sich im Interesse der Militärgerichte damit einverstanden erklären, daß der Strafrichter nur berechtigt, nicht verpflichtet sein soll, auf den Antrag einzugehen.

2. Bei Bestrafung wegen militärischer Straftaten sind Zweifel aufgetaucht, wie weit die Buße auf Grund des § 2 MStGB. Anwendung finde. Für den § 148 betr. unvorsichtige Behandlung von Waffen wird die Zulässigkeit der Buße bejaht, für die §§ 21, 97, 121, 122, Beleidigung und Tätlichkeit zwischen Vorgesetzten und Untergebenen betreffend, durchweg verneint, weil hier der Angriff auf die militärische Disziplin das Wesen der Straftat ausmache.

Wird nun für das bürgerliche Strafrecht statt der Buße die Anerkennung des zivilrechtlichen Ersatzanspruchs, und zwar allgemein bei allen strafbaren Handlungen, eingeführt, so fällt allerdings der oben angeführte Ablehnungsgrund in dieser Form fort. Denn es ist nicht zu bestreiten, daß auch bei den als Angriff auf die militärische Disziplin aufgefaßten strafbaren Handlungen die Möglichkeit vorliegt, daß sie einen zivilrechtlichen Ersatzanspruch zur Entstehung bringen.

Trotzdem erscheint es richtiger, hier den Ersatzanspruch von vornherein auf den Zivilrechtsweg zu verweisen. Nicht nur da, wo es sich um Verletzung der Pflichten der Über- und Unterordnung handelt, sondern auch sonst in der Regel kommen Vorgesetzte und Untergebene als Beteiligte in Frage. Dieses Verhältnis der Über- und Unterordnung verträgt nur schlecht eine Einmengung der vermögensrechtlichen Forderungen in den Strafprozeß. Dazu kommt, daß für den voraussichtlich größten Teil der Fälle die Vorschriften über Dienstbeschädigung und über die Haftpflicht des Militärfiskus für die im Dienste begangenen rechtswidrigen Vermögensbeschädigungen einen Ersatz gewährleisten. Es erscheint als der richtige Weg, daß erst diese Quellen angegangen werden, und daß, wenn sie versagen, die zivilrechtliche Klage aushilft. Die Vorschriften über den Schadensersatz werden daher für militärische Verbrechen und Vergehen in Wegfall zu bringen sein.

Neunter Abschnitt.

Nebenstrafen und Maßregeln der Besserung und Sicherung.

Erster Unterabschnitt

Ehrenstrafen.

I. Bürgerliches Strafrecht. 1. Keine selbständige Nebenstrafe, sondern eine von Rechts wegen eintretende Folge der Zuchthausstrafe ist die als deren Wirkung eintretende dauernde Unfähigkeit zum Dienst in Heer und Marine.

2. Neben der Todesstrafe und der Zuchthausstrafe ist nach KE. die Aberkennung der bürgerlichen Ehrenrechte zwingend vorgeschrieben, allerdings unter der stark einschränkenden Bedingung, daß ehrlose Gesinnung festgestellt wird. Die Erkennung dieser Ehrenstrafe neben Gefängnis ist stark eingeschränkt, namentlich durch die Forderung einer Strafhöhe von mindestens sechs Monaten, verbunden mit Feststellung ehrloser Gesinnung.

Die Aberkennung der bürgerlichen Ehrenrechte bewirkt den dauernden Verlust der öffentlichen Ämter usw., sowie die Unfähigkeit, während der bestimmten Zeit in Heer oder Marine einzutreten.

3. Auf Verlust oder Unfähigkeit zur Ausübung einzelner Rechte, als Teil der Aberkennung der bürgerlichen Ehrenrechte, kann überall da erkannt werden, wo diese Ehrenstrafe zulässig ist. Damit ist eine biegsame und gegen früher sehr vereinfachte Bestimmung gegeben.

4. Verlust der Fähigkeit zur Ausübung öffentlicher Ämter oder eines bestimmten öffentlichen Amtes ist neben der wegen Amtsvergehen

verwirkten Gefängnisstrafe nach § 211 VE., ähnlich auch im KE. vorgesehen.

II. Militärstrafrecht. 1. Leitende Gesichtspunkte. Die Aufgaben der bewaffneten Macht erfordern den Zusammenschluß des Einzelnen zu vereint wirkenden Abteilungen unter Führung der Vorgesetzten, dieser Abteilungen zu jedesmal größeren Verbänden. Soll ein zuverlässiges Gesamtwirken sich ergeben, so ist die Zuverlässigkeit dieses Einzelnen die Voraussetzung dazu. Gerade die moderne Kriegführung, die auf Selbsttätigkeit des einzelnen Mannes, auf Befreiung und Verwertung der in der Einzelpersönlichkeit liegenden Kräfte angewiesen ist, und welche sich die folgerechte Durchführung dieses Gedankens zum besonderen Ruhme anrechnet, muß an die Zuverlässigkeit des Einzelnen erheblich höhere Anforderungen stellen als dies früher nötig war. Hieraus ergibt sich die Forderung der Ausscheidung unzuverlässiger Elemente in möglichst weitem Umfange. Vgl. Arch. Mil. R. 4, 151. Es ist der Hauptzweck einer jeden Ehrenstrafe, den Unzuverlässigen aus dem Kreise, in den er nicht paßt, auszuscheiden. Die militärischen Ehrenstrafen erfüllen diese Aufgabe, den Unzuverlässigen entweder aus der bewaffneten Macht überhaupt, oder aus dem Kreise der Führer und Erzieher oder aus der Kameradschaft der ordentlichen Soldaten auszuscheiden.

Die hervorragende Zweckbestimmung der bewaffneten Macht als Schutz der staatlichen Selbständigkeit ist die Grundlage der ihr gezollten Achtung, deren Wahrung nach außen und innen umgekehrt wieder eine wesentliche Bedingung der vollständigen Erfüllung ihrer Aufgabe ist. Darum muß auf die Erhaltung der Ehre der bewaffneten Macht im ganzen und namentlich in den zu ihrer Leitung und Vertretung berufenen Organen, also den Vorgesetzten, besonders Gewicht gelegt werden. Es ist ihr Schutz zu bieten durch strenge Ausscheidung der Personen aus dem Kreise, dessen Ehre sie durch ihr strafbares Verhalten zu nahe getreten sind. Die Verletzung, um die es sich hier handelt, liegt nun allerdings grundsätzlich in der strafbaren Handlung selbst begründet. Aber das Werturteil über die einzelnen Handlungen hat sich auf die ihnen folgenden Strafarten als Durchschnittsurteil übertragen. Überhaupt ist es regelmäßig gerade die Strafe, die späterhin bekannt und im Gedächtnis behalten wird. Hiernach rechtfertigt es sich, gerade auf die Verurteilung das Hauptgewicht zu legen.

Das Gesamtleben der bewaffneten Macht bildet gewisse Pflicht- und Ehrbegriffe aus, die den Beschäftigungen und damit dem Gedankenkreise des bürgerlichen Lebens ferner liegen. Es ist von großer Wichtigkeit, daß der aus oft ganz anderen Verhältnissen ins Heer eintretende Soldat die Kenntnis seiner militärischen Pflichten auf das engste mit sittlichen Gefühlswerten und namentlich mit dem Leitgedanken der militärischen Ehre verbinde. Die Ehrenstrafen sind es in erster Linie, welche dazu beitragen, daß er die militärischen Vergehen nicht nur als formell strafbar, sondern auch als sittlich verwerflich und unehrenhaft in seine Anschauung aufnimmt.

Auf dieser Grundlage können schon hier einige Forderungen aufgestellt werden, welche bisher ungenügend verwirklicht sind.

a) Es muß sowohl die Straftat als auch die Strafe bei Androhung der militärischen Ehrenstrafen berücksichtigt werden. Das geltende Recht verbindet mit Zuchthaus die Entfernung aus dem Heere, gleichviel, ob die Tat vor oder nach dem Eintritt in den aktiven Dienst, begangen war. Dagegen läßt es — nach der zur Herrschaft gelangten übrigens keineswegs unbedenklichen Auslegung — Versetzung in die zweite Klasse des Soldatenstandes wegen Diebstahls nur dann zu, wenn die Tat bereits im aktiven Dienst, also unter Herrschaft des MStGB., begangen war. Dieser vielleicht aus Abs. 1 des § 2 RStGB. entnommene Gedanke darf hier keine Geltung beanspruchen.

b) Auch im Beurlaubtenstand (§ 42) und im Verhältnis verabschiedeter Offiziere (§§ 33, 36) sind militärische Ehrenstrafen vorzusehen. Die Einzelheiten der jetzigen Bestimmungen sind genauerer Durchsicht bedürftig.

c) Die Erkennung militärischer Ehrenstrafen muß der Militärgerichtsbarkeit vorbehalten bleiben. Es folgt dies aus dem Umstande, daß es sich in jedem Falle um eine Veränderung der militärischen Dienststellung handelt. Eine solche Veränderung steht grundsätzlich bei der militärischen Kommandogewalt und der von ihr ausgehenden militärischen Gerichtsbarkeit. In dieser Richtung hat sich mit stets größerer Bestimmtheit bereits die Preußische Militärstrafgesetzgebung bewegt. Der § 42 Abs. 2, vielleicht auch die §§ 33, 36 MStGB. vertreten denselben Gedanken, abgeschwächt auch § 42 Abs. 1, wenn er bestimmt, daß militärische Ehrenstrafen bei Verurteilung von Personen des Beurlaubtenstandes unter gewissen Voraussetzungen von Rechts wegen eintreten sollen.

Nach der geltenden MStGO. können die bürgerlichen Gerichte häufiger, namentlich in Fällen der §§ 3 und 4, in die Lage kommen, aktive Militärpersonen abzuurteilen. Hier wären also Bestimmungen, welche sich an den § 42 MStGB. anlehnen, am Platze.

Auch der Fall, daß aktive Militärpersonen, wie dies im Zustande der Fahnenflucht häufiger vorkommt, in Unkenntnis dieser ihrer Eigenschaft von bürgerlichen Strafgerichten abgeurteilt werden, verdient gesetzliche Berücksichtigung.

d) Daß auch bürgerliche Straftaten zur Berücksichtigung gelangen müssen, ist wohl schon genügend zum Ausdruck gebracht. Als besonderer Punkt wird diese Forderung hervorgehoben, um klarzulegen, wie schwierig eine gesetzliche Regelung ist, die Straftat und Strafe, aktiven Dienst und Beurlaubtenverhältnis, die Verschiedenheit der erkennenden Gerichte, militärische und bürgerliche Straftaten berücksichtigen soll.

2. Die einzelnen militärischen Ehrenstrafen. Die Beziehung zum KE. als dem Ausgangspunkt dieser Arbeit hindert ein näheres Eingehen auf die einzelnen militärischen Ehrenstrafen, doch sei den aufgestellten leitenden Gesichtspunkten noch folgendes hinzugefügt:

a) Die Entfernung aus dem Heere oder der Marine muß nach § 31 MStGB. gegen (aktive) Mannschaften neben Zuchthaus stets ausgesprochen werden. Dies entspricht dem jetzigen StGB. und dem KE. Der ausdrückliche Ausspruch der Entfernung soll nach der Begründung des jetzigen MStGB. erfolgen, „um jeden Zweifel zu beseitigen und den Eindruck der Strafe zu erhöhen". Dem kann man sich anschließen. Indessen ist Bestimmung erforderlich, in welchen Fällen diese Ehrenstrafe von Rechts wegen eintritt.

Die Entfernung ist ferner gegen (aktive) Mannschaften dann vorgeschrieben, wenn die Dauer des Verlustes der bürgerlichen Ehrenrechte drei Jahre übersteigt. Nach obigen Ausführungen sollte jeder Verlust der bürgerlichen Ehrenrechte, ohne Ansehung der Zeitdauer, die Entfernung herbeiführen, was auch dem § 34 Abs. 2 des jetzigen StGB. entsprechen würde.

Endlich ist zugelassen, auf die Entfernung gegen Mannschaften neben Gefängnis von längerer als fünfjähriger Dauer zu erkennen. Diese Vorschrift geht nicht weit genug. Die bewaffnete Macht ist zur Vollstreckung langer Freiheitsstrafen nicht berufen. Außerdem hat sie nach Verbüßung einer so langen Zeit kein Interesse mehr an den weiteren Diensten des Bestraften. Es rechtfertigt sich daher die Forderung, die Entfernung neben fünf Jahren Freiheitsstrafe zwingend vorzuschreiben, neben drei Jahren zuzulassen. Die Befürchtung, daß die Aussicht auf Freikommen vom Militär die in der Strafe sonst liegenden Hemmungen beseitigen könnte, halte ich nicht für begründet. Nötigenfalls könnten durch die jetzt vorgesehenen Schärfungen der Gefängnisstrafe derartige Hoffnungen etwas versalzen werden.

Gegen Offiziere genügen die bisherigen Vorschriften des § 31.

Bei Bestimmung der Wirkungen der Entfernung wäre im § 32 die Vorschrift über Verlust der durch den Militärdienst erworbenen Ansprüche, „soweit dieselben durch Richterspruch aberkannt werden können", fortzulassen oder durch eine klarere zu ersetzen.

b) Die nur gegen Offiziere zulässige Dienstentlassung ist einfache Enthebung von der Dienststelle, nach geltendem Recht ohne Anspruch auf Pension, verbunden mit völligem Ausscheiden aus dem Militärverhältnis. Sie entspricht dem Verlust des bekleideten öffentlichen Amtes und der in § 35 StGB. vorgesehenen Unfähigkeit zur Bekleidung öffentlicher Ämter.

Wesentliche Änderungen erscheinen nicht erforderlich.

c) Die Degradation gegen Unteroffiziere hat den Rücktritt in den Stand der Gemeinen zur Folge. Eine Vorschrift völligen Ausscheidens aus dem Militärverhältnis würde wegen der obliegenden Dienstpflicht im Beurlaubtenstand nicht angemessen sein. Eher käme die Verbindung mit einer Auflösung der etwa bestehenden Kapitulation in Frage, doch erscheint es richtiger, die Entscheidung darüber, wie bisher, der vorgesetzten Dienststelle zu überlassen. Daß von dem Rechte der Auflösung der Kapitulation in solchen Fällen auch gegenüber früheren Unteroffizierschülern mit noch langer Dienstpflicht ein weiterer Gebrauch gemacht wird, als es wohl früher gelegentlich unter dem Einfluß fiskalischer Gesichtspunkte geschah, ist allerdings zu wünschen.

d) Die Versetzung in die zweite Klasse des Soldatenstandes als Ausscheidung aus der Kameradschaft der ordentlichen Soldaten sollte in möglichst ausgedehntem Umfange auch zur äußeren Absonderung in Arbeiterabteilungen usw. führen.

Zweiter Unterabschnitt.

Maßregeln der Besserung und Sicherung.

I. Bürgerliches Strafrecht. Die in wesentlicher Übereinstimmung mit dem VE. vom KE. vorgeschlagenen Maßnahmen der Besserung und Sicherung sind:

1. Arbeitshaus, neben Gefängnis, ausnahmsweise bei bestimmten Übertretungen neben Haft, wenn eine strafbare Handlung auf Liederlichkeit oder Arbeitsscheu zurückzuführen ist.

2. Wirtshausverbot und Einweisung in eine Trinkerheilanstalt wegen Neigung zu Ausschreitungen im Trunk und wegen Trunksucht.

3. Aufenthaltsbeschränkung (früher sog. Polizeiaufsicht).

4. Verwahrung in Anstalten im Falle der Freisprechung usw. wegen Ausschlusses oder Minderung der freien Willensbestimmung.

5. Schutzaufsicht, z. B. bei vorläufiger Entlassung und statt der Maßregel zu 5.

6. Einziehung und Unbrauchbarmachung. Vgl. auch § 298 VE. Mit Olshausen, Krit. Bem. S. 25 wäre zu wünschen, daß erkennbar gemacht würde, ob Strafe oder Maßregel angenommen werden soll, oder wann das eine und wann das andere. Nur erwähnt sei hier die Verfallenheitserklärung.

II. Militärstrafrecht. 1. In der Kommandogewalt, welcher der Soldat unterliegt, ist eine weitgehende Möglichkeit körperlichen und geistigen Zwanges enthalten, so daß es der Aufnahme besonderer militärischer Schutz- und Erziehungsmaßregeln in das MStGB. nicht bedarf. Es sei verwiesen namentlich auf die Überweisung in Arbeiter- und Disziplinarabteilungen.

2. Sieht man von der Einziehung hier ab, die auch im Militärstrafrecht zur Anwendung kommen kann, wenn ihr erhebliche Bedeutung dort auch abgeht, so erscheinen für militärische Straftaten die unter A. 1.—3. angeführten Maßregeln entbehrlich, die dort zu 4. und 5. erwähnten anwendbar. Was die bürgerlichen Straftaten anlangt, so werden während des aktiven Dienstes die gesetzlichen Voraussetzungen der Maßregeln 1.—5. meist fehlen, jedenfalls werden sie mit Rücksicht auf die militärische Aufsicht meist entbehrlich sein. Man wird im ganzen mit dem Zusatz auskommen, daß diese Maßregeln erst nach der Entlassung aus dem aktiven Dienst in Kraft treten, und daß diese Entlassung unterbleiben kann, wenn der Zweck der Maßregeln voraussichtlich auch im Wege der Dienstaufsicht erreicht werden kann.

Zehnter Abschnitt.

Strafgrenzen, Strafrahmen und Strafbemessung, Strafaussetzung auf Probe und vorläufige Entlassung.

Erster Unterabschnitt.

Strafgrenzen.

Vorbemerkung. Ist eine Strafart nicht, wie die Todesstrafe, absolut bestimmt, so ist es erforderlich, ihre Grenzen nach oben und nach unten hin festzulegen. Diese Grenzen sind in erster Linie durch den Wunsch bestimmt, allen möglichen Abstufungen in der Schwere der Straftaten gerecht zu werden. Dieser Gesichtspunkt führt zu möglichst weiter Ausdehnung nach unten und nach oben. In zweiter Linie ist die Natur der Strafen, insbesondere die Wirkung der Vollstreckung, bestimmend. Die Freiheitsstrafen mit ihrer auf die Dauer Körper und Geist stark angreifenden Wirkung erfordern eine angemessene Höchstgrenze, soweit sie nicht als lebenslängliche sich bereits als Milderung der Todesstrafe darstellen. Die Abstufung der Freiheitsstrafen gegeneinander führt regelmäßig zu geringeren Höchstgrenzen der leichteren Strafen. Gleichfalls dieses Streben nach Abstufung, verbunden mit der Forderung, den Ernst der Strafrechtspflege erkennbar zu machen, auch mit dem Wunsch, kurzzeitige Freiheitsstrafen, als oft mehr schädlich als nützlich, ganz zu vermeiden, hat zur teilweisen Heraufsetzung der unteren Strafgrenzen über das Maß der Tageseinheit bis zum Mindestmaß von einem Jahre bei Zuchthaus geführt. Ein Hinuntergehen unter das Maß der Tageseinheit ist bisher mit Recht nicht versucht worden.

I. Bürgerliches Strafrecht. Die Strafgrenzen des KE. sind:

Zuchthaus ist lebenslängliches oder zeitiges von einem bis zu fünfzehn Jahren.

Festungshaft ist nicht mehr lebenslängliche, sondern nur zeitige Strafe von einem Tage bis zu fünfzehn Jahren.

Gefängnis reicht von einem Tage bis zu grundsätzlich fünf Jahren. Nur in einzelnen ausdrücklich bestimmten Fällen, z. B. beim Hochverrat, dauert es bis zu fünfzehn Jahren. Man kann also hier von zwei Grenzbestimmungen sprechen.

Die Haft dauert von einem Tage bis zu drei Monaten.

Zur Aufnahme höherer Mindestmaße für Gefängnis und Haft, wie namentlich im GE. vorgeschlagen, hat man sich nicht entschließen können.

II. Militärrecht. Für militärische Verbrechen ist nach geltendem Recht gleichfalls lebenslängliches Zuchthaus und zeitiges Zuchthaus von einem bis zu fünfzehn Jahren vorgesehen.

Auch Gefängnis und Festungshaft sind als lebenslängliche Strafen, teils an Stelle der Todesstrafe in minder schweren Fällen (§§ 63, 95, 97, 141), teils an erster Stelle (§ 93 im Felde) angedroht. Es wird zu erwägen sein, ob man nicht bei diesen mittleren Freiheitsstrafen auf die lebenslängliche Dauer verzichten kann. Im übrigen beträgt deren Höchstmaß fünfzehn Jahre, so daß hier der Anschluß an die Entwürfe, worauf die Begründung zum VE. bereits hinweist, gegeben ist.

Bis zu sechs Wochen wird schon nach geltendem Recht die militärische Freiheitsstrafe — wenn der Ausdruck erlaubt ist — als Arrest verbüßt, mit der Maßgabe jedoch, daß strenger Arrest nur bis zu vier Wochen reicht. Man könnte daran denken, unter Offenlassung des Zwischenraumes Gefängnis (nach dem hier gemachten Vorschlage Festungsstrafe) und Festungshaft erst mit zwei Monaten beginnen zu lassen. Indessen scheinen doch nicht genügende Gründe für diese Heraufsetzung des Strafmaßes zu sprechen.

Viel näher liegt es, das Mindestmaß der Arreststrafe wegen militärischer Vergehen hinaufzusetzen, etwa auf eine Woche, um den Ernst der Verfehlungen gegen das MStGB. und des Strafverfahrens zum Ausdruck zu bringen. Bei Erledigung im Disziplinarwege könnte immerhin ein Herabgehen bis auf einen Tag zugelassen werden, selbst wenn man die Anwendung noch leichterer Disziplinarstrafen ablehnen will. Es kann über die Frage der Heraufsetzung der unteren Strafgrenze erst nach Feststellung der einzelnen Tatbestände endgültig geurteilt werden.

Zweiter Unterabschnitt.

Strafrahmen.

I. Begriff und Anwendung. Innerhalb der Strafgrenzen hat man das Bedürfnis gefühlt, je nach der Eigenart der einzelnen strafbaren Handlung einen Ausschnitt herzustellen, der unten oder oben oder in beiden Richtungen ein Gebiet ausschließt. Vielfach ist dabei eine mehr oder minder freie Wahl zwischen verschiedenen Strafarten offen gelassen. Oft kam dann für schwerere oder leichtere Fälle, seien sie durch besondere Tatumstände umschrieben oder allgemein vorgesehen, noch ein erweiterter Strafrahmen hinzu. Das geltende MStGB. hat von allen diesen Hilfsmitteln in außerordentlich reichem Maße Gebrauch gemacht. Eine seltener verwendete, künftig abzuschaffende Form ist die Auswerfung eines in bestimmten Grenzen sich bewegenden Zuschlages zur ordentlichen Strafe wegen besonderer straferhöhender Tatbestandsmerkmale. Die verwirrende Fülle der Strafrahmen ist einer starken Vereinfachung fähig und bedürftig.

Der VE. wie der KE. haben unter dem Abschnitt „Strafbemessung" überwiegend Anordnungen getroffen, welche sich als eine Aufstellung außerordentlicher Strafrahmen ansprechen lassen.

II. Mildernde Umstände. Die ermäßigten Strafrahmen für den Fall des Vorliegens mildernder Umstände sind freilich der Bestimmung bei den einzelnen Tatbeständen vorbehalten, obwohl eine allgemeine Regelung, etwa nach Art des § 87 GE., des (zu erweiternden) § 98 MStGB., des § 309 Österr.-Ung. MStrPrO. von 1912, der §§ 1, 25, 126 Österr. MStGB. doch wohl von Vorteil gewesen wäre. (Befehl und Aufforderung des Vorgesetzten, Reizung durch das Verhalten des Untergebenen könnten immerhin besonders hervorgehoben werden.) Um so weiter geht die Berücksichtigung „besonders leichter Fälle". In diesen darf das Gericht nach den Entwürfen die Strafe nach freiem Ermessen mildern, und — allerdings nur, wo dies ausdrücklich zugelassen ist —, von einer Strafe überhaupt absehen. Diese Bestimmung ist sicherlich von allergrößter Wichtigkeit und Tragweite. Sie ist der Triumph der Gerechtigkeit des Einzelfalles über den starren Buchstaben des Gesetzes, zugleich ein Zeichen ehrenden Vertrauens für den zur Rechtsprechung in Strafsachen berufenen Richter. Anderseits darf man sich nicht darüber hinwegtäuschen: die Strafmindestmaße der einzelnen Tatbestände sind damit zerbrochen, damit ist zugleich ein Hauptmittel zur Kennzeichnung des den einzelnen Straftaten nach Ansicht des Gesetzgebers zukommenden Gewichts entwertet. Damit ist allerdings die Frage aufgeworfen, ob denn die Formen der einzelnen Tatbestände in der Tat ein solches Gewicht beanspruchen dürfen, daß an einem bestimmten Mindestmaß auch dann festzuhalten ist, wenn „die Folgen der Tat unbedeutend sind, und der verbrecherische Wille des Täters nur gering und nach den Umständen entschuldbar erscheint". Ich gestehe, daß ich für meine Person dem in der geschichtlichen Entwicklung der Lebensverhältnisse beruhenden Werturteil, welches sich im Strafrahmen verkörpert, eine allgemeingültige Bedeutung zumesse, und auch unter den obigen Voraussetzungen die Verhängung der durch das Strafmindestmaß bedingten Strafe für grundsätzlich gerecht halte. Die auf breiterer Grundlage aufgebaute Gerechtigkeit des allgemeinen Werturteils kann die des einzelnen Falles wohl in sich aufnehmen. Aber vielleicht will der VE. auch nichts anderes. Denn er fügt obigen Worten hinzu: „so daß die Anwendung der ordentlichen Strafe des Gesetzes eine unbillige Härte enthalten würde". Gewiß, in Ausnahmefällen kommt dieses vor, und unter der Voraussetzung, daß die Gerichte die ihnen verliehene Befugnis, die insoweit an die Stelle des Begnadigungsrechts getreten ist, in diesem Sinne handhaben, kann man sie — auch im Interesse des Richterstandes — als Fortschritt begrüßen. Aber gewiß verlangt diese Machtvollkommenheit eine durch Erfahrung und Übung gereifte Sicherheit des Urteils. Dem Laienrichter fehlt diese Sicherheit, er ist der Gefahr ungleichmäßiger Handhabung zu sehr ausgesetzt. Die militärischen Tatrichter aber sind im wesentlichen die Offiziere, also Laienrichter. Auch wo das juristische Element beteiligt ist, hat es nicht die Stellung, die z. B. dem Vorsitzenden des Schöffengerichts zufällt. Der Übertragung des Vorsitzes im militärischen Spruchgericht hat sich bisher — die Gründe können unerörtert bleiben — ein nicht zu überwindender Widerstand entgegengesetzt. Unter diesen Umständen muß die Übertragung der Vorschrift auf das Gebiet des Militärstrafrechts bedenklich erscheinen. Entsprechendes gilt für das — übrigens dem jetzigen MStGB. nicht völlig unbekannte — Absehen von einer Bestrafung, eine Frage, die dadurch noch verwickelter wird, daß auf S. 324 der Begründung des VE. in diesen Fällen auch der Strafverfolgungsbehörde das Recht der Einstellung zugesprochen wird.

Das MStGB. kennt nach seiner Ausdrucksweise nur „minder schwere Fälle", keine „mildernden Umstände". Es soll aber damit nach der Auslegung des Gerichtsgebrauchs kein Unterschied beabsichtigt sein. Da gesetzgeberisch auch kein Grund besteht, die Berücksichtigung der subjektiven Umstände auszuschließen, empfiehlt sich der Anschluß an das künftige StGB. auch im Ausdruck.

Die selbstverschuldete Trunkenheit des Täters bildet nach § 49 Abs. 2 MStGB. bei strafbaren Handlungen gegen die Pflichten der militärischen Unterordnung, sowie bei allen in Ausübung des Dienstes begangenen strafbaren Handlungen keinen Strafmilderungsgrund.

Der hier ausgesprochene — übrigens der Ausdehnung auf alle militärischen Straftaten bedürftige — Grundsatz ist von so hoher erziehlicher Bedeutung, daß an ihm anbedingt festzuhalten ist. Es ist zu begrüßen, daß der VE. und der KE. bei Behandlung der verminderten Zurechnungsfähigkeit eine in gleicher Richtung wirkende Bestimmung getroffen haben. Aber daneben bleibt der militärischen Sonderbestimmung ihr Recht. Nun hat die Rechtsprechung herausgefunden, daß nach dem Wortlaut des Gesetzes die Trunkenheit allerdings keinen Grund zur Änderung des Strafrahmens, wohl aber einen Grund zur Herabsetzung der Strafe innerhalb des Strafrahmens abgeben könne. Damit wird der eben hinausgewiesene hilfreiche Freund zur anderen Tür wieder hereingelassen. Bei dem sehr flüssigen Unterschied zwischen Strafrahmenauswahl und reiner Strafbemessung, der auch im VE. und KE. zur Behandlung im gleichen Abschnitt geführt hat, ist es nicht innerlich gerechtfertigt, einen derartigen Unterschied zu machen. Es wird daher auszusprechen sein, daß die selbstverschuldete Trunkenheit weder die Annahme mildernder Umstände noch sonst die Herabsetzung der Strafe begründen kann.

Es sei bemerkt, daß die in diesem Sommer erschienene Novelle zum MStGB. eine Anzahl von Herabsetzungen des Strafrahmens gebracht hat, denen durchweg zuzustimmen ist. Vgl. dazu M. E. Mayer, Z. f. d. ges. Strrwiss. **35**, 627.

III. Für besonders schwere Fälle hat der KE. gleichfalls die Bestimmung des nach oben erweiterten Strafrahmens den Einzelstrafbestimmungen vorbehalten. Vielleicht ist auch hier die allgemeine Regelung des § 89 GE. vorzuziehen. Wohl aber ist für den wiederholten Rückfall der Strafrahmen allgemein erweitert, in einer auch im Militärstrafrecht verwendbaren Art[1]). Dagegen erscheinen allgemeine Bestimmungen über gewerbs- und gewohnheitsmäßige Verbrecher für das militärische Rechtsgebiet entbehrlich.

Nun kennt das MStGB. eine Reihe äußerer Umstände, die mit Vorliebe zur Begründung eines höheren Strafrahmens herangezogen werden, wie Begehung im Felde, vor dem Feinde, vor versammelter Mannschaft. Voraussichtlich wird es möglich sein, durch allgemeine Behandlung dieser straferhöhenden Umstände eine Vereinfachung des besonderen Teils herbeizuführen.

Ferner enthält das MStGB. im § 55 eine Anzahl allgemeiner Straferhöhungsgründe, die nach der Rechtsprechung halb als Strafzumessungsgründe, halb als Voraussetzungen eines erweiterten Strafrahmens zu gelten haben, namentlich Begehung während der Ausübung des Dienstes und unter Mißbrauch der Waffe. Mit starken Gründen ist die Ansicht vertreten, daß das Hinzukommen dieser Tatumstände die Tat zu einem militärischen Vergehen oder Verbrechen mache. Jedenfalls hat dieser Gedanke Anspruch auf gesetzgeberische Beachtung, ja eine dahingehende Regelung erscheint als sehr erwünscht. Ein ähnlicher Gedanke findet sich auch in § 90 des GE. betr. Straftaten in oder bei Ausübung des Amtes. Abgesehen hiervon, ist dem § 55 ein erheblicher Wert nicht zuzusprechen.

Die Erörterungen zu § 55 MStGB. geben zu der Bemerkung Anlaß, daß das künftige StGB., soweit es durch allgemeine Anordnung Gründe zur Erweiterung des Strafrahmens aufstellt, klar zu erkennen geben möge, ob es sich um allgemeine straferhöhende oder strafmindernde Tatbestandsmerkmale, die also zum gesetzlichen Tatbestand einer jeden strafbaren Handlung und daher auch zur Schuldfrage gehören, oder lediglich um außerhalb der Schuldfrage stehende, also mit einfacher Stimmenmehrheit zu entscheidende, immerhin im Urteil tatsächlich festzustellende Tatumstände handelt. Nach der Unterbringung unter die „Strafbemessungsgründe" scheint allerdings die letztere Auffassung die des VE. und des KE. zu sein.

---

[1]) Näheres Rotermund, Arch.Mil.R. 1, 204.

Dritter Unterabschnitt.

Strafbemessung.

Der VE. hat eine Anzahl von Grundsätzen über die Bemessung der Strafe innerhalb des gegebenen Strafrahmens aufgestellt, die der KE. in Einzelheiten verbessert und durch den Ausdruck „sollen" als lediglich Leitgedanken enthaltend gekennzeichnet hat. Der Übernahme stehen keine Bedenken entgegen, indessen wäre für das Gebiet der Militärstrafrechtspflege der Bedeutung der Tat für die Aufrechterhaltung der militärischen Disziplin Erwähnung zu tun. Wegen der Trunkenheit gilt das oben Bemerkte. Auch Befehl oder Aufforderung durch den Vorgesetzten einerseits, Reizung durch den Untergebenen andererseits wären zu erwähnen.

Der Grundsatz der Schärfung der Strafe im Rückfalle entspricht der militärischen Übung, und der für das Gebiet des Disziplinarrechts gegebenen ausdrücklichen Vorschrift.

Über die Wichtigkeit der Strafbemessung . neuerdings Meliß, DJZ. 1914 S. 339.

Vierter Unterabschnitt.

Strafaussetzung auf Probe[1]).

I. Bürgerliches Strafrecht. Der KE. hat die „bedingte Strafaussetzung", für welche hier die obige Bezeichnung vorgeschlagen wird, dem erkennenden Gericht zugewiesen, wie dies bereits der VE. getan hat. Gestrichen ist die Anwendung der Vergünstigung „hauptsächlich" auf jugendliche Personen. Neu geordnet ist das Verfahren im Falle einer zweiten Verurteilung, namentlich durch erweiterte Ermöglichung der Strafaussetzung wegen beider Strafen. Der KE. ist also auf der einmal betretenen Bahn weiter fortgeschritten. Voraussichtlich wird noch durch Einbeziehung der Geldstrafe der Kreis der berücksichtigungsfähigen Strafen ausgedehnt werden.

Wie bekannt, hat die aus Amerika übernommene Rechtseinrichtung der bedingten Begnadigung ihren Siegeszug über die meisten euro-

---

[1]) Schrifttum: Elsner von Gronow, Tag 1907, Nr. 632; Dietz, DOff. Bl. 08, Nr. 43, Köln. Zeitung 08, Nr. 671, Neue Mil. Bl. 1911 Nr. 1; Art. Bedingte Begnadigung und Militärstrafrechtspflege in Dietz' Handwörterbuch 1912; Angerer, Bedingte Begnadigung und Militärstrafverfahren, Arch. Mil. R. 3 201: Bergmayer, desgl. dort. S. 357; Elsner von Gronow und Otto Meyer, desgl. dort. S. 401 und 403.

päischen Länder genommen, sei es in der Form der Strafaussetzung im Verwaltungswege mit nachfolgender Begnadigung im Falle der Bewährung binnen bestimmter Frist, sei es in Form der Entscheidung der erkennenden Gerichte. Von der ersten Form zur zweiten ist ein Schritt, von dem die Begründung des VE. S. 133 nicht ohne Grund sagt, daß er ein unvermeidlicher sei.

II. Militärstrafrecht. 1. Grundsätzliches. Die allgemeinen Gedanken, die sich im bürgerlichen Strafrecht durchsetzen, wird der Gesetzgeber regelmäßig auch in den Sondergebieten, soweit diese nicht entgegenstehende, ihnen eigentümliche Umstände vorzuweisen haben, zur Durchführung zu bringen geneigt sein. Die Sondergebiete bringen auch nicht immer die Fähigkeit auf, allgemeine Fragen selbst völlig zu durchleuchten. Sie sind daher oft genug darauf angewiesen, die ihnen dargebotenen fertigen Lösungen mit Dank entgegenzunehmen. Hier handelt es sich indessen wohl um eine der Fragen, deren selbständiger Prüfung das Militärstrafrecht sich nicht entziehen kann.

Die Zahl der Gegner der neuen Rechtseinrichtung in beiden Gestalten ist doch wohl nicht so gering, wie S. 132 der Begründung des VE. angenommen wird. Jedenfalls scheint mir, daß die dort S. 131, 132 gegebene Zusammenstellung der Gründe für und gegen mit größerem Erfolg die Gegengründe zum Ausdruck bringt. Die angeführten acht Gegengründe laufen schließlich auf einen einzigen ausschlaggebenden Gedanken hinaus. Wenn bisher der Gedanke der unausweichlichen Verbindung von Schuld und Strafe durch die Jahrhunderte hindurch sich entwickelt und im sittlichen Bewußtsein sich befestigt hat, so ist damit eine ganz gewaltige Kraft durch alle Lebensgebiete sich hindurchziehender Antriebe zum Wohlverhalten gewonnen und erarbeitet. Diesen Wall festverankerter seelischer Hemmungen zu durchbrechen durch eine Neuerung, welche im Laufe der Jahre ziemlich sicher den Spruch: Einmal ist keinmal! zum allgemeinen geistigen Eigentum machen wird, erscheint als eine Gefährdung der bisherigen, schwer errungenen, Ordnung, für welche die Verantwortung kaum getragen werden kann. Die Anhänger der Neuordnung weisen mit einigem Stolz darauf hin, daß die Verhältniszahl der endgültig Begnadigten im Jahre 1907 auf 82 vom Hundert der durch Strafaussetzung begünstigten Personen sich belaufen habe. Es muß zunächst in Zweifel gezogen werden, daß der Vollzug der Strafe weniger günstige Wirkungen gezeitigt hätte. Aber das Entscheidende bleibt doch, nicht nur die ferneren, sondern vor allem gerade die erste Straftat zu verhindern. So zeigt sich, daß die Neuordnung in ihrer Einstellung auf die — nur möglicherweise günstigen — Erfolge am Einzelnen die allgemeingültigen Grundlagen der Strafe außer Augen läßt. Man täusche sich auch nicht darüber, daß gerade die strenge Gleichmäßigkeit der Rechtsanwendung, ohne Ansehen der Person, ein Mittel ist, um die Vorstellung und das Gefühl der unbedingten Verbindlichkeit der auferlegten Pflicht tief in Bewußtsein und Gemüt der Volksgenossen zu befestigen. Daß diese seelischen Bindungen nicht zerrissen oder gelockert werden, ist von wesentlicher Bedeutung.

Aus dieser Grundanschauung heraus muß der Wunsch ausgesprochen werden, daß wenigstens das Militärstrafrecht als eine Insel in der ansteigenden Flut sich erhalten möge, um den alten Gedanken der unbedingten Straffolge in eine Zeit, die seiner wieder bedürfen wird, hinüberzuretten.

Im übrigen lassen sich für dieses Sondergebiet wohl auch Gründe vorbringen, welche die Strafaussetzung auf Probe gerade hier als nicht geeignet erscheinen lassen.

Es kann nicht anders sein: Der militärische Dienst ist streng und straff gespannt. So weht denn auch im militärischen Strafrecht ein ganz besonders scharfer Wind. Die Zusammenfassung der Einzelnen zu gleichartigen Gruppen treibt dazu an, den einen wie den anderen zu behandeln. Die Notwendigkeit, Störungen der Ordnung von Anbeginn zu ersticken, läßt sofortiges energisches Zufassen geboten erscheinen. Die fünf Beweisgründe, welche S. 131 der Begr. zugunsten der Strafaussetzung a. Pr. geltend gemacht werden, erweisen sich als im militärischen Leben nicht oder nur abgeschwächt zutreffend. Kurze Freiheitsstrafen sind gerade in der Form des Arrestes sehr wirksam. Einem bürgerlichen Beruf wird der Soldat nicht entzogen, während die militärische Erziehung in der Strafzeit weiter läuft. Der „Makel" der Bestrafung ist nicht wie im bürgerlichen Leben vorhanden, ja die militärischen Strafen werden meist nicht einmal ins Strafregister aufgenommen. Eine Schädigung Angehöriger kommt nicht in Frage. Bleibt nur die — noch dazu zweifelhafte — Ersparung von Haftkosten, deren Anführung als Grund vielleicht überhaupt besser unterblieben wäre. Schon von anderer Seite ist auch auf das Ehrgefühl des Soldaten hingewiesen, das für eine ungleichmäßige Behandlung ein feines Empfinden hat, und das er regelmäßig nicht verstehen wird, wenn wegen leichter Dienstvergehen reichlich und oft Disziplinarstrafen verhängt werden, während die erstere gerichtliche Straftat straflos bleibt. Ebenso darf man es sich nicht verhehlen, daß es von ungünstiger Wirkung sein wird, wenn tatsächlich oder auch nur dem Schein nach — und dieser

Schein wird leicht entstehen — die höheren Dienstgrade besser davonkommen als die unteren.

2. Vorschläge. Hiernach ist die Strafaussetzung auf Probe für das Gebiet der militärischen Verbrechen und Vergehen abzulehnen.

Was die bürgerlichen Straftaten anlangt, so ist damit zu rechnen, daß das bürgerliche Strafrecht die Strafaussetzung, und zwar in der Form der Entscheidung des erkennenden Gerichts aller Voraussicht nach erhalten wird. Diesem Zustande muß man sich, so gut es geht, anpassen, etwa mit dem Zusatze, daß die Aussetzung verboten ist, soweit durch die Handlung zugleich eine militärische Dienstpflicht verletzt wurde. Daß hiernach namentlich die vor dem Diensteintritt begangenen, später zur Aburteilung kommenden Straftaten der Vergünstigung teilhaftig werden, ist zu erwarten, auch in gewissem Grade zu rechtfertigen. Doch darf selbst hier nicht vergessen werden, daß ein zu weites Entgegenkommen die Neigung, eben vor dem Diensteintritt sich noch schnell einmal über vorhandene Schranken hinwegzusetzen, begünstigen kann.

Wie aber auch die Entscheidung falle, keinesfalls kann befürwortet werden, daß man im militärischen Recht die Anordnung der Strafaussetzung dem Verwaltungswege überweist. Es würde die Stellung der militärischen erkennenden Gerichte, die eher einer Hebung bedürfte, zu schädigen geeignet sein, wenn man sie nicht mit den bürgerlichen Gerichten gleich behandelte.

Fünfter Unterabschnitt.
Vorläufige Entlassung.

Nach dem VE., noch mehr nach dem KE., ist die vorläufige Entlassung im Vergleich mit dem jetzigen Recht auf erweiterte Grundlagen gestellt. Die Vorschläge eignen sich zur Übertragung auf das Militärstrafrecht, in welchem, wie allgemein bemerkt sei, die obersten Justizaufsichtsbehörden militärische Verwaltungsbehörden sind.

Eine Nachweisung der bisherigen Handhabung der Einrichtung im Bereiche der militärischen Strafvollstreckung wäre erwünscht. Es scheint, daß die Einrichtung hier nicht recht Leben gewonnen hat. Damit soll eine allzu reichliche Anwendung, welche rückwärts wieder auf die Strafbemessung einwirken könnte, nicht befürwortet werden.

Elfter Abschnitt.
Verjährung.

I. Allgemeines. Die Gedanken, welche die Verjährung von Strafe und Vollstreckung beherrschen, sind ohne weiteres auf das Militärstrafrecht übertragbar. Allerdings zeigt die bisherige Entwicklung, welcher großen Verbesserungen im einzelnen das bestehende Recht fähig ist, zugleich auch, wie schwer es ist, sich vom alten Zustand loszusagen. Was als innerer Widerspruch bisher am meisten in die Augen fiel, war die künstliche Unterbrechung der Verjährung, welche den Willen des Gesetzes in sein Gegenteil verkehrte. Es mag nicht lediglich gedankenloser Amtseifer dabei im Spiele gewesen sein, sondern regelmäßig wird die Anschauung mitgewirkt haben, daß die Verjährungsfristen des Gesetzes zu kurz seien, um eine hinreichende Gegenwirkung gegen das Verbrechen zu gewährleisten. Hieraus ergibt sich die Forderung, die Verjährungsfristen so zu bemessen, daß auch die Dauer der durchschnittlich eintretenden Verfolgung, während welcher das Gedächtnis der Straftat sich noch frischer zu erhalten pflegt, berücksichtigt wird. Gibt man nun zu, daß die jetzt vorgeschlagenen Fristen dieser Anforderung genügen, so kann die Unterbrechung der Verjährung, welche jede strafverfolgende Handlung des Richters der Straftat selbst in der Wirkung gleichstellt, fortfallen. Ob die dafür vom KE. eingesetzte Verlängerung der Verjährungsfrist durch Gerichtsbeschluß, „wenn dies nach den besonderen Umständen des Falles geboten erscheint", notwendig war, mag dahingestellt bleiben, da eine häufige Anwendung der Vorschrift nicht zu erwarten steht.

II. Fahnenflucht[1]). In militärischen Verhältnissen ist der Zugriff gegen den bekannten Täter meist durch dessen Aufenthalt bei der Truppe ohne weiteres ermöglicht. Er kann sich dem Zugriff regelmäßig nur durch Fahnenflucht entziehen. Diese Fälle sind indessen, soweit Verbrechen in Frage kommen, äußerst selten. Meist wird die Fahnenflucht wegen kleinerer Verfehlungen oder aus ganz anderen Gründen begangen. Hiernach spitzt sich die Frage auf die Verjährung der Fahnenflucht zu.

Diese Frage wird verwickelt dadurch, daß die Fahnenflucht ihrer Natur nach ein Dauervergehen ist, das durch das weitere Sichfernhalten von der Truppe so lange weiter begangen wird, als die objektiven und subjektiven Tatbestandsmerkmale des Vergehens weiter erfüllt werden. Manche Streitfragen haben sich hieran geknüpft, z. B. über den Einfluß des etwaigen Verlustes der Staatsangehörigkeit, oder der Erreichung des Endes des wehrpflichtigen Alters auf den objektiven Tatbestand,

---

[1]) **Schrifttum: Romen-Rissom, MStGO.. § 357, Anm. 4, Romen-Rissom, MStGB, § 76 Anm. 6, Begründung des VE. S. 397, Otker in Aschrott und v. Liszt, Reform 1 321, Begründung der GE. S. 144.**

vor allem über die Notwendigkeit der Fortdauer des subjektiven Tatbestandes. Es genügt, auf diese Streitfragen hinzuweisen, um die Erforderlichkeit einer möglichst allgemeinen Regelung der Verjährungsfrist zu begründen.

Was nun die Dauer dieser Frist anlangt, so muß zunächst dieser Natur als Dauervergehen mit weit hinausgerücktem, aber aus vielen Gründen oft ungewissen Endpunkt Rechnung getragen werden. Ferner ist darauf Rücksicht zu nehmen, daß die Fahnenflucht, namentlich von Rekruten vor der endgültigen Einstellung, vielfach mit dem Vorbehalt begangen wird, im späteren Alter wieder in die Heimat zurückzukehren. Diese Gesichtspunkte führen dazu, als frühesten Beginn der Verjährungsfrist den im Alter von 45 Jahren erfolgenden Ablauf der gesetzlichen Wehrpflicht allgemein anzusetzen, während in den Fällen, in denen, etwa wie im Kriege, die Dienstpflicht über jenen Zeitpunkt noch hinaus dauert, das Ende der Dienstpflicht maßgebend ist. Die jetzige Vorschrift des § 76 MStGB. erscheint etwas zu eng.

Infolge dieser Hinausschiebung des Beginns der Verjährung um etwa sechs Jahre gegen den jetzigen Zustand könnten die ordentlichen Verjährungsfristen, also für den Regelfall mit fünf Jahren, bestehen bleiben. Allenfalls verlängere man sie auf zehn Jahre. Die Verlängerung durch Gerichtsbeschluß aber wäre auszuschließen. Denn sonst ist bei der militärischen Genauigkeit mit Sicherheit zu erwarten, daß die altüberkommenen, bisher ohne Erfolg bekämpften Unterbrechungen der Verjährungen in den Fahnenfluchtslisten in veränderter, wenn auch abgeschwächter Form bestehen bleiben werden.

III. Arrest. Nach dem sehr unklar gefaßten § 52 MStGB., welcher den Arrest hinsichtlich der Verjährung der Strafverfolgung und der Strafvollstreckung der Haft gleichstellt, verjährt auf Grund des geltenden StGB. die Strafe in drei, die Vollstreckung in zwei Jahren. Ob gleiches für den KE., der — soweit ich nachprüfen konnte — die Haft als Vergehensstrafe nicht mehr kennt, gelten würde, mag dahingestellt bleiben. Denn jedenfalls muß in neuer Form der berechtigte Gedanke wieder zum Ausdruck gebracht werden, daß für die Verjährung bei diesen leichteren militärischen Vergehen recht kurze Fristen erwünscht sind. Ich würde für die Verjährung der Strafe ein Jahr, der Vollstreckung zwei Jahre vorschlagen.

Die Frage, ob nicht diese leichteren Vergehen ganz auszuscheiden sind, sei es durch Weglassung, sei es durch Zusammenlegung mit gleichartigen schwereren Formen, ist nicht an dieser Stelle zu erörtern.

Zwölfter Abschnitt.

Wiedereinsetzung.

I. Die Wiedereinsetzung in die Ehrenrechte durch Gerichtsbeschluß hat nach VE. und KE. die Wiedererlangung der infolge Verurteilung zu Zuchthaus, Aberkennung der bürgerlichen Ehrenrechte oder einzelner Rechte verlorenen allgemeinen Rechtsstellung zur Folge, nicht natürlich die Wiedererlangung der verlorenen besonderen Rechte. Daraus ergibt sich also die Fähigkeit, wieder ins Heer oder in die Marine eingestellt zu werden, namentlich zur Erfüllung der gesetzlichen Wehrpflicht (Begründung zum VE. S. 172). Es wird Sache der Wehrordnung sein, die erforderlichen Grundsätze für die spätere Heranziehung zum aktiven Dienste aufzustellen, falls nicht auf diese Heranziehung, was manches für sich hat, verzichtet wird.

Gegen die Übernahme der Bestimmungen ins Militärstrafrecht ist nichts einzuwenden. Sie wären auszudehnen auf die militärische Ehrenstrafe der Entfernung aus dem Heere.

Wiedereinsetzung bei Dienstentlassung und Degradation kommt nicht in Frage, da hier keine Fähigkeiten aberkannt werden, sondern nur bestimmte Rechte.

Die Versetzung in die zweite Klasse des Soldatenstandes hat zwar eine Minderung des allgemeinen Rechtszustandes zur Folge. Indessen erfolgt hier schon bisher eine Rehabilitierung durch die Kommandogewalt mittels Rückversetzung in die erste Klasse auf Grund längerer guter Führung, ein Verfahren, welches gesetzlich zulässig und auch zweckmäßig erscheint.

II. Löschung von Strafen. Die im VE. noch etwas zaghaft angefaßte Löschung von Strafen auf Grund Gerichtsbeschlusses ist im KE. erheblich erweitert. Festgehalten ist erfreulicherweise, abweichend vom GE., das Erfordernis des Gerichtsbeschlusses. Zu billigen ist, daß aus dem GE. die doppelte Abstufung der Löschung übernommen ist. Eingehen auf Einzelheiten erübrigt sich, da die endgültige Fassung noch nicht erreicht sein dürfte. Vielleicht wird man doch noch für die zweite Stufe an Stelle der „Behandlung der Verurteilung als nicht geschehen" die „Tilgung der Verurteilung" wie im österreichischen VE. (Aschrott und v. Liszt 1, 163) einsetzen. Dies müßte zur Folge haben, daß die Frage nach Vorbestrafungen glatt verneint werden könnte. Das jetzt im KE. vorgesehene Recht, jede Auskunft über die Tat und die Strafe zu verweigern, sollte überhaupt jedem Zeugen zugestehen, da das Gericht regelmäßig sich die Kenntnis dieser Umstände durch Einforderung der Strafregisterauszüge, der Akten und auf andere Weise verschaffen kann.

Für militärische Strafen wegen militärischer Vergehen, die übrigens zum großen Teil überhaupt nicht zum Strafregister angemeldet werden, sind von Wichtigkeit eigentlich nur die Personalakten und Nationale der vorgesetzten Dienststelle, und diese wesentlich für aktive Offiziere und Unteroffiziere. Die hieraus sich ergebenden Wünsche dürften durch die Fassung der vorgeschlagenen Bestimmungen, namentlich des KE., welcher von „amtlichen Listen" spricht, bereits erfüllt sein.

Dritter Hauptteil.

Einfluß im Besonderen Teil.

Vorbemerkungen.

Daß die Anordnung der Abschnitte und der Reihenfolge der einzelnen Strafbestimmungen Mängel aufweist, ist bereits von M. E. Mayer, MilStrafr. 2, 5, dargelegt. An die Spitze gehören die strafbaren Handlungen gegen die Pflichten der Unterordnung. Es folgen die ihnen entsprechenden gegen die Pflichten der Überordnung. Der Rest kann unter dem — übrigens sachlich zutreffenden — Sammelnamen der Verletzung der militärischen Treupflicht vereinigt werden, jedoch unter Ausscheidung der an vierter Stelle zu behandelnden Straftaten gegen das Eigentum, welche sich gleichfalls als Verletzung militärischer Pflichten darstellen. Es ergibt sich hiernach die natürliche Einteilung:

1. Unterordnungsvergehen (Auflehnungsvergehen).
2. Überordnungsvergehen.
3. Treuvergehen.
4. Eigentumsvergehen.

Der Zweck der folgenden Ausführungen ist nun nicht, ein vollständiges System der militärischen Verbrechen und Vergehen auszubauen, sondern vielmehr der, aufzuzeigen, an welchen Punkten das künftige RStGB. in der Gestalt der jetzigen Vorschläge eine Umgestaltung des MStGB. herbeizuführen geeignet ist. Dabei sind natürlich nicht nur Einzelheiten, sondern auch die allgemeinen Gesichtspunkte der Vereinfachung in Ausdruck und Strafmaß zu berücksichtigen.

Erster Abschnitt.

Unterordnungsvergehen.

Die Gegenwirkung gegen die Verletzung der Pflichten der militärischen Unterordnung bildet den Kern eines jeden militärischen Strafgesetzes. Es ist die innere Ordnung des Heeres, welche hier, und zwar in und mit der Person des Vorgesetzten, geschützt wird. Einleitend ist im Gesetz der Schutz des Dienstansehens gegen Achtungsverletzung und Beleidigung behandelt. Die strafrechtliche Gewährleistung des Gehorsams bildet den Mittelpunkt. Strafdrohungen gegen Widersetzung und Tätlichkeit, bei denen der Ungehorsam den mehr oder minder deutlich erkennbaren Hintergrund zu bilden pflegt, schließen sich an, sodann die Bekämpfung der Ausbreitung dieser Straftaten. Als der Widersetzung und Tätlichkeit verwandt ist zum Schluß die Herausforderung des Vorgesetzten zum Zweikampf berücksichtigt.

Diese, schon dem Preußischen MStGB. eigene Auswahl und Folge kann im ganzen beibehalten werden.

I. Achtungsverletzung und Vorgesetztenbeleidigung.

1. Die Achtungsverletzung nach § 89 MStGB. ist als Vorstufe der Beleidigung nach § 91 mit dieser zusammenzustellen. Das Belügen des Vorgesetzten auf Befragen in dienstlichen Angelegenheiten nach § 90 wäre in die Nähe des Ungehorsams zu rücken. Es ist streitig, ob nicht jedes derartige Befragen einen Befehl zur — richtigen — Antwort enthält. Bejaht man dies, so wäre die Vorschrift überflüssig, verneint man es, so bleibt immer noch die Frage, ob nicht dieses Vergehen der Disziplinarbestrafung völlig überlassen werden könnte. Das wäre allerdings möglich, sofern nur zuvor die Anwendbarkeit von Disziplinarstrafen gegen Personen des Beurlaubtenstandes erweitert würde.

Man ist sich — mit verschiedener Begründung allerdings — darüber ziemlich einig, daß auf Aussagen vor Gericht der § 91 keine Anwendung findet. Die hiernach entstehende Lücke wird durch den, vom KE. in zweiter Lesung im ganzen aufrechterhaltenen, § 168 des VE. ausgefüllt, wonach bestraft wird, wer als Zeuge oder Sachverständiger vor der zur eidlichen Vernehmung zuständigen Behörde uneidlich wissentlich falsch aussagt, nachdem er auf die Strafbarkeit falscher uneidlicher Aussagen hingewiesen war (Widerruf ist möglich). Die Strafbarkeit der fahrlässig falschen uneidlichen Aussage ist vom KE. in Wegfall gebracht. Auch auf die Strafvereitelung nach § 172 VE., im KE. unerheblich geändert, sei verwiesen.

2. Beleidigung Vorgesetzter ist nach § 91 MStGB. mit Strafe bedroht. Man war bisher allgemein der Ansicht, daß der nähere Inhalt des Beleidigungsbegriffs aus dem jeweiligen bürgerlichen Strafrecht zu entnehmen sei. So bezeugt schon Fleck in seinem Kommentar des Preußischen MStGB., daß auf II, 20, §§ 538—666 des Allg. Landrechts, nach Erlaß des neuen Preußischen StGB. von 1852 auf dessen §§ 343, 152, 156, 187 zurückzugreifen sei. Der Wortlaut des § 130 Preuß. MStGB., nach welchem Beleidigungen gegen Vorgesetzte, „auch wenn sie außer Dienst verübt werden, als Vergehungen gegen die Subordination anzusehen" sind, spricht für diese Auffassung, welcher § 124 Abs. 2 das. nicht entgegensteht. In gleicher Weise muß man für das jetzige MStGB. annehmen, daß der Begriff der Beleidigung stillschweigend aus dem allgemeinen Strafrecht übernommen ist. Der Heranziehung des § 2 MStGB. bedarf es, um zu diesem Ergebnis zu gelangen, nicht.

Die militärische Rechtsprechung hat sich bisher der Übernahme des § 193 StGB., namentlich soweit er die Wahrnehmung berechtigter Interessen als straffrei erklärt, wenig günstig gezeigt. Teils hat man diese Vorschrift ausgeschaltet, „als nicht direkt zur Begriffsbestimmung gehörig" (Hecker, Lehrbuch d. D. Mil.Strafr. S. 200), teils hat man eingewendet, daß § 2 MStGB. nur die „entsprechende" Anwendung der allgemeinen Vorschriften des StGB. anordne und daß die Anwendung gerade des § 193 den Anforderungen der Disziplin nicht „entspreche" (so das RMG. in ständiger Rechtsprechung).

Neuerdings ist (von Ph. O. Mayer, Mil.-rechtl. Erörterungen 1, 64 fg.) unter Hinweis auf die Eigenschaft dieses militärischen Vergehens als einer Verletzung der militärischen Disziplin und mit Eingehen auf den Wortlaut des Gesetzes, doch d. E. nicht unter genügender Berücksichtigung der geschichtlichen Entwicklung, die Ansicht vertreten, daß der Beleidigungsbegriff des MStGB. unmittelbar dem Leben zu entnehmen, also nicht erst mit Hilfe des StGB. zu gewinnen sei. Damit würde namentlich der im § 186 StGB. vorgesehene Wahrheitsbeweis als Strafausschließungsgrund entfallen, ebenso selbstverständlich die Anwendung des § 193.

Das RMG. hält noch am Wahrheitsbeweis als Strafausschließungsgrund fest, weil es den § 186 StGB. zur Begriffsbestimmung der Beleidigung mitübernimmt. An die Stelle des § 193 StGB. tritt die Frage des Ausschlusses der Rechtswidrigkeit der Beleidigung infolge einer Berechtigung oder einer Pflicht, durch welche das Aufstellen der beleidigenden Tatsachenbehauptung (nur § 186 kommt regelmäßig in Frage) zulässig gemacht wird. Als Rechte dieser Art erkennt das RMG. an: die Anzeige einer strafbaren Handlung (bekämpft von Ph. O. Mayer, d. E. ohne Grund), ferner u. a. das Vorbringen im Wege der militärischen Beschwerdeführung. Aus der Pflicht des Soldaten, die Wahrung der Disziplin bei allen Handlungen im Auge zu behalten, wird aber gefolgert, daß auch in solchen Fällen die Behauptungen niemals leichtfertig aufgestellt werden dürften. Sind die vorgebrachten Tatsachen objektiv erwiesen unwahr, und fällt dem Behauptenden Leichtfertigkeit, d. h. grobe Fahrlässigkeit, zur Last, so ist sein Handeln rechtswidrig, also strafbar.

Es ist bekannt, daß auch auf dem Gebiete des gemeinen Strafrechts das Bestreben sich bemerkbar macht, bei Prüfung der Frage, ob ein wahrgenommenes Interesse ein im Sinne des § 193 StGB. berechtigtes sei, die konkrete Sachlage zu prüfen und die beiderseitigen Interessen gegeneinander abzuwägen. Von dieser Grundlage aus ist nur ein Schritt zu der Forderung, daß der Beleidiger erst nach hinreichender Prüfung seine Behauptung aufstelle (vgl. Kohler, Goltd. Arch. 47, 105).

Diese Darlegungen bahnen den Übergang zu den Vorschlägen des KE., welche in überraschender Weise sich den Ergebnissen der militärischen Rechtsprechung annähern.

Der VE. hatte den § 193 des jetzigen StGB. im wesentlichen unberührt gelassen, jedoch den Wahrheitsbeweis ausgeschlossen in Fällen öffentlicher oder mechanisch vervielfältigter Beleidigung, die lediglich Verhältnisse des Privatlebens betraf, die das öffentliche Interesse nicht berührten. (Vgl. dazu den GE.) Der KE. hat für die Fälle des ausgeschlossenen Wahrheitsbeweises ein besonderes Vergehen der öffentlichen Bloßstellung geschaffen, ausgezeichnet dadurch, daß der Strafantrag entweder hierauf (mit Ausschluß des Wahrheitsbeweises), oder auf Beleidigung (mit Zulassung des Wahrheitsbeweises, aber anderseits auch mit der Möglichkeit völliger Reinigung des Bezichtigten) zu stellen ist. Die Interessenwahrung ist dahin erläutert, daß eigene oder den Täter nahe angehende fremde Interessen straflos wahrgenommen werden können, berechtigte öffentliche Interessen dann, wenn der Täter sich nachweislich in entschuldbarem guten Glauben an die Wahrheit der Äußerung befunden hat.

Es ist zu erwarten, daß das künftige Gesetz sich diese Vorschläge im ganzen zu eigen machen wird, daß namentlich der Wahrheitsbeweis — mit einer das Familienleben betreffenden Einschränkung — beibehalten, und im Falle der Interessenwahrung in mehr oder minder weitem Umfange Entschuldbarkeit des Vorbringens, also eine gewisse Sorgfalt bei der Prüfung der aufzustellenden Behauptung, verlangt werden wird.

Es ist erwünscht, daß das militärische Strafgesetz auch hier sich auf eigene Füße stelle. Nun wäre es denkbar, daß das Gesetz einfach die Beleidigung, ohne nähere Erläuterung, mit Strafe bedrohte, und es der Rechtsprechung überließe, wie weit der Wahrheitsbeweis und die Interessenwahrung als Gründe zum Ausschluß der Rechtswidrigkeit anzuerkennen wären. Indessen wäre diese Regelung eine höchst unvollkommene. Die Ausgestaltung des Begriffs ist aber in der Richtung der Sätze zu suchen, welche das RMG. auf Grund der Anforderungen des militärischen Lebens entwickelt hat. Diese Sätze tragen einerseits der Wahrung des Dienstansehens, der militärischen Ehre und der Disziplin Rechnung, anderseits sind sie bemüht, den Rechtskreis des Täters nicht mehr, als durchaus notwendig, einzuengen. Die Anschauungen der Truppe und der durch sie leichter beeinflußten unteren Militärgerichte sind noch erheblich schroffer, also dem Täter ungünstiger, ein Grund mehr, die maßgebenden Grundsätze im StGB. möglichst klar zum Ausdruck zu bringen.

Was zunächst den Wahrheitsbeweis anlangt, so spricht allerdings einiges dafür, wegen Verletzung der militärischen Disziplin auch denjenigen zu bestrafen, der wahre beleidigende Behauptungen über den Vorgesetzten in die Welt setzt, und dadurch nicht nur dessen Dienstansehen, sondern unter Umständen das Ansehen der militärischen Vorgesetzten überhaupt erschüttert. Aber auch hier zeigt sich alsbald die Zweischneidigkeit des Ausschlusses des Wahrheitsbeweises. Gerade das gesteigerte militärische Ehrgefühl kann und will den beleidigten Vorgesetzten nicht besser stellen, als den im bürgerlichen Leben Beleidigten, und dasselbe Ehrgefühl kann und will ihm die Ehrenrettung, welche im gescheiterten Wahrheitsbeweise liegt, nicht rauben. Es wäre daher ein Fehlgriff, wollte man auch die wahre Behauptung ihres Inhalts wegen als Beleidigung. bestrafen. Die Beurteilung als Achtungsverletzung oder als disziplinarisch zu ahndende Zuwiderhandlung gegen die militärische Zucht und Ordnung bleibt dabei nicht ausgeschlossen.

Die Ausübung eines Rechts (oder die Erfüllung einer Pflicht) schließt die Rechtswidrigkeit der Behauptung aus. Es besteht auch kein Bedenken, die Erstattung einer Strafanzeige, mag die Tat sich gegen den Anzeigenden selbst oder gegen Dritte richten, als ein dem Soldaten so gut wie dem Bürger gewährleistetes Recht anzusehen. Mißbrauch dieses Rechts durch leichtfertiges Anzeigen aber wird zum Unrecht, das man der Zivilperson vielleicht noch durchgehen lassen kann, nicht aber dem durch seine Dienstpflicht noch besonders zur Sorgfalt angehaltenen Soldaten. Die hinter der Rechtsausübung liegenden, oft weniger edlen Beweggründe der Rachsucht usw. gehören nicht zur Sache.

Wird nun die Interessenwahrung in gleicher Weise behandelt, so dürften auch gegen ihre Zulassung keine Bedenken mehr bestehen.

Es war ein glücklicher Griff des RMG., als Form des Verschuldens Leichtfertigkeit, also grobes Verschulden in der Vorprüfung der zu behauptenden Tatsache zu fordern. Wer die Strenge des Maßstabes kennt, den die militärischen Gerichte hier anzuwenden pflegen, muß es billigen, daß nicht jedes Verschulden genügt.

Ein Verschulden in der Prüfung kann aber nur in Frage kommen, wenn vorher die Unwahrheit der behaupteten Tatsache festgestellt wird. Auch dieser Umstand müßte im späteren Gesetze ausdrückliche Erwähnung finden.

Sowohl zu § 186 wie zu § 193 StGB. fügt das geltende Recht die Ausnahme an, daß das Vorhandensein einer Beleidigung nicht aus Form und Umständen erkennbar sein darf. Der VE. und der KE. haben dafür im Anschluß an die Rechtsprechung des RG. und des RMG. die Absicht der Beleidigung verlangt. Trotz der gegen die Verwendung der „Absicht", wie überhaupt gegen die ganze Bestimmung vorhandenen Bedenken, die namentlich S. 267 der Begründung des GE. zum Ausdruck gebracht sind, wird es sich empfehlen, daß das militärische Strafrecht dem bürgerlichen in diesem Punkte sich anschließt.

Unter diesem Gesichtspunkt würden, wie es scheint, regelmäßig diejenigen Beleidigungen bestraft werden können, welche Angelegenheiten des häuslichen oder Familienlebens ohne öffentliches Interesse an die Öffentlichkeit bringen. Der KE. hat geglaubt, ein besonderes Vergehen der Bloßstellung vor der Öffentlichkeit schaffen zu müssen, wobei der Beleidigte wählen kann, ob er durch Strafantrag wegen Beleidigung den Beweis der Wahrheit zulassen oder durch Strafantrag wegen Bloßstellung den Wahrheitsbeweis ausschließen will. Für das Militärstrafrecht, welches keinen Strafantrag kennt, ist schon aus diesem Grunde die letztere Lösung nicht annehmbar. Es fragt sich also, ob man die Vorschrift überhaupt übernehmen soll. Wenn ja, müßte man es in der Form tun, daß in diesen Fällen der Wahrheitsbeweis zwingend ausgeschlossen wird. Großen Wert hätte eine solche Bestimmung, deren Voraussetzungen selten vorliegen würden, nicht. Es kommt hinzu, daß mit dem Ausschluß des Wahrheitsbeweises auch der Beweis der Behauptung wider besseres

Wissen ausgeschlossen sein würde. Hiernach ist die Übernahme des Vergehens der öffentlichen Bloßstellung nicht zu empfehlen.

Wichtiger als die Familienangelegenheiten der Vorgesetzten, die kaum jemals das Interesse der Untergebenen erregen, ist das dienstliche Verhalten des Vorgesetzten. Es besteht ein Interesse daran, daß die Untergebenen nicht in Unterhaltungen untereinander oder gar mit Zivilpersonen beleidigende, wenn auch wahre Behauptungen in Umlauf setzen, statt sie dem höheren Vorgesetzten zur Kenntnis zu bringen. Indessen handelt es sich hier um eine mehr erzieherische Aufgabe. Strafrechtlich würden die Gesichtspunkte der Beleidigung durch Form und Umstände der Äußerung, und der Achtungsverletzung ausreichen.

Beim Wahrheitsbeweise ist der Bedeutung eines etwa ergangenen rechtskräftigen Urteils Rechnung zu tragen. Die Fassung des KE. erscheint zur Übernahme geeignet. Die Bestimmung des § 191 StGB. über das Abwarten der Vorentscheidung ist als prozessual schon in den VE. nicht aufgenommen. Das mag unschädlich sein, wenn die entsprechende Änderung der Prozeßordnung gleichzeitig vorgenommen wird. Geschieht dies aber nicht, so muß wenigstens für das militärische Gebiet, auf dem das Hinausschieben auf eine spätere Änderung der MStGO. nur eine sehr unsichere Anweisung auf die Zukunft darstellt, die Beibehaltung der Bestimmung im materiellen Recht erfolgen. Dabei ist ein „ausdrücklicher" Beschluß über Einleitung oder Fortgang der Untersuchung zu fordern, da die in der Rechtsprechung des RG. und RMG. mehrfach versuchte Zulassung einer stillschweigenden Willenserklärung im Ergebnis kaum etwas anderes bedeutet, als die Erlaubnis, sich über das Gesetz hinwegzusetzen.

Die verleumderische Beleidigung wäre dem KE. entsprechend aufzunehmen.

Der Abs. 2 des § 91 MStGB. erscheint entbehrlich.

Der Strafantrag fällt schon nach allgemeinen Grundsätzen fort. Auf Buße wird nach dem VE. und KE. nicht mehr erkannt. Wegen der Entschädigung s. die Ausführungen im allgemeinen Teil.

Die Veröffentlichung der Verurteilung entspricht den militärischen Verhältnissen, welche die dienstliche Bekanntgabe in dem erforderlichen Umfange an ihre Stelle treten lassen, ebensowenig wie der Auffassung der Beleidigung Vorgesetzter als eines in letzter Linie gegen die Pflicht der Unterordnung gerichteten Vergehens. Sie wird daher schon im geltenden Recht allgemein — wenn auch mit verschiedener Begründung — als nicht übernommen angesehen.

II. Ungehorsam, Widersetzung, Tätliches Sichvergreifen.

1. **Ungehorsam** ist das Grundvergehen der Auflehnung gegen die militärischen Pflichten. Das Gesetz kennt ihn in zwei Formen, der einfachen Nichtbefolgung des Befehls und der Gehorsamsverweigerung. Jeder Form sind noch erschwerende Umstände angehängt. Eine Vereinfachung, teilweise auch klarere Fassung, erscheint möglich. Der Nachteil als Strafschärfungsgrund müßte „voraussehbar" gewesen sein. Vgl. KE. zu § 126 VE.

Das Gesetz bestraft bereits den einfachen Ungehorsam mit der allerdings geringen Freiheitsstrafe bis zu sechs Wochen. Es ist in Anregung gebracht, nach dem Vorbild des früheren Bayerischen MStGB. den ersten und zweiten Ungehorsam allein der disziplinaren Ahndung zu überlassen. Indessen diese Regelung dürfte sich aus erzieherischen Rücksichten nicht empfehlen, auch abgesehen davon, daß dann zuvor eine Ausdehnung der Disziplinarstrafgewalt gegen Personen des Beurlaubtenstandes nötig wäre. Man käme dann auch schließlich wieder auf den ziemlich willkürlichen und die Grenze zwischen kriminellen und Disziplinarstrafrecht verwischenden Tatbestand der „üblen Konduite" nach Art. 200 Bayerisches MStGB.

Der Begriff des Befehls, im Gegensatz zu allgemeinen Anordnungen, erfordert die Beziehung auf einen bestimmten Gegenstand. Die Rechtsprechung hat bisher angenommen, daß dieser Gegenstand nicht notwendig konkret, d. h. auf ein nach Ort und Zeit festgelegtes Einzelgeschehen bezogen zu sein braucht, sondern auch typisch bestimmt sein kann. Die Grenze zwischen Befehl und allgemeiner Dienstvorschrift zu ziehen, muß der Gerichtsübung überlassen bleiben.

Der Befehl muß nach dem bisherigen Gesetz in Dienstsachen erteilt sein. Ein Abgehen von dieser Fassung, die dann aber durch das ganze Gesetz einheitlich durchzuführen wäre, erscheint nicht erforderlich, zumal auch der § 148 VE. nach dem KE. diese Fassung erhalten hat.

Daß der Befehl ein rechtmäßiger sein muß, ist bereits in der Rechtsprechung ständig angenommen, so daß es eines ausdrücklichen Zusatzes, der auch aus erziehlichen Rücksichten bedenklich wäre, nicht bedarf. Der KE. hat zu § 131 VE. betr. Aufwiegelung, § 138 VE. betr. Staatsverleumdung und § 148 VE. betr. Aufreizung einer Militärperson zum Ungehorsam in zweiter Lesung die Bestimmung eingefügt, daß Bestrafung nur eintreten kann, wenn die fragliche Verordnung, Anord-

36*

nung usw. rechtsgültig ist, und daß, wenn der Täter sie aus Rechtsirrtum nicht für rechtsgültig hielt, ihm die mildere Bestrafung des Rechtsirrtums zugute kommen solle. Hierüber vgl. die Ausführungen zum allgemeinen Teil. Zu § 126 VE. betr. Widerstand gegen Vollstreckungsbeamte hat der KE. bestimmt, daß die Strafe nur eintreten soll, wenn die Amtsausübung rechtmäßig war. Damit soll gesagt sein, daß die Rechtmäßigkeit der Amtsausübung lediglich eine objektive Voraussetzung der Strafbarkeit sei, auf welche sich das Bewußtsein des Täters nicht zu erstrecken brauche. Dem entspricht die bisherige Auslegung des § 92 MStGB. Vgl. auch § 141 GE.

Gegen die vom höchsten militärischen Gerichtshof bisher festgehaltene Strafbarkeit auch des fahrlässigen Ungehorsams haben sich mehrfach Stimmen erhoben, deren Zusammenstellung bei Romen-Rissom, MStGB. zu § 92 und bei Rissom, Art. Ungehorsam im Handwörterbuch des Militärrechts von Dietz zu vergleichen ist. Gesetzgeberisch sprechen überwiegende Gründe gegen die kriminelle Bedrohung des fahrlässigen Ungehorsams, vor allem der Umstand, daß diese Strafdrohung dem Leben der Truppe fremd bleiben, und höchstens dazu beitragen würde, die Überzeugung von der Unabwendbarkeit der strafrechtlichen Verfolgung zu untergraben. Auch einer dem Art. 200 Bayerischen MStGB. nachgebildeten Bestimmung, welche fortgesetzte Pflichtversäumnis als „üble Konduite" gerichtlich zu bestrafen, und namentlich mit Ehrenstrafen zu belegen gestattete, kann nicht das Wort geredet werden, namentlich auch nicht unter dem Gesichtspunkt, daß eine Versetzung in die zweite Klasse des Soldatenstandes durch Gerichtsurteil erwünscht sein könnte. Man soll das Strafgericht nicht zur Disziplinarkammer machen. Entweder man gestatte der Disziplinargewalt die Versetzung in die zweite Klasse aus eigener Machtvollkommenheit, oder helfe sich auf andere Weise, z. B. durch Verschärfung der Dienstvorschriften über Versetzung in die Arbeiterabteilungen, oder man warte — unter genauer Aufsicht — ab, bis eine Zuwiderhandlung gegen das Strafgesetz feststellbar ist.

2. Die Widersetzung nach § 96 MStGB. ist der Beamtennötigung verwandt und wie diese ein Unterfall der Nötigung. Während das geltende Recht die Nötigung mit Rücksicht auf das angewandte rechtswidrige Mittel straft, legt der VE., noch deutlicher der GE., alles Gewicht auf die Rechtswidrigkeit des erstrebten Erfolges. Der KE. sucht beide Gesichtspunkte zu vereinigen. Er verlangt auf der einen Seite Gewalt oder Drohung mit Gewalt oder mit einem anderen rechtswidrigen Verhalten,

auf der anderen Seite Nötigung zu einer Handlung, zu welcher der Genötigte nicht verpflichtet ist.

Unter Zusammenfassung der nicht völlig klar geschiedenen §§ 113, 114 StGB. behandelt der § 126 des VE. die Nötigung zu einer — rechtswidrigen oder auch rechtmäßigen — Amtshandlung und Hinderung an einer rechtmäßigen Amtshandlung durch Gewalt oder Drohung mit Gewalt. Der KE. hat besonders festgelegt, daß die Rechtmäßigkeit der Amtshandlung, soweit erfordert, lediglich objektive Voraussetzung der Strafbarkeit sei. Diesem Ergebnis entspricht bereits der § 96 MStGB., nur daß hier jede Drohung als genügend angesehen wird. (Der besondere Fall der Hinderung an der Ausführung eines Dienstbefehls, der sich aus der geschichtlichen Entwicklung erklärt, könnte fallen.) Vgl. auch die Fassung § 141 GE. betr. Meuterei an Bord.

Auch die vom KE. vorgeschlagene Ausdehnung des Schutzes auf die zur Unterstützung zugezogenen Personen findet sich in entsprechender Form bereits im § 96 Abs. 2 MStGB.

3. Das tätliche Vergreifen am Vorgesetzten nach § 97 MStGB. ist dem tätlichen Angriff auf einen Vollstreckungsbeamten nach § 113 StGB., § 126 VE. verwandt, aber nicht auf die Amtsausübung beschränkt. Der gleichstehende Ausdruck Tätlichkeit findet sich in § 115 VE., sowie mehrfach im MStGB. Über die „tätliche Widersetzung" des § 124 MStGB. vergl. Romen und Rissom, Waffengebrauch des Militärs, 1914, S. 49.

III. Auflehnung als Massenerscheinung.

Die Gefahren für die militärische Zucht und Ordnung, welche in der Auflehnung des Einzelnen liegen, steigern sich ins Vielfache durch ein Zusammenhalten der aufsässigen Elemente, deren Masse den Einzelnen anfeuert und den bisher Unbeteiligten unwillkürlich anzieht. Es ist daher eine ganz besonders sorgfältige, schon die vorbereitenden Schritte ergreifende Gegenwirkung erforderlich.

Das geltende MStGB. nimmt die drei soeben behandelten Formen der Einzelauflehnung, also Ungehorsam, Widersetzung, Tätlichkeit, zum Ausgangspunkt, und entwickelt auf dieser Grundlage die dreifache Steigerung von Aufforderung, Verabredung, gemeinsamer Begehung. Vereinfachung der Strafdrohungen mit Berücksichtigung des Falles der späteren Begehung der Tat und Verbesserung mißverständlicher Ausdrücke werden anzustreben sein, unter Beachtung der nachstehend angeführten Vorschläge des KE.

1. Aufforderung. Der Aufforderung steht das Anreizen gleich. Es wird unterschieden zwischen der Aufforderung eines einzelnen Soldaten, und der Aufforderung mehrerer zum gemeinsamen Handeln. Eine bestimmte Tat ist jedesmal vorausgesetzt. Aber auch schon das Erwecken einer zur Auflehnung geneigten Stimmung ist in den §§ 101, 102 MStGB. betr. Veranstaltung von Versammlungen und Erregen von Mißvergnügen in bezug auf den Dienst mit Strafe bedroht. (Gegen die Versetzung dieser beiden letzten Vorschriften an eine andere passende Stelle ist nichts einzuwenden.)

Der Aufforderung eines Einzelnen entspricht § 132 VE. betr. Aufforderung zu einem Verbrechen, ebenso ist zu vergleichen § 148 VE. betr. Aufforderung oder Anreizung eines Soldaten zum Ungehorsam. Öffentliche Aufforderungen und Anreizungen zum Ungehorsam gegen Gesetze und Anordnungen und zur Begehung strafbarer Handlungen bedroht der im KE. wieder geteilte § 131 VE. Die Erregung von Mißvergnügen an der staatlichen Ordnung ist bedroht in § 131 VE., soweit er die öffentliche Verherrlichung von Verbrechen betrifft (jetzt § 131 b des KE.), sowie im § 138 des VE. betr. Staatsverleumdung durch Verächtlichmachen von Staatseinrichtungen oder Anordnungen der Obrigkeit.

2. Die Verabredung von Auflehnungshandlungen wird als Meuterei nach § 106 MStGB. bestraft. (Begehung der Tat selbst s. dort Abs. 2, vgl. auch § 141 GE.) Es ist hinzuweisen auf die Verabredung zum Hochverrat nach § 102 VE. und aufmerksam zu machen auf die aus § 181 GE. in den KE. übernommene Verabredung eines Verbrechens (sog. Komplott).

3. Der militärische Aufruhr nach § 106 fg. MStGB. hat nach Tatbestand und Strafhöhe schon öfter zu Beanstandungen Anlaß gegeben. Die Höhe der Strafdrohungen ist bereits durch das Gelegenheitsgesetz vom 8. August 1913 herabgesetzt worden. Es hatten sich damals Personen des Beurlaubtenstandes am Tage der Kontrollversammlung, doch nach Schluß derselben, einem preußischen Gendarmen gemeinsam widersetzt. Der Reichstag, auf dessen Anregung jenes Gesetz zurückzuführen ist, hatte damals keine Neigung, die Rechtsstellung der Personen des Beurlaubtenstandes und die der Gendarmen oder den Begriff des militärischen Aufruhrs einer näheren Erörterung zu unterziehen.

Nun ist für den Aufruhr seiner natürlichen Wortbedeutung nach die Begehung durch eine unbestimmt große Anzahl, eine Menschenmenge, erforderlich. Jedenfalls besteht ein Interesse daran, die Massenauflehnung als solche zu fassen. Dieses Verhältnis wurde aber durch die bisherige

Fassung sowohl des § 115 StGB., wie des § 106 MStGB. verdunkelt. Diese enthielten zwar den Ausdruck „Zusammenrottung", indessen nahm die Rechtsprechung, nicht ohne Widerspruch zu erfahren, an, daß diesem Erfordernis schon zwei Personen genügen könnten. Diese Unklarheit beseitigt jetzt der vom KE. gebilligte § 127 VE., der die öffentliche Zusammenrottung einer Menschenmenge verlangt, in gleicher Weise wie beim Landfriedensbruch nach § 133 VE. (§ 125 StGB.). Das militärische Strafrecht wird sich dieser Entwicklung anschließen können. Dabei wird möglichst klar erkennbar zu machen sein, welche objektiven und subjektiven Tatbestandsmerkmale von der Menge als solcher, und welche von dem einzelnen Teilnehmer erfüllt sein müssen. Gerade in dieser Zweiteilung des Tatbestandes besteht das Eigentümliche des Aufruhrbegriffs. Der einzelne Teilnehmer an der Zusammenrottung soll strafbar sein, auch ohne daß man ihm hinsichtlich der verbotenen Grundhandlung, also hier des Ungehorsams, der Widersetzung und des tätlichen Angriffs, eine persönliche Täterschaft nachweisen kann. Ein gleicher Aufbau des Tatbestandes findet sich § 227 StGB., § 231 VE., den Raufhandel betreffend.

Ob man daneben in weiterem Umfange, als bisher, die gemeinsame Begehung von Auflehnungsvergehen mit höherer Strafe bedrohen will, bedarf der Überlegung.

Zweiter Abschnitt.

Überordnungsvergehen.

Vorbemerkungen. Es ist nicht leicht, die unter der Überschrift „Mißbrauch der Dienstgewalt" vereinigten Straftaten des MStGB. unter einen einigermaßen zutreffenden und gesetzgeberisch brauchbaren Gesichtspunkt zu bringen, zumal die einzelnen, überwiegend dem Preuß. MStGB. entnommenen Bestimmungen nicht immer klar gefaßt sind. Die Worte der Überschrift bedürfen eines Zusatzes. Es ist das Verhältnis des Vorgesetzten zum Untergebenen, auf welches sich der Mißbrauch der Dienstgewalt bezieht. Der Vorgesetzte benutzt das aus der Vorgesetztenstellung sich ergebende Übergewicht als Druckmittel, um vom Untergebenen ein Verhalten — auch z. B. die Duldung von Mißhandlungen — zu erreichen, zu welchem sich der Untergebene ohne die aus seiner abhängigen Stellung sich ergebene Rücksicht sich nicht veranlaßt sehen würde. Es ist also der Gesichtspunkt der Nötigung, der hier beherrschend zur Geltung kommen muß, als Gegensatz gegen den passiven (Ungehorsam) und aktiven (Widersetzung) Widerstand des vorigen Abschnitts.

Auszugehen ist also von dem § 240 VE. in seiner ihm vom KE. in zweiter Lesung gegebenen — oben schon besprochenen — Gestalt: „Wer einen anderen durch Gewalt oder durch Drohung mit Gewalt oder mit einem anderen rechtswidrigen Verhalten zu einer Handlung, Duldung oder Unterlassung nötigt, zu der dieser nicht rechtlich verpflichtet ist."

Die Schlußworte wären noch zu ergänzen: „oder zu einem Verhalten nötigt, welches dienstlich zwar gefordert werden kann, aber nicht gefordert werden soll".

Man könnte daran denken, die Nötigung des bürgerlichen Rechts mit dieser Ergänzung als militärisches Vergehen zu behandeln, etwa unter der Voraussetzung der Verwendung der Dienstgewalt oder dienstlichen Stellung als Druckmittel gegenüber dem Untergebenen. So M. E. Mayer, Militärstrafrecht 2, 60, mit teilweise gleichem Gedankengang. Indessen erscheint eine solche allgemeine Bestimmung, deren Tragweite schwer zu übersehen ist, als reichlich abstrakt. Schon im erziehlichen Interesse ist es erwünscht, dem Soldaten anschauliche, dem Leben der Truppe entnommene Gestaltungen vor Augen zu stellen. Die bisherigen Strafbestimmungen dürften aber wesentliche Lücken nicht offen lassen.

I. Vorschriftswidrige Behandlung und Mißhandlung Untergebener möchte man an die Spitze gestellt wünschen.

1. Vorschriftswidrig ist jede den ergangenen Anweisungen oder bestehenden Grundsätzen zuwiderlaufende — schlechte — Behandlung des Untergebenen. Dieser Tatbestand ist umfassend und zugleich hinreichend klar. Die folgenden Delikte sind Sonderfälle dieses Tatbestandes.

Das geltende Recht läßt nach herrschender Auslegung, zu welcher Arch. Mil. R. 2, 17 zu vergleichen, auch fahrlässige Begehung zu. Gesetzgeberisch ist zu befürworten, lediglich vorsätzliche Begehung zu bedrohen, da für Fahrlässigkeit hier disziplinare Ahndung genügt. Allerdings müßte dann die fahrlässige Körperverletzung, welche bisher hier Unterschlupf fand, einer besonderen militärischen Strafdrohung unterstellt werden, was auch sonst seine Vorteile hätte.

Die Beleidigung Untergebener ist mit Recht der vorschriftswidrigen Behandlung gleichgestellt.

2. Die Mißhandlung Untergebener ist in der Form selbständig, doch sachlich im Anschluß an die Körperverletzung StGB. geregelt. Herstellung völliger Gleichheit der Begriffsbestimmung wäre anzustreben. Der VE. und der KE. haben die bisherige Fassung beibehalten. In der Bestimmung der körperlichen Mißhandlung besteht zwischen RG. und RMG. eine kleine Verschiedenheit. Das RG. beschreibt sie als eine — nicht

ganz unerhebliche — Störung des körperlichen Wohlbefindens (dies letztere Wort rein objektiv gefaßt). Das RMG. begnügt sich mit einer, immerhin der Verdeutlichung dienenden Wortvertauschung, indem es die Mißhandlung als — nicht unerhebliche — unmittelbare oder mittelbare Einwirkung auf den Körper durch unangemessene, üble Behandlung beschreibt.

Daß bei Aufstellung der schwereren Fälle der — erst später ins StGB. eingefügte — § 223 a StGB. nicht berücksichtigt ist, hat sich als Mangel nicht fühlbar gemacht. Dagegen erscheint die Aufnahme der gefährlichen Verletzung in der vom KE. noch weiter verbesserten Fassung des § 228 VE. erwünscht. Aus dem Beschluß des KE. betr. Verletzung Jugendlicher wäre die Verwendung der Bestimmung über „absichtliches Quälen oder grausame Behandlung" zu empfehlen. Als weitere Folgen könnten Dienstbeschädigung und Dienstuntauglichkeit berücksichtigt werden. Die schwere Körperverletzung ist vom KE. in zwei Stufen geteilt. Sie und der Todeserfolg müssen nach dem KE. voraussehbar gewesen sein.

Ob es sich empfiehlt, nach dem Vorschlage von M. E. Mayer, DJZ. **10**, 230, den Tatbestand der gewohnheitsmäßigen Mißhandlung, mit grundsätzlicher Androhung von Zuchthaus, zu schaffen, erscheint zweifelhaft. Es trifft zu, daß gelegentlich eine ziemlich hohe Anzahl von Mißhandlungsfällen desselben Vorgesetzten aufgedeckt wird. Die Zusammendrängung der Feststellung dieser Straftaten in der Hauptverhandlung mag zuweilen auf den einzelnen Fall nur geringe Zeit entfallen lassen. Dabei ist aber zu bedenken, daß die Ermittelung der Einzelfälle im vorbereitenden Verfahren mit großer Sorgfalt geschieht, sowohl des Beweises wegen als auch mit Rücksicht auf die gleichzeitige oder nachfolgende Prüfung der Aufsichtsfrage, und daß auch in der Hauptverhandlung um die Einzelfälle oft zäh gekämpft wird. Prozessuale Erwägungen, z. B. Rücksicht auf die durch Aussetzung wegen zweifelhaft gebliebener Fälle entstehenden Weitläufigkeiten, dürfen nicht entscheidend sein, auch abgesehen davon, daß in Zukunft bei Einführung eines die Einzeltaten sammelnden Begriffs doch das Hinabsteigen in die Einzelheiten nur in beschränktem Maße beseitigt werden würde. Sachlich ist allerdings zuzugeben, daß es sich meist um eine Gesamterscheinung handelt, die eine zusammenfassende Behandlung wohl verträgt. Doch bleibt zweifelhaft, ob gerade die Bezeichnung als gewohnheitsmäßig die richtige ist. Der gewöhnliche Fall ist etwa folgender: Ein Rekrut meldet im Januar, daß ihm der Korporalschaftsführer den Zahn ausgeschlagen habe. Dieser entschuldigt sich damit, daß er das Gewehr habe zurechtsetzen wollen. Der Kompagniechef befragt die übrigen Rekruten der Korporalschaft eindringlich, ob sie auch geschlagen seien. Einige melden sich, im Laufe des Ermittelungsverfahrens noch einige andere, die die Stöße „nicht als Mißhandlung aufgefaßt“ zu haben erklären. Der Unteroffizier entschuldigt sich damit, daß er dieses Jahr so schlechte Rekruten habe, und daß er die nachlässigen Leute nur habe aufmuntern wollen. Es stellt sich heraus, daß die Fälle sich auf die Ausbildungszeit, und zwar den Dezember und laufenden Januar, verteilen, und im allgemeinen leichter Natur sind, auch daß die Verteilung der Schläge ziemlich genau der Tüchtigkeit der Rekruten entspricht. Diese erklären meist, daß sie der Sache keine große Bedeutung beigemessen, auch von der Meldung Nachteile befürchtet, jedenfalls mit dem baldigen Aufhören der Mißhandlungen nach Einstellung unter die alten Leute gerechnet hätten. An die Erledigung dieser Strafsache schließt sich regelmäßig die weitere Prüfung der Aufsichtsfrage an.

Es handelt sich also um eine auf die Zeit gesteigerter Ausbildungstätigkeit am Schlusse der Rekrutenausbildung zusammengedrängte Entgleisung des Vorgesetzten, auf welche der Ausdruck „gewohnheitsmäßig“ schlecht paßt. Auch die Zuchthausstrafe erscheint für diese Regelfälle nicht geeignet. Auch der Ausdruck „fortgesetzt“ erscheint nicht passend. Man könnte etwa von „anhaltender“ Verübung von Mißhandlungen und vorschriftswidrigen Behandlungen — diese sind einzubeziehen, da sonst das Nachrechnen der Einzelfälle doch nicht beseitigt wird — sprechen, und dafür eine Einheitsstrafe androhen. Ob man ergänzend dann noch ein Verbrechen der gewohnheitsmäßigen Begehung schafft, ist von nicht so großer Bedeutung.

Von erheblich höherer praktischer Bedeutung ist der an gleicher Stelle gemachte Vorschlag, die Erledigung leichterer Fälle im Disziplinarwege zuzulassen. Dem muß mit Entschiedenheit entgegengetreten werden. Der Disziplinarvorgesetzte steht dem Fall zu nahe. Er, der einerseits das Höchste an Leistung aus den Unteroffizieren wie Mannschaften herausholen soll, der anderseits wieder für die vorgekommenen Übergriffe verantwortlich gemacht wird, ist zur Erledigung nicht geeignet. Vielmehr ist die Vorlage an die höhere Gerichtsbarkeit, welche auch für die Prüfung verabsäumter Aufsichtspflicht nach § 147 MStGB. zuständig ist, beizubehalten. Die höheren Kommandostellen sind auch in der Lage, auf die geeigneten dienstlichen Maßnahmen, wie Aufhebung der Kapitulation des Täters, oder Ausscheiden des Kompagniechefs, der die Mißhandlungen in seinem Befehlsbereiche nicht zu hindern versteht, hinzuwirken.

Werden diese Grundsätze gerade beim Einzelfall mit aller Strenge durchgeführt, so werden auch die Fälle „fortgesetzter" Mißhandlung mehr und mehr verschwinden. Denn auch hier handelt es sich meist darum, daß der Kompagniechef es nicht verstanden hat, einerseits seine Unteroffiziere richtig zu beurteilen, anderseits mit den Mannschaften derart Fühlung zu gewinnen, daß diese das Vertrauen haben, daß ihr Hauptmann usw. im Falle einer Meldung von Mißhandlungen gewillt und in der Lage sei, sie vor späteren Nachteilen zu schützen.

II. Die sonstigen Fälle der Nötigung Untergebener beziehen sich teils auf den Dienst, so §§ 118, 119 MStGB., die als kaum vorkommend und durch § 121 das. gedeckt wegfallen könnten, § 117 das. betr. Abhalten von einer Beschwerde, teils auf Privatangelegenheiten, wie § 114.

Die §§ 115, 116, deren gleichmäßige Fassung erwünscht wäre, beziehen sich auf die Bestimmung zu strafbaren Handlungen und überschreiten den Rahmen der Nötigung, so daß der Vorschlag, sie in den allgemeinen Teil zu verweisen, der Erwägung wert erscheint. Es sei verwiesen auf § 208 VE., wonach ein Amtsvorgesetzter, welcher einen Untergebenen zu einem Verbrechen oder Vergehen im Amte zu verleiten (KE. bestimmen) versucht, mit der auf die strafbare Handlung selbst angedrohten Strafe bestraft (nach KE. mit der Strafe des Versuchs belegt) wird. Der KE. erstreckte diese Bestimmung in erster Lesung auf die sog. uneigentlichen Amtsdelikte des § 210, eine Ausdehnung, die in zweiter Lesung allerdings auf Amtsunterschlagung nach § 209 beschränkt wurde. Verhinderung der Ausführung macht straffrei. Der GE. läßt die allgemeinen Vorschriften der §§ 31, 32 genügen. Er schlägt im § 32 Abs. 2 vor, nach den Vorschriften über den Versuch denjenigen zu bestrafen, der einen anderen zu einem Verbrechen (nicht auch Vergehen) zu bestimmen versucht. Vgl. auch § 357 des jetzigen StGB.

III. Die Anmaßung einer Befehls- oder Strafbefugnis nach § 120 MStGB. würde an sich so wenig in den Abschnitt hineinpassen, wie die Anmaßung eines Amtes nach § 139 VE. in die Amtsvergehen. Denn es handelt sich um Personen, die nicht oder nicht in der in Frage kommenden Beziehung Vorgesetzte sind. Indessen handelt es sich tatsächlich auch hier regelmäßig darum, daß Personen von höherem Dienstalter, namentlich aus einem älteren Jahrgang, ihr dadurch begründetes Übergewicht ausnutzen, um die Jüngeren zu einem Verhalten zu nötigen, das sonst verweigert werden würde.

Die Rechtsprechung hat versucht, der Strafvorschrift dadurch einen einigermaßen festen Inhalt zu geben, daß nur solche Handlungen in Frage kommen, welche ein mit entsprechender Befehls- oder Strafbefugnis versehener Vorgesetzter rechtmäßig anzuordnen befugt wäre. Damit werden aber gerade diejenigen Befehle ausgeschaltet, welche, wie Hinstellen an den heißen Ofen, Schicken unter die Betten, am meisten der Bestrafung bedürfen. Es empfiehlt sich daher eine ergänzende Strafdrohung gegen Mannschaften, welche gegen Kameraden jüngerer Jahrgänge unter Ausnutzung ihres aus dem Dienstalter sich ergebenden Übergewichts Mißhandlungen oder sonstige Bedrückungen verüben. Bisher sind namentlich Mißhandlungen mangels Strafantrages regelmäßig der strafrechtlichen Verfolgung entzogen. Das Verhältnis einer derartigen Bestimmung zu § 274 VE. betr. Raub und zu § 275 VE. betr. Erpressung, also Abnötigung eines Vermögensvorteils durch Gewalt oder Drohung, wäre allerdings klarzustellen.

Dritter Abschnitt.

Treuvergehen.

Die unter den Sammelnamen der Verletzungen der Pflicht der militärischen Treue fallenden Straftaten können hier nur insoweit berührt werden, als sie Beziehungen zum KE. bieten.

Nicht ohne Beziehungen zu den Reformvorschlägen ist aber auch die Gliederung des Stoffes, insofern als wir aus ihnen die Anregung entnehmen müssen, Zusammengehöriges nach Möglichkeit zusammenzustellen, im Aufbau der Tatbestände aber die Grundform vorauszuschicken, dann die benannten straferhöhenden oder strafmildernden Umstände folgen zu lassen. Eine solche Gliederung ist erstmalig von M. E. Mayer, Militärstrafrecht, gegeben. Eine weitere Verbesserung ist hier namentlich durch Umstellung der auf Kriegsverhältnisse bezüglichen Bestimmungen an den Schluß angestrebt.

I. Unerlaubte Entfernung und Fahnenflucht sind als am häufigsten vorkommend zuerst erwähnt. Wegen Beginns der Verjährungsfrist vgl. das zum allgemeinen Teil Bemerkte. Verlassen des Platzes nach § 146, und der Wache nach § 141 MStGB. könnten angereiht werden, um so mit der Auflösung des zehnten und elften Abschnittes (§§ 139—152), der sehr Verschiedenartiges enthält, den Anfang zu machen. Ergänzend treten die §§ 149, 307 Z. 3 VE. betr. unerlaubte Auswanderung hinzu, die im KE. nur unwesentlich geändert sind. Teilnahme von Zivilpersonen an der Fahnenflucht ist im § 150 VE. noch ebenso wie im § 141 StGB. behandelt. Der KE. hat die Bestimmung über Hilfeleistung als durch die Vorschrift über Teilnahme an Sonderdelikten gedeckt gestrichen, und im übrigen gesetzt: „Wer usw. zur Fahnenflucht auffordert oder anreizt". Vgl. auch § 153 VE. über Falschwerbung, deren Strafe der KE. erheblich verschärft hat.

II. Selbstbeschädigung und Wehrpflichtbetrug werden in der Fassung den §§ 151, 152 anzunähern sein. Gegenüber dem VE. ist im KE. auch für die Selbstbeschädigung die Absicht, sich der Erfüllung der Wehrpflicht — hier Dienstpflicht — zu entziehen, gefordert, und damit der Anschluß an die Formel der Fahnenflucht erreicht. Ebenso sind auch bei der Selbstbeschädigung die Worte „ganz oder teilweise" — auf Art und Zeit bezogen — beigefügt. Die Mitwirkung dritter Personen ist genauer geregelt.

Auf Zivilpersonen würden lediglich die Vorschriften des bürgerlichen Rechts Anwendung finden.

Die Vorschriften über die Bewirkung vorübergehender Untauglichkeit durch Trunkenheit nach §§ 141, 151 MStGB. könnten hierher gestellt werden. Vgl. auch § 85 Z. 2 betr. Trunkenheit aus Feigheit.

III. Zum Abschnitt Feigheit ist zu bemerken, daß der Grundtatbestand des § 87 vorausgestellt werden sollte, ferner, daß Strafeclaß und Straffreierklärung infolge Ablegung hervorragender Beweise von Mut nach der Tat — vergleichbar dem Bestreben, die Folgen der Tat gut zu machen, nach § 81 VE. — beizubehalten sind. Ob dieser Umstand zur Tatfrage gehört, also nur mit Zweidrittelmehrheit verneint werden kann, und ob nicht auch der Gerichtsherr von der Strafverfolgung gegebenenfalls soll absehen können, wäre doch zu prüfen.

IV. Als falschen Waffengebrauch kennt das geltende MStGB. zunächst in § 148 die Körperverletzung oder Tötung durch unvorsichtige Behandlung von Waffen oder Munition. Diese Bestimmung hat ihr Vorbild in den §§ 222 Abs. 2, 230 Abs. 2 StGB., welche als §§ 219 Abs. 2, 232 Abs. 2 in den VE. übernommen, im KE. als wenig zweckmäßig gestrichen sind. Auf militärischem Gebiet bleibt die Sonderbestimmung berechtigt. Vielleicht wird man eine den §§ 190, 195 VE. (vgl. § 190 KE.) entsprechende allgemeine Strafdrohung wegen Unterlassung der erforderlichen Sicherheitsvorrichtungen beim Waffengebrauch und sonst bei gefährlichen Verrichtungen einschieben.

Sodann enthält das Gesetz als Vorsatzvergehen noch den rechtswidrigen Waffengebrauch des § 149 und den allgemeinen Straferhöhungsgrund des Mißbrauchs der Waffe in § 55 Ziff. 2. Die Abgrenzung der beiden, auf ganz verschiedenen Grundlagen aufgebauten Begriffe ist eine hoffnungslose und gesetzgeberisch jeden Werts entbehrende Aufgabe. Das allgemein angenommene, allerdings bei Romen-Rissom § 149 Anm. 6 c schon de lege lata bestrittene Strafmindestmaß des § 149 ist eine bereits lange als verfehlt empfundene Einengung des richterlichen Ermessens. Gleiches Ergebnis bei Rotermund in Steidle, Militärrechtl. Studien 1910 S. 243—256. Es bleibt lediglich die auch in Zukunft beizubehaltende Umformung der durch Waffengebrauch bewirkten Straftaten zu militärischen Vergehen. (Die im § 149 mit gleicher Strafe bedrohte Aufforderung könnte fallen.) Vgl. auch § 306 Ziff. 9 VE. betr. Waffengebrauch bei Schlägereien, im KE. durch Einsetzung des Wortes „vorsätzlich" verbessert.

Die Frage, ob besondere Strafbestimmungen wegen ungerechtfertigten Einschreitens der bewaffneten Macht erwünscht sind, ist nicht ohne weiteres zu verneinen. Die Voraussetzungen des Einschreitens gehören aber nicht in das Strafgesetzbuch hinein, sondern sind aus dem Verwaltungsrecht zu entnehmen. Vgl. jetzt über die Preußische AKO. v. 19. März 1914 Romen und Rissom, Waffengebrauch und Festnahmerecht des Militärs, 1914. Es kommt hier nicht nur Waffengebrauch, sondern auch die Anwendung sonstiger Zwangsmittel, insbesondere von Festnahmen, Eindringen in die Wohnung, überhaupt die Inanspruchnahme polizeilicher Befugnisse in Frage. Vgl. §§ 132 StGB., 139 VE. betr. Amtsanmaßung. Die geltenden Strafvorschriften für Wachen, welche nach § 125 MStGB. wie Vorgesetzte wegen Mißbrauchs der Dienstgewalt haften, sind, wenn man sie nicht jetzt schon anwendbar erachtet (Romen-Rissom MStGB., § 111 Anm. 3), mindestens vorbildlich.

Es ist vorgeschlagen, doch wohl ohne zwingenden Grund, die Begehung eines Zweikampfs oder die Beteiligung daran von seiten einer Militärperson als militärisches Vergehen zu erklären, und, unter Einbeziehung des § 112 MStGB., selbständig zu regeln. Sachliche Abweichungen vom KE., der gegenüber dem VE. Einschließung an die Stelle der Haft setzt, die freventliche Verschuldung der Herausforderung in noch stärkerem Maße berücksichtigt, und auch Mitgliedern eines Ehrengerichts Straflosigkeit zusichert, sind nicht vorzuschlagen. Es erscheint aber angemessen, auch den Kartellträgern allgemein Straflosigkeit zuzusichern, ohne daß in die oft schwer durchführbare Prüfung einzutreten wäre, ob sie ernstlich bemüht gewesen sind, den Zweikampf zu verhindern, eine Prüfung, bei der noch dazu nach der Rechtsprechung die vor der Ausrichtung der Herausforderung aufgewendeten Bemühungen (leider, s. Gerland,

Krit. V. f. Schr. **45**, 546—547, Romen und Rissom § 112 Anm. 3 c) unberücksichtigt bleiben. Der § 112 MStGB. betr. Herausforderung eines Vorgesetzten aus dienstlicher Veranlassung, hat bisher wenigstens der Theorie Anlaß zu manchen Zweifeln gegeben.

V. Falsche Meldung und Verwandtes. Die falsche Meldung des § 139 MStGB. hat lose Beziehungen zu §§ 278, 348, 351 StGB., 286, 203, 209 VE. (letztere Vorschrift im KE. gestrichen). Ein besonderer Fall ist im § 58 Z. 4 MStGB. erwähnt. Erstreckung der Vorschrift auf Personen des Beurlaubtenstandes wäre ins Auge zu fassen, namentlich hinsichtlich der zur Aufrechterhaltung der militärischen Kontrolle verlangten An- und Abmeldungen.

Unterlassung von Meldungen oder Anzeigen ist bedroht in § 147 MStGB., soweit die Vorschrift die unterlassene Meldung strafbarer Handlungen der Untergebenen betrifft, in § 117 das., Unterdrückung von Beschwerden betreffend, in §§ 60, 77, 104 das. betr. Anzeige vom Vorhaben eines Kriegsverrats, einer Fahnenflucht oder einer Meuterei. Verwandt ist die Zusicherung von Straflosigkeit im Falle der rechtzeitigen Anzeige des Mitbeteiligten nach §§ 61, 105 betr. Kriegsverrat und Meuterei. Der VE. bedroht in § 174 die — vorsätzlich — unterlassene Anzeige von Verbrechen überhaupt. Der KE. hat diese Strafdrohung wieder auf bestimmte schwere Verbrechen beschränkt, für das MStGB. erscheint die Regelung des VE. richtiger. Über mittelbare Täterschaft derjenigen Personen, die, wie Posten nach § 141 MStGB., zur Verhinderung der strafbaren Handlung rechtlich verpflichtet sind, vgl. den allgemeinen Teil. Weiter läßt der KE. auch fahrlässige Nichtanzeige strafbar sein. Die Annahme dieses Vorschlages wird auch für das Militärstrafrecht maßgebend sein müssen. Zu § 147 MStGB. vgl. noch Arch. Mil.-R. **5**, 261—266.

Das Gesetz über den Verrat militärischer Geheimnisse steht gegenwärtig zur Beratung. Gegebenenfalls wäre auch außerhalb des Rahmens dieses Gesetzes eine Bestimmung erwünscht, welche das Erkunden von Dienstgeheimnissen, welche nicht zur Kenntnis des Täters bestimmt sind, und die Bekanntgabe von Tatsachen, auf welche sich die Pflicht zur Dienstverschwiegenheit bezieht, unter Strafe stellt. Ein Bedürfnis nach einer derartigen Bestimmung ist zweifellos vorhanden, doch fragt sich allerdings, ob eine genügend begrenzte Fassung möglich ist. Vgl. § 205 VE., im KE. mehr nach vorn gestellt, über Geheimnisbruch im auswärtigen Dienst. Zurzeit besteht ganz vereinsamt die Strafdrohung des § 18 EG. z. MStGO. gegen die Bekanntgabe von geheim zu haltenden Tatsachen des militärgerichtlichen Verfahrens.

VI. Verletzung von Aufsichts- und Fürsorgepflichten ist namentlich betroffen durch den § 147 MStGB., betr. die — durch fahrlässig zu begehende — Verabsäumung der obliegenden Aufsicht über die Untergebenen. Ferner ist zu erwähnen § 142 das. betr. Schiffsbeschädigung, deren Verhältnis zu §§ 186—188, 191 VE. noch festzustellen wäre. (Der KE. hat zu § 188 VE. betr. Verletzung der zur Verhütung des Zusammenstoßens von Schiffen usw. gegebenen Vorschriften auch fahrlässige Begehung mitbedroht.) Endlich ist § 144 MStGB. betr. Entweichenlassen von Gefangenen hierher zu rechnen. Der den §§ 120, 121, 347 StGB. entsprechende § 129 VE. betr. Entweichenlassen eines Gefangenen ist im KE. nur wenig geändert.

VII. Straftaten in amtlicher oder amtsähnlicher Stellung. Nach § 145 MStGB. ist eine Person des Soldatenstandes, welche bei einem ihr übertragenen Geschäfte der Heeres- oder Marineverwaltung eine Handlung begeht, welche im Sinne der allgemeinen Strafgesetze ein Verbrechen oder Vergehen im Amte darstellt, nach den in jenen Gesetzen für Beamte gegebenen Bestimmungen zu bestrafen. Die Rechtsprechung des RMG. hat aus dieser Vorschrift in Verbindung namentlich mit den Bestimmungen über Mißbrauch der Dienstgewalt den weit wichtigeren Grundsatz entnommen, daß auf den gewöhnlichen Dienst der Personen des Soldatenstandes jene Bestimmungen über Straftaten im Amte auch dann nicht Anwendung finden sollen, wenn der Täter mit Rücksicht auf sein Anstellungsverhältnis, z. B. in seiner Eigenschaft als Offizier, als Beamter im Sinne des § 359 StGB. anzusehen sei. Dieser Grundsatz ist als gesetzgeberisch richtig festzuhalten. Weitergehend erscheint aber die Unterscheidung zwischen dem gewöhnlichen militärischen Dienst und dem Verwaltungsdienst von Heer und Marine nicht genügend klar, um den § 145 MStGB. zu rechtfertigen. Dies um so weniger, als in Zukunft nach § 12 VE. als Beamte alle zur Ausübung eines öffentlichen Amtes berufenen Personen anzusehen sein werden. Die Verweisung auf die allgemeinen Strafgesetze ist hier überhaupt nichts anderes als ein Zurückschieben der Schwierigkeiten, welche das Gesetz selbst nicht lösen zu können glaubte, auf die dazu noch weniger geeignete Rechtsprechung. Es ist daher zu fordern, daß an Stelle der Blankettvorschrift diejenigen Bestimmungen, welche unentbehrlich erscheinen, ins Gesetz selbst aufgenommen werden.

Es ist zunächst zu verweisen auf die Ausführungen, welche im zweiten Abschnitt und oben unter IV gemacht sind. Aus dem Abschnitt betr. Verbrechen und Vergehen im Amte sind sodann folgende Tatbestände zu erwähnen:

Bestechlichkeit ist im § 141 MStGB. in wesentlicher Übereinstimmung mit § 197 VE. geregelt. Der leichtere Fall des § 196 VE. betr. Geschenkefordern usw. für nichtpflichtwidrige Amtshandlungen ist im ganzen bereits durch den § 114 MStGB. und die hier vorgeschlagene Schutzvorschrift gegen Bedrückung durch ältere Kameraden gedeckt. Was den Verkehr mit Zivilpersonen anlangt, so ist auf Wachen nach herrschender Ansicht der § 114 MStGB. gleichfalls anwendbar. Ob weiter, namentlich für die mit dem Verkehr mit Personen des Beurlaubtenstandes und ihren Angehörigen befaßten Personen eine entsprechende Vorschrift nötig ist, bliebe zu überlegen. Der § 198 VE. betr. Richterbestechlichkeit wäre, falls man ihn für nötig hält, an § 141 MStGB. anzuschließen. Es sei bemerkt, daß der KE., d. E. ohne hinreichenden Grund, die Bestimmung des § 128 VE. auch auf den leichteren Fall des § 196 VE. ausgedehnt hat. Auch die Verfallserklärung nach § 199 VE. wäre zu übernehmen.

Rechtsbeugung, falsche Strafverfolgung und Strafvollstreckung nach §§ 200—202 VE. wären in verkürzter Form zu übernehmen, und auf Gerichtsherren, Gerichtsoffiziere, Offiziere als Vertreter richterlicher Militärjustizbeamter nach § 98 MStGO., erkennende Richter zu beziehen. Fahrlässigkeit in der Strafvollstreckung wäre der disziplinaren Ahndung zu überlassen. Die Vorschrift des § 119 MStGB. wäre zu streichen, oder auf Einwirkungen des Gerichtsherrn auf untergebene Organe zum Zwecke der Verleitung zu Pflichtwidrigkeiten im Gerichtsdienst zu beschränken.

Falschbeurkundung nach § 203 VE. wird im wesentlichen durch § 139 MStGB. betr. falsche Meldung ersetzt. Urkundenvernichtung usw. könnte im Anschluß daran bedroht werden, ebenso die Verletzung der Pflicht der Dienstverschwiegenheit (vgl. § 205 VE., sog. Arnimparagraph).

Die §§ 204, 206, 207 VE. sind für militärische Verhältnisse entbehrlich.

Die **Verleitung Untergebener zu strafbaren Handlungen** nach § 208 VE. findet sich bereits in den §§ 115, 116 MStGB.

Amtsunterschlagung nach § 209 VE. ist durch § 139 MStGB. gedeckt.

Die **Straferhöhung** wegen uneigentlicher, d. h. in oder bei Ausübung des Amtes begangener Straftaten nach § 210 VE. erledigt sich, falls eine entsprechende Bestimmung über die in oder während Ausübung des Dienstes begangenen Straftaten eingefügt wird, durch welche diese zu militärischen Verbrechen und Vergehen erklärt werden.

Aus den anderen Abschnitten wäre etwa eine den §§ 247 Abs. 2, 250 Abs. 2 VE. entsprechende Vorschrift über Unzucht mit einer dem Täter untergebenen oder seiner Obhut unterstellten Person in Erwägung zu ziehen.

VIII. Als Gefährdung des inneren Dienstbetriebes sind zu erwähnen die schon besprochenen §§ 101, 102 MStGB. betr. Veranstaltung von Versammlungen und gemeinsamen Beschwerden und Erregen von Mißvergnügen, vergleichbar mit § 131 VE., und der Mißbrauch des Beschwerderechts nach § 152 MStGB., verwandt mit der falschen Beschuldigung nach § 164 VE. Die Strafdrohung des § 152 wäre, wie dies bereits bei § 101 der Fall, auf Personen des Beurlaubtenstandes auszudehnen.

Für die Fälschung von Urlaubskarten und Urlaubspässen und deren Gebrauch gegenüber militärischen Prüfungsberechtigten oder zur Erlangung einer Militärfahrkarte zu ermäßigtem Preis wäre eine Strafbestimmung erwünscht, durch welche zugleich die stellenweise zu hohen Strafvorschriften über die gemeinrechtliche Urkundenfälschung ausgeschaltet würden. Die vom RMG. aufgestellte Unterscheidung zwischen Urlaubskarten, als lediglich dem inneren Dienst zugehörig, und Urlaubspässen als Urkunden ist, wie von Flaxland im Arch. Mil. R. 4, 360 dargetan, nicht immer durchführbar, und wird namentlich vom Bewußtsein der Mannschaften nicht erfaßt. Auch daß sie sich durch Vorlegung am Schalter einen rechtswidrigen Vermögensvorteil verschaffen, kommt ihnen kaum jemals zum Bewußtsein, jedenfalls liegt hierin nicht das Eigentümliche der Tat.

Die Vorschrift des § 150 MStGB. betr. Heirat ohne Genehmigung ist als überflüssig zu streichen, wie bereits von M. E. Mayer, Militärstrafrecht 2, 103 vorgeschlagen.

IX. Gefährdung der Kriegsmacht im Felde durch Verletzung einer Dienstpflicht ist der Inhalt des § 62 MStGB., der in seiner allgemeinen Fassung für sich allein zur Not für den Kriegsfall als militärisches Strafgesetz genügen würde. Man wird sich mit dieser umfassenden Eigenschaft, namentlich auch mit der Bedrohung auch der Fahrlässigkeit einverstanden erklären müssen. Abweichend vom Gesetz ist aber anzustreben, daß, dem KE. entsprechend, für die zum Tatbestand gehörende Folge, nämlich Beförderung der Unternehmungen des Feindes oder Gefahr oder Nachteil für die eigenen oder verbündeten Truppen, Voraussehbarkeit gefordert wird.

Die Kapitulation nach § 63 MStGB. behauptet insofern eine Sonderstellung, als dort auch Fahrlässigkeit mit dem Tode bestraft wird.

X. Hochverrat, Landesverrat, Kriegsverrat, Verrat militärischer Geheimnisse haben im bürgerlichen Strafrecht und den dazu erschienenen Vorentwürfen und Gesetzentwürfen noch kaum eine Ausgestaltung erlangt, welche als Grundlage zu Vorschlägen für das künftige MStGB. zu fordern ist. Das StGB. enthält im § 91 Abs. 1 noch die — künftig wegfallende — Bestimmung, daß gegen Ausländer wegen der in §§ 87, 89, 90 bezeichneten Handlungen nach dem Kriegsgebrauch zu verfahren ist. Im übrigen vgl. §§ 91 Abs. 2 und § 4 Ziff. 1 und 2 StGB. Den Verrat militärischer Geheimnisse bedrohte bisher das Reichsgesetz vom 3. 7. 1893, das jetzt durch eine den Bedürfnissen der Praxis entsprechende schärfere — hinter den Anträgen der Regierung immerhin noch ziemlich zurückbleibende — Fassung ersetzt ist. Der KE. hat die geltenden Vorschriften über den Hochverrat im wesentlichen beibehalten, als Landesverrat aber unter Berufung auf den erwähnten Entwurf des neuen Reichsgesetzes nur den sog. diplomatischen Landesverrat behandelt. Die im KE. genannten landesverräterischen Handlungen sind als Weltverbrechen erklärt. Zum § 4 EG. z. StGB. ist scheinbar noch nicht Stellung genommen.

Es ist dringend zu wünschen, daß das Gesetz gegen den Verrat militärischer Geheimnisse späterhin — wie bereits im VE. der Fall — doch noch ins StGB. aufgenommen wird, und daß überhaupt die Fassung der Bestimmungen militärrechtliche Besonderheiten überflüssig macht. Ob man diese Straftaten allgemein — nach Vorgang des Art. 88 Bayer. MStGB., wohl auch des § 87 Preuß. MStGB., wie der Vergleich mit § 192 das. und die Überschrift der betreffenden Abschnitte zeigen — oder unter bestimmten Voraussetzungen, etwa bei Begehung im Felde, für militärische Verbrechen erklärt, ist eine Frage zweiter Ordnung. Neuerdings wird die Ansicht vertreten (von Ph. O. Mayer), daß der bisher nur als überflüssige Einleitung betrachtete § 56 MStGB. die Wirkung habe, Hochverrat und Landesverrat, von Militärpersonen begangen, zu militärischen Verbrechen umzugestalten.

Im einzelnen: Der § 57 MStGB. bedroht den Landesverrat im Felde als „Kriegsverrat" mit einer die Strafbestimmungen des VE. nicht wesentlich übersteigenden Strafe, während im § 58 für zwölf bestimmt bezeichnete Unterfälle die Todesstrafe als ordentliche, aber nicht ausschließliche Strafe angedroht ist. Diese Unterfälle können als überflüssig, ebenso wie bereits im VE. die entsprechenden, in jene Vorschrift mit aufgenommenen, Unterfälle des § 90 StGB. in Wegfall kommen, wenn dafür, was für die Fälle der §§ 104—106 VE. durchaus gerechtfertigt erscheint, auch im § 4 EG. z. StGB. bereits sein Vorbild findet, allgemein im § 57 MStGB. die Todesstrafe als Regelstrafe eingesetzt wird.

Die Vorschriften der §§ 59, 60, 61 MStGB. über Verabredung und Nichtanzeige eines Kriegsverrats, Straflosigkeit im Falle der Verhütung durch vorgängige Anzeige werden voraussichtlich durch allgemeine Bestimmungen, wie die des KE. über Komplott und Bande (Ebermayer S. 43) und unterlassene Verbrechensanzeige (§ 174 VE., im KE. erheblich umgestaltet) ersetzt werden können.

Vierter Abschnitt.

Eigentumsvergehen.

Die Vergehen gegen das Eigentum pflegen einen ausgiebig behandelten Teil eines jeden bürgerlichen Strafgesetzes zu bilden. Eine Aufnahme ins militärische Strafrecht ist nur ausnahmsweise geboten. Ein Hinausgehen über die drei nachstehend genannten Fälle erscheint nicht erforderlich.

I. Diebstahl und Unterschlagung sind im § 138 MStGB. bedroht, falls sie unter Verletzung eines militärischen Dienstverhältnisses, gegen Kameraden, Vorgesetzte usw. begangen sind. Die einzelnen Voraussetzungen könnten teilweise klarer und kürzer gefaßt, auch durch Einfügung des Militärfiskus als Eigentümers oder Geschädigten ergänzt werden. Die Sonderbestimmung ist bisher in der Hauptsache damit begründet worden, daß ein höheres Mindestmaß erforderlich sei. Nachdem die diesjährige Novelle das Mindestmaß von 14 Tagen als zu hoch erklärt hat, wäre dieser Grund weggefallen. Er ist aber nicht der einzige. Noch bedeutsamer erscheint, daß diese nach der Statistik verhältnismäßig sehr häufig vorkommenden Handlungen nach den im allgemeinen glücklich ausgewählten Voraussetzungen des Gesetzes eine starke militärische Färbung haben, ohne Bild gesprochen, daß ihre Beziehungen zum täglichen Leben der Truppe so nahe und die damit verbundene militärische Pflichtwidrigkeit eine so erhebliche ist, daß die Behandlung als militärische Straftat sich empfiehlt. Damit erledigt sich die Streitfrage, ob der schwere Diebstahl auch als militärisches Verbrechen zu behandeln sei, gesetzgeberisch sehr leicht. Raub und Erpressung können schon wegen ihres seltenen Vorkommens unberücksichtigt gelassen werden (vgl. den Abschnitt: Mißbrauch der Dienstgewalt, am Ende).

Auch hier ist die Verselbständigung des militärischen Gesetzes durch Aufstellung der vollen Begriffsbestimmung des Diebstahls und der Unterschlagung ohne allzu große Weitläufigkeit möglich. Die mit §§ 269, 271 VE. und mit dem geltenden Recht im ganzen übereinstimmenden Begriffe des KE. könnten unverändert übernommen werden. Über den Versuch wäre, falls nicht schon im allgemeinen Teil geschehen, Bestimmung zu treffen.

Die Fälle des schweren Diebstahls wären selbständig und abgekürzt zu regeln. Sie vertragen eine den militärischen Verhältnissen angepaßte Behandlung um so mehr, als schon für den einfachen Diebstahl nach dem Vorbilde des KE. Zuchthaus für besonders schwere Fälle zuzulassen sein wird.

Für den einfachen militärischen Diebstahl scheint es mir — mit Schlayer, DJZ. 1914 S. 333 — bedenklich, unter das 14 tägige Strafmindestmaß herabzugehen. Ich möchte sogar den mittleren Arrest gestrichen haben. Ein Blick auf die Statistik beweist meines Erachtens die Notwendigkeit strenger Maßnahmen in jedem Einzelfalle. Für den schweren Diebstahl hat der KE. die Mindeststrafe auf einen Monat Gefängnis herabgesetzt, und damit den Unterschied vom einfachen Diebstahl noch mehr vermindert. Im militärischen Verhältnis würde das Mindestmaß von sechs Wochen und einem Tage ab festzusetzen sein.

Der Rückfalldiebstahl fällt in Zukunft fort.

Ob die Bestrebungen, aus dem Diebstahl und der Unterschlagung leichtere Formen als „Entwendungen" auszuscheiden, bereits zu endgültigen Gestaltungen führten, erscheint zweifelhaft. Der § 272 VE. hatte den Mundraub des § 370 Ziff. 5 StGB. weiter ausgebaut, teilweise auch mit Einschränkungen belastet. Inzwischen erschien das Gesetz vom 19. Juni 1912, welches als neues Antragsvergehen die Entwendung oder Unterschlagung geringwertiger Gegenstände aus Not einführte und den bisherigen Gegenständen des Mundraubs, also den Nahrungs- und Genußmitteln, noch andere Gegenstände des hauswirtschaftlichen Verbrauchs beigesellte. Der KE. hat das Vergehen des Notdiebstahls und die Übertretung des Mundraubs in dieser Fassung ohne erhebliche Änderungen übernommen.

Die Anwendung der Notdiebstahlsvorschrift auf die Fälle des § 138 MStGB. ist vom gesetzgeberischen Standpunkt aus entschieden zu verwerfen. Dagegen bleibt zu erwägen, ob nicht gewisse geringfügige Entwendungen, namentlich von Putzzeug und sonstigen Gebrauchsgegenständen, auf der Mannschaftsstube usw. als ein leichteres Vergehen mit besonderem Namen und mit Zulässigkeit der Erledigung im Disziplinarwege ausgeschieden werden könnten.

Die Bestimmungen über Straflosigkeit oder Strafantrag bei Haus- und Familiendiebstahl eignen sich nicht zur Übernahme. Höchstens wäre zu prüfen, ob die — oft auf sehr unzulänglicher Aufsicht beruhende — Entwendung von Kleidungsstücken durch Offiziersburschen in die oben erwähnte leichtere Strafdrohung aufzunehmen ist.

Die im KE. etwas veränderte Vorschrift des § 154 VE. über Entwendung verschlossener Munition könnte in diesen Zusammenhang eingeordnet und durch eine Bestimmung über Mitnahme von Patronen und Hülsen usw. „zum Andenken" ergänzt werden.

II. Beschädigung von Dienstgegenständen ist im § 137 MStGB. als besonderer Fall der Sachbeschädigung herausgehoben. Im Gegensatz zu § 289 VE. hat der KE. der Beschädigung und Zerstörung die „anderweitige Unbrauchbarmachung" hinzugefügt, ein Merkmal, das durch die im § 138 MStGB. hinzugefügte Preisgabe im wesentlichen gedeckt zu sein scheint. Das Merkmal der Rechtswidrigkeit ist als überflüssig mit Recht gestrichen. Auch das der Vorsätzlichkeit erscheint entbehrlich.

Über die Strafbarkeit des Versuchs wäre Bestimmung zu treffen.

Aus Übermut und Spielerei werden gelegentlich Handlungen, wie z. B. das Hineinstecken von Stöckchen oder kleinen Steinen ins Gewehr, vorgenommen, welche strenger Bestrafung wert erscheinen. Bei Umgrenzung des Tatbestandes wäre auf die Erheblichkeit des Schadens, auf die Ausübung des Dienstes, die Verletzung besonderer Aufsichtspflichten Rücksicht zu nehmen. Aushilfsweise könnte der Begriff der Leichtfertigkeit, also der groben Fahrlässigkeit, Verwendung finden. Ein Sonderfall, Beschädigung eines Schiffes (s. oben), ist bereits in § 142 MStGB. bedroht. (Die Strafhöhen beider Strafvorschriften passen schlecht zueinander.)

III. Eigentumsverletzungen im Felde nach §§ 127—136 MStGB., durch Beutemachen, Plünderung, Gefallenenberaubung, Marodieren (nicht nur gegen das Eigentum gerichtet!) sind mit den Vorschriften des VE. und KE. über Raub und Erpressung zu vergleichen. Die Verweisung auf das bürgerliche Strafrecht am Schlusse des Abschnittes wird gestrichen werden können.

Leitsätze für die Reform des Militärstrafgesetzbuchs.

Die wichtigsten Forderungen sollen hier, unter Bezugnahme auf den im Arch. Mil. R. 4, 318—322 veröffentlichten Aufsatz, kurz zusammengestellt werden.

1. Im Anschluß an die Reform des bürgerlichen Strafrechts bedarf auch das Militärstrafgesetzbuch einer durchgreifenden Umarbeitung nach Form und Inhalt.

2. Das Ziel dieser Neugestaltung muß sein, unter Beachtung der Erfahrungen der militärischen Rechtsübung und unter Ausnützung der durch die Reform des bürgerlichen Strafrechts gegebenen Anregungen ein Gesetzbuch zu schaffen, das den Bedürfnissen des militärischen Lebens voll gerecht wird, ohne doch den Zusammenhang mit den Grundgedanken und den verwandten Einzelbestimmungen des bürgerlichen Strafrechts aufzugeben.

3. Die Ausdrucksweise muß eine einfache, militärisch volkstümliche sein. Die Anforderungen müssen dem lebendigen soldatischen Pflichtbewußtsein, es klärend und höherbildend, Rechnung tragen.

4. Das neue MStGB. muß in sich geschlossen sein, also namentlich seine allgemeinen Bestimmungen selbst einheitlich entwickeln.

5. Das persönliche Geltungsgebiet ist klar zu umgrenzen.

6. Der Kreis der gerichtlich strafbaren Handlungen ist zugunsten der militärischen Disziplinarstrafe einzuengen, sei es durch Ausscheiden von Tatbeständen, welche lediglich der Disziplinarbestrafung überlassen werden können, sei es durch Zulassung der Ahndung strafgesetzlich bedrohter Handlungen in leichteren Fällen durch die Disziplinargewalt, deren Strafbefugnis bis an die oberen Zeitgrenzen der Arreststrafen auszudehnen ist. Dafür wird dann später die niedere Gerichtsbarkeit der Militärstrafgerichtsordnung in Wegfall kommen können.

7. Die militärischen Strafen sollen auf den gleichen inneren Grundlagen wie das gemeinrechtliche Strafensystem ruhen, aber gerade darum keine mechanische Übertragung des letzteren sein. Vielmehr sollen sie nach Namen und Vollstreckungsart den geschichtlich entwickelten soldatischen Werturteilen, und den Anforderungen des militärischen Ehrgefühls sowohl wie denen der militärischen Erziehung angepaßt sein.

8. Als selbständige militärische Freiheitsstrafe, gegliedert nach den militärischen Dienstgraden, ist die geschichtlich überkommene Festungsstrafe, nach unten in den Arrest auslaufend, wiedereinzuführen.

Diese Strafe soll für militärische Straftaten und für die von aktiven Soldaten begangenen bürgerlichen Straftaten zur Anwendung kommen. Die Umwandlung infolge Aufhörens des militärischen Dienstverhältnisses ist zu regeln.

9. Bei aller gebotenen Strenge des militärischen Strafrechts sind im Interesse des einzelnen nicht minder wie in dem der militärischen Rechtspflege unnötige Härten zu vermeiden.

10. Selbstverschuldete Trunkenheit darf bei militärischen Straftaten weder zur Wahl eines milderen Strafrahmens noch sonst zur Herabsetzung der Strafe einen Grund abgeben.

11. Durch militärische Ehrenstrafen die strenge Ausscheidung ungeeigneter Elemente aus ihrem Kreise oder überhaupt aus dem Heere zu ermöglichen, ist bei den gesteigerten Anforderungen der neuzeitlichen Heeresausbildung an die Zuverlässigkeit des Einzelnen noch mehr als bisher geboten.

Das Strafrecht ist zu ergänzen durch dienstliche Vorschriften über die Befreiung von Personen, welche infolge geistiger Mängel den Anforderungen nicht gewachsen sind, vom Heeresdienst.

12. Die Notwehr des Soldaten ist zu regeln im Sinne eines gerechten Ausgleiches zwischen den Interessen der körperlichen und sittlichen Selbstbehauptung des einzelnen und den Pflichten der Unterordnung und der Kameradschaftlichkeit.

XIV.

Gutachten des Herrn Geheimen Justizrats Professor Dr. iur. et phil. Heinrich Erman in Münster i. W.

über die Frage:

Ist eine Besserung der Wohnungsverhältnisse zu erwarten:

wenn durch gesetzgeberische Maßregeln eine selbstständige Belastung des Bauwerks, unabhängig von Grundeigentum und Erbbaurecht, ermöglicht wird?

wenn durch gesetzgeberische oder Verwaltungsmaßregeln die Verbreitung der Tilgungshypotheken (Amortisationshypotheken) behufs Entschuldung des städtischen Grundbesitzes gefördert wird?

Inhaltsübersicht.

Allgemeines.

Einleitung.

1. Wie die vom vorigen Juristentage erörterte Frage der Erbbaurechtsbeleihung, so sind auch diese beiden Fragen wörtlich entnommen der allgemeinen Rundfrage über Privatrechtsreformen zur Besserung der Wohnungsverhältnisse, die die Ständige Deputation im Jahre 1909 an weite Kreise richtete. Die erste Frage ist daher, nach freundlicher Auskunft Zitelmanns, enger gefaßt, als die Ständige Deputation sie jetzt meinte. Sie wollte neben einer selbständigen Belastung des Bauwerkes (Durchbrechung der §§ 93, 94 BGB.), auch den bloßen Rangvorzug der Baugläubiger in Höhe des Bauwertes (Durchbrechung des § 879) zur Erörterung stellen, also insgesamt drei, nicht zwei reformatorische Eingriffe in unser geltendes Hypothekensystem[1]).

2. Hypothekarreform zum Zwecke der Wohnungsreform, — also die Verkoppelung zweier gewaltiger, heißumstrittener Fragen mit beiderseits fast unabsehbarer Literatur. In diesem Gutachten können und sollen nun diese den Privatrechtsjuristen erfahrungsmäßig wenig vertrauten, zum größeren Teil volkswirtschaftlichen und sozialökonomischen Probleme nur in den größten Zügen möglichst anschaulich dargelegt werden, unter genauerem Eingehen auf die mehr fachjuristischen Seiten der Frage, insbesondere auf die juristisch-technische Durchführbarkeit der mannigfachen, oft sehr unbestimmt gehaltenen Reformvorschläge.

Die Ziele der Reform und die Wege dahin sollen dargestellt werden, ohne irgendwelche Illusionen über ihre leichte Durchführbarkeit. Die Entscheidung wird nicht vor dem Juristentage, sie wird überhaupt noch nicht jetzt fallen. Aber wer an eine aufstrebende Zukunft des deutschen Volkes glaubt (Nr. 8), der hat die Pflicht, dieser Zukunft die rechtlichen Wege bahnen zu helfen.

3. Reform der Hypothek, — also Kampf gegen das jetzige Hypothekenwesen. Welches ist dessen wirtschaftliche und juristische Bedeutung? Die Hypothek[1]) ist die privatrechtliche Grundlage unseres

---

[1]) So faßte das Thema auch mein Vortrag vor der Wiener Juristischen Gesellschaft im März 1913: „Bedarf unser städtisches Hypothekenwesen einer Reform durch Einführung des Meliorationsvorrangs oder der Zwangstilgung?" (Wiener Jurist. Blätter vom 6. April 1913).

(3) [1]) Vor allem die Kaufpreishypothek, nur daß sie infolge von Schiebungen aller Art oft unter anderen Namen auftritt.

gesamten großstädtischen Boden- und Siedelungsgeschäftes. Dessen Bedeutung und Macht aber erhellt, außer aus den bekannten Milliardenzahlen über den Gesamtbestand der deutschen, städtischen Hypotheken[2]) besonders eindringlich aus der gutdokumentierten, „dem deutschen Terraingewerbe“ gewidmeten Kampfschrift: Die Terraintechnik, von Leopold Meinardus[3]).

Sie beginnt mit umfassenden Berechnungen: „woraus sich . . . eine Gesamtsumme für alle diejenigen Kapitalien, welche überhaupt (allein) im Berliner Terraingewerbe arbeiten, von rund drei Viertel Milliarden Mark annehmen läßt“ (S. 14).

Daß nun in diesem Großberliner Milliardengeschäft die Hochfinanz unserer Großbanken mit unserer Hocharistokratie und mit den verschiedenen, um Berlin herum Boden besitzenden fisci trotz gelegentlicher Kämpfe doch im wesentlichen Hand in Hand arbeitet, und in der gleichen Richtung des Erstrebens immer höherer Bodenpreise, das zeigten dem nachdenklichen Zeitungsleser der Tempelhofer-Feld-Handel[4]) und gelegentliche Enthüllungen bei hocharistokratischen Sanierungen mit daran anknüpfenden Rekordhypotheken, sowie die ganze Entwickelungsgeschichte des „Schutzverbandes für den Deutschen Grundbesitz“.[5])

---

[2]) A. Nußbaum in seinem klaren und gehaltreichen „Deutschen Hypothekenwesen“ (1913) S. 18 ff. ermittelt für 1914 eine Gesamtbelastung des deutschen Bodens mit ca. 72 Milliarden Hypotheken, davon drei Viertel, also 54 Milliarden, städtische Hypotheken. Für Groß-Berlin allein hält Nußbaum (S. 187 A. 3) die Schätzung für 1912 mit $8^1/_4$ Milliarden für noch hinter der Wirklichkeit zurückbleibend. — Reichhaltiges, vielfach aus erster Hand gewonnenes Zahlen- und Tatsachenmaterial für diese Frage wie für viele weitere Fragen des Gutachtens bietet die (münsterische) staatswissenschaftliche Doktordissertation des Landmessers Walter Leiske: „Die Finanzierung der Hypothekenanstalten deutscher Großstädte für den bestehenden Grundbesitz“, die voraussichtlich bis zum Juristentag gedruckt vorliegen wird.

[3]) Berlin, Wissenschaftlich-kommerzieller Verlag, ohne Jahr, offenbar anfangs 1913. — Vgl. auch die Schrift des wohlinformierten, ganz und gar nicht bodenreformerischen, aber nach Sachlichkeit strebenden Münchener R.-Anw. Dr. Pesl: Der städtische Grund und Boden 1912, besonders S. 201ff.

[4]) Vgl. unten Nr. 13 A. 2.

[5]) Wie viele andere, gleichartige Organisationen ist er erfolgreich bemüht, an die Ventile unserer überhitzten Sozialmaschine Blei zu hängen (oder — Gold, effectus idem!). Er vereinigt die anscheinend widerstrebendsten Elemente: die Grundstücks- und Hypothekenmakler mit der Parole: „mobiler, nicht stabiler Grundbesitz!“ und die „seßhaften“ Haus- und Grundbesitzer, die Terraingesellschaften und den Stahlwerksverband, die Großbanken und den Verein deutscher Standesherren. (Vgl. unten Nr. 65). Als gemeinsames Ziel kommt für diese ausein-

4. In diesem ganzen Bereiche aber wird das „Eigentum" des gemäß BGB. §§ 925 und 873 Eingetragenen: „an der Longe der Hypothek" festgehalten und gegängelt; sie und nur sie ist juristisch hier die Herrscherin. Das zeigt z. B. die den Juristen verblüffende Wendung von Meinardus (a. a. O. S. 102): „Das BGB. hat durch die einseitige Begünstigung (?!) des Grundstückseigentümers (Verfügung durch Mietszession, Mietspfändungen) dafür gesorgt, daß sich demselben die bisherige Geldquelle der II. Hypotheken durch Privatleute vollständig verschloß." In der Tat will ja auch ein von dem Schutzverband für Deutschen Grundbesitz lebhaft befürworteter, gegenwärtig dem Bundesrat vorliegender Gesetzentwurf dem Eigentümer die ihm nach § 1124 II noch zustehende Verfügung über zwei Vierteljahresmieten entziehen zugunsten der Hypothekare[1]). Dann bleibt für den hypothekenbelasteten Eigentümer, also in größeren deutschen Städten für jeden, von dem gesamten Inhalt des Eigentums, außer der oft trügerischen Hoffnung auf einen die

---

anderstrebenden Scharen praktisch nur eines in Frage: das Erstreben immer höherer Bodenpreise, und als Mittel dazu (nach mehrfachen programmatischen Erklärung des Verbandsleiters Professor v. d. Borght, z. B. im „Tag" vom 23. Mai d. J.) der Kampf gegen den dieses Ziel durchkreuzenden Bund deutscher Bodenreformer, der nach seinem Programm dafür eintritt: „daß der Boden, diese Grundlage aller nationalen Existenz, unter ein Recht gestellt werde, das seinen Gebrauch als Werk- und Wohnstätte befördert, das jeden Mißbrauch mit ihm ausschließt, und das die Wertsteigerung, die er ohne die Arbeit des Einzelnen erhält, möglichst dem Volksganzen nutzbar macht". Programmziel ist also das ernste Suchen nach dem „richtigen Recht" in dieser augenblicklich brennendsten Frage unserer Rechtsentwickelung. — (Vgl. auch unten Nr. 51 a. E.). — Über den Gegensatz: Schutzverband — Bodenreform vgl. z. B. die Auseinandersetzung Dr. Görnandt-Eschwege in der „Bank" 1913 S. 226—40. Ferner: Bodenreform, Wohnungsfrage und Schutzverband für deutschen Grundbesitz; offener Brief an Herrn Landtagsabgeordneten Grafen Anton von Spee von Dr. Eugen Jäger, Mitglied des Reichstags, Berlin, Harrwitz, 1914. — Dazu jetzt (vor allem) Nr. 99 A. 1.

[1]) Dafür, sehr energisch, Nußbaum, D. Hypoth.-Wesen 1913 S. 77 f., und wohl auch M. Wolff, Sachenrecht, 2 A. 1913, § 135 A. 32. —

Bei dem Unfug unserer Hypothekenüberlastung ist diese volle Entrechtung des Hauseigentümers vielleicht unentbehrlich. — Sie sei nötig, „damit der Eigentümer ein ehrlicher Mann bleiben könne," wird zur Verteidigung angeführt; eine vernichtende Kritik dieses Hypothekenübermaßes! Die typische Überlastung des Hauseigentümers ist so groß, daß, so lange er über die Mieten zum Nachteil des Gläubigers noch verfügen kann, er es auch tun wird: „Not kennt kein Gebot!" Er kann „ehrlich bleiben", nur wenn jede Möglichkeit der Unehrlichkeit ihm genommen ist! — Vgl. Nr. 21.

Hypotheken etwa übersteigenden Überschuß oder Wertzuwachs, nichts übrig. Das Eigentum mit seinen Herrschafts- und Hoheitsrechten (§ 903) schwindet ein zu einem „nudum ius Quiritium". Es ist erdrückt von der Hypothek als dem wahren, neudeutsch-kapitalistischen Bodenherrschaftsrecht.

Ihr gegenüber ist das Eigentum in Wahrheit nichts als eine dem Erbbaurecht parallele Rechtsform zur Nutzung von unbezahltem, also tatsächlich fremdem Bauboden[2]). Der eingetragene Eigentümer, zuerst der „Bauunternehmer", dann der „Hausbesitzer" ist nur der interessierte Verwalter für die wahren Herren des von ihm unbar erworbenen Grundstücks, die Hypothekare und oft zugleich „Nießbraucher".

Daher wird denn auch dieses „Eigentum" jetzt so häufig gemäß § 928 derelinquiert. Eine wahre Aufgabe des Sachherrschaftsrechts, so daß etwa der Fiskus zugreifen könnte, liegt darin nicht, denn dieses stand den Hypothekaren zu, und die derelinquieren ja nicht.

Diese Hausbesitzer kurzweg Eigentümer zu nennen, ist also irreführend, und bewußte Irreführung ist es, den Kampf für die fernere Ermöglichung solcher Scheinexistenzen einen „Kampf für das Eigentum" zu nennen, denn der hergebrachte Sinn und die Gefühlsbedeutung des Wortes „Eigentum" knüpft sich an einen durchaus verschiedenen Tatbestand: vgl. unten Nr. 97 A. 1.

Aber es ist zunächst nur eine Namensfrage, wie für den als „III. Stock" vermieteten „V. Stock" oder wie für die: „I. Hypothek, in der die II. gleich drin liegt". Viel schwerer wiegt, daß diese juristisch und wirtschaftlich gleich unsicheren Existenzen auch den sachlichen Aufgaben des wahren Hauseigentümers in keiner Weise gewachsen sind, weder der sozialvermittelnden Aufgabe des Hauseigentümers als Wohnungsvermieter, noch den öffentlichen Aufgaben als Träger gemeindlicher Hausbesitzerprivilegien. Sind sie doch allseitig das Gegenteil der seßhaften und behäbigen „Hausbesitzer", die die Städteordnungen privilegieren wollten, als Gegengewicht gegen eine nomadenhafte und besitzlose, bloße Mieterbevölkerung. Denn solche typisch überschuldeten Hausbesitzer sind nicht von Grund aus „seßhaft", da ihre ganze Hoffnung auf einen Verkauf zu steigenden Preisen geht, und so führen sie leicht auch den Gemeindehaushalt nicht als ihrer Zukunft sichere, „sorgfältige Hausväter", sondern spielermäßig, indem sie die Unternehmungen der

---

[2]) Daß das Erbbaurecht hier nicht nur die aufrichtigere Rechtsform ist, sondern auch die sicherere, habe ich auf dem XXXI. Jur.-Tag III. S. 111 ausgeführt.

Gemeinde vor allem danach bemessen, ob sie eine augenblickliche Steigerung von Verkehr, Mieten und Bodenpreisen erhoffen lassen, mögen sie auch für die Zukunft wertlos oder gar schadenbringend sein.

5. Diese Hypothek als die Grund- und Normalform der heutigen, deutsch-städtischen Boden- und Siedelungswirtschaft würde nun durch die zur Begutachtung gestellten Reformen aufs stärkste verändert werden, denn: „superficies solo cedit", „prior tempore, potior iure" und die freie Parteiverfügung über das Tilgen oder Nichttilgen von Schulden — das sind in der Tat drei Fundamentalsätze unseres neudeutschen Hypothekenrechtes.

Hypothek und Juristentag.

6. Dieses wurde seinerzeit von dem Juristentage eingehend erörtert auf den ihm sofort bei seiner Begründung nach Bluntschlis Wort „in die Wiege gelegten" Antrag von Bornemann und dem Berliner Obertribunalsrat Meyer, dem geistigen Vater des Gesetzes von 1872 und damit unseres heutigen Hypothekenrechtes, — auf Vereinheitlichung des deutschen Hypothekenwesens durch Einführung von: Grundbuch, Publizität und Spezialität. Der Antrag beschäftigte die drei ersten Juristentage und wurde von dem dritten „mit einer sehr bedeutenden Mehrheit" angenommen. Die allgemeine Zweckmäßigkeit des so angenommenen Systems wurde noch einmal zur Erörterung gestellt, als bei der Frage der verschiedenen Grundpfandarten des BGB. auf dem XXII. Juristentag der Gutachter Franz Klein, ausgehend von der „beängstigenden Beweglichkeit" des Grundbesitzes, die Fragen der Entschuldung und der Verschuldungsgrenze aufwarf, aber nur für den landwirtschaftlichen Grundbesitz, „für welchen die Kreditfrage wirklich Lebensfrage ist" (XXII. Jur. T. S. 441). In dieser Beschränkung wurden diese Fragen denn auch auf dem XXVII. Juristentage erörtert.

Für den städtischen Realkredit dagegen wurde die Frage der volks- und sozialwirtschaftlichen Zweckmäßigkeit vor dem Juristentage (abgesehen von der Rundfrage: oben Nr. 1) bisher nicht behandelt. Sie schien wohl dadurch erledigt zu sein, daß in dieser Privatrechtsform die in der Tat gewaltige Leistung vollbracht wurde, den zahllosen Millionen, die bei der neudeutschen Völkerwanderung in die Groß- und Industriestädte drängten, dort Wohngelasse zu beschaffen.

Die wiederholten Verhandlungen des Juristentages über städtische Hypotheken betrafen daher nicht das System selbst und seine sozialökonomischen Wirkungen für das Volk im Ganzen, sondern nur die es begleitenden und bestimmte Einzelne betreffenden Übelstände (ius privatum: ius privorum, id est singulorum!). So z. B. die Ausraubung des Ex-Eigentümers durch den Ersteigerer[1]) wegen nur formell ausgefallener Hypotheken, oder und vor allem die Opferung der Bauhandwerker[2]).

7. Dieses letztere, viele Jahre hindurch vom Juristentage gründlichst erörterte Problem kehrt nun in unserer ersten Frage wieder, aber erweitert und vertieft durch die sozialökonomische Beziehung auf die Besserung der Wohnungsverhältnisse. Also: Durchbrechung von „superficies solo cedit" oder „prior tempore potior iure" nicht, um zur Zeit der Errichtung des Hauses seine Erbauer gegen Ausbeutung zu schützen, sondern um während der ganzen Dauer des Hauses die Generationen seiner Bewohner möglichst gut unterkommen zu lassen. Die Reform bezweckt also den Vorteil nicht der Produzenten des Wohnhauses, sondern seiner „Konsumenten"; nur daß diese Wohnungs-Konsumenten vom Standpunkt des Volkes im Ganzen aus selbst „Produzenten" sein sollen, und zwar Produzenten seines wichtigsten Gutes, eines allseitig gesunden Volksnachwuchses.

Die Wohnungsreform.

8. Die zur Begutachtung gestellte „Besserung" der Wohnungsverhältnisse bemißt sich nicht nach irgendwelchen individuellen Annehmlichkeiten, sondern nach dem einzigen Wertmaßstab, den das deutsche Volk, wenn oder da es ein an seine Zukunft glaubendes Staatsvolk sein will, anlegen darf. Die Wohn- und Siedelungsverhältnisse müssen also diese Volkszukunft sichern und fördern, und zwar als gesund und kräftig emporstrebende. Daß aber in unserer an Profitsucht, Genußgier und Amüsieritis chronica schwer kranken Zeit auch das deutsche Volk seine Zukunftsentwickelung heillos gefährdet, zeigt der die französischen Zustände schon zum Teil überbietende Rückgang der Ehen und Geburten[1]), die schnelle Abnahme der großstädtischen Wehrtauglichkeit und immer neue Verlumpungserscheinungen, die nur zu sehr an das taciteische: „corrumpere et corrumpi saeculum vocatur" mahnen.

9. Das Gutachten soll nun die Frage beantworten, wie weit an dieser allseitigen Gefährdung der Kraft und Gesundheit, und damit der Zukunft des deutschen Volkes auch unsere Wohn- und Siedelungsverhältnisse

[1]) XI., XII., XXX. Jur.-Tag.

[2]) XXI., XXIV., XXVI. Jur.-Tag.

[1]) Vgl. Theilhaber, Das sterile Berlin, 1913, z. B. S. 55.

schuld sind, und wie weit sie gerade durch jene Hypothekarreformen verbessert werden können?

Die Rechtsgrundlage unseres Siedelungswesens ist bekanntlich doppelt, denn neben der privatrechtlichen: privates Bodeneigentum, privates Sparkapital, private Unternehmung und Arbeit, zusammengeführt und verkoppelt durch das eine Rechtsinstitut der Hypothek, steht die öffentlich-rechtliche Grundlage des Siedelungswesens, also seine mannigfache Beeinflussung durch Staat und Gemeinde mittels Fluchtlinien, Bauordnung, Bau- und Wohnungspolizei und, nicht zum mindesten, durch Steuermaßnahmen. Die Zuständigkeit für diese öffentlich-rechtlichen Einwirkungen auf das Siedelungswesen liegt bei den Einzelstaaten[1]), während von den Hypothekarreformen die der Tilgungsförderung zum großen Teil, die des Bauvorrangs ganz und gar der Reichsgesetzgebung unterläge.

10. Eine einigermaßen befriedigende Reform unserer Wohn- und Siedelungszustände kann nur gleichzeitig im öffentlichen und privaten Recht erfolgen, und nur durch bewußtes Hand- in Handarbeiten beider. Die privatrechtliche, d. h. die Hypothekarreform muß sich also dem Gedanken anschließen, den die viel früher einsetzende, öffentlich-rechtliche Siedelungsreform herausgearbeitet und zu allseitiger, theoretischer Anerkennung gebracht hat. Dem Gedanken nämlich, daß für den weitaus größten Teil der deutschen Bevölkerung (80 bis 90%) die Klein- oder kleine Mittel-Wohnung: Höchstmiete bis 400 Mk., erforderlich ist, und daß daher gerade auf sie und auf die für sie gebotene größtmögliche Billigkeit alle Regeln des öffentlichen Siedelungsrechtes abzustellen sind, also die Regeln über Hausformen, Aufteilung, Breite und Ausstattung der Straßen usw., während die für Großwohnungen und Großhäuser nötigen, verteuernden Erschwerungen nur als Ausnahmen zu behandeln und zuzulassen sind[1]).

Genau so wird auch die Hypothekarreform als Ziel, aber gleichzeitig auch als Ausgangspunkt und als Grundlage, gerade die Kleinwohnung und

---

[1]) Vgl. über ihre Betätigung im Wohnungswesen Eberstadt, Handbuch des Wohnungswesens, 2. Aufl., 1910, S. 265 ff., S. 283 ff. — Preußen ist, nach einem gescheiterten Entwurf von 1903, jetzt mitten im parlamentarischen Kampf um ein neues Wohnungsgesetz.

(10) [1]) Vgl. dazu auch Pesl (oben Nr. 3 A. 2) S. 197 ff.; S. 182: „Man kann nichts dringender wünschen, als daß in größerer Entfernung der Großstädte, ferner bei allen Kleinstädten und was selbstverständlich sein sollte, auf dem flachen Lande das vielstöckige Miethaus unter allen Umständen verboten sein sollte." — Ferner unten Nr. 30 A. 2.

das Kleinhaus zu wählen haben. Das um somehr, als seine Herstellung und Finanzierung eine allseitig natürlichere und einfachere ist, als die der Riesenhäuser, die die fehlgehende Praxis des öffentlichen Siedelungsrechtes leider bisher durch Bebauungsplan, Bauordnung usw. durchweg begünstigte und geradezu hervorrief[2]).

11. Daß wie die Wohnungsfrage selbst, so auch die Frage ihrer „Besserung" überaus komplex ist, kann und braucht hier nicht dargelegt zu werden. Nur gegen die allzuhäufige, glatte Formel: „gute Wohnungsverhältnisse, das sind niedrige Mieten", sei Einspruch erhoben. Richtig ist sie nur da, wo bei gleichbleibenden Gegenleistungen eben nur das Entgelt (Mietszins, Kaufpreis) des Bewohners herauf- oder heruntergeht; sonst kommt es aber wie stets darauf an, was man für sein Geld eintauscht. Und da kann eine teurere Wohnung ein sogar auch finanziell besseres Gesamtergebnis bieten, wenn sie durch innere Wohnlichkeit, durch Gartenfreuden und -sorgen u. ä. die Aushäusigkeit bekämpft und damit eine die höheren Wohnungsausgaben mehr als wettmachende Verminderung sogar der pekuniären Belastung herbeiführt, ganz abgesehen von der „Besserung" der Wohnungsverhältnisse für Familienleben, Volksgesundheit und Volkszukunft.

Dafür nur einen Beleg aus eigener Erfahrung als alter Berliner. Der typische Berliner Ladenbesitzer, als Inhaber einer im Verhältnis zu Erwerb und Lebenshaltung ausgesprochen schlechten und unwohnlichen Laden-Wohnung, war gleichzeitig auch der Hauptträger des Berliner Vergnügungs- und „Nachtlebens", dieser in Berlin seit den achtziger Jahren bewußt — auch vom Rathause aus — gezüchteten, sehr unberechtigten Eigentümlichkeit, mit der Berlin heut unbestritten „in Deutschland voraus" und „in der Welt voraus" ist.

Aushäusigkeit und Mietskaserne sind eben Zwillingsgeschwister. Das zeigt die Häuslichkeit und der nach dem Lokalanzeiger „krähwinkelmäßige" Mangel des Nachtlebens in englischen Städten, aber ähnlich auch noch in Bremen, der deutschen Einfamilienhausstadt. Die hier herrschende, viel größere „Häuslichkeit" fällt den aus anderen deutschen Großstädten nach Bremen Versetzten stark auf. Und rechnerisch Veranlagte stellen fest, daß sie für das „Einfamilienhaus mit Garten" sehr viel mehr auszugeben

---

[2]) Vgl. Pesl a. a. O. S. 134. — Derselbe S. 45f. legt richtig dar, daß, wie die Mietskaserne zu wertzerstörender Rücksichtslosigkeit herausfordert und erzieht, so das Arbeitereigenhaus den Sinn für Sorgsamkeit und schonendes Erhalten wachruft; ein großer volkswirtschaftlicher, und ein noch größerer volkspädagogischer Gewinn.

in der Lage sind, dank den Ersparnissen in puncto: „Wirtshaus- und Nachtleben.“

Genau so wirkt bekanntlich die Alternative: Wohnhaus oder Wirtshaus auf das Arbeiterbudget.

Im ganzen aber ist für die Kraft und Gesundheit, also für die Zukunft des Volkes eine möglichst weiträumige Siedelung mit Gärten und Freiflächen für Turnen, Spiel und Sport zu wünschen, also möglichst extensive Nutzung des Siedelungsbodens, möglichst niedrige Bodenpreise, während das Streben der Terrainbesitzer im unvereinbaren Gegensatz dazu auf möglichst hohe Bodenpreise, also möglichst intensive Baubodennutzung durch möglichst gedrängte Bebauung gerichtet ist.

Hypothekenreform und Bodenpreis.

12. Die städtische Hypothekenfrage wird neuerdings überaus viel erörtert.

Einmal führten stets wachsende Schwierigkeiten der Hypothekenbeschaffung mit ihren Folgen: stockender Bautätigkeit und allerschwerster Wohnungsnot besonders für kinderreiche Familien in vielen Groß- und Industriestädten, zu zahlreichen Erörterungen und Anträgen von Haus- und Grundbesitzertagen, Städtevertretern, Provinziallandtagen u. a. m. über die Hypothekennot und besonders „die Not der zweiten Hypothek“. Sie wollen durchgehend das heutige System unverändert lassen, oder es noch verschärfen, durch Beseitigung des Mietenverfügungsrechtes des § 1124 (oben Nr. 4) und wünschen nur die Erschließung neuer Geldquellen, insbesondere öffentlicher, von Gemeinden, Provinzen, Staat oder Reich.

Andererseits aber wurden auch abändernde Reformen des Hypothekensystems erwogen. So von der II. deutschen Wohnungskonferenz[1]), von einer Realkreditkommission des deutschen Vereins für Wohnungsreform[2]), vom Bunde deutscher Bodenreformer[3]) u. a. m. — Entsprechend den von der II. deutschen Wohnungskonferenz geäußerten,

[1]) Vgl. deren: „Forderungen der deutschen Wohnungsreformbewegung an die Gesetzgebung“, Göttingen 1913.

[2]) Vorläufige Zusammenstellung ihrer Ergebnisse in den „Mitteilungen“ des Vereins vom Dezember 1913 (Jahrgang II, Nr. 6).

[3]) Vgl. Jahrbuch der Bodenreform, 1913 (Bd. IX, Heft 4) und die Bodenreform, 1913, S. 696—719. — Bei den drei genannten Veranstaltungen konnte ich mitarbeiten und im Meinungsaustausch mit Hypothekenpraktikern verschiedenster Richtung und Berufsstellung meine Anschauungen erweitern und klären.

demnächst von der Wohnungskommission des Reichstags und vom Reichstage selbst ausgesprochenen Wunsche berief auch das Reichsamt des Innern im Dezember 1913 eine Realkreditkommission, die aus Anhängern und Gegnern der Wohnungsreform zusammengesetzt, durch möglichst eindringende Befragung Sachkundiger die wirkliche Lage und die etwaige Reformbedürftigkeit des städtischen Hypothekenwesens klarstellen soll.

13. Der für Familienleben und Volkszukunft verhängnisvollste Übelstand unseres Wohnungswesens liegt in der intensiven Baubodennutzung durch möglichst gedrängte Siedelung, also vor allem in der unwohnlichen, zu nomadenhafter Unstätheit herausfordernden und dabei nicht einmal billigen Hausform, der Mietskaserne.

Diese Hausform liegt nun im handgreiflichen Interesse der Bodenausbeutung, denn aus dem Mehrstöckigkeitsexempel, wie es eine auf Gewinn verzichtende, lediglich für die Selbstkosten vermietende Baugenossenschaft aufstellen kann:

> „Wo im Flachbau nur eine Familie wohnt, da wohnen bei Mehrstöckigkeit vier übereinander, also entfällt auf jede nur ein Viertel Bodenanteil,"

wird bei der normalen Bodenausbeutung das gerade umgekehrte: Exempel:

> „Diesem Boden sind statt einer Familie deren vier tributpflichtig, es entfallen also auf ihn vier Mieteanteile, er ist viermal so teuer: ‚vierstöckig'[1])."

Das ist die von Eberstadt treffend so genannte „Kasernierungsrente". Wer immer fortan diesen Boden erwirbt, kann ihn nicht mehr anders als vierstöckig bebauen, da er ja vier Mietsanteile im Boden bezahlt, also auch herauszuwirtschaften hat[2]).

---

[1]) Zustimmend Dr. Pesl: Der städtische Grund und Boden 1912, z. B. S. 61 (für London gegenüber Berlin), S. 80 (für Chikago). — Vgl. auch denselben oben Nr. 10 A. 1. — Übrigens setzt diese Preistreibung durch Hochbau selbstverständlich eine entsprechende Nachfrage voraus, — wenn ich am Nordpol vierstöckig bauen darf, so wird darum der dortige Boden noch nicht vierstöckig! Aber ebenso selbstverständlich erfolgt die Hochtreibung nicht allein durch die Nachfrage, also etwa durch den Wettbewerb der Mieter; es gibt auch eine „Mietsschraube"!

[2]) Ein Schulbeispiel dafür bot der Tempelhofer-Feld-Handel (Nr. 3). Um dem Staat als Fiskus eine höhere Kasernierungsrente zu verschaffen, bewilligte zunächst der Staat als Aufsichtsinstanz der Gemeinde Tempelhof die fünfstöckige Bebauung gegenüber der nur vierstöckigen Berliner und verkaufte dann als Fiskus das Gelände einem Finanzkonsortium (vor allem:

14. Die Mietskaserne ist den Wohnungskonsumenten ungünstig, aber damit zugleich auch dem Wohnungsproduzenten, da diesem wirtschaftliche Unabhängigkeit am sichersten da winkt, wo durch das den Wohnungsbedürftigen gefühlsmäßig ansprechende Klein- und Eigenhaus die Privatersparnisse der Finanzierung des Wohnhausbaus direkt und auf dem natürlichsten Wege des Bestellungs- oder Eigenhaus-Baus dienstbar gemacht werden (Nr. 29). Wenn trotzdem die Mietskaserne ihren Siegeszug durch Deutschland machen konnte, so beruht das darauf, daß die treibende und herrschende Kraft in unserem Siedelungswesen eben nicht bei den Wohnungskonsumenten liegt, die die „Produzenten" sein sollen von Volksnachwuchs und Volkszukunft, noch auch bei den Wohnungsproduzenten vom Unternehmer an bis zum Bauhandwerker, sondern ausschließlich bei den kapitalistischen Bodenbeherrschern (oben Nr. 4), den „Terraininteressenten", die jenen beiden anderen, an sich in der Siedelungsfrage näher und besser berechtigten Faktoren die diesen ungünstige Hausform der Mietskaserne rücksichtslos aufzwingen[1]). Diese Herrschaft der Terraininteressenten über das gesamte Bau- und Siedelungswesen beruht nun aber privatrechtlich gerade auf den beiden, hier zu begutachtenden Hypothekenrechtssätzen, nämlich auf dem Nichtvorrang der Baukosten für die Hausherstellung und auf der Nichttilgung für den Hausbesitz.

15. Bei der Herstellung des Hauses kann die Baustelle „unbar" verkauft werden, da die Kaufpreishypothek durch superficies solo cedit und unentziehbare Erststelligkeit gesichert ist und durch das Bauen nur besser werden kann. Das führt dem Bodenhandel massenhaftes Kreditkapital zu und zahlreiche Kauflustige, die die Bodenpreise hochtreiben. Diese preissteigernde Wirkung unseres Hypothekenwesens, obwohl theoretisch nicht schlechthin notwendig (Nr. 16), ist als tatsächliche für unvoreinge-

---

Deutsche Bank) unter der Deckadresse: „Gemeinde Tempelhof" als fünfstöckiges Terrain, während Berlin es nur als vierstöckiges hätte nehmen und bezahlen können. — Die beteiligten Beamten unterstanden dabei offenbar den in Preußen herkömmlichen Vorstellungen über Wohn- und Siedelungswesen: Nr. 28. — Vgl. über die weitere Entwicklung dieses Handels z. B. „Die Bank" 1913 S. 966ff.

[1]) Vgl. das typische Beispiel aus Cassel bei Eberstadt, Handbuch des Wohnungswesens, 2. Aufl. 1910, S. 102. — Aus dem Kampf gegen die Stubenrauchsche Vorortsbauordnung von 1892, der dank gleicher Verständnislosigkeit der Berliner Presse und der Regierung mit vollem Siege der Terraininteressenten endete, erinnere ich mich der charakteristischen, in Steglitz ausgegebenen Parole: „Hundehüttenbesitzer 'raus!" — Hundehütte: das Einfamilienhaus, menschenwürdig nur die Mietskaserne!

nommene Beobachter handgreiflich. So sagt z. B. der anscheinend durchaus nicht bodenreformerische, aber im Bau- und Terrainwesen bestbewanderte R.-A. Dr. Franz Hoeniger in seinem frisch geschriebenen „Ratgeber für Grundbesitz und Hypothekenverkehr in den Vororten" (1908, S. 40):

„Billig kauft bekanntlich nur, wer bar kauft. Schon der Amortisationskauf, also der Kauf auf Kredit mit Abzahlungszwang, schlägt auf den Kaufpreis die Zinsen der gestundeten Summe und ist deshalb erheblich teurer. Noch viel unwirtschaftlicher ist der reine Kreditkauf..., bei dem der Käufer auch nicht annähernd über die Mittel zur Barzahlung verfügt, sondern damit rechnet, diese Schuld mit sich zu schleppen und dem neuen Käufer aufbürden zu können. Gerade diese unwirtschaftlichste Form des Kaufes ist neuerdings gang und gäbe geworden. . . Ein Haus kauft . . . ganz selbstverständlich neuerdings jedermann unbar. (Es werden) Häuser überhaupt ohne Anzahlung feilgeboten und erworben.... Jeder Hauskäufer, der auf Kredit kauft, (verliert einen) unverhältnismäßig hohen Zuschlag zum Kaufpreis."

Mit dieser Feststellung über die schwere, innere Ungesundheit des Bau- und Bodenmarktes in und vor dem Jahre 1908, also lange vor der jetzt für dessen Zerrüttung verantwortlich gemachten bodenreformerischen Wertzuwachssteuer[1]), deckt sich durchaus das Urteil des Reichsbankpräsidenten Havenstein in der Reichstagssitzung vom 22. 1. 1914: „Der Baumarkt liegt seit einem halben Dutzend Jahren darnieder und (hat) sich nicht erholt, weil eben der Grund seines Darniederliegens in der ungesunden Finanzierung und Kreditwirtschaft lag, die nirgends ärger gewesen ist, als im Bau- und Terrainmarkt[2])."

16. Daß gesicherter Bodenkredit, vollends wenn er nicht tilgungspflichtig ist, den Kreis der Kauffähigen und zugleich ihre Preisgebote dem Barkauf gegenüber steigern kann, ist handgreiflich, aber wirkt er etwa genau wie auf die Nachfrage, auch auf das Angebot ein? Ermöglicht also Hypothekarkredit (deutlicher: die Heranziehung fremden, billigen Geldes) ein billigeres Angebot?

---

[1]) Vgl. oben Nr. 3 A. 3 a. E.

[2]) Vgl. auch J. Plenge: Von der Diskontpolitik zur Herrschaft über den Geldmarkt 1913, S. 230: „Der üble Zustand des Berliner Terrainmarktes und die starke Beteiligung der Banken an diesen Geschäften . . . Man wußte seit Jahren, daß eine Reihe unserer Großbanken dieser Lockung nicht haben widerstehen können." — Vgl. jetzt vor allem Nr. 99 A. 1.

Diese zunächst auffallende Behauptung ist von Professor Voigt (Frankfurt a. M.) unlängst gegen Professor Weyermann (Bern) kurz aufgestellt und von diesem energisch abgelehnt worden[1]). Sie dürfte aber zum Teil richtig sein. Es fragt sich:

Kann gegenüber dem Eigentümer eines unbelasteten Hauses der Eigentümer eines mit fremdem (billigem!) Gelde belasteten, bei gleichbleibendem, eigenem Gewinn, billiger verkaufen? Darauf ist zu antworten: Nein, bei absolut gleichem Gewinn; aber: ja, bei bloß prozentual gleichem.

Hier ein rein schematisches Beispiel.

Das Haus sei für 100 000 erworben und bringe einen Reinüberschuß von 6000, dann geben jene 100 000 also 6% sogenannte „Zinsen" (in Wahrheit stecken darin auch Arbeitsertrag und Unternehmergewinn). Der Anlagezinsfuß sei nur 3%. Soll nun der Eigentümer nach der Veräußerung (als arbeitsloser Rentner!) die gleiche Einnahme von 6000 weiterbeziehen, so kann er nur für 200 000 verkaufen, die ihm zu 3% seine 6000 ergeben. Hatte er aber auf dem Hause 50 000 zu 3% stehen, so verteilten sich die 6000 mit 1500 auf jene 50 000 und mit 4500 (gleich 9%) auf seine 50 000. Soll er nun mit absolut gleichbleibendem Gewinn (4500!) verkaufen, so muß er doch wieder 200 000 fordern: nämlich 50 000 zu 3% und weitere 150 000, um zu 3% seine 4500 zu erzielen.

Will oder muß er sich aber mit einem bloß prozentual gleichen Gewinn begnügen, also mit einer 6 prozentigen Verzinsung nur seines eigenen ursprünglichen Kapitals, so konnte er offenbar zunächst schon die Miete auf 4500 heruntersetzen: 1500 für die 50 000 zu 3% und 3000 für seine 50 000 zu 6%. Und ebenso kann er zwecks Erzielung eines nur prozentual gleichen, nämlich 6 prozentigen Ertrags seines ursprünglichen Kapitals, für nur 150 000 verkaufen, nämlich für 50 000 fremdes Geld und 100 000 für sich, die zu 3% ihm seine 3000 jährlich ergeben.

Um also 6% von dem einst in den Hauskauf gesteckten, eigenen Gelde zu haben, kann er schon für 150 000 verkaufen, während sein Nachbar, der volle 100 000 auf dem Hause stehen hat, deren 6 prozentige Verzinsung erst bei Verkauf für 200 000 erzielt.

---

[1]) Voigt in Zeitschrift für Sozialwissenschaft, 1912, S. 385 ff. (vgl. auch S. 241 ff., 311 ff.) über und gegen Weyermann, Zur Geschichte des Immobiliarkreditwesens in Preußen, mit besonderer Nutzanwendung auf die Theorie der Bodenverschuldung, Karlsruhe 1910. Weyermanns Antwort in Jahrbücher für Nationalökonomie, 1912, S. 801 ff., besonders S. 810—3.

Es ist also beim Verkauf in der Tat genau das gleiche Exempel wie beim Kauf, nur in der entgegengesetzten Richtung. Kann also durch Hypothekarkredit fremdes, billiges Geld herangezogen werden, so erweitert der Hypothekarkredit die Möglichkeit des Angebotes, wie die der Nachfrage.

17. So die Möglichkeiten, mit ihrer Verwirklichung steht es aber gerade wie bei dem durchaus gleichartigen Dilemma bei der „Mehrstöckigkeit" (Nr. 13). Wie dort von dem: „entweder Verbilligung der Miete, oder Steigerung des Bodenpreises?" — unter dem Druck der Terraindiktatur (Nr. 14) einstweilen nur das Letztere sich verwirklicht: der Boden wird „mehrstöckig", er erhält die „Kasernierungsrente"; genau so überwiegt hier praktisch die die Nachfrage und den Preis steigernde Wirkung des Hypothekensystems gegenüber der theoretisch ebenso denkbaren, das Angebot steigernden, und damit den Bodenpreis drückenden.

So zeigen Länder mit unvollkommenem Bodenkredit, wie Belgien (Nr. 27, 29) und besonders England, wo schon die zweite Hypothek nur noch „auf sollicitors Parole" steht, niedrige Bodenpreise, Länder mit vollkommenem Bodenkredit, wie Deutschland und ganz ebenso die schon länger mit „guten" Hypothekensystemen ausgerüsteten Schweizer Kantone, z. B. Zürich und Waadt, sehr hohe Bodenpreise. Ebenso, nach freundlicher Auskunft eines Kollegen von der Universität Upsala, das mit einem „technisch vollkommenen" Hypothekensystem ausgerüstete Schweden, wo besonders in Stockholm bösartigster Bauschwindel herrschen soll.

Und so oft in Deutschland die Einführung einer Verschuldungsgrenze erörtert wurde, waren Befürworter und Gegner der Maßregel darin einig, daß diese Einschränkung des Hypothekarkredits einen Druck auf die Bodenpreise ausüben würde.

Damit stimmt durchaus zusammen die von Weyermann nachgewiesene[1]) Tatsache, daß in Preußen gleichzeitig mit der technischen Vervollkommnung des Hypothekenwesens durch die 1748 vollzogene Durchführung von superficies solo cedit und absoluter Priorität, und mit der infolgedessen aufkommenden Nichttilgung der Kaufpreishypotheken, die Bodenpreise stark in die Höhe gingen, und ebenso in der Folge bei jeder durch Pfandbriefe oder sonstwie erfolgten Förderung und Erleichterung des Bodenkredits[2]).

[1]) Und durch Voigt (Nr. 16 A. 1) nicht widerlegte.

[2]) Durchaus zustimmend Nußbaum: Deutsches Hypothekenwesen 1913, S. 336, 339, vgl. S. 272.

Es bewahrheitete sich dadurch das Wort des Berliner Kaufmanns Büring in seinem 1767 Friedrich dem Großen vorgelegten, ersten Plan des Pfandbriefwesens:

> „Es ist gar keine Kunst, durch diesen Plan die Grundstücke im Wert mehr als 50% steigend zu machen; dieses ist aber ebenso unglücklich für das Land, als der Verfall der Grundstücke selbst."

Deshalb betont er mit Recht:

> „daß, wenn man für Überfluß sorgt, auch nicht weniger auf den Abfluß Bedacht genommen werden soll."[3])

Hausentwertung und Bodenpreishochtreibung.

18. Dieses Sorgen für den „Abfluß" des durch unser Hypothekenwesen dem Boden zugeleiteten Kapitalüberflusses müßte in einem Tilgungszwang bestehen. Damit kommen wir zu dem zweiten Machtmittel der unser Siedelungswesen beherrschenden Terraininteressenten, zu der vor allem bei dem Haus-Besitz wirkenden Nichtamortisation der Hypotheken.

Dem Hauserwerber wird als nationalökonomische Weisheit gepredigt, daß er um so besser fahre, je höher das Haus beim Erwerbe mit Hypotheken belastet sei, und — durch Nichttilgung! — auch belastet bleibe. Denn je mehr fremdes, billiges (!) Geld er auf dem Hause habe und je weniger eigenes, um so höher rentiere sich dieses durch den auf es entfallenden Nettomieten-Überschuß (Nr. 16 a. E.). Daher sei das Haus auch um so leichter wieder verkäuflich, je höher belastet es sei. Eine Abzahlung aber, auch nur der Bauaufwandshypotheken, sei ganz überflüssig, da die Bodenwertsteigerung die Hausentwertung wettmache[1]).

19. Wie steht es zunächst mit dieser letzten Behauptung. Zuverlässige Zahlen dafür soll und wird hoffentlich die Reichsrealkredit-Enquete ergeben (Nr. 12). Hier soll das Exempel[1a]) nur rein schematisch veranschaulicht werden, doch sollen die Zahlen für Bodenpreis, Hausbaukosten und Entwertungszeit nach Möglichkeit von den Verteidigern des heutigen Terraingewerbes entlehnt werden. Zwischen den von ihnen angegebenen — wohl erheblich zu niedrigen! — Rohlandpreisen und der gleichfalls

---

[3]) Weyermann, Zur Geschichte usw. (Nr. 16 A. 1) S. 83 ff.

(18) [1]) Daher auch das Hauptargument gegen das Erbbaurecht: „ein Erbbauhaus muß man amortisieren, ein Eigentumshaus nicht". — Vgl. Verh. des XXXI. Jur.-T. Bd. III S. 111.

(19) [1a]) Das ich schon einmal in „Recht und Wirtschaft" 1912 S. 377 aufgestellt habe, aber dort mit entschieden zu niedrigen Zahlen.

von ihnen vertretenen Behauptung, die Hausentwertung werde durch Bodenpreissteigerung wettgemacht, besteht ein ganz unvereinbarer Widerspruch!

Wann wird die noch mit ihren vollen Hypotheken belastete Abbruchsbaustelle durch Rohbauland unterboten? fragt es sich, d. h. wann wird ein Bauunternehmer, wenn ihm die Baustelle mit dem wertlosen Hause, dessen Abbruchsertrag den Abbruchskosten der Vereinfachung halber gleichgesetzt sei, gegen Übernahme der vollen Belastung angeboten wird, statt dessen lieber auf Rohland bauen?

Nach Meinardus (oben Nr. 3) sind 37½ % des Rohlandes als Straßen- und Freiland abzugeben; vereinfachen wir das auf ein rundes Drittel, so stellt sich unsere Frage so: wann stellen sich 30 Q.-Ruten Rohland billiger als eine Abbruchsbaustelle von 20 Q.-Ruten Nettobauland. Als Rohlandspreis nimmt Meinardus in Großberlin 100 Mk. für die Q.-Rute an, dagegen als „Selbstkostenpreis" des Nettobaulandes nach Abtretung, Anliegerbeiträgen, Zinsverlust usw. 450 Mk., also für 20 Q.-Ruten 9000 Mk., mithin ein Zuschlag von 6000 Mk. zu dem Erwerbspreis von 30 mal 100, gleich 3000 Mk. Die Hausbaukosten veranschlagten Prof. v. der Borght und Kommerzienrat G. Haberland auf das Dreifache des Bodenpreises[2]), und zwar gewiß nicht des Rohlandpreises, sondern jenes „Selbstkostenpreises". Für unsere Baustelle von 20 Q.-Ruten (gleich 30 Q.-Ruten Rohland) mit 9000 Mk. Selbstkostenpreis betrügen also die Baukosten 27 000 Mk., und die gesamte Hypothekenlast demnach 36 000 Mk. Der Unternehmer wird nun die Abbruchsbaustelle mit dieser Hypothek von 36 000 Mk. nur dann den 30 Q.-Ruten Rohland vorziehen, wenn ihm für diese mehr als 30 000 Mk. abgefordert werden, denn die 6000 Mk. für Abtretungen, Anliegerbeiträge, Zinsverlust usw. hat die Abbruchsbaustelle der mit ihr in Wettbewerb tretenden Rohlandparzelle gegenüber schon voraus und braucht sie im Zweifel nicht noch einmal zu erbringen. Um die 27 000 Mk. Baukosten ist sie dagegen jener gegenüber mehrbelastet[3]), und so wird sie unterboten werden, falls nicht der Preis jener 30 Q.-Ruten Rohlandes um 27 000, also von 3000 auf 30 000 gestiegen ist, d. h. um 900 %[4]).

---

[2]) Vgl. „Für Groß-Berlin", Heft 2, S. 62 (1912).

[3]) Die Mieter des Hauses auf der Abbruchstelle müssen eben, da das erste Haus noch nicht abgeschrieben und getilgt ist, 2 Häuser statt eines verzinsen.

[4]) Pesl; Der städtische Grund und Boden 1912, S. 198, 202 errechnet für ein Haus auf einer Baustelle von 393 Q.-Meter-Nettobauland einen Bruttobodenpreis von 16500 Mk. gegenüber 106000 Mk. Baukosten. Dann betrüge die erforderliche Preissteigerung 650%.

20. Diese 900% Bodenpreiszuwachs müßten nun bis zu der vollen Entwertung des Hauses eintreten. In wieviel Jahren ungefähr vollzieht sich diese? Handgreiflich fehl geht für heutige Mietskasernen, deren Vermietungs- und Beleihungswert in ihrer meist sehr vergänglichen Ausstattung liegt, die alte Berliner Taxatorenvorschrift, die dem Hause eine Bestandsdauer von 200 Jahren gab. Andererseits ging es zu weit, wenn Professor Dr. **Bredt**, ein überzeugter Verteidiger unseres Terrain- und Bauwesens, die Lebensdauer eines besseren Berliner Hauses auf nur 30 bis 40 Jahre beschränken wollte[1]). Aber 50 Jahre sind für ein modernes Stadthaus entschieden ein kritisches Alter. So wird für die belgischen Arbeiterhäuser eine Abzahlung in längstens 50 Jahren verlangt, und der Hauptwortführer der Leipziger Hausbesitzerinteressen erklärte 1912 in der dortigen Stadtverordnetenversammlung, daß nach 50 Jahren ein heutiges durchschnittliches Mietshaus so gut wie wertlos sei.

Da ist es denn entschieden überreichlich, mit einer Bestandsdauer von 80 bis 100 Jahren zu rechnen. Die 900% Bodenpreissteigerung erforderten aber auch dann noch einen **Jahreszuwachs von 9 bis 11%!** Und das nicht an vereinzelten Stellen, infolge von City-Bildung und Umwandlung von Wohnboden in Geschäftsboden, sondern ganz allgemein. Es liegt auf der Hand, daß eine derartige Preissteigerung ganz unmöglich ist. Denn praktisch betätigt sich die Bodenpreissteigerung außer in der Verengung der Wohnungen, vor allem in der **Hochtreibung der Mieten**, und diese findet ihre Schranke in der doch nur beschränkten Steigerbarkeit der Löhne und Gehälter. Der zur Deckung der Hausentwertung auf die Baubodenpreissteigerung gezogene Wechsel wird also durchgehend **nicht** honoriert werden[2]).

21. Die dem unbaren Hauserwerber gemachte Hoffnung, daß statt seiner der Boden das Haus amortisieren werde (Nr. 19), ist also trügerisch. Aber er hat auf diese Vorspiegelung hin noch **teurer als** sonst erworben; nämlich um den Kapitalbetrag der (angeblich) ersparten Amortisationsquote. Und wenn er dann sein Haus bei ungetilgter Belastung

---

[1]) **Bredt**, Nationalökonomie des Bodens, 1908, S. 68: „(Es) weiß jeder Bausachverständige, daß in Berlin die Häuser nur für 30 bis höchstens 40 Jahre gebaut werden, dann müssen sie abgerissen werden, weil sie als altmodisch keinen Mieter mehr finden".

[2]) Im gleichen Sinne auch Baurat A. **Weiß** (Charlottenburg) in seiner vom Berliner Architektenverein preisgekrönten Schrift: Können die in den heutigen, großstädtischen Wohnverhältnissen liegenden Mängel und Schäden behoben werden? Berlin, Heymann, 1912, S. 149. — Vgl. Nr. 99 A. 1.

sich zusehends entwerten sieht, muß er mit äußerster Rücksichtslosigkeit und durch: „Not kennt kein Gebot" gegen Anstandshemmungen gefeit, alles an die Hochtreibung der Miets- und Bodenpreise setzen (Nr. 4). Tritt die erforderliche, gewaltige Steigerung nicht ein, so ist er ruiniert, tritt sie ein, so hat er selbst noch keinen Gewinn gemacht, sondern lediglich Schaden vermieden. Für die Terraininteressenten dagegen, die ihn „an der Longe der Hypothek" halten, steht im Grunde nur Gewinn in Frage. Einmal hinsichtlich ihrer Kaufpreishypothek an dem Grundstücke selbst. Dessen Preis war ja so hoch getrieben, daß auch bei nur teilweiser Deckung ein Gewinn für sie bleibt. Vor allem aber ist für ihr noch unverkauftes Gelände dieses krampfhafte Hochdrücken der Preise seitens der früheren Abkäufer ein reiner und absoluter Gewinn.

22. Nun ist aber heut genau wie in Rom, wer «de damno vitando certat» nicht nur regelmäßig selbst viel energischer als wer bloß «lucrum captat»[1]), er findet durchgängig auch viel mehr Interesse und Teilnahme bei anderen[2]). Und so ist es besonders in unserer Zeit der Massensuggestion durch Presse und Parlament ein internationaler, kapitalistischer Kunstgriff, die eigenen Gewinnabsichten nicht nur sachlich zu fördern, sondern sie auch taktisch zu verdecken durch eine erste Linie von lediglich «de damno vitando» kämpfenden, möglichst bemitleidenswerten Existenzen.

Ein typisches Beispiel bietet das internationale Ringen des Alkoholkapitals (der „Gährungsgewerbe") gegen die Mäßigkeits- und Enthaltsamkeitsbewegung, in dem durchweg die „notleidenden Wirte" vorgeschoben werden.

Durchaus gleich ist nun das Verhältnis zwischen der Terraininteressentenschaft, als der Inhaberin des künftigen Baubodens, und den von ihr abhängigen, nur durch eine unwahrscheinlich hohe Bodenpreissteigerung vor dem Ruin zu bewahrenden Hausbesitzern.

23. Die Terraininteressentenschaft (Nr. 3) besitzt also, wie in Nr. 14 behauptet worden, gerade in den beiden Hypothekenregeln des Nichtvorrangs und der Nichtamortisation der Baukosten zwei stärkste Machtmittel, deren sozialmechanisches Zusammenwirken ein — für das Ziel der

---

[1]) „Ibit qui zonam perdidit," sagt als römischer Typus der wieder reich gewordene Legionar des Lucull, als er in die Sturmkolonne gerufen wird, während er vordem, nach dem Verlust von zona und peculium, als: „vehemens lupus . . . ieiunis dentibus acer" vorangekämpft hatte: Horat. Epist. II, 2, 26 ff.

[2]) Vgl. z. B. Papinian D. 22, 6 (de iuris ign.) 7, 8.

Bodenpreissteigerung! — unübertrefflich vollkommenes ist, während es allerdings für die Ziele der Wohnungskonsumenten und Wohnungsproduzenten nur als aberwitzig bezeichnet werden kann!

Denn dieses System verteuert zu gleicher Zeit den Boden durch Kapitalüberfluß und das Bauen durch Kapitalmangel, da es die vom Staat durch Hypothekenwesen, Grundbuch und Pfandbriefe zusammengebrachten Riesenkapitalien durch die Nichtbevorrechtung des Meliorationskredites fehlleitet: zu volksschädlicher Bodenverteuerung, statt zu volksnützlichem Wohnungsbau. Zugleich schafft es durch die Nichtamortisation einen Grund zu teurerer Bewertung des Bodens und gleichzeitig einen dauernden, allerstärksten Antrieb zu dem Versuch immer weiterer Hochtreibung der Bodenpreise, also zu immer gedrängterem und höherem Bauen[1]).

24. Allerdings versagt die Hoffnung auf Steigen der deutschen Bodenpreise und immer weitere Ausbreitung der Mietskaserne neuerdings mehr und mehr. So verzeichnet z. B. der 16. Jahresbericht des Deutschen Vereins für Wohnungsreform vom April 1914 S. 5: „daß neuerdings an verschiedenen Orten die übertrieben hohen Bodenpreise anscheinend doch etwas zu weichen anfangen" (vgl. auch Nr. 20 a. E.[1]). Daher erscheint die mehrfach geäußerte Hoffnung begründet, daß die Terraininteressenten selbst, um aus ihren jetzt zur gedrängten Bebauung zurückgehaltenen Ländereien doch einige Rente zu erwirtschaften, eine Verhinderung der gedrängten Bebauung und den Zwang zu weiträumiger bald gerade so erstreben werden, wie sie sie jetzt bekämpfen. Die Gesundung würde also schließlich auch von selbst kommen, besonders unter dem Druck des öffentlichen Siedelungsrechtes (Nr. 9, 10). Es fragt sich aber, ob erst noch ungezählte, neue Massen-

---

[1]) Das nenne ich: „volksschädliche Wirkungen unseres technisch vollkommenen Hypothekenwesens". Nußbaum, Deutsches Hypothekenwesen, Tübingen 1913, sagt allerdings S. 273, A. 3: „Die bei Eberstadt auftretende und von anderen Schriftstellern übernommene Meinung, daß die Güte unseres Hypothekenrechts gerade ein Fehler sei, **richtet sich selbst**". — Aber auch die technische Vollkommenheit und „Güte" einer Asphaltstraße kann in Gebirgsstädten ein „Fehler" sein. Ebenso können hypothekarische Unvollkommenheiten durch Verlangsamen der Bodenpreissteigerung vorteilhaft wirken, vgl. z. B. unten Nr. 27, 61, 99, 100.

(24) [1]) Auch die von Julius Wolf, Die Volkswirtschaft der Gegenwart und Zukunft 1912 S. 311ff. sorgfältig errechneten Bodenwerte des Berliner Weichbildes: 1898: 2500 Millionen; 1901: 3400; 1906: 4200; 1912: 5200, ergeben ein deutliches Sinken der prozentualen Jahreszunahme: 1898—1901: 9%; 1901—1906: 4,7%; 1906—1912: 3,9%. — Vgl. jetzt vor allem Nr. 99 A. 1.

gräber der Volkszukunft in weiteren Mietskasernen aufgetürmt werden sollen, und dann der Umschwung durch einen vor allem den Mittelstand der sogenannten Hauseigentümer aufs Schwerste betreffenden Zusammenbruch erfolgen soll, oder ob durch Reformen vorgebeugt, und die neue Bahn bewußt und mit Schonung beschritten werden soll[2]).

Das Klein- und Eigenhaus (Belgien).

25. Nach dem in Nr. 21 über die sozialmechanische Wirkung des Nichtvorrangs und der Nichttilgung der Baukosten Zusammengefaßten ergibt sich die große und nützliche Wirkung, welche die Einführung der beiden zu begutachtenden Reformen für unser Wohn- und Siedelungswesen haben würde. Die heutige Diktatur der Terraininteressenten würde durch Beseitigung der Bodenpreishochtreibungsmittel aufhören.

Damit zugleich die Herrschaft der Mietskaserne, soweit sie zur Erlangung der „Kasernierungsrente" von ihnen in sachlich nicht absolut gebotener Weise gefördert wird.

Die Bauunternehmung, durch den Meliorationsvorrang gesichert, würde in Zukunft sowohl (um die bisherige Risikoprämie) billiger bauen[1]), als auch, unter dem Druck des Wettbewerbes, besser und dauerhafter, also wohnlicher.

Außerdem würde sie, von dem Terrainbesitz unabhängig, im eigenen, wirtschaftlichen Interesse Anlehnung an die Wohnungskonsumenten suchen, um der Wohnhausbaufinanzierung, statt des bei der abstrakten Mietskaserne heut einzig möglichen, abstrakten Gewinninteresses auch andere, individuellere und mehr gefühlsmäßige, starke Motive dienstbar zu machen.

An die Stelle der im Dienst der Terraininteressenten und ihrer Bodenpreishochtreibung heut geschaffenen, unwohnlichen Mietskaserne mit ihrem vergänglichen, nur der Erlangung hoher Taxen und Beleihungen dienendem Scheinprunk könnte dann weitgehend der Bestellungsbau des

---

[2]) Vgl. A. Weiß in dem Nr. 20 A. 2 angeführten Werke S. 90f., S. 158. Derselbe in Für Groß-Berlin II 1912, S. 750 befürchtet: „daß bei der späteren Wiederbebauung unserer jetzigen Mietskasernen, — weil die Baukosten nicht amortisiert werden, somit der Grund und Boden für die Wiederbebauung zu teuer wird — unser ganzer städtischer Mittelstand und höchstwahrscheinlich auch unsere ganze Betätigung im Weltwirtschaftskampfe zusammenbrechen muß".

[1]) Über die durchgehend übersehene, sehr bedeutende Bau-Risikoprämie vgl. Eschwege: Boden- und Hypothekenprobleme Jena, 1913, S. 34f.

Einfamilienhauses treten mit einer individuelleren und dem Zweck des guten Wohnens dienenden Einrichtung und Ausstattung[2]).

Das Ziel möglichst guten Wohnens würde also in sozialmechanisch richtiger Weise dadurch gefördert, daß man es dem Erwerbstrieb des Wohnungsproduzenten als Mittel der einfacheren Finanzierung darböte.

26. Was in der Finanzierung des Wohnhausbaus der Eigenhausgedanke zu leisten vermag, möge ein kurzer Hinweis auf Belgien zeigen, da man Berufungen auf England wegen der „ganz verschiedenen Bodenverfassung" abzulehnen pflegt. Das Darzulegende beruht, außer auf der Literatur[1]), vor allem auf eigener Wahrnehmung und Erkundigung.

Selbst in den großen belgischen Städten herrscht das „eigene Haus" mit kleinem Garten noch ganz und gar vor, wenn auch nur als Reihenhaus, und zwar meist als schmal und hoch gebautes mit steiler Treppe und dünnen Mauern, als „auf die Kante gestellte Etage". Aber mit diesem Eigenhauskult als treibender Kraft und der von der Zentralsparkasse vermittelten Hypothekarlebensversicherung als Werkzeug hat Belgien in zwei Jahrzehnten schon mehr als 60 000 Arbeitereigenhäuser geschaffen!

Das Vorbild für diese gewaltige Leistung der Arbeiterschaft bot der belgische Bürgerstand, der auch in Großstädten wie Brüssel und Gent das Ziel des Eigenhauses, und zwar des unbelasteten Eigenhauses stets erstrebt und regelmäßig auch erreicht.

27. Für dieses Gutachten interessiert dabei vor allem die sehr häufige, volle Hypothekenfreiheit. „Die Hälfte der Häuser ist unbelastet," sagte mir der Genter Hypothekenbewahrer, und die Hypothekenbücher gaben ihm Recht. Diese Entschuldung wird mit für uns unerhört starken Amortisationsleistungen (6% und mehr) errungen, und zwar ohne rechtlichen Zwang.

Allerdings hält das Gesetz (von 1851) durch eine dem Code Napoléon entnommene Vorschrift den Gedanken lebendig, daß Hypotheken Schulden sind und daher nicht für immer, sondern nur auf rasche Tilgung begründet werden sollten. Jede seit 15 (C. Nap. 10) Jahren eingetragene Hypothek erlischt nämlich und wird im Register gelöscht, wenn sie nicht vor Ablauf jener Frist „erneuert", d. h. auf Antrag des Gläubigers wieder eingetragen worden ist. Das wirkt offenbar sehr stark auf die Verkehrs-

[2]) Ebenso Dr. Pesl: Städt. Grund und Boden 1912, S. 186ff.

[1]) Altschüler in Jahrbücher des Europ. Bodenkredits, Bd. I H. 1 (1909). — Pohlman, Das Einfamilienhaus in Belgien in der „Bodenreform" 1909, S. 744ff. — Eberstadt, Handbuch des Wohnwesens, 2. A. 1910, S. 458ff. — Eberstadt, Neue Studien über Städtebau und Wohnungswesen, 1912.

gewohnheiten ein. So fordert z. B. die Stadt Brüssel bei Baustellenverkäufen stets und formularmäßig die Abtragung der Restkaufgeldhypothek in längstens 15 Jahren, also innerhalb der ersten Hypothekenfrist. Aber ein rechtlicher Zwang zur Entschuldung liegt darin nicht, nicht einmal ein indirekter durch Kosten. Denn die Kosten der Wiedereintragung sind nach den Tarifen und nach zuverlässiger Auskunft sehr gering, etwa 50 Frs. alles in allem, gleichviel wie hoch die Hypothek war.

28. Das treibende für diese Entschuldung, wie auch für den Besitz des Eigenhauses sind also soziale Traditions- und Gefühlsmomente.

Vor allem die altherkömmliche Seßhaftigkeit eines selbstbewußten Stadtbürgertums, die dagegen in Preußen systematisch ausgerottet worden ist durch die von und seit Friedrich Wilhelm I. bewußt und streng gehandhabte Regel der außerheimischen Anstellung der Beamten und Offiziere, dieser (nach Gierke) „modernen Vagabunden", die doch absolut bestimmend wurden für alle von Berlin aus durch Verwaltungszwang oder soziales Beispiel verbreiteten Wohn- und Siedelungsanschauungen, so vor allem für die Bevorzugung der wagerechten Etage „mit allem Komfort" in der Mietskaserne, gegenüber der senkrechten des „Eigenhauses".

Sodann wirkt in dem Belgier der bourgeois-Trieb, für sich zu sein, der ihn dann auch das stets vorhandene Gärtchen mit möglichst hoher Mauer gegen die Nachbarn absperren läßt. Ferner der gleichartige Wunsch, seine Vermögens- und Schuldverhältnisse nicht der teilweisen Öffentlichkeit des Hypothekenregisters preiszugeben. Endlich und vor allem, für die Wohlhabenderen, das „schuldenfreie Haus" als durchaus übliches erstes und Hauptkriterium der Kreditwürdigkeit[1]).

Gegen diesen Drang nach dem Einfamilienhaus kommt auch, wenigstens vorderhand, das Etagenhaus und die Mietskaserne durchaus nicht auf. Ohne irgendwelchen Rechtszwang durch Bauordnung, Bebauungsplan oder Steuermaßregeln, erfolgt die Parzellierung doch durchgehend auf das schmale Einfamilienhaus mit Garten hin.

29. Von höchstem Interesse für unsere Hypothekenfrage ist nun, gegenüber der immer größeren Schwierigkeit, unsere abstrakten Miets-

---

[1]) Hierin liegt ein sehr charakteristischer Unterschied zwischen den belgischen Städten und dem gleichfalls das Eigenhaus als selbstverständlich pflegenden Bremen (oben Nr. 11). Hier gehört zu dem Eigenhause die mit kaufmännischer Vorsicht für alle Fälle darauf eingetragene „Handfeste" (Eigentümergrundschuld), die bei Kreditbedarf verpfändet wird.

kasernen ebenso abstrakt und mit dem alleinigen Hebel des Gewinntriebes zu finanzieren, die viel einfachere und natürlichere Lösung dieser Frage bei den belgischen Einfamilienhäusern. Sie führen dem Wohnhausbau die privaten Ersparnisse direkt und individuell zu und spornen gleichzeitig den Spartrieb so gewaltig an[1]), bei dem Arbeiter für seine Hypothekarlebensversicherung genau wie bei dem bourgeois, der das „schuldenfreie Eigenhaus" erstrebt, daß die Belgier durchweg für unsere Finanzierungsschwierigkeiten, für die „Not der zweiten Hypothek" oder die Unbeschaffbarkeit des „letzten Drittels" keinerlei Verständnis haben. Das erscheint ihnen ebenso fremdartig wie unser unbares Bodengeschäft mit den untilgbaren Hypotheken für Baustelle und Bauaufwand, oder wie unsere hohen Baubodenpreise, die Frucht dieses unseres allzu „vollkommenen" Hypothekenwesens[2]).

30. Wird also durch Änderung des Hypothekensystems die Terraindiktatur und mit ihr die Bevorzugung der Mietskaserne gebrochen, so wird die Bahn frei für andere Hausformen, und dann werden schon allein die Finanzierungsvorteile die zur „Besserung der Wohnungsverhältnisse" erwünschteste Form, das kleine Eigenhaus auch in Deutschland fördern. Denn der Eigenhauskult der Belgier, trotz stärkster kapitalistisch-industrieller Entwickelung und entsprechender Beweglichkeit der Bevölkerung widerlegt die Behauptung, daß zu einer starken Industrialisierung unweigerlich die Mietskaserne gehöre. Und daß auch deutsche Arbeiter sich vielfach nach dem Einfamilienhause sehnen, zeigt die von Eberstadt[1]) mitgeteilte Statistik des Arbeitsamtes der Vereinigten Staaten von 1901 über 25 000 Arbeiterfamilien in 33 Staaten. Von den aus Deutschland eingewanderten waren danach 32% Hauseigentümer, gegenüber einem Gesamtdurchschnitt von nur 19%, und zwar zur größeren Hälfte (57%) schuldenfreie. Das zeigt aber auch in Deutschland selbst

---

[1]) Pesl, Der städt. Grund und Boden 1912, S. 188: „Überall, wo ein Arbeiter oder ein anderer Minderbemittelter sich ein Eigenhaus . . . baute oder erwarb, machen wir die Beobachtung, daß der Arbeiter mehr jährlich an Kapital zurückzahlt, als er nach dem Vertrage gezwungen ist."

[2]) Wer eine Baustelle in Brüssel kauft, muß mindestens 6% Amortisation herauswirtschaften, die er in Berlin spart, also — mehr bezahlen kann und muß. Ein Miete-Boden-Anteil von 1200 Mk. entspricht in Brüssel einem Baustellenpreis von etwa 10 000 (600 Zinsen + 600 Amortisation), in Berlin von etwa 20 000 (1200 Zinsen).

[1]) Handbuch des Wohnungswesens, 2. A. 1910 S. 465 f.

das Gedeihen zahlreicher das Arbeiter-Eigenhaus vermittelnder, genossenschaftlicher Siedelungen[2]).

31. Soweit aber die wirklich oder vermeintlich notwendige Freizügigkeit einer Bindung durch das Eigenhaus im Wege steht[1]), kann und wird die durch Hypothekarreform unabhängig gemachte Bauunternehmung eine geeignete Finanzierung durch das Pflegen besserer und wohnlicherer Hausformen erreichen, z. B. durch ein Zusammenarbeiten mit Genossenschaften, die ihren Genossen als Ersatz des Eigenhauses etwa den sogenannten „Erbbesitz" gewähren, d. h. eine nur von deren Seite frei kündbare Miete auf 30 Jahre, bei der aber der Mietzins sich entsprechend den Änderungen der öffentlichen Lasten und des Hypothekenzinses automatisch ändert, bei der der Mieter ferner die laufenden Reparaturen trägt und vor allem bei der Finanzierung des Hauses durch eine Mieterhypothek sich beteiligt[2]).

32. Die „Verbesserung der Wohnungsverhältnisse" durch Einbürgerung des Klein- und Eigenhauses kann und soll also nicht bloß durch die öffentlich-rechtlichen Mittel des Bebauungsplanes, der Fluchtlinien- und Bauordnung (Nr. 9, 10) gefördert werden. Auch die Beseitigung der auf die Mietskaserne drängenden Terraindiktatur durch Abstellung ihrer hypothekenrechtlichen Machtmittel würde diese bessere Wohnform emporbringen, da sie, wie außer England auch Belgien beweist, die Finanzierung des Wohnhausbaus ungemein erleichtert.

---

[2]) Grundsätzlich äußerte sich hierzu der sächsische Staatsminister Graf Vitzthum v. Eckstädt in einer Heimatschutzdebatte in der Sächsischen II. Kammer am 24. April 1914: „Was bedeutet die Bevorzugung des Kleinhauses, die Verminderung der Wohndichtigkeit denn anders, als eine Gesundung und Kräftigung unseres Nachwuchses, die Erhaltung einer an Geist und Körper gesunden, werktätigen Bevölkerung, was anders als die Erhaltung der Volkskraft überhaupt". . . . . (Die Regierung wolle daher) „durch die für Kleinhäuser in Aussicht gestellten Erleichterungen ihren Bau tunlichst fördern, damit deren immer mehr werden, die ein Stück deutscher Erde ihr eigen nennen und es als Grundlage ihrer Existenz lieben".

[1]) Daß ein durchschnittliches Arbeitereigenhaus nicht schwer verkäuflich ist, zeigt Pesl a. a. O. S. 191 f.

[2]) Erfolgreich verwirklicht wurde dieser eigentumsähnliche, genossenschaftliche „Erbbesitz" in den Gartenstädten Skopau bei Merseburg und Gronauer Wald bei Bergisch-Gladbach, vgl. „Die Gartenstadt" Jahrg. VI S. 119; Jahrg. VII S. 229ff.

Diese Verbesserung der Wohnform ist also als weiterer Vorteil den vorher (Nr. 25) festgestellten Vorteilen einer Verbilligung des Wohnhausbaues durch Beseitigung der Hochtreibung der Bodenpreise und der Risikoprämie beim Bauen noch hinzuzufügen.

Die zur Begutachtung gestellte, wesentlich national- und sozialökonomische Frage: ob infolge jener beiden Hypothekarreformen „eine Besserung der Wohnungsverhältnisse zu erwarten" sei? ist damit bejaht. Jetzt fragt es sich, ob und wie jene Reformen juristisch durchführbar sind?

Frage I: Baugläubigervorrang.

Abgelehnte Systeme.

33. Die erste Frage: „eine selbständige Belastung des Bauwerkes, unabhängig von Grund-Eigentum und Erbbaurecht" mit der Ergänzung: „oder eine Bevorzugung der Baugläubiger in Höhe des Bauwertes", ist für den Juristentag nicht neu. Es ist die von ihm Jahre lang erörterte Bauhandwerker- oder Baugläubiger-Frage, nur daß sie heut nicht mehr an sich und um ihrer selbst willen gestellt wird, sondern wegen ihrer etwaigen Wirkung zur Verbesserung der Wohnungsverhältnisse (oben Nr. 7).

Das ändert aber an der Frage selbst natürlich nichts, und so bleiben die damals mit höchster Anspannung juristischen Denkens und gesetzgeberischer Kunst aufgestellten, mannigfachen Lösungsversuche und das schließliche Ergebnis: das Bauforderungsschutzgesetz vom 1. Juni 1909, selbstverständlich bedeutungsvoll auch für die heut gestellte Frage, ob und wie die Aneignung des Bauwertes durch die Baustellenhypothekare verhindert werden könne, zum Vorteil nicht sowohl (oder doch nicht bloß) der Baugläubiger, sondern vor allem der Hausbewohner.

Jene Lösungsversuche sind in den damaligen Verhandlungen des Juristentags und in vielen leicht zugänglichen Werken dargelegt, auf die hier verwiesen werden muß[1]), um den beschränkten Raum dieses Gutachtens frei zu bekommen zu eingehender Würdigung einiger, gerade heut im Vordergrund stehender Vorschläge, sowie zur juristisch-begrifflichen Auseinandersetzung mit diesen vielfach wenig klar gedachten Lösungen.

[1]) Außer dem guten Kommentar zum Bauford.-Schutzgesetz von Hagelsberg (Berlin 1911), sei noch besonders hervorgehoben „Das Pfandrecht der Bauhandwerker" (2. Aufl., Leipzig 1910) von dem Großindustriellen H. Freese (Berlin), dem Vorkämpfer für diese Reform seit 1891 und dem Gutachter darüber bei dem XXVI. Juristentag (1902).

34. „Eine selbständige Belastung des Bauwerkes" setzt die Ausschaltung von superficies solo cedit voraus, also die Umkehrung des Verhältnisses von Regel und Ausnahme zwischen BGB. §§ 94 und 95, etwa durch folgenden neuen Paragraphen:

„Zu den Bestandteilen eines Grundstücks gehören nicht die mit dem Grund und Boden verbundenen Gebäude."

Auch das vom Eigentümer errichtete Gebäude wäre dann in der Rechtslage z. B. eines heutigen Erbbauhauses (§ 95).

Aber das Ziel, der Baustellenhypothek den Bauwert zu entziehen, wäre damit keineswegs erreicht. Denn das als Nichtbestandteil doch wohl bewegliche[1]) Haus wäre als vom Eigentümer der Baustelle und für diese errichtet nach § 97 BGB. ihr Zubehör und als solches nach § 1120 der Baustellenhypothek gerade so verfangen, wie es ihr jetzt als wesentlicher Bestandteil der Baustelle haftet. Um die Baustellenhypothekare zurückzudrängen, müßte also auch der § 97 durchlöchert werden. — Aber auch die Sicherung der Baugläubiger selbst wäre nicht leicht. Am nächsten läge für das bewegliche Haus die Fahrnisverpfändung, doch würde hier sowohl die Bestellung der Sicherheit: Besitzeinräumung: § 1205, als die Pfand-Durchsetzung, bei der der Ersteigerer des Hauses es auf die negatoria (§ 1004) des Bodenherrn wohl gar abbrechen müßte[2]), große Unzuträglichkeiten bieten.

35. Dieser wertvernichtende Abbruch müßte jedenfalls ausgeschaltet, also dem Bodenherrn die negatoria abgesprochen werden. Damit erhielte dann der Ersteigerer des Hauses ein Recht, auf dem fremden Grundstück dieses Haus zu haben (also etwa so lange, bis es durch Einsturz, Brand oder sonst unterginge[1]). Er erhielte also eine Art Erbbaurecht, nur unbestimmt in der Zeitdauer und ohne Erbbauzins. Ein derartiges Gebilde gesetzlich einzuführen, würde indes wohl niemand Lust haben, es würde aber auch aus der hier zur Begutachtung gestellten Frage: „selbständige Beleihung des Bauwerks, unabhängig vom Erbbaurecht", herausfallen.

36. Dazu kommt noch eins.

Angenommen, es würde an dem sachenrechtlich verselbständigten Hause ein Pfand- oder Hypothekenrecht für die Baugläubiger, die allein

(34) [1]) So die Meisten, z. B. Enneccerus BR. I § 118 A. 19; M. Wolff BR. III § 22 A. 2, Endemann BR. I § 51 A. 12. — Für Unbeweglichkeit: H. Meyer in Festgabe für F. Dahn, Breslau 1905, III S. 291 ff.

[2]) So in der Tat zahlreiche nordamerikanische Bauschutzgesetze: Salomonsohn, Schutz der Baugläubiger in Nordamerika, 1900, S. 292, 299.

(35) [1]) So vielleicht das vorciceronische römische Recht: Polenske, Forschungen zur Bodenreform, 1909, II S. 61.

diesen Wert geschaffen haben, ermöglicht, so wäre damit ihr Schutz gegen die Baustellenhypothekare doch noch keineswegs gewährleistet. Denn bei deren nun einmal bestehender, wirtschaftlicher Übermacht würden sie als Bedingung und Preis für die Genehmigung des Bauens sich die Vorrechtsstellung, die sie heut als Grundstückshypothekare auf Grund von superficies solo cedit kraft Gesetzes haben, genau so auch an dem künftigen, selbstständigen Hause vertragsmäßig einräumen lassen. Der praktische Erfolg dieser Umstürzung aller Begriffe wäre also gleich Null, falls man ihnen nicht auch noch diesen Weg dadurch verlegte, daß jenes Pfandrecht an dem zukünftigen Hause ausschließlich den Baugläubigern vorbehalten würde.

Ohne diese die wirtschaftlichen Machtverhältnisse durch Rechtszwang gerecht berichtigende Schlußmaßregel wäre die ganze Ausschaltung von superficies solo cedit ein Schlag ins Wasser; mit ihr aber ist sie — überflüssig! Denn sobald das Gesetz den Baugläubigern den Bauwert ausschließlich vorbehält, kann es sein Gerechtigkeitsziel genau ebenso gut auch ohne Abschaffung von superficies solo cedit erreichen, durch rein hypothekenrechtliche Maßregeln, durch „Bauhypotheken", die den Baugläubigern in der Zwangsversteigerung nicht das Bauwerk, sondern den — jeweils noch vorhandenen — Bauwert zu vorzugsweiser Befriedigung vorbehalten.

37. Mit dieser Frage haben wir uns daher jetzt zu beschäftigen.

Da bietet sich zunächst der in der Tagespresse mehrfach besprochene Auslegungsvorschlag des Dresdener Architekten Gustav Baumgärtel in: „Evolution, nicht Revolution, § 94 BGB.", Dresden 1912. — Auf Grund reicher persönlicher Erfahrung und klaren, praktischen Denkens fordert Baumgärtel seit langem in seinen Schriften und Vorträgen die volle Bevorzugung der Baugläubiger vor den Baustellengläubigern. Aber während er früher ein Gesetz dazu für nötig hielt, glaubt er jetzt, durch eine bloße, richtigere Auslegung des § 94 das Ziel zu erreichen, und in Architekten- und Innungskreisen sammelt man Geld, um die Frage im Prozeßwege an das Reichsgericht zu bringen, das — hofft man — die Baumgärtelsche Auslegung anerkennen und damit ohne den schwerfällig-langwierigen Umweg eines Reichsgesetzes den Baugläubigern endlich ihr gutes Recht bringen werde.

Baumgärtel will die Baustellenhypothek hinter die Bauhypothek zurückzwingen mit Hilfe der §§ 93 und 94, indem er „Grundstück" und „Grund und Boden" im § 94 dahin unterscheidet, daß Grundstück nur der — mit Gebäuden oder mit Vegetation: S. 32 — bebaute Boden sei. Daher sei die nackte Baustelle, die „abgeschalt", d. h. ihrer Vegetationsdecke beraubt worden sei, einstweilen überhaupt kein Grundstück, sondern nur — der wesentliche Bestandteil eines (einstigen und zukünftigen) Grundstückes! Ein wesentlicher Bestandteil dürfe (!) aber nicht Gegenstand besonderer Rechte sein, und daraus ergibt sich für ihn: „daß die Baustelle vor der Umwandlung zu einem Grundstück — also vor der Bebauung — pfandfrei sein muß" (S. 52). Der Baustellenhypothekar müsse also vor Baubeginn seine Hypothek löschen oder auch zurücktreten lassen.

Es liegt auf der Hand, daß diese Auslegung juristisch allseitig unmöglich ist. Wenn wirklich die „abgeschalte" Baustelle, die nicht mehr landwirtschaftlich und noch nicht architektonisch bebaut ist, ein Nichtgrundstück wäre, so folgte daraus natürlich nicht, daß der Eigentümer ihre Hypotheken zurückstellen oder zur Löschung bringen müßte, sie würden vielmehr von selbst erlöschen, ja das ganze „Nichtgrundstück" müßte von Amts wegen im Grundbuch gelöscht werden. — Aber der Obersatz: „daß der Gesetzgeber unter ‚Grundstück' nur den ‚bebauten' Boden wird verstehen können", ist unrichtig. Das „Grundstück" als Gegenstand von Kataster, Grundbuch und Liegenschaftsrecht hat den römisch-gemeinrechtlichen Sinn, den die Motive zutreffend mit „ein mathematisch begrenzter Erdausschnitt" (III S. 48, S. 54), oder „ein räumlich begrenzter Flächenabschnitt" (III S. 54) wiedergeben[1]).

Das Reichsgericht könnte also niemals ex regula artis zur Anerkennung der Baumgärtelschen Deduktion kommen, sondern höchstens im Wege einer freirechtlichen Equity-Entscheidung. Und dafür besteht hier keinerlei Wahrscheinlichkeit. Es kommt also nur eine gesetzgeberische Lösung in Frage.

38. Für ihre Notwendigkeit spricht schon ein elementares, juristisches Reinlichkeitsbedürfnis.

Ihm trägt das Schweizer Zivilgesetzbuch von 1907 Rechnung, indem es im Art. 841 den mit ihrem (gesetzlichen) Pfandrecht ausgefallenen Bauhandwerkern und Unternehmern einen Anspruch gegen den vorgehenden Pfandgläubiger gewährt auf den „den Wert des Bodens übersteigenden Verwertungsanteil der vorgehenden Pfandgläubiger", und zwar schon: „sofern das Grundstück in einer für sie erkennbaren Weise zum Nachteil der Handwerker und Unternehmer belastet worden ist". Also praktisch eine Doluspräsumption, wie die römischen Magistrate sie gegen unlautere Geschäftsgewohnheiten z. B. der Wirte usw. (D. 4, 9. 1 § 1)

---

[1]) So ist auch das „Grundstück" der §§ 95 II und 1012 im Zweifel und in der Regel eine nackte Baustelle.

oder Sklavenhändler (D. 21, 1. 1 § 2) verwendeten und wie sie sie wenigstens in der Kaiserzeit im Sinne der Ulpianschen praecepta iuris: «honeste vivere, alterum non laedere, suum cuique tribuere»[1]) auch verwertet hätten gegen die heut übliche[2]), gewerbsmäßige Ausnutzung des Zusammenwirkens von superficies solo cedit und Priorität zu einer allen drei praecepta iuris gleichzeitig ins Gesicht schlagenden, diebstahlsähnlichen «adquisitio lucrativa et improba» (vgl. G. II 55—57)[3]).

Allerdings könnte die Schweizer Bestimmung durch Beweisschwierigkeiten lahmgelegt werden. Das ist aber bei den zwar maßvollen, aber durchgehend sachlich ernsthaften und ehrbaren Schweizer Gerichten mit starker Laienbeteiligung nicht zu befürchten[4]). Und so soll der Vorbeugungs-

---

[1]) D. 1,1 (de iust. et iure) 10 § 1.

[2]) In Rom dagegen, soweit ich sehen kann, unbekannte, — vgl. auch Polenske Forschungen zur Bodenreform I., II. 1909, besonders S. 99.

[3]) Über diese schamlosen Zustände vgl. z. B. Freese, Das Pfandrecht der Bauhandwerker, 2. A. 1910 (besonders typisch S. 15: der Unternehmer vieler verkrachter Häuserbauten in Berlin, der dem Verfasser anvertraute, „daß er als erfahrener Mann seinem Erstgeborenen nicht weniger als 5 Vornamen mitgegeben habe, damit er später einen nach dem anderen gebrauchen könne" —!), Hagelsberg, Kommentar zum BFSchGes. 1911, S. 1—4 und besonders Hoeniger, Die Prozesse des Bau-, Grundstücks- und Hypothekenmarktes in Formularen 1912, wo S. 336 f. dargelegt wird: „wie man in Berlin umsonst baut", mit den Bauhandwerkerklagen Nr. 111—4. — Streng verurteilend auch Nußbaum: Deutsches Hypothekenwesen 1913, S. 286 f., der die Beseitigung dieser schweren Krankheit des gewaltigen Baugewerbes mit Recht eine „Angelegenheit der gesamten deutschen Volkswirtschaft" nennt. — Sehr sachkundig, unter Hereinziehung auch der neben den Zwangsversteigerungen stehenden, massenhaften, stillen Akkorde für 15—20% der Handwerkerforderungen: Eschwege, Boden- und Hypothekenprobleme 1913, S. 28 ff., S. 76 und in: „Die Bank" 1913 S. 952—63. — Aus einer Denkschrift des preußischen Handelsministers an den Landtag über die Baugläubigerverluste in Groß-Berlin von 1909—11 teilt der „Tag" vom 17. Mai d. J. als „typischsten Fall" des Bauschwindels mit: „Der Terrainbesitzer sucht durch Strohmänner Leute, die seine schwerverkäuflichen Grundstücke an vermögenslose und mit dem Geschäft nicht vertraute Personen zu hohen Preisen losschlagen. Die Preise werden dabei oft um 50—100% zu hoch angesetzt. . . Vor oder gleich nach Verbrauch des Baugeldes, aus dem die Handwerker und Lieferanten nur teilweise befriedigt werden konnten, wird das Grundstück dann zur Zwangsversteigerung gebracht. Dabei bringt der Terrainbesitzer selbst oder ein sonst an der Bauausführung Interessierter, häufig unter Gründung einer G. m. b. H. das Grundstück an sich. Mindestens die Ausbauhandwerker fallen dabei mit einem großen Teil ihrer Forderungen aus." — Vgl. jetzt Nr. 99 A. 1.

[4]) Ich urteile auf Grund eigener Wahrnehmungen als Professor in Lausanne (1883—1902) und in Genf (1889—96). — Daß allerdings auch in

zweck der Bestimmung, nach freundlicher Auskunft Hubers, sich durchaus bewähren.

39. Wie Huber, auf unserem BGB. und seinen Vorarbeiten fußend, aus diesem unschätzbaren Material das zu schaffen gewußt hat, was unser BGB. leider nicht ist: ein Volksrechtsbuch, das klar spricht, praktisch denkt und kräftig zugreift, so ist auch das Baugläubigerpfandrecht und dieser Art. 841 nichts als die praktisch bündige Zusammenfassung der jahrzehntelangen, deutschen Erörterungen, die dann zwei Jahre nach dem Schweizer Zivilgesetzbuch zu unserem Bauforderungsschutzgesetz vom 1. Juni 1909 führten[1]).

Von diesem Gesetze ist von wirklicher Bedeutung nur der zweite Teil, der durch landesherrliche Verordnung für bestimmte Gemeinden in Kraft gesetzt werden muß. Eine solche Verordnung ist bisher noch nirgends ergangen, und namens der dazu aufgeforderten preußischen Regierung erklärte der Handelsminister v. Sydow am 19. Februar 1913 im Abgeordnetenhause, sie habe zur Durchführung des Gesetzes „keine Courage". Bei dem augenblicklich vielfach brennenden Wohnungsmangel wird es hiermit auch jetzt kaum anders stehen, da man dem Gesetz vielfach eine den Häuserbau erschwerende Wirkung zuschreibt. Das nahmen wohl auch die Berliner Haus- und Grundbesitzer an, als sie in ihrer großen Protestversammlung vom 29. März 1914 nach schweren Klagen wegen eines Über-Angebots von Häusern und Wohnungen nachdrücklich und einstimmig die sofortige Einführung des II. Teils des BFSch. Gesetzes forderten[2]).

---

der Schweiz, besonders unter dem Einfluß der Fremdenindustrie, die sittliche Kraft des Volkes zurückgeht (vgl. oben Nr. 8), wird von ernsten Schweizer Staatsmännern und Schriftstellern eindringlich festgestellt.

[1]) Vgl. Nußbaum, Deutsches Hypothekenwesen 1913 S. 287f., S. 303.

[2]) Nach dem „Tag" vom 30. März d. J. — Was der „Tag" vom 17. Mai d. J. aus der Denkschrift des preußischen Handelsministers (Nr. 38 A. 3) mitteilt, deutet nicht auf baldige Einführung des Gesetzes hin: „Die Ermittelungen lassen keinen Zweifel darüber, daß in zahlreichen Fällen der Bauschwindel . . . als die Ursache der Bauverluste zu bezeichnen ist. Sie zeigen aber auch, daß der Bauschwindel bei weitem nicht die alleinige Schuld an den Verlusten trägt, sondern daß zu ihrem Entstehen häufig die verschiedensten Gründe mitgewirkt haben. Die Denkschrift glaubt die Überproduktion in Bauten als eigentlichen Grund (?) der Verluste zu erkennen." — Dieses Ergebnis war vorauszusehen; vgl. die sachkundigen Darlegungen: „Ungeeignete Sachverständige" von Eschwege im Januarheft der „Bank" 1914 S. 16—25.

41. Die Übertragung dieses Gesetzes vom Papier ins Leben würde also kaum viel leichter sein, als die Schaffung eines neuen Gesetzes. Dazu kommt, daß es den eigentlichen Grund der heutigen Bau- und Siedelungsmißstände übersieht und vernachlässigt. Er liegt, wie oben (Nr. 23) dargelegt, in der Fehlleitung unseres Immobiliarkredits. Wohin leitet der Staat diese immer neuen Milliardenkredite, die doch er allein vermittelt: durch sein Grundbuch, durch die Konzessionierung von Hypothekenbanken (HypBkGes. § 1) und durch die Ermächtigung zur Ausgabe kleingestückelter Pfandbriefe auf den Inhaber (BGB. § 795)? Bewußt leitet er sie gar nicht, aber tatsächlich, durch das Zusammenwirken der von ihm sanktionierten beiden Rechtssätze superficies solo cedit und prior tempore potior iure, leitet er diesen Immobiliarkredit nicht dahin, wo er allein volksnützlich ist: zur Melioration, zum Wohnungs- und Siedelungswesen, sondern zu der schlechtweg volksschädlichen Bodenpreishochtreibung. Solange nur der Schutz Einzelner — der ausgeraubten Bauhandwerker — in Frage stand, konnte dieses Herumkurieren an der Oberfläche allenfalls genügen, jetzt ist aber das volks- und sozialwirtschaftliche Siedelungsproblem in seinem ganzen Umfange gestellt, und da muß auch das Leiden in seinem wirklichen Ursprung erkannt und bekämpft werden.

System des suum cuique.

42. Da kommen denn praktisch nur zwei Systeme in Betracht, das von Eberstadt, Baumgärtel u. a. verfochtene, welches den Baugläubigern, gegenüber den Baustellenhypothekaren, in Höhe des noch vorhandenen Bauwertes einfach den vollen Vorrang an dem gesamten Zwangsversteigerungserlös gewährt und das weniger schroffe System des suum cuique, das in neueren amerikanischen Gesetzen von Illinois, Pensylvanien u. a. gilt[1]), und wonach die Bau- nnd Baustellenhypothekare den Zwangsversteigerungserlös proratarisch im Verhältnis des taxierten Bau- und Baustellenwertes teilen. Ich vertrat dasselbe in einem Vortrage vor der Wiener Juristischen Gesellschaft im März 1913[2]). Jetzt ist mir aber die praktische Durchführbarkeit dieses Gleichstellungssystems sehr zweifelhaft geworden.

42. Sein unleugbarer Vorzug liegt in der billigen Verteilung des Zwangsversteigerungsrisikos. Bei der Zwangsversteigerung

[1]) Salomonsohn, Der gesetzliche Schutz der Baugläubiger in den Vereinigten Staaten von Nordamerika, S. 302 ff.

[2]) Auszug in den Juristischen Blättern, Wien, 6. April 1913.

kommt regelmäßig nicht der jeweilige, wirkliche Konjunkturwert des Grundstücks heraus, sondern ein von allerhand Willkürlichkeiten abhängiger, viel niedrigerer Betrag. Darunter leidet von den Hypothekengläubigern vor allem der, der hintenan steht. Bei dem jetzt geltenden System sind das die Baugläubiger, insbesondere die zuletzt kommenden und daher aus den Baugeldern nicht befriedigten Ausbauhandwerker. Selbst wenn ihre Hypothek noch innerhalb des normalen Konjunkturpreises liegt, fallen sie bei dem Schleudersystem der Zwangsversteigerung meist völlig aus, während der die Zwangsversteigerung selbst beantragende Baustellenhypothekar seine Beute davon bringt.

Gerade umgekehrt wäre es nun bei dem von Eberstadt u. a. empfohlenen, absoluten Vorrang der Bauhypothek. Hier träfen die Willkürlichkeiten der Zwangsversteigerung wieder ausschließlich den dann regelmäßig hintenan stehenden Bodenpreishypothekar. Da liegt es nahe, dem „suum cuique“ gemäß, diese Gefahr auf die Bau- und Baustellenpreis-Hypothek gleichmäßig und pro rata zu verteilen[1]). So entschied das Gericht von Illinois (bei Salomonsohn a. a. O. S. 303) in einem Falle, wo einem Baustellenwert von rund 13 000 ein Wertzuwachs aus Bautätigkeit von rund 25 000 gegenüberstand, — Gesamtwert also: 38 000, — und wo der Zwangsversteigerungserlös nur rund 13 000 betrug. Ein Bodenhypothekar für über 20 000 forderte den ganzen Erlös, erhielt aber nur $^{13}/_{25}$, also rund 4500, denn: „Das Ergebnis der Versteigerung zeigt, daß entweder das Grundstück ungemein im Werte gesunken ist, oder daß es sich nur mit erheblichem Verluste veräußern ließ. Mangels eines Beweises für das Gegenteil ist anzunehmen, daß dieser Wertfall Grundstück und Gebäude in gleicher Weise getroffen hat.“

43. Daß dieses System, das zwischen den beiden schroffen Extremen die Mitte hält, gerecht wäre, ist klar; es wäre aber auch keineswegs, wie man behauptet hat, mit unserem Grundbuchs- und Zwangsversteigerungs-Wesen technisch unvereinbar.

Im Grundbuche wäre dann neben der bisherigen Hypothekenspalte, die unverändert und für beliebige Hypotheken bliebe (Spalte A) eine nur den Bauforderungen bestimmte (Spalte B) anzulegen. Darin ständen,

---

[1]) Das Bauf.-Sch.Ges. entspricht diesem Billigkeitsgedanken dadurch, daß es für die Baugläubigerhypotheken grundsätzlich die Rangstellung nicht hinter dem vollen Taxwerte des Bodens, sondern schon hinter $^3/_4$ desselben fordert (§ 13). Es will also den Baustellenverkäufer für seine Kaufpreishypothek an dem Wertausfall bei der Zwangsversteigerung auch wenigstens mit einem Viertel des (beim Baubeginn geschätzten) Bodenwertes teilnehmen lassen.

wie im Bauforderungsschutzgesetz, als gemeinsame „Bauhypothek" die Bauforderungen alle zu gleichem Range, ferner aber — ihnen vorgehend, gemäß § 34 des Gesetzes und auf Grund der für ihn maßgebenden, zwingenden finanzpolitischen Erwägungen (unten Nr. 53 ff.), — die „Baugeldhypotheken", soweit sie der Befriedigung von Baugläubigern gedient haben.

Die Verteilung des Zwangsversteigerungserlöses erfolgte dann zwischen den beiden Spalten in demjenigen Verhältnis zwischen Bodenwert und Bauwert, wie es durch „Bauschöffen"-Taxen für die Zeit der Zwangsversteigerung festgestellt worden wäre.

Ergäbe diese Schätzung also etwa: 50 000 für den Boden und 100 000 für den Bauwert, und wäre der Zwangsversteigerungserlös 120 000, so entfielen auf Spalte A: (gewöhnliche Hypotheken in gewöhnlicher Rangfolge): 40 000, und auf Spalte B: (Baugeldhypotheken nach Rangfolge, danach Bauhypotheken zum gleichen Range) : 80 000.

Auch das „geringste Gebot" erledigte sich einfach, nämlich ganz so, wie heut zwischen verschiedenen, zu gleichem Rang stehenden Hypotheken.

Sind heut z. B. 100 000 und 50 000 zu verhältnismäßig gleichem Rang eingetragen, werden dann die 50 000 in zwei Posten von 20 000 zur ersten Stelle und 30 000 zur zweiten zerlegt, und wird endlich für diese zweitstelligen 30 000 die Zwangsversteigerung beantragt, so beträgt das geringste Gebot — von Kosten usw. abgesehen — 60 000. Denn die den 30 000 vorangehenden 20 000 werden ja nur dann gedeckt und herausgeboten, wenn im Ganzen 60 000 zur Verfügung stehen.

Genau so stünde es nun bei dem Zweispaltensystem, nur daß hier entscheidend nicht das Verhältnis zwischen den verschiedenen Hypotheken wäre, sondern das zwischen den — vor der Zwangsversteigerung taxierten — verschiedenen Werten der Baustelle und des Bauwertes[1]).

[1]) Würde also vor der Zwangsversteigerung der Bauwert auf 100000 und der Bodenwert auf 50000 geschätzt, und stände die Hypothek, wegen deren Zwangsversteigerung erfolgt, in Spalte A hinter 20000, so wäre das geringste Gebot auch hier — von Kosten usw. abgesehen, — an sich auf 60000 anzusetzen, da ja, um 20000 für Spalte A zu erhalten, auf die Bauspalte B 40000 entfallen müßten. Nur wenn etwa der tatsächliche Hypothekenbestand der Spalte B niedriger wäre, als der nach dem taxierten Werteverhältnis auf sie entfallende Betrag, würde das geringste Gebot sich um so viel vermindern. Betrügen also in unserem Beispiel die Bauhypotheken, auf die nach dem Taxverhältnis 2:1 an sich 40000 entfielen, nur 30000, so wäre das geringste Gebot natürlich nicht 60000, sondern nur 50000, da die 20000 von Spalte A ja hiermit schon herausgeboten würden.

44. Die Formalien würden sich also bei diesem an sich gerechtesten Zweispaltensystem unschwer erledigen lassen. Aber gegen es spricht außer der Notwendigkeit gleich zweier Taxen: für den Bodenwert und für den Bauwert, vor allem, daß es bei diesem System keine sichere Erststelligkeit mehr geben würde.

„Erststellig" ist, wer sich — von Kosten usw. abgesehen — allein für den Betrag seiner Hypothek herausbieten kann, oder (anders ausgedrückt), wer allen anderen Hypothekaren gegenüber ins geringste Gebot fällt. Das ließe sich nun auch hier zunächst erreichen, nämlich durch eine im richtigen Wertverhältnis auf die beiden Spalten verteilte Beleihung. Sollten also 60 000 erststellig auf ein Hausgrundstück geliehen werden, bei dem der Boden auf 50 000, der Bauwert auf 100 000 geschätzt wird, so müßten 20 000 auf die Spalte A, 40 000 auf Spalte B, und zwar als an erster Stelle stehende Baugeldhypothek geliehen werden. Bleibt nun das Wertverhältnis bis zur Zwangsversteigerung unverändert wie 1 zu 2 so sind die 60 000 voll erststellig. Hat aber das Verhältnis sich verändert, z. B. 1 zu 1, so können die auf Spalte B stehenden 40 000 offenbar nur durch ein Gesamtgebot von 80 000 herausgeboten werden. Die mit 20 000 auf den Boden und 40 000 auf das Haus belegten 60 000 wären also für 20 000 nicht mehr erststellig. Und dies, gleichviel, wodurch jenes ursprüngliche Verhältnis: 1 zu 2 sich in 1 zu 1 verändert hätte, ob durch ein Steigen des Bodenwertes von 50 000 auf 100 000 oder umgekehrt, durch eine Entwertung des Hauses von 100 000 auf 50 000[1]).

Die Erststelligkeit ist nun aber für Mündel- und Anstaltsbeleihungen die praktisch unentbehrliche Grundlage. Das Zweispaltensystem, das sie ausschließt, erscheint daher bei unseren jetzigen Bodenkreditquellen als schlechthin undurchführbar.

---

[1]) Die Bodenwertsteigerung, heut die Hoffnung aller Hypothekare, wäre also für die Erststelligkeit zu fürchten, und auch die umgekehrte Gefahr der Hausentwertung ließe sich selbst durch eine strenge Tilgung nicht sicher abwehren. Hätte allerdings bei der Entwertung des Hauses von 100 000 auf 50 000 eine Tilgung der Hausbeleihung auch genau um die Hälfte stattgefunden, so würde der Gläubiger durch ein Gebot von 40 000 glatt herauskommen; 20 000 für Spalte A, 20 000 für Spalte B. Viel wahrscheinlicher aber hätte er den Maßstab jener künftigen Taxen nicht ganz genau getroffen und so die auf das Haus geliehenen 40 000 statt um 20 000 etwa um 10 000 oder um 30 000 getilgt. Dann müßte er in einem Fall, um seine Forderung von noch 50 000 freizubieten, bis 60 000 mitgehen, im anderen für noch 30 000 bis zu 40 000.

System des Versions-Vorrangs.

45. Dann bleibt aber keine andere Reform übrig als die besonders von Eberstadt[1]) wieder und wieder befürwortete, sehr radikale der Hypothekendifferenzierung mit vollem Vorrang der Bauforderungen für den jeweils vorhandenen Bauwert. Sie kommt praktisch heraus auf das gemeinrechtliche Bauhypothekenprivileg wegen versio in rem[2]).

Wie steht es mit seiner technischen Durchführbarkeit, die durchgehends, z. B. in den meisten der auf die Rundfrage von 1909 dem Juristentag erstatteten Gutachten, in Abrede gestellt wird[3]).

Die fein abgewogenen Ausgleichsmaßregeln des Bauforderungsschutzgesetzes sind dabei natürlich nach Möglichkeit zu verwerten. Der springende Punkt des Versionssystems ist der Vorrang der Baugläubigerhypothek vor rangälteren Rechten, in Höhe des noch vorhandenen Bauwertes. Da fragt es sich denn vor allem, ob und wie man diese Bevorzugung den Inhabern jener älteren Rechte zumuten darf, also insbesondere den einstigen Veräußerern des Baubodens für ihre Kaufpreishypothek. So einverstanden sie heut mit der Bebauung sind, die ihre Hypothek nur besser machen kann und soll, so unangenehm wird das Bauen ihnen sein, wenn die Bauschulden ihre Hypothek zurückdrängen sollen. Es müßte ihnen also schon ein Bauuntersagungsrecht wegen „Verschlechterung" (wie in § 1134) zugebilligt werden. Aber da Bauen volksnotwendig ist, müßte der Eigentümer die Hypotheken (und sonstigen Berechtigungen), die sich dem Versionsvorrang nicht unterordnen wollen, kurzfristig kündigen und abfinden können, — falls er nämlich das Geld oder einen willigeren Hypothekar findet!

46. Anderenfalls müßte der Bau unterbleiben, aber damit wohl auch oft die Verzinsung der Baustellenpreishypothek. Der Verkäufer der Baustelle hätte dann die Wahl, sie (mit oder ohne Zwangsversteigerung) zurück-

---

[1]) In seinem „Kapitalmarkt" (1901) S. 270 f., Handbuch des Wohnungswesens (2. A. 1910) S. 305 ff.; Neue Studien über Städtebau (1912) S. 151 und anderwärts.

[2]) Für seine Rechts- und Dogmengeschichte vgl. jetzt vor allem Polenske, Forschungen zur Bodenreform II und III, Jena 1909 und 1910.

[3]) Auch Nußbaum, Deutsches Hypothekenwesen, 1913, S. 273 A. 4 sagt: „Die Vorschläge Eberstadts ermangeln jeder Prüfung und Durcharbeitung nach der juristischen Seite hin. Hätte Eberstadt die reiche juristische und gesetzespolitische Literatur (namentlich zu den Entwürfen des Bauhandwerkergesetzes) berücksichtigt, so würde er schwerlich seinen Vorschlag aufrecht erhalten haben."

zunehmen, oder dem Bauen, also dem Zurücktreten hinter die Baugläubigerhypothek dennoch zuzustimmen. Und da würde er wohl schließlich Letzteres vorziehen. Denn der Gewinn, den sein Bauboden verspricht, z. B. beim Übergang von der landwirtschaftlichen zur Baunutzung, oder von weiträumiger zu engerer Bauweise, ist nur durch die Bebauung zu heben, für diese aber würde sich ihm, nach Beseitigung der „adquisitio lucrativa et improba, occasione iuris" aus den §§ 879 und 94, nur die Wahl bieten zwischen Bauenlassen auf die Gefahr, den Grundstückswert zu verlieren durch Ausfallen mit der Kaufpreishypothek, oder aber selbst zu bauen und dann, beim Fehlschlagen der Bauunternehmung nicht nur mit dem Grundstück, sondern noch mit seinem ganzen übrigen Vermögen dafür aufkommen zu müssen[1]).

Da ist es denn weniger gewagt und jedenfalls ganz und gar nicht unbillig, wenn er bei Übertragung des eigentlichen Bau-Risikos auf einen anderen bei dem gewagten Geschäft des spekulativen Häuserbaus auch seinerseits etwas, nämlich seine Baustelle, wagt.

Denn die Art, wie heut bei uns das Spekulationsunternehmen eines Mietskasernenbaus typisch durchgeführt wird, ist doch nichts als eine societas leonina[2]).

47. Für den durchschnittlichen Baubodenbesitzer bedeutet das Zulassen der Bebauung nicht eine Vergünstigung, die er bewilligt, sondern einen Vorteil, der ihm zuteil wird, nämlich das Erlangen der Baubodens-Rente, des Bauwertes. „Wer den Bauwert heben will, der setze sein Grundstück dafür ein!" sollte es heißen statt unseres heutigen Systems der Abwälzung des Baurisikos auf Bauunternehmer als Strohmann-Eigentümer, nach der von Eberstadt[1]) mitgeteilten Formel eines der größten Bauherren Düsseldorfs: „Bauunternehmer sind Leute, die man annimmt, um ein Terrain zu verwerten."

Anders in den Vereinigten Staaten, wo vielerorten der Verkäufer der Baustelle das ganze Baugeld gibt. Bei Unterschlagung desselben durch den

---

[1]) Eine Grundstücks-G. m. b. H. würde ihn hiergegen kaum schützen, denn wie Nußbaum a. a. O. S. 149 bemerkt: „wird der Regel nach kein Hypothekar . . . einer G. m. b. H. . . . . eine Hypothek bewilligen, ohne die persönliche Haftung der Gesellschafter zu verlangen". — Daselbst auch weitere Nachteile der G. m. b. H.

[2]) Nur daß der Löwe dabei nicht der zu Unrecht Bau-Löwe genannte, insolvente Unternehmer ist; er ist nur die Hyäne (Nr. 38 A. 3), im Gefolge der wahren Löwen: Nr. 3, 22.

(47) [1]) Handbuch des Wohnungswesens, 2 A. 1910 S. 101. — Vgl. auch Nr. 38 A. 3.

Unternehmer erklärte das Gericht von Missouri 1888 daher auch jenen für haftbar mit der Begründung; „Er braucht keine Zwischenperson zur Ausführung des Baues anzustellen!“ [2])

In der festen Übung, einem Teil, oft bis zu zwei Dritteln, des Baugeldes den Vorrang vor der Restkaufgeldhypothek einzuräumen, zeigt sich ja auch bei uns ein Verständnis für diesen Gedanken. Eberstadt [3]) sagt hierüber mit Recht:

> „Anerkannt ist die Sonderstellung des Baukapitals schon heute, indem der Bodenbesitzer für einen Teil dieses Meliorationskapitals — aber eben nur für einen Teil — freiwillig die Priorität einräumt... (Er) anerkennt hierdurch 1. daß nur die Bebauung das Grundstück zu Werte bringt; 2. daß er sich einen Wert aneignet, der durch die Tätigkeit anderer produziert werden muß; 3. daß er sich den vollen Wert jedenfalls unter keinen Umständen aneignen kann, sondern Priorität geben muß.“

Statt dieser $^2/_3$-Priorität kraft freien Vertrages und mit vielfachen Schranken und Bedingungen träte in Zukunft die volle und glatte Priorität der Baukosten kraft rechtsnotwendiger Vorrangs-Einräumung (Nr. 49).

48. Wie würde das auf die Wohnungsverhältnisse wirken? Die Bodenbesitzer würden versuchen, entweder nur mit Aufschlag einer Risikoprämie, also teurer als heut, zu verkaufen, oder nur gegen bar.

Dem Zuschlag einer Risikoprämie auf den Boden stünde auf alle Fälle der Fortfall derjenigen Risikoprämie gegenüber, die heut die gefährdeten Baugläubiger sich ausbedingen müssen (Nr. 25 A. 1), und die bei ihrer künftigen Sicherstellung in Fortfall kommen könnte und — infolge des Wettbewerbs — auch würde. Und bei dem Wertverhältnis zwischen Baukosten und Bodenpreis (vgl. Nr. 19) würde diese Ersparnis wohl jenen Aufschlag wett machen, falls er wirklich eintreten sollte.

Er würde aber auch schwerlich zu erzwingen sein, da bei dem für alle Baulustigen gleichen, unvermeidlichen Vorrang der Baukosten ein gegenseitiges Überbieten und Höhertreiben unter den Bau- und Kauflustigen nicht eintreten würde. Mit dem Selberbauen aber könnte der Bodenbesitzer ihnen nicht wirksam drohen, da er ja auf diesem Wege den Bauwert

---

[2]) Vgl. Salomonsohn, Der gesetzliche Schutz der Baugläubiger in den Vereinigten Staaten von Nordamerika, Berlin 1900, S. 127, 66, 232; Freese, Das Pfandrecht der Bauhandwerker, 2. A. 1910 S. 153, 156.

[3]) Neue Studien über Städtebau und Wohnungswesen, Jena, Fischer, 1912 S. 151.

nur mit dem noch größeren Risiko, nicht nur des Baustellenwertes, sondern noch seines weiteren Vermögens erlangen könnte (Nr. 46).

Eine Risikoprämie bei dem Kreditverkauf der Baustelle würde also schwerlich zu erlangen sein. Beim Barverkauf aber würde der Preis notwendig heruntergehen, da die Nachfrage durch das Ausscheiden aller heutigen bloßen Kreditkäufer stark vermindert würde (Nr. 17), und da der Unternehmer den von ihm bar verauslagten Preis nicht mehr, wie heut, aus den „Baugeldern" herausnehmen und decken könnte.

49. Wird aber, gemäß Nr. 45, aus zwingenden, sachlichen und Billigkeitsgründen der Vorrang der Baugläubigerhypotheken vor den rangälteren Rechten von deren Zustimmung abhängig gemacht, so vereinfacht sich natürlich die juristische Konstruktion des Vorganges ungemein. Es wird nicht § 879 durch einen gesetzlichen Vorrang durchbrochen[1]), sondern einfach § 880 II über den Vorrang kraft Einigung angewendet.

Die einzigen, allerdings schwerwiegenden Neuerungen wären:

1. ein Kündigungs- und Ablösungsrecht des baubereiten Eigentümers gegenüber allen am Grundstück Beteiligten, die den Baugläubigern nicht Vorrang einräumen wollen;
2. die Unmöglichkeit, Baugläubigerhypotheken anders als mit dem ersten Rang zu begründen.

50. Das Verfahren wäre durch ein Zusammenwirken von Grundbuchamt und Baupolizei nach dem Vorbild des Bauforderungsschutzgesetzes unschwer auszugestalten.

Die Baupolizei dürfte etwa die Bauerlaubnis nur erteilen[1]) nach einer auf Betreiben des Eigentümers vom Grundbuchamte ihr gemachten Mitteilung, daß die eingetragenen Berechtigten sich mit dem Vorrang einverstanden erklärt hätten und nun ein „Bauvermerk" mit Vormerkungsbedeutung (§ 11 BFSchGes.) eingetragen worden sei. Die nach diesem

---

[1]) Wie bei dem römischen Privileg wegen versio in rem (Nr. 45 A. 2), das durch Art. 118 und Art. 3 des Einführungsgesetzes zum BGB. landesrechtlich noch zulässig ist und das von Eberstadt (Handbuch 2. A. 1910 S. 305) gerade für unsere Reform zur reichsrechtlichen Einführung empfohlen wird. Oder wie im Bauforderungsschutzgesetz § 29 I (Vorrang des zweiwöchigen Lohnrückstandes der Bauhandwerker gegenüber anderen Gläubigern) und § 32 I (Vorrang der Baugläubigerhypotheken gegenüber rangälteren Nießbrauchs- und Wohnungsrechten). — Gegen den gesetzlichen Versions-Vorrang mit Recht: Nußbaum, Deutsches Hypothekenwesen S. 273.

[1]) Vorausgesetzt wird dabei, wie im BFSchGes. § 13, daß in allen Bundesstaaten eine solche Bauerlaubnis gefordert wird, was reichsrechtlich (durch StGB. § 367, 15) nicht gewährleistet ist.

Bauvermerke Eingetragenen stehen dann schon gemäß BGB. §§ 879, 883 III im Range hinter den Baugläubigerhypotheken.

Aus dem BFSchGes. (§§ 50 ff.) zu entnehmen wäre auch das Bauschöffenamt, wenn auch vielleicht stark zu vereinfachen im Sinne der vorderhand allerdings weit auseinandergehenden Vorschläge zu der augenblicklich brennendsten und dringendsten Hypothekenfrage, der Frage der Taxreform[2]).

Dieses Taxamt würde ja den Mittelpunkt und die Grundlage der ganzen Vorrangsreform bilden. Seine Bedeutung gegenüber den Bauschöffen des Gesetzes wüchse aber auch durch die Beseitigung der jetzt vorgesehenen Einschränkungen, denn im Gegensatz zum BFSchGes. wäre der Vorrang wohl ganz allgemein anzuordnen[3]), also für ganz Deutschland statt nur für einzelne Ausnahmsbezirke (§ 9), sodann für alle Bauten, statt bloß für Neubauten (§ 9), endlich ohne Möglichkeit der Abwendung durch Kaution (§ 12 I).

51. Aber auch die Verrichtungen des Bauschöffenamtes wären viel bedeutsamer; denn zu der Entgegennahme der Bauforderungsanmeldungen (§ 22) nebst Entscheidung über ihre Höhe (§ 21[1])), träte die Aufgabe, den jeweiligen Bauwert und damit den Umfang des Vorrangs festzustellen.

Diese Feststellung müßte vor der Zwangsversteigerung erfolgen[2]) und entschiede über die Höhe des geringsten Gebots und über die Verteilung des Zwangsversteigerungserlöses: bis zur Höhe des Bauwerts an die Baugläubigerhypotheken, darüber hinaus an die rangälteren, gewöhnlichen Hypothekare.

Diese Taxe auf den gewöhnlichen, durch drei Instanzen sich hinschleppenden Rechtsweg zu verweisen, hieße nun offenbar die ganze Vorrangsreform tot machen[3]). Es bleibt also nichts übrig, als die ordentlichen

---

[2]) Vgl. hierzu Nußbaum Deutsches Hypothekenwesen 1913 S. 316—326.

[3]) Denkbar wären natürlich jene Einschränkungen auch beim Vorrangssystem.

(51) [1]) Die durch die Bauhypotheken zurückgedrängten anderen Hypothekare, insbesondere die Kaufpreishypothekare, würden die Bauforderungen natürlich scharf kontrollieren, was nur erwünscht wäre: vgl. Eberstadt, Handbuch d. Wohnungswesens 2. A. S. 307.

[2]) Sie wäre aber, als bloß vorläufige, auf Verlangen jedes Beteiligten auch früher zulässig.

[3]) So Nußbaum, Deutsches Hypothekenwesen, 1913, S. 273 A. 4, gegen Eberstadts Vorschläge: „Jedes Darlehen müßte z. B. auf die tatsächliche Verwendung nachgeprüft werden; das Ergebnis dieser Prüfung, die im Prozeßwege ev. Jahre dauern würde, soll eine Grundlage für den grundbuchlichen Rechtszustand abgeben können". — Aber: Where is a will, there is a way!

Gerichte, die hier ja doch nur Sachverständigengutachten einholen und wiedergeben würden, auszuschließen, und diese Bauwertstaxe geradezu Sachverständigen zu übertragen, nämlich eben dem entsprechend zu ordnenden Bauschöffenamte. Nur wäre, bei der Bedeutung dieser Taxe, die Berufung an eine gleichartige Oberinstanz, also etwa Ober-Bauschöffen unter Vorsitz eines Richters zuzulassen. Das alles in kurzen Fristen. So würde der Verschleppung vorgebeugt und den Privaten doch für ihre Vermögensbeziehungen zu dem deutschen Boden soviel Schutz gewährt, wie es angängig ist gegenüber den höheren und älteren Rechten, die an dieser seiner Daseinsgrundlage der deutsche Volksstaat hat und haben muß (Nr. 3 A. 5 a. E.).

Einzelheiten der Reform.

52. Im wesentlichen dem BFSchGes. zu entlehnen wäre auch der Begriff der **Baugläubiger** (§ 18 ff.) und der der **Bauhypothek** (§ 27 II). Dies ist eine Sicherheitshypothek mit der Summe der richtig (§ 23 I S. 1) angemeldeten Bauforderungen als Höchstbetrag.

Sie ergreift den *ganzen* Grundstückswert und ist gegenüber jüngeren, nach dem Bauvermerk (§ 11) eingetragenen Rechten eine normale, nach ihrer Eintragung rangierende Hypothek; nur älteren gegenüber hätte sie kraft Einigung (oben Nr. 49) einen eigenartig bedingten und beschränkten Vorrang, nämlich: „(wenn und soweit) noch Bauwert vorhanden ist", genauer: „rechtskräftig (Nr. 51) für vorhanden erklärt worden ist". In dieser Höhe fällt der Zwangsversteigerungserlös dann an die Baugläubiger, darüber hinaus an die älteren, gewöhnlichen Hypothekare[1]).

53. Unter sich stehen alle Baugläubiger zu gleichem Rang (§ 29; — jedoch Vorrang für den zweiwöchigen Bauarbeiterlohnrückstand), da ja erst ihrer aller Zusammenwirken den einheitlichen Bauwert geschaffen hat.

Aber diese grundsätzlich anerkannte Gleichheit wird leider stark beeinträchtigt durch die mit dem § 34 des Gesetzes zuzulassende Vorrangstellung der **Baugeldhypothek** (§ 33, § 1). Diese ist eine Unterart der Bau-

---

[1]) **Beispiel**: eine mit 50 000 belastete Baustelle wird, nachdem der Hypothekar dem Bauen und damit dem Vorrang zugestimmt hat, mit 100 000 Bauhypothek belastet. Dann wird für die Zwangsversteigerung der Bauwert auf 80 000 geschätzt und der Zuschlag für 120 000 erteilt. Dann entfallen auf die Bauhypothek kraft Vorrangs 80 000, auf die ältere, gewöhnliche Hypothek 40 000. Wären dagegen von jenen 50 000 Nichtbauhypotheken nur 30 000 älter, dagegen 20 000 jünger als die Bauhypothek, dann ginge diese natürlich den letzteren vor und nähme die letzten 10 000 für sich.

gläubigerhypothek und nimmt daher an deren Vorrangstellung gegenüber den gewöhnlichen Hypotheken teil, aber sie hat einen Vorrang, und zwar einen gesetzlichen Vorrang vor der Bauhypothek. Sie entsteht entweder gleich als solche, wenn der aus dem Baugelde befriedigte Baugläubiger noch nicht eingetragen war; oder durch Abzweigung aus der Bauhypothek, wenn er es schon war.

54. Begrifflich läßt sich der Vorrang der Baugeldhypothek gegenüber der Bauhypothek, also der Vorrang des Baugeldgebers gegenüber den gleichberechtigten Mitgläubigern des von ihm Befriedigten, nicht halten, und auch praktisch hat er das schwere Bedenken, daß die bezweckte (§ 29) und gerechte Gleichstellung aller Baugläubiger dadurch verloren geht. Denn aus dem Baugelde würden gerade wie heut die Materiallieferanten und die Rohbauhandwerker bezahlt werden, während die zuletzt kommenden „Ausbauhandwerker", für die kein Baugeld, sondern nur eine Bauhypothek da ist, mit dieser hinter die Baugeldhypothek, aus der ihre glücklicheren Genossen befriedigt worden sind, zurücktreten mußten. Insofern blieben sie dann auch in Zukunft die Pariahs unter den Baugläubigern[1]). Immerhin wären sie gegen ihren heutigen Hauptausbeuter, den Kaufpreishypothekar, fortan geschützt, denn ihm gegenüber ständen sie im „geringsten Gebot"! Darüber unten: Nr. 60.

Aber der Vorrang der Baugeldgeber ist trotz seiner Unbilligkeit unausweichlich, als die Bedingung, unter der allein das Sparkapital zur Hergabe von Baugeldern bereit sein würde. Mit diesem Vorrang kann es nämlich auch unter dem Versionssystem als Baugeldhypothek erststellig dastehen, während bei der gerechteren Gleichstellung der Baugeld- und der Bauhypotheken das System des vollen Bauvorrangs, genau wie das der zwei Spalten (oben Nr. 44), überhaupt keine Erststelligkeit darbieten und daher genau wie jenes vom Sparkapital boykottiert und totgemacht werden würde.

55. Denn während dem Bodenbesitz, um den gewaltigen Gewinn beim Übergang von der landwirtschaftlichen zur Baunutzung, von der weiträumigen zur gedrängten Bauweise oder vom Wohnungs- zum Geschäftsviertel zu realisieren, nur der eine Weg der Bebauung sich bietet und daher ein dauernder und allgemeiner Streik der Bodenbesitzer gegen

[1]) Vgl. Nußbaum Deutsches Hypothekenwesen S. 287. — Aus der Nr. 38 A. 3 genannten Denkschrift des preußischen Handelsministers wird mitgeteilt: „daß der Verlust der Klempner mit 7,8% der größte, der der Asphaltarbeiter mit 0,24% der kleinste ist. Über 4% haben die Dachdecker, Rohrleger, Töpfer, Maler und Steinsetzer".

die Bebauung unvorstellbar und nicht zu fürchten ist, bieten sich dem Sparkapital so viele andere Gewinn- und Anlagemöglichkeiten, daß mit seinem Streiken gegen ihm mißfallende Bedingungen der Baubeteiligung allen Ernstes gerechnet werden muß.

Eine erststellige „Baugeldhypothek" — allerdings nur an „fertiggestellten und ertragsfähigen Neubauten": vgl. HypBkGes. § 12 III — würde dagegen selbst für Mündel-, Anstalts- und Hypothekenbankgelder genügend erscheinen und vom Gesetz durch Beschränkung der Mündelsicherheit (BGB. § 1807 II) oder der Hypothekenbanks-Pfandbriefssicherheit (HypBkGes. §§ 11, 12) auf solche Baugeldhypotheken, unter Ausschluß anderer städtischer Hypotheken, auch sicher erzwungen werden können.

Denn als Risiko ist für eine erststellige, natürlich mit Tilgungszwang gegebene Baugeldhypothek doch nur das denkbar, daß bei der Zwangsversteigerung die Taxe des Bauwertes, und damit der Vorrang der Hypothek gegenüber älteren Hypotheken (Nr. 49), niedriger ausfiele, als der Restbetrag der Baugeldhypothek, daß also ihre Tilgung zu schwach gewesen wäre.

Aber da hinter der Baugeldhypothek noch die „Bauhypothek" innerhalb des ursprünglichen Bauwertes steht, wird auch diese Gefahr zu schwacher Tilgung sehr viel eher diese, als den vorgehenden Baugeldhypothekar treffen.

56. Was wird aus dem Vorrang der Bau- oder Baugeld-Hypotheken, wenn sie durch Erlöschen der Forderungen zu Eigentümergrundschulden werden, also insbesondere, wenn der Eigentümer einen Bau- oder Baugeld-Hypothekar befriedigt.

Das BFSchGes. bestimmt hierzu nur im § 29 II, daß die Eigentümergrundschuld „nicht zum Nachteil der den Baugläubigern verbleibenden Bauhypothek geltend gemacht werden" könne. Es sagt aber nicht, wie es für eine solche Eigentümergrundschuld mit dem Vorrange steht, also beim BFSchGes. mit dem nach § 32 der Bauhypothek gegenüber Nießbrauchs- und Wohnungsrechten kraft Gesetzes zustehenden (Nr. 49 Anm. 1). Hagelsberg zu § 32, 3c nimmt aber Fortdauer des Vorrangs an. Dem möchte ich auch für die gleiche Frage bei unserem System zustimmen. Der Vorrang ist mit der „Post" verknüpft. Daß er ihr nur infolge der causa ihrer Forderung zuteil wurde, während die Eigentümergrundschuld begrifflich forderungs- und kausalos ist, kann daran nicht irre machen. Einmal erworben, bleibt der Vorrang der Post auch erhalten.

So rein rechtstechnisch. Daneben steht aber die ganz andere, gesetzgeberische Zweckmäßigkeitsfrage, ob und wie dieses Weiterleben getilgter Bauhypotheken als Eigentümergrundschulden verträglich ist mit dem Ziel möglichster Hypothekentilgung. Darüber unten bei der zweiten Frage des Gutachtens (Nr. 88ff.).

57. Viel umstritten und daher vom BFSchGes. offen gelassen ist die Frage der Gläubiger für Bauten auf schon bebauten Grundstücken, also für Neubauten nach Abbruch und für Reparatur- und Umbauten.

Der erste Fall ist juristisch einfach. Da die Baugläubiger des abzureißenden Gebäudes nur in der Höhe seines Bauwertes bevorrechtigt sind, verliert ihre Bauhypothek durch den Abbruch ihren Vorrang und wird zur gewöhnlichen Hypothek, die aber, damit der Neubau erfolgen könne, dessen künftiger Bauhypothek den Vorrang einräumen muß.

Aber jene alten Bauhypothekare können schon nach § 1134 BGB. den Abbruch, und nach dem neuen System überdies auch den Neubau untersagen (Nr. 45), bis sie ausgezahlt oder für ihren Vorrangsverlust so oder so abgefunden sind.

Ein Neubau nach Abbruch ist also nur dann möglich, wenn der aus dem Neubau sicher zu erwartende Ertrag die volle, womöglich bare Tilgung des jetzt zu vernichtenden, früheren Bauaufwands ermöglicht. Das ist ja auch volkswirtschaftlich allein richtig und wünschenswert.

58. Bei bloßen Reparatur- und Umbauten dagegen besteht der alte Bauwert, in dessen Höhe die früheren Baugläubiger bevorrechtet waren, regelmäßig noch fort[1]).

Insoweit bleiben sie dann bevorrechtet und brauchen den Baugläubigern des Umbaus den Vorrang nicht einzuräumen. Diese erhalten vielmehr eine Bauhypothek nach der des ursprünglichen Baus mit einem Vorrang vor den (älteren) gewöhnlichen Hypotheken in Höhe nur des von den Bauschöffen festgestellten Umbau-Mehrwerts.

Das umgekehrte Verhältnis: Vorrang der Reparatur-Gläubiger gegenüber denen des ursprünglichen Baus, wäre aber begrifflich und nach Billigkeit dann am Platze, wenn jene Reparatur den alten Bau, und damit seinen Bauwert, erhalten hat:

Huius enim pecunia salvam fecit totius pignoris causam[2]).

Wie steht es aber in diesen Fällen mit dem Bau-Untersagungsrecht? Das des § 1134 greift nur soweit ein, als das Bauvorhaben das Grundstück zu verschlechtern droht, also hier regelmäßig nicht. Aber das wegen

[1]) Das Ob und Wie dieses Fortbestandes durch Bauschöffenentscheidung festzustellen?

[2]) Ulp. 73 Ed. D. 20,4 (Qui potiores) 6 pr.

Gefährdung des Vorrangs? (Nr. 45). Diese liegt, wie eben gezeigt, nur bei notwendigen Erhaltungsumbauten vor. Hier aber müßte wohl nach Begriff und Zweck der ganzen Bauvorrangsreform dieses Untersagungsrecht genau so fortfallen, wie das aus § 1134.

59. Unter die Bau- und Baugeldhypotheken muß aber, und zwar an erster Stelle noch ein weiterer, bedeutsamer Posten Aufnahme finden: die Aufschließungskosten. Soweit die Gemeinde sie verauslagt hat und sie, nötigenfalls durch Zwangsversteigerung, selbst einzieht, stehen sie ja ohnehin als öffentliche Lasten vor allen Hypotheken. Da ist es denn nur billig, daß, auch wenn ein anderer sie der Gemeinde erstattete, oder sie von vornherein selbst bestritt, er dafür eine erststellige Hypothek erlange, und zwar nach dem oben Nr. 45, 49 dargelegten Verfahren.

Also eine Aufschließungs- und Aufschließungs-Geld-Hypothek mit dem Vorrang noch vor der Bau- und Baugeld-Hypothek.

Diese stehen dann jedenfalls nicht schlechter als sie gegenüber den Anliegerbeiträgen[1]) der Gemeinde selbst stehen würden.

Andererseits würde die Aufschließung oft unterbleiben, wenn der Aufschließende diese Kosten auf seine Gefahr nehmen müßte. Denn das heut übliche Verfahren, sie mit dem Bodenpreis zu verquicken, würde ihm ja in Zukunft durch das Zurücktreten der Bodenhypothek hinter die Bauhypothek abgeschnitten werden. So aber wird reinlich geschieden zwischen dem bloßen Bodenausbeutungsgewinn und dem Entgelt für die nützliche Wohnungsproduktion. Was für diese zweckmäßig und fördernd aufgewendet wurde, muß durch Vorrangshypothek gesichert werden können, gleichviel ob es für die Siedelung im Ganzen aufgewendet wurde oder für ein einzelnes Haus. Der Vorrang der Aufschließungshypothek ist wie der der Bauhypothek ein Vorrang wegen versio in rem, d. h. sie geht rangälteren Hypotheken in Höhe des jeweils noch vorhandenen Gegenwertes vor und ist dadurch der Tilgungsnötigung unterworfen.

Daß die heut durchgängig viel zu hohen Aufschließungskosten und Anliegerbeiträge[2]) im Interesse volksnützlicher Siedelung mit allen Mitteln herabgedrückt werden müssen, wurde oben schon hervorgehoben, als eine Aufgabe nicht der Hypothekarreform, aber der mit ihr notwendig Hand in Hand gehenden Reform des öffentlich-rechtlichen Siedelungswesens (Nr. 9f.).

---

[1]) Für Preußen: Fluchtliniengesetz § 15, Kommunalabgabengesetz § 10.

[2]) Vgl. z. B. Meinardus (oben Nr. 3) S. 21 f. — Pesl, Der städt. Grund und Boden 1913 S. 172: „Nach meinen Erfahrungen ist die Frage der Straßenherstellung vielleicht die schwierigste bei dem Problem des Eigenhauses."

Wirkungen der Versionsreform.

60. Daß diese Hypothekarreform nicht leicht sein würde, ist klar: Nr. 2, 5, 23. Angenommen, sie sei gelungen, wie würde ihre Wirkung sein?

Die adquisitio lucrativa et improba des die Zwangsversteigerung selbst ausbringenden und darin die Baugläubiger ausplündernden Kaufpreishypothekars wäre abgeschafft, da die Bauhypothekare ihm gegenüber im geringsten Gebot ständen, also in einer von ihm ausgehenden Zwangsversteigerung herausgeboten werden müßten.

Bringt aber ein vor der Bauhypothek stehender anderer Gläubiger die Zwangsversteigerung aus, also etwa die Gemeinde für ihre Anliegerbeiträge, oder der Gläubiger einer Aufschließungshypothek (Nr. 59) oder einer Baugeldhypothek (Nr. 53 ff.), so sind die Bauhypothekare auch in Zukunft nur soweit vor dem Ausfallen gesichert, als sie sich selbst herausbieten können. Denn auch der Kaufpreishypothekar könnte und würde in diesem Falle seine heutigen Raubinstinkte wieder betätigen und versuchen, unter formeller Preisgabe seiner eigenen, hinter der Bauhypothek stehenden Hypothek das Grundstück unter Ausfall der Bauhypothek, also mit adquisitio lucrativa et improba des Hauswertes, zu ersteigern. Zum Schutze hiergegen wird den Bauhypothekaren wenigstens das eigene Mitbieten durch Begünstigungen bei der Bietungskaution nach Möglichkeit erleichtert werden müssen (ZwVerstG. § 67 ff.).

61. Trotzdem würde eine allgemeine Gesundung der Bauboden- und Baukreditverhältnisse eintreten.

Das Baugläubigerausbeuten wäre auch vom Gesetz für unzulässig erklärt, und für eine Verletzung des auch heute nicht ganz bedeutungslosen iuris praeceptum: honeste vivere. Das Sparkapital würde durch Unsicherheit der Erststelligkeit von dem Terraingeschäft fortgedrängt und durch Höchstsicherheit (der Bau-Geld-Hypothek: Nr. 55) dem Bauen zugeführt. Es würde also die heutige, geradezu aberwitzige Verteilung der Hemmungen und Antriebe (Nr. 23) in die sozialmechanisch richtige verwandelt, d. h. in die dem Bau- und Siedelungszweck, und damit dem Existenzzweck des ganzen Rechtsinstituts des Privateigentums am Bauboden (Nr. 3 A. 3, Nr. 98 A. 2) entsprechende.

Daraus aber würde sich weiterhin die Unrentabilität des Mietskasernenbaus ergeben und die Notwendigkeit, durch andere, dem Siedelungs- und Seßhaftigkeitszweck besser entsprechende Hausformen die Privatersparnisse der Finanzierung und zugleich Amortisierung des Wohnungsbaus direkt dienstbar zu machen: Nr. 30.

Denn der Bauvorrang hat ja die gewaltige volkspädagogische Bedeutung eines Zwanges zum Auseinanderdenken des Bodens, als der bleibend-unvergänglichen Grundlage von Staat und Volk, und des nur formaljuristisch mit ihm vereinheitlichten, wirtschaftlich aber wesensverschiedenen Hauses, das als Menschenwerk vergänglich ist und daher abschreibungs- und tilgungspflichtig.

Frage II: Hypothekentilgung.

Einleitung.

62. Damit stehen wir vor der zweiten Frage des Gutachtens:

Ist eine Besserung der Wohnungsverhältnisse zu erwarten, wenn durch gesetzgeberische oder Verwaltungsmaßregeln die Verbreitung der Tilgungshypotheken (Amortisationshypotheken) behufs Entschuldung des städtischen Grundbesitzes gefördert wird?

Diese Frage ist höchst zeitgemäß, denn die von Jahr zu Jahr steigende Hypothekennot, insbesondere die „Not der zweiten Hypothek" hat von zwei Seiten her die Amortisation in den Vordergrund gerückt.

Einmal erkannten die verschuldeten Hauseigentümer, denen in der Kündigung der Hypotheken oft der Ruin droht, die Gefahren des bisherigen Systems der nicht tilgungspflichtigen, aber kündbaren Hypotheken, und die Vorteile unkündbarer, aber dann natürlich tilgungspflichtiger[1]).

Sodann machten die um Linderung der Hypothekennot angegangenen, öffentlichen Körperschaften durchweg zur Bedingung ihres Eingreifens die Tilgungspflichtigkeit der zu gewährenden Hypotheken.

So erfolgt in Preußen nur unter dieser Bedingung die ministerielle Genehmigung kommunaler Hypotheken- und Pfandbriefsanstalten und ein Erlaß des Landwirtschaftsministers vom Mai d. J. weist die zuständigen Instanzen an, auch die Hypothekenbanken „dazu anzuregen, daß sie die Verbreitung der Tilgungshypothek beim städtischen Grundbesitz nach Kräften fördern".

---

[1]) Vgl. insbesondere das Referat des Vorsitzenden der Deutschen Haus- und Grundbesitzervereine, Justizrats Dr. Baumert auf dem II. Internationalen Hausbesitzerkongreß im Mai 1912 (Bericht über den Kongreß III. Bd., Berlin 1912 S. 3—5): „Will man die Unkündbarkeit — und sie ist unentbehrlich für den Grundbesitz — so muß man etwas anderes mit in Kauf nehmen: die Amortisation."

63. Bisher waren nur wenige Hypothekenbanken den städtischen Amortisationshypotheken günstig[1]).

Ganz überwiegend wurde von jener Seite her für den städtischen Realkredit die Tilgungshypothek als allseitig unzweckmäßig widerraten, unter Empfehlung der nicht tilgungspflichtigen, kündbaren Dauerhypothek.

Das Haus zu amortisieren sei überflüssig, da der steigende Bodenwert seine Entwertung wettmache. Und es sei auch zweckwidrig, da ein Hausgrundstück eine um so vorteilhaftere Anlage sei, und daher auch um so leichter verkäuflich, je höher belastet es sei. Denn je mehr niedrig verzinsliches, fremdes Geld der Eigentümer auf seinem Hause habe, und je weniger eigenes, um so höher sei die Rente des letzteren, die aus dem Unterschied zwischen Nettomiete und Hypothekenzins sich ergebe. Aber jetzt versagt das „billige, fremde Geld" mehr und mehr, und damit tritt der wahre Charakter der Hypothek als einer auf Kündigung — bei Vermeidung von Zwangsvollstreckung und Ruin — rückzahlbaren **Kapital**schuld wieder in das Bewußtsein.

---

[1]) Wie der große Hypothekenbank-Theoretiker und -Praktiker Felix Hecht in Mannheim bis zuletzt — noch in dem I. (und letzten) Heft seiner „Jahrbücher des Europäischen Bodenkredits" — für die Sätze eintrat: „dem Recht des Schuldenmachens entspricht die Pflicht des Schuldenzahlens", — „jede Generation soll die Schulden, die sie macht, auch tilgen", so schrieb der Direktor der größten bayerischen Hypothekenbank, Freiherr v. Pechmann 1910 im Jahrbuch der Bodenreform VI S. 104: „Ich erkenne in der Amortisationshypothek die vollkommenste — ich möchte beinahe sagen die einzig zulässige — Form des organisierten Realkredits. . . . Die Abwendung von dieser Kreditform, die Rückkehr zur amortisationsfreien ‚Zinshypothek', **die leider für die große Mehrzahl der Hypothekenbanken zur Normalhypothek geworden ist**, bedeutet keineswegs einen Fortschritt, sondern einen beklagenswerten Rückschritt." — Im gleichen Sinne äußerte er sich 1912 in den Verhandlungen des XXXI. Juristentags (III S. 68f.). — Aber auch die Preußische Zentral-Bodenkreditanstalt A.-G. trat in Wort und Tat für die städtische Amortisationshypothek ein, so ihr Direktor Dr. Schwarz auf dem XXXI. Juristentag im Anschluß an die Ausführungen v. Pechmanns (in den „Verhandlungen" fehlen diese Worte) und so der Jahresbericht für 1913, der die beliebte Formel: für Stadthypotheken sei die Tilgungshypothek überflüssig, da die Bodenwertsteigerung die Hausentwertung mehr als ausgleiche, scharf verurteilt und bemerkt: „diese in ihrer Allgemeinheit durchaus irrtümliche Auffassung hat zweifellos mit zu den krisenhaften Erscheinungen auf dem Hypothekenmarkte geführt, da die Verlängerung fällig werdender kündbarer Hypotheken nicht selten Schwierigkeiten gemacht hat".

Und auch die Bodenwertsteigerung, der man die Hausentwertung wettzumachen überließ, erweist sich vielfach als bloße Illusion (Nr. 21, 24[2])).

64. Für die Hypothek ist der indirekte Tilgungsantrieb, den für sonstige Schulden die Verjährung bietet, durch BGB. § 902, vgl. § 223, beseitigt, während die gemeinrechtliche actio hypothecaria bekanntlich in 30 und 40 Jahren verjährte, und während das französisch-belgische Recht durch das Erlöschen mangels Wiedereintragung binnen 10 (15) Jahren auf das energischste daran erinnerte, daß, wie der in diesem Rechtsgebiet aufgewachsene Felix Hecht sagte (Nr. 63 A. 1) auch bei Hypotheken: „dem Recht des Schuldenmachens die Pflicht des Schuldentilgens entspricht".

Im übrigen stellt sich die Nichtamortisation verschieden dar, je nachdem als Deckung der Hypothek der unvergängliche Boden oder das vergängliche und sich rasch entwertende Haus in Betracht kommt (vgl. Nr. 18).

65. Soweit der Wert des Unterpfandes unverändert bleibt, also regelmäßig für den Boden als Unterpfand, ist die Frage der Hypothekentilgung oder Nichttilgung gleichbedeutend mit dem großen Problem der Mobilisierung des Bodens. Denn eine untilgbare Dauerhypothek ist praktisch nichts als ein Eigentumsanteil (Nr. 4). Sie dient dem Bodenhandel; der Erwerb unter solcher Hypothek ist ein gewagtes Geschäft, gewagt in der oft trügerischen Hoffnung auf Gewinn. Die Tilgungs-

[2]) „Sozialmechanisch" ist dieses System, diese Verteilung der Antriebe und Hemmungen, durchaus verkehrt: Antriebe zum Nichtzahlen, Hemmungen für das — schon immer unwillkommene — Zahlen! So ist der Erfolg denn auch, wie in Heines schönem Liede: „Und da keiner wollte leiden, daß der andere für ihn zahl . . ." — es bleibt unbezahlt! — — Es sei gestattet, als Beispiel richtiger „Sozialmechanik" einen Fall zu erwähnen, in dem ich selbst gesetzgeberisch zu wirken hatte, allerdings für eine sehr viel einfachere Aufgabe, als das unendlich komplexe Hypothekenproblem. Unsere münsterische, akademische Krankenkasse (mit freier Arztwahl) beantragte 1909, während meines Rektorats, eine abermalige Erhöhung des Semesterbeitrags (vom 3 auf 4 Mk.), da ihre Mittel erschöpft seien, „weil die Studenten um jede Kleinigkeit zum Arzt liefen". Da hierbei der Gedanke: „den Beitrag wieder herauszubekommen" stark mitwirkte, konnte eine Erhöhung des Beitrages diese Neigung nur verstärken, wie auch die Entwickelung aller anderen akademischen Krankenkassen ergab. Statt eines neuen Antriebes mußte also eine Hemmung eingeschaltet werden. So beantragte und erreichte ich, daß nicht der Semesterbeitrag von 3 auf 4 Mk. erhöht, sondern für jede Inanspruchnahme der Kasse eine „Arztkarte" für 1 Mk. eingeführt wurde. Dank diesem System, das 1910 auch von der außeramtlichen preußischen Rektorenkonferenz einstimmig befürwortet wurde, ist unsere akademische Krankenkasse bisher ohne Beitragserhöhung ausgekommen.

hypothek dagegen will nicht wagen, sondern sparen, und ihre Ziele sind Sicherheit und Seßhaftigkeit der Hauseigentümer, was zur moralisch-psychologischen „Besserung der Wohnungsverhältnisse" höchst erwünscht ist (Nr. 4 a. E.).

So erklärte sich auch die Berliner Haus- und Grundbesitzerversammlung vom 29. 3. d. J. unter Vorsitz von Prof. v. d. Borght (nach dem „Tag" vom 30. 3.) auf einen Antrag Dieske einstimmig für den seßhaften Hausbesitz, als den allein wünschenswerten: „dem echten Hausbesitzer ist das Haus keine Handelsware!"

Andere Mitglieder des von dem Hypothekenmakler Rosenbaum ins Leben gerufenen van der Borghtschen Schutzverbandes[1]) denken hierüber allerdings anders. So proklamierte ein Kollege Herrn Rosenbaums, der Hypothekenmakler J. Salomon (Berlin) die Parole: „mobiler, nicht stabiler Grundbesitz"; da der Berliner Hausbesitz alle 10 Jahre wechsele, gelte es, den Häuserhandel zu erleichtern. Und der Hypothekenbankdirektor Dr. Bendixen (Hamburg) erklärt die von seinen Kollegen Freiherrn v. Pechmann (München) und Dr. Schwarz (Berlin) befürworteten, städtischen Tilgungshypotheken (Nr. 63 A. 1) für „romantische Ideen"[2]).

66. Viel einfacher liegt die Tilgungsfrage hinsichtlich des Bauwerts. Boden und Bau sind, obwohl untrennbar verbunden, doch derart wesensverschieden, daß sie bei geordneter Wirtschaftsführung gesondert gebucht und gesonderten Zu- oder Abschreibungen unter-

---

[1]) Eine in der „Bodenreform" vom 20. April 1913 (Jahrg. XXIV S. 231) abgedruckte, vom Bund der Haus- und Grundbesitzer-Vereine Groß-Berlin (Geschäftsstelle: Kyffhäuserstr. 2) verbreitete Korrespondenz sagt hierüber: „Über die Entstehung des Verbandes zum Schutze des deutschen Grundbesitzes und Realkredits gab der Vorsitzende des Vereins der Berliner Grundstücks- und Hypothekenmakler, Herr Rosenbaum in der letzten Delegiertenversammlung des Bundes der Haus- und Grundbesitzervereine von Groß-Berlin interessante Erklärungen ab. Er bezeichnete sich selber als den Urheber dieser Gründung und schilderte seine ersten Verhandlungen mit den Ältesten der Berliner Kaufmannschaft über diese Sache. Bisher herrschte die Auffassung vor, daß die Idee von dem bekannten Terraininteressenten Haberland, dem Bebauer des Tempelhofer Feldes und anderer großer Terrains herrührte, der die eigentliche Leitung des Verbandes ausübt. Beachtung verdient auch eine weitere Erklärung des Herrn Maklers Rosenbaum. Während bisher die Ansicht verbreitet wurde, daß der Schutzverband im Interesse der Hausbesitzer gegründet worden und ohne ihre Mitwirkung nicht zustandegekommen wäre, erklärte Herr Rosenbaum ausdrücklich, der Schutzverband wäre nötigenfalls auch ohne die Beteiligung der Hausbesitzer gegründet worden."

[2]) Bankarchiv vom 1. April 1914.

worfen werden müßten. Das bewirkt nun in der Tat der Bauwertsvorrang der Bauhypotheken. Denn nun kann der Gläubiger nicht das am Hause Abzuschreibende durch das etwa dem Boden Zuzuschreibende als gedeckt und wettgemacht ansehen. Der Bauhypothekar wird und muß vielmehr fordern, daß die Hausentwertung nicht nur richtig abgeschrieben, sondern daß sie auch abgezahlt und amortisiert werde.

67. So, wenn der Baugläubigervorrang angenommen und dadurch gleichzeitig die automatische Tilgung der Bauhypotheken herbeigeführt werden sollte.

Soll aber auch im Falle der Verwerfung des Gläubigervorrangs die Tilgung in Höhe des sinkenden Bauwertes direkt vorgeschrieben und erzwungen werden?

Bei sonstigen gedeckten Schulden: Faustpfändern, Lombardierungen, Schiffshypotheken, überläßt das Gesetz es doch dem Gläubiger allein, darauf zu halten, daß die gedeckte Schuld vor Entwertung der Deckung getilgt werde. Woher sollte da bei Bauaufwandshypotheken ein öffentlicher Zwang eingreifen?

Weil, wie oben (Nr. 21) gezeigt, das Nichttilgen als typisch-regelmäßiges zu einem aufs Äußerste volksschädlichen Hindrängen auf stärkste Bodenpreissteigerung führt.

Die Nichtamortisation des Bauaufwands ist ein Verstoß gegen die Regeln gesunder Privatwirtschaftsführung, der wegen seiner volkswirtschaftlich gefährlichen Tragweite durch gesetzlichen Zwang beseitigt werden kann und soll.

68. Heißt aber: Amortisieren zur Vermeidung künftiger hoher Bodenpreise, — d. h. hoher Mieten — nicht soviel wie: ins Wasser springen, um nicht zu ertrinken, da die Amortisationsquote doch gerade auf die Miete geschlagen werden wird?!

Für die Aufbringung der Tilgungsquote bestehen an sich drei Möglichkeiten:

1. der Hauseigentümer bezahlt sie selbst und vermehrt dadurch sein (künftiges) Guthaben am Hause;
2. oder der Mieter trägt sie in Form höherer Geldmiete oder gedrängteren und schlechteren Wohnens;
3. oder endlich der Terraininteressent trägt sie durch entsprechendes Herabgehen des Bodenpreises.

Die erste Möglichkeit scheidet bei der typischen Überschuldung der heutigen, sogenannten Hauseigentümer (Nr. 21, Nr. 4, A. 1) im wesentlichen aus, es bleibt also nur die Alternative: Heraufgehen der Miete oder Herabgehen des Bodenpreises. Daß auf die Dauer und für die Zukunft letzteres eintreten würde, ist anzunehmen. Wenn der Baustellenkäufer die Rentabilität des künftigen Hauses berechnet, wird eine den Hypothekenzinsen hinzutretende Tilgungsquote bei der Kapitalisierung genau so preisdrückend wirken, wie eine entsprechende Erhöhung des Zinssatzes. Wie jede Zinserleichterung den Baustellenpreis entsprechend erhöht, so drückt ihn jede Erschwerung[1]). Die heutige, bloß erschlichene Erhöhung des Baubodenpreises um den Betrag der wirtschaftswidrig unterlassenen Nichttilgung des Bauaufwandes würde also mit der Zeit wieder in Fortfall kommen[2]).

69. Aber eben erst mit der Zeit. Die unmittelbare und nächste Wirkung könnte in der Tat ein Heraufgehen der Miete um einen Teil der Tilgungsquote sein[1]. Das wäre dann eben, wie bei jeder anderen Sparmaßregel, ein gegenwärtiges Opfer, gebracht zur Vermeidung eines größeren Zukunftsnachteiles, nämlich der aus der Nichttilgung drohenden Gefahr noch höherer, zukünftiger Mieten. Es würde dadurch der gegenwärtig bestehende, fast unwiderstehliche Zwang zur Hochtreibung von Mieten und Bodenpreisen in Fortfall kommen.

Das oben formulierte Paradoxon besteht also nicht, da die zur Deckung des nicht getilgten Bauaufwandes in Zukunft erforderliche Mietserhöhung sehr viel höher wäre, als die zu rechtzeitiger Abzahlung jenes Aufwandes gegenwärtig nötige.

---

(68) [1]) Schema: 400 zu 4% entsprechen 10000, zu 5% nur 8000. Vgl. auch Nr. 29 A. 2 und allgemein: Eschwege, Die Bank 1914 S. 251.

[2]) Vgl. auch Eschwege, Die Bank 1914 S. 251 und S. 145: „In Groß-Berlin ist durch eine Jahrzehnte lange Periode der Ausschreitungen der Boden für eine gewaltsame Korrektur des Preisniveaus wie nirgends sonst vorbereitet worden. Es besteht also hier die Aussicht, daß die im Interesse einer Gesundung der einschlägigen Verhältnisse unumgänglich notwendige, wenn auch für die Betroffenen schmerzhafte Kassierung der Scheinwerte über kurz oder lang stattfindet." Vgl. auch Nr. 24 und Nr. 99 A. 1.

(69) [1]) Jedenfalls nur um einen Teil, da ja durch die (normale) Unkündbarkeit der Tilgungshypothek die Gefahr der Zinserhöhung durch Kündigung des Kapitals, sowie die neben den Zinsen stehenden, oft geradezu erdrückenden Erneuerungslasten (Provision, Damno usw.) dann in Fortfall kämen. Diese sind also von der Tilgungsquote jedenfalls abzurechnen. Vgl. über diese Erneuerungslasten: Nußbaum, Deutsches Hypothekenwesen 1913 S. 68 f.

Während unser heutiges Nichtabzahlen mit spielermäßigem „après nous le déluge“ die kommenden Generationen belastet, entspricht die Sparermaßregel des Bauaufwandstilgens dem besonders von Felix Hecht gepredigten Satze: jede Generation zahle ihre Schulden selber!

Vermittlungsämter zur Hypothekentilgung.

70. Der Staat soll also die Hypothekentilgung, insbesondere für den Bauaufwand, in seinem eigenen Interesse auf jede Weise fördern.

Sehr wirksam wäre es dafür, wenn er die der Tilgungshypothek heut anhaftenden, und ihre Verbreitung hindernden, mannigfachen Unbequemlichkeiten durch Einrichtung einer öffentlichen Tilgungsvermittlung beseitigte. Er müßte dazu bankmäßige Vermittelungsämter etwa in Anlehnung an die provinzialen „Landesbanken“ schaffen, deren Verrichtungen und Aufgaben zwischen denen einer Hinterlegungsstelle und einer Sparkasse die Mitte halten müßten, wie im folgenden näher dargelegt werden soll.

Vorweg sei aber bemerkt, daß für die Schaffung solcher Tilgungs- und Sparinstitute außer dem Zweck, künftiger Boden- und Mietshochtreibung vorzubeugen, auch sonstige, volkswirtschaftliche Vorteile sprechen würden.

Wenn die nichtgetilgte Bauaufwandsforderung wegen Entwertung des für sie haftenden Hauses ausfällt und der Eigentümer sie nicht zu zahlen vermag oder (bei Grundschulden) nicht zu zahlen braucht, so ist der nicht in die Wirtschaft des Gläubigers zurückgelangte Wert zwar in der des Schuldners verblieben. Aber das ist, — vom Rechts- und Moralstandpunkt einmal ganz abgesehen —, auch für die Volkswirtschaft keineswegs das Gleiche. Denn ihr kommt es darauf an, ob dieser Wert durch Sparen wieder zusammengebracht wird, ob also jemand da ist, der: „suum defrudans genium“, wie die Römer sagten, ihn tropfenweise aus der Konsumption herausnimmt, um ihn als neues Sparkapital der Produktion wieder zuzuführen. Dafür ist aber die Wahrscheinlichkeit sehr viel größer, wenn die betreffenden Beträge im Wege der Tilgung an eine Stelle gelangen, die wie im Zweifel ein Gläubiger wirtschaftlich und psychologisch zum Sparen veranlagt ist, als wenn sie bei Nichttilgung in der Wirtschaft des Schuldners verbleiben und hier unvermerkt verzehrt werden.

Sparen, Kapital ansammeln! wird unserer Volkswirtschaft mit Recht allseitig als Parole gegeben[1]), das rechtfertigt es um so mehr, wenn wir hier dem Staate empfehlen, zur Hypothekentilgung Vermittelungsstellen zu schaffen, die im volkswirtschaftlichen Interesse aus der schuldnerischen Wirtschaft heraus die zur Tilgung der Kosten des stehenden Hauses und damit zur Ermöglichung künftigen Bauens, also zur künftigen Produktion, nötigen Beträge tropfenweise herausnehmen und wieder zu Kapitalien ansammeln (vgl. auch Nr. 24 A. 2).

71. Bedenken gegen die Tilgung bestehen auf der Schuldnerseite (Eigentümer, Mieter: Nr. 68) nur hinsichtlich der Teuerkeit. Man fürchtet, für die folgende Generation zu zahlen, wenn die Tilgung sich später als so nicht nötig herausstellen sollte, weil die Hausentwertung sich entweder langsamer vollzog oder etwa, bei Citybildung oder sonst, durch Wertsteigerung des Bodens wettgemacht wurde. Diese Gefahr besteht natürlich; aber für den Staat, dem die jeweilige Generation nur die Vermittlerin ist zwischen Volksvergangenheit und Volks-Zukunft[1]), muß diese Gefahr viel unbedeutender erscheinen, als die entgegengesetzte des Schuldenmachens auf Kosten der folgenden Generation, wie es heut vielfach und so insbesondere in unserer Nichttilgungsfrage geschieht. Sachliche Schwierigkeiten bietet die Amortisation auf der Schuldnerseite nicht, wenn sie in der üblichen Weise gleichbleibender Jahresbeträge (Annuitäten) sich vollzieht, die einen in jedem Jahre kleineren Zinsbetrag und einen entsprechend stets wachsenden Tilgungsbetrag enthalten.

72. Um so mehr Unzuträglichkeiten bietet dieses System für den Gläubiger.

Ein ungewandter Privatgläubiger könnte etwa die ganze Annuität als Zinszahlung ansehen und so unvermerkt sein Kapital aufzehren[1]). Aber auch bei richtigem Verständnis bleibt die Schwierigkeit, die mit jedem Jahr wechselnden, in Pfennige auslaufenden Beträge von Zinsen und Kapital-

---

(70) [1]) Vgl. z. B. Plenge, Von der Diskontpolitik zur Herrschaft über den Geldmarkt 1913, S. 224: „Deutschland hat bekanntlich einen konstitutionell besonders schwachen Markt für Anlagekapital, denn die Verbrauchsgewohnheiten seiner Bevölkerung halten die Sparkraft in verhältnismäßig engen Grenzen."

(71) [1]) „Unser Brot für morgen gib uns heute!" sollte nach Lagarde der wahre Staatsmann beten.

(72) [1]) Nußbaum, Deutsches Hypothekenwesen 1913 S. 66: "Unbrauchbar ist die Amortisationshypothek für den Privatkapitalisten, da sie für ihn die allmähliche Aufzehrung seines Kapitals bedeutet."

rückzahlung richtig zu sondern, und ferner oft die Unmöglichkeit, diese tropfenweisen Kapitalbeträge wieder zinstragend anzulegen.

Diese für Privatgläubiger fast unüberwindlichen Übelstände der Tilgungshypothek machen sie auch für Geldgeber mit richtiger Buch- und Kassenführung unbequem und unbeliebt[2]).

73. Dazu kommt, nach § 1163 BGB., das Entstehen zahlreicher kleiner und kleinster Eigentümergrundschulden, von unregelmäßigem Betrag und von rechtlich und tatsächlich oft schwer feststellbarer Zugehörigkeit. So z. B. bei Arbeitereigenhäusern, die etwa von einer Landesversicherungsanstalt mit Tilgungshypotheken beliehen sind und dann in den 50 bis 60 Jahren der Tilgungsfrist vielleicht mehrfach den Eigentümer gewechselt haben. Soll dann über jene Hypothek verfügt werden, sei es auch nur durch Löschung, etwa auf Grund einer Vormerkung, so müssen alle diese verflossenen Eigentümer als Gläubiger von Eigentümergrundschulden oft kleinsten Betrages aufgesucht werden!

Sodann können jene tropfenweise entstehenden Eigentümergrundschulden von Gläubigern jener Eigentümer oder Ex-Eigentümer beliebig gepfändet werden, zu weitgehender Belästigung der mit Tilgungshypotheken arbeitenden Institute.

74. All diese Übelstände der Tilgungshypothek sind nun ohne weiteres zu beseitigen durch eine öffentliche Vermittelungsstelle, die nach dem bei den Landschaften wohlbewährten Tilgungsfondssystem arbeiten müßte[1]).

Der Gläubiger erhält dann bis zuletzt die vollen Zinsen, während die gleichfalls bis zuletzt unveränderten Tilgungsquoten von der Vermittelungsstelle so lange auf Zinseszins gelegt werden, in sparkassenmäßig mündelsicherer Anlage, bis der volle Betrag des Hypothekenkapitals erreicht ist, was an sich natürlich genau im gleichen Zeitpunkt wie heut eintritt. Nur wenn etwa der Anlagezinsfuß sich ändert, oder auch wenn die Tilgungsraten bei der Vermittelungsstelle unregelmäßig eingehen, kann der Augenblick der Wiederherstellung des Kapitals sich verschieben. Auch dann aber könnte die Vermittelungsstelle den Beteiligten jederzeit den voraussichtlichen Auszahlungstermin angeben, was allen Bedürfnissen und Wünschen der Hypothekare genügen dürfte.

---

[2]) Sie bilden daher auch ein Haupthindernis für die Einbürgerung des schon jetzt auf Tilgungshypotheken angewiesenen Erbbaurechtes. — Vgl. Verhandl. des XXXI. Juristentages III, S. 111.

[1]) Nußbaum, Deutsches Hypothekenwesen 1913 S. 240f.

75. Die eingezahlten Beträge würden als ein dem Grundstück gemäß § 96 BGB. zugehöriger „Tilgungsfonds" bis zur Erreichung des Kapitalbetrages verwaltet, um erst dann zur Auszahlung zu gelangen. Erst dann erfolgt also auch die Tilgung der Schuld und damit der Erwerb der Eigentümergrundschuld, und zwar hinsichtlich des ganzen Betrages, für den dann eingetragenen Eigentümer[1]). Wird vorher das Grundstück veräußert, so geht mit ihm nur das bis dahin erwachsene Guthaben des Veräußerers gegen die Vermittelungsstelle auf den Erwerber (gemäß § 96 BGB). über, aber als ein seiner Verfügung und so auch der Pfändung seiner Gläubiger entzogenes (vgl. Nr. 74).

Denn die Einzahlung der Tilgungsbeträge: „für den (bei Erreichung des Kapitalbetrags zuständigen) Hypothekengläubiger" müßte gleichstehen einer „Hinterlegung unter Rücknahmeverzicht" § 376, 1 BGB. Die Vermittelungsstelle wäre eben eine Art Hinterlegungsstelle, verbunden mit einem sparkassenähnlichen Bankinstitut zur mündelsicheren Anlegung der als Zwangsspargelder eingehenden Tilgungsbeträge.

76. Daß auf einseitiges Verlangen des Eigentümers oder des Hypothekars eine vorzeitige Auszahlung des Guthabens nicht erfolgen dürfte, ergibt der Zweck der ganzen Einrichtung. Dagegen kann man zweifeln, ob die vorzeitige Auszahlung auch den beiden, darüber einigen Parteien zu verweigern wäre. Schlechtweg zu bejahen ist das nur dann, wenn die Tilgung selbst eine im öffentlichen Interesse der Parteien direkt aufgezwungene ist. Dann müßte der Zwang natürlich auch für die Fortsetzung der Tilgung gelten und eine Parteivereinbarung über ihre vorzeitige Beendigung ausschließen. (S. u. Nr. 82 ff.)

Soweit dagegen, was einfacher und daher rechtspolitisch vielleicht zweckmäßiger ist, die Tilgung nur dem wohlverstandenen Eigeninteresse der Parteien überlassen wird, indem aber — durch den Bauwertsvorrang — dieses Interesse handgreiflich auf die rechtzeitige Tilgung eingestellt wird, soweit könnte das Gesetz wie die Tilgung selbst, so auch ihr Wiederaufgeben der freien Parteivereinbarung überlassen.

77. In diesem Falle müßte die Vermittelungsstelle also das Guthaben auch vorzeitig, vor der Erreichung des vollen Kapitalbetrages auszahlen. Ebenso aber auch dann, wenn die Hypothek durch eine Zwangsversteigerung,

[1]) Vorausgesetzt, daß überhaupt eine Eigentümergrundschuld eintreten soll und nicht vielmehr Löschung mit Vorrücken der Nachhypotheken: vgl. unten Nr. 89 ff.

bei der sie nicht im geringsten Gebot stand, erlischt: das Guthaben entfällt dann auf die Hypothek. Ebenso endlich, wenn die Hypothekenforderung durch freihändige Zahlung des durch das Tilgungsguthaben noch nicht getilgten Betrages untergeht.

Die so erforderliche Auszahlung des Guthabens, bevor es seiner Bestimmung gemäß durch Zinseszins den vollen Kapitalbetrag erreicht hat, also zu einem von der Vermittelungsstelle nicht vorher gewußten und vorbereiteten Termin, könnte natürlich nicht sofort gefordert werden, sondern erst nach einer durch ihre eigenen Anlage-Einrichtungen erforderten Kündigungsfrist.

78. Diese Vermittelungsstelle könnte ferner die Tilgungshypothek auch solchen Gläubigern zugänglicher machen, die wie vor allen die Sparkassen, die Möglichkeit jederzeitiger Rückzahlung ihrer eigenen Schulden sich offen halten müssen und daher auf eine Anlage in normalen, unkündbaren Tilgungshypotheken nicht eingehen können.

Die Vermittelungsstelle würde hier zunächst — mit ihren Kündigungsfristen — das für die fragliche Hypothek angesammelte Guthaben an jenen Gläubiger zahlen, also die Hypothek insoweit tilgen, so daß der Schuldner auf jeden Fall nur den Rest jener Hypothek neu zu beschaffen hätte. Regelmäßig würde aber die Vermittelungsstelle, welche ja stetig gewaltige Summen mündelsicher anzulegen hätte, auch jene Sparkassen-Resthypothek selbst zu übernehmen in der Lage sein.

Auch gegenüber anderen, bankmäßig organisierten Geldgebern, insbesondere den Hypothekenbanken, könnte das Eingreifen der in erster Linie für private Hypothekare berechneten Vermittelungsstelle in nur abgeschwächter Form stattfinden, oder auch gar nicht: beneficia non obtruduntur! Vgl. Nr. 87.

Hypothekarlebensversicherung.

79. Endlich und vor allem wäre eine solche öffentliche Stelle auch die natürlichste Vermittlerin für die höchst wünschenswerte Weiterentwicklung der einfachen Hypothekentilgung zu dem System der Hypothekarlebensversicherung[1]. Was diese bei entsprechender Volkserziehung und energisch planmäßiger Leitung zur Gesundung der Wohnungsverhältnisse für Eigen- und Kleinhäuser leisten kann, zeigt Belgien (Nr. 26), während die von der Ostpreußischen Landschaft und

[1] Nußbaum, Deutsches Hypothekenwesen 1913 S. 310f.

ihrem Generallandschaftsdirektor Dr. Kapp 1909 geschaffene und seitdem in vielen preußischen Provinzen und durch den „Verband öffentlicher Lebensversicherungen in Deutschland" nachgebildete und verallgemeinerte Tilgungseinrichtung in ihrer raschen und glücklichen Entwicklung den Beweis dafür erbracht hat, daß auch in Deutschland Verständnis und Neigung besteht für die Hypothekarlebensversicherung als die einzig durchgreifende Verwirklichung des Satzes: „Jede Generation zahle ihre Schulden selbst". Denn bei der einfachen Hypothekentilgung genügt vorzeitiges Sterben, um diesen Grundsatz außer Kraft zu setzen, während die Hypothekarlebensversicherung dafür sorgt, daß mit dem Fortfall der tilgungspflichtigen Generation zugleich auch ihre Schuld untergeht.

Die deutsche Hypothekarlebensversicherung wurde für die landwirtschaftliche Entschuldung geschaffen, sie dient jetzt aber in steigendem Maße auch dem städtischen Realkredit.

80. Der Mechanismus ist im gröbsten der, daß die Tilgungsbeiträge von der sie vereinnahmenden öffentlichen Stelle als Lebensversicherungsprämien an die gleichfalls öffentliche Lebensversicherung abgeführt werden. Als Sicherheit wird der Tilgungsstelle die Versicherung unter Hinterlegung des Versicherungsscheines abgetreten, so daß im Todesfalle die Versicherungssumme, bei vorzeitigem Erlöschen der Versicherung aber die Rückkaufssumme, an die Stelle des sonst von ihr angesammelten Tilgungsfonds tritt. Hierdurch allseitig gesichert, kann sie bei vorübergehenden Zahlungsstockungen auch die Prämien vorschießen und so dem Verfall der Versicherung vorbeugen[1]).

81. Im einzelnen sind zahlreiche Kombinationen möglich, um den Grundgedanken des Instituts den verschiedenen Verhältnissen und Bedürfnissen dienstbar zu machen. So kann z. B. die Versicherung statt auf das ganze Hypothekenkapital, nur auf den beim Todesfall noch nicht getilgten Restbetrag desselben lauten, die Versicherung also nicht an Stelle der Tilgung stehen, sondern nur neben ihr.

Tilgungszwang?

82. Der Staat kann also durch Schaffung geeigneter Einrichtungen zur Tilgungsvermittelung und damit zur Entschuldung beitragen,

---

[1]) Vgl. das Referat des Generallandschaftsdirektors Dr. Kapp in: „Die Entschuldung des landwirtschaftlich genutzten . . . Grundbesitzes" . . . Berlin, 1911, und „Errichtung einer Lebensversicherungsanstalt der Ostpreußischen Landschaft"; 3. Aufl. Königsberg 1912. (Ordentl. 49. Generallandtag der Ostpr. Landschaft; Vorl. 11.)

während seine bisherigen Schöpfungen auf diesem Gebiete: Grundbuch, Hypotheken, Pfandbriefe usw. nur der immer wachsenden Verschuldung des Bodens dienten.

Aber das bloße Ermöglichen und Erleichtern der Tilgung und Entschuldung genügt nicht zu ihrer Herbeiführung, denn möglich ist sie ja auch heute schon, aber da das Schuldenzahlen, „le quart d'heure de Rabelais", wie die Franzosen sagen, immer unwillkommen ist (Nr. 63 Anm. 2), so genügte das Unterbieten durch nicht tilgungspflichtige Hypotheken, um die Einbürgerung der Tilgung im deutschen, städtischen Realkredit weitgehend zu verhindern[1]).

Soll also im öffentlichen Interesse die Tilgungshypothek gefördert werden (Nr. 67), so muß das „Menschenrecht" des Nichtbezahlens von Schulden durch irgendwelchen Zwang beschränkt und vergewaltigt werden.

83. Am einfachsten und zweckmäßigsten, unter Ersparung einer amtlichen Kontrolle mit ihren bureaukratischen Unzuträglichkeiten, erfolgt dieser Tilgungsantrieb durch automatisch wirkende Rechtsregeln, die sozialmechanisch richtig das Privatinteresse des Geldgebers hinter die sozial erwünschte Tilgung setzen.

So ist's beim Erbbaurecht, wo die Erbbauhypothek bis zum Ablauf der Erbbaufrist getilgt sein muß (Nr. 72 A. 2).

Ebenso aber auch für die Bau- (und Baugeld-)Hypothek an Eigentumshäusern, falls, wie oben (Nr. 61), befürwortet wurde, unter Bejahung der Frage I des Gutachtens den Bauaufwandshypotheken ein Vorrecht in Höhe nur des jeweils noch vorhandenen Bauwertes eingeräumt wird. Das würde wenigstens ihre rechtzeitige Tilgung automatisch erzwingen und damit, bei der überragenden Bedeutung der Bauaufwandshypotheken im normalen, städtischen Wohnhaus-Baukredit, die ganze Tilgungsfrage für ihn praktisch erledigen.

Tilgungszwang gegen die Hypothekenbanken?

84. Soll noch über diesen teilweisen Tilgungsantrieb hinaus, oder soll — bei Verwerfung des Bauvorrangs — ohne ihn ein direkter Zwang zur Hypothekentilgung geübt werden, so kommt dafür in erster Linie ein Druck auf die Geldgeber in Frage, also etwa die Beschränkung der Mündelsicherheit (Landesgesetze gemäß § 1807 II BGB. und für Lebensversicherungen: RG. über Versicherungsaufsicht § 60) oder der

[1]) Vgl. die Darlegungen von Pechmanns an den Nr. 63 A. 1 angeführten Orten.

Pfandbriefssicherheit (Reichs-Hypoth. BG. §§ 11, 12) bei den städtischen Hypotheken auf Tilgungshypotheken.

Besonders aktuell ist die letztere Frage für die Hypothekenbanken (Nr. 62, 63) als die bisher bedeutendsten Geldgeber auf dem städtischen Hypothekenmarkte[1]).

85. Das Hypothekenbankgesetz von 1899 behandelt die Tilgungsfrage sehr leichthin; für städtische Deckungshypotheken fordert es keinerlei Amortisation, und auch für ländliche nur zur Hälfte und nur mit dem Tilgungssatz von $^1/_4$% (§ 6 II), indem es zugleich gestattet, den Amortisationsbeginn um 10 Jahre hinauszuschieben (§ 20).

Dabei macht es die Tilgungshypothek für die Banken höchst unbeliebt durch die mit dieser Form unabdingbar verbundenen Vorteile für den Schuldner. Dieser kann nämlich auch die Tilgungshypothek nach 10 Jahren frei kündigen (§ 18), während die Bank sich für solche Hypotheken ein Kündigungsrecht ausschließlich nur „aus besonderen, in dem Verhalten des Schuldners liegenden Gründen" ausbedingen darf: § 19. Also nicht wegen objektiver Gefährdung der Hypothek durch Verschlechterung des Unterpfandes: BGB. § 1133.

Der Erfolg ist, daß die Tilgungshypothek, wenn sie der Bank unvorteilhaft ist, vom Schuldner festgehalten wird, während er sie im umgekehrten Falle nach 10 Jahren abzulösen sucht und pflegt.

86. Das rein privatwirtschaftlich gedachte Hypothekenbankgesetz wollte eben nur den Schuldner-Eigentümer gegen Ausbeutung durch die Bank schützen, im übrigen aber all seinen Erwerbs- und Bequemlichkeitswünschen möglichst weit entgegenkommen. Heute dagegen stellt sich die Frage als volkswirtschaftliche und sozialökonomische, und da müssen gegenüber einem öffentlichen Interesse an Hypothekentilgung die Privatwünsche und -interessen, soweit nötig, zurücktreten.

Die Tilgungshypothek sollte also wohl auch für den Schuldner unkündbar werden.

87. Das Hauptbedenken der Hypothekenbanken gegen die unkündbaren Tilgungshypotheken liegt aber in der Erschwerung, die diese Unkündbarkeit für ihre „Pfandbriefspolitik" nach sich ziehe.

---

[1]) Zuständige Beobachter des Berliner und Deutschen Hypothekenmarktes glauben allerdings, eine allmähliche Liquidations- und Rückwärtsentwickelung der Hypothekenbanken feststellen zu sollen. Durch die immer wachsenden Versicherungskapitalien aus dem Neugeschäft herausgedrängt, suchten und fänden sie angeblich eine bessere Rente im vorzeitigen Rückkauf ihrer im Kurs gefallenen Pfandbriefe, d. h. in ihrer allmählichen — Liquidation!

Wenn bei steigendem Zinsfuß die Pfandbriefe der Bank stärker auf den Markt kommen, also im Kurse fallen müssen, könne die Bank diesem Kursfall nur dadurch entgegenarbeiten, daß sie selbst die Pfandbriefe ankaufe. Die Mittel dazu verschaffe sie sich bei den heut üblichen, nach 10 Jahren rückzahlbaren Hypotheken entweder durch Rückforderung der Hypothek selbst, oder und vor allem durch die unter der Drohung der Rückforderung ausbedungenen Zinserhöhungen oder Erneuerungsabgaben (Nr. 69 Anm. 1). Diese Einnahmequelle versage bei den unkündbaren Tilgungshypotheken. Die Hypothekenbank werde also dem Kursfall nicht entgegenwirken können, sondern ihre neuen Pfandbriefe nur zu niedrigerem Kurse oder zu höherem Zinsfuß ausgeben können, was beides die neubeliehenen Häuser mehr belasten, also ihre Mieten verteuern müsse.

87. Diesem Nachteil für die neu zu beleihenden Häuser stände aber jedenfalls für die schon beliehenen der Vorteil gegenüber, daß ihnen die aus jenem Rückforderungsrecht heut erwachsende, schwere Mehrbelastung durch Zinserhöhungen usw. erspart bliebe.

Außerdem aber gewährt die Tilgungshypothek auch die Mittel zum Pfandbriefsrückkauf, wenn sie in der heut üblichen Weise der tropfenweisen Rückzahlung von Kapitalteilen erfolgt, also nicht nach dem von einer „Vermittelungsstelle“ zu ermöglichenden Tilgungsfondssystem. Und das hat bei Banken als Gläubigern keinerlei Bedenken: Nr. 78.

So erklären ja denn auch die Leiter großer Hypothekenbanken die städtische Tilgungshypothek für durchaus vereinbar mit den Interessen ihrer Institute: Nr. 63 Anm. 1.

Will man aber eine ernsthafte Tilgung, so wäre, wie in den früheren Preußischen Normativbestimmungen, eine Tilgung von ½% mindestens vorzuschreiben, aber — anders als in jenen Bestimmungen — ohne Zulassung des zehnjährigen Aufschubs, mittelst dessen, wie Dr. Bendixen im Bankarchiv (oben Nr. 65 A. 2) sagt: „Die Praxis sich über die Vorschriften des grünen Tisches gewandt hinweggesetzt“ und die Tilgungspflicht zum toten Buchstaben gemacht hatte und — noch macht! So sagt der oben Nr. 62 angeführte Erlaß des preußischen Landwirtschaftsministers: „Im übrigen hat die Erfahrung gelehrt, daß Tilgungshypotheken, bei denen der Tilgungsbeginn bis zu dem nach § 20 Abs. 1 des Hypothekenbankgesetzes zulässigen Zeitraum von zehn Jahren hinausgeschoben war, häufig mit Ablauf der Aufschubfrist in einfache Zinshypotheken umgewandelt wurden.“

Hypothekentilgung oder Hypothekenlöschung?

88. Bisher war nur von der Tilgung der Hypothek, genauer der hypothekgesicherten Forderung die Rede, bei der die Hypothek selbst nicht erlischt, sondern nach BGB. §§ 1163, 1177 als Eigentümergrundschuld weiterlebt.

Auch diese bloße Forderungsrückzahlung hätte eine große, volkswirtschaftliche und wohnungspolitische Bedeutung: die künftig nötigen Baukosten würden rechtzeitig wieder zusammengespart: Nr. 70, sodann und vor allem: der heutige Bodenpreishochtreibungsmechanismus würde entscheidend lahmgelegt: Nr. 23, Nr. 61.

89. Aber eine „Entschuldung des städtischen Grundbesitzes" läge darin noch nicht, und gerade sie ist hier zur Begutachtung gestellt[1]).

Denn wenn nach vollendeter Forderungstilgung oder auch schon vorher, die Eigentümergrundschuld wieder als Hypothek in den Verkehr kommt, wie es heut die absolute Regel ist, so hat zwar ein Gläubigerwechsel stattgefunden, aber keine Entschuldung[2]).

Eine Entschuldung setzte voraus, daß die Eigentümerhypothek entweder gar nicht entstünde oder doch gelöscht würde, unter entsprechendem Vorrücken etwaiger Nachhypotheken.

Es würde also, was § 1179 BGB. der Vereinbarung überläßt, kraft gesetzlichen Zwanges ein für allemal Platz greifen, soweit wie die Tilgung vorgeschrieben wäre: Löschungszwang neben dem Tilgungszwang.

90. Ein tiefer Eingriff in das Hypothekensystem; wem wäre er nützlich und erwünscht?

Nicht dem alten Hypothekengläubiger, denn für den ist zwar unangenehm das tropfenweise Entstehen von Eigentümer-Teilgrundschulden und vollends deren Pfändung durch Gläubiger des jeweiligen Eigentümers: Nr. 73. Aber dieser Übelstand würde ja durch die „Vermitte-

---

[1]) Frage 2: „Ist eine Besserung der Wohnungsverhältnisse zu erwarten, wenn durch gesetzgeberische oder Verwaltungsmaßregeln die Verbreitung der Tilgungshypotheken (Amortisationshypotheken) behufs Entschuldung des städtischen Grundbesitzes gefördert wird?"

[2]) So stellt auch Generallandschaftsdirektor Dr. Kapp (in der Nr. 80 A. 1 genannten Schrift S. 13) fest, daß: „das Amortisationsguthaben nach der jetzt üblichen Behandlung nur den Charakter eines Sparkassenguthabens besitzt, das von der überwiegenden Mehrzahl der Besitzer abgehoben wird, sobald seine Herausgabe statthaft ist."

lungsstelle“ ausgeschaltet: Nr. 75. Hier und ebenso bei der Hypothekarlebensversicherung (Nr. 80) würde also nur nach voller Tilgung eine große Eigentümergrundschuld entstehen, und ob diese entsteht, ob also — durch Zession — der getilgte Posten für einen neuen Gläubiger weiterlebt oder ob er gelöscht wird, das ist dem alten Gläubiger regelmäßig ganz gleichgültig.

Als Zweck der Reform kommt daher nur in Betracht einmal der Schutz des Nachhypothekars, der durch die Löschung der Eigentümerhypothek vorrücken, also seine Sicherheit verbessern würde, sodann der allgemeine Zweck der „Entschuldung“.

91. Bei unserem jetzigen Hypothekenübermaß kommt zunächst nur der erste Zweck in Frage. In der Tat wird auch von vielen, sehr verschiedenen Seiten her als einziges, wirklich durchgreifendes Mittel gegen die „Not der zweiten Hypothek“ (Nr. 12) gerade die Löschung der getilgten ersten Hypothek und das entsprechende Nachrücken der zweiten empfohlen[1]).

Aber gegen dieses Nachrücken scheint, wie besonders mein lieber Lehrer Dernburg eindringlich darzulegen wußte, entscheidend das Bedenken des Zinsunterschiedes zu sprechen. Das Nachrücken des folgenden Gläubigers, der in seinen Zinsen eine seiner größeren Gefährdung entsprechende Risikoprämie erhalte, in die dieses Risikos ermangelnde, bessere Stelle sei für ihn selbst durch nichts gerechtfertigt, für den Eigentümer aber ungerecht und schädlich, da er nun auch für die (etwa) mündelsichere Stelle den Zins der schlechteren Hypothek bezahlen müsse.

92. Indes das Risiko der Nachhypothek bleibt eben nicht gleich, sondern steigert sich von Jahr zu Jahr mit der zunehmenden Hausentwertung, denn die hierin liegende Ausfallsgefahr (Nr. 24 A. 2) trifft natürlich die hinteren Hypotheken am schwersten.

Im übrigen ließe sich das Bedenken stark mildern durch ein gesetzliches Kündigungsrecht des Eigentümers entweder gegenüber allen kraft Gesetzes vorrückenden Hypotheken schlechtweg, oder doch gegenüber den nicht mündelsicheren, die in die Mündelsicherheit vorrücken. Denn damit würde der Eigentümer regelmäßig eine angemessene Berichtigung des Zinsfußes erreichen können.

93. Aber, sagt man, mit der Eigentümergrundschuld nehmt Ihr dem neudeutschen, hypothekenüberlasteten „Hauseigentümer“ das letzte, karge Recht, das er noch hat!

---

[1]) Vgl. auch Eschwege: Die Bank 1914 S. 248f.

Von Wert ist dieses Recht indes nur, wenn der Eigentümer für die hinter seiner Eigentümergrundschuld stehenden Nachhypotheken nicht persönlich haftet, was praktisch wohl mehr Ausnahme als Regel ist[1]). Denn sonst muß er ja deren Ausfall doch decken und behält von dem ihm zufallenden Betrag der Eigentümergrundschuld nur dann etwas übrig, wenn und soweit sich bei dem Hause ein Überschuß ergibt. Dieser würde ihm aber genau so auch ohne die Eigentümergrundschuld zufallen, als hinter den vorgerückten Nachhypotheken stehendes, wirkliches Guthaben[2]).

94. Es besteht also — von unsauberen Hinterziehungen natürlich abgesehen — ein Vorteil der Eigentümergrundschuld, falls der Eigentümer für die Nachhypotheken persönlich haftet, niemals für ihn selbst, sondern allenfalls nur für seine Gläubiger. So fällt im Konkurse die Eigentümergrundschuld in die Masse und verstärkt die Dividende, während die nun ausfallenden Nachhypotheken nur die Passivmasse vergrößern. Vor allem aber werden findige und rücksichtslose Personalgläubiger des Eigentümers die Eigentümergrundschuld durch Pfändung ihren Mitgläubigern vorwegzunehmen wissen nach dem Motto: iura vigilantibus scripta sunt!

Aber die Förderung solcher unsozialen Raub- und Beutegewinne ist doch wahrlich kein genügender Grund, um die Eigentümergrundschuld aufrecht zu erhalten.

Für ihre Abschaffung aber und für das Vorrücken spricht sehr stark, daß so und wohl nur so der „Not der zweiten Hypothek", d. h. ihrer infolge und im Verhältnis der Hausentwertung wachsenden Unsicherheit abgeholfen werden kann (Nr. 91, 92).

95. So stellt sich diese Löschungsfrage „bei uns", d. h. gegenüber dem groben Unfug unserer bis an oder über den Schornstein schichtweise in Hypotheken aufgeteilten Mietskasernen.

Wo dagegen ein solches Hypothekenübermaß nicht besteht, da hat man merkwürdig wenig Bedenken gegen das Erlöschen getilgter Hypotheken und das Vorrücken der Nachhypothekare, wie es im römisch-gemeinrechtlichen Gebiet üblich war, in Österreich und im Bereich des Code

---

[1]) Vgl. Nußbaum: Deutsches Hypothekenwesen 1913 S. 105ff. und dort Angeführte.

[2]) Hinter der getilgten 1. Hypothek von 50000 stehe eine 2., für die der Eigentümer haftet, von gleichfalls 50000. Ergibt dann die Zwangsversteigerung 100000, so entfallen auf den Eigentümer — mit oder ohne Eigentümergrundschuld — 50000; ergibt sie dagegen nur 50000, so bleibt für ihn praktisch gar nichts. Wieder: mit oder ohne Eigentümergrundschuld!

(Frankreich, Belgien) noch üblich ist, und auch im Elsaß trotz des BGB. durch bewußten und erfolgreichen Widerstand der Praxis gegen die Eigentümerhypothek aufrecht erhalten wird[1]). Auch in der preußischen Rheinprovinz sagte mir der erste Notar einer Großstadt: „Alle meine Kollegen würden den Tag segnen, wo dieses dem Code mit Recht unbekannte Institut wieder bei uns verschwände."

96. Auf den im Glauben an die preußisch-deutsche Eigentümerhypothek groß gewordenen Juristen wirkt derartiges zunächst verblüffend, und er versucht dann wohl die österreichischen, belgischen oder rheinischen Kollegen durch Dernburgs Zinsfußargument zu schlagen (Nr. 91). Das wirkt denn auch zunächst, wird aber ganz regelmäßig nachher, als praktisch doch nicht durchschlagend mehr gefühls- als verstandesmäßig abgelehnt.

Mit Recht, da eben in jenen Rechtsgebieten die Hypothekenbelastung eine schwache ist, also — deutsch ausgedrückt — die Mündelsicherheit regelmäßig nicht überschreitet. Dann sind aber Sicherheit und Zinsfuß zwischen der getilgten ersten und der nachrückenden zweiten Hypothek kaum verschieden und daher die ganze Frage fast gegenstandslos.

Bei mäßiger Hypothekenbelastung, also bei kleineren, in wahrem Eigentum stehenden Häusern, wie sie durch ein energisch zielbewußtes Zusammenwirken des öffentlichen Siedelungsrechtes und der Hypothekarreform auch bei uns wieder eingebürgert werden können und sollen (Nr. 10, Nr. 32), kann also als Ziel der Hypothekenlöschung nicht bloß das Vorrücken der zweiten Hypothek, sondern darüber hinaus auch die Entschuldung ins Auge gefaßt werden (Nr. 90, 91). Der Eigentümer hat dann sein Guthaben und seine Sparbüchse nicht bloß hinter — statt wie heut zwischen — den Hypotheken, sondern er hat sie womöglich in einem ganz schuldenfreien Hause, wie in Belgien (Nr. 28, 29). Und ganz wie in Belgien könnte und würde auch bei uns dieser gesunde und nur vorübergehend verschüttete Trieb zum wirklichen, also schuldenfreien Eigenhaus, einmal geweckt, in der Hypothekarlebensversicherung seine weitgehende Befriedigung finden: Nr. 79 ff.

Schluß.

97. Wir stehen am Ende unserer langen, nicht immer erfreulichen Reise durch das problematische Land Hypotheken[1]) und das fast noch

---

[1]) **Nußbaum**, Deutsches Hypothekenwesen 1913, S. 51 A. 4, S. 58 A. 2. Durchaus übereinstimmend die Auskunft Straßburger Praktiker.

(97) [1]) 1908 schrieb ich im Jahrbuch der Bodenreform IV S. 253: „Wenn ein neuer Swift-Gulliver den zähen Widerstand des deutschen Wirtschaftslebens

zweifelhaftere Hypothesien, das Land der aufeinander getürmten, sich wechselseitig bedingenden und beschränkenden Wenn und Aber: „Wenn der Bauvorrang eingeführt wird, und zugleich die Vermittelungsstelle . . ." — „wenn aber nur die Vermittelungsstelle ohne den Bauvorrang; oder nur der Bauvorrang ohne die Vermittelungsstelle" usw. usw.

98. Es ist daher zweckmäßig, das Gesagte jetzt bündig und übersichtlich zusammenzufassen:

Das Gutachten geht von der Annahme aus, daß das überaus schwierige und verwickelte, deutsche Siedelungsproblem dadurch noch mehr kompliziert und bis zur Unlösbarkeit erschwert wird, daß in dieser ernstesten Frage der Volkszukunft ein dem gegenüber weit zurücktretendes, bloß privates Recht, die Beherrschung des Baubodens durch Eigentum oder Kaufpreishypothek (Nr. 3, 4), die ganze Entwicklung in unsachlicher, ja sachwidriger Weise beherrscht[1]).

Zur Abhilfe ist mehrfach die Enteignung zu Siedelungszwecken vorgeschlagen worden, und grundsätzliche Bedenken dagegen bestehen auch nicht[2]).

---

gegen das Erbbaurecht, die ihm aus England altvertraute Bauleihe, beobachtete, würde er in der ersten Begeisterung des Neuankömmlings vielleicht niederschreiben: „Solider als wir Engländer verschmäht es der Deutsche, auf unbezahltem, bloß geliehenem Boden zu bauen, und wer vergnügt dort leben will, zahlt bar, was er — bebaut!" Aber bei längerem Verweilen würde er von diesem Optimismus gründlich zurückkommen und feststellen, daß, was dem deutschen Erbbau im Wege steht, nicht ein nationaler Widerwille gegen das Borgen und nicht Barzahlen ist, sondern nur eine unendlich vollkommenere Einrichtung für diesen löblichen Zweck: das deutsche Bodenkreditsystem. Dessen genialen und schwindelnden Bau, mit dem in der Tat: Deutschland in der Welt voran ist, und Preußen in Deutschland voran! würde der neue Gulliver je länger, je mehr als alle Verhältnisse seines neuen Aufenthaltsortes durchdringend und beherrschend erkennen, und zwischen seinem „Liliput" der kleinen Franzosen und seinem „Brobdignak" der riesigen Russen beschriebe er uns wahrscheinlich als die Bewohner von — „Hypothekien"!" (Vgl. oben Nr. 3, 4.)

[1]) Und doch heißt wohl noch immer: „Deutsch sein, um der Sache willen handeln!" —?

[2]) Ich unterschreibe noch heute, was ich 1908 im Jahrbuch der Bodenreform (IV S. 295f.) schrieb: „Je deutlicher die Folgen unserer schlechten Wohnzustände sich entwickeln werden in der Verschlechterung der Volksgesundheit und damit auch der Wehrkraft, um so deutlicher wird es unseren Reichslenkern werden, daß Besserung dieser Wohnzustände mit allen Mitteln erstrebt werden muß, seien sie auch so gewaltsam, wie die Enteignung zu Bau- und Siedelungszwecken, die übrigens England bereits besitzt und stark handhabt. — Die Enteignung zu „Bauzwecken" wäre auch viel weniger schroff, als die unseres Polen-

99. Aber viel weniger schroff als dieses bedenkliche Radikalmittel und voraussichtlich auch genügend wäre es, durch die vorstehend empfohlene Hypothekarreform der Terraindiktatur ihre Machtwerkzeuge zu nehmen (Nr. 23), und so das jetzige, gemeinschädliche Bündnis von Boden und Kapital, das die Wohnungsproduzenten und die Wohnungskonsumenten gleich rücksichtslos opfert und damit die Volkszukunft heillos gefährdet, zu zersprengen. An seine Stelle würde dann unter dem Zwang der wirtschaftlichen Notwendigkeiten ein neues, sachgemäßeres Bündnis treten, zwischen dem Kapital, den Wohnungsproduzenten und Wohnungskonsumenten, unter Zurückdrängung der Ausbeutungswünsche der Baubodenbeherrscher (Nr. 3)[1].

100. Als Mittel zu diesem Zweck befürwortet das Gutachten hauptsächlich folgende:

1. Die Bauerlaubnis soll bedingt sein durch eine Einräumung des Vorrangs in Höhe des jeweils noch vorhandenen Bauwertes an die Bau- (und Baugeld-)Hypotheken: Nr. 52 f.; sowie an die „Aufschließungs"-Hypotheken: Nr. 59.
2. Zur Erzwingung dieser Einräumung erhält der Eigentümer ein Kündigungs- und Ablösungsrecht gegenüber den den Vorrang verweigernden Realberechtigten (Nr. 49), insbesondre gegenüber dem Baustellenpreishypothekar, der sich zu diesem Daransetzen des Grundstückswertes wohl oder übel entschließen würde, da ihm als andere Möglichkeit zur Hebung des Baustellenwertes fortan nur das Selberbauen mit Gefährdung auch seines übrigen Vermögens bliebe: Nr. 46, Nr. 48.
3. Die Bauhypothekare haben untereinander gleichen Rang, die Baugeldhypothekare dagegen gehen ihnen im Range vor, damit dem unentbehrlichen Meliorationskapital die von ihm verlangte Erststelligkeit geboten werde: Nr. 54, 55.

---

gesetzes, welches dem Eigentümer den von ihm landwirtschaftlich bearbeiteten Boden fortnimmt, damit ein anderer ihn gerade so nutze. Bei gleichbleibender Zweckbestimmung des Bodens wird hier eben nur sein Eigentümer davon entsetzt. Wenn dagegen der landwirtschaftliche Boden dieses sein Wesen doch auf alle Fälle verlieren und zu etwas ganz anderem, nämlich einer städtischen Baustelle werden soll, so ist dies offenbar gleich einem Falle, für den schon jetzt die Enteignung Platz greift, nämlich der Umwandlung von Feldern usw. in ein „Bergwerk" und ihre Enteignung zu Bergwerkszwecken."

[1]) (Bei der Revisionskorrektur.) Unter der Überschrift: „Die Umwertung im Terraingeschäft" teilt die „Rheinisch-Westfälische Zeitung" vom 8. Juli 1914 (vgl. auch den „Tag" vom gleichen Tage) aus dem Jahresbericht für 1913 der

4. Die Bau- und Baugeldhypotheken sind notwendig Tilgungshypotheken: Nr. 61, 66. Zu ihrer leichteren Durchführung sind vom Staat Vermittelungsstellen einzurichten, die nach dem Tilgungsfondssystem arbeiten: Nr. 74 ff.
5. Außer der Tilgung soll aber auch Löschung Platz greifen, zunächst um die Nachhypothekare zu sichern und so die „Not der zweiten Hypothek" zu beseitigen: Nr. 90 ff.
6. Späterhin aber — in dem durch das Zusammenwirken von öffentlichem Siedelungsrecht und Hypothekarreform zu erreichenden System kleinerer und wirklich eigener Häuser — zu dem weiteren Zweck der auch durch Hypothekarlebensversicherung (Nr. 79 ff.) zu fördernden Entschuldung, um allmählich statt der jetzigen Scheineigentümer wieder richtige Hauseigentümer zu gewinnen, die ihren Aufgaben in Haus und Gemeinde wirklich gewachsen sind: Nr. 21, Nr. 4 a. E.

Berliner Terrain- und Bau-A.-G. (Konzern: Fürstentrust, Bergische Bank, Deutsche Bank) Folgendes mit: „Im abgelaufenen Geschäftsjahre hat der Entwertungsprozeß zu ungunsten des Grundbesitzes in Groß-Berlin weitere Dimensionen angenommen. Die Gründe hierzu sind bekannt. Sie liegen ...., anderseits aber auch in der immermehr zutage tretenden ehemaligen Überschätzung der Verwertbarkeit von Terrains.... Es muß ihnen ... dadurch Rechnung getragen werden, daß der Grundbesitz, der in den bisherigen Bilanzen auf den Einkaufspreisen, inklusive Aufschließungskosten basierte, eine beträchtliche, den heutigen Verkaufsmöglichkeiten mehr entsprechende Wertherabsetzung erfährt. Unter der Erscheinung der sinkenden Rentabilität und der steigenden Lasten leiden auch die Hausbesitzer, deren Grundstücke wir im Hinblick auf unsere Hypothekenengagements (!) als Nießbraucher (!) verwalten. Deshalb müssen wir vorsichtshalber eine Abschreibung unserer Forderungen gegen derartige Schuldner ins Auge fassen." Die Gesellschaft schlägt daher vor: auf die **mit 17,45 Millionen** Mark bewerteten Bauterrains und Terrainbeteiligungen **8,06 Millionen** Mark abzubuchen; auf Häuser 385,000 Mk. und auf Debitoren 1,56 Millionen Mk., zusammen 10 006 256 Mk. — **Habemus reum confitentem!** Diese Bankerotterklärung der „großzügigen Bodenspekulation" bestätigt durchaus unsere Darlegungen in Nr. 3, 4, 15, 23, 24, 68. Wir stellen daneben die Lobpreisung dieser Spekulation und ihrer Preishochtreibungen in einem von der „Bodenreform" (vom 20. März 1914) abgedruckten Rundschreiben in Hamburger Terrains spekulierender Beamten und sonstiger Amateure zur Gewinnung weiterer Adepten: Die Bodenpreise anderer deutscher Großstädte seien „in den entsprechenden Zonen . . durchschnittlich doppelt bis dreifach so hoch . . als in den gleichen Zonen um Hamburg herum. Der Grund für diese Tatsache liegt eben darin, daß in jenen Großstädten die Bodenspekulation bereits 15 bis 20 und noch mehr Jahre früher eingesetzt hat, als hier in Hamburg, so daß in jenen Städten die Terrains durch einen vielfachen Übergang in andere Hände schon sehr viel teurer geworden sind als hier. Jeder Kundige weiß auch, daß man in und um Hamburg erst seit wenigen Jahren von einer eigentlichen großzügigen Bodenspekulation sprechen kann." Weiter heißt es dann: „Auch unsere Genossenschaft wird bei den sehr umfangreichen, vom hamburgischen Staate benötigten Ländereien (im Original dick unterstrichen) das Bestmögliche herauszuhandeln suchen. Wir erwarten einen guten Gewinn." — Eine staats- und volksnützliche Tätigkeit! Die hochgejobberten Preise aber werden in Hypotheken festgelegt und dann durch Mietskasernen herauszuschlagen gesucht, nach dem Rezept Nr. 38 A. 3; Nr. 46 A. 2, nur daß der süddeutsche „Baulöwe" in Hamburg den hanseatisch derberen und aufrichtigeren Berufsnamen: „Rumschmeißer" führt!

XV.

Gutachten des Herrn Hof- und Gerichtsadvokaten Dr. Paul Klemperer in Wien

über die Frage:

„Empfehlen sich privatrechtliche Sondervorschriften für den Anstellungsvertrag der Bühnenangehörigen?"

Inhaltsübersicht.

Vorbemerkung.

Das Problem wäre zunächst so zu stellen, ob sich die Lohnrechtsverhältnisse der Bühnenangehörigen überhaupt zur Kodifizierung eignen.

Noch vor wenigen Jahrzehnten wäre es allenthalben undenkbar erschienen, den Thespiskarren auf das Geleise staatlicher Reglementierung zu setzen.

Das Mimen war nicht Beruf, sondern Mission. Seiner Kunst zuliebe ertrug der Schauspieler allerdings auch Hunger und Bedrückung.

Das hat sich in den letzten Jahrzehnten gründlich geändert.

Die Bühnenkunst ist zum bürgerlichen Berufe geworden. Wer dieses Metier wählt, rechnet unbedingt mit einer angemessenen und gesicherten Entlohnung.

Anderseits befindet sich der größte Teil der Theaterbetriebe in den Händen von Privatunternehmern, die ebenfalls die materielle Seite scharf hervorkehren.

So ergeben sich allzu viele wirtschaftliche Reibungsflächen; und die Vorfrage entsteht, ob nicht die Paragraphierung des Lohnrechtes der Kunst Platz greifen müsse.

Die Frage ist zu bejahen, wenn auch Bedenken dagegen sprechen.

Zunächst das Bedenken, ob nicht Opferwilligkeit und Begeisterungsfähigkeit der Künstler unter dem Schutze sozialer Bestimmungen leiden könnten; dann, ob der ideale Gemeinzweck dieser Betriebe nicht solche Bestimmungen ausschließe, indem sehr oft öffentliche Interessen über die Einzelinteressen zu stellen sein werden; schließlich, ob nicht die Gefahr nahe liege, eingewurzelte Mißbräuche und Auswüchse des Lohnrechtes im Gesetze zu petrifizieren. (Zum Beispiel die Pflicht der Angestellten, die Toiletten beizustellen.)

Alle diese Bedenken reichen aber nicht aus, die bisherige Anarchie im Lohnrechte der Künstler weiter bestehen zu lassen.

Und tatsächlich scheinen gerade jetzt wieder das offizielle Deutschland und Österreich durch die Vorlage von Theatergesetzentwürfen ihre

Ansicht ausdrücken zu wollen, daß trotz aller bisherigen Mißerfolge mit diesbezüglichen Versuchen die Kodifizierung des Schauspielerlohnrechtes denn doch möglich sei und endlich durchgesetzt werden müsse.

Vor einigen Jahren hat Abgeordneter Urban einen Entwurf zu einem österreichischen Theatergesetz ausgearbeitet, der zu einem Initiativantrag des Parlamentes bestimmt war; über diesen Entwurf fand eine vom österreichischen Parlament einberufeue Enquête statt, welche die Notwendigkeit einer ausgiebigen Umarbeitung des Entwurfes aufzeigte.

Ich habe unter Berücksichtigung des umfangreichen Enquêtematerials einen in vielen Beziehungen selbstärdigen Gegenentwurf verfaßt.

In Anlehnung an den Urbanschen und an meinen Entwurf hat das österreichische Justizministerium vor einigen Monaten einen dritten Entwurf fertiggestellt; bei der Enquête zur Beratung dieses Regierungsentwurfes haben die Interessentenvertreter in vielen Punkten Annäherung vollzogen, so daß die dritte Lesung des Regierungsentwurses eine mittlere Linie darstellt; dieser Entwurf harrt nun der Gesetzeswerdung.

Man will sich bemühen, den oben angedeuteten Bedenken Rechnung zu tragen und die sozialpolitischen Grundsätze auf das eigenartige Milieu zu projizieren.

Auf der anderen Seite erscheint es wünschenswert, durch die Gesetzgebung der bisherigen, teilweise vorurteilsvollen Entwicklung energisch eine andere Richtung zu geben.

Zu Hilfe kommt solchem Bestreben die Tatsache, daß die Zukunft das Theater höchst wahrscheinlich dem Privatunternehmertum immer mehr abnehmen wird, dessen ultima ratio die Furcht ist, durch Abschaffung grausamer, harter Vertragsbestimmungen den Betrieb passiv zu gestalten oder zumindest um den Unternehmergewinn zu kommen.

Würde sich das Gemeinwesen der Schaubühne, als moralischen Lehranstalt, einmal so annehmen, wie jetzt schon der Schule und der Universität, dann würde die Stellung des Schauspielers, gleich der anderer öffentlicher Beamten, in einer Dienstpragmatik festgelegt werden können.

Ein Ansatz hierzu besteht in Österreich in der Stellung der Künstler an den Hoftheatern, welchen nach ministeriellem Gutachten die Qualität von „Hofbeamten" zukommt; das ist für die Frage der Exekutionsfähigkeit des Einkommens und der Versteuerung desselben schon heute von Belang. Diese „Hofbeamten" sind aber doch Künstler im Sinne alter Traditionen geblieben.

Mag also die Kodifizierung des Lohnrechtes der Kunst wohl sehr schwierig sein, möglich ist sie.

Thema des Gutachtens.

Die weitere Frage, ob sich für den Anstellungsvertrag der Bühnenangehörigen Sondervorschriften empfehlen, kann, schon nach dem Vorausgesagten, überhaupt nur bejaht werden.

Es wird vielleicht sogar notwendig sein, Differenzierungen der Bestimmungen für verschieden große Theaterbetriebe vorzunehmen.

Als Kriterien für die Größe des Betriebes ließen sich der Gagenetat oder der Fassungsraum des Theaters annehmen.

Die kleineren Betriebe werden, wenigstens für eine Übergangszeit, vielleicht von einigen, finanziell sehr einschneidenden, Neuerungen noch ausgenommen werden müssen.

Aus der Fülle der Gründe für die Ansicht, daß Sondervorschriften für den Anstellungsvertrag der Bühnenangehörigen unbedingt not tun, seien nachstehend die wichtigsten hervorgehoben.

I. Eigenart des Milieus.

Die Gegner der separaten Kodifizierung des Bühnenlohnrechtes verweisen auf den geringen Prozentsatz der Bevölkerung, für welchen hier die Gesetzgebungsmaschine besonders in Bewegung gesetzt werden soll.

Doch Zählen ist hier nicht am Platze.

Wenn das allgemeine Lohnrecht auf die besonderen Theaterverhältnisse größtenteils nicht paßt, darf man auch die wenigen Tausende von Staatsbürgern nicht durch Aufpfropfung unverwendbarer Bestimmungen mehr als rechtlos machen.

Allerdings können so manche Grundsätze des allgemeinen Lohnrechtes, insbesondere viele soziale Schutzbestimmungen, auch für den Anstellungsvertrag der Bühnenangehörigen ohne weiteres gelten. Das Bühnenlohngesetz mag diesen Gedanken durch Anziehung eines allgemeinen Angestellten-Gesetzes für die nicht besonders geregelten Rechtsverhältnisse zum Ausdruck bringen; daneben wird es sich auch empfehlen, für nicht geregelte Fragen die allgemeinen Theaterbräuche als anwendbar zu erklären.

Aber zahllose Sondererscheinungen dieses einzig dastehenden Milieus können nur durch ein Sondergesetz richtig getroffen werden.

Und das Theater stellt ein Ausnahmsmilieu dar; eine Welt für sich. Schon daß der Erwerb nicht Alleinzweck des Lohngebers, noch weniger des Lohnnehmers ist; schon daß sich in diesem Kreise größtenteils Ausnahmsmenschen bewegen, mit anderen Gefühlen und anderen Nerven; schon daß ein unbegreiflicher Zauber von jenem abgeschlossenen Raum auf die ganze Welt ausgeht, der sein Geheimnis niemals preisgeben wird; schon daß hier und da, wie oben erwähnt, die Interessen der Gesamtheit aus Gründen der Volkserziehung oder der Sicherung der öffentlichen Ordnung über die Interessen der einzelnen Angestellten zu stellen sein können.

II. Bedeutung der Schaubühne für die Gesamtheit.

Diese Abhängigkeit von öffentlichen Rücksichten ist insbesondere durch die Bedeutung der dramatischen Kunst gegeben.

In dem Prolog, welcher bei der Eröffnungsvorstellung des Hamburger Theaters am 22. April 1767 gesprochen wurde, finden sich die Stellen:

„Gesetze stärken zwar der Staaten Sicherheit,
Als Ketten an der Hand der Ungerechtigkeit.
Doch deckt noch immer List den Bösen vor dem Richter,
Und Macht wird oft der Schutz erhabner Bösewichter.
Wer rächt die Unschuld dann? Weh dem gedrückten Staat,
Der statt der Tugend nichts als ein Gesetzbuch hat.
— — — — — — — — — — — — — — — — — — — —
Und — — — — — — — — — — — — — — — — — —
Wer ist der Genius, der sich entgegenlegt,
Wer? — Sie, die jetzt den Dolch und jetzt die Geißel trägt,
Die unerschrockne Kunst, die allen Mißgestalten
Strafloser Torheit wagt, den Spiegel vorzuhalten,
Die das Geweb' enthüllt, worin sich List verspinnt
Und den Tyrannen sagt, daß sie Tyrannen sind."

Eine hohe Auffassung von der dramatischen Kunst, die staatlichen Gesetze hinter ihr rangieren zu lassen!

Und etwa zwanzig Jahre später erhebt Schiller in seinem Vortrage „Die Schaubühne als moralische Anstalt betrachtet" dieselbe zu gleichem Range mit der Religion. Denn gleich ihr dehne die Schaubühne ihre

Forderung an den Menschen auf wirkliches Handeln aus und drehe sich nicht nur, wie das Gesetz, um verneinende Pflichten. Dann sei die Schaubühne, mehr als jede andere öffentliche Anstalt des Staates, eine Schule der praktischen Weisheit, ein Wegweiser durch das bürgerliche Leben, ein unfehlbarer Schlüssel zu den geheimsten Zugängen der menschlichen Seele; mit dem Schicksal der Menschheit mache sie uns bekannt und lehre, gerecht gegen den Unglücklichen zu sein und nachsichtsvoller über ihn zu richten. Irrtümer der Erziehung ließen sich durch sie bekämpfen, von ihr herab die Meinung der Nation über Regierung und Regenten zurechtweisen. Der nationale Geist (die Ähnlichkeit der Meinungen und Neigungen) könne durch sie gehoben werden. Sie sei eine Stiftung, wo sich Vergnügen mit Unterricht, Ruhe mit Anstrengung, Kurzweil mit Bildung gatte.

Und keiner stand je erfolgreich zur Widerlegung dieser begeisterten Auffassung von der Macht und Bedeutung der Schaubühne auf.

Mag sein, daß nicht alle diese Vorzüge und Fähigkeiten in Wirklichkeit vorhanden sind.

Aber zweifellos findet die dramatische Kunst gerade heute nicht die entsprechende Würdigung seitens der Regierungen, welche dieses wichtige Instrument zur Erziehung des Menschengeschlechtes ganz aus der Hand gaben und es privaten Spekulanten überantworteten[1]).

Die Einkehr wird kommen.

Heute scheint es beinahe absurd, den Gedanken auszusprechen, daß der Schaubühne noch einmal eine Rolle im Staate zufallen wird, wie der Schule und der Universität. Die große Masse wird zur Aufklärung und Bildung geführt werden, wie jetzt zum Genusse des Elementar-Unterrichtes.

Das Interesse der sozialdemokratischen Partei für das Theater zeigt sich an den vielen Gründungen von Volksbühnen.

Und wie das Schulwesen in besonderen Gesetzen geregelt ist, wird dereinst auch das Theaterwesen, seiner Bedeutung entsprechend, eine umfassende, detaillierte Regelung erfahren.

Die Sonderregelung des Bühnenlohnrechtes mag der erste Ansatz des erwachenden Interesses des Staatswesens für das Theater sein.

Der Gesetzgeber kann ja auf die Dauer an die Schaubühne, deren Mission ewig bleibt, nicht vergessen.

---

[1]) Übrigens ist infolge des privaten Spekulantentums nicht nur die dramatische Kunst, sondern auch die Literatur vom Verwelken bedroht; das Publikum wird von den Leitern der Schaubühnen nicht der klassischen Literatur zugeführt, sondern aus Kassarücksichten wird seinem oberflächlichen Geschmacke nachgelaufen.

III. Öffentliches Interesse an der Sicherung des Betriebes.

Das öffentliche Interesse an der klaglosen Abwickelung des Bühnenbetriebes dürfte die Änderung mancher Bestimmungen des allgemeinen Lohnrechtes nötig erscheinen lassen.

Hierher gehören insbesondere die Bestimmungen über Konventionalstrafen und Ordnungsstrafen.

Nach einem niemals angefochtenen Brauche im Bühnenleben wird jede Verletzung auch untergeordneter Vertragspflichten der Angestellten mit „Ordnungsstrafen" geahndet; eine Erscheinung, die sich im privaten Lohnrechte sonst meist bei Betrieben findet, die dem öffentlichen Verkehre dienen. (Zum Beispiel Bahnen.)

Beim Theater scheint die Ordnungsstrafe, vorläufig wenigstens, noch nötig.

Sie hat strafrechtlich die Funktion der Abschreckung; zivilrechtlich ist sie nicht, wie viele meinen, eine gewöhnliche Konventionalstrafe — schon deshalb nicht, weil selten wirklich ein materieller Schade des Bühnenunternehmers in Betracht kommt, der damit gut gemacht werden sollte, ferner weil sie nicht dem Bühnenunternehmer zufällt —, sondern vielmehr eine Art bedingten Lohnnachlasses.

Der Bühnenangestellte erklärt — indem er dem Bühnenunternehmer das Recht des „Abzuges" von der Gage einräumt —, für den Fall bestimmter Pflichtverletzungen mit einer Minderung der Gage einverstanden zu sein.

Lässigere Pflichterfüllung — geringere Entlohnung.

Um der Versuchung des Theaterunternehmers entgegenzutreten, aus Ersparungsrücksichten leichtfertig Pflichtverletzung zu behaupten, ist dem Abzugsrecht ein Modus aufzuerlegen, wonach das Abgezogene wohltätigen Zwecken zugeführt werden muß.

Diese Ordnungsstrafe leitet ihre Berechtigung, wie oben angedeutet, insbesondere aus der Erwägung ab, daß eine, an sich geringfügige, Pflichtverletzung eine Vorstellung gefährden kann. Das würde aber unter Umständen, insbesondere im Wiederholungsfalle, von der Öffentlichkeit (dem Publikum) nicht ruhig hingenommen werden, eventuell auch zu einem öffentlichen Skandale führen.

Aus dem gleichen Gesichtspunkte vertreten manche die Ansicht, daß im Bühnenlohnrecht die Einseitigkeit der Konventionalstrafe zulässig sein solle. Denn die Konsequenzen der Pflichtverletzung des Bühnenangestellten seien schwerere als die der Pflichtverletzung des Bühnenunternehmers. Der Bühnenangestellte könne durch Vereitelung einer oder mehrerer Vorstellungen nicht nur den materiellen Ruin des Unternehmers, sondern auch öffentliche Skandale herbeiführen, während die Hauptpflicht des Bühnenunternehmers im rechtzeitigen Zahlen des Lohnes bestehe, deren Verletzung durch Zahlung von Zinsen, eventuell Vertragsauflösung, genügend gesühnt sei.

Etwas Richtiges ist an dieser Ansicht; doch kann ich mich ihr nicht anschließen.

Die Konventionalstrafe darf dennoch nicht einseitig sein.

Sie schützt die Erfüllung entscheidend wichtiger Pflichten des anderen Vertragsteiles. Es mag richtig sein, daß der Kreis der wichtigen Pflichten des Bühnenangestellten größer ist; daraus folgt höchstens, daß mehr Konventionalstraffälle gegenüber dem Bühnenangestellten statuiert werden können; aber auch der Theaterunternehmer hat, abgesehen von seiner Zahlungspflicht, äußerst wichtige Pflichten seinen Mitgliedern gegenüber, zum Beispiel die negative, sie nicht zu schikanieren und nicht böswillig im künstlerischen Fortkommen zu drücken. Verletzt der Bühnenunternehmer solche wichtige Vertragspflicht, so soll er mit Konventionalstrafe belegt werden.

Es wäre unbillig, dem Mitgliede in diesem Falle die Beweislast für einen materiellen Schaden aufzuhalsen, während der Bühnenunternehmer im Konventionalstraffalle des Mitgliedes dieses Beweises enthoben ist.

Es erscheint auch mit den bestehenden bürgerlichen Gesetzen durchaus nicht im Widerspruche, auf unpünktliche Zahlung des Lohnes eine Konventionalstrafe zu setzen. Mit der Zinsenzahlung ist hier nämlich nicht immer gedient. Denn — der Theaterbetrieb ist Saisonbetrieb κατ' ἐξοχήν — das Bühnenmitglied, welches vom Arbeitsgeber wegen dessen momentaner Zahlungsunfähigkeit oder Zahlungsunwilligkeit nicht rechtzeitig befriedigt wird, gerät in Wucherhände, da es gewöhnlich kein Ersatzengagement findet. Die Nachzahlung des schon für den normalen Lebensaufwand meist unzulänglichen vertragsmäßigen Einkommens kann es dann von der außergewöhnlichen Schuldenlast nicht mehr befreien.

Die angeführten Gründe sprechen also für die Beibehaltung der Ordnungsstrafen und das Verbot einseitiger Konventionalstrafen.

Auch für die Limitierung der genannten Strafen gibt es verschiedene Gesichtspunkte.

Die Bühnenunternehmer haben ein Interesse daran, die Höhe der einzelnen Ordnungsstrafen möglichst hinaufzutreiben. Denn zuweilen benötigen sie das wiederholt unbotmäßige Mitglied dringend; mit der vom Mitgliede oft erwünschten Entlassung wäre ihnen nicht gedient. Sie wollen es durch die Fuchtel vieler, hoher Ordnungsstrafen kirre machen.

Das kann gesetzlich nicht zugelassen werden.

Ist ein Mitglied wirklich nicht zügelbar, so kann der Vertrag unter solchen Umständen vom anderen Teil nicht behauptet werden.

Eine Folter gibt es nicht.

Der persönliche Dienstvertrag ist hier besonders auf dem persönlichen Verhältnis der Vertragsteile aufgebaut. Ohne diese Gleichstimmung ist er undenkbar. Das Deutsche Gesetz verweigert ja sogar den Erfüllungszwang überhaupt bei persönlichen Dienstleistungen.

Die einzelne Ordnungsstrafe soll meines Erachtens nie höher sein als ein halbes Monatseinkommen; die Summe aller Ordnungsstrafen während einer Spielzeit nie höher als ein Monatseinkommen.

So auch der Deutsche Gesetzentwurf.

Der österreichische bestimmt niedere Grenzen für die einzelnen Strafen, limitiert aber die Summe der Strafen nicht; er nimmt offenbar an, daß der Theaterdirektor nach vielen erfolglosen Versuchen von selbst aufhören werde, zu strafen, und entlassen werde.

Im Interesse der Sicherung des Betriebes und der Aufrechterhaltung der nötigen Disziplin wird von manchen Stimmen auch die Sanktion sofortiger Vertragsaufhebung bei einer größeren Anzahl von Pflichtverletzungen der Angestellten gefordert.

Unter Berücksichtigung der hohen Ziele der Kunst und der Sicherung des Betriebes werden auch die Schutzvorschriften gegen physische und geistige Überanstrengung im Bühnendienstvertrag anders aufgefaßt werden müssen; insbesondere die Bestimmungen über Sonntagsruhe und Arbeitspause.

Baron Berger, der verstorbene Direktor einer der ersten deutschen Bühnen, meinte, die Macht der Persönlichkeit des unter seine ermüdete Truppe tretenden, sie mit idealem Zwang anfeuernden Bühnenleiters genüge, um dieselbe über ihre physische Ermüdung hinwegzubringen; dieses Recht der führenden Persönlichkeit möge man dem Bühnenleiter lassen und ihm vertrauen, daß er es nicht mißbrauchen werde.

Man mag das Gewinnende dieser Argumentation anerkennen; aber man kann ihr doch nicht restlos beipflichten.

Aller ideale Schwung muß doch eine Grenze haben; es darf auch für den idealen Zweck der Akteur nicht bis zur Ohnmacht angestrengt werden.

Daher sind die Länge der Pausen und die Frage der Sonntagsruhe nicht völlig in das Gutdünken des Theaterunternehmers zu stellen, sondern es sind gesetzliche Gebote als Regel zu fixieren, deren Nichtanwendung nur durch Notstand entschuldigt werden kann.

Beschäftigung in den nötigen Ruhepausen darf auch nicht mit noch so glänzender Bezahlung erkauft werden. Auf solche Beschäftigung ist eine Strafsanktion zu setzen.

Der deutsche Gesetzentwurf verbietet Nachtproben; Sonntagsproben sind ausnahmsweise zulässig; der deutsche Entwurf stellt die Verletzung dieser Grundsätze aber nicht unter Strafsanktion, sondern statuiert nur ein Recht auf separates Entgelt.

Der österreichische Gesetzentwurf erklärt Beschäftigung in der freien Zeit, ohne Notstand, für unzulässig; er scheint also behördliches Einschreiten gegen Zuwiderhandeln für nötig zu halten.

Einer Ruheschutzbestimmung, die nur diesem Milieu entspricht, bedarf es auch betreffend die Dauer, innerhalb deren neue Rollen erlernt werden müssen.

Hier hat sich übrigens gewohnheitsmäßig ein vernünftiges Maß der Verpflichtung für die einzelnen Kunstgattungen herausgebildet, das in das Gesetz aufgenommen werden könnte.

IV. Unterschiede nach der wirtschaftlichen Stellung und Kraft der Angestellten.

Sondervorschriften sind aber nicht nur für die Bühnenangestellten gegenüber anderen Angestellten nötig, sondern innerhalb des Kreises der ersteren für zweierlei diametral entgegengesetzte Gruppen.

Die Mehrzahl der Bühnenangestellten ist im Verhältnis zu dem Betriebsunternehmer wirtschaftlich schwächer und erliegt dem Zwange der Verhältnisse, insbesondere der Organisation der Arbeitgeber.

Das Argument, wonach es dem Bühnenunternehmer bei den heutigen Zeitläuften wirtschaftlich oft schlecht gehe und er dann als der wirtschaftlich Schwächere anzusehen sei, ist unrichtig.

Denn, wenn der Unternehmer oft ohne genügende finanzielle Fundierung (die zukünftige Gesetzgebung wird hier Wandel schaffen müssen) den Betrieb angeht, so ist dies doch nur ein Auswuchs von Unternehmertum, dessen Stärke eben darin liegt, bei normaler Fundierung die Kurbel der großen Verdienstmaschine in seiner Hand zu haben.

Auch die stramme Organisation der Bühnenangehörigen hat nicht immer die Macht, Unrecht und Ausnützung der wirtschaftlichen Notlage zu verhüten.

Übrigens ist der Einfluß einer Organisation in einem Nationalitätenstaat, wie zum Beispiel Österreich, sehr zersplittert; und solange nicht Zwangsorganisationen[2]) eingeführt sind, ist die Stellung einer Organisation als legaler Vertretung der Berufsgenossen sehr anfechtbar[3]).

Ganz im Gegensatze zur wirtschaftlichen Stellung der genannten Gruppe von Bühnenangehörigen, die allerdings die große Majorität darstellt, ist die Stellung der sogenannten „Stars".

Es sind dies jene Bühnenangehörigen, die wegen ihrer prominenten Begabung, häufig auch nur infolge Modeliebhabereien des Publikums, mit exorbitant hohen Gagen bezahlt sind; sie schreiben diese Gagen dem Theaterunternehmer oft willkürlich vor, der auf ihr Engagement angewiesen ist.

Es kommt sogar vor, daß der Autor das Engagement bestimmter Stars für ein vielversprechendes Stück verlangt und es sonst nicht hergibt. Diese Ingerenz des Autors auf die Besetzung erscheint allerdings auch als ein bekämpfenswerter Auswuchs.

Das Starunwesen verdanken wir insbesondere Amerika.

Dasselbe, arm an eigenen ausgezeichneten Bühnenkünstlern, lockt unsere besten Kräfte mit ungeheuren Löhnen hinüber; es kann diese leicht aufbringen, da der Kreis reicher Leute, die enorm hohe Eintrittsgelder zahlen können, drüben viel größer ist.

Um diese Konkurrenz zu halten, werden dann auf dem Kontinent, wo die Entreeinnahmen beschränkter sind, die Gagen und Stellungen aller übrigen Angestellten unverhältnismäßig gedrückt[4]).

Diese Amerikagefahr müßte durch Entfachung der nationalen Einsicht und Opferwilligkeit doch zu bekämpfen sein; der deutsche Sänger

---

[2]) Schauspielerkammern werden von den Bühnenorganisationen schon lang geplant.

[3]) Daran scheiterte zum Beispiel das Vorschlagsrecht der Organisationen für die Ernennung von Theaterräten im österreichischen Gesetzentwurfe (öffentlich-rechtlicher Teil).

[4]) Zum Beispiel erhält eine Primadonna an der Wiener Hofoper für 45maliges Auftreten im Jahre allein mehr Entlohnung als das gesamte vortreffliche weibliche Gesangschor-Personal zusammen (etwa 50 Mitglieder).

müßte die Ehre, der Kunst seiner Nation unschätzbare Dienste leisten zu können, doch noch so hoch werten lernen als das Gold, das ihm ohnedies beinahe immer wieder aus der Hand rollt.

Aber nicht nur bei der Festsetzung der Entlohnung ist der Bühnenunternehmer häufig dem Diktate der Stars stark unterworfen, sondern auch bei der Abwicklung des Dienstes.

Während der Theaterunternehmer den kleinen und mittleren Bühnenangehörigen auf mehrfache Art (Proben, Urlaub, Beschäftigung usw.) schikanieren kann, geschieht ihm dies seitens der Stars oft und hemmungslos.

Dazu kommt noch, daß die Stars gewöhnlich zu einem dauernden Engagement gar nicht zu haben sind, sondern nur für Gastspiele. Dann wird aus dem Lohnvertrag überhaupt ein Werkvertrag mit ganz anderen Voraussetzungen.

Die Gesetzgebung wird dieser beinahe einzig dastehenden Erscheinung Rechnung tragen und viele Bestimmungen für die genannten zwei Gruppen von Bühnenangehörigen verschieden regeln müssen.

Die Starqualität wird im Gesetze am besten ziffernmäßig, angepaßt den Verhältnissen der einzelnen Länder, zu umschreiben sein.

Der österreichische Regierungsentwurf zu einem Theatergesetze nimmt diesen Gedanken auf, indem er für Stars die sozialen Schutzbestimmungen nicht als jus cogens erklärt; nämlich die Schutzbestimmungen betreffend Sicherung der Vertragsdauer, den Zeitpunkt von Probegastspielen, die Vorprobenentlohnung, die Krankheitsbezüge, das Benefize, die Toilettebeistellung, Ruhepausen, Rollenverweigerung, Gegenseitigkeit der Kündigung, Gastspielurlaub, Vertragsauflösung bei Eheschließung weiblicher Mitglieder, Konkurs des Theaterunternehmers, Schließung der Bühne.

V. Nebenabsichten mit dem Bühnenberuf und deren Konsequenzen; insbesondere Blühen des Volontärwesens.

Die Bühnenlaufbahn bietet, so gut wie keine andere, die Gelegenheit, vor einem großen Publikum zu erscheinen. Kein Wunder also, wenn Kunsteifer und Erwerbsabsicht nicht die einzigen Beweggründe für die Ergreifung dieser Laufbahn sind.

Bei den weiblichen Trägerinnen dieses Berufes wird die Möglichkeit der Schaustellung, außer zur Befriedigung persönlicher Eitelkeit, zur Erreichung von zweierlei, außerhalb des Berufes liegenden Zwecken mißbraucht.

Einerseits soll die Bühne als Schaukasten für selbst aus tadellosem Milieu stammende Mädchen dienen, die in ihrem Umgangskreise nicht den würdigen Bewerber finden zu können vermeinen; anderseits für weniger Unnahbare als Sprungbrett zur Akquisition zahlungsfähiger Freunde loser Beziehungen.

Gewiß grobe Mißbräuche der Institution der Schaubühne, deren Konsequenzen naheliegen.

Wer nämlich aus einem der genannten Motive zur Bühne ging, war immer bereit, den von den Theaterunternehmern zur Sicherung eines bestimmten Publikums erwünschten Toilette-Luxus aus „Eigenem" zu bestreiten.

Und so bildete sich denn der unglaubliche Usus heraus, daß der Theaterunternehmer von jeder Schauspielerin verlangte und erreichte, daß sie für den Toilettenaufwand aufzukommen habe, selbst wenn er ein Vielfaches ihres Diensteseinkommens ausmachte.

Daß nur eine von Haus sehr Reiche die „eigenen" Mittel besitzen könne, jede andere aber sich dieselben von „dritter" Seite beschaffen müsse, berührte den Theaterunternehmer nicht weiter.

Hier tritt also die eigentümliche Erscheinung zutage, daß der Arbeitgeber die Beistellung von offenbar zum Betriebe gehörigem Aufwand vom Arbeitnehmer verlangt.

Ein Fabriksdirektor, der die Maschinen oder ein Handlungsgehilfe, der die Schreibmaschinen selbst beizustellen hätte!!!

Und diese unlogische, in ihrer Genesis oben dargestellte Sitte ist so eingewurzelt, daß sie selbst von den Schauspielerinnen schon als notwendiges, angeblich unheilbares Übel hingenommen wird.

Eine Rundfrage bei den angesehensten Schauspielerinnen ergab das Resultat, daß einige als beste Lösung der Toilettenfrage die teilweise Beistellung der Toiletten durch den Theaterunternehmer erklärten.[5])

Bestünden nicht die genannten Sondermotive bei der Berufswahl und die auf dem inveterierten Auswuchs aufgebauten Budgetstellungen der Theaterunternehmer, dann wäre die Lösung dieser Frage ziemlich einfach dahin zu finden, daß der Theaterunternehmer zur Stellung aller Betriebsmittel zu verpflichten sei.

---

[5]) Allerdings fürchteten viele die Beeinträchtigung der persönlichen Note des Geschmacks, ohne zu berücksichtigen, daß Theaterschneidereien nicht erforderlich sind, sondern die Bezahlnng angemessener Rechnungeu durch den Theaterunternehmer dieses Bedenken entkräftet.

Denn würde der Theaterunternehmer dem weiblichen Mitgliede nur Toilettenbeiträge geben müssen, ohne ein Minimum des Einkommens frei zu lassen, dann würden einfach die „Dritten" **teilweise** entlastet werden.

Das wäre gewiß keine Lösung.

Wie verwerflich das System ist, zeigt übrigens die Erscheinung, daß der Wechsel des Engagementsortes gewöhnlich zum Wechsel des „Dritten" zwingt.

Ob die freiere Auffassung bei den Künstlerinnen oft auch ohne die Toilettenfrage den „Dritten" bringt, ist belanglos. Denn unzulässig ist der Zwang zu solchem Tun. In dem jetzigen Zustande ist er aber gelegen.

Ich habe in meinem Gesetzentwurfe folgende Lösung vorgeschlagen:

„Die Anschaffung und Wiederherstellung sämtlicher, zur Darstellung erforderlichen, zum alltäglichen Gebrauche nicht benützbaren Bekleidungsstücke ist Sache des Theaterunternehmers. Es bleibt der freien Vereinbarung vorbehalten, die Beistellung der Toiletten durch den Unternehmer im Originale oder die Bezahlung angemessener Rechnungen zu wählen. Das Mitglied erwirbt das Eigentum an der Toilette."

„Bei monatlichen Gesamtbezügen von mehr als Kr. 150.— darf der Theaterunternehmer dem Mitgliede per Monat einen Toilettenbeitrag abziehen und zwar:

bei Gesamtbezügen von	Kr.	151—300	25%
" " "	"	301—500	30%
" " "	"	501—1000. . . .	35%
" " "	"	1001—5000. . . .	40%
" " "	"	5001—10000 . . .	45%
" " über	"	10000	50%

der Gesamtbezüge."

„Der Toilettenbeitrag ist jedoch mit der Maßgabe zu bemessen, daß von dem Einkommen einer höheren Stufe nach Abzug des Beitrages niemals weniger erübrigen darf, als von dem höchsten Einkommen der nächst niedrigen Stufe nach Abzug des auf den letzteren entfallenden Beitrages erübrigt; als erste Stufe gilt der Beitrag von Kr. 150."

„Dieser Abzug ist nur dann zulässig, wenn dem Darsteller in dem betreffenden Monate eine oder mehrere Rollen neu zugewiesen waren, die einen, dem Abzug zumindestens gleichkommenden Bekleidungsaufwand tatsächlich erfordeten."

Danach hat primär der Grundsatz zu gelten, daß der Unternehmer, diese Betriebskosten zu zahlen, verpflichtet ist[6].)

Den Vertragsparteien bleibt die Wahl überlassen, ob der Unternehmer die Toiletten im Original beistellt (Theaterschneiderei) oder angemessene Schneiderrechnungen zu bezahlen hat.[7])

Als zweiter Grundsatz gilt:

Selbst wenn man Mitglieder mit größeren Einkünften zur teilweisen Beisteuer heranziehen wollte, muß man im voraus eine angemessene Quote des vertragsmäßigen Einkommens unbedingt frei lassen.

Ein quotientiell nach dem Einkommen des Mitgliedes berechneter Beitrag des Theaterunternehmers (Toilettenbeitrag) würde nicht verhüten, daß bei Stücken mit größerem Toilettenaufwand der Beitrag nur einen verschwindend kleinen Teil des wahren Aufwandes ausmacht, und der Aufwand ein Vielfaches des gesamten auf diese Zeit entfallenden Einkommens des Mitgliedes verzehrt.

Ein Teil des Einkommens hat aber zur Deckung des Lebensaufwandes unbedingt freizubleiben, um die Abhängigkeit vom „Dritten" zu beseitigen.

Als dritter Grundsatz ist aufgestellt, daß ein Abzug nur zulässig ist, wenn eine Rolle zugewiesen bleibt, die diesen Aufwand erfordert.

Dadurch wird bewirkt, daß der Theaterunternehmer lieber das talentierte Mitglied mit einer Rolle betrauen wird, wenn er von ihm dafür einen Beitrag zum Toilettenaufwand erhält, als das untalentierte mit eigenen Kleidern; mit geringen Opfern kann er das künstlerische Niveau erhöhen.

Die Wortführer der Theaterunternehmer erklären, daß die meisten Betriebe zugrunde gehen müßten, wollte man die Beistellung der Toiletten dem Theaterunternehmer auferlegen.

Es ist möglich, daß einige kleine Betriebe schon durch meine nicht allzu radikale Lösung erschüttert würden.

Dann mögen sie aber zugrunde gehen.

Denn wenn ein Unternehmen nur bei unzulässigen Bestimmungen bestehen kann, hat es keine Existenzberechtigung.

---

[6]) Durch geeignete Erziehung des Publikums wird sich übrigens eine Herabminderung der Kosten für den derzeit oft ungeheuren Luxus herbeiführen lassen.

[7]) Nicht schlecht scheint der Gedanke an Kostümleihzentralen oder Kleider-Abonnements für die Theaterunternehmer zu sein, welcher Gedanke allerdings im Gesetze keinen Platz hat.

Übrigens dürfte die fortschreitende Kommunalisierung der Theaterbetriebe hier helfend eingreifen; das Gesetz möge nur Tatsachen schaffen, nach welchem sich die Rückentwicklung der geschilderten ungeheuerlichen Auswüchse vorbereiten muß.

Würde man nur schlechtweg die Pflicht des Theaterunternehmers statuieren, den Toilettenaufwand zu tragen, so würde wahrscheinlich die Wirkung erzielt werden, daß die Theaterunternehmer nur solche Damen engagieren, die, ohne hierzu verpflichtet zu sein, doch die meisten und schönsten Toiletten mitbringen. Und bei Zuweisung von neuen Rollen, die viele moderne Toiletten erfordern, würden wieder nur jene bedacht werden, die ohne Disput sich bereit erklären, die Toiletten selbst zu stellen. Das Talent würde weiter vor den freiwillig die Betriebskosten zahlenden „Dritten" kapitulieren müssen.

Durch die, allerdings limitierte, Heranziehung der Trägerin einer Rolle zum Toilettenaufwand ist, wie oben ausgeführt, das Interesse des Theaterunternehmers, die talentierte zu beschäftigen, angeregt.

Man sieht, daß die Toilettenfrage die Schaffung von Sonderbestimmungen gewiß nötig macht.

Die Tatsache, daß mit dem Berufe die oben genannten Sonderabsichten verfolgt werden, führt weiter zum Überhandnehmen des Volontärwesens.

Dasselbe erklärt sich auch damit, daß viele als Volontäre erst lernen wollen, andere hoffen, von angesehenen Bühnenleitern auf diese Art bemerkt zu werden, wieder andere, die ohne Engagement blieben, auf diese Art einen Rückgang ihrer Kräfte verhüten wollen.

Der Gesetzgeber wird (im öffentlich-rechtlichen Teile der Gesetze) „Lehrlingszüchterei" eindämmen müssen.

Wollte man selbst gelten lassen, daß bei solchen Verträgen das Lehren oder das Zurschaukommenlassen wirklich ein Äquivalent für die Dienstleistung sei, so erscheint es doch gefährlich, gleiche Grundsätze für unbezahlte Bühnenangestellte gelten zu lassen, wie für bezahlte.

Es könnte sich wiederholen, daß Theaterunternehmer Volontäre, die nachher ein besseres Unterkommen fanden und den Volontärvertrag nicht hielten, mit Exekutionsgewalt ins Engagement zurückbringen, ja sogar Konventionalstrafen für verfallen erklären wollten.[8])

Ich habe in meinem Gesetzentwurfe vorgeschlagen, Volontärverträge für nicht klagbar (auch nicht bei evtl. Vereinbarung von Konventionalstrafe) zu erklären.

---

[8]) In Österreich besteht Erfüllungszwang für Dienstleistung.

Das Bürgerliche Gesetzbuch in Deutschland kann solchen Verträgen vielleicht mit § 138 beikommen; nicht so leicht das österreichische Allgemeine Bürgerliche Gesetzbuch mit § 878 (contra bonos mores).

Die Volontärfrage ist in dem eigenartigen Milieu also auch nach anderen Gesichtspunkten zu behandeln, als im allgemeinen Lohnrecht.

VI. Das Recht auf Arbeit und Namensnennung im Theaterzettel.

Eines der umstrittensten Rechte im Bühnenrechtsleben ist das Recht auf die Beschäftigung.

Hier zeigt sich wieder, daß das Lohnrecht der Bühnenangehörigen eigene Wege zu gehen hat.

Denn für alle anderen Lohnverträge mag der Gedanke gelten, daß es der Arbeitnehmer dulden muß, wenn die Leistung seiner Dienste abgelehnt und ihm nur Bezahlung, evtl. sogar nur angemessene Entschädigung geboten wird[9]).

Bei den anderen Lohnverträgen ist das Recht auf Arbeit eben nicht entscheidend wichtig, wohl aber bei dem Bühnenlohnvertrag.

Hier ist die durch das Auftreten gebotene Gelegenheit, gesehen und bekannt, insbesondere von Leitern bedeutender Bühnen beurteilt werden zu können, oft ein Teil der Entlohnung.

Ohne dieses von beiden Kontrahenten zumindestens stillschweigend bedachte Recht würde sich der Bühnenangestellte oft nicht mit so geringer Gage begnügen.

Auch wird durch das Brachliegen selbst der fortgeschrittenste Künstler schwer beeinträchtigt, oft wird sein künstlerischer Tod herbeigeführt.

Die Bühnenangestellten haben also Anlaß und Recht, Beschäftigung zu verlangen.

Als Einwand gegen dieses Recht wird insbesondere vorgebracht, daß dem Bühnenleiter die unbedingte Freiheit der Rollenbesetzung gewahrt bleiben müsse, ferner daß durch die Nichtbeschäftigung Fehlgriffe beim

---

[9]) Nach der österr. Judikatur ist dieser Gedanke im § 1155 des österreichischen bürgerlichen Gesetzes niedergelegt. Ich glaube aber nicht, daß der österreichische Gesetzgeber diesen Gedanken in § 1155 zum Ausdrucke bringen wollte; die österreichische Judikatur ist hier irrig. Der § 1155 will nur sagen, daß der Arbeitnehmer statt Arbeit leisten zu dürfen, angemessene Entschädigung hinnehmen müsse, wenn Umstände eintraten, die den Arbeitgeber entschuldbar verhinderten, die Dienste leisten zu lassen. A contrario. Liegen solche Umstände nicht vor, so muß der Arbeitnehmer die Arbeit dulden.

Engagement korrigiert werden können, schließlich auch, daß der Bühnenleiter dem Geschmack, vielleicht auch der Laune des Publikums auf diese Art Rechnung tragen müsse.

Die souveräne Dispositionsgewalt des Theaterleiters über die Arbeitskraft seiner Mitglieder beinhaltet aber die Gefahr gröbsten Mißbrauches.

Häufig werden weniger lautere Motive zur Kaltstellung des Künstlers führen. Der Direktor könnte z. B. nur jene weiblichen Mitglieder beschäftigen und „machen", die ihm entgegenkommen; er könnte überhaupt alle jene Angestellten brachlegen, die sich seine Gunst oder sein Wohlwollen oder auch nur Gunst oder Wohlwollen eines Stellvertreters aus unverschuldeten, oft imponderablen Gründen verscherzt haben.

Wo Willkür einsetzt, sind die Möglichkeiten der Schikane unbegrenzt.

Von den früher erwähnten, zur Bekämpfung des Rechtes auf Arbeit vorgebrachten weiteren Gründen fällt die Rücksicht auf die Laune des Publikums wenig ins Gewicht.

Ein führender Geist — und das sollen Theaterunternehmer sein — wird sich auf sein eigenes Urteil über die Qualität des engagierten Mitgliedes zu verlassen und den Geschmack des Publikums wenigstens zu beeinflussen haben. Tatsächlich setzen wohlgesinnte Theaterleiter von ihnen anerkannte Mitglieder oft gegen den Willen des Publikums und auch der Kritik durch.

Ein gewisses Kassa-Risiko mag damit allerdings verbunden sein.

Verbleibt also als einziger Einwand die nachträgliche künstlerische Erkenntnis des Theaterleiters über die Qualität des Bühnenmitgliedes, die Rücksicht auf das künstlerische Niveau der Vorstellung übrig.

Diese Rücksicht muß nun selbstverständlich gelten, aber im Streitfalle durch Sachverständige überprüft werden.

Ich habe in meinem Gesetzentwurf folgende Lösung vorgeschlagen:

„Der Theaterunternehmer darf bei zwei- oder mehrjährigen Verträgen einen Darsteller nur aus künstlerischen Beweggründen ununterbrochen länger als 1 Monat unbeschäftigt lassen."

„Hat er den Darsteller aus Böswilligkeit länger als 1 Monat ununterbrochen unbeschäftigt gelassen, so hat derselbe das Recht, auf angemessene Beschäftigung zu klagen, wenn er nicht von seinem Rechte der vorzeitigen Auflösung des Vertrages Gebrauch macht.

„Für die Einbringung derartiger Klagen sind die örtlich zuständigen Bezirksgerichte kompetent; der Richter hat das Verfahren über derartige Klagen möglichst zu beschleunigen."

Das persönliche Moment kommt bei dem, der zur Duldung der Leistung gezwungen werden soll, nicht so sehr in Betracht wie bei dem, der zur Leistung selbst gezwungen wird.

Natürlich würde unter Umständen das oktroierte Auftreten die Einheit der Vorstellung bis zu einem gewissen Grade beeinträchtigen. Das muß in den Kauf genommen werden.

Zumindestens aber muß man, wenn man der Klagbarkeit des Rechtes auf Arbeit nicht zustimmt, das unberechtigte Kaltstellen als Konventionalstraffall gegen den Theaterunternehmer anerkennen.

Der österreichische Regierungsentwurf tritt noch sachter auf; er räumt dem ungerechtfertigt kaltgestellten Mitgliede außer dem Rechte auf vorzeitige Lösung nur das Recht auf Schadenersatz ein; die Beweislast für den materiellen Schaden bleibt dem Mitgliede aufgehalst.

Dieser Anlauf zum Fortschritt ist sehr schüchtern.

Für das Recht auf Beschäftigung spricht übrigens nicht nur die Rücksicht auf das Interesse des Bühnenkünstlers, sondern auch die Rücksicht auf eine breitere Öffentlichkeit. Wird ein Talent vom Bühnenleiter, z. B. aus Rachsucht, kaltgestellt, so ist auch die Öffentlichkeit durch das Entfallen des künstlerischen Genusses, zumindestens durch die Beeinträchtigung der Chance mitgestraft, ein Talent zur vollen Reife kommen zu sehen.

Manche wollen die ungerechtfertigte Kaltstellung des Bühnenkünstlers nur durch dessen Recht, den Vertrag zum Schlusse der Saison aufzuheben, paralysieren. Dieses Paroli ist unzureichend. Denn der Bühnenangehörige kann aus Familien- oder lokalpatriotischen Rücksichten an der Behauptung des Engagements das größte Interesse haben.

Man sieht, das Recht auf Arbeit erfordert im Bühnendienstvertrag gewiß eine Sonderregelung.

Die klare Absicht des Bühnenangestellten, bekannt zu werden und derart sein Fortkommen zu verbessern, spricht auch dafür, ihm gesetzlich das bisher usuelle Recht einzuräumen, die Nennung seines Namens auf dem Theaterzettel verlangen zu dürfen.

Dieses Recht wird begrenzt sein müssen; insbesondere auf Solisten und für Rollen, die vom Autor in das Personenverzeichnis aufgenommen sind; ferner auf den normalen Theaterzettel (und nicht Vorausnotizen), schließlich auf eine normale Form der Affichierung[10]).

---

[10]) Stars verlangen und bekommen das Recht, in gesperrten Lettern auffallend auf dem Theaterzettel zu figurieren.

VII. Rücksichtnahme auf Kritik und Publikum.

Ich habe sub VI erwähnt, daß ein tüchtiger Theaterleiter ein von ihm als wertvoll erkanntes Mitglied bei Publikum und Kritik durchzusetzen verstehen muß.

Dabei wurde nicht bestritten, daß der Theaterleiter bis zu einem gewissen Grade von den genannten Faktoren abhängig ist[11]).

Auffallend ist also hier die Erscheinung, daß zwischen Arbeitgeber und Arbeitnehmer sich ein dritter wichtiger Faktor einschiebt, auf den eine gewisse Rücksicht zu nehmen ist; dabei darf der Grundsatz niemals außer Acht bleiben, daß das materielle Risiko solcher Einflüsse von außen logischer- und natürlicherweise den Unternehmer zu treffen habe.

Bei der Rücksichtnahme auf die Kritik ist übrigens der Gedanke für den Theaterleiter nicht unbeachtlich, daß die Kritik nicht immer richtig ist. Auch hierin liegt ein schwerer Übelstand.

Kann man den bewußt unrichtig Kritisierenden strafrechtlich (gewiß nicht) oder zivilrechtlich (vielleicht Schadenersatz?) verfolgen?

Oder gibt es ein Recht der Kritiker auf Unrichtigkeit?

Vor einer offenbar unrichtigen Kritik wird ein Theaterleiter gewiß niemals kapitulieren dürfen.

Und nun zu dem evtl. möglichen Tribut an Kritik und Publikum.

Dem Theaterunternehmer wird das Recht kaum streitig zu machen sein, das von ihm für ein Engagement in Betracht gezogene Mitglied entsprechend lange vor Beginn der Vertragszeit dem Publikum und der Kritik vorzuführen, also ein Probegastspiel mit unterlegtem Vertrag mit ihm abzuhalten.

Da taucht aber gleich die Gefahr auf, daß das derart gebundene Mitglied (unterlegter Vertrag) zu einer Zeit zu einem Gastspiel verhalten werde, wo ein eventueller Mißerfolg die Erreichung eines anderen Engagements für die unterlegte Zeit nicht mehr ermöglicht. Denn vor Absolvierung des Gastspieles darf sich das Mitglied ja anderweitig nicht unbedingt binden.

---

[11]) Eine Vergrößerung dieses Übelstandes ergibt sich noch dadurch, daß diejenigen Theaterunternehmer, welche Pächter von Gemeinden oder Vereinen sind, oft vertraglich verpflichtet erscheinen, auch noch die künstlerischen Wünsche von Stadtvätern (also auch Stadtmüttern) zu regalieren.

Das ist ein Auswuchs, der zu bekämpfen ist, übrigens in den letzten Jahren schon etwas in den Hintergrund trat.

Das Gastspiel mit unterlegtem Vertrag soll daher grundsätzlich in jener Spielzeit stattfinden, welche dem ersten Vertragsjahre vorausgeht und soll immer möglichst bald nach dem Abschluß des Gastspielvertrages absolviert werden. Der österreichische Regierungsentwurf berücksichtigt diese beiden Gedanken; die diesbezügliche Bestimmung sei hier wörtlich angeführt:

„Ist vereinbart worden, daß der Unternehmer nach einem oder mehreren Probespielen vom Vertrage zurücktreten kann, so ist der Rücktritt spätestens am dritten Tage nach dem letzten Probespiel oder nach dem Ablauf der für die Abhaltung des Probespieles vereinbarten oder gesetzlich bestimmten Zeit dem Mitgliede bekannt zu geben.

Ist der Vertrag früher als 8 Monate vor Beginn der Vertragszeit abgeschlossen worden, so muß das letzte Probespiel spätestens 7 Monate vor Beginn der Vertragszeit stattfinden. Ist der Vertrag später abgeschlossen worden, so muß das letzte Probespiel binnen 1 Monat nach Abschluß des Vertrages stattfinden."

Der deutsche Entwurf beschäftigt sich mit dem Probegastspiel gar nicht.

Zur Erleichterung der Absolvierung von Probegastspielen ist anderseits in den Verträgen die Pflicht des Unternehmers zur Erteilung von Gastspielurlauben festzusetzen.

Der Urlaub zur Erlangung einer anschließenden Beschäftigung darf aber den Betrieb nicht stören; daher wird die Zahl und die Dauer der einzelnen Urlaube zu beschränken und zu bestimmen sein, daß sie an manchen Tagen verweigert werden dürfen. (Z. B. an Samstagen und Sonntagen, als den besten Theatertagen.)

Der österreichische Regierungsentwurf berücksichtigt auch diesen Gedanken.

Aus der teilweisen Abhängigkeit von Kritik und Publikum wollen die Theaterunternehmer auch das Recht ableiten, wenigstens bei mehr als einjährigen Verträgen ein einseitiges Kündigungsrecht zu statuieren.

Ein solches Recht ist zu mißbilligen.

Auf mehrere Jahre engagiert der Theaterleiter nur akkreditierte Künstler; bei solchen stellt sich nicht erst nachträglich heraus, daß die künstlerische Fähigkeit mangelt; höchstens daß die Erwartungen und Hoffnungen des Theaterunternehmers betreffend die Aufnahme bei Kritik und Publikum nicht ganz erfüllt wurden. Das ist aber Unternehmerrisiko.

Das auf mehrere Jahre engagierte Mitglied ist auch oft in den Erwartungen, die es auf das Unternehmen gesetzt hatte, bitter enttäuscht und muß doch bleiben.

Dazu kommt noch, daß der Erfolg des Mitgliedes im ersten Jahre, insbesondere zu Anfang der Karriere, häufig eine geradezu rapide Steigerung des Wertes bedeutet, so daß ihm die einseitige Bindung großen Schaden in den entscheidenden Jahren seiner Karriere bringt.

Gerecht ist nur die Parität der Kündigung auch bei mehr als einjährigen Verträgen.

Strittig kann höchstens bleiben, ob im Sinne der längeren oder der kürzeren Bindung für beide Teile.

Aus der Abhängigkeit von Kritik und Publikum wollten die Theaterunternehmer sogar ein souveränes, durch die Gerichte unüberprüfbares Recht auf Beurteilung der Brauchbarkeit des Mitgliedes ableiten.

Solche „Souveränität" ist natürlich Willkür; niemand kann Richter in eigener Sache sein; derartige Vertragsbestimmungen (selbst bei angesehenen Theatern geführt) wurden von der Judikatur konsequent für unsittlich und ungültig erklärt.

VIII. Bedeutung des besonders entwickelten Saisonwesens.

Die vorzeitige Vertragsauflösung ist bei jedem Lohnvertrage für den Arbeitnehmer gefährlich, da er nicht immer gleich eine neue Anstellung findet.

Besonders gefährlich wird sie beim Bühnenlohnvertrag, weil hier die Engagements nach fixen Abschnitten (Saisons) allgemein sind, so daß bei Verlust der Stellung während der Saison ein anderweitiges Unterkommen ziemlich ausgeschlossen ist.

Um so zielbewußter und wirkungsvoller müssen die Schutzbestimmungen gegen eine ungerechtfertigte, vorzeitige Auflösung während der Spielzeit sein.

Die Lohngesetzgebung sah ursprünglich in der Reziprozität der Kündigungsrechte den ausreichenden Schutz der Angestellten.

Bald stellte es sich heraus, daß nur die **Bindung** beider Teile im Sinne der längeren Vertragsdauer zum Schutze der Angestellten brauchbar sei.

Aus diesem Gesichtspunkte sind Probezeiten (auch Probegastspiele) während der Spielzeit, ebenso alle, selbst gegenseitigen, grundlosen Kündigungsrechte auf das schwerste zu perhorreszieren.

Das Kündigungsrecht des Theaterunternehmers während der Saison, insbesondere das einseitige, wurden von der österreichischen Judikatur wiederholt als unsittlich gebrandmarkt.

Es wurde von den Theaterunternehmern häufig zu einer sogenannten Minuendo-Lizitation ausgenutzt. Der Theaterunternehmer engagierte mit Absicht für das gleiche Fach mehrere Bewerber, trat dann zu Beginn der Saison an alle mit dem Verlangen nach Gagenreduktion heran und kündigte nur denjenigen nicht, der sich die größte Gagendrückung gefallen ließ. Die übrigen wurden für den Rest der Saison brotlos.

Auch dazu wurde die Drohung mit der grundlosen Kündigung während der Saison mißbraucht, um die Mitglieder allen, auch ungerechtfertigten Wünschen gefügig zu machen.

Der deutsche und der österreichische Gesetzentwurf tragen diesen Schutzgedanken ausgiebig Rechnung.

IX. Erhöhte Bedeutung des Konkurrenzverbotes.

Bei keinem anderen Lohnvertrage ist die Monopolisierung der Tätigkeit des Angestellten durch den Unternehmer so wichtig, wie beim Bühnenlohnvertrag.

Insbesondere bei bekannten und beliebten Bühnenmitgliedern wird der Unternehmer ängstlich darüber wachen, den gesamten Strom der Interessenten in sein Unternehmen zu lenken und zu verhüten suchen, daß die von ihm teuer bezahlte Kraft an drittem Orte gesehen oder gehört werde. Es sind daher die Grenzen für jene Tätigkeit des Mitgliedes sorgfältig abzustecken, die dasselbe außerhalb des Unternehmens, bei dem es ständig angestellt und von dem es gezahlt wird, leisten darf.

Zunächst wird trotz des möglichen Nachteiles für den Arbeitgeber dem Bühnenkünstler unbedingt das Recht zugebilligt werden müssen, in seiner freien Zeit seine Kunst unentgeltlich in privaten Kreisen auszuüben.

Fraglich mag dieses Recht schon bei Annahme eines Entgeltes (Auftreten in Klubs) werden.

Die Ausübung einer anderen Kunsttätigkeit als der vertragsmäßigen steht dem Angestellten ebenfalls sicher zu.

Dagegen dürfte bei Verträgen für mehrere aufeinanderfolgende Spielzeiten eine Beschränkung der Kunstausübung bei außergewöhnlich hohen Gagen und längerer Spielzeit sogar für jene Monate zulässig sein, die zwischen den einzelnen Spielzeiten liegen (Ferien) evtl. auch für eine kurze Zeit vor Beginn des Engagements; immer aber nur innerhalb eines nicht zu ausgedehnten Bannkreises.

Dieser Gedankengang ist in beiden Gesetzentwürfen berücksichtigt.

Sehr umstritten ist die Frage, ob das Spielen für das Kino für den Schauspieler konkurrenzmäßige Ausübung seiner vertraglichen Tätigkeit involviere.

Ich neige der Ansicht zu, daß dies nicht der Fall ist.

Denn die vertragliche Leistung des Schauspielers ist die bühnenmäßige Darstellung als einheitliches, unteilbares Ganzes.

Diese besteht aber nicht nur in der Gebärde und im Sprechen, sondern insbesondere in der Herstellung des persönlichen Kontaktes mit dem Zuhörer.

Ein Fluidum geht von der physischen Person des dramatischen Künstlers auf die Masse der Zuhörer aus.

Beim Kinospielen fehlt die Macht des Persönlichen und auch die Wirkung der Sprache; man hat es nicht mehr mit eigentlich dramatischer Kunst zu tun. Das Konkurrenzverbot kann aber normalerweise nur für solche gelten.

Wenn auch die Bewegung (Gebärde) in der dramatischen Kunst ein sehr wichtiges Moment ist, handelt es sich bei der Filmaufführung doch nur um die Bewegung des Bildes des Künstlers und nicht um die Bewegung des Künstlers selbst.

Daß der Schauspieler bei der Aufnahme des Filmes agierte, ja sogar auch sprach, ist nicht von entscheidender Bedeutung; vor der Öffentlichkeit erscheint nur sein Bild.

Unter Umständen wird das Kinospielen allerdings dem Theaterunternehmer, bei dem der Schauspieler angestellt ist, Schaden bringen. Dieses Moment ist aber nicht entscheidend, sondern nur die Identität der Tätigkeit.

Aus Opportunitätsgründen gelangte die Praxis zu allen möglichen, oft recht unlogischen Kompromissen.

Die einen meinten, man solle das Kinospielen nur des Schauspielers von Rang perhorreszieren, um so die gefährliche Konkurrenz des Kinos für das wirkliche Theater zu schlagen, es beim Schauspieler mit kleinerer Gage aber dulden.[12])

Das Mittel ist nicht probat.

Denn für die Zeit der Vakanz könnte ein derartiges Verbot gewiß nicht aufrecht erhalten werden; übrigens würden dadurch die angesehenen inländischen Schauspieler zugunsten der ausländischen geopfert werden.

---

[12]) Diesen Gedanken hat der österreichische Gesetzentwurf aufgenommen.

Andere meinten, man solle das Kinospielen nur den beschäftigungslosen Schauspielern erlauben, um ihnen Brot zu verschaffen; als ob die Nachfrage der Kinoindustrie sich auf den Kreis der Zurückgewiesenen drängen ließe.

Ich halte das Verbot des Kinospielens gegenüber dem Schauspieler überhaupt für undurchführbar.

Soll denn der Schauspieler auch nicht für Filme mitwirken dürfen, die für ganz andere Orte, ja Länder bestimmt sind, als wo er engagiert ist?

Und was dann, wenn ein vor Antritt des Engagements aufgenommener Film zufällig erst während der Dauer des Engagements in dem Engagementsort zur Aufführung gelangt?

Man kann nicht aus Opportunitätsgründen eine gewaltsame Konstruktion in allen Konsequenzen durchsetzen wollen.

Interessant ist übrigens der Umstand, daß das Singen in das Grammophon bisher niemals ernstlich bekämpft wurde, wiewohl gleiche oder ähnliche Gründe anzuführen wären, wie beim Kinospielen.

Das Gesetz soll statuieren, daß mangels ausdrücklicher, gegenteiliger Vereinbarung die Tätigkeit des Bühnenangestellten für Kino und Grammophon zulässig ist.

X. Erhöhte Gefahr des Ausmietens durch das Konkurrenzunternehmen.

Das Wegfischen wertvoller Kräfte wird nirgends so bequem vollführt wie beim Theater.

Spielt sich doch die Leistung des Angestellten vor den Augen aller Konkurrenten ab; zahlreiche Agenten helfen noch mit.

Der Bühnenangestellte, oft unerfahren und leicht zugänglich, wird zum Kontraktbruch gewöhnlich von anderen Theaterleitern und deren Agenten verführt.

Daher ist es am Platze, die Verführer solidarisch für den Schaden des berechtigten Unternehmers mithaften zu lassen. Denn sie kennen die Tragweite des Kontraktbruches genau, handeln besonders illoyal und sind zahlungskräftig.

Gegen diese Mithaftung werden Bedenken gesetzestechnischer und moralischer Natur erhoben.

In erster Hinsicht wird darauf verwiesen, daß Schadenersatzpflicht nur aus einem Vertrage oder aus einem Delikt entstehen könne.

Dem läßt sich einfach dadurch abhelfen, daß man auch in diesem Spezialgesetz das Verleiten zum Kontraktbruch ausdrücklich als verbotene Handlung, sogar mit Strafsanktion (österreichische Gewerbeordnung) erklärt.

In zweiter Hinsicht sehen manche eine Schwächung des Verantwortlichkeitsgefühles des Angestellten voraus, der sich auf die Zahlung durch den mitschuldigen Theaterdirektor verlassen würde.

Abgesehen davon, daß auch heute schon der verführende Theaterunternehmer gewöhnlich die Konventionalstrafe zur Zahlung übernimmt, liegt die Hemmung für den Angestellten gegenüber der Vertragsuntreue weniger in materiellen Erwägungen, da er die materiellen Konsequenzen ohnedies nie restlos tragen muß, resp. kann.

XI. Bedeutung der schwarzen Listen.

Das Gesetz schütze also die Vertragstreue, indem es den Verführer zur Untreue mittreffen möge.

Wie aber soll es sich zu der Frage stellen, ob die Organisation der Arbeitgeber sich vor Vertragsuntreue des Arbeitnehmers durch geheime gegenseitige Warnungen schützen dürfe?

Die Gesetzgebung ist — wenige Ansätze ausgenommen — der Lösung dieser schwierigen Frage bisher ausgewichen.

Die Judikatur ist nicht beständig.

Manche Entscheidungen erklären die Teilnehmer an „schwarzen Listen", das sind geheime Verrufs-Vereinbarungen, für schadenersatzpflichtig; manche nur unter gewissen Voraussetzungen.

Die Frage ist immer kontrovers gewesen.

Unzulässig erscheint es, dem Arbeitgeber das Recht auf heimliche (schwarze), von den Betroffenen unkontrollierbare Auskunftserteilung über die Vertragstreue einzuräumen[13]).

---

[13]) Es wird sogar die Anschauung vertreten, daß der Arbeitgeber nicht einmal das Recht haben soll, überhaupt Auskünfte über den ehemaligen Angestellten zu erteilen. Der neue Lohngeber möge selbst seine Erfahrungen sammeln; derselbe Angestellte kann im neuen Milieu ein ganz anderer sein. Schon die Tatsache der Lösung des Vertrags-Verhältnisses mache den Arbeitgeber häufig befangen im Sinne der strengeren Beurteilung. Denn löste er das Verhältnis, dann ist er wohl subjektiv von der Unzulänglichkeit des Entlassenen überzeugt, löste es aber der Angestellte, dann bleibt oft ein Residuum an Verstimmung zurück.

Diese Anschauung halte ich für unrichtig.

Damit wäre der Angestellte der Schlechtigkeit des Einzelnen, die nicht einmal von den Verbandsgenossen kontrolliert werden kann, ausgeliefert.

Es läßt sich sehr viel dafür anführen, daß selbst die offene (nicht schwarze) Boykottierung eines Kontraktbrüchigen für dauernde Zeit nicht zulässig sei. Hier ist die Frage zu lösen, ob man den einmal Fehlenden für immer aus dem Berufe soll ausmerzen können; es bedeutet dies gewöhnlich seinen wirtschaftlichen Ruin, da er nach Neigung und Vorbildung für einen anderen Beruf meist untauglich ist.

Sprechen schon bei allen anderen Berufen schwerwiegende Gründe gegen die Zulässigkeit dieser „Todesstrafe" auf Vertragsuntreue, so erscheint die Abschlachtung eines genialen Künstlers beinahe verwerflich.

Gewiß soll auch Talent keinen Freibrief auf Vertragsuntreue geben.

Aber hier kommt ja das Moment entscheidend in Betracht, daß einerseits die Strafe gar nicht mehr im Verhältnis zur Tat ist, und anderseits die breite Öffentlichkeit, die vielleicht ein Recht auf den Genuß dieses Talentes hat, mitgestraft wird, wenn man dasselbe zur ewigen Untätigkeit verdammt.

Vielleicht gibt es auch hier eine mittlere Linie, sowohl in der Hinsicht, daß nur wiederholter (gewohnheitsmäßiger), schwerer Vertragsbruch diese Waffe anwendbar machen könnte, als auch in der Hinsicht, daß der Verruf zeitlich begrenzt sein muß; der Vorschlag in meinem Gesetzentwurf lautet:

„Vereinbarungen, durch die sich Theaterunternehmer gegenseitig verpflichten, mit einzelnen Bühnenmitgliedern keinen Dienstvertrag zu schließen, sind verboten. Der so Ausgeschlossene kann den ihm zugefügten Schaden solidarisch von allen jenen Theaterunternehmern ersetzt verlangen, die sich an den verbotenen Vereinbarungen beteiligten."

Man kann auch noch einen Schritt weiter gehen und die Teilnahme an dem geheimen Boykott unter Strafsanktion stellen.

XII. Schwierigkeit der Abgrenzung des Umfanges der Berufspflicht.

Bei gewöhnlichen Lohnverträgen steht der Umfang der Berufspflichten gewöhnlich im voraus ziemlich fest.

Der Handlungsreisende zum Beispiel braucht nicht Bureautätigkeit zu entfalten, der Korrespondent nicht die Kunden zu bedienen. Aber selbst wenn hier eine Heranziehung des Angestellten außerhalb des Rahmens des Vertrages stattfände, wäre das Malheur nicht sehr groß.

Schwieriger liegt die Sache beim Bühnenangestellten.

Insbesondere werden als Unterscheidungsmerkmale Kunstgattung, Fach und künstlerischer Gehalt der Beschäftigung in Betracht kommen.

Allseits wird anerkannt, daß sich der Bühnenangehörige eine außerhalb der vereinbarten Kunstgattung (Schauspieler, Sänger, Tänzer) liegende Verwendung niemals gefallen lassen muß.

Innerhalb der Kunstgattung aber gibt es sehr verschiedene Fächer. (Zum Beispiel Naive, Sentimentale, Heldin, Intrigantin, komische Alte usw. usw.)

Laube meinte nun, wirklich dramatische Talente seien nicht einseitig, und der Kennerblick des Theaterleiters habe erst die Bestimmung einer eventuellen Hauptrichtung (Fach) vorzunehmen; er behauptet, aus Schauspielern, die sich einbildeten, nur Helden spielen zu können, glänzende Komiker gemacht zu haben.

Es läßt sich gegen diese Auffassung wohl manches einwenden.

Zunächst, daß die Spezialisierung (Arbeitsteilung) auf allen Gebieten mit der fortschreitenden Entwicklung Platz greift, ferner daß die Rücksicht auf das persönliche Fühlen des Künstlers, der eine gewisse darstellerische Tätigkeit, wenigstens anfangs, mit Widerwillen empfindet, nicht gänzlich unbeachtet bleiben sollte.

Gibt man aber Laube recht, dann mögen die Theaterunternehmer eben alle Verträge ohne Fachbezeichnung schließen.

Kommt aber eine Fachbezeichnung in den Vertrag, dann darf der Bühnenangehörige wohl auch verlangen, nur in dem vereinbarten Fache beschäftigt zu werden; auch wenn ein Umsatteln am Platze wäre. Dann hat eben der Bühnenangestellte beim Vertragsabschluß sein natürliches Recht, bei der Wahl des Berufes sein Empfinden mitsprechen zu lassen, sich vertraglich gesichert.

Unzulässig erscheint dann auch der Ausweg für den Unternehmer, anstatt der vertragsmäßigen, angeblich unpassenden Fachbeschäftigung untergeordnete farblose Arbeit (Chargen) zuzumuten.

Der Direktor muß also vereinbarte Kunstgattung und vereinbartes Fach respektieren.

Schwieriger wird das Problem der Beschäftigung dann, wenn, wie es häufig geschieht, das Mitglied für mehrere Kunstgattungen engagiert wurde, als „Sänger und Schauspieler" oder gar als „Sänger, Schauspieler und Tänzer".

Hier liegt eine Gefahr für das Mitglied vor, die dasselbe oft gar nicht vorausahnt.

Die Genesis solcher Klauseln ist die, daß man einen als Schauspieler gedachten Künstler auch als Sänger bezeichnete, um zu verhüten, daß er für ein in einem Stücke eventuell vorkommendes Lied separat Honorar verlange; damit sollte aber nicht gesagt sein, daß ein derartig bezeichneter Schauspieler auch ein geschulter Sänger sein müsse.

Umgekehrt sollte bei einem als Sänger gedachten Künstler durch solche Doppelbezeichnung zum Ausdrucke kommen, daß er die Sprechstellen der Rollen schauspielerisch beherrschen müsse.

Bös gesinnte Theaterunternehmer wollten nun aus dieser unvorsichtig gewählten Doppelbezeichnung die Pflicht des Mitgliedes ableiten, beide Kunstgattungen völlig zu beherrschen. Bei nachträglicher Mißliebigkeit des Mitgliedes konstruierten sie derart einen sofortigen Entlassungsgrund wegen künstlerischen Versagens (in einer Kunstgattung). Das Mitglied sei für beide Kunstgattungen engagiert, ergo müsse es beide zur Gänze beherrschen.

Das ist ein Trick, auf den schon viele Bühnenangehörige hereingefallen sind.

Ein weiterer Streit außer um Kunstgattung und Fach, wird im Bühnenlohnvertrag um die Qualität der Beschäftigung leicht entstehen.

Hier wird nicht die eine oder andere zugewiesene Rolle, sondern erst die Konsequenz bei der Zuweisung der Beschäftigung maßgebend erscheinen.

In jedem Stücke sind Rollen, bei deren Träger ein geringes Maß von künstlerischer Begabung erwartet wird. Erhält ein Mitglied nur solche Rollen untergeordneter Art, dann wird es nicht nur in seiner künstlerischen Entwicklung gehemmt, sondern tatsächlich bei Publikum, Kritik und fremden Bühnenleitern als geringes Talent stigmatisiert sein[14]); regelmäßige, untergeordnete Beschäftigung deklassiert zweifellos den Künstler.

Deshalb ist sie auch ein beliebtes Schikanemittel bösgesinnter Theaterunternehmer, sei es, um sich zu rächen, sei es, um ein überflüssig gewordenes Mitglied zur Gagenersparung abzuschütteln.

Ich glaube dargetan zu haben, daß die Abgrenzung des Umfanges der Berufspflichten im Bühnenlohnvertrage eine Sonderregelung erfordert.

---

[14]) Für wenige Bühnen von Ausnahmsrang (zum Beispiel Wiener Hofburgtheater) hat dies keine Geltung; hier spricht einerseits die bekannte Tradition der Bühne mit, wonach selbst letzte Rollen mit ersten Kräften besetzt werden; anderseits bedeutet die Mitgliedschaft an solchen Bühnen gewöhnlich ohnedies schon die Erreichung des künstlerischen Zenits.

Der österreichische Regierungsentwurf geht den richtigen Weg und bestimmt:

„Die Verweigerung der Übernahme einer Rolle durch den Darsteller ist gerechtfertigt, wenn

1. die Darstellung der Rolle geeignet ist, die Gesundheit oder die körperliche Sicherheit zu gefährden, oder wenn sie dem Darsteller aus Gründen der Sittlichkeit nicht zugemutet werden kann;

2. wenn die Rolle offenbar außerhalb der künstlerischen Mittel des Darstellers oder außerhalb des Faches gelegen ist, wenn er für ein solches ausdrücklich im Vertrage verpflichtet worden ist;

3. wenn dem Darsteller ohne berechtigte künstlerische Interessen des Unternehmers die Darstellung einer Rolle zugemutet wird, die seine künstlerische Stellung schwer schädigen würde."

Der deutsche Entwurf überläßt es dem billigen Ermessen des Theaterleiters, die Beschäftigung des Mitgliedes zu bestimmen; dieses Ermessen bietet aber keine Gewähr für Gerechtigkeit.

XIII. Erhöhte Bedeutung der Schriftlichkeit.

Aus zwei Gründen hat sich im Bühnenlohnrecht die erhöhte Bedeutung der Schriftlichkeit eingebürgert.

Erstens führt beim Vertragsabschluß die größere Anzahl der einer Regelung bedürftigen Vertragspunkte dazu, ein schriftliches Instrument schon zur Beweissicherung zu wählen.

Dieser Usus, den Bühnenlohnvertrag schriftlich festzulegen, hat zu der Entgleisung in der Judikatur geführt, mündliche Verträge für ungültig zu erklären, da es notorisch sei, daß die Intention der Kontrahenten immer auf Schriftlichkeit des Vertrages ausgehe.

Dabei wurde übersehen, daß die Schriftlichkeit, wenigstens im österreichischen Gesetz, nur dann Voraussetzung der Gültigkeit des Vertrages ist, wenn sie von den Parteien ausdrücklich zur Voraussetzung gemacht wurde. Sonst sind nach dem Stand der österreichischen Gesetzgebung selbstverständlich mündliche Theaterverträge zulässig und kommen auch häufiger vor als man glaubt[15]).

---

[15]) Eine Entscheidung des Deutschen Reichsgerichtes hat auf Grund eines sachverständigen Gutachtens (eines Theaterdirektors) gar dahin gelautet, in Theaterkreisen gelte ein Wort, ein Handschlag überhaupt nichts. Dieses Gutachten ist eine Ungeheuerlichkeit, das Urteil ein Fehlurteil.

Trotz der Kompliziität der Vertragsbestimmungen, erscheint meines Dafürhaltens kein Anlaß vorhanden, de lege ferenda unbedingt Schriftlichkeit als Voraussetzung der Gültigkeit für Bühnenlohnverträge zu fordern. Im Gegenteil, die Leichtigkeit des Verkehrs würde darunter ungemein leiden.

Der zweite Grund, warum die Schriftlichkeit beim Bühnenlohnvertrag berechtigterweise wichtig erscheint, liegt in folgendem:

Während des Vertragsverhältnisses werden allzu oft in diesem Milieu, aus der nervösen Hast oder der Erregung heraus, unüberlegte, gar nicht recht ernst gemeinte Erklärungen abgegeben.

Das Mitglied wirft dem Direktor seine Stellung hin oder der Direktor macht eine Rollenzusage, oder es ergibt sich die Notwendigkeit ernster Verwarnungen an das Mitglied.

In allen diesen Fällen scheint tatsächlich die mündliche, flüchtige, in der Erregung gesetzte oder entgegengenommene Erklärung nicht bindend sein zu sollen.

Wenn man zur Feder greift, um eine Erklärung abzugeben, bleibt sie oft in der Feder stecken; das entspricht der wahren Intention oft besser.

Für die Ankündigung der Sanktion auf ein Tun scheint die pompösere Schriftlichkeit geradezu unerläßlich, um den beabsichtigten Eindruck hervorzurufen.

Der österreichische Regierungsentwurf gibt dem Angestellten das Recht, auch bei mündlichen Abschlüssen schriftliche Bestätigung zu Beweiszwecken zu verlangen, was praktisch ist; der Schriftlichkeit während der Dienstabwicklung weist er die oben angedeutete Funktion zu.

XIV. Vorproben.

Im Bühnenlohnvertrag hat sich der eigentümliche Usus herausgebildet, daß der Angestellte eine Zeitlang vor Beginn der eigentlichen Spieltätigkeit Vorarbeiten ohne Entlohnung leistete. (Sogenannte Vorproben.)

Diese Vertragsbestimmung wird mit Recht als unsittlich bekämpft.

Der Bühnenangehörige ließ sich dieselbe unter dem Zwang der Verhältnisse gefallen, da alle Bühnenunternehmer sie handhabten. Der einzelne, der sich widersetzt hätte, wäre ohne Engagement geblieben.

Es ist dies ein Auswuchs des Lohnrechtes.

Die Theaterunternehmer brachten zur Rechtfertigung dieses Mißbrauches vor, daß sie in der Zeit vor Eröffnung des Betriebes, da der Betrieb vorbereitet werde, nichts verdienen.

Dieses Argument ist aber ein Scheinargument.

Man muß eben diese erträgnislose Zeit in das gesamte Budget einkalkulieren.

Auf keinen Fall kann man deshalb verlangen, daß ein Angestellter in dieser Zeit subsistenzlos sei.

Noch dazu sind diese Vorproben gewöhnlich sehr anstrengend, dauern oft viele Stunden im Tage, und es ist ja widersinnig, an der Tatsache vorbeizugehen, daß das Mitglied, wenn es nicht bezahlt wird, darben oder Schulden machen muß, da es normalerweise weder aus dem vorhergehenden Engagement Ersparnisse gemacht hat, noch durch Vorschüsse im wirtschaftlichen Gleichgewichte bleiben kann.

Es ist auch ein Trugschluß, zu behaupten, daß in der Entlohnung für die gesamte Vertragsdauer auch die Entlohnung für die Vorproben enthalten sei.

Vielmehr ist das Einkommen genau auf das Monatsbudget abgestellt; es hieße die Wirklichkeit verkennen, wollte man zugeben, daß der Angestellte je daran denke, eine Quote seiner Monatsbezüge für die 10- bis 14tägige lohnfreie Tätigkeit zu bestimmen; vielmehr ist die Entlohnung auf die marktgängigen Monatspreise abgestellt, ohne daß die Vorproben dabei irgendwie berücksichtigt würden.

Dieser Abusus ist aber so eingewurzelt, daß das Gesetz ihn vielleicht nicht sofort zur Gänze wird abschaffen können.

Der österreichische Regierungsentwurf wählt einen Mittelweg und entlohnt die Tätigkeit bei den Vorproben mit Quoten der vertragsmäßigen Bezüge und begrenzt die Dauer der Vorprobenzeit.

Auch läßt er nicht nur jene Vorprobentage entlohnen, an denen der Bühnenangestellte wirklich an den Proben teilnahm, sondern alle jene Tage, die er vor der Spielzeit dem Unternehmer zur Verfügung stehen muß!

Wie erwähnt, dürfte diese Regelung nur eine Etappe in der Entwicklung des Bühnenlohnrechtes sein und schließlich durch die Vorschrift voller Entlohnung ersetzt werden.

XV. Einbehaltung von Abzügen.

Es hat sich bei den Bühnenlohnverträgen der Usus entwickelt, daß der Angestellte im Lohnvertrag verpflichtet wird, sich vom Unternehmer die Provision für den Vermittler des Vertrages abziehen zu lassen.

In dem Provisionsbrief zwischen dem Angestellten und dem Agenten fehlt gewöhnlich eine ausdrückliche Anweisungserklärung des Angestellten auf den Unternehmer.

Zwischen dem Theaterunternehmer und dem Agenten wird diesbezüglich ausdrücklich nichts vereinbart.

Es entsteht nun die Frage, ob derart konkludent eine vollständige Assignation stattgefunden habe, und ob das Mitglied nach Abzug der Provision durch den Theaterunternehmer von seiner Schuld gegenüber dem Agenten unbedingt befreit ist. Ob zum Beispiel dann, wenn der Theaterunternehmer die abgezogene Provision an den Agenten nicht abliefert, das Mitglied dem Agenten noch zahlungspflichtig ist.

Die österreichischen Strafgerichte sind der Meinung, daß die Veruntreuung des Theaterunternehmers nicht gegenüber dem Agenten, sondern gegenüber dem Angestellten begangen werde. Diese Ansicht scheint unrichtig.

Vielmehr geht schon aus dem Umstande, daß der Vermittler des Lohnvertrages den Inhalt desselben kennt oder kennen muß, seine stillschweigende Zustimmung zu der Anweisungsklausel hervor, und es erscheint daher richtig, daß mit der Einbehaltung der Provision durch den Unternehmer der Bühnenangestellte von der Zahlungspflicht befreit wird.

XVI. Sondererscheinungen bei Erkrankung und Betriebsunfall.

Es wird eine Ergänzung des normalen Schutzes bei Krankheit und Unfall nötig sein.

Zunächst sind wohl die in der weiblichen Natur begründeten, regelmäßigen Störungen den Krankheiten gleichzustellen; denn insbesondere bei Sängerinnen und Tänzerinnen zieht die Leistung der Dienste an diesen Tagen erfahrungsgemäß eine Beeinträchtigung der Gesundheit (insbesondere Gesangsfähigkeit) nach sich. (In den österreichischen Regierungsentwurf übernommen.)

Bei der Behandlung der Schwangerschaft als Krankheit wollen einige zwischen ehelicher und unehelicher Schwangerschaft unterschieden wissen. Diese Unterscheidung wäre aber ungerechtfertigt. Denn es handelt sich nicht um das Erziehungs-, sondern um das Hilfemoment; auch würde der wirtschaftliche Untergang der außerehelich schwanger Gewordenen keine Abschreckung darstellen; schließlich träfe man oft nicht den wirklich schuldhaften Teil.

Man kann auch nicht einwenden, daß der Bühnenunternehmer diese Last nicht von den Schultern des gesetzlich Verpflichteten abzunehmen habe. Denn einerseits bestehen normalerweise keine Pflichten zur Erhaltung der unehelichen Schwangeren, anderseits wäre es vom Standpunkte sozialer Fürsorge unlogisch, diese in der verlassenen Lage auf pflichtvergessene Schuldner zu verweisen. Ebenso könnte man verlassenen Gattinnen soziale Fürsorge verweigern.

Daß vorliegend der Arbeitgeber herangezogen werden soll, hat seine ratio übrigens auch darin, daß ein Teil des Äquivalentes für dauernd geleistete Dienste erst im Falle der Not des Mitgliedes existent wird.

Eine spezifische Milieuerscheinung liegt auch in folgendem: Nervosität, persönliche Verstimmung bewirken häufig eine Übertreibung des Leidens. Da zu häufige Indispositionen den Betrieb gefährden, haben die Theaterunternehmer ein Präventiv-Mittel dadurch gefunden, daß sie das ganze Einkommen in Auftrittshonorare zerlegen und bei Wegfall des Auftretens infolge Krankheit das Honorar vorenthalten.

Dagegen muß gesetzliche Remedur geschaffen werden. Mindestens die Hälfte des Einkommens muß auch im Krankheitsfalle gesichert sein.

Weil aber eine akute längere Krankheit das Repertoire nicht so sehr gefährdet, wie eine häufige, kurzfristige, ist gegen eine Bestimmung wohl nichts einzuwenden, wonach wiederholte Krankheitsverhinderungen für die Herabsetzung der Bezüge, eventuell die Auflösung des Vertrages, zusammengezogen werden dürfen.

Strittig ist die Frage, ob die Krankenkassenbeiträge von der Gage abgezogen werden dürfen.

Ich bin der Überzeugung, daß nein.

Denn einerseits braucht der Angestellte zur Zeit der Krankheit für bessere Ernährung und Erholung einen größeren Aufwand, anderseits will ja der Gesetzgeber erreichen, daß der Angestellte spart, um im Falle der Krankheit gewappnet zu sein.

Es genügt nicht, wenn man dem Angestellten jene Quote des Krankengeldes frei läßt, die dem nach dem Gesetze von ihm zu tragenden Prämienanteile entspricht.

Die Subsumtion der Bühnenangehörigen unter das Unfallversicherungsgesetz hat, vom Gesetzgeber offenbar übersehene, Nachteile für den Bühnenangehörigen, welche de lege ferenda wieder zu beseitigen sein werden.

Entweder soll man die Bühnenangehörigen aus der Unfallversicherungspflicht ausscheiden oder besondere Bestimmungen über Unfall für den Bühnenlohnvertrag vorschreiben.

Denn es erscheint geradezu unfaßbar hart, demjenigen, dessen Talen oft ein Riesenkapital ist, im Falle der Verunglückung im Betriebe von jedem Mehreinkommen über die ganz geringe Unfallsrente auszuschließen, selbst wenn der Theaterunternehmer oder seine Leute die Verunglückung verschuldeten; insbesondere erscheint es sinnlos hart, ihm die Geltendmachung eines Schmerzengeldes zu verwehren.

Tatsächlich ist, wenigstens in Österreich, nach dem Stande der Gesetzgebung die eben erwähnte, unlogische Situation für die Bühnenangestellten geschaffen.

Dieselben haben nur dann das Recht, mehr als die gesetzliche Unfallsrente zu verlangen, wenn der Unfall in dem Betriebe von dem Unternehmer vorsätzlich herbeigeführt wurde.

Es hat sich allerdings in den Bühnendienstverträgen die Bestimmung eingebürgert, daß schon culpa lata des Unternehmers oder seiner Angestellten den verunglückten Künstler zu allen Schadenersatzansprüchen berechtige; doch sollte das Bühnenlohngesetz eine derartige Bestimmung zwingend vorschreiben.

XVII. Einfluß der Verheiratung auf den Bühnendienstvertrag.

Bei keinem Lohnvertrag wird so häufig eine Kollision zwischen dem Statusrechte des Ehegatten und dem Vertragsrechte des Arbeitgebers eintreten, wie beim Bühnenlohnvertrag.

Ein Ausfluß der eheherrlichen Gewalt liegt in dem Rechte, das Domizil der Gattin zu bestimmen.

Da taucht zunächst die Frage auf, ob zwischen den beiden obgenannten Rechten die Priorität der Entstehung zu siegen habe, oder ob unter allen Umständen dem Statusrechte des Ehegatten der Sieg gebühre.

Soll das Institut der Ehe wirksam geschützt werden, wird wohl dem eheherrlichen Rechte immer zum Durchbruche verholfen werden müssen.

Man wird dann die Gültigkeit des Lohnvertrages mit einer verheirateten Künstlerin immer von der Zustimmung des Gatten abhängig machen und dem Gatten einer vor ihrer Verheiratung engagierten Künstlerin, bzw. ihr selbst bei der Verheiratung das Recht einräumen müssen, den Vertrag möglichst bald zur Lösung zu bringen.

Anderseits wird man auch dem Arbeitgeber das Recht einräumen müssen, die Verheiratung der Künstlerin als Vertragsauflösungsgrund zu betrachten.

Denn diese Statusveränderung bedeutet für den Bühnenvertrag sehr viel; eine verheiratete „Naive" zum Beispiel ist beim Publikum sehr entwertet.

Das Rücktrittsrecht des Unternehmers wird ihm praktisch nicht immer wertvoll sein. Denn er muß sich gewöhnlich schon in einem Zeitpunkte um Ersatz umsehen, in welchem ihm das Mitglied erst die Heiratsabsicht bekannt gibt; kommt die Heirat schließlich doch nicht zustande, muß der Unternehmer das Mitglied dann doch aus dem Grunde ziehen lassen, um nicht zwei Gagen (auch dem Ersatz) zu zahlen. Das Mitglied darf allerdings für die restliche Vertragdauer bei keiner anderen Bühne abschließen.

Kontrovers ist auch die Frage, welchen Einfluß die Schwangerschaft auf die Lösung des Vertrages zu üben hat.

Zunächst ist es strittig, ob das Mitglied bei Vertragsabschluß seine ihm bekannte Schwangerschaft dem Theaterunternehmer auf jeden Fall erwähnen müsse, auch wenn es wahrscheinlich ist, daß die Entbindung noch vor Vertragsantritt stattfinden wird.

Da eine Entbindung an sich auf die Persönlichkeit der Engagierten keinen entscheidenden Einfluß hat, ist diese Mitteilung dem Mitgliede wohl nicht zur Pflicht zu machen; wohl aber dann, wenn die Entbindung in die Zeit der Vertragsdauer fallen muß.

Schwieriger wird die Frage, wie sich ein Mitglied, das nach Abschluß des Vertrages schwanger wurde, bei Vertragsantritt zu benehmen habe. Insbesondere, ob es unter allen Umständen, das heißt in jedem Stadium der Schwangerschaft, dem Theaterunternehmer Mitteilung machen müsse; zum Beispiel auch dann, wenn die Entbindung vermutlich erst längere Zeit nach Ablauf der Vertragsdauer eintreten dürfte.

Ich glaube, daß man dem Mitgliede nur die Pflicht auferlegen kann, den authentisch festgestellten Zustand der Schwangerschaft bei Vertragsantritt dem Theaterunternehmer bekanntzugeben, der dann das Recht haben soll, vom Vertrage zurückzutreten.

Die Unterlassung der genannten Anzeigen macht das Mitglied schadenersatzpflichtig.

Wertvollen Mitgliedern gegenüber dürfte der Theaterunternehmer von diesem Vertragsrücktrittsrechte übrigens selten Gebrauch machen, sondern nur die die Schwangerschaft betreffenden Krankheitsbestimmungen zur Anwendung kommen lassen.

Tritt die Schwangerschaft erst während der Vertragsdauer ein, so dürften die Krankheitsbestimmungen genügen; danach dauert der Vertrag fort; nur ändern sich, nach Zeitabschnitten festgesetzt, die Gagenbezugrechte; nach einem bestimmten Zeitablauf darf der Unternehmer die Gage herabsetzen, nach einem weiteren Ablauf den Vertrag auflösen.

XVIII. Einfluß unvorhergesehener Betriebsstörungen auf den Bühnenlohnvertrag.

Beim Bühnenlohnvertrag wird die Störung bzw. die Einstellung des Theaterbetriebes aus öffentlichen Rücksichten häufiger sein als bei anderen Dienstverträgen; sie wird bezüglich des Wegfalles der Entlohnung auch andere Wirkungen auf den Vertrag zu zeitigen haben.

Die dauernde Schließung des Betriebes infolge behördlicher Verfügung bei Krieg, Unruhen, Epidemie, aber auch bei Baugebrechen wird den Theaterunternehmer vor die Unmöglichkeit stellen, die vertraglichen Pflichten länger zu erfüllen; hier wird eine kurzfristige Vertragskündigung zulässig erklärt werden müssen.

Hingegen wird das behördliche Betriebsverbot für einige Tage (Normtage), das seinen Grund meist in religiösen oder dynastischen Erwägungen hat, mit seinen materiellen Konsequenzen immer vom Unternehmer zur Gänze zu tragen sein. Es wäre unsittlich, die Risiken solcher vorübergehender Betriebsstörungen auf die Schultern der Angestellten abzuwälzen und sie für solche Verbotstage außer Brot zu setzen.

XIX. Übergang des Lohnvertrages in den Werk- und Stückvertrag, sowie den Glücksvertrag.

Insbesondere die Entwicklung des Starwesens hat es mit sich gebracht, daß Bühnenlohnverträge oft nicht auf längere Zeit (Jahr oder Spielzeit), sondern nur für einzelne Vorstellungen (Gastspiel im eigentlichen Sinne) geschlossen werden.

Das sind dann nicht mehr Lohn-, sondern Werkverträge; es entfallen dann beinahe alle auf Lohnverträge abgestellten, sozialen Schutzmaßregeln als: Schutz der Vertragsdauer, Krankengelder usw.

Eine Entartung des Bühnenlohnvertrages ist der „Stückvertrag"; Stückvertrag in jedem Sinne des Wortes.

Denn durch ihn wird der Angestellte für ein bestimmtes Theaterstück, eine bestimmte Rolle, engagiert.

Schlägt das Stück ein, so hat der Angestellte dauernde Beschäftigung; wird es bald abgesetzt, so steht er oft mitten in der Saison brotlos da, ohne ein Ersatzengagement finden zu können. Der Angestellte, der bei dieser Art von Verträgen auf unbestimmte Dauer gebunden ist, kann sich vorher um einen Anschluß nicht bekümmern.

In vielen Branchen sind nun im Falle des Erfolges Ensuite-Aufführungen Usus und der Bühnenangestellte rechnet mit einem regelmäßigen Monatseinkommen; eigentlich auf die gleichen Bezüge wie bei Saisonverträgen.

Geht überdies dem Stücke ein guter Ruf voraus, so erscheint ein derartiges Engagement geradezu beruhigend auch bezüglich der Dauer.

Übersehen wird aber dabei von den Bühnenangestellten der Umstand, daß der Erfolg jedes Theaterstückes von unzählbaren Imponderabilien abhängt, nicht zuletzt von politischen und behördlichen, oft gar nicht voraussehbaren Rücksichten[16]).

Dieser Werkvertrag wird derart geradezu zum Glücksvertrag, bei dem das Risiko des Stückerfolges vom Angestellten allein getragen wird.

Das erscheint unbillig.

Durch die gesetzliche Vorschrift, in solchen Fällen eine Minimalanzahl von Honoraren zu garantieren und auch hier eine kurzfristige Kündigung vorzuschreiben, kann man dem Angestellten wenigstens ein Minimum von Einkommen für die betreffende Saison gewährleisten.

Mein Gesetzentwurf schlägt folgende Lösung vor:

„Wurde ein Mitglied nur für ein bestimmtes Theaterstück gegen ein geringeres Spielgeld als 30 Kr. pro Vorstellung verpflichtet, so sind ihm mindestens 10 Spielgelder zu gewährleisten; der Theaterunternehmer muß nach der Erklärung, daß er das Stück absetze, dem Mitgliede noch drei Spielgelder auszahlen, welche in obiges Mindestmaß (10) nicht einzurechnen sind."

XX. Übergang des Lohnvertrages in den Gesellschaftsvertrag.

Der Bühnenlohnvertrag zeigt dreierlei Erscheinungsformen, bei welchem aus dem Angestellten ein Gesellschafter wird.

---

[16]) So geschah es zum Beispiel, daß in Wien das Stück „Feldherrnhügel", ein Zugstück ersten Ranges, plötzlich nach einigen Aufführungen infolge geheimer Einflüsse abgesetzt werden mußte. In diesem Stück war, insbesondere wegen der großen Anzahl der mitwirkenden Personen, die Hälfte des Ensembles nur für die Rollen engagiert worden und wurde nach etwa zwei Wochen brotlos.

Da dieses Stück, wie gewöhnlich Kassastücke, zu Beginn der Saison angesetzt war, kamen die Angestellten gleich zu Beginn der Saison um ihr Engagement, ohne Ersatz finden zu können.

1. Bei den Wandertruppen ist der Schauspieler beinahe immer Gesellschafter, da er mit dem Theaterunternehmer „auf Teilung" spielt. Es erhalten hier die Mitglieder im voraus festgesetzte Quoten des Nettoeinkommens.

Dennoch ist dieser Vertrag, da diese Mitglieder alle normalen Pflichten von Angestellten (Subordination, Kündigung usw.) haben, ein Anstellungsvertrag mit Besoldung, die je nach dem Erfolge des Unternehmens wechselt, wobei nur die Garantie eines Minimaleinkommens fehlt.

Oft erhalten die Mitglieder tagelang keine Bezüge oder nur wenige Heller ausbezahlt.

Diese Form der Entlohnung ist übrigens der Rest der patriarchalischen Erscheinung von Schauspielertruppen, wo eine Familie oder eine Freundschaft das Ensemble bildete und das Schicksal des Unternehmers stillschweigend teilte. Heute aber werden auch fremde, gewöhnlich deklassierte Kunstkräfte aufgenommen, die dann der Ortsgemeinde zur Last fallen.

Die Gesetzgebung hat hier einzugreifen und dem Unternehmer (Konzessionär) die Garantierung eines Minimaleinkommens des Angestellten vorzuschreiben.

Der österreichische Regierungsentwurf verlangt die Garantie des ortsüblichen Lohnes für Taglöhner!

2. Eine zweite Erscheinung der Vergesellschaftung des Angestellten mit dem Unternehmer zeigt sich in dem sogenannten Benefize. Dasselbe blüht nur in der Provinz.

Da es auf eine Art Bettel für den Benefizianten hinausläuft, wird es von den Organisationen der Bühnenangehörigen bekämpft. Es drückt die soziale Stellung des Standes und bringt den Angestellten bei der heutigen Handhabung keinen großen Gewinn.

Bei der Berechnung der Abzugposten (Tageskosten) wird nämlich das Mitglied gewöhnlich schon im Vertrage benachteiligt. Der Theaterunternehmer setzt nämlich eine willkürliche Ziffer für „Tageskosten" als Abzugspost in den Vertrag ein, deren Richtigkeit das Mitglied im voraus, in Unkenntnis der Betriebsverhältnisse, unmöglich überprüfen kann. Bei der Berechnung des Reingewinnes wird diese immer zu hoch gegriffene Pauschalziffer von den Bruttoeinnahmen abgezogen und das Mitglied, dem zuliebe das Publikum die Benefizevorstellung besuchte, geht beinahe leer aus.

Es kommen dann noch zahllose Streitfragen hinzu, welche Ausgaben wirklich als Tageskosten angerechnet werden dürfen, ob zum Beispiel die Gagenquoten der bei der Benefizevorstellung nicht beschäftigten Mitglieder usw.

Da wenigstens in der nächsten Zeit eine vollständige Abschaffung des Benefizes nicht zu erwarten ist, habe ich folgende Lösung in meinem Gesetzentwurf vorgeschlagen:

„Gebührt einem Mitglied auf Grund einer Vereinbarung das Erträgnis einer Vorstellung oder ein Bruchteil dieses Erträgnisses, so ist der Unternehmer verpflichtet, binnen drei Tagen Rechnung zu legen. Als Erträgnis (Reinertrag) ist jener Ertrag anzusehen, der von den Einnahmen dieser Vorstellung nach Abzug von 40 % erübrigt."

3. Einen schweren Mißstand stellt auch folgende Erscheinung einer Vergesellschaftung dar.

Der Theaterunternehmer engagiert oft Mitglieder mit gewöhnlichem Vertragsformular, schließt aber heimlich daneben noch einen Beteiligungsvertrag mit dem Mitgliede, das ihm eine Einlage gewährt und dafür bessere Beschäftigung zugesagt erhält. Dieser Nebenvertrag ist in Wirklichkeit Bestandteil des Engagementvertrages.

Auf diese Art entstehen große Unzukömmlichkeiten.

Das Mitglied verlangt eine ihm nach seinem Können gar nicht zukommende Beschäftigung, die ihm trotz der formellen Berechtigung von dem Theaterunternehmer unter Berufung auf künstlerische Rücksichten dann doch vorenthalten wird; dem Theaterunternehmer fehlt bei solchen „Sujets mixtes" die nötige Autorität und Unabhängigkeit.

Diese Erscheinung kann allerdings im Bühnenlohnvertragsgesetz nicht bekämpft werden, wohl aber im öffentlich-rechtlichen Teile eines Bühnengesetzes, indem die Konzession ohne gehörige Betriebsfundierung verweigert oder entzogen werden soll.

XXI. Minimalgagen.

Die gesetzliche Festlegung einer Mindestentlohnung ist für alle Lohnbetriebe schwierig.

Beim Bühnenlohnvertrag werden die (unter V) erwähnten Nebenabsichten die Fixierung eines minimalen Äquivalentes für die Leistung noch erschweren.

Die Durchsetzung eines Minimallohnes ist gewöhnlich mehr Macht- als Rechtsfrage. Die Organisationen werden hier einzugreifen haben[17].

---

[17]) In Österreich haben die Organisationen tatsächlich, insbesondere für Chorsänger und kleinere Schauspieler, Minimallöhne durchgesetzt.

Nur bei einer Art des Betriebes wird die Gesetzgebung den Unfug mit den Schundlöhnen abstellen müssen, nämlich bei den Wandertruppen, die auf Teilung spielen. Das Einkommen (der Gewinnanteil) beträgt hier, wie unter XX ausgeführt wurde, oft nur ein paar Heller. Der Angestellte muß tagelang hungern und fällt der Armenfürsorge zur Last. Das darf nicht geduldet werden. Dem Unternehmer ist bei Konzessionsentziehung vorzuschreiben, daß er diese Gewinnanteile mit Minimalbeträgen garantiere, die wenigstens den ortsüblichen Taglöhnen gleichkommen müssen!

Ergebnis.

Aus allen angeführten, mehr oder minder schwerwiegenden Gründen erscheint es mir unbedingt nötig, Sondervorschriften für den Anstellungsvertrag der Bühnenangehörigen zu schaffen.

XVI.

Gutachten des Herrn Justizrats Rechtsanwalts Dr. Hugo Cahn in Nürnberg

über die Frage:

Ist die Schaffung eines gerichtlichen Ausgleichungsverfahrens außerhalb des Konkurses wünschenswert?

Inhaltsübersicht.

---

§ 1.

Die heutigen geschäftlichen Zustände und die Konkurse.

Die mindestens seit einem Jahrzehnt wahrzunehmende starke Strömung, welche den falliten Zustand des Schuldners rascher, geräuschloser und für ihn weniger beschämend, gesetzlich regeln will, ist zunächst eine wirtschaftliche und soziale. Mehr und mehr dringt der Gedanke durch, daß die meisten Konkurse nicht frivol und leichtsinnig, sondern durch unglückliche Umstände, unzureichende Mittel und Enttäuschungen entstanden sind. Bei der heutigen Kompliziertheit des gewerblichen Lebens mißglückt leichter, wie bei dem Einerlei vergangener Jahrzehnte, ein geschäftlicher Coup. Der Wettbewerb ist für den Solidesten, unter Umständen sogar ordentlich Fundierten, ungemein erschwert. Eine Erfindung kann über Nacht einen bis dahin mit Erfolg gesegneten Industrieartikel unbrauchbar machen. Die Börse zeigt in den aufgeregten Zeiten heute vielleicht ein anderes Stimmungsbild, wie gestern. Manchen Geschäftszweigen ist ein gewisser Hang zu einer — nicht immer ungesunden — Spekulation eigen. Ferner ist die Zusammenfassung von Kleinbetrieben in einflußreiche Kapitalunternehmungen ein empfindlich für den Einzelunternehmer fühlbarer Umstand. Die Vertrustung schreitet vorwärts. Nicht zuletzt ist der neuzeitliche Tiefstand eines gewissen Wettbewerbs schmerzlich zu empfinden. Skrupellose Konkurrenten bemächtigen sich bisher reell geführter Geschäftszweige. Sie arbeiten wohl auch nach einem bisher in der betreffenden Branche ungewohnten, die Konsumenten anlockenden Bazarsystem. In den großen Städten läuft das Publikum mit Vorliebe in Geschäfte, welche eine laute und oft unverfrorene Reklame machen, so daß der ruhige und derartigen Anpreisungen abholde Rivale im Hintertreffen bleibt. Die besser situierten Schichten kleinerer Städte beziehen — im Gegensatz zu früher — oft in der Großstadt oder direkt vom Fabrikanten. Der wirtschaftliche Aufschwung und die bequemen Verkehrsmittel begünstigen den indirekten oder in der Fremde erfolgenden Einkauf zum Schaden des heimischen Gewerbes. Bezüglich des launenhaften Wechsels bisheriger Bezugsquellen steckt der eine den anderen an. Man ist dem verlässigsten Verkäufer nicht mehr treu, wenn Propaganda und Mode den Käufer ablenken. Das heftige Steigen der Mietpreise, das Darniederliegen der Bautätigkeit, die Hypothekennot und öftere Kapitalknappheit sind Faktoren, die leicht ein Mißverhältnis zwischen äußerer Aufmachung und innerer Hohlheit in unseren Tagen mit sich bringen. Die Tarifstreitigkeiten, auch sonstigen sozialen Dissidien, bringen Unregelmäßigkeiten und Stauungen in das eine oder andere von den Arbeitnehmern abhängige Unternehmen. Dies alles zeigt, daß der wackerste Gewerbetreibende angesichts solcher ihn lähmender Vorgänge, zu welchen noch Steuermißlichkeiten zu zählen sind, heutzutage leicht unverschuldet unter die Räder kommen kann. In einem seiner letzten Jahresberichte meldete der Verband der Vereine Creditreform e. V. in Leipzig: „Die Abwärtsbewegung hat weitere Fortschritte gemacht und einen Rückgang der Konjunktur erreicht .... Die Entwickelung hat sich nicht sprungweise, sondern ganz allmählich vollzogen. Nicht krisenartig, sondern, wie von einer schleichenden Krankheit, ist das gesamte Erwerbsleben von einer hochgradigen Geschäftsunlust ergriffen worden, wie sie in einigen Branchen hin und wieder auch wohl von früher her in der Erinnerung war, jedoch in dieser Allgemeinheit seit langen Jahren nicht ihresgleichen hat ... Abgesehen von einigen Zusammenbrüchen größerer Unternehmen hatten die Kosten des Konjunkturwechsels hauptsächlich kleinere und abhängige Betriebe zu bestreiten, denen es infolge der allgemeinen Geldkalamität an den nötigen flüssigen Mitteln mangelte. Diese Verhältnisse spiegeln sich auch wieder in der Konkursstatistik, wonach 3500 Konkursanträge mehr als im Vorjahre vorlagen.... Das Geschäftsleben wurde von einer allgemeinen Unsicherheit beherrscht, so daß man es nicht wagte, Aufträge über den notwendigsten Bedarf hinaus zu erteilen. Der Grund dieser Unsicherheit lag z. T. in der ungewissen äußeren politischen Lage, dann aber auch in der Ungewißheit, welche wegen der Reichsfinanzreform, die das ohnehin schon stark zu Abgaben herangezogene Erwerbsleben mit neuen Steuern zu treffen drohte, auf der gesamten Geschäftswelt lastete. ..." So sind auch die heutigen Gemeinschuldner Kinder ihrer Zeit. Was Rintelen[1]) vorbrachte, die bei weitem größte Zahl der Konkurse beruhe darauf, daß der concursifex betrügerisch verfahren habe, trifft mindestens in der Neuzeit nicht mehr zu.

[1]) Am 8. Februar 1893 im Reichstag, 39. Sitzung.

§ 2.

Schiebungen vor und nach dem Konkurs.

Anders freilich mag es zuweilen stehen, wenn demjenigen, welcher später doch an den Konkurs glauben muß, das Wasser an den Hals geht. Die verwerflichen Handlungen sind, wenn sie überhaupt vorkommen, meist erst im letzten Akt zu beobachten, wenn der Schuldner Schande und Verlust der Existenz durch Schwindelverträge und andere betrügliche Maßnahmen abwenden möchte. Er weiß, daß sein geschäftliches Prestige, das Vertrauen seiner Lieferanten und das ihn mit den Seinigen unterhaltende Geschäft im Konkurse verloren geht. Ihm drohen nicht nur zivil-, sondern auch öffentlich- und familienrechtliche Einbußen[2]), wenn das gerichtliche Verfahren eingeleitet ist. Naturgemäß behandelt er die Frage der Konkursanmeldung dilatorisch. Wohl sind die früheren weit größeren Schrecken des Konkurses[3]) durch die Reichskonkursordnung eingedämmt. Aber immerhin ist nach der öffentlichen Meinung der Konkursschuldner auf lange, wenn nicht auf immer, infamiert. Nun muß er auf Schleichwege sinnen. Mobilien sind bzw. werden zur Sicherung übereignet[4]). Er macht das Geschäft neu unter dem Namen der Ehefrau oder seiner Kinder und Schwägerschaft auf[5]). Nimmt er eine Stellung an, so geht er seit 1912 den ihm vom Reichsgericht gewiesenen Weg und fertigt einen 1500-Mark-Vertrag[6]), „weil die Gläubiger keinen von der Rechtsordnung anerkannten Anspruch darauf haben, daß dieser seine Arbeitskraft zu ihren Gunsten in einer Weise verwerte, die es ihnen ermöglicht, zum Zwecke ihrer Befriedigung auf das, was sich als Gegenleistung darstellt, Zugriff zu nehmen". Bleibt der Schuldner indes streng reell, ist er also, wie Hellwig mit feinster Ironie sich ausläßt, „ein Stümper

---

[2]) Tischbein, Der gerichtl. Zwangsvergleich zur Abwendung des Konkurses, 1914, S. 2 (eine äußerst gelungene Dissertation).

[3]) Makower, Zur Revision der Deutschen Konkursordnung, S. 5.

[4]) R.-G. 62, 128.

[5]) R.-G. 67, 170; 70, 228.

[6]) R.-G. Bd. 69, 14. Cf. auch Hellwig 1912, Gläubigernot, Sicherungsübereignungen und andere Schiebungen; Fritz Rathenau, Wirtschaftliche Bestrebungen in der modernen Rechtsentwickelung (Vortrag im Verein Deutscher Maschinenbauanstalten); Peiser-Breslau, Unser Kreditrecht und seine Reformbedürftigkeit; Stepp-Nürnberg, Aufsätze in der Zeitschrift für Rechtspflege und in der Nürnberger Zeitung über: Gläubigernot, Schwindelverträge usw.

in der Schiebekunst", ohne Versicherung und Erbschaft auf die Seinigen, die Mieten dem Nießbraucher als Hintermann, zuzuschieben oder ohne eine mit Recht in diesen Kreisen so beliebte Schiebe-G. m. b. H. ins Leben zu rufen, so schwebt das Damoklesschwert der unbezahlten Dividende über seinem Haupte. Zumal in kleinen Orten ist es dem Schuldner äußerst schwer, wieder aufzukommen. Was ohne gerichtliches Konkursverfahren nicht gar so streng unter die Lupe genommen wird, bildet nach Ausbruch des Konkurses den Gegenstand ernster und strenger Untersuchung seitens der Gläubigerschaft, Konkursverwaltung und Staatsanwaltschaft. Im Konkurse, wenn der Zorn der Gläubiger, die lange warten und eine oft kostspielige Verwaltung geduldig mit ansehen müssen, den Ausschlag gibt, wird mancher frühere Vertrag, manches an sich unwesentliche Rechtsgeschäft (sozusagen rückwirkend) rigoroser beurteilt. Wie der Kranke nicht an sein Ende glauben will und oft bis zum letzten Atemzuge hofft, so denkt auch eine große Anzahl längst Konkursbrüchiger optimistisch, daß der Zusammenbruch durch gewisse Maßnahmen abgewendet werden könne. Ist er verklagt, so gibt er sich der Hoffnung hin, daß das Geschäft bald besser gehen, daß er ein neues Darlehen aufnehmen oder einen Teilhaber hereinnehmen könne. Er befriedigt daher den klagenden Gläubiger, ohne zu wissen, wie der für den nächsten Zahlungstermin voraussichtlich gerichtlich vorgehende befriedigt werden könne. Jörissen[7]) kennzeichnet die kostspieligen gerichtlichen Klagen als „erste Verlustquelle". Er will damit sagen, daß der Zeitpunkt, zu welchem der Schuldner an seine Gläubigerschaft heranzutreten habe, bereits erschienen sei, daß indes die Scheu vor Verlust des ehrlichen Namens den Notleidenden abhalte, sich richtig und rechtzeitig zu offenbaren. Darum redet er sich selbst gerne ein, daß bessere Zeitumstände kommen müssen. So macht er ein Loch auf und ein Loch zu. Er leistet an die energischen alten Gläubiger, welche ihn nicht schonen, damit nicht vollstreckt, mindestens nicht versteigert werde. Dagegen borgt er bei neuen Gläubigern, die freilich, wenn die schleppende Zahlung in der Branche bekannt wird, zu erschwerten Bedingungen ihre Ware ablassen. Sie sind es, die dann auch im Konkurse dem Schuldner die meisten Schwierigkeiten machen, weil sie davon ausgehen, daß sie nicht jahrelang geliefert und demnach nicht durch vieljährige Lieferung Gewinne erzielt hätten. Diese erst kurz vor Konkursausbruch mit Aufträgen beglückten Gläubiger meinen

---

[7]) Der gerichtliche Zwangsvergleich außerhalb des Konkurses oder der Schuldnachlaß. Eine Denkschrift 1912.

denn auch, anders behandelt, besser wie die alten Lieferanten gestellt werden zu müssen. M. a. W.: durch die Zuziehung fremder Bezugsquellen im Augenblick der Not schafft sich der Schuldner Widersacher, die ihm die Abwickelung bedeutend erschweren. Versäumt der Schuldner, weil er Auswege erwartet, den richtigen Moment der Konkurseröffnung, so kommt es wohl oder übel nicht nur zu Urteilen und Arresten, sondern auch zu teueren Widerspruchsprozessen, weil der eine oder der andere Verwandte oder mit ihm im Einvernehmen stehende Gläubiger Eigentumsvorbehalte und Sicherungsübereignungen beansprucht und gewährt erhalten hat. Derartige Manipulationen kennzeichnen erfahrungsgemäß die Sucht des Schuldners und der ihm Näherstehenden, sich um jeden Preis weiter zu halten. Um eine besser gesicherte Konkurrenz bekämpfen oder einer Baisse gerecht zu werden oder um vorübergehend sich flüssige Mittel zu verschaffen, betreibt man die (mit gutem Grunde in vornehmen Geschäftskreisen und durch das U. W. G. anrüchig gewordenen) Ausverkäufe. Man setzt Ausnahmetage an zum eigenen Schaden und zu dem der einschlägigen Branche. So entsteht schon vor dem Konkurse eine gewisse Entwertung der Masse. Gewissenlosere Elemente beseitigen Vermögensstücke oder fingieren Rechtsgeschäfte. Das sind die Vorwehen der gerichtlichen Konkurse.

§ 3.

Direkte Folgen des Konkurses.

Die Begleiterscheinungen und Folgen derselben sind nicht minder schlimm. Vom gerichtlichen Zwangsvergleich abgesehen, muß der Schuldner unter Umständen eine gänzliche Liquidation seines Vermögens erdulden[8]). Er muß, soweit nicht ernstgemeinte oder simulierte Verträge seinen Angehörigen und damit wirtschaftlich ihm selbst sein letztes Hab und Gut sichern, solches öffentlich verkaufen lassen. Der Konnex mit Lieferanten und Kunden nimmt ein jähes Ende. Seine bisherigen Vermögensstücke sind den größten Verlusten ausgesetzt. Die vollkommene Aufreibung des anständigen Schuldners durch den Konkurs schädigt ihn, seine Gläubiger und in sozialer Hinsicht die Gesamtheit. Die Gläubiger büßen seine Nachzahlung und spätere Kundschaft ein. Dies ist um so empfindlicher, wenn der Gemeinschuldner ein brauchbarer Mensch war, wenn er demnach ohne seine Schuld nicht reussierte. Selten kann das Geschäft fort-

---

[8]) Keller, Der Nachlaßvertrag außer Konkurs. S. 126ff.

geführt werden. Geschieht es doch, verschlingt der unvorteilhafte Geschäftsgang, dem meist die Sorgfalt des Eigenbetriebes mangelt, beträchtliche Einnahmen. Wird das Geschäft geschlossen, liegen die seinem Zwecke bestimmten Werte brach oder werden — wohl oder übel — rasch abgestoßen. Weil man nicht unnötige Miete zahlen will, weil man froh sein muß, einen Käufer für's Ganze oder wesentliche Teile zu erlangen, weil der Verwalter nicht zu viel Zeit der Aufsicht widmen kann, darf er nicht kleinlich sein. Mieter sind oft Gläubiger, welche die Not und Verlegenheit der Konkursverwaltung ausnützen. Wagner[9]) und andere wiesen längst auf den Übelstand hin, der in der Art gefunden werde, wie das Warenlager versilbert werde. Beim schleunigen Ausverkauf entsprächen die Preise nicht dem wahren Wert und seien oft niedriger, wie die Einkaufspreise. Auch bei der öffentlichen Versteigerung müßten die Gegenstände zu jedem Preis losgeschlagen werden. Jeder Schnellverkauf bedeute eine Verschleuderung. Kleine Preise bedeuten indes eine Minderung der Aktivmasse. Eine Folge der übereilten Verkäufe bilde überdies eine Schädigung für die Kaufleute gleicher Branche. Durch viele Konkurse gelange die Masse an Ramschhändler und Partiewarenverkäufer, was den bodenständigen und loyalen Geschäftsmann nicht unwesentlich benachteilige.

§ 4.

Indirekte Folgen des Konkurses, seine Nachteile für Gläubigerschaft und Allgemeinheit.

Längst sind die indirekten Konsequenzen der Konkurse ein von seriösen Handelskreisen, Nationalökonomen, Juristen und Politikern ins Auge gefaßtes eigenartiges und sorgenvolles Problem. Die einen verurteilen die Langsamkeit, die anderen das Überhudeln des Warenvertriebes. Gläubiger- und Schuldnernot (bekannte Schlagworte, auch derer um Bürgel) brennen den regelmäßig bei Konkursen beteiligten Firmen und Verbänden auf den Nägeln. Ihre Sekretariate und Syndikate heischen längst Taten statt Worten.

Gar nicht so einfach ist zudem, vom Standpunkte zweckentsprechender Masseversorgung, die Frage der Persönlichkeit des Masseverwalters. Der Anwalt ist den Rechtsfragen, durchaus nicht immer den praktischen Fragen des Fortbetriebes oder aber zweckdienlichen Generalverkaufs, der übungsgemäß von den Gerichten aufgestellte Kommissionär oder Geschäftsmann

[9]) Der Schuldnachlaß, 1904.

den herkömmlichen Besorgungen und gewissen Anforderungen der Routine, durchaus nicht immer den heiklen Fragen, je nach Lage des Falles, schonender oder straffer Behandlung des Kridars und seines Betriebes gewachsen[10]). Nicht unerwähnt mag bleiben, daß berufsmäßige Konkursverwalter sich bei einem Konkurse nicht aufhalten können, so daß sie die Versilberung der Masse beschleunigen und so wohl oder übel eine Verschleuderung herbeiführen müssen.

Dann hat jeder Konkurs den Nachteil der großen Dauer. Nach der Statistik hat eine nicht kleine Zahl der öffentlichen Konkurse 5, ja sogar 10 Jahre gedauert. Dieser bedauerliche Umstand ergibt Zinsverluste und Entwertung der nicht sogleich abgestoßenen Masse. Oft läßt sich die Länge der Konkurse aber nicht umgehen; der Verwalter muß pflicht- und auftragsgemäß Anfechtungs- und andere Prozesse führen, die unter Umständen den Instanzenweg betreten. Gehen solche Rechtsstreite zu ungunsten der Masse hinaus, steigert sich die ohnedies nicht schmale Kostenlast. In den Motiven zu dem Entwurfe einer deutschen Gemeindeschuldordnung[11]) finden sich folgende beachtenswerte Worte, die — obschon dieser Entwurf leider nicht zum Gesetze geworden ist — doch absolut keine Makulatur bedeuten: — „Ein Konkurs erheischt notwendig den Dispositionsverlust, die Regelung, die Vermögensverwaltung durch andere; ihnen wohnt selten die Kenntnis des Geschäftszweiges, niemals die Kenntnis des fraglichen Geschäftes in demselben Maße, wie dem Schuldner bei. Die Tätigkeit des Schuldners kann zwar zu Hilfe genommen werden, — aber er ist nicht Herr und nicht verfügungsberechtigt. . . . Die Geschäftskundschaft verringert sich; der Wert des Vermögens schwindet selbst bei der besten Verwaltung. Man greift, wie die Erfahrung lehrt, nicht zu hoch, wenn man annimmt, daß der Wert der Masse durch die Tatsache der Konkurseröffnung, die Beschlagnahme, die längere oder kürzere Verwaltung, um durchschnittlich 20% und darüber sinkt." Der Direktor des deutschen Kreditorenverbands, Gottschalk[12]), hat mitgeteilt, daß das Erträgnis der Konkurse sich durchschnittlich auf 15 bis 20%, dasjenige bei außergerichtlichen Vergleichen auf 30 bis 50%, stelle, daß zurzeit bloß der vierte Teil offerierter Vergleiche zustande komme, wodurch 10 Millionen schätzungsweise jährlich mehr verloren würden, da

---

[10]) Herzfelder, Das Problem der Kreditversicherung S. 151ff. — Gottschalk, Der gerichtliche Schutz des außergerichtlichen Vergleiches 1897 S. 2.

[11]) Zweiter Band, S. 223ff.

[12]) Der gerichtliche Schutz des außergerichtlichen Vergleichs, 2. Aufl. Berlin 1897, S. 2.

in den Vergleichen meist das Doppelte von dem angeboten werde, was das spätere Konkursverfahren als Ergebnis liefere. Wenn ein Geschäft pari stehe, d. h. wenn Aktiva und Passiva bei nicht ungünstiger Annahme gleich stünden, kämen im Konkurse nur ca. 50% heraus[13]).

Jörissen hat eine Statistik der direkten und indirekten Konkursverluste aufgemacht. Er begreift sämtliche Schäden ein, die der Kridar, Gläubiger und die Branchewelt durch den gerichtlichen Konkurs erleiden. Hiezu zählt er die Kosten der mehr oder weniger lauteren Rechtsstreite vor und in dem Konkurs, der Vollstreckungen und Widersprüche. Er zählt hiezu die Einbuße des regelmäßigen Handels durch die Masseverschleuderung und führt aus, daß durch Vermeidung des Konkurses und Einführung eines Verfahrens ohne Konkurs allermindestens 38, wenn nicht 68 Mill. Mark einzusparen wären[14]). Da hier immerhin mancherlei Kombinationen und Hypothesen in Mitte liegen, soll die Behauptung der statistischen Höhe der Sparmöglichkeiten nur registriert und nicht als ausschlaggebendes Argument verwertet werden. Ganz gewiß aber ist die Häufung gewichtiger Zweifel und Zweifler im Hinblick auf Quanta, Qualia und Nachwirkungen der Gerichtskonkurse. Es darf hiebei nicht vergessen werden, daß die Ankläger des bisherigen Systems nicht etwa aus Schuldnerkreisen stammen, sondern entweder erfahrene Juristen oder Vertreter einflußreicher und gut versierter kaufmännischer Verbände sind. Die Kreditorenverbände wünschen die Neuerung vorwiegend im Interesse der Gläubiger und Allgemeinheit. Vom Standpunkte des Interesses der vom Fallissement betroffenen Verkäufer- und Fabrikantenkreise beruft man sich nämlich auf die Tatsache, daß die Dividenden im Konkurs geringer seien, als bei irgend einem anderen Verfahren. Die Nichtsortierung, Proletarisierung und Entwertung der Aktiven, die mit Veröffentlichung des Konkurses und dem Drängen der Vermieter sowie Gläubiger auf schleunige Verwertung der Masse notwendig verbunden sei, bedeute gewaltige Nachteile für die gesamten Handelskreise. Der

---

[13]) Gottschalk, Die Abänderungen der deutschen Konkursordnung. Berlin 1895. — Nothnagel, Exekution durch soziale Interessengruppen. Wien 1899. — Herzfelder, Das Problem der Kreditversicherung, S. 151.

[14]) Sonstiges statistisches Material cf. Tischbein, Der gerichtliche Zwangsvergleich zur Abwendung des Konkurses, 1914, S. 16—26. — Ferner: Bernstein, Bankarchiv, Bd. 8, S. 136. — Kisch, Die Vermeidung des Konkurses durch Vergleich, 1909, S. 681 ff. Denkschrift über das gerichtliche Zwangsvergleichsverfahren außerhalb des Konkurses, herausgegeben vom Reichsjustizamt am 1. Dezember 1906, S. 6 ff. Nach Fertigstellung gegenwärtiger Arbeit erschienen: Nahrath, Entwurf, S. 7.

Kurs der Ware werde unnatürlich und anormal geworfen. Andererseits seien der Schuldner selbst und seine Angehörigen zu einer größeren Anspannung der Kräfte und erheblicheren Opfern bereit, solange es sich darum handle, die Konkurseröffnung zu vermeiden. Sei einmal der Konkurs ausgeschrieben und damit die geschäftliche Ehre des Schuldners beeinträchtigt, so werde dieser oft gleichgültiger, verbitterter und unhonoriger. Ebenso zeige sich die Sippe weniger geneigt, mit ihren Forderungen zugunsten anderer Gläubiger zurückzutreten oder dem Schuldner gar durch Gewährung von Mitteln zu helfen. Die Konkurseröffnung behafte den Schuldner in allen Fällen mit einem Makel, der seine wirtschaftliche Wiederaufrichtung, auch wenn der Zusammenbruch unverschuldet gewesen sei, dauernd hindere oder doch erschwere. Gerade die Furcht vor diesen wirklichen oder zuweilen nur vermeintlichen Folgen des Konkurses veranlasse redliche Schuldner, den Zusammenbruch so lange wie möglich zu verheimlichen, und führe dadurch zu einem völligen Herunterwirtschaften. Bleibe ihnen die Möglichkeit offen, in einem nicht als ehrenrührig geltenden, minder publiken, minder länglichen und minder aufreibenden Verfahren die Regulierung ihrer Schulden zu erreichen, so würden sich viele Existenzen erhalten lassen. Es liege endlich im allgemeinen Interesse, den Schuldner an der Spitze seines oft bei seiner Eigenart wieder reparablen Geschäftes zu belassen und ihm die Fortführung zu ermöglichen, da hierdurch die Verschleuderung der Masse, namentlich die Konkursausverkäufe im Warenhandel, vermieden würden.

Indirekt ist auch der Staat und die Gemeinde interessiert. Schon ein alter Kodex[14a]) sagt: „Ein nützlicher Bürger muß ohne wesentlichen Nachteil seiner Gläubiger in seinem Nahrungsstande konserviert werden." Hat man folglich schon zu jenen Zeiten das namhafte Interesse des Kommunalwesens an Hintanhaltung gerichtlicher Konkurse erkannt, wieviel mehr trifft dies heute zu, wo Kursschwankungen, Vernichtungen weiterer Existenzen und Krisen aller Art im Gefolge gewisser Konkurse stehen können, wo überhaupt die Branche gewaltig in Mitleidenschaft geraten kann. Durch den Konkurs einer großen Fabrik können Hunderte und Tausende von Angestellten und Arbeitern um ihr Verdienst kommen. Für kleinere Gemeinden kann dies die Vernichtung des gesamten Wohlstandes bedeuten. Die Wirkungen der Konkurse gewisser Aktiengesellschaften, Bankunternehmungen, landwirtschaftlicher Kassen und Konsumvereine sind oft unabsehbar. Vernicken[15]) nennt in seiner temperament-

---

[14a]) Corpus juris Fridericianum (Conrad, S. 201).

vollen Dissertation den Konkurs „eine bösartige, ansteckende Krankheit im wirtschaftlichen Organismus, die man im Interesse der Allgemeinheit nicht nur ducch Auskurierung oder durch einen operativen Eingriff beseitigen, sondern weit besser durch vorbeugende Maßregeln vor Ausbruch abwenden solle". Andere noch temperamentvollere Schriftsteller schlagen die Prüfung der Frage vor, „ob der Zersetzungsprozeß fortgeschritten, ob eine klinische Behandlung und unter Umständen Amputation nötig oder empfehlenswert ist, oder ob endlich eine häusliche Pflege zur Genesung führen kann"[16]).

§ 5.

Der konkursmäßige Zwangsvergleich — das kleinere Übel.

Es liegt nahe, daß die oben zusammengefaßten, wie wir sehen, z. T. in Superlativen dargestellten, immerhin sogar von den Reformgegnern nicht ganz abgeleugneten Übelstände des bestehenden Gesetzes am krassesten bei Durchführung des gerichtlichen Konkurses in Form der Schlußverteilung in Erscheinung treten. In diesem härtesten Fall sind die Verlustfolgen die nachhaltigsten. Dies trifft erst recht zu, wenn an die Konkursfälle mit Zahlungseinstellung, aber ohne Überschuldung, wie z. B. im Falle der Unverwertbarkeit von Immobilien, gedacht wird.

Minder radikal wirkt die Beendigung des gerichtlichen Konkursververfahrens durch gerichtlichen Zwangsvergleich. Unzweifelhaft führt die Feststellung der Quote auf dem Wege dieses Vergleiches eher und besser zum Ziele, als die Durchführung des Konkursverfahrens. Einige charakteristische Sätze aus den Protokollen der zur Vorberatung der Konkursordnung gewählten Kommission seien hier angeführt: „Der Entwurf sieht das Zwangsvergleichsverfahren nicht als ein Ausnahmeverfahren, sondern als eine sehr wünschenswerte und jedenfalls regelmäßige Art der Beendigung des Konkurses an." (Hagens.) „Vorzüglich am Platze ist ein Vergleich, wenn im einzelnen Falle ein erhebliches Vermögensstück nicht oder schwer einbringlich erscheint, oder, wenn Zweifel und Streit über das Bestehen oder die Art erhobener Ansprüche die Höhe der Befriedigungsquote ungewiß machen."

Sicherlich $^1/_4$ aller Konkurse wird im Deutschen Reich durch Zwangsvergleich beendigt. Daß dieser einen der wesentlichsten Faktoren des

---

[15]) Der Präventivakkord S. 28.

[16]) **Bürgel**, Die vogelfreien Schuldner S. 36. — **Jörissen**, Deutsche Richterzeitung, 1. 6. 13, S. 423.

Konkursgesetzes bildet, ergibt gerade eine Würdigung jener Umstände, die eingangs als die gewöhnlichen üblen Konsequenzen des gerichtlichen Konkursverfahrens (vor allem des durchgeführten Konkurses) erklärt worden sind. Die Schattenseiten des zur Schlußverteilung getriebenen Verfahrens sind — nach der Natur dieses und jenes Rechtsinstitutes — nachhaltigere, als die des konkursmäßigen Akkordes. Vor allem kann die Reduzierung der Masse infolge der Konkurslänge durch den gerichtlichen Zwangsvergleich leichter vermieden werden. Die Dividende kann sich in diesem Fall bereits auf Grund der vorhandenen Masse erhöhen. Die Insolvenz des Schuldners wird rascher und für die Beteiligten vorteilhafter beendigt. Der Schuldner kann früher oder später die Scharte wieder auswetzen. Die Gläubiger vermögen die Konkurseinbuße durch neue Beziehungen zum alten Schuldner wettzumachen. Garanten helfen dem ihnen nahestehenden Kridar auf, wenn sie in dem zustandekommenden Erlaß ein Äquivalent erblicken. Die üble Einwirkung des Konkurses auf die Allgemeinheit in der oben gekennzeichneten Weise hört im Zwangsvergleichsfalle eher auf. So kommt es, wie gesagt, daß auch statistisch die Beliebtheit des Zwangsvergleiches im Konkurse, gemessen an dem ordentlichen Verfahren der Durchführung des Konkurses, eine numerisch bedeutsame Ziffer (25 bis 30% gegen 55 bis 60% Schlußverteilung) aufweist.

§ 6.

Rechtsnatur und -Folgen des Zwangsvergleichs.

Im Rahmen des gegenwärtigen Gutachtens können der Frage der Rechtsnatur des konkursmäßigen Zwangsvergleiches nur wenige Zeilen gewidmet werden. Sie können aber dennoch nicht entbehrt werden, will man, wie ich, Wackenthalers[17]) Leitmotiv zum konkursmäßigen Zwangsvergleich: „res inter alios acta nec prodesse nec nocere potest" erst recht auf den außerkonkursmäßigen übertragen, dem ich heute nach meiner festen Überzeugung das Wort reden möchte. Wackenthalers Gedanke nämlich, daß ein Zwangsvergleich nur möglich sei nach Eröffnung des Konkurses, halte ich für verfehlt. Die kennzeichnenden Merkmale der de lege lata und der de lege ferenda zu erörternden Rechtsfiguren divergieren m. E. keineswegs.

---

[17]) Die rechtliche Natur des Zwangsvergleiches. 1912.

Das durch den Vergleichsvorschlag des Kridars, somit auf seine Initiative hin[18]), eingeleitete Zwangsvergleichsverfahren kennzeichnet sich nach der herrschenden Ansicht[19]) als Vertrag. In dem erwähnten Vorschlag des Gemeinschuldners liegt die Offerte und in der erfolgreich vollzogenen Abstimmung durch die Gläubigerversammlung im Sinne der §§ 182 ff. KO. liegt die Annahme und somit Perfektion. Mit der rechtsgeschäftlichen Natur des Zwangsvergleiches stehen aber die zur Verhütung gewisser Übelstände und schuldnerischer Manipulationen, somit aus wirtschaftlichen Gründen, aufgestellten konkursrechtlichen Kautelen durchaus nicht in Widerspruch. Wenn nämlich der Zwangsvergleichsvorschlag Berücksichtigung finden soll, so muß er den Vorschriften der §§ 173 ff. genügen. Die §§ 183 und 187 der KO. in der neuen Fassung vom 20. Mai 1898 haben vollends die Erreichung eines Zwangsvergleiches von höheren Gesichtspunkten aus, zur Vermeidung von Unterschleifen und güterrechtlichen Treibereien, erschwert. Vor Erlaß der Deutschen Konkursordnung brauchte der Schuldner nur formell einen Antrag auf Akkord zu stellen. Mit diesem brauchte es ihm gar nicht ernst zu sein. So konnte er[20]) mit einem puren Vergleichsvorschlag das Verfahren einfach hinauszögern. Die Konkursordnung hat die Gefahren dieses einfachen Antrages auf Akkord beseitigt. Der Vergleichsvorschlag muß vielmehr angeben, in welcher Weise die Befriedigung erfolgen, sowie ob und in welcher Art eine Sicherstellung bewirkt wird. Auch die Vorbedingungen und Voraussetzungen des Zwangsvergleiches, der in den drei Fällen des § 175 unzulässig und in den Fällen des § 188 subjektiv resp. objektiv unangemessen ist, kollidieren[21]) mit der rechtlichen Vertrags-

---

[18]) **Wach**, Der Zwangsvergleich 1896 S. 14 und S. 78 (bekämpft von **Wackenthaler** S. 37).

[19]) **Jaeger**, § 179, Anm. 10; **Petersen u. Kleinfeller** S. 489; **Wach**, Handbuch S. 51 u. 52; **Völderndorff** Bd. 2 S. 539; **Meves**, Die KO. S. 170; **Endemann**, Das Deutsche Konkursverfahren S. 593; **Oetker**, Konkursrechtliche Grundbegriffe Bd. 1 ; v. **Sarwey-Bossert** S. 439 u. 764, S. 778; **Stein**, ZPO. § 306 Anm. 1; **Windscheid, Ascoli, Bernicken, Binding, Rhaissis. Rocco**, Il concordato nel e prima di fallimento **Thaller**, Traité de Droit Commercial 1904 S. 1026 ff.; **Wolff**, Kommentar z. KO. S. 384; RG. Bd. 19, 326; 56, 333; 81, S. 177. Leipz. Z. 1911 Nr. 7, 555. (Entsch. 6. 4. 11, VII.)

[20]) wie die Motive (S. 149) darlegen.

[21]) Die immerhin gewichtigen Bedenken gegen die Vertragstheorie liegen in den §§ 95, 176, 193 KO., was in Widerlegung der **Löhr**'schen Theorie **Wackenthaler** (S. 84) scharfsinnig deduziert.

natur keineswegs.[22]) Schließt sich doch die Würdigung der Voraussetzungen des Gantvergleiches, auf welcher die richterliche Bestätigung sich aufbaut, unmittelbar an den Vertrag der Parteien an. Diese Bestätigung bedeutet keine dem Urteil äquale Sentenz. Sie ist vielmehr eine den Verfügungen der freiwilligen Gerichtsbarkeit analoge und verwandte Maßnahme[23]).

Der Endzweck des Parteivertrages, der, vereint mit der Vergleichsbestätigung, im Sinne der §§ 184 und 185 KO., den Gantabschluß besorgt, ist und bleibt — dieser gerichtlichen Maßnahmen ungeachtet — Befriedigung der Gläubiger durch den Schuldner selbst, wogegen sein Vermögen freigegeben wird[24]). Diese am weitesten verbreitete Definition[25]), die sich an dem Dualitäts-Pakt der Kontrahenten einerseits und der gerichtlichen Bestätigung andererseits nicht stößt, vielmehr das Kriterium der Willenserklärungen gegenüber dem gerichtlichen Machtspruch als prävalierend ansieht, leitet am logischsten zu der Möglichkeit eines Zwangsvergleiches auch ohne Konkurs hinüber. Der Grundgedanke der Vertragstheorie mußte daher an dieser Stelle wenigstens angedeutet werden, denn der konkursmäßige Zwangsvergleich steht dem außerkonkursmäßigen seiner Natur nach sehr nahe[26]). Möge die Theorie übrigens dies oder jenes Charakteristikum hervorstechend finden: der Praktiker kann nach meinem Dafürhalten die causa efficiens nicht sowohl in der Bestätigung, als vielmehr in dem Parteikompromiß, dem Zusammenwirken der Konsentienten im Akkordtermin, erblicken.

Der eigentliche Vergleichscharakter nun des konkursmäßigen Zwangsvergleiches ergibt sich aus dem Umstand, daß beide Kontrahenten — der Kridar und die als Gemeinschaft zur gesamten Hand, besser als Prozeßpersonenverein[27]) oder als Interessengemeinschaft ad hoc,

---

[22]) Siehe dagegen die Urteilstheorie (welche das Konkursverfahren als ein Stück streitiger Gerichtsbarkeit kennzeichnet) von Schultze, Das Deutsche Konkursrecht; Förster-Eccius, Theorie und Praxis; Wilmowski S. 426 § 182 Anm. 5.

[23]) Abweichende Theorie: Oetker, Konkursrechtliche Fragen. Ähnlich: Wieding.

[24]) Näheres bei Kohler, Leitfaden des Deutschen Konkursrechts 1903 S. 282 ff.

[25]) Trefflich zusammengestellt von Wach, Der Zwangsvergleich S. 76 ff und Seuffert, Deutsches Konkursrecht S. 402.

[26]) Tischbein, Die rechtliche Natur des Zwangsvergleiches und des Präventivakkords S. 26 ff.

[27]) Wach, Handbuch des Deutschen ZPR. S. 590; Petersen S. 26 f.; Canstein (in Grünhut) IX, 471.

nicht als Streitgenossen (der Urteilstheoretiker) auftretenden Gläubiger — Opfer bringen. Ist der Zwangsvergleich des Konkurses auch kein gewöhnlicher Prozeßvergleich[28]), mangeln ihm auch die spezifischen Merkmale des bürgerlichen Vergleichskontraktes[29]), so unterliegt er dennoch, wie Wach sich ausläßt, „mutatis mutandis den Vergleichsprinzipien"[30]). Die Guthaben der Gläubiger stehen an der Hand der Tabelle oder durch gerichtliches Verfahren fest, so daß die Gläubigerschaft den Konkurs zu Ende führen könnte. Allein sie opfert — weil die Erreichung ihres Zieles ungewiß ist — einen Teil der Guthaben und gewährt zivilrechtliche Erleichterungen, wogegen ihr der andere Teil, unter besserer Gewährleistung, z. B. unter Beitritt eines Dritten, sogleich oder bald behändigt wird. Der Schuldner muß meist zur Masse etwas zulegen. M. a. W.: jeder der Vergleichsteile gibt etwas nach und gewinnt etwas. Ist dem so, so sind die Merkmale des § 779 BGB. gegeben. Die Abstimmenden paktieren, weil nach Lage des Falles sie so mehr oder eher etwas erreichen, wie durch die Schlußverteilung.

§ 7.

Tendenzen und Vorzüge des konkursmäßigen Zwangsvergleichs.

Bezeichnend für die Grundtendenz des konkursmäßigen Zwangsvergleiches, die zugleich einen guten Führer für unser heutiges Problem abgeben kann, ist das Geleitwort der Motive zur KO.[31]) bezüglich des konkursmäßigen Zwangsvergleiches: „Die Gesetzgebung muß dem als sittlich und nützlich für alle erkannten Willen der Mehrheit Anerkennung verschaffen. Sie kann es um so mehr, als der Vorteil aus dem Beschluß den Widersprechenden in gleichem Maße zustatten kommen soll, wie den Zustimmenden, als dieser Vorteil selbst denen zufließen soll, die an dem Verfahren nicht teilgenommen haben, welche daher bei einer Verteilung der Masse nichts erlangen würden: Gleicher Vorteil, gleicher Zwang."

---

[28]) Manche Vertragstheoretiker leugnen den Vergleichscharakter (z. B. Petersen und Kleinfeller S. 488).

[29]) Wackenthaler S. 57 u. 58; Paul, Der Vergleich S. 67; Löhr S. 389; Wolff, Die Konkurso. S. 384; Tröltsch, Über den Prozeßvergleich S. 12; Oertmann S. 52; Trutter, Prozessualische Rechtsgeschäfte; OLG. Hamburg Bd. 6 S. 131.

[30]) Ähnlich Kohler und Petimesas, Löhr S. 389.

[31]) S. 128.

Welche Vorzüge hat nun der konkursmäßige Zwangsvergleich im Gegensatz zu irgend welchem nichtkonkursmäßigen Vergleichsverfahren? Zunächst zweifellos die gerichtliche Prüfung und Bestätigung, die sichere Feststellung der Forderungen und der Stimmberechtigung der Gläubiger, sowie der Vermögensmasse des Schuldners. Als unentbehrliches Erfordernis für die gesicherte Durchführung des Vergleichsverfahrens bezeichnet weiterhin die (reformgegnerische) Denkschrift des Reichsjustizamtes vom 1. Dezember 1906 die Hemmung der Zwangsvollstreckungen gegen den Schuldner für die Dauer des Verfahrens, somit auch die Verfügungsbeschränkung des Gemeinschuldners. Die Denkschrift des Reichsjustizamtes fährt dann fort: „Den in ihrem Zwangsvollstreckungsrechte beschränkten Gläubigern muß Gewähr dafür geboten werden, daß ihnen die vorhandenen Mittel nicht entzogen werden; dies ist nur durch gerichtliche Sicherungsmaßregeln und eine wirksame Kontrolle seitens der Gläubiger oder besonderer Organe möglich. Denn eine Beurteilung der Persönlichkeit des Schuldners unterliegt in jedem Falle, zumal im Anfangsstadium des Verfahrens, großen Schwierigkeiten. Auch die ausländischen Gesetze haben sich daher veranlaßt gesehen, den Schuldner mehr oder weniger in seiner Verfügung zu beschränken. Der Fortsetzung des Geschäftes durch den Schuldner steht eine solche Verfügungsbeschränkung freilich nicht entgegen. Dies ist aber nach deutschem Rechte auch im Konkurse nicht der Fall, da bei Vergleichsangeboten dem Gemeinschuldner vom Konkursverwalter die zur Fortführung des Geschäftes erforderliche Ermächtigung erteilt werden kann und auf Anordnung des Gerichtes erteilt werden muß. Daß das Vergleichsverfahren sich ferner nicht unter Ausschluß der Öffentlichkeit vollziehen kann, ist selbstverständlich und wird durch die ausländische Gesetzgebung gleichfalls bestätigt. Die Notwendigkeit öffentlicher Bekanntmachungen ergibt sich schon aus dem Bedürfnis einer sicheren Feststellung der beteiligten Gläubiger."

§ 8.

Die Zwangswirkung.

Gerade der Zwang ist das Gesunde der Einrichtung. Überstimmte, ausbleibende[32]) und sich am Verfahren nicht beteiligende Gläubiger sind

---

[32]) Anwendung des prozessualen Kontumazialgrundsatzes, welcher indes auch im FGG. eine Rolle spielt, einem Verfahren, das, wie gegen den Schluß dargelegt werden wird, mir als der Idealrahmen der Konkursabwendungs-Gerichtsbarkeit erschiene.

gebunden. Schultze[33]) sogar, welcher den konkursmäßigen Zwangsvergleich als Urteil auffaßt, muß einräumen: „Andere Gesetzgebungen — und das sind die nach Inhalt und Umfang ihrer Herrschaft wichtigsten — haben in richtiger Würdigung des praktischen Bedürfnisses und ohne sich irgendwie um theoretische Bedenken und Proteste zu kümmern, den sog. Zwangsnachlaß unter bestimmten Voraussetzungen und in bestimmten Formen sanktioniert, und ihnen hat sich die Konkursordnung mit Recht angeschlossen. Über die Zweckmäßigkeit des Institutes kann in der Tat ein Zweifel gar nicht obwalten."

Die gezwungene Gläubigerminderheit kann nicht schikanieren, sie kann nicht durch Hartnäckigkeit den Schuldner reizen, Konzessionen über seine Kraft zu machen. Coactus voluit; voluit. Mit einer qualifizierten Summen- und Personenmajorität vereinbart der Gemeinschuldner die Tilgung seiner Schulden. Daß der anständige Schuldner — dem nachgewiesenermaßen Unredlichen ist ja die Pforte des Zwangsvergleiches verschlossen — einen erfreulichen Ausblick, eine zeitige Möglichkeit der Erlösung, die Fähigkeit der Gründung einer frischen wirtschaftlichen Existenz hat, ist ebenso berechtigt, wie das Fortbestehen des Schuldenrestes als Naturobligation. Der innerlich ehrenwerte Kridar kann und wird, wenn er gehörig in die Höhe kommt, den Gläubiger hinsichtlich der unbezahlten Dividenden nicht vergessen. So sollte es wenigstens sein. Es ist auch schon vorgekommen.

Bei Aufzählung der Fallissement-Beendigungssysteme ist eines noch anzuführen, das gesetzlich in Deutschland nicht normiert, aber nichtsdestoweniger anwendbar ist: der Schuldner überläßt an Zahlungsstatt sein Konkursvermögen der Gläubigerschaft. In Frankreich hat ein Gesetz vom 17. 7. 1856 dieses concordat par abandon d'actif eingeführt[34]). Da das überlassene Gesamtkonkursvermögen allen Gläubigern zur Verfügung steht, diejenigen derselben aber, die sich nicht melden, nicht hierzu gezwungen werden können, müßte bei praktischer Anwendung des abandon eine Hinterlegung oder eine sonstige Sicherungsmaßnahme zugunsten der sich zunächst nicht meldenden Kreditoren erfolgen.

Denn der die Minorität bindende reichsdeutsche Gantvergleich beruht auf dem Grundsatz gleichheitlicher Behandlung durch Hauptschuldner und Garanten. (§ 181.) Eine freiwillige Rücktrittserklärung oder Rang-

[33]) S. 117.

[34]) Lyon-Caën und Renault Nr. 1100, Denkschrift des Reichsjustizamts S. 39.

ausweichung ist dadurch nicht ausgeschlossen. Unsere Gesetzgebung geht nach alledem von dem Gedanken aus, die größere Majorität vermöge zu beurteilen, was für die Gesamtgläubigerschaft vonnöten sei. Der freien Parteidisposition stellt der Gantvergleichsfall Schranken entgegen. Über diesen Grundsatz könnte rein theoretisch gestritten werden. Denn im Rahmen des allgemeinen Zivilrechtes ist es jedem unbenommen, das ihm gesetzlich Zukommende zu begehren, zu ermäßigen, aufzugeben. Dem „ne eat iudex ultra petita partium" kann ein „sequatur iudex petita partium" gegenübergestellt werden. Die Meinungen und Verfügungen konkurrierender Gläubiger tangieren im übrigen Rechtsleben die Entschließungen des Einzelkontrahenten der Gläubigerschaft nicht. Was ist nun der innere Grund der Divergenz dieser Rechtsprinzipien im sonstigen Zivil- und Zivilprozessualrecht einerseits und im Konkursrecht anderseits? Die rechtliche und vor allem wirtschaftliche Eigenartigkeit des Fallitseins. Sapiehas Worte aus dem „Demetrius":

„Was ist die Mehrheit?
Mehrheit ist der Unsinn!
Verstand ist stets bei wen'gen nur gewesen"

haben keine Geltung im Verhältnis der Majorität zum Zwangsvergleichsschuldner. Das rein selbstsüchtige Postulat des Vermögens- und Forderungsrechtes muß hier altruistischen Erwägungen weichen. Die überwiegende Anzahl der Gläubigerschaft weiß als solche, was not tut, was angebracht ist, was akzeptiert werden darf. Statt dem shylockartig auf seinem Schein bestehenden Einzelgläubiger für sich, gewährt die Staatsmacht in unserem Fall die Hilfe der kompakt auftretenden Gläubigerschaft. Rücksichten auf Schuldner, Gläubiger und Allgemeinheit müssen unter einen Hut gebracht, dem die Existenzen vieler bedrohenden Zustand muß, unbekümmert um den Protest der bei der Abstimmung Unterlegenen, möglichst rasch ein Ende gemacht werden. Die Sonderwünsche werden höherstehenden sozialen und ethischen Erwägungen geopfert. Diese Problemstellung scheint mir die Quintessenz des Zwangsvergleichswesens zu bedeuten. Ist sie gelungen, so kann freilich das moderne Fallissementwesen ruhig ein Stück weiter fortschreiten. Der nackte Individualismus muß auch im Fallitverfahren *außerhalb* des Konkurses gebrochen werden.

§ 9.

Der Privatvergleich.

Denn *außerhalb* des Konkurses gilt leider bislang dieser Satz der Gläubigerautonomie nicht. Die KO. selbst trägt aber nur Fürsorge für die konkursmäßigen Begebenheiten und ihre Antezedentien. So ist denn der Schuldner außerhalb des Konkurses auf die Privatvergleiche angewiesen. Betrachten wir uns ein wenig näher diesen bisherigen Zustand! Häufig geht den Lieferanten die Mitteilung zu, daß infolge der Zeitläufte ein Schuldner die Zahlungen eingestellt und daher den Entschluß gefaßt habe, gewisse Prozente seinen Gläubigern anzubieten oder aber um Stundung zu bitten. Der Gläubiger antwortet gewöhnlich entrüstet, daß er gar nicht daran denke, auf diesen Vorschlag einzugehen. Wenn er nicht so und so viele Prozente erhalte oder ihm die letzte Lieferung vergütet bzw. retourniert werde, gehe er sofort entschieden vor. Denn bei dem Empfänger des Zirkulares sei es ganz anders, wie bei den übrigen Gläubigern des Schuldners. Jene hätten sich bei und mit ihm ein Vermögen gemacht. Der Hauptleidtragende und ohne jeden Nutzen Arbeitende sei der Absender gegenwärtiger Erklärung. Es unterliege keinem Zweifel, daß gröbliche Unrichtigkeiten und Schiebungen vorgekommen seien. Absender dieses Schreibens lasse sich solche Fälschungen aber nicht gefallen. Er lasse sich nicht betrügen. Er lasse nicht mit seinen sauer verdienten Groschen bzw. mit der von ihm dem Schuldner gesandten Ware nach Belieben des Schuldners umspringen. Was in dem Rundschreiben stehe, glaube er einfach nicht, man kenne solche Redensarten. Die Aktiven seien zu gering angegeben. Die in der Bilanz des Arrangementsvorschlages vorkommenden Verwandtenforderungen seien Schwindel. Bevorzugungen Dritter dulde er nicht, nur die eigene. Im Konkurse, den er im Ablehnungsfalle beantrage, werde sich alles zugunsten der Gläubiger herausstellen. Der Schuldner erhält diese Antworten und ist der Verzweiflung nahe. Ist er aber durch einen Rechtsanwalt oder Treuhänder vertreten, so rät ihm dieser, von der Verzweiflung ab und spricht also: „Es gibt keinen Vorschlag eines Arrangements oder Moratoriums, welcher zunächst den Beifall auch nur e i n e s Gläubigers fände. Immer werden unreelle Machenschaften vermutet. Jeder meint, e r sei am übelsten daran und habe deshalb Anspruch auf Bevorzugung. Jeder möchte im Trüben fischen oder eine Sondergunst. Aber was hilft das alles? Akkorde außerhalb des Konkurses muß man einheitlich, gleichheitlich, anbieten. Auf Sondervorteile darf sich der Schuldner nicht einlassen. Sonst geht alles schief. Mögen doch die Unzufriedenen die Bücher einsehen! Mögen sie die Inventur prüfen! Im Laufe der Zeit werden sie schon ruhiger. Sie gewöhnen sich allmählich an die schlechten Aussichten und ziehen eine bald, auch sicher zu erhaltende Dividende einem langwierigen Konkurs vor. Geduld!" Dann kommen meist die Gläubiger zusammen. Nachdem der betreibende Schuldner oder sein Beistand die Ursachen des Unglücks dargestellt hat, bitten Lieferanten ums Wort, um darzulegen, daß die Erde nie einen gewissenloseren Schuldner getragen habe, wie den Arrangeur. Die Kleingläubiger ziehen über die Großgläubiger, diese über die Hypothekengläubiger und jene über die Verwandten los. Nachdem man sich ausgelassen hat, beginnt der Arrangierende sachte seine Überredungsarbeit. Er weist an Bilanzziffern, Briefen und Inventuren die Unbegründetheit der Angriffe nach. Freilich gibt er jedem Gläubiger im Prinzip Recht. Nur im Einzelfall verkennt der Vorredner die Sachlage. Lassen wir die Vergangenheit und denken wir an die Zukunft, in der der Schuldner alle entschädigen wird! Prüfen wir die Bücher, denken wir an die Schäden des Einzelvorgehens und Konkurses! — Es wird entgegnet. Schon ist die Stimmung milder. Man hat die Genugtuung, daß die Konkurrenz ebenfalls Geld verliert. Geteiltes Leid ist halbes Leid. Vielleicht kalkuliert der Gläubiger auch im stillen, daß der begehrte Nachlaß durch seinen Nutzen ausgeglichen werde. Nun ist es Zeit, an die Bildung eines Gläubigerausschusses zu gehen. Man debattiert und einigt sich auf den Ausschuß im Prinzip, dann auf dessen Mitglieder. Diejenigen, welche am lautesten nach Arrest und Staatsanwalt riefen, sind die von Natur und Übung am ersten dazu Ausersehensten. Das Amt ehrt und beruhigt. Saulusse werden zu Paulusse. Sie verpflichten sich, die unabsichtlich oder absichtlich Ausgebliebenen hinterher beizubringen. Jetzt kommt der große Moment: der Bevollmächtigte des Schuldners verliest oder diktiert die Urkunde, welche die Anwesenden (mindestens zunächst) binden, von Einzelmaßnahmen abhalten und so den außergerichtlichen Vergleich — wenigstens vorläufig — gewährleisten soll. Man sträubt sich zum Teil. Man unterschreibt zum Teil. Einige holen die Unterschrift kurz darauf nach. Man hat ihnen seitens des Schuldners verbindlich (besser unverbindlich) ein kleines Sondervorteilchen geboten. Der und jener Mitarbeiter des Schuldners (etwa Gläubigerkomiteemitglied) hat den cunctator herumgebracht. Ist nun die Arbeit getan? Es wäre gut, wenn es so wäre. Von anstrengenden und verantwortungsvollen Sitzungen des Komitees abgesehen, geht die Kleinarbeit erst an. Jeder Gläubiger hat ja seine außerordentlichen Wünsche. Glaubt man, ihn fest zu haben, springt er vielleicht wieder ganz oder auf Zeit ab. Es kann ihn ein Widerspenstiger oder Übelwollender verdreht gemacht haben. Er ist über irgend etwas mit oder ohne Grund erbost. Vielleicht ist er beleidigt, weil der Wettbewerber seiner Branche im Ausschuß das große Wort führt. Welche Aufregungen für den Schuldner und seine Helfer! Kein Konkursverwalter hat solche Querelen, solche eigennützige Anregungen, anzuhören. Es kann unter der gutberatenen Gläubigerschaft das beste Einvernehmen herrschen. Ein kleiner Gläubiger aber oder deren mehrere üben Druck aus. Sie wollen für sich bessere Bedingungen bzw. Abkauf des Guthabens herausholen, verneinen die Mitarbeit, widersprechen oder schweigen sich aus. Da die Gläubigermehrheit die gleichmäßige Befriedigung zur Voraussetzung des Nachlasses machte, ist der Schuldner vor die Wahl gestellt: offen oder heimlich jenen Drängern eine Sondervergütung zu gewähren, oder die Verhandlungen aufzugeben! Hie und da glückt in letzter Stunde der Ausgleich dennoch. Öfter scheitert er. Er glückte schon und wurde hinterher angefochten, weil eben geheime Begünstigungsabreden gewährt waren[35]). So krankt unser bisheriger Privatakkord an den Akkordstörern und -Störungen. — Es springt in die Augen, daß es nichts Unbilligeres geben kann, als der Laune oder Raffiniertheit eines einzigen Gläubigers das Schicksal eines ganzen Fallissements zu überlassen. Der typische Fall, daß der Auswuchs eines Individualrechtes unerträglich werden kann, ist hier gegeben. Jörissen erzählt[36]) einen Fall, den der Reichstagsabgeordnete Rechtsanwalt Dr. Ablaß bei den Verhandlungen des Justizetats vorgetragen hatte. Es kam ein Nachlaßkonkurs mit einem Fehlbetrag von 200000 Mk. in Frage. 400 Gläubiger waren beteiligt. 399 hatten einem außergerichtlichen Liquidationsverfahren ihre Zustimmung erteilt. Wäre dieses durchgeführt worden, so wäre eine um 10% größere Dividende, als wie beim Konkurs, herausgekommen. Die vollkommene Ungesundheit eines solchen Zustandes bedarf keiner weiteren Beleuchtung. Gerade in der Möglichkeit derartiger Übergriffe und Willkürlichkeiten eines Outsiders unter den Gläubigern liegt auch die Begründung des proportional nicht häufigen Glückens eines Privatabkommens. Der Gläubigerschutzverband für Handel und Industrie in Berlin, welcher im Geschäftsjahre 1911 bei 2839 Fallissements sich beteiligt hatte, hat in seinem diesbezüglichen Jahresbericht mitgeteilt, daß ihm die Geltendmachung von 21000 Einzelansprüchen obgelegen habe. In nur 3 Fällen hätten die bei ihm gemeldeten Moratorien nicht zum Konkurse geführt. Dieser Umstand habe den Gläubigerschutzverband bewogen, garantielose Moratorien nicht mehr zu befürworten. Wenn nun außerdem der Gläubigerschutzverband, die verbreitetste

[35]) Jaeger, KO. Not. 9 zu § 181.

[36]) Deutsche Richterzeitung vom 1. Juni 1913 S. 419.

und angesehenste dieser Körperschaften, allen Extrabegünstigungen entgegenzuarbeiten erklärt hat, so liegt es nahe, wie gering die Prognosen für einen Privatvergleich bisheriger Methode sind.

Es ist ja auch dem Einzelgläubiger die grundsätzliche Aversion nicht ganz übel zu nehmen. Wie kann er denn wissen, ob die Angaben des Schuldners, seiner Gewährs- und Hintermänner, auf Wahrheit beruhen? Welche Anhaltspunkte hat er dafür, daß die Gebote der Dividende oder Stundung den wirklichen Verhältnissen und Umständen konform sind? Die Kaufleute, Bankiers und Kreditorenverbände, die seit neuerer Zeit (z. T. statutarisch und ausnahmslos) die privaten Liquidationsverfahren auf Grund ihrer Erfahrungen mißbilligen, rechtfertigen ihre Antipathie mit der Unkontrollierbarkeit allenfalsiger frivoler Vorschläge. Krasse Schiebungen sind heute in den Großstädten gang und gäbe. Schwindelverträge werden leider von den höchsten Gerichtshöfen mit theoretischem und neutralem Wohlwollen gestützt. Diese Treibereien Insolventer sind dermaßen an der Tagesordnung, daß der Praktiker, dem die Dissonanz zwischen Volksempfinden und Juristenrecht ein Gefühl des Unverstandenseins einflößt, begreiflicherweise in Bausch und Bogen allen Privatvergleichsvorschlägen ein schroffes Nein entgegensetzt. So kann indirekt weltfremde Judikatur, in deren Dunkel der Böswillige munkelt, dem redlichen Schuldner im Unglück schaden. Weiter ist zu bedenken, daß die von dem ablehnenden Gläubiger der Privatvergleichsofferte entgegengesetzte Konkursandrohung die Gefahr in sich birgt, daß der Schuldner und seine Garanten im Endeffekt mehr bieten und geben, als sie eigentlich, ohne schwere Schädigung ihrer selbst und ihrer Mittel, bieten und geben dürften. Auf diese Weise kann im Prinzip ein Privatvergleich zustandekommen, der, als den Vermögenszustand und die Leistungen des Schuldners überspannend, erst recht später Verfall und Konkurs desselben zur Folge hat.

Die seit einigen Jahren eingeführten Übereignungen der Aktiven an eine Treuhandgesellschaft, damit diese im Wege des Vergleiches die Passiven abstoße, hat durchaus nicht allgemeinen Beifall gehabt[37]). Es kann — nicht muß — in solcher Geschäftsentwicklung ein gewisses eigenmächtiges und unter Umständen allzu einseitig den schuldnerischen Wünschen gerecht werdendes Verhalten sich breit machen. Der Treuhänder ist

[37]) Vgl. Abgeordneter Warmuth, 107. Sitzung des deutschen Reichstags vom 8. 2. 1913 S. 3615. Über die verschiedenen heute de lege lata möglichen Formen und Folgen des Akkordierens vgl. Staub-Könige, Exk. zu § 350. Kleinrath-Hannover, LZ. 1908 S. 270.

letzten Endes auch nichts weiter, wie ein Parteivertreter, und dabei häufig eines gewissen kostspieligen Personalapparates halber, kein billiger. Auch ist bei einzelnen Treuhandgesellschaften eine allzu nahe Beziehung zu Kontokorrent-Banken im Konzern wahrgenommen worden, die unter Umständen der Verschwiegenheitspflicht der Parteivertretung, und somit der Schuldner- und Gläubigerschaft, von Gefahr werden kann. Schließlich sind die Fragen der zivilrechtlichen Inanspruchnahme des Treuhänders, im Sinne des § 419 B. G. B. oder gar eines Konkurses des Treuhänders[38]), sehr diffizile. Das Treuhandverhältnis, welches Kleinrath an der Hand von Entscheidungen[39]) als brauchbarsten Vorschlag zur Konkursabwendung angesehen hatte[40]), ist demnach auch nur ein Notbehelf unserer Zeit.

Mit Durchführung von Arrangements sind z. T. auch Leute betraut, welchen kein allgemeines Vertrauen entgegengebracht wird. Unterstützen diese gar Verschleierungen, so ist es kein Wunder, wenn die bisherigen außergerichtlichen Akkorde in Mitleidenschaft kommen.

Trotzdem versucht der Schuldner meist die außergerichtliche Erledigung. Bernicken[41]) berichtet von 75 aufeinanderfolgenden Nummern einer westdeutschen Tageszeitung, in welchen Zahlungseinstellungen gemeldet waren. 41 derselben wiesen die Anstrebung eines außergerichtlichen Privatvergleiches auf. Der Durchschnitt der gebotenen Dividenden soll in diesen Fällen 45½%, der Durchschnitt dagegen der bei Ablehnung des Vergleiches zu erwartenden Konkursdividende nur 24⅔% betragen haben. Welch enormen wirtschaftlichen Nachteil bringen folglich die Refus der Privatakkorde! Was liegt näher, als das Verlangen nach gesetzlicher Regelung eines außergerichtlichen Zwangsvergleichsverfahrens?

§ 10.

Außerkonkursmäßiger Zwangsvergleich im Ausland. Kritik und Lehren.

Von ausländischen Rechten kannte schon früher Italien das Rechtsinstitut eines quasi Konkursverfahrens[42]).

---

[38]) Jaeger, KommKO. Anm. 17 ff. zu § 43.

[39]) RG. Bd. 39 S. 90; Jur.-Ztg. Nr. 9 vom 1. 5. 1905, Nr. 35.

[40]) LZ. 1908 Nr. 4 S. 271.

[41]) a. a. O. S. 28.

[42]) Rocco, concordato S. 46; Kohler, bei Busch S. 556, Über die Statuten der Kaufmannschaft von Lucca und in **Absaldus, Discursus XI, I.**

De lege lata ist ferner zu berichten, daß u. a. Frankreich, Belgien, England, Luxemburg, Schweiz, Spanien, Haiti, Portugal, Norwegen, Ägypten, Brasilien, Paraguay, Italien, Dänemark und Österreich (letzteres entwurfsweise) ein außerkonkursmäßiges Zwangsvergleichsverfahren zum Gesetz erhoben hat.

Das französische Gesetz vom 4. März 1889 (la loi portant modification à la Législation des Faillites) bestimmt, daß ein Schuldner die liquidation judiciaire erlangen kann, wenn er innerhalb 14 Tage nach Zahlungseinstellung darum nachsucht. Er ist dann nicht im Konkurs. Doch ist sein Vermögen mit Beschlag belegt. Wird dem Antrag des Schuldners stattgegeben, so verkündet dies das tribunal de commerce nach Anhörung des Schuldners und Beratung in geheimer Sitzung. Das Gericht ernennt einen juge commissaire und provisorische Liquidatoren[43]), die die Bücher des Schuldners abzuschließen und ein Vermögensverzeichnis mit ihm aufzustellen haben. Die definitive Ernennung der Liquidatoren ist Sache der Gläubigerversammlung, die vom Gerichtsschreiber spätestens 15 Tage nach dem jugement declaratif de la liquidation judiciaire anzusetzen ist. Nach Anhören der Gläubigerschaft können controleurs aus ihren Reihen ernannt werden, die die Liquidatoren zu überwachen haben. Nun werden die angemeldeten Forderungen festgestellt. Die vérification des créances erfolgt in einem weiteren Termin. Es wird ein concordat versucht[44]). Voraus geht eine feierliche Versicherung der Gläubiger über die Richtigkeit ihrer Forderung in die Hände des Richters (affirmation). —

Einen ähnlichen Standpunkt nimmt das belgische Gesetz vom 29. Juni 1887 ein. Es ist grundlegend für die meisten neueren Gesetze, die die nämliche Materie betreffen. (La Loi relative au concordat preventif de la faillite ist nämlich bereits durch ein provisorisches Gesetz von 1883 eingeleitet worden.) Der Artikel 6 bestimmt: le débiteur ne pourra, pendant la procédure suivie pour l'obtention du concordat, aliener, hypothequer ou s'engager sans l'autorisation du jugé délégué. Der Schuldner hat sich mit seiner requête an das Handelsgericht seines Wohnsitzes zu wenden[45]). Vermögensaufstellung, Gläubigerliste und Ver-

---

[43]) Lyon-Caën und Renault, S. 300.

[44]) Bailly, Annales de droit comm. III p. 49. Drouaux, Réforme des faillites. Thallers, Annales XI p. 92, XIII p. 344, XIII p. 105, XIV p. 326. Duvivier,, Faillite des soc. comm. p. 49. Kohler, Leitfaden des Konkursrechtes S. 164.

[45]) Beltjens, Note 5 zu Artikel 5 des Belgischen Gesetzes v. 29. 6. 1887. Namur, Band 3 S. 498. Denkschrift des Reichsjustizamts S. 6.

gleichsvorschlag ist beizulegen. Vorschuß ist zu hinterlegen, um die Kosten zu decken. Der Gerichtsschreiber trägt den Antrag in ein Register ein und benachrichtigt den Staatsanwalt. Die Ratskammer des Gerichts beauftragt einen juge-délégué mit der Untersuchung der schuldnerischen Lage. Durch die Bestellung des beauftragten Richters erlangt der Schuldner die vorläufige Zahlungsstundung und die Beschränkungen seiner Verfügungsfähigkeit. Der beauftragte Richter erstattet einen schleunigen Bericht, so daß das Gericht spätestens binnen einer Woche Beschluß fassen kann. Findet das Gericht keine Veranlassung zur Fortsetzung des Verfahrens, so erreicht dieses ohne weiteres sein Ende. Anderenfalls wird eine Gläubigerversammlung, unter dem Vorsitz eines beauftragten Gerichtsmitgliedes, einberufen. Deren Termin ist binnen dreier Tage in Zeitungen bekannt zu machen. Der beauftragte Richter vermag Sachverständige zu ernennen. Nach Leistung des Eides haben sich diese der Würdigung der Geschäftslage zu unterziehen. Die Gläubiger werden geladen. Den Ladungen sind die Vergleichsvorschläge beizusetzen. Im Termin gibt der Richter den Bericht. Der Schuldner oder sein Vertreter tragen ihre Propositionen vor. Die Gläubiger oder ihre Beistände erklären sich schriftlich über die Höhe ihrer Guthaben und über ihre Stellung zu den Vergleichsvorschlägen. Gegen diese Erklärungen über einen Anspruch können Schuldner und die übrigen Gläubiger Einwendungen bringen. Die Verhandlung kann von dem Richter vertagt werden. Eine zweite, spätestens innerhalb 15 Tagen abzuhaltende, Versammlung kann berufen werden. Über die Versammlung ist ein der Einsicht der Interessenten offenstehendes Protokoll aufzunehmen. Nachträglich (binnen 8 Tagen) können Forderungen unter Abgabe der Stimme eingebracht werden. Der beauftragte Richter erstattet in einem weiteren Termin, welcher in der vorangegangenen Gläubigerversammlung bekanntgegeben und in deren Protokoll vermerkt sein muß, dem Handelsgericht in öffentlicher Sitzung Bericht. Das Gericht kann die Parteien hören. Es entscheidet über die Frage, inwieweit Gläubiger bestrittener Forderungen stimmberechtigt sind. Es entscheidet ferner über die Bestätigung des Vergleiches. Die bekannten Schulden und Gläubiger sind den gesetzlichen Mehrheiten zugrunde zu legen, gleichgültig, ob die Beteiligten erschienen sind und abgestimmt haben. Die Entscheidung des Gerichts, welches den Vergleich bestätigen oder verwerfen kann, ist innerhalb dreier Tage bei Gericht anzuschlagen und in der Zeitung zu publizieren. Ausnahmsweise kann, trotz Nichtbestätigung des Vergleiches der Konkurs, unterbleiben, z. B. wenn Formfehler vorliegen. Dann kann ein weiteres

Vergleichsverfahren vorgenommen werden. Gegen die Entscheidung haben die nichtgeladenen Gläubiger das Rechtsmittel der Opposition. Der Schuldner kann innerhalb 8 Tagen Berufung einlegen. Gegen die Entscheidung des zweiten Rechtszuges ist pourvoi en cassation zugelassen.

Die belgische Statistik[46]) zeigt sehr günstige Resultate der Präventivakkorde:

de faillite	concordats preventifs homologués	faillites
1889/90	144	614
1899/00	113	535
1904/05	155	538
1905/06	123	576
1908/09	195	562
1909/10	166	592. —

In England haben 1849—1883 bereits außergerichtliche Zwangsvergleichsverfahren bestanden. Die Bankrupt Law Consolidation Act von 1849 kannte zwei Modalitäten desselben: das arrangement by deed (eine Auseinandersetzung ohne Richter) und das arrangement under the super intendence and control of the court. 1861 wurde letzteres Verfahren wieder aufgehoben. Umsomehr wurde das außergerichtliche arrangement by deed ausgenützt. Es bot dem Schuldner und gewissenlosen Dritten Erleichterungen, die zu Mißhelligkeiten und Fiktionen führten. Es kam so weit, daß die Hälfte aller Vergleiche als Schurkerei von einem angesehenen Juristen erklärt wurde[47]). Am 31. Juli 1868 wurde daher in dem Act to amend the Bankruptcy Act 1861 bestimmt, der Schuldner sei zu einem Eid über seinen Status verpflichtet. 1869 wurden zwei neue Verfahren (die liquidation by arrangement und die composition with creditors) eingeführt. Mit letzterem Verfahren blieb, trotz der durch abusus entstandenen Polemik gegen den Präventivakkord, letzterer aufrecht erhalten. Die Neunormierung sah vor, daß der Insolvente, der eine composition zu schließen beabsichtigte, die Gläubiger behufs Beschlußfassung über seine Vorschläge zu einer Gläubigerversammlung rite zu laden und dort seinen status darzulegen habe. Sein Vorschlag galt bei einfacher Kopf- und $^{3}/_{4}$ Summenmehrheit als akzep-

[46]) Annuaire Statistique de la Belgique (et du Congo Belge) 1911, Tome XLII, Bruxelles 1912 p. 237. Tischbein S. 16.

[47]) Mittermaier, Bd. 13 S. 196. Solicitors Journal Bd. 12 S. 783.

tiert. Der registrar prüfte die Förmlichkeiten des akzeptierten Vergleiches. Der evtl. bestätigte Vergleich wurde registriert und so vollstreckbar.

Die wahlweise mögliche liquidation by arrangement ersetzte den Gerichtsbeschluß durch Mehrheitsbeschluß. Die Gläubiger wählten einen trustee, der die Guthaben zu prüfen hatte. Nach Anlegung des Status wurde abgestimmt. Die Registereintragung entsprach der oben beschriebenen gesetzlichen Form. M. a. W.: die Autonomie der Gläubiger war besonders groß. Hiedurch und weil ihre gewerbsmäßigen Bevollmächtigten egoistische Machenschaften und Konspirationen mit den Schuldnern betrieben, nahmen die Mißstände immer mehr zu.

Nach heutigem Rechte der Bankruptcy[48]) Act 1883 gibt es keine Zwangswirkung für die Minderheit im außergerichtlichen Verfahren. Letzteres steht unter dem official receiver. Strengere Normen regeln die gerichtliche Bestätigung. Seit 1890 ist eine Mindestdividende von 37½% obligatorisch. Ein Zwangsvergleich zur Konkursabwendung ist bloß in dem der adjucation of bankruptcy vorhergehenden Einleitungsverfahren, sogleich nach Erlaß der receiving order (d. i. Einleitungsverfügung des Gerichts) zulässig. Der Schuldner, welcher seine Zahlungen eingestellt hat, muß, nachdem er oder ein Gläubiger den Konkursantrag gestellt hat, nach ergangener receiving order, in der Gläubigerversammlung einen Vergleichsvorschlag zur Abstimmung stellen. Das ist die typische Form des Vorkonkurses. Die vom Gericht bestätigte Annahme des Vorschlages durch die Majorität der Gläubiger behütet den Schuldner vor dem Konkurs im engeren Sinn.

Mit der Bestellung eines receivers hört die Verfügung des Schuldners über sein Vermögen auf. Den Besitz behält er indes vorerst bei. Zur Führung des Geschäftes und Verwaltung des Vermögens darf der official receiver auf gläuberischen Antrag einen Geschäftsführer bestellen. Der Beschluß wird öffentlich bekannt gemacht. Nun können die im Konkurs anmeldbaren Guthaben nur noch konkursmäßig angesprochen werden. Ein gerichtliches Verfahren kann nicht mehr ohne konkursgerichtliche Ermächtigung begonnen werden. Das Gericht kann die Bestätigung versagen, und zwar dann obligatorisch, wenn die Vorschläge not reasonable or not calculated to benefit the general body of creditors erscheinen. Die Bestätigung ist weiterhin dann zu versagen, wenn die discharge (Ent-

---

[48]) Williams, S. 71. Rules, S. 190. Denkschrift des Reichsjustizamts S. 15.

lastung) dem Schuldner für den Fall eines Konkurses nicht hätte erteilt werden dürfen. Das Ermessen des Richters ist ein sehr weitgehendes. Die Gläubigerautonomie ist in der Bankruptcy Act 1883 geringer.

Interessant ist, daß der Court of Appeal ausgesprochen hat, nicht jeder für die Kreditoren vorteilhafte Vergleich dürfe bestätigt werden. Es sei auf das Verhalten des Schuldners Rücksicht zu nehmen. Auch sei das Interesse der zwei Teile abzuwägen. Ein englischer Jurist[49]) faßt die Urteile des obersten Gerichtshofes, wie folgt, zusammen: „The discretion must be exercised with regard to the public and the requirements of commercial morality an the conduct of the debtor on the one hand, and to the best interests of the creditors on the other". Ein trustee (Pfleger) kann bestellt werden. Der Vorkonkurs ist mit disqualifications (Ehrenminderungen) nicht verknüpft, wohl aber die eigentliche Konkurserklärung. Nach dem Gesetz von 1883 wurde im Jahre 1884 in 90,03% der Zahlungseinstellungen der Konkurs eröffnet, nachdem 1883 dies nur in 12,23% der Fall gewesen war[50]). An dieser Stelle[51]) führt die Denkschrift des Reichsjustizamtes einfach aus: „Die (englische) Gesetzgebung sah sich bald darauf veranlaßt, das außergerichtliche Abkommen aufs neue zu ordnen". Wohlweislich unterläßt hier die gegen das außergerichtliche Zwangsvergleichsabkommen polemisierende Denkschrift des Reichsjustizamtes, den Grund anzuführen. Es geschah dies eben in England, weil die Umwälzung (90 statt 12% eigentliche Gerichtskonkurse) eine horrende Verwirrung im gewerblichen Leben hervorrief. Es geschah dies, weil die rigorose Form des Gesetzes von 1883 das Übergewicht des ex arbibrio urteilenden Gerichtes, das auf die Parteiabmachungen keine Rücksicht zu nehmen gehalten war, sich bereits in vier Jahren als durchaus schädlich erwies und alle Gewerbekreise ein Gesetz verlangten, das eine weitergehende und unabhängigere Gläubigerbefugnis sanktioniere. Im Jahre 1887 wurde Deeds of Arrangement Act erlassen. Der Schuldner hat eine förmliche Urkunde (deed) zu vollziehen. Er hat seine Gläubiger aufzufordern, die Urkunde zum Zeichen ihres Beitritts zu signieren. Hat der Gläubiger unterzeichnet, so leistet er auf Geltendmachung seines Anspruchs zunächst förmlich Verzicht. Sieben Tage nach der ersten Vollziehung der Unterschrift eines Beteiligten, muß, bei Strafe der Nichtigkeit, die Urkunde in ein besonderes Register einge-

---

[49]) Williams, S. 71.

[50]) Lyon-Caën, Bulletin de la Société de Legislation comparde Bd. 17 p. 312.

[51]) S. 17.

tragen werden. Mit einem affidavit hat der Schuldner den Status zu bekräftigen. In den meisten Fällen geht nun das Vermögen auf einen trustee (ähnlich wie bei unseren oben erwähnten Treuhändern) über. Nur ist es ein trustee der Gläubiger (deed of assignement for the benefit of the creditors) und nicht des Schuldners, wie bei unseren Verträgen zwischen Treuhandgesellschaften und arrangierendem Schuldner. Der englische Zustand ist in diesem Betreff zweifelsohne sympathischer. Dem trustee obliegt die Vermögensverwertung und -verteilung. Die außergerichtliche Regelung ist auch so möglich, daß der Schuldner eine deed of composition anbietet. Die Gläubiger akzeptieren sie durch Vollziehung der Urkunde. Der dritte Modus ist die deeds of inspectors hip: ein Aufseher führt mit dem Schuldner das Geschäft fort. Der Registrierungszwang verschafft den Interessenten Kenntnis der Zahlungsunfähigkeit und Abkommen. Die durch ein deed of arrangement mit der Vermögensverwaltung Insolventer betrauten trustees müssen ferner dem Board of Trade jedes Jahr Rechnung über ihre Verwaltungen legen (Bankruptcy Act 1890). Zu betonen ist, daß die deeds of arrangement keine Zwangsvergleiche sind und nicht unter gerichtlicher Leitung stehen. Es sind vielmehr gesetzlich geregelte und einigermaßen behördlich überwachte Privatvergleiche. Die Minorität ist durchaus nicht gebunden. Innerhalb drei Monaten nach erlangter Kenntnis von dem Vergleichsabschluß, kann der opponierende Gläubiger Konkurseröffnung beantragen, ob es die anderen Gläubiger wollen oder nicht. Die Denkschrift des Reichsjustizamtes berichtet in statistischer Hinsicht, daß der Abschluß gerichtlicher Zwangsvergleiche vor dem Konkurse in England seit 1887 gar nicht häufig praktisch vorgekommen ist. Unter 4738 receiving orders in einem Berichtsjahre sind nur 38 Zwangsvergleiche gerichtlich bestätigt worden. 14 hievon waren im Konkurse und 24 zur Abwendung desselben geschlossen. Die infolge der Registrierung nachweisbare Zahl der Angelegenheiten, welche außerhalb des Konkurses durch außergerichtliche Vereinbarung aus der Welt geschafft wurden, war freilich sehr hoch. Denn unter 8603 Zahlungseinstellungen eines Jahres sind 3839 durch deed of arrangement erledigt worden. Fast immer (3346 = 87,16%) geschah dies jedoch durch eine Vermögensübertragung zugunsten der Gläubiger (assignement for the benefit of the creditors), d. h. durch private Liquidation. Nachlaßvergleiche (compositions) im engeren Sinn sind in dem betreffenden Geschäftsjahr bloß 451 durch deed of arrangement abgeschlossen worden. Die Aufhebung von deed of arrangement durch eine auf Konkursantrag eines widersprechenden Gläubigers erlassene receiving order kommt verhältnismäßig selten vor. Dies kommt wohl daher, daß die Konkursbeantragung in England für die Gläubiger erschwert ist und daß die Kosten im Konkursverfahren sehr hoch sind. Auch ist der Schuldner, welcher mit der Mehrzahl seiner Gläubiger ein deed of arrangement abschloß, zu Opfern bereit, damit der Konkursantrag zurückgenommen wird. Wenn unsere deutsche Denkschrift des Reichsjustizamtes dann fortfährt, zu folgern, daß die Gläubiger im allgemeinen mit dem außergerichtlichen Verfahren offenbar in England nicht recht zufrieden seien und daß Unterschleife vorkommen, sowohl eigennützige Handlungen der trustees als auch Maßnahmen der Schuldner, die gar nicht zahlungsunfähig seien, zur Herbeiführung der Abstoßung der Schulden gegen eine kleine Quote, so liegt dies nach meinem Dafürhalten nicht an dem Prinzip eines gerichtlichen Zwangsvergleichsverfahrens außerhalb des Konkurses, sondern daran, daß dieses Prinzip in England nicht folgerichtig gesetzlich durchgeführt worden ist. Die drei Mängel der deed of arrangement sind ja oben bereits genannt worden. Es fehlt der Zwangscharakter, der die Minderheit zwingt. Der Schuldner hat also gar keine Gewähr, durch diese Methode Ruhe zu bekommen. Es fehlt die gerichtliche Leitung, so daß die Treibereien der trustees begreiflich sind und man verstehen kann, daß unsaubere schuldnerische Elemente am Werke sind. Auch ist der Hauptzweck, den ein ehrlicher Schuldner und anständige Gläubiger für gewöhnlich verfolgen, Abwendung des Konkurses, in keiner Weise garantiert. Die fiduziarischen Vermögensübertragungen an die trustees endlich scheinen mir auch jenseits des Kanals die Gefahren in sich zu bergen, welche ich bei deutschen Treuhändern beobachtet zu haben glaube. —

In Argentinien wurde am 28. Dezember 1902 ein Gesetz (Ley sobre juicio de quiebras) erlassen, in welchem ein Vergleichsverfahren, das dem englischen ähnlich ist, vor der eigentlichen Konkurseröffnung eingeführt ist. Durch den Erlaß einer gerichtlichen Verfügung wird die Vollstreckung gehemmt. Bei Verlust seines Antragrechtes ist der Schuldner gehalten, diese Verfügung innerhalb 24 Stunden bekannt zu machen. Im übrigen behält er seine Verfügungsgewalt und darf, unter Intervention der Revisoren, sein Geschäft fortführen. Im übrigen gelten alle diese Vorschriften, wie dies ja bekanntermaßen in vielen Ländern der Fall ist, bloß für zahlungsunfähige Kaufleute. —

In Luxemburg besteht eine Loi concernant le concordat préventif de la faillite vom 14. April 1886, welche dem belgischen ähnlich ist. —

Nach der Schweizer Konkursordnung von 1889 reicht der Schuldner bei der Nachlaßbehörde den Entwurf eines Nachlaßvertrages ein. Die Majorität der Gläubiger, welche die Hälfte der Forderungen repräsentiert, muß den Entwurf unterschrieben haben. Die Voraussetzungen für Fälle innerhalb und außerhalb des Konkurses sind die nämlichen. Das Verfahren ist aber in den beiden Fällen verschieden. Besonders darf im Konkurs frühestens in der zweiten Gläubigerversammlung über einen Nachlaßvertrag im Sinne des schweizerischen Gesetzes vom 11. April 1911 verhandelt werden[52]). Der eingetragene Kaufmann kann somit, wie in Belgien, die drohende Konkurseröffnung durch Beantragung des Nachlaßverfahrens hintanhalten. Der nicht eingetragene Schuldner entgeht auf die nämliche Weise der Einzelvollstreckung. Allein bloß der bedrängte ehrliche Schuldner soll die Rechtswohltat erlangen. Nur dessen Interesse — so erklärt Keller — am Nachlaßvertrag außer Konkurs anerkennt der Gesetzgeber als ein berechtigtes; nur der verdient, die Vorteile desselben zu genießen. Daher denn auch die harten gesetzlichen Erfordernisse des Nachlaßbegehrens, welche, nach Anschauung vieler schweizerischer Kommentatoren, zu rigoros sind. Denn oft reicht für den Schuldner die Zeit nicht mehr hin, um die Zustimmung der Hälfte seiner Gläubiger zu erlangen. So kann den unglücklichen, ehrlichen Schuldner das traurige Los des Konkurses ohne Schuld treffen. Das französische Gesetz, das keine Zustimmung seitens der Gläubiger von vornherein, aber eine angemessene Präjudizfrist für Einreichung des Gesuches innerhalb 10 Tagen nach der Zahlungseinstellung, vorschreibt, trägt dem Prinzip, daß keine Verschleppung stattfinde, daß aber dem Schuldner das Geständnis seiner Vermögenslage erleichtert und durch unverzügliche Beibringung der vorgeschriebenen Zustimmungen nicht oft unmöglich gemacht werde, besser Rechnung, wie das schweizerische Gesetz. Wird der Nachlaßvertrag im schweizerischen Konkurs abgeschlossen, so wird der Konkurs widerrufen. Die oben beanstandete erschwerende Bestimmung, daß dem Entwurf des Nachlaßvertrages die Majorität der Gläubiger, welche zugleich mehr als die Summenhälfte repräsentieren muß, vorläufig schriftlich zustimmen muß, soll der endgültigen Stellungnahme der Gläubiger nicht vorgreifen. (Der schließliche Nachlaßvertrag erfordert $^2/_3$ der Kopf- und Summenmehrheit.) Auch dies ist eine Härte gegenüber dem Schuldner. Wenn das Verfahren zugelassen wird, so erhält der

---

[52]) Keller, S. 113, 127; Weber und Brüstlein, S. 29. Das Bundesgesetz betr. Schuldbetreibung und Konkurs 1901.

Das norwegische Gesetz über das Akkordverfahren vom 6. Mai 1899 ist ein Mittelding zwischen dem belgischen und schweizerischen Muster. Die Schwere der Folgen des Konkurses trug, wie die Denkschrift des Reichsjustizamts ausführt, zu der Einführung des Vorvergleiches zwecks Abwendung des Konkurses bei. Die Rechtswohltat des außergerichtlichen Zwangsvergleiches ist nicht auf Kaufleute und nicht auf gutgläubige Schuldner beschränkt. Der ohne Schuld zahlungsunfähig gewordene Schuldner ist aber — innerhalb und außerhalb des Konkurses — dadurch besser gestellt, daß bei ihm die Bestätigung des Zwangsvergleiches auch erfolgen kann, wenn die sonst für beide Fälle gleichmäßig vorgeschriebene gesetzliche Mindestdividende von 25—50% nicht erreicht ist. Das Akkordverfahren außerhalb des Konkurses währt in Norwegen normalerweise etwa 11 Wochen, kann sich indes bis zu 18 Wochen verlängern. Eröffnung und Beendigung des Akkordverfahrens werden in das Grundbuch und Handelsregister eingetragen. Während des Verfahrens darf eine eingetragene Firma nur mit dem Zusatz „unter Akkordverfahren" zeichnen. Der Schuldner und sein Geschäft stehen unter Aufsicht des vom Gericht bestellten Akkordvorstandes. Die Bestätigung des angenommenen Akkords ist zu verweigern, wenn ein Überblick über die Masse nicht möglich und die Befriedigung nicht gleichheitlich ist, wenn der Schuldner wegen gewisser Konkursdelikte im Laufe der letzten zwei Jahre bestraft oder nach Ansicht des Gerichts derselben schuldig ist, wenn er Aufschlüsse verweigert oder ungehorsam in der Verhandlung nicht erscheint. Die Bestätigung ist weiter zu versagen, wenn nachgewiesen ist, daß der Vergleich durch Zuwendung oder Versprechungen von Vorteilen für einen Gläubiger zustande gekommen ist oder daß der Vergleich dem gemeinsamen Interesse der Gläubiger zuwider ist. Ein gescheiterter Akkordversuch kann vor Ablauf eines Jahres nur berücksichtigt werden, wenn sich die Umstände verändert haben. In den ersten neun Monaten nach dem am 1. Januar 1900 in Kraft getretenen Gesetz wurden 337 Akkordverfahren eröffnet. Die Gesamtzahl der Konkursanträge in der gleichen Zeit belief sich auf 459. In 80 Fällen war dem Konkursantrag ein Akkordverfahren vorausgegangen[54]. Näheres ergibt folgende Statistik[55]):

---

[54]) Hagerup, Konkurs og Akkordforhandling 1901. Koß und Berg, Konkurslovgivningen og Akkordforhandlingsloven 1906.

[55]) Statistisk Aarbok for Kongeriket Norge 1912. Utgit av det Statistiske Centralbyraa, Kristiania 1913 p. 179. Tischbein, S. 16 u. 17.

Schuldner eine Nachlaßstundung, zunächst für 2, erforderlichenfalls später für höchstens noch 2 Monate, die öffentlich bekannt zu machen ist. Während der Stundungszeit ist keine Betreibung gegen den Schuldner zulässig. Der Lauf der Verjährungsfristen ist gehemmt. Freilich kann auch der Schuldner nicht mehr Veräußerungen, Pfandbestellungen, Bürgschaften und unentgeltliche Verfügungen vornehmen. Sein Geschäft darf er, unter Aufsicht eines gerichtlich bestellten Sachwalters, weiterführen. Überschreitet er hier die Grenzen seiner Verfügungsgewalt, so kann die Stundung, auf Anzeige des Sachwalters, nach Anhörung des Schuldners, von der Nachlaßbehörde widerrufen werden. Die Schonung des Vermögens des Schuldners bringt den Gläubigern eine reichlichere Dividende. Durch das Zusammenwirken von Sachwalter und Schuldner wird eine Über- und Unterwertung der Aktiven verhindert. Hofmann[53]) hat betont, daß der Schwerpunkt des schweizerischen Gesetzes in der gewissenhaften Erfüllung der Aufgaben liegt, welche dasselbe der Nachlaßbehörde und dem Sachwalter zuweist. Dieser Satz ist sehr wahr und überall anwendbar: wenn die von dem Gesetz oder der Übung mit Leitung der peniblen Prüfungen der Werte, Verträge, Prozente, Forderungen, Garantien und allenfalsigen Schiebungen betrauten Behörden und Personen versagen, dann nützt das beste Gesetz und der ethischste oder aber auch nationalwirtschaftlichste Grundsatz desselben nichts. Vor allem aber darf auch ein Gesetz über den Präventivakkord die Kautelen, welche die Gläubigerschaft billigerweise beanspruchen darf, nicht überspannen, wie dies beim schweizerischen Bundesgesetz bedauerlicherweise der Fall ist. Denn der Nachlaßvertrag außer Konkurs soll ja eben eine Verminderung der Privatvergleiche bewirken. Er soll die bei letzterer leider häufig vorkommenden Übervorteilungen, Verschleierungen und Extrabegünstigungen aus der Welt schaffen. Diesen Zweck erreicht das schweizerische Gesetz nicht. Die Erfordernisse des Nachlaßbegehrens sind zu schroff. Außerdem droht dem Schuldner selbst nach Annahme noch ein Kreditverlust. Die Verminderung von Privatvergleichen und die Vermehrung von Nachlaßverträgen mit zwingender Kraft ohne Konkurs wird insbesondere aber auch durch die Vorschrift erreicht werden, daß die Rechtsgültigkeit von Privatvergleichen von der Eintragung in ein öffentliches Register abhängt. Hier war England ein gutes Vorbild. Nicht unwichtig ist schließlich, daß die Gläubigerschaft selbst die Vorteile des Nachlaßvertrages von

---

[53]) Vortrag über das Bundesgesetz betr. Schuldbetreibung und Konkurs S. 22; vgl. ferner Keller, S. 129.

dem Privatvergleich einsehen lernt, was vorläufig in der schweizerischen Praxis noch nicht der Fall zu sein scheint. Daß das schweizerische Verfahren eine Betätigung des Vergleiches nur zuläßt, wenn

1. der Schuldner nicht zum Nachteile seiner Gläubiger unredliche oder sehr leichtfertige Handlungen begangen hat,
2. die angebotene Summe im richtigen Verhältnisse zu den Hilfsmitteln des Schuldners steht, wobei auch Erbanwartschaften in Anschlag gebracht werden können,
3. die Vollziehung des Nachlaßvertrages und die regelmäßige Befriedigung der privilegierten Gläubiger sichergestellt ist, es sei denn, daß diese darauf verzichten (Art. 306),

ist zu billigen. Diese Bestimmung entspricht im großen und ganzen derjenigen der deutschen Konkursordnung über den Zwangsvergleich. Der bestätigte Vergleich ist für alle Gläubiger verbindlich, mit Ausnahme der Pfandgläubiger. Die Zahl der Nachlaßverträge ist in der Schweiz aus den oben angegebenen Gründen nicht sehr erheblich. In einem Jahre kamen 138 Nachlaßverträge außerhalb des Konkurses und 133 Nachlaßverträge innerhalb des Konkurses unter 2073 erledigten Schuldenregulierungen vor. Darunter waren 1935 Konkurse und Verlassenschaftsliquidationen. 271, d. s. 13,07%, wurden alles in allem — innerhalb und außerhalb der Konkurses — durch Zwangsvergleich beendigt. Dazu kommt noch, daß 145 (53,5%) Nachlaßverträge wegen Nichterfüllung der Bedingungen zur Aufhebung gelangten. Die deutsche Denkschrift des Reichsjustizamts beweist nun freilich durch die Anführung dieser statistischen Betreffe nicht dasjenige, was sie zu beweisen können glaubt. Denn wenn der Staat, wie oben ausgeführt ist, wenn die Gläubigerschaft und ehrliche Schuldnerschaft sozialpolitische Interessen an Vermeidung der eigentlichen Katastrophe und ihrer Begleiterscheinungen für die Allgemeinheit haben, so muß eben nicht bloß ein Nachlaßvertrag außerhalb des Konkurses auf dem Papier stehen, sondern seine Gestaltung muß so gestaltet sein, daß er gerne, praktisch und ökonomisch, angewendet werden kann. Die übertrieben schwere Anbahnung des Nachlaßkontraktes und der trotz desselben nicht vermeidbare Kreditverlust, welcher an die Publikation der Nachlaßstundung geknüpft wird, bedeutet eben keineswegs eine glückliche Befriedigung der hier einschlägigen Interessen. Jede Rechtswohltat ist illusorisch, wenn sie theoretisch gut gewollt, aber gesetzlich ungeschickt statuiert ist. Die Lehren aus dem schweizerischen Bundesgesetz und seiner Statistik sind somit recht wesentlich de lege ferenda. —

apercu de l'actif et du passif des faillites, concordats préventifs et successions terminées et restituées en 1910 par préfecture

	Konkurse	passiv	Praeventiv-accorde	passiv	Successions faillies	passiv
1910	382	(11 244 255)	96	(4 168 518)	278	(3 739 780)
1909	387		131		276	
1908	430		93		309	
1907	470		66		304	
1906	584		84		262	
1905	598		104		315	

actif en pourcent du passif

	Konkurse passiv	Praeventivaccorde passiv	Successions faillies passiv
1910	37,6	64,3	48,5
1909	34,6	62,2	54,1
1908	27,5	64,4	69,3
1907	36,7	64,7	64,0
1906	29,5	68,3	53,6
1905	36,4	69,9	49,4.

Nach der Konkursordnung von Portugal vom 26. Juli 1899 kann ein Zwangsvergleich vor und in dem Konkurse nach den gleichen Vorschriften stattfinden. Konkurs- und Vergleichsverfahren ist dort nur auf Kaufleute beschränkt. Voraussetzung der Zulässigkeit des Vergleichs ist eine geordnete Buchführung während der letzten drei Jahre. Ein zweiter Zwangsvergleich ist erst nach Ablauf eines Jahres seit vollständiger Erfüllung des ersten zugelassen. Die Mindestdividende beträgt 30%. Zur Annahme des Vergleiches ist $^3/_4$ Mehrheit nach Köpfen und Summen vorgeschrieben, sofern weniger als 50 vom Hundert und eine Mehrheit von $^2/_3$, sofern 50 vom Hundert oder mehr angeboten werden. Die Dividende ist innerhalb dreier Jahre zu zahlen. Im ersten Jahre müssen mindestens 20%, im zweiten Jahre mindestens weitere 30%, beglichen werden. Der Abschluß des Vergleiches erfolgt ohne Mitwirkung des Gerichts. Öffentliche Urkunden sind indes über die Willenserklärungen aufzunehmen. Wirksam wird der Vergleich erst durch gerichtliche Bestätigung. Mit der Vorlegung zum Zwecke dieser Bestätigung beginnt erst das gerichtliche Verfahren. Während dessen dürfen Vollstreckungen gegen den Schuldner nicht stattfinden. Der Vergleich hat in jeder Richtung eine Zwangswirkung[56]). —

[56]) Borchardt, Die Handelsgesetze des Erdballs, Nachtrag 1 S. 204.

Das ägyptische Konkursrecht stimmt im großen und ganzen mit dem französischen Rechte überein. Nach dem Gesetz vom 26. März 1900 (code de commerce mixte) ist aber ein Zwangsvergleich nach belgischem Muster mit Veröffentlichung des Verfahrens und Verfügungsbeschränkung des Schuldners normiert. Eine Kontrolle der Ausführung der Vergleichsverpflichtungen findet ex officio nicht statt. Der abandon d'actif des belgischen Rechts existiert nicht. Durch die Erfüllung der im Vergleich übernommenen Verpflichtungen wird der Schuldner endgültig von jeder Schuld frei. Die deutsche Denkschrift des Reichsjustizamts konstatiert (unmittelbar nach Wiedergabe dieser definitiven Befreiung des Schuldners von jeder Schuld nach Erfüllung der im Vergleich übernommenen Verpflichtungen), daß das Gesetz verhältnismäßig häufig zur Anwendung gelange. Diese Feststellung ist ganz charakteristisch. Überall und immer, wo der Schuldner infolge eines angenommenen Zwangsvergleiches außerhalb des Konkurses wirklich aufatmen kann, wo ihm die Anstrebung eines solchen nicht unverhältnismäßige Schwierigkeiten macht, wo nicht unbillige Härten in bezug auf Fristen, Formalitäten und Mehrheiten festgelegt sind, wo (mit anderen Worten) die Rechtswohltaten des Gesetzes nicht durch harte Vorschriften häufig in der Praxis unbrauchbar gemacht werden, erreicht das Gesetz sein Ziel. Der Gesetzgeber soll ein strenger Richter sein gegen Unfug und Unredlichkeiten. Er soll ein nachsichtiger Richter sein gegen den bedrängten und ehrlichen Schuldner. Die Hindernisse des eigentlichen Konkursverfahrens müssen unbedingt gemildert und gemindert sein. Sonst ist und bleibt die Intention recht löblich, die Ausführung unbenützbar und der sozialpolitische Endzweck eine Illusion. —

Brasilien hat ein neues Gesetz vom 16. August 1902 über das Konkursrecht. Die Möglichkeit, einen die Konkurseröffnung verhindernden Vergleich zu erlangen, ist auf Kaufleute mit eingetragener Firma beschränkt. Das Zustandekommen des Vergleichs innerhalb und außerhalb des Konkurses ist so ziemlich gleichmäßig geordnet. Wenn ein Schuldner mit eingetragener Firma innerhalb 10 Tagen nach der festgestellten Zahlungsweigerung einer fälligen Handelsschuld einen Zwangsvergleich beantragt und ein Antrag auf Konkurseröffnung noch nicht eingereicht ist, kann der Konkurs nur für den Fall der Nichtbestätigung des Vergleichs erklärt werden. Mit Einreichung des Gesuches verliert der Schuldner die Befugnis, über sein Vermögen zu verfügen. Lediglich mit Zustimmung des Gerichts darf er neue Verbindlichkeiten eingehen. Der Gerichtsschreiber veröffentlicht den Antrag. Zur Annahme des Vergleiches bedarf es:

1. der Zustimmung der einfachen Mehrheit der Gläubiger nach Personen und Forderungen, wenn die Dividende über 50 v. H. beträgt;
2. der Zustimmung von zwei Dritteln der Gläubiger, die zugleich $^3/_4$ der Forderungen vertreten, oder der Zustimmung von $^3/_4$ der Gläubiger, die zugleich zwei Drittel der Forderungen vertreten, wenn die Dividende 30 bis 50 v. H. beträgt;
3. der Zustimmung von $^3/_4$ der Gläubiger, die zugleich $^3/_4$ der Forderungen vertreten, wenn die Dividende unter 30 v. H. beträgt.

Eine längere Frist wie zwei Jahre darf nach dem brasilianischen Gesetz für die Zahlung nur mit Zustimmung einer Dreiviertelmehrheit der Personen und Guthaben eingeräumt werden. Es werden bloß anerkannte Forderungen nichtbevorrechtigter Gläubiger berücksichtigt. Der Vergleich bedarf richterlicher Bestätigung. Die Aufhebung des Vergleiches findet statt, wenn dem Schuldner vor oder nach der Bestätigung eine má fé = eine böswillige Benachteiligung der Gläubiger zur Last fällt oder wenn durch seine Schuld die Einhaltung der Vergleichsbedingungen unmöglich gemacht wird. —

Das italienische Gesetz[57]) vom 24. Mai 1903 handelt vom Präventivakkord im engeren Sinne und ist daher für uns sehr instruktiv. Es nennt sich auch Gesetz über das Verfahren bei kleinen Konkursen. Früher galt der gerichtliche Zahlungsaufschub (moratoria) des Artikels 819ff. HGB. vom 2. April 1882. Leider steht das Vorvergleichsverfahren nur den Kaufleuten zu. Das belgische Vorbild ist maßgebend. Eröffnung und Verlauf werden veröffentlicht. Hypothekenämter und Staatsanwalt erhalten Kenntnis. Geschäftsführung und Verfügungsmacht des Schuldners werden überwacht. Von der Einreichung des Antrages bis zur Entscheidung über die Bestätigung ruhen Vollstreckungen und Zinsenlauf. Ein Gerichtskommissar und beauftragter Richter haben jederzeit Einsicht in die Handelsbücher und überwachen den Geschäftsbetrieb. Der Gerichtskommissar ist eine Eigentümlichkeit des italienischen Gesetzes. Die Genehmigung des beauftragten Richters zu freigebigen

57) Gertscher, das it. Ges., Z. f. Deut. Zivilproz. Bd. 33 S. 176; Keyssner, Z. f. d. gesamt. Handelsrecht Bd. 55 S. 225ff.; Bolaffio, La legge sul concordate preventivo e sulla procedura dei piccoli fallimenti; Vidari, I. Fallimenti Bd. 1 Nr. 104ff.

Handlungen, Bürgschaften und Darlehensaufnahmen, Veräußerungen und Belastungen darf nur bei dringender Notwendigkeit und im Falle offenbaren Nutzens erteilt werden. Handelt der Schuldner diesen Beschränkungen zuwider, verheimlicht er Vermögensstücke und dergleichen, so ist die Konkurseröffnung die Folge. Die Verfügungsbeschränkung dauert nach Bestätigung des Vergleiches bis zur vollständigen Erfüllung fort. Bloß dem würdigen Schuldner kommt die Wohltat des Vorvergleiches zugute (merite = vole del beneficio). Folgerichtig ist der Gläubiger befugt, in der Versammlung darzulegen, warum er den Schuldner für unwürdig erachtet. Folgerichtig ist eine mehrjährige korrekte Buchführung und eine zu garantierende Mindestdividende (40%) verlangt. Gewisse Vergehen der früheren Zeit auf seiten des Schuldners machen den Vorvergleich unzulässig. Auch die Nichtzahlung von Hauptsache, Zinsen und Kosten in einem früheren Konkurs und Nichterfüllung eines früheren Zwangsvergleiches hindert die Abschließung eines Präventivakkords. Auf den innerhalb eines Jahres zulässigen Antrag eines Gläubigers kann das Gericht den bestätigten Vergleich aufheben und den Konkurs eröffnen, wenn betrüglich die Schuldenmasse höher angegeben oder ein erheblicher Teil der Vermögensmasse verheimlicht war. Dagegen sind Anträge auf Aufhebung wegen Nichterfüllung unzulässig. Nach fruchtloser Zwangsvollstreckung kann erst der Konkurs beantragt werden. Eine Neuerung, die der französischen liquidation judiciaire angepaßt ist, ist im zweiten Teil des Gesetzes vom 24. 5. 1903 über den Präventivakkord enthalten. Für Einzelkaufleute mit einer Passivmasse von nicht über 5000 Lire ist nämlich das Konkursverfahren ausgeschlossen und ein besonderes Verfahren normiert. Dasselbe bezweckt die Herbeiführung eines Zwangsvergleiches. Kommt ein solcher nicht zustande, so soll die tunlichst schleunige Liquidierung der Masse, und zwar ohne Konkurs stattfinden. Die Herbeiführung eines Zwangsvergleiches soll durch größtmögliche Erleichterung der Vergleichsvoraussetzungen angestrebt werden. In diesem Falle wird nämlich von den Vorschriften über die Würdigung des Schuldners, über die Mindestdividende und die gerichtliche Bestätigung abgesehen. Die Verfahrensformen sind auch weniger kompliziert und die Publikationen sind eingeschränkt. Dem Einzelrichter ist ein weitgehendes Ermessen bei Prüfung der Massen eingeräumt. Der kleine Kaufmann soll vor den üblen Folgen des Konkurses oder Liquidationsverfahrens bewahrt werden. Dem Gesetze wird nachgerühmt, es habe die Einrichtung der gerichtlichen moratoria beseitigt. Diese bot nämlich dem Unehrlichen viele Vorteile. Die offizielle Statistica guidiziaria zeigt, daß ein sehr großer Teil der Konkurse durch Zwangsvergleich erledigt wurde, nämlich 1008 von 2511 = 40,14%. Der offizielle italienische Bericht sieht die Ursache der Häufigkeit der Zwangsvergleiche in den Weitläufigkeiten des Liquidationsverfahrens. Bemerkenswert ist sodann in diesem Betreff die Stellungnahme der Denkschrift des Reichsjustizamtes. Dieses argumentiert bezüglich des guten Erfolges des Zwangsvergleiches in Italien in statistischer Hinsicht, was folgt: „Es kommt wohl hinzu, daß nach dem italienischen Konkursrechte der Antrag auf Einberufung einer Gläubigerversammlung zwecks Abschlusses eines Zwangsvergleiches im Konkurse nicht nur vom Gemeinschuldner, sondern auch vom Verwalter, vom Gläubigerausschuß sowie von einer Minderheit der Gläubiger gestellt werden kann, die ein Viertel der Schuldenmasse vertritt. Auch mag mitwirken, daß das den Zwangsvergleich im Konkurs bestätigende richterliche Urteil dem Schuldner, falls dieser besonders würdig ist, die Löschung eines Namens in dem Fallitenverzeichnis und die Befreiung von Strafverfolgung für den Fall vollständiger Erfüllung der Vergleichsbedingungen zusprechen kann (Art. 831, 839 HGB.). Schließlich fallen auch die Kosten des Konkursverfahrens in Italien sehr ins Gewicht. Nach Angabe der Statistik (a. a. O. S. CXXII) wurden im Jahre 1900 in zwei Dritteln aller durch Liquidation erledigten Fälle — für die Fälle der Erledigung durch Zwangsvergleich fehlt eine Mitteilung — mehr als ein Viertel und in fast einem Drittel aller Fälle mehr als die Hälfte der Aktivmasse zur Deckung der Kosten benötigt."

Wie dem auch sein mag: der statistisch so überaus günstige Erfolg des italienischen Präventivakkordes spricht Bände. Wo ein wirklich guter Wille ist, ist auch ein Weg wahrzunehmen. Werden die dringenden Bedürfnisse in eine kaufmännisch verwertbare Form gekleidet, so zeigen sich unmittelbar die Fortschritte der wirtschaftspolitischen Maßregel und der in kaufmännischen Kreisen gut bewährten Liquidationsform. Aus der Methode des kleinen Konkurses in Italien sieht man außerdem, daß gewisse Verfügungsbeschränknngen und die Inanspruchnahme der Öffentlichkeit — trotz der prinzipiellen Bedenken der Denkschrift des Reichsjustizamtes — sehr wohl zu entbehren sind. Ich erkläre mir die rühmlichen Resultate der Ley sul Concordato Preventivo e sulla Procedura dei piccoli Fallimenti vom 24. Mai 1903 vor allem daraus, daß dieses neuere italienische Gesetz ausführlichst und sachgemäßest die Erfahrungen der übrigen Kulturländer sich zu nutzen gemacht hat. Vivant sequentes! Der italienische Präventivakkord muß ferner in einem frühen Stadium benützt werden, wenn der Schuldner ihn anwenden will. Denn wenn der Antragsteller bereits die Zahlungen für seine Obliegenheiten aus Handelsgeschäften eingestellt hat, ist die obligatorische Verpflichtung des Gerichts, den Konkurs zu eröffnen, gegeben. Infolgedessen muß auch der Schuldner rechtzeitig sich offenbaren, und kommt nicht erst im letzten Moment mit einem Präventivakkord daher. Dieser Umstand gewährleistet Brauchbarkeit der schuldnerischen Vorschläge, Nichtausräumung der Masse und leichtere Verhandlungsmöglichkeit mit allen Gläubigern, da Bevorzugungen wegen bereits vorgenommener Vollstreckung oder auch nur Wechseleinklagung usw. nicht möglich sind[58]). —

Das dänische Konkursgesetz vom 25. März 1872 beschränkte den Konkurs nicht auf Kaufleute. Aber die Möglichkeit des Zwangsvergleiches im Konkurse war bloß Handeltreibenden, Fabrikanten und Schiffsreedern eingeräumt. Mit dem neuen Gesetz vom 14. April 1905 ist eine neuzeitliche Änderung hervorgerufen. Nun kann jedermann einen Zwangsvergleich in dem Konkurse und ohne denselben abschließen. Norwegen ist Vorbild. Ob die Zahlungsfähigkeit vor kürzerer oder längerer Frist eingetreten ist, ist belanglos. Unzulässig ist der Vergleich außerhalb des Konkurses mit Zwangswirkung, wenn schon einmal ein solcher durchgeführt war, sofern der Schuldner nicht dartut, daß er mindestens 55% damals gezahlt hat. Unzulässig ist das Zwangsvergleichsverfahren weiterhin, wenn der Schuldner die ihm obliegenden Verpflichtungen der Anwesenheit, Aufklärung und Statuserteilung nicht erfüllt. Das Eingehen von Schulden während des Vergleichsverfahrens ist nur zulässig, wenn dies die Aufrechterhaltung seiner Tätigkeit erfordert. Schriftliche Genehmigung einer Aufsichtsperson, welche auf Antrag von zwei Fünftel der bekannten Gläubiger (nach Personen und Summen) vom Gericht zu diesem Zweck bestellt werden kann, ist notwendig. Während des Vergleichsverfahrens kann auf Antrag von mindestens drei Gläubigern, welchen wenigstens ein Zehntel des Gesamtbetrages der Guthaben zusteht, der Konkurs eröffnet werden. Bloß in dem Zeitraum zwischen Annahme und Bestätigung des Vergleiches ist solche Konkurseröffnung ausgeschlossen. Die Bestätigung wird ex officio abgelehnt, wenn das Vergleichsverfahren unzulässig oder wenn essentiellen gesetzlichen Vorschriften zuwider gehandelt worden ist, auch wenn heimlich oder offen besondere Vorteile einem Gläubiger gewährt wurden und wenn für die Vergleichserfüllung keine Sicherheit gegeben ist, die nach gerichtlichem

---

[58]) Gertscher, a. a. O. S. 179; Scraffa (bei Borchardt) Italien S. 5; Supino, Instituzioni di Diritto Commerciale, 1900 S. 482.

Ermessen nach Lage des Falles ausreicht. Auf Einspruch eines Gläubigers muß die Bestätigung ferner verweigert werden, wenn nachgewiesen wird, daß der Zwangsvergleich dem gemeinsamen Interesse zuwiderläuft. Die Nichterfüllung der Bedingungen hebt den Vergleich nicht auf. —

Die Loi portant révision de la lêgislation sur les faillites, banqueroutes et sursis vom 2. Juli 1870, welche in Luxemburg die einschlägigen Verhältnisse regelt, war dem belgischen nachgebildet. Die loi concernant le concordat préventif de la faillite vom 14. April 1886 hat beinahe wörtlich das erste belgische Gesetz von 1883 kopiert. Die in dem neueren Gesetz Belgiens eingeführte schärfere Kontrolle durch die Behörden ist daher weggefallen. —

Spanien beschränkt seinen Konkurs (quiebra) auf Kaufleute (Código de commercio vom 22. August 1885 und ley de Enjuiciamiento vom 3. Februar 1881). Ein Zwangsvergleichsverfahren, welches Erlaß und Herabsetzung der Schulden (quita o rebaja) zum Inhalt hat, ist nur im Konkurse selbst, nicht zur Verhütung desselben, möglich. Dagegen kann von einem Kaufmann auch eine Zahlungsstundung außerhalb des Konkurses angeregt und durch Mehrheit der Gläubiger verlangt werden. Immerhin kennt das spanische Recht einen Vorvergleich mit Erlaßwirkung für Nichtkaufleute. Liegt Überschuldung und Zahlungsunfähigkeit vor, so muß ein dem Konkursverfahren analoges Verfahren zur gemeinschaftlichen Befriedigung der Gläubiger (Concurso de acreedores) beim Gerichte herbeigeführt werden (declaración de concurso). In diesem Verfahren ist ein Zwangsvergleich (convenio) möglich. Schon vorher, zur Abwendung des Verfahrens, darf der Schuldner durch Majorität seiner Gläubiger in einem gerichtlichen Verfahren einen teilweisen Nachlaß (quita) und eine Stundung (espera) zu bewirken suchen. Jeder nichtkaufmännische Schuldner kann seine Gläubiger einberufen. Nicht nur der unverschuldet bedrängte. Der Richter leitet nur formell die Verhandlungen. Dagegen ist weitgehende Gläubigerautonomie gegeben. Es besteht also auch kein richterliches Prüfungs- und Bestätigungsrecht. Nur werden die Gläubiger persönlich und, wenn nötig, öffentlich geladen. Vollstreckungen werden auf Antrag des Schuldners eingestellt. Das Verfahren ist in höchstens zwei Monaten zu beenden. Der zustandegekommene Vertrag hat Zwangswirkung. —

Das holländische Gesetz steht an der Spitze derjenigen, die ein Verfahren zur Erlangung einer Stundung von Gesetzes wegen geregelt haben. Holland kannte bereits durch die Amsterdamer Ordonnanz von 1659 und 1757 ein Verfahren zur Abwendung des Konkurses. 1814 kam eine neue Verordnung. Nun gilt das Gesetz vom 30. September 1893. (Surseance van betaling.) Der Zahlungsausstand kann bis auf anderthalb Jahren durch Gläubigermehrheit gewährt werden. Inzwischen ist der Schuldner hinsichtlich wesentlicher Verfügungen (durch bewindvoerders) bevormundet. —

Schon am 18. Mai 1859 hat Österreich durch Verordnung ein Verfahren über Erlangung eines Zwangsausgleiches eingeführt. Am 17. März 1862 ist eine Novelle erlassen worden. Die neue Konkursordnung vom 25. Dezember 1868 hob die Einrichtung wieder auf. In den Motiven zur Konkursordnung ist davon die Rede, durch das Verfahren sei der Formalismus des früheren Konkurses vermieden worden. Auch sei das Verfahren zur Erlangung eines Zwangsausgleiches durch seine Schnelligkeit beliebt gewesen. Dennoch seien die Erfahrungen ungünstig gewesen, denn die rasche Art sei auf Kosten des guten Rechtes erzielt worden. Richtig ist, daß man in weiten Kreisen mit der Konkursordnung von 1868 unzufrieden war. Vorschläge und Anträge im Reichsrate, in der Wiener Handels- und Gewerbekammer, auf dem ersten, dritten, achten und elften Advokatentage, auch insbesondere in der Literatur, beschäftigten sich mit der Reform[59]). Die Konkursordnung von 1868 machte, wie das damalige preußische Konkursrecht, zwischen kaufmännischem und gewöhnlichem Konkurs einen Unterschied. Sie hat in Österreich den Zwangsvergleich im Konkurs, aber nur für den Kaufmann, zugelassen. Die Voraussetzungen eines solchen Vergleiches waren erschwerte. So war denn auch die Erledigung des Konkurses durch Zwangsvergleich selten. Der Anteil der Zwangsvergleiche betrug im Jahre 1901 nur 3,1% der Konkursverfahren. Denn selbst im Falle eines Zwangsvergleiches riskierte in Österreich der Konkursmacher schwerste Folgen. So fanden denn in der Regel in Österreich außergerichtliche Arrangements statt. Die Denkschrift des Reichsjustizamtes sagt selbst, daß diese außergerichtlichen Arrangements ein Hauptanlaß dafür waren, daß das Verlangen nach leichterer Erledigung von Zahlungsschwierigkeiten besonders fühlbar hervortrat und die Regierung im Jahre 1904 sich veranlaßt sah, den Entwurf eines Gesetzes über die Einberufung der Gläubiger vor-

[59]) Wrabetz: Im Abgeordnetenhaus 1888; Frankl: Zur Revision des österreichischen Konkursrechtes 1896; Pollak: Gutachten über die Reform des Konkursrechtes; Pollak: Über das Wirtschaftssystem der österreichischen Konkursrechtsform 1911 S. 24; Benedikt: Zur Reform der Konkursordnung; Schullern: Zeitschrift f. Volkswirtschaft Bd. 1 S. 423.

zulegen. Die Möglichkeit des Abschlusses eines Zwangsausgleiches vor dem Konkurse wurde nun vorgesehen, nachdem die Reformbedürftigkeit des ganzen Konkurswesens von Körperschaften und Schriftstellern bejaht worden war[60]).

Das im Jahre 1905 geplante österreichische Gesetz wollte im großen und ganzen den Präventivakkord nach belgischem System einführen. Unverschuldet zurückgegangene Kaufleute und Inhaber eines unter Führung von Handelsbüchern betriebenen Unternehmens sind im Entwurfe zugelassen. Der Akkord muß mindestens 30% bieten. Gläubiger, deren Forderungen ein Viertel der Passiva ausmachen, dürfen einen Vertrauensmann zur Überwachung des Schuldners aufstellen. Das Gericht beruft durch öffentliche Ausschreibung eine Gläubigerversammlung. Die hierbei festgestellten und tabellarisch zusammengestellten Forderungen berechtigen zur Abstimmung. Wenn der Schuldner zwischen 30 und 40 % bietet, ist drei Viertel Kopf- und vier Fünftel Summen-Mehrheit erforderlich. Wenn er mehr als 40% bietet, so ist zwei Drittel Personen- und drei Viertel Summenmehrheit erforderlich. Von Ausfertigung der Ladung bis zum ersten Termin liegen 14 Tage. Eine Verlegung des Termines nach Beschluß derjenigen Mehrheit, welche zum Akkorde selbst erforderlich ist, ist möglich. Durch den bestätigten Vergleich werden alle in dem Verzeichnis aufgeführten Gläubiger abgefunden. Der Akkord ist nichtig, wenn nachträglich der Schuldner wegen betrügerischen Bankrotts verurteilt wird.

Der österreichische Entwurf kennt aber auch das Institut des Moratoriums. Denn wenn der Präventivakkord in der Versammlung nicht die nötige Mehrheit findet, aber eine Anzahl von Gläubigern, welche miteinander vier Fünftel der Gesamtsumme der stimmberechtigten Forderungen ausmachen, dem Schuldner im Abstimmungstermin eine Stundung gewährt, so hat der letztere das Bene eines Moratoriums, nämlich den zustimmenden Gläubigern gegenüber.

Leider hat der Reichsrat den Entwurf des Gesetzes über die Einberufung der Gläubiger von 1904 nicht verabschiedet[61]), weil man der

---

[60]) Popper, Der Vorkonkurs; Antrag Pollack-Parnegg; Gutachten von Professor Pollak: Über die Reform des Konkursrechtes vom 11. österreichischen Advokatentag; Gertscher, Gerichtszeitung 1905 Nr. 16; Frankl; Lieblich: Zwangsausgleich ohne Konkurs; Kaserer: Kommentar.

[61]) Könige: 1905 S. 449; ferner L.-Z. 1908; Pollak: L.-Z. 07 107; Weidingers: Referat an das Gremium der Wiener Kaufmannschaft; Popper: S. 19.

Ansicht war, das ganze österreichische Konkursrecht bedürfe der Revision. So behilft man sich, wie bei uns, bis auf weiteres mit außergerichtlichen Privatvergleichsexperimenten.

Ich schließe aus Popper, „Der Vorkonkurs in der Praxis" und Tischbein einige statistische Ziffern über Österreich an:

Österreichische Statistik Bd. 90. Wien 1912, Heft 1 Abt. 2 S. XIII:

	Bei der Inventur ermittelter Wert der Aktiva	Erlös in Kronen	Erlös in % des Inventurwertes
1904	23531466	15338689	65,2
1905	34568019	22663862	65,6
1906	32737462	24050828	73,3
1907	20306786	23796276	67,9
1908	28256946	15809159	56,0
1909	29255426	17228006	58,9

	Fälle	Gesamtpassiven Kronen	Beteiligung der Vereine Kronen
Niederösterreich	175	22584595	3477410
Oberösterreich, Salzburg, Tirol	15	745220	207285
Böhmen, Mähren, Schlesien	140	8083381	1523444
Steiermark, Kärnten, Krain	45	2217695	370607
Istrien, Dalmatien	22	721792	222783
Galizien, Bukowina	123	4828806	1378614
zusammen	520	39181489	7180144

Durch außergerichtlichen Ausgleich wurden als Quoten erzielt im Durchschnitt in:

			%
Niederösterreich	in 85	Fällen	39,6
Oberösterreich, Salzburg, Tirol	„ 6	„	54,2
Böhmen, Mähren, Schlesien	„ 54	„	54,4
Steiermark	„ 12	„	62,2
Istrien, Dalmatien	„ 4	„	40,3
Galizien, Bukowina	„ 83	„	46,5

Durch Ausgleich im Konkurs und Zwangsvergleich im Durchschnitt in:

			%
Niederösterreich	in 21	Fällen	35,8
Oberösterreich, Salzburg, Tirol	„ 1	Falle	60
Böhmen, Mähren, Schlesien	„ 19	Fällen	35,4
Steiermark	„ 6	„	52,1
Istrien, Dalmatien	„ 2	„	40
Galizien, Bukowina	„ 6	„	39,6

Durch Verteilung der Konkursmassen im Durchschnitt in:

			%
Niederösterreich	in 32	Fällen	14,6
Oberösterreich, Salzburg, Tirol	" 11	"	20,9
Böhmen, Mähren, Schlesien	" 46	"	22,9
Steiermark	" 21	"	26,8
Istrien, Dalmatien	" 13	"	18,2
Galizien, Bukowina	" 4	"	11,2. —

Griechenland kannte den Zwangsvergleich zur Abwendung des Konkurses seit 6. Februar 1893 (*προληπτικός τῆς πτωχεύσεως συμβιβασμός*) Belgien war Vorbild. Das Gesetz war zur Zeit der großen wirtschaftlichen Krisis überhastet erlassen worden[62]). Seit 1895 besteht es nicht mehr. —

In Bulgarien besteht seit 1897 ein Rechtsinstitut des Moratoriums. In den Balkanländern ist dies bekanntermaßen eine sehr beliebte Einrichtung. Der Richter kann das Moratorium, unabhängig von der Zustimmung einer Mehrheit der Gläubiger, erteilen. —

Den eigentlichen Präventivakkord kennt Rumänien seit 1887. Durch das Konkursgesetz von 1895 ist eine Mindestdividende von 40 % vorgeschrieben. —

Die Türkei wendet den Präventivakkord insoweit an, als das Personalitätsprinzip gilt. —

Rußland kennt den freiwilligen Akkord vor dem Konkurs auf Grund Antrags eines Gläubigers und den gerichtlichen Präventivakkord für Fabriken und Handelsfirmen. Es gilt Zweidrittelmehrheit, nach Forderungsbeträgen berechnet. Wenn mindestens 50 % in der Masse sind, kann der Antrag auf Zwangsadministration bei dem Börsenausschuß eingereicht werden. Der Börsenausschuß besteht aus seinem Vorsitzenden und 6 eingetragenen Kaufleuten, welche aber nicht Gläubiger sind. Für den Fall der Zulassung der Administration, die mit einfacher Mehrheit durch den Börsenausschuß beschlossen wird, wird durch das Gericht eine Gläubigerversammlung einberufen. Diese stellt mehrere Verwalter auf. Zwei Drittel der Gläubiger oder die Verwalter einstimmig können die Erteilung des Konkurses und somit Beendigung der Administration herbeiführen. —

[62]) Die Gründe seiner Aufhebung cf. bei Kohler: Der Präventivakkord in Griechenland; Busch: Zeitschrift f. Deutschen Zivilpr. Bd. 34 S. 537; Borchardt u. Petimesas: Der Zwangsvergleich unter besonderer Berücksichtigung des griech. Konkursrechts (Berliner jur. Beiträge, redig. von Kohler, 9. Heft).

Paraguay[63]) hat am 5. Oktober 1903 den Präventivakkord des argentinischen HGB., Haiti mit Gesetz vom 16. Juli 1896 die liquidation judiciaire Frankreichs zur Einführung gebracht. Mexiko und Nicaragua ist dem span. HG., Monaco dem französischen nachgebildet. Peru akzeptierte das argentinische Recht. Chile weiß nur von einem einstimmigen Moratorium. Honduras hat sich dem Rechte des chilenischen HGB. angeschlossen. —

China hat für die weißen Kaufleute das Recht der Heimat derselben, somit auch überall da den Präventivakkord eingeführt, wo die Heimat des diesbezüglichen Landes denselben eingeführt hat. — Die südaustralische Common Wealth kennt einen richtigen Präventivakkord. Jeder Insolvente kann durch Rundschreiben seine Gläubiger laden. Inzwischen sistiert das Gericht die Vollstreckungen. Einfache Kopf- und drei Viertel Summenmehrheit ist vorgeschrieben. Nach freiem Ermessen bestätigt das Gericht den Vergleich. Geschieht dies, so ist eine zweite Versammlung in der gleichen Majorität vonnöten; der nun abgeschlossene Vergleich ist bindend. —

Japan kennt seit 1. Januar 1893 ein Moratorium eines bedrängten kaufmännischen Schuldners. Sein Antrag muß den Status und Vorschläge der Garantie- sowie Befriedigungsart enthalten. Mit Berufung der Versammlung kann die Behörde einen provisorischen Zahlungsaufschub verbinden. Die Hälfte der Kopf- und Summen-Mehrheit ist erforderlich, worauf Bestätigung bzw. Verwerfung erfolgt. Ist rechtskräftige Bestätigung erfolgt, so kann keine Vollstreckung vor sich gehen. Ein Kommissarius hat die Überwachung. Aus subjektiven und objektiven Gründen kann das Moratorium wieder aufgehoben werden. Das Moratorium ist nur für ein Jahr möglich. Aber es kann um ein Jahr prolongiert werden[64]). —

Alle diese ausländischen Bestrebungen[65]) gehen davon aus, daß ein geschäftliches Unternehmen in vielen Fällen durch ein Aufschubverfahren gehalten werden kann, daß aber der eigentliche Konkurs dem sozialen Charakter der — zumal im gewerblichen Leben nicht zu entbehrenden — Schonung nicht dermaßen gerecht werden kann, wie ein Erlaßvertrag bzw. Erlaßstundungsvertrag, bzw. irgend ein Rechtsinstitut geminderten Beschlagsrechts (wie sich Kohler ausdrückt).

---

[63]) Oskar Borchardt: D. gelt. Handelsg. des Erdballs Bd. III, und Mittermaier: Zeitschr. f. das gesamte Handelsr. 32. Bd. S. 352.

[64]) Vernicken S. 66.

[65]) Zusammengefaßt von Jäger: Komm. § 173 Anm. 27; Staub-Könige: Komm. Erk. zu § 350.

§ 11.

Grundsätze des Präventivakkords in früheren deutschen Gesetzen.

Der Präventivakkord — den nach alledem kaum ein Kulturland, außer dem unsrigen, verpönt — ist unserem früheren deutschen Rechtsleben nicht fremd gewesen. Das alte Moratorium entstammte dem römischen Recht. Der Landesherr konnte ein solches Moratorium erteilen. Dies geschah oft despotisch und übermäßig lang. Man nannte diese zumeist auf fünf Jahre betätigten Moratorien Quinquenellen von quinque anni her. Die Reichspolizeiordnung von 1577 schränkte sie ein. Später wurden sie als sogenannte gerichtliche Indulte den Gerichten überwiesen[66]).

In Sachsen (Leipz. HandelsgerOrd. usw.)[67]), Württemberg und Baden, Hannover und Kurhessen, auch in den Hansastädten — mit Ausnahme von Lübeck — war der Präventivakkord eingeführt. Durch die preußische Konkursordnung von 1855 wurde das Generalmoratorium, welches zugunsten aller Bürger wirkte — wie etwa in den Balkanländern zur Zeit des Krieges — abgeschafft und ein Spezialmoratorium eingeführt. Der Schuldner konnte es, wenn er aus einem Vollstreckungstitel belangt wurde, beim Gericht erster Instanz beantragen. Das Gericht entschied ex arbitrio. Betrieb ein anderer Gläubiger die Vollstreckung, so kam das Spezialmoratorium in Wegfall.

Das Einführungsgesetz zur Konkursordnung sprach sich über alle derartigen Moratorien höchst ungünstig aus: „‚Quinquenellen gehören in die Höllen' ist ein altes Volkswort. Landesherrliche, wie gerichtliche Moratorien sind dem Kredit entschieden nachteilig. Einer großen Zahl der Gläubiger bleibt für lange Zeit die Zahlung entzogen, deren sie zur Erfüllung eigener Verbindlichkeiten bedürfen. Für den gewissenlosen Schuldner eine gefährliche Handhabe, nützen sie dem redlichen in den seltensten Fällen, meist verderben sie den Kredit und die Vermögensverhältnisse des ohnehin kreditlosen Schuldners vollends. Die Gläubiger werden gereizt und schwierig, die Schuldner in der Eingehung und Er-

---

[66]) **Conrad**: Pfändungsbeschränkungen S. 180ff.

[67]) **Wengler**: Der Konkurs der Gläubiger nach Sächs. Recht unter vergleichender Berücksichtigung gemeinrechtl. Grundsätze; **Ufer**: Über Akkordprozeß, pactum remissorium et plurium und das Nachforderungsrecht der Gläubiger. Zeitschr. f. Rechtspflege u. Verwaltung Bd. 26 S. 216.

füllung ihrer Verbindlichkeiten sorglos. Außergewöhnliche Zeitumstände, welche eine allgemeine Stundung für die Gläubiger wie den Schuldner vorteilhaft machen könnten, werden ihre überzeugende Kraft auf die Gläubiger nicht verfehlen; gegen den Willen derselben bleiben sie stets eine unzulässige Rechtsverweigerung. Generalmoratorien dürfen in keiner Weise den begründeten Eintritt des Konkursverfahrens ausschließen."

Diese Auslassungen berühren den Akkord unseres Themas eigentlich nur indirekt. Wenn auch bei Schilderung der ausländischen und früheren Gesetzgebung Moratorium und Nachlaßvertrag nicht ohne weiteres geschieden werden können, so hat doch zweifelsohne der Präventivakkord weit größere Vorzüge, weit kleinere Nachteile, wie das Prinzip des Moratoriums.

§ 12.

Die Grundsätze des Präventivakkords in bestehenden deutschen Gesetzen.

Ehe nun die den alten Indulten und landesgesetzlichen Akkordbestimmungen folgenden Bewegungen des preußisch-reichsdeutschen Rechtslebens, auch die Vorgeschichte der jetzigen Reformbestrebung, geschildert werden sollen, und zwar insoweit sie schlechthin für den Schuldner, der die Zahlungen eingestellt hat, ein Zwangsvergleichsverfahren zur Abwendung des Konkurses einführen wollen, ist — der Vollständigkeit halber — derjenigen geltenden Spezialgesetze zu gedenken, durch die ein Vergleich bzw. eine Stundung zur Abwendung des Konkurses eingeführt ist. Im Hypothekenbankgesetz vom 13. Juli 1899 (§ 35, 3. Absatz) ist bestimmt, daß die Kosten einer Versammlung der Pfandbriefgläubiger, welche nach dem Gesetz betreffend die gemeinsamen Rechte der Besitzer von Schuldverschreibungen berufen wird, aus dem zur vorzugsweisen Befriedigung der letzteren dienenden Teil der Masse zu berichtigen sind. Ferner kann nach dem Gesetz vom 4. Dezember 1899, betreffend die gemeinsamen Rechte der Besitzer von Schuldverschreibungen, eine Versammlung der Obligationäre, die durch den Schuldner einberufen wird, die Aufgabe oder Beschränkung von Gläubigerrechten, insonderheit die Herabsetzung des Zinsfußes und die Bewilligung einer Stundung, mit drei Viertel Majorität der abgegebenen Stimmen beschließen. Die Mehrheit muß, falls die umlaufenden Obligationen einen bestimmten Nennwert haben, mindestens ein Viertel dieses Nennwerts erreichen. Das Verfahren ist zur Abwendung einer Zahlungseinstellung oder des Konkurses des Schuldners bestimmt.

Ähnliche Bestimmungen hat das preußische Gesetz betreffend das Pfandrecht an Privateisenbahnen und Kleinbahnen vom 19. August 1895. Die Aufgabe des Pfandrechts, die Ermäßigung des Zinsfußes, die Bewilligung einer Stundung kann von einer Pfandgläubigerversammlung mit einfacher Mehrheit der anwesenden Stimmen beschlossen werden, wenn diese mindestens $^2/_3$ der Gesamtsumme der Bahnpfandschuld darstellt. Das Gericht beruft die Versammlung ein, und zwar auf Antrag des Bahneigentümers oder von Gläubigern, die mindestens 4 % der Bahnpfandschuld verkörpern. Der Beschluß unterliegt der Prüfung der Bahnaufsichtsbehörde und Bestätigung des Gerichts.

Kohler verweist noch auf weitere Fälle der neuzeitlichen Gesetzgebung, in welchen ein den Zusammenbruch abwendendes Abkommen zur Anwendung gebracht erscheint. Kohler[68]) geht davon aus, daß bei großen Gesellschaften das bisherige deutsche rein privatrechtliche Konkursverfahren mangelhaft sei. Im Gesellschaftsleben drehe es sich darum, rechtzeitig die schwersten Folgen abzuwenden und zu sanieren. Eine Aufsichtsbehörde müsse zu diesem Zweck bedeutsame Rechte des Eingriffs haben. Ihrem Ermessen sei es anheim gestellt, den Konkurs zu beantragen oder eine Ordnung eintreten zu lassen, die dem Interesse entspreche, wobei freilich gesetzliche Direktiven nicht zu entbehren seien. Als Beispiele der Betretung dieses noch offenen Gebietes kommen das schweizerische Obligationenrecht für Aktiengesellschaften, das englische Gesetz für Lebensversicherungsgesellschaften und das deutsche Privatversicherungsgesetz (§§ 68 und 69 vom 12. Mai 1901 für Lebensversicherungsgesellschaften) in Anwendung. Nach unserem deutschen Gesetz kann die Aufsichtsbehörde die laufenden Lebensversicherungen, freilich nur mit $33^1/_3$ %, herabsetzen.

Aus Vorstehendem ergibt sich, daß das Verfahren des Präventivakkords in der herrschenden preußischen und reichsdeutschen Gesetzgebung keineswegs vollständig fehlt. Denn die ratio legis dieser Sondergesetze ist weiter nichts, wie die Anwendung des Rechtssystems, von welchem Kohler behauptet hat: „diesem Verfahren gehört die Zukunft" und an anderer Stelle: „das Institut muß entwickelt werden; ohne dieses würden alle Milderungsversuche in der Luft hängen".

---

[68]) Konkurs und Sanierung in Hirths Annalen 1903 S. 633; Leitfaden des deutschen Konkursrechts 1903, S. 167.

§ 13.

Die Grundsätze des Präventivakkords in Anwendung auf frühere Entwürfe.

Soweit früher ein Zwangsabkommen außerhalb der Gerichtsgant in Bundesstaaten vorgesehen war, ist es — von den eben erwähnten exzeptionellen Spezialgesetzesstellen abgesehen — durch § 4 des Einführungsgesetzes zur Konkursordnung beseitigt worden[69]).

Allein bereits in den Tagen des jungen Reiches rumorte es gewaltig zugunsten des Zwangsvorvergleichs. Eine Eingabe des 4. Deutschen Handelstages im Jahre 1878 sprach sich für ein gerichtliches Zwangsvergleichsverfahren außerhalb des Konkurses aus. Schon als die deutsche Konkursordnung vorbereitet wurde, beschäftigte die Reichsregierung der Plan der Einführung dieses Rechtsgebildes. Der Entwurf einer deutschen Gemeinschuldordnung brachte in seinem 4. Buche Vorschriften über ein Vergleichsverfahren zur Abwendung des Gemeinschuldverfahrens. Bei der Beratung des Entwurfs durch die vom Bundesrat gewählte Kommission wurden indes diese Bestimmungen gestrichen. Als das bürgerliche Gesetzbuch eingeführt wurde und so die deutsche Konkursordnung revidiert wurde, ist die Frage von neuem in der Literatur, in Handelskreisen und juristischen Körperschaften — erfolglos — erörtert worden.

§ 14.

Einwirkung der Reformbestrebung auf die Konkursnovelle.

Die Novelle zur Konkursordnung suchte lediglich dadurch den Wünschen der — hauptsächlich aus dem Mittelstande stammenden — Reformvorschläge gerecht zu werden, daß durch den § 110 Absatz 2 der Konkursordnung dem Kridar die Möglichkeit gewährt wurde, durch baldigste Einbringung eines Zwangsvergleichsvorschlages das Konkursverfahren beträchtlich abzukürzen. Auch der § 180, der eine Verbindung des Vergleichstermines mit dem allgemeinen Prüfungstermin vorsieht, hat ein ähnliches Bestreben. Endlich ist durch den § 130 Absatz 2 dafür gesorgt

[69]) Begründung des Entwurfs einer Deutschen Gemeinschuldordnung, Berlin 1873. Begründung des dem Reichstage vorgelegten Entwurfs einer Konkursordnung (Verhandlungen 1874/75 Anlage Bd. 4, Drucksachen zu Nr. 200 S. 1550). Denkschrift des Reichsjustizamts über das gerichtliche Zwangsvergleichsverfahren außerhalb des Konkurses S. 3ff.

worden, daß im Falle eines Vergleichsvorschlages die Fortführung des Geschäftes des Gemeinschuldners keine Störung erleidet, weil das Gericht auf seinen Antrag die Schließung des Geschäftes zu untersagen vermag. Wenn von den Befugnissen des § 110 Absatz 2 und § 180 — ausweislich der durch das Reichsjustizamt vorgenommenen Enquête — ein geringer Gebrauch gemacht worden ist, so zeigt dies klar, daß diese sogenannte Abhilfe der Novelle (welche die Denkschrift des Reichsjustizamts rühmend erwähnt) in Wahrheit keine Abhilfe ist. Denn wenn es einmal zum Konkurse gekommen ist, hat der Schuldner dermaßen den Kopf voll und der Konkursverwalter meist so wenig Zeit, daß es nicht zu jenen Anträgen und erst recht nicht zu gerichtlichen Beschlüssen kommt, weil die übrigen Arbeiten, die dem Kridar und den Konkursverwaltungsorganen nach Gesetz und Übung obliegen, zeitraubend und manchmal kompliziert genug sind. Auch fehlt bis zu den in genannten Paragraphen vorgesehenen Momenten gewöhnlich die zur Beurteilung der Zwangsvergleichsquote erforderliche Übersicht der Größe der vorhandenen Masse. Welcher Gläubigerausschuß kann sich so bald schlüssig machen? Ist eine — noch so unbegründete — Strafanzeige erfolgt — ist die Frage der Zulässigkeit in suspenso. Der Erlaß des preußischen Justizministers vom 16. Dezember 1906, welcher tunlichste Durchführung der neuen Vorschriften (§§ 110 Absatz 2, 130 und 180) anrät, wird also nicht viel fruchten. „Ministerialerlässe der in Rede stehenden Art — meint Jäger[70]) — haben nur belehrende Bedeutung und enthalten auch insoweit ganz unmaßgebliche Aufklärungen über den Inhalt des Gesetzes. Das bedarf der Hervorhebung, da sich die Eingabe von der Wiederholung des erwähnten Erlasses eines Verringerung des Widerstandes verspricht, der auch jetzt noch den Anträgen auf Terminsverbindung entgegengestellt werde." Die Verbindung der Termine hat auch der Verein Berliner Kaufleute und Industrieller in einer Eingabe an das preußische Justizministerium als wünschenswert bezeichnet. Ich glaube trotzdem nicht, daß die soeben von mir entwickelten Bedenken gegen die Zusammenlegung der Termine in der Praxis zu beseitigen sind. Ich wenigstens habe von solcher Zusammenlegung noch nichts gehört. Und gesetzt, die Zusammenlegung der Termine würde glücken, die Normen der Novelle wären also kein Versuch mit untauglichen Mitteln, so wäre nichtsdestoweniger all das ein Tropfen auf den heißen Stein.

[70]) So auch Jäger: Deutsche Jur.-Zeitung 1907 Nr. 2 S. 119.

§ 15.

Denkschrift des Reichsjustizamts vom 1. Dezember 1906.

Die Denkschrift des Reichsjustizamts muß ebenfalls zugeben, daß die kleinen Almosen, welche man den Reformern mit den §§ 110 Absatz 2 und 180 KO. für den Handelsstand hat darreichen wollen, die Bewegung für den Zwangsvergleich außerhalb des Konkurses nicht niederzuringen vermochten. Denn inzwischen hatte das Ausland vielfach den gerichtlichen Zwangsvergleich ohne Konkurs eingeführt. Der Quintessenz nach bewährte und bewährt er sich, wie die obige Statistik dartut, meist recht zufriedenstellend. Es ist in diesem Zusammenhang nicht schön von der Denkschrift des Reichsjustizamts gesagt, daß durch die in Deutschland und Österreich bestehenden Kreditorenverbände, „die sich namentlich mit der Vermittelung außergerichtlicher Vergleiche befassen", die Bewegung nicht unwesentlich gefördert worden sei. Denn, wenn ich auch keinem der Kreditorenverbände nahe stehe, so darf ich, nachdem mir persönlich einzelne derselben als durchaus integer bekannt sind, ganz objektiv der Anschauung Ausdruck geben, daß diese Verbände an alles andere, wie an egoistische Nebenzwecke, dachten und denken. Der beste Beweis dafür liegt doch gerade auch darin, daß die Denkschrift des Reichsjustizamts auf derselben Zeile zugeben muß, daß angesehene Rechtslehrer die ausländische Gesetzgebung zur Nachahmung empfohlen haben. Ein Kohler[71]) und ein Jäger[72]) stehen dem Parteibetriebe wahrlich fern. Das nämliche gilt von den vielen anderen Schriftstellern[73]), die energischst dem Zwangsvergleich zur Abwendung des Konkurses sekundiert haben.

§ 16.

Neuere Bewegung für und gegen den Zwangsvergleich ohne Konkurs.

Viribus unitis sind für den gerichtlichen Zwangsvergleich außerhalb des Konkurses eingetreten: die Berliner Handelskammer am 28. Oktober 1904, der Zentralausschuß kaufmännischer gewerblicher und industrieller Vereine am 17. Juni 1905, der Verein Berliner Kaufleute und In-

---

[71]) Leitfaden des Deutschen Konkursrechts.

[72]) Der Vergleich zur Abwendung des Konkurses in der Deutschen Juristen-Zeitung 1905 S. 753; ferner Kommentar zur Konkursordnung.

[73]) Kisch, Junck, Heinze, Bassermann, Osann.

dustrieller auf Grund der bekannten Broschüre des Justizrats Wagner, Ehrensyndikus des Vereins Berliner Kaufleute und Industrieller, der deutsche Handelstag am 15. Februar 1905, der deutsche Anwaltstag in Hannover vom 13. und 14. September 1905[74]), die 28. Generalversammlung des Verbandes katholischer kaufmännischer Vereinigungen Deutschlands in München (Sitz in Essen-Ruhr), der Verband der Vereine Creditreform (Festschrift zum 25. Jubiläum 1906), der Verein der Großhändler der Manufakturwaren- und verwandten Branchen im Hamburg, welcher auch im Dezember 1906 eine Eingabe an das Reichsjustizamt mit Grundzügen eines Gesetzentwurfes brachte, 1907 die nationalliberale Partei im Reichstag unter Osann und Dove, der Verband Deutscher Schuhwarengroßhändler, Sitz Berlin, Eingabe vom 7. März 1910, nebst Denkschrift von Dr. Franz Jörissen, Generalsekretär des Verbandes Deutscher Schuhwarengroßhändler 1912, der Centralverband der Lederhändler Deutschlands (Generalversammlung in Leipzig, September 1911), der Verband der Lack-, Farben- und Glasgroßhändler, der Verein Deutsch-Österreichischer Kipshändler in Hamburg, der Verband der Baugeschäfte von Groß-Berlin, die Vereinigung der niedersächsischen Handelskammern, der württembergische Gläubigerschutzverband, der Creditorenverein für die Gold-, Silberwaren- und Uhrenindustrie zu Pforzheim usw. Der Reichstagsabgeordnete Warmuth stellte[75]) fest, daß im Dezember 1912 80 deutsche wirtschaftliche Verbände mit 531 Unterverbänden sich für den Zwangsvergleich außerhalb des Konkurses ausgesprochen haben.

Negativ äußerten sich hingegen: die Handelskammern in München, Regensburg, Hamburg, Königsberg und Plauen, ferner die Ältesten der Kaufmannschaft in Berlin. Dem Institut des Zwangsvergleiches außerhalb des Konkurses sind ferner die Staatssekretäre Dr. Nieberding in der 35. Sitzung des Reichstages vom Montag, den 22. April 1907, und Dr. Lisco in der 40. Sitzung des Reichstages vom Donnerstag, den 18. April 1912, entgegengetreten, während der Reichstagsabgeordnete Dr. Spahn senior in der 34. Sitzung des Reichstages vom Sonnabend, den 20. April 1907, seine ablehnende Stellungnahme begründete.

§ 17.

Argumente der Denkschrift des Reichsjustizamts.

Zusammengefaßt sind die letzterwähnten Bedenken in der mehrfach heute zitierten Denkschrift des Reichsjustizamts über das gerichtliche

[74]) Hinrichsen u. Philippson: 17. Deutscher Anwaltstag 1905.

[75]) am 8. 2. 1913 im Reichstag.

Zwangsvergleichsverfahren außerhalb des Konkurses, so daß ich diese gegnerischen Argumente wörtlich wiedergeben und dann einer gründlichen Prüfung unterziehen möchte. Die Gründe der Denkschrift lauten:

„Daß die Dividenden im Konkursverfahren, selbst beim Zustandekommen eines Zwangsvergleichs, nicht so hohe sind, als in einem außergerichtlichen auf freier Einigung sämtlicher Gläubiger beruhenden Vergleichsverfahren, liegt in der Natur der Sache. Es ist die notwendige Folge eines jeden öffentlichen gerichtlichen Verfahrens und der mit ihm verbundenen Kosten. Die Erwartung, daß in einem gerichtlichen Vergleichsverfahren außerhalb des Konkurses die Vergleichsraten dieselbe Höhe erreichen könnten, wie bei außergerichtlichen Angeboten, ist daher unbegründet. Aber auch die Hoffnung, daß sich wenigstens ein besseres Ergebnis erzielen lassen werde, als bei Abschluß eines Zwangsvergleichs im Konkurse, dürfte, wenn anders das Vergleichsverfahren mit den notwendigen Garantien ausgestattet sein soll, nicht gerechtfertigt sein. In Wirklichkeit würde sich das Verfahren nicht wesentlich anders und einfacher gestalten lassen, als das Verfahren, das jetzt eintritt, wenn der Schuldner sofort mit dem Antrag auf Konkurseröffnung einen Vergleichsvorschlag verbindet, wie denn auch das Vorvergleichsverfahren der ausländischen Rechte sich von jenem Verfahren nicht wesentlich unterscheidet.

Einem Vergleiche kann eine Zwangswirkung gegen nicht zustimmende Gläubiger jedenfalls nur nach gerichtlicher Prüfung und Bestätigung beigelegt werden. Unerläßliche Voraussetzung einer solchen Mitwirkung des Gerichts ist aber eine sichere Feststellung der Forderungen und der Stimmberechtigung der Gläubiger, sowie der Vermögensmasse des Schuldners. Ein unentbehrliches Erfordernis für die gesicherte Durchführung des Vergleichsverfahrens ist ferner, wie allgemein anerkannt wird, die Hemmung der Zwangsvollstreckungen gegen den Schuldner für die Dauer des Verfahrens. Deshalb ist aber andererseits eine Verfügungsbeschränkung des Gemeinschuldners nicht zu entbehren. Mag man auch böswilligen und fahrlässigen Schuldnern die Wohltat des Zwangsvergleichsverfahrens außerhalb des Konkurses versagen, so muß nichtsdestoweniger den in ihrem Zwangsvollstreckungsrechte beschränkten Gläubigern Gewähr dafür geboten werden, daß ihnen die vorhandenen Mittel nicht entzogen werden; dies ist nur durch gerichtliche Sicherungsmaßregeln und eine wirksame Kontrolle seitens der Gläubiger oder besonderer Organe möglich. Denn eine Beurteilung der Persönlichkeit des Schuldners unterliegt in jedem Falle, zumal im Anfangsstadium des Verfahrens, großen Schwierigkeiten. Auch die ausländischen Gesetze haben sich daher veranlaßt gesehen, den Schuldner mehr oder weniger in seiner Verfügung zu beschränken. Der Fortsetzung des Geschäfts durch den Schuldner steht eine solche Verfügungsbeschränkung freilich nicht entgegen. Dies ist aber nach deutschem Rechte auch im Konkurse nicht der Fall, da bei Vergleichsangeboten dem Gemeinschuldner vom Konkursverwalter die zur Fortführung des Geschäfts erforderliche Ermächtigung erteilt werden kann und auf Anordnung des Gerichts erteilt werden muß. Daß das Vergleichsverfahren sich ferner nicht unter Ausschluß der Öffentlichkeit vollziehen kann, ist selbstverständlich und wird durch die ausländische Gesetzgebung gleichfalls bestätigt. Die Notwendigkeit öffentlicher Bekanntmachungen ergibt sich schon aus dem Bedürfnis einer sicheren Feststellung der beteiligten Gläubiger.

Anderseits ist die Auffassung, daß nur die Tatsache der Konkurseröffnung als solche die Ehre des Schuldners treffe, seinen Kredit schädige und die Masse entwerte, sachlich nicht gerechtfertigt. Das, was den kaufmännischen Kredit schädigt, ist die öffentlich festgestellte Tatsache, daß der Schuldner nicht in der Lage ist, seine Gläubiger zu befriedigen. Diese Feststellung tritt aber auch dann ein, wenn ein gerichtliches Zwangsvergleichsverfahren außerhalb des Konkurses eingeleitet wird. Die durch die Eröffnung des Konkurses bedingte Beeinträchtigung der Rechtsstellung des Schuldners auf dem Gebiete des öffentlichen und des bürgerlichen Rechtes hat nach der das deutsche Konkursrecht beherrschenden Auffassung ihren Grund nicht in einem mit der Konkurseröffnung verbundenen Makel, sondern in der Tatsache, daß der Schuldner in Vermögensverfall geraten ist und von seinen Gläubigern abhängt. Dies wird dadurch bestätigt, daß in Deutschland die Beschränkung auf dem Gebiete des öffentlichen Rechtes vielfach nicht von dem Konkurs als solchem abhängen, sondern allgemein an die auf gerichtlicher Anordnung beruhende Beschränkung in der Verfügung über das Vermögen geknüpft sind. Es fehlt daher an einem inneren Grunde dafür, daß die mit dem Konkursverfahren verbundenen Wirkungen auf dem Gebiete des öffentlichen und des bürgerlichen Rechtes nicht auch mit der Einleitung eines Vergleichsverfahrens außerhalb des Konkurses eintreten sollten.

Unter diesen Umständen bleibt neben dem Zwangsvergleich im Konkurse kein Raum für ein gerichtliches Zwangsvergleichsverfahren außerhalb des Konkurses. Ein solches Verfahren würde auch, eben weil gewisse Verfügungsbeschränkungen sowie die Inanspruchnahme der Öffentlichkeit nicht zu entbehren sind, gewiß nicht die Folge haben, daß die außergerichtlichen Vergleiche und die dabei vorkommenden Mißbräuche verschwinden würden. Dies zeigen insbesondere die Erfahrungen in England. Ebenso muß es nach den Erfahrungen in Frankreich und Belgien als höchst zweifelhaft bezeichnet werden, ob das Verfahren geeignet sein würde, das Herabwirtschaften bis zur völligen Erschöpfung des Kredits zu verhindern und schneller zu günstigen Ergebnissen für die Gläubiger zu führen. Es hat sich dort gezeigt, daß Freunde und Angehörige des Gemeinschuldners ihre Opferwilligkeit nach Einleitung des gerichtlichen Vergleichsverfahrens ebenso aufgaben, wie sie es nach der Eröffnung des Konkurses tun.

Besteht sonach wenig Aussicht, daß das Verfahren besondere Vorteile bringen wird, so kann seine Einführung anderseits erhebliche Nachteile zur Folge haben. Beschränkt man die Wohltat des Vergleichs auf achtbare Schuldner, so wird dem Konkursverfahren der Stempel der Ehrenrührigkeit aufgedrückt und ein Makel auf jeden noch so anständigen Schuldner geworfen, dem der klare Nachweis seiner Verhältnisse und der Ursachen seiner Zahlungsschwierigkeit nicht gelingt oder aus sonstigen Gründen die Möglichkeit eines Vergleichsabschlusses nicht geboten ist. Anders mag in dieser Beziehung die Sache für diejenigen Länder liegen, die nur einen kaufmännischen Konkurs kennen oder, wie Österreich, zwar neben einem solchen den gemeinen Konkurs vorsehen, aber für letzteren einen Zwangsvergleich versagen. Auch aus Handelskreisen ist das Bedenken erhoben, daß durch die Einführung des Verfahrens, sofern dieses weniger streng gestaltet werde, insbesondere ohne Einfluß auf die sonstige Rechtsstellung des Schuldners bleiben solle, die Solidität und die gewissenhafte Tätigkeit des deutschen Kaufmannsstandes gefährdet werden und eine laxere Auffassung in Ansehung der Zahlungseinstellungen zur Herrschaft gelangen könne, eine Befürchtung, die mit den Erfahrungen, welche man früher in England und Österreich, sowie in Griechenland, mit später wieder aufgehobenen Gesetzen gemacht hat, begründet wird. Auch wenn die Zulässigkeit des Verfahrens von der Würdigkeit des Schuldners abhängig wird, sind jene Bedenken nicht beseitigt. Denn, wenn den Gläubigern der Abschluß des Vergleiches vorteilhafter erscheint, als die Eröffnung des Konkurses, werden sie, wie gleichfalls schon durch ältere Erfahrungen bestätigt wird, bei der Prüfung der Würdigung des Schuldners in der Regel ziemlich weitherzig verfahren. Das Gericht aber, das zwar an sich in der Lage ist, die Bestätigung des Vergleiches wegen Unwürdigkeit trotzdem zu versagen, wird sich hierzu gegenüber dem Beschlusse der Gläubiger nur schwer entschließen, falls im übrigen nach Lage des einzelnen Falles der Vergleich dem gemeinsamen Interesse des Schuldners entspricht. Schon die Möglichkeit, sich auf dem Wege des Zwangsvergleiches eines Teiles seiner Schulden entledigen zu können, ohne dadurch eine Einbuße in seiner sonstigen Rechtsstellung zu erleiden, bringt die Gefahr mit sich, daß der Schuldner weniger sorgfältig und gewissenhaft zu Werke gehen wird und daß die Scheu, in den Zustand der Zahlungsunfähigkeit zu geraten, sich vermindert.

Was endlich den Hinweis auf das Ausland angeht, so hat schon die Begründung der Konkursnovelle hervorgehoben, daß das französische Recht und die sich ihm anschließenden Konkursgesetzgebungen zur Einführung eines Zwangsvergleiches außerhalb des Konkurses insofern besondere Veranlassung hatten, als dort, abweichend vom Standpunkte des deutschen Rechtes, die Konkurseröffnung für den Schuldner mit schweren, den Konkurs überdauernden Nachteilen in bezug auf seine persönliche Rechtsstellung verbunden ist."

§ 18.

Hellwigs Argumente gegen den Zwangsvergleich ohne Konkurs.

Hellwig[76]) hat sich mit dem Resumé der Denkschrift zunächst sehr befreundet und die Opposition gegen den Präventivakkord für begründet erklärt. Er war der Anschauung, ein gerichtliches Zwangsvergleichsverfahren habe nur dann einen Sinn,

1. entweder, wenn und soweit die Abschließung eines Zwangsvergleiches im Konkurse nicht möglich ist, ohne jenes Rechtsinstitut, also die Durchführung der Zwangsliquidation mit ihren alle Beteiligten schwer schädigenden Folgen unabwendbar wäre,
2. oder wenn zwar ein Konkurs möglich ist und in ihm ein Zwangsvergleich geschlossen werden kann, der ohne Konkurs geschlossene Vergleich aber leichter oder schneller oder billiger zustande kommt oder sonst den Beteiligten Vorteile bietet, die ausbleiben müssen, wenn Konkurs eröffnet ist.

Da sich die Beweisgründe der Behauptung Hellwigs — der übrigens erfreulicherweise späterhin eine etwas andere Haltung einnahm — zum größten Teil mit denjenigen der Denkschrift decken, bringe ich zur Entgegnung obiger Sätze Hellwigs vorerst nur folgendes vor:

---

[76]) Deutsche Juristen-Zeitung 1907 Nr. 14 S. 799.

Das gewollte Rechtsinstitut hat den Vorzug, zunächst jeweils konkret versucht werden zu können, ohne daß dadurch die Vorzüge einer konkursmäßigen Verfahrensart, für den Fall des Nichtzustandekommens des Präventivakkords, verloren zu gehen brauchen. Außerdem kann der konkursmäßige Zwangsvergleich, nach der zeitlichen Gruppierung dieser Prozedur, bestimmte Avancen dem Schuldner unmöglich bieten. Dann muß ein Rechtsgebilde, wenn es einen gerichtlichen Rahmen bekommen soll, doch erst gesetzlich sanktioniert werden, ehe man von Fall zu Fall das eine oder andere Verfahren als angemessen bezeichnen kann. Die Existenzberechtigung eines Rechtsinstituts ist übrigens auch schon dann gegeben, wenn — wie nicht — nur in vereinzelten oder selteneren Fällen ein Bedürfnis ernstlich und vollkommen bejaht werden kann.

§ 19.

Widerlegung der Argumente.

Sehen wir uns dann die gehäuften Argumente der Denkschrift — die fast durchgängig auch gegen den konkursmäßigen Zwangsvergleich sich wenden müßten — etwas näher an, so ist bereits das erste, die Quote des Zwangsvergleiches könne nicht so hoch sein, wie beim Privatvergleiche, verfehlt. Beim Privatvergleich und Präventivakkord raffen Schuldner und seine Sippe alle irgendwie erlangbaren Mittel zusammen, um reinen Tisch zu machen und das Odium des Gerichtskonkurses von sich fern zu halten. Da wird das Äußerste geboten. Greift der Konkurs des Schuldners Habe an, kann ihm an Kostenersparung wenig gelegen sein. Die Verwaltungsspesen kann und wird er nicht hintanhalten. Der Minderung der Werte durch Ausverkäufe kann Schuldner und Verwaltung beim besten Willen nicht steuern. Bleibt Masse und Geschäft im Präventivakkordverfahren in Händen des Schuldners, so ist es sua res, quae agitur. Bei dem aus seiner Tasche gehenden, ihn und die Seinigen berührenden außerkonkursmäßigen Akkord, den er begreiflicherweise fieberhaft betreibt und beeilt, meidet eo ipso ängstlich der Schuldner jede unnötige Ausgabe. Das ersparte Mehr kann er den Gläubigern zuführen.

Ad vocem Notwendigkeit der Kontrolle der Forderungen, Stimmberechtigung und Vermögensmasse: beinahe alle ausländischen Präventivakkordnormen verstehen es, durch Kontrolleure, Inspektoren, Ausschußmitglieder, oder wie man die Vertrauensmänner der Gläubiger apostrophieren mag, eine Überprüfung und Überwachung sich zu verschaffen. Da der Ablehnung des außerkonkursmäßigen Zwangsvergleiches der Konkurs auf dem Fuß folgt, hütet sich übrigens von selbst der Schuldner vor Unregelmäßigkeiten in bezug auf die Masse. Wie den verschiedenen fremden Präventivakkordgesetzen sodann die Sistierung der Vollstreckungen und der Verfügungsgewalt des Kridars gelingt, ist sattsam ausgeführt. Über den Grad der Öffentlichkeit und Veröffentlichung, zwei übrigens grundverschiedene Begriffe, die man nicht de lege ferenda vermengen darf, wird bei Betrachtung der Einzelvorschläge zu sprechen sein. Bernicken meint, das Präventivakkordverfahren könne der öffentlichen Bekanntmachung entraten, ohne deshalb unter Ausschluß der Öffentlichkeit stattzufinden. Auch ich fand[77]) und finde: es gibt so viele Rechtsinstitute, wie Hypothek-, Güterrechts- und Gesellschaftsregister usw. usw., die durchaus nicht geheim gehalten werden können, und trotzdem nicht jedem Neugierigen und Uneingeweihten vorgeführt werden dürfen, so daß sich ein der freiwilligen Gerichtsbarkeit verschwägertes Verfahren sehr wohl durchführen ließe. Kisch[78]) spricht sich ebenfalls gegen die öffentlichen Bekanntmachungen aus.

Wenn sodann die Denkschrift als Pointe der Kreditschädigung die publike Tatsache der Zahlungseinstellung ansieht, so verkennt sie den gewaltigen Unterschied zwischen der in förmlichem Konkursverfahren deklarierten Andenprangerstellung und der konkurslosen Abmachung. Die Anschauung der Denkschrift ist in dieser Hinsicht am besten mit dem mir sonst unsympathischen Schlagwort: „weltfremd" zu treffen. Denn das Milieu des Kaufmanns und Gewerbetreibenden, seine Ausdrucks- und Denkungsweise, seine Auffassung von bestimmten Gerichtsverfahren und Terminen ist nun einmal anders, wie das der Juristenschaft. Darüber kommt man nicht hinaus und dies sollte sich mancher Gerichtshof, manche Justizkommission, gesagt sein lassen. Eines schickt sich nicht für alle. Klebt doch manchen Einrichtungen ein Makel von alters her an, ohne daß die derzeitige Struktur derselben eine juridische Berechtigung abgibt. So ist's zweifelsohne mit den Ansichten des Volkes und der gewerblichen Verkehrskreise, was den Konkurs anlangt. Der alte Schuldturm und die sonstigen rechtlich — nicht dem Volksempfinden nach — überlebten, den Kridar infamierenden Einrichtungen sind unvergessen. So gut sich ein Laie wochenlang zuvor aufregen kann, wenn er in der harmlosesten und indifferentesten Sache einen unwichtigen Zeugen abgeben oder etwa in einer Nachlaßsache behufs Auskunft bei Gericht erscheinen muß, genau

[77]) Zeitschrift f. Rechtspfl. in Bayern 15. April 1913 Nr. 8 S. 160ff.
[78]) Das Recht 1909 Nr. 20.

ebenso verbindet die öffentliche Meinung mit dem Konkurs den Begriff einer Blamage fürs Leben, für die gesamte Familie und für den Geschäftsbetrieb. Es ist gut, daß es so ist. Es ist gut, daß der Laie vor diesen Einrichtungen Respekt hat. Sonst wäre der Gewissenlosigkeit, die sich breit macht in unserem Verkehrsleben, noch mehr Tür und Tor geöffnet. Aber daß nicht in der Tatsache des Vermögensverfalls — derartige Sentiments liegen dem Durchschnitt fern, zumal der Existenzkampf täglich schwieriger wird —, sondern sehr wohl der des Konkursausschreibens, der Entziehung der Brieffreiheit, der Abhängigkeit vom Verwalter und Konkursgericht, dem größeren Risiko einer Strafuntersuchung, der Kernpunkt des Blamablen und Odiosen liegt, dürfte durch vorstehende aus dem Leben gegriffene Betrachtung dargetan sein. Das in den Konkurs-Gehen degradiert. Es kommt auf den äußeren Mißerfolg an. Gareis-Chemnitz[79]) drückt sich in diesem Betreff ebenfalls, wie folgt, aus: „Der Privatakkord erspart dem Schuldner alle die Unannehmlichkeiten und Hemmnisse, die die Konkurseröffnung seiner geschäftlichen Tätigkeit bereitet. Er braucht nicht herabzusinken zur Rolle dessen, der nichts haben darf. Er kann seine Kräfte frei weiter entfalten."

Einleuchtend führen Wagner und Jörissen sodann aus, daß schon der Umstand mit Fug und Recht den Kredit des in Gerichtskonkurs Geratenen untergräbt, weil nolens volens dieser sich „gesetzlich einzurichten" (d. i. eines oder mehrerer der von Hellwig aufgezählten usuellen Schwindelmanöver anzuwenden) sich veranlaßt sieht. Mit dem Kreditgeben ist es somit aus subjektiven und objektiven Gründen wahrlich eine heikle Sache. Daß der bisherige Zwangsvergleich, das kleinere Übel, im Verhältnis zum durchgeführten Konkurs, weniger häufig angewendet werden wird, wenn sein beliebterer Bruder im deutschen Reichsgesetz hoffentlich in absehbarer Bälde anerkannt sein wird, liegt nahe. Wo die ausländischen Gesetze keine unvernünftig harten Kautelen sowie Frist- und Formvorschriften an den konkurslosen Zwangsvorvergleich knüpfen, ist er überall der lieber gesehene. Unter diesen Umständen wird neben dem Zwangsvergleich außerhalb des Konkurses auf die Dauer wenig Raum für ein gerichtliches Zwangsvergleichsverfahren innerhalb des Konkurses bleiben. Da ferner kein Schuldner im Insolvenzfall sowohl einen Privatvergleich als auch einen Zwangsvergleich ohne Konkurs anbahnen wird, muß wohl von selbst der Prozentsatz der puren Privatvergleiche, deren gewaltige Schattenseiten oben geschildert sind, sinken. Im übrigen wird auch da

[79]) L.-Z. 1912 S. 645.

der Satz gelten: Tu l'as voulu, falls sich ein Schuldner auf den Privatvergleich kaprizieren sollte. Gelingt ihm solcher ohne Gericht und ohne Zwang, so hat er ganz Recht. Was die Denkschrift über die Erfahrungen mit dem Vorkonkurs in England und Frankreich sagt, hängt, wie oben gezeigt, nicht mit den prinzipiellen Schwächen desselben, vielmehr mit den bereits gerügten Fehlern der dortigen diesbezüglichen Gesetzgebung zusammen. Wagner und Jörissen meinen ebenfalls, daß die offenkundigen Mängel derselben in unseren Gesetzesbestimmungen ausmerzbar sind, und ersterer zeigt in seinem Musterentwurf, wie er sich praktisch die Beseitigung dieser ausländischen Mängel denkt. Davon noch weiter unten! Die Deduktion der Denkschrift, der Gerichtskonkurs werde durch die Neueinführung des Zwangsvergleiches zu einem Verfahren gegen Ehrenrührige herabgemindert, ist ebenso unrichtig, wie unwesentlich. Unrichtig deshalb, weil — zumal wenn eine Mindestquote eingeführt wird — die Masse für den Zwangsvorvergleich nicht ausreichen und der dann in Konkurs gehende Schuldner — theoretisch betrachtet — doch ein durchaus honetter Mann sein kann. Unrichtig deshalb, weil dem Schuldner die Erlangung der Mehrheiten aus anderen Gründen nicht glücken kann. Unwesentlich deshalb, weil die ratio legis doch zuvörderst für die volle Integrität, den einwandfreien und dem Konkurs weniger ausgesetzten Schuldner, den Bedrängten, für welchen die abstrakte Basis eines Präventivakkords gegeben ist, und nicht für den Deklassierten, der an seinem Ruf nicht viel mehr verderben kann, zu sorgen hat. Wenn die Denkschrift mit Griechenland und seinem wiederaufgehobenen Präventivakkord (der übrigens in brauchbarer Form wieder dort eingeführt werden soll) operiert, so dürfen wir doch wohl, ohne chauvinistischen Nationalstolz, den allgemeinen Standard in finanzieller und ethischer Hinsicht bei uns etwas höher ansetzen, wie bei den griechischen Gewerbetreibenden. Der Gang der Dinge und die Auffassung der Gerichtshöfe sowie Literatur in Österreich läßt frühere oder spätere Normierung des Präventivakkordes dortselbst vermuten. Die Schwächen des englischen Gesetzes, mit welchem immer wieder unsere Denkschrift des Reichsjustizamts operiert, sind ausreichend heute hervorgehoben worden. Geschickt zitiert Jörissen[80]) an dieser Stelle den Reichskanzler, der am 25. Oktober 1912 aussprach: „Ich weiß sehr wohl, man soll die Nationen mit verschiedenen Wirtschafts- und Lebensbedingungen nicht vergleichen, und besonders keine zwingenden Schlüsse ziehen." Schöpfte der Kaufmannsstand seine Skrupel gegen

[80]) Deutsche Richterzeitung 1. 6. 1913 S. 423.

den Vorkonkurs sohin aus diesen ausländischen Erfahrungen, so sind die Skrupel abwegig. Sie werden überdies von den seriösesten Verbänden keineswegs geteilt. Die Denkschrift hat auch davon gesprochen, daß Gläubiger und Gericht ein Auge gegenüber Unwürdigen zudrücken würden, wenn der Abschluß eines Vergleiches vorteilhafter, wie die Ablehnung, erschiene. Ich finde diesen Einwand zunächst recht papieren. Denn: „Prüfet alles und behaltet das Beste" gilt trotz aller grauen Theorie, wenn die Gläubigermehrheit nichts auszusetzen hat. Der Richter wird sich — von krassen Unwürdigkeiten abgesehen — mit gutem Grund hüten: ein „Anathema sit" auszusprechen, wenn die Parteien einig sind. Daß gleichwohl manche Gläubigerschutzverbände, ihrem Statut zufolge, einen Vergleich werfen, wenn sie Treibereien des Schuldners durchschaut haben, ist da, wo nach der Verkehrsauffassung der Schuldner keinen Pardon verdient, ein gesundes Korrelat gegen — verzeihliche — Nachsichten. In der Denkschrift und bei anderen Widersachern des geplanten Instituts[81]) ist auch immer wieder die Rede davon, daß der Böswillige und Unredliche nicht auch noch durch laxe Handhabung der Insolvenz-Angelegenheit eine Prämie für seine Treibereien erhalten dürfe. Da erscheint es wahrlich angezeigt, sich doch einmal in der Statistik umzusehen, um festzustellen, ob es denn gar so schlimm mit den Konkursreaten usw. bestellt ist. Die Vierteljahreshefte zur Statistik des Deutschen Reichs 1912 geben[82]) die nachfolgende Übersicht über die Bestrafungen (die von Tischbein ebenfalls zur Widerlegung des Krassierens von Konkursverfehlungen verwendet wird):

		Von deutschen Gerichten Verurteilte					
Nr.		1906	1907	1908	1909	1910	1911
135a	Betrüglicher Bankerutt §§ 239, 244 KO. ergänzt durch § 83 GmbH. u. §§ 112, 113 PrivV.-UntG. v. 12. 5. 1901:	74	52	69	75	52	82
135b	Vorschubleistung zum betrügerisch. Bankerutt § 242 KO.	5	6	8	9	15	15
136	Einf. Bankerutt §§ 240, 244 KO. ergänzt wie unter 135a:	645	634	738	731	616	669
137a	Gläubigerbegünstigung §§ 241, 244 KO. ergänzt wie unter 135a:	57	56	65	45	54	49
137b	Verkauf der Stimmen seitens des Konkursgläubigers § 243 KO.:	3	9	—	3	—	2

[81]) z. B. Freund: in Goldschmidts Zeitschr. Bd. 60 S. 67; Kleinrath-Hannover: L.-Z. 1908 Nr. 4 S. 270; Kühlewein: Zeitschr. f. Rechtspfl. in Bayern 1905 Nr. 13 S. 295ff.

[82]) p. 4 S. 71ff.

Verbrechen und Vergehen gegen Strafgesetzbuch:

1906	1907	1908	1909	1910	1911
491552	489085	504742	500078	497818	497217

Verbrechen und Vergehen gegen andere Strafgesetze einschließlich 135 a—137 b:

1906	1907	1908	1909	1910	1911
42215	41638	43668	44105	48600	55339

ausschließlich der Militärgerichte.

Der Prozentsatz der Konkursvergehen ist somit ganz unbedeutend. Die Nachricht von der Zahlungseinstellung bringt nur allzu häufig die Gläubiger in eine Rage und Aufregung, die nicht anhält. Anfangs sieht man die ganze Situation schwarz und beinahe jedem Kridar werden die gefährlichsten Umtriebe zugemutet. Ohne und mit Untersuchung des Strafgerichts stellt sich dann im überwiegenden Prozentsatz der Fälle heraus, daß der Verdacht ungerechtfertigt, die Tatsache der Verluste recht bedauerlich, kriminell aber absolut nichts auszurichten ist. So steht es auch mit der weitverbreiteten Meinung, daß sich die Gemeinschuldner durch die Deklarierung ihrer Zahlungsunfähigkeit und das darauffolgende Verfahren oft Geld machen. Es mag wohl vorkommen, zumal in den raffiniertesten Schiebekreisen der größeren Städte. In den Fällen, die für gewöhnlich beobachtet werden, ist nichts derartiges festzustellen, so daß die (heute antiquierte) Ansicht Rintelens und anderer, unsere Rechtsordnung erleichtere es, Konkurse zu machen und andere um ihr Eigentum zu bringen, oder aber die, daß viele Gemeinschuldner sich durch die Zahlungseinstellung bereichern, als unbewiesen und unbeweisbar auszuschalten ist[83]). Die intransigente Haltung der Denkschrift gerät übrigens in gewaltigen Konflikt mit dem zur Zeit der vorgeschlagenen Gemeinschuldordnung eingenommenen legislativen Standpunkt. Diese konnte man wohl überstimmen, deswegen allein aber — zumal sie nach Meinung erster Praktiker und Rechtslehrer wertvoll und geistreich war — nicht einfach unter den Tisch fallen lassen.

Ceterum censeo: Präventivakkord. „Es ist nötig, daß wir die bisherige Ouvertüre des Konkurses streichen und an ihre Stelle setzen den gerichtlichen Zwangsvergleich außerhalb des Konkurses."[84])

---

[83]) Makower: Zur Revision der Deutschen Konkursordnung 1894.

[84]) Jörissen: am 2. 12. in der Versammlung des Westdeutschen Verbandes der Lack-Farben- u. Glasgroßhändler in Berlin.

Die Zulassung des Verfahrens „wird ein Antrieb sein für jeden Schuldner, im ersten und rechten Augenblick seinen Vermögensverfall freimütig zu bekennen und nicht aus Furcht vor den Nachteilen eines Konkurses seine und seiner Gläubiger Lage durch vergebliche Anstrengungen hinziehend zu verschlimmern oder gar auf Kosten der Gläubiger eine Raubwirtschaft fortzusetzen[85]).

§ 20.

Einzelheiten des vorgeschlagenen Verfahrens.

Wie der Zwangsvergleich der KO. gemäß § 173 nach dem Prüfungstermin rangiert, wie er somit vor Eröffnung des Konkurses höchstens dem vorschauenden Gehirn des gut beratenen und einigermaßen optimistischen concursifex vorschwebt, so besteht das Gepräge des nunmehr im einzelnen zu betrachtenden PA. in einer Operation vor und seinem Grundzweck nach gegen Konkurseröffnung. Ehe ich dazu übergehe, einige greifbare Vorschläge über die Fundamente des gewollten Verfahrens zu bringen, möchte ich aus meiner obigen Darlegung reproduzieren: Der Schuldner der Zukunft versucht das ultimum remedium vor dem Konkurs: er beantragt Nachlaß oder Aufschub.

Wird zugestimmt, so ist der Vertrag perfekt. Da ihm zudem die Kriterien des Vergleiches eigen sind, so ist die innere Rechtsnatur des projektierten Gebildes keine andere, wie die des bestehenden konkursordnungsmäßigen. Wie aber soll die äußere Gestaltung vor sich gehen? Quot capitatot sensus gilt hier von den bislang aufgetauchten Vorschlägen. Wie ich schon im vorigen Jahre[86]) darzulegen versuchte, besteht in erster Linie die Notwendigkeit, den konkurslosen Zwangsvergleich unter richterliche Obhut zu nehmen. In diesem Betreff setzen sofort die verschiedenartigsten Vorschläge der Literatur ein. Handelskammern, Einzelrichter, Kollegialgerichte, Konkursgerichte sind vorgeschlagen. Bei der belgischen, französischen usw. Gesetzgebung sind Kollegialgerichte eingeführt. In maßgebenden Berliner Kaufmannskreisen neigt man (ausweislich einer Reihe von Denkschriften) der Wahl der Handelskammern zu. Andere bringen die Konkursrichter, weil sie am versiertesten seien, in Vorschlag. Mir schwebt bei der ganzen Neuerung ein dem Verfahren der freiwilligen Gerichtsbarkeit ähnliches, hinter verschlossenen Türen sich

---

[85]) 1873: Motive z. Gemeindeschuldordnung S. 215ff.
[86]) Zeitschrift für Rechtspflege in Bayern 1913 Nr. 8.

abspielendes Formularverfahren vor. Oetker[87]) hat das Konkursverfahren, wie folgt, definiert: „Der Konkurs ist an sich ein bloßes Verwaltungsgeschäft. Das Konkursverfahren ist materiell Verwaltungsverfahren. Eine Reihe vorwiegend administrativer Akte wird im Konkurse zur Einheit verbunden durch die Einheit des Zweckes. Die freiwillige Gerichtsbarkeit, die durchaus nicht lediglich von den Gerichten geübt wird, begreift eben die Gesamtheit der staatlichen Verwaltungsgeschäfte, welche sich auf die Rechtsordnung beziehen, in sich. Das Konkursverfahren gehört also zur freiwilligen Gerichtsbarkeit." Es mag dahingestellt bleiben, inwieweit Oetker hinsichtlich des eigentlichen Konkursverfahrens hier das Richtige trifft. Das Abwendungsverfahren aber in spe dem Verfahren der freiwilligen Gerichtsbarkeit anzuzweigen, besteht, wenn einigermaßen Oetker und seine Anhänger auf dem richtigen Wege sind, ein starkes Bedürfnis. Das Stille, Interne und Diskrete dieses FG.-Verf. sehe ich als Attraktion an. Wer mit dem Register- und Vormundschaftsbeamten über seine Geschäftssachen verhandelt, empfindet weniger, wie in den streitigen und Konkursabteilungen, mit dem Richter, dem Gestrengen in Robe und Barett, zu tun zu haben. Wenn bei der Gewerbewelt das geplante Verfahren Anklang finden soll, so muß ich ihr auch augenfällig die äußeren Formen und Ereignisse anders vorsetzen, wie bei dem miserabile auxilium des Gerichtskonkurses. Der Akkordschuldner darf vor allem nicht vom Regen in die Traufe kommen. Die Prozedur darf gar nicht verwickelt, beschämend, langwierig, kostspielig und aufreibend sein. Entweder — oder. Sich öfter wiederholende, kontradiktorische Auslassungen mit sich bringende, öffentlich ausgeschriebene Termine sind zu vermeiden. Erst recht sind Rechtszüge bei diesem Verfahren von Übel. Aus den oben schon angegebenen Gründen darf eine Verwechslung der Hörer und Leser mit dem Konkurse gar nicht möglich sein. Wenn dieselben Persönlichkeiten, in denselben Gerichtsräumen, in der nämlichen Art der Ausschreibung, Verfügungen erlassen und Terminen vorstehen, wenn der Schuldner Eide leisten und manifestieren muß, wenn Meinungsverschiedenheiten komplizierter Art unter den einzelnen Gläubigerkategorien durch die neuen gesetzlichen Bestimmungen großgezogen werden, dann kommt wahrlich der Schuldner von der Scylla in die Charybdis. Dagegen ist es selbstverständlich, daß die Autorität eines Richters die Zweifel und Weiterungen zu beheben hilft. Ebenso ist es vonnöten, daß der Präventiv-

[87]) p. 14.

akkord dem Plazet des Gerichts unterliegt[88]). Der Anschauung, die Einberufung der Gläubiger sei zu publizieren, kann ich durchaus nicht beipflichten[88a]). Wenn der bisherige Privatvergleich Krebsschäden aufwies, so hat nach meinen Erfahrungen bis jetzt doch niemand die Publizierung der Versammlungen in der Zeitung usw. vermißt. Ich kann es Kisch[89]) nicht übelnehmen, wenn er — im Gegensatz zur Denkschrift des Reichsjustizamtes — es als selbstverständlich ansieht, daß keine öffentliche Bekanntmachung der Einleitung des Verfahrens stattfindet. Geschäftliche Firmen und Verbände, die des öfteren sich über diese Fragen ausließen, haben in den seltensten Fällen von dem Behelf der Veröffentlichung gesprochen[90]). Wenn man meint, durch die Nichtveröffentlichung könnten Nichtsahnende durch gewissenlose Schuldner geprellt werden, so ist einzuwenden, daß man die Vermeidung solcher Umtriebe doch in vielen Fällen durch ein Ausschreiben nicht erreicht. Ich erinnere nur daran, daß ein Schuldner mehrere oder gar recht viele Gläubiger hat. Der eine wohnt in Schlesien, der andere am Rhein, der dritte am Bodensee. Warum soll irgend einer von diesen gerade die betreffende eine Nummer des „Fränkischen Kurier" von Nürnberg lesen, wenn der Schuldner daselbst seinen Präventivakkord betreibt? Die Begründung ferner, daß die wirklichen Vermögensverhältnisse möglichst bekannt werden müßten, ist ganz verfehlt. Einerseits wäre es eine Sisyphusarbeit, in alle Schiebungen der Jetztzeit hineinleuchten zu wollen. Anderseits wäre dieses System sehr verkehrt. Man behandelt Steuer-, Hypotheken-, Güter- und dgl. Angelegenheiten heutzutage seitens der betreffenden Behörden und Interessenten so diskret, wie möglich. Gegenüber den beteiligten Gläubigern reicht Zirkularbenachrichtigung, welche auch beim Privatvergleich üblich ist, vollständig aus. Die Scheu vor dem Konkurs deckt sich ja gerade mit der Angst vor der capitis diminutio der Verkehrsauffassung. Der

---

[88]) Die Novelle v. 1898 hat — wie Jäger L.-Z. 1913 Nr. 1 S. 55 darlegt — wenige Freunde; ihre Herübernahme in das Konkursabwendungsges. wäre daher nur cum grano salis zu empfehlen.

[88a]). Nahrath meint: „Das kaudinische Joch der Publizität darf unter keinen Umständen erleichtert oder gar abgeschüttelt werden."

[89]) Das Recht 1909 Nr. 20.

[90]) Andere Anschauung: Jubiläumsschrift des Verbandes der Vereine Kreditreform S. 58; Pollak: L. Z. 1907 S. 107ff.; Zeitschrift für Handelsrecht (Freund) Bd. 60 S. 67ff; Bd. 61 S. 305ff.; Juristische Vierteljahrsschrift (Lieblich) Bd. 37 S. 131ff.; Bd. 38 S. 1ff. Gegen die Veröffentlichung: Bernicken S. 35; Tischbein S. 38; Jörissen in seinen verschiedeneu Aufsätzen und Vorträgen.

Ehrenpunkt soll bei unserem Akkord so viel wie möglich behütet werden. Man muß darum Mittel und Wege finden, um Existenz oder Ruf des Schuldners nicht durch den Eklat derartiger Ausschreiben anzutasten. Leute, welchen der Schuldner nichts schuldet, sollen womöglich gar nichts von dem Akkord wissen. Will man doch den Schuldner, wie dies ja auch bei den ausländischen Rechten geschieht, sein Geschäft fortbetreiben lassen. Dann darf aber sein Kredit nicht vernichtet werden. Die Scheu vor der Blamage der Gerichtsannonce wäre, wie ich die Gewerbewelt kenne, Grund genug für ängstliche Gemüter, sich überhaupt den Gläubigern zu offenbaren. Letzteres aber soll doch bekanntlich dem Schuldner recht erleichtert werden und wir haben oben gesehen, daß in den Ländern, wo dies geschieht, der Akkord beliebt und häufig angewendet ist. Dagegen wird gerne zugegeben, daß der betreffende Richter eine besonders gewandte und exakte Persönlichkeit sein muß, etwa in der Art unserer landgerichtlichen Handelskammervorsitzenden. Denn der Gläubiger muß volles Vertrauen zu ihm und seinem Sekretariat haben. Die Listen und Formulare müssen gewissenhaft und vollständig geführt werden. Status und Vorgeschichte des Akkords ist durch den Schuldner, die Gläubiger resp. ihre allenfallsigen Delegierten, vereint mit dem Richter und seinem Gerichtsschreiber, übersichtlich zusammenzustellen. Kein Einwand besteht gegen Einsetzung eines oder mehrerer Revisoren oder Inspektoren oder wie man die betreffenden sachkundigen Gehilfen der Gläubigerschaft, die bestellt oder gewählt werden können, bezeichnen mag. Gegen die Zuständigkeit des Amtsgerichts (Domizilgerichts) ist nichts zu erinnern. Der Abstimmungsmodus mag ebenfalls nach der Konkursordnung (2. Buch erster Titel §§ 71—101) im großen und ganzen formuliert werden. Allein dies müßte schon der Form des Gesetzes nach viel knapper, wie in der Konkursordnung, geschehen und die Methode müßte mehr der Register- oder Pflegschaftsabteilung ähneln. Wenn auch, wie gesagt, es naheliegt, daß die Gläubigerschaft, die nicht immer im Plenum arbeiten kann, ein Gläubigerkomitee wählt oder aber einen Revisor zuzieht oder aber einen Inspektor (Kontrolleur) behufs Geschäftsüberwachung einsetzt, so soll doch das eine vermieden werden, daß eine — nur dem Namen nach vom Konkursverwalter verschiedene — Persönlichkeit in Wahrheit die Funktionen des Masseverwalters ausübt. Diejenigen ausländischen Präventivakkordgesetze, welche nicht der Versuchung erlagen, auf dem Umweg des Akkords dem Schuldner einen förmlichen Verwalter mit dem plein pouvoir der §§ 78ff. KO. vorzusetzen, sind besser gefahren. Denn es kann nicht oft genug darauf hingewiesen werden, daß dem Zahlungsunfähigen alle Modalitäten zu vereinfachen und ihm das Gefühl der gänzlichen Bevormundung zu nehmen, eine der Hauptgrundlagen des angestrebten Verfahrens sein muß. Wo es nicht durch die Natur der Sache diktiert ist, soll auch die Gläubigerschaft tunlichst autonom handeln können. Den sehr beredten allgemeinen und speziellen Ratschlägen von Bernicken[91]), welcher dem Richter — überhaupt und im besonderen — keinerlei Schranken ziehen möchte, damit seine Kunst (ideal gedacht), sich — im Sinne Zitelmanns — frei betätigen könne, möchte ich doch nicht so ohne weiteres folgen. Er hat vielleicht insofern Recht, als man ja auch der Behörde der freiwilligen Gerichtsbarkeit und der Verwaltung keine zu engen Schranken setzen kann. In solchen heiklen Fällen aber dem Vorsitzenden einer Gläubigerversammlung und dem Exekutor ihrer Beschlüsse jeden Feldweg und Fußpfad (wie sich B. ausdrückt) zu gestatten, das würde im praktischen Leben recht mißliebig bemerkt werden. Die neue Rechtsform könnte, durch solche Seitensprünge auf das Feld und den Fußpfad, unseren Gewerbetreibenden erst recht verleidet werden. An diesem Fehler, die Tätigkeit des Richters uneingeschränkt schweifen zu lassen, und öfter Kannbestimmungen, an die Stelle von Soll-, besser noch Mußbestimmungen, zu setzen, krankt denn auch der unten zum Abdruck gelangende Gesetzentwurf von Bernicken. Daß sodann die Voraussetzungen der Würdigkeit und des straffreien Vorlebens nicht allzu straff ausfallen dürfen, daß somit auch — hier pflichte ich Bernicken bei — in manchen Fällen ein Schuldner nicht wegen seines Leichtsinns allein der Wohltaten der neuen Akkordform verlustig gehen darf, wird (bei Betrachtung der Vorschläge Wagners) unten noch ausgeführt werden. Der Präventivakkord soll sich nicht auf die Kaufleute beschränken. Dies würde der deutschen Rechtsauffassung nicht entsprechen. Die geringere Übersicht des Vermögens, weil Geschäftsbücher etwa nicht vorhanden sind, wird meist durch die Erwägung ausgeglichen, daß der betreffende Schuldner ohne Bücher auch ein Geschäft kleineren Kalibers, das an sich leichter zu übersehen ist und schwierige Manipulationen meist ausschließt, unter sich hat. Übrigens ist der Präventivakkord naturgemäß bei einer — nach sorgfältiger und sachkundiger Würdigung des Offerts und seiner Grundlagen konstatierbaren — vollständigen Unübersichtlichkeit ausgeschlossen[92]).

---

[91]) S. 83 und 84.

[92]) Frankl: Zur Reform des Konkursrechts; Strauß: Das außergerichtliche Arrangement und seine gesetzliche Regelung (in der Hessischen Rechtsprechung Bd. 6 S. 118ff., 127ff.).

Obligatorisch kann der Präventivakkord durchaus nicht in jedem Falle der Insolvenz sein. Auf die Initiative des Schuldners kommt vielmehr der Stein ins Rollen. Es muß, wenn anders das ganze Institut einen praktischen Wert haben soll, dem Schuldner unbenommen sein — freilich nur bis zu einem gewissen Zeitpunkte — vom Präventivakkord Gebrauch zu machen. Wenn einmal die Formel des Konkurseröffnungsbeschlusses usw. bekanntgemacht ist, ist es naturgemäß zu spät. Der Gläubiger darf nicht — je nach Willkür — die Alternative des Konkurses oder Akkordes wählen dürfen. Wenn viele Praktiker das System des Privatvergleiches hassen, so geschieht dies ja ganz besonders auch deshalb, weil rücksichtslose, unvernünftige, boshafte und schadenfrohe Gläubiger den Schuldner quälen und, wenn er ihnen nicht gefügig ist, mit Konkurs bedrohen können, was alles zweifellos bei dem Reformverfahren in Wegfall kommen muß. Wie man in jedem Privatvergleich von dem Schuldner verlangt, daß er seine Aktiven und Passiven sorgsam herausmacht, die bevorrechtigten und nichtbevorrechtigten Forderungen zusammenstellt, einen Abteilungsmodus, die Sicherheiten, die Bürgen usw. angibt, auch alle Belege anfügt, so muß man auch von dem Präventivakkordschuldner einen geordneten Antrag nebst Beweisstücken, Buchauszügen und Urkunden beanspruchen. Seine Zahlungsunfähigkeit und ihren Anlaß muß er schildern und es muß aus der Eingabe ersichtlich sein, wie, wann, wo und wodurch er leisten will. Eine gewissenlose Hinausziehung und Verschleppung hat das Gericht fernzuhalten. Die ausländischen rechtlichen Bestimmungen über die zwei Termine sind zu begrüßen. Eine Vertagung muß schlechthin möglich sein[93]). Sind die erstmaligen Erklärungen mangelhaft, so muß der Schuldner sie auf gerichtliche Anordnung ergänzen. Alle die Schäden der Unklarheit, die man bei dem Privatvergleich beklagt, können und sollen durch Befragung und Anleitung beim Abwendungsakkord verhindert werden. In diesem Betreff ist absolut nicht erforderlich, daß der Schuldner mit Glacéhandschuhen angepackt wird. Der bestmöglichst aufgeklärte Status ist eines der wesentlichsten Fundamente der neuen Akkordmethode. Es ist anzugeben, ob die Forderungen fällig, dubios, bestritten, bestreitbar und welchen Datums sie sind. Das Schweizer System, bereits zum Antrage die Unterschrift einer gewissen Gläubigermehrheit für den Akkordvorschlag zu verlangen, ist, wie oben bereits

[93]) Anders: Lieblich: Jur. Vierteljahrsschr. Bd. 37 S. 131 und Bd. 38 S. 1.

ausgeführt, eine nicht zu billigende Härte[94]). Dazu kommt, daß das Schweizer Gesetz nicht einmal die Gläubiger, welche die Eingabe unterschrieben hatten, an ihr Votum bindet. Konspirationen einzelner Gläubiger mit dem Schuldner könnten für den Fall der Herübernahme der Schweizer Bestimmung in das deutsche Gesetz gefördert werden. Tischbein führt als Gründe der Zurückweisung des Antrages des Präventivakkordschuldners an:

a) wenn die Präventivakkordvoraussetzung der Zahlungsunfähigkeit (bzw. Überschuldung in einzelnen Fällen) fehlt, d. h. wenn es am Konkursgrunde mangelt;
b) wenn der Schuldner zum Antrag nicht zugelassen ist;
c) wenn der Antrag nach Form oder Inhalt nicht den Erfordernissen entspricht;
d) wenn bei Berücksichtigung der Leistungen einspringender Dritter ein Antrag auf Konkurseröffnung mangels Masse abzulehnen wäre;
e) wenn es offenbar unmöglich ist, binnen absehbarer Zeit einen Überblick über die Verhältnisse des Schuldners zu gewinnen, und nicht erhebliche Sicherheiten geboten werden;
f) wenn das Zustandekommen des Präventivakkordes aus einem anderen Grunde von vornherein ausgeschlossen erscheint.

Die Bestimmung d) lehnt er nämlich an § 107 KO. an, wo bestimmt ist, daß, wenn nach dem Ermessen des Gerichts eine den Kosten des Verfahrens entsprechende Masse nicht vorhanden ist, die Abweisung des Eröffnungsantrages zu erfolgen hat. Dies wird (mit dem Abmaße, daß ein mäßiger Vorschuß ausreicht, weil doch in erster Linie das Interesse der Gläubiger, und nicht das fiskalische Interesse, ausschlaggebend sein soll)[95]) approbiert werden können. Dagegen wird im Falle e) zu-

---

[94]) Popper: Der Vorkonkurs in der Praxis, Wien 1905 S. 11; Keller: Der Nachlaßvertrag außer Konkurs S. 127. Anders: Bernicken, der in seinem Entwurf eines Gesetzes über den Präventivakkord (siehe unten seinen § 2 Abs. 4) die schriftliche Zustimmung zum Initiativantrag von mindestens zwei Dritteln der Gläubiger verlangt.

[95]) Letzteres beklagen Jahr für Jahr die Jahresberichte des Verbandes der Vereine Kreditreform (z. B. 1907/8 S. 39, 1910/11 S. 65) und andere erste gewerbliche Kreise. cf. auch Jäger: L.-Z. in wiederholten Aufsätzen und Randglossen über eine Reform des § 107 KO.

Vergleiche auch das evtl. kostenlose Konkursverfahren des belgischen Gesetzes vom 26. 12. 82 und Braun: Konkursgericht in Belgien, bei Alexander: Konkursgesetze aller Länder der Erde S. 23.

nächst der eine oder andere Sachkundige, welchem vielleicht die Entwirrung weit einfacher erscheint, wie dem Juristen oder wie dem einen oder anderen heißblütigen Gläubiger, mit der Prüfung der Bücher und Belege zunächst zu betrauen und ihm eine angemessene Frist zu stecken sein. Ist es doch leicht möglich, daß ohne Schuld des Schuldners ein Überblick über seine Verhältnisse schwer möglich ist oder daß er oder ein aufgeregter Gläubiger in der ersten Verwirrung sich die Lösung schwerer vorstellt, wie ein ruhiger und gewandter Revisor oder sonstiger Vertrauensmann. Warum die Fallissements größerer Unternehmen (wie Tischbein zur weiteren Begründung von e) vorbringt) zu unserem Akkord ungeeignet sein sollen, ist nicht einzusehen. Pedantische Begrenzungen des Zeitraumes eines Präventivakkordes wären oft sachwidrig. Wo wäre da überhaupt die Grenze? Die Begründung einer nicht allzu langen Zeitentwicklung eines Präventivakkordes damit, daß dessen Verfahren grundsätzlich einen Schwebezustand mit sich bringe, scheint mir nicht zutreffend zu sein. Denn zwischen rein dilatorischer Behandlung seitens des Schuldners und der Ausnützung der Zeit zu richterlichen und sachverständigen Prüfungen der Bücher, Wechsel, Verträge und Grundlagen — eine Maßnahme, die man meist nicht übers Knie brechen kann — ist ein großer Unterschied. Zeigt der Schuldner Verschleppungstendenzen, so muß natürlich der Richter sein Veto einlegen. Liegt hingegen ein längeres Hinziehen in der Natur des einzelnen Akkordfalles, so darf die Unentschiedenheit der Frage, ob es zum Konkurs kommen werde oder nicht, ein Abbrechen der Akkordprozedur nicht herbeiführen. Dem Richter die Befugnis zu geben, schon wenn er aus dem Antrag oder durch eine andere Sache einen Grund der Überleitung in den Konkurs oder der Verwerfung des Akkords sieht, oder wenn formlos die Majorität der Gläubiger ihre Abneigung gegen den Antrag bekannt gibt, von vornherein auf eigene Faust den Antrag abzulehnen, halte ich für sehr gewagt und gefährlich. Die Herübernahme des § 109 KO., daß nämlich die sofortige Beschwerde gegen den Eröffnungsbeschluß nur dem Schuldner, gegen den abweisenden Beschluß nur demjenigen zusteht, welcher den Eröffnungsantrag gestellt hat, halte ich für richtig und praktisch. Darüber hinausgehende Anfechtungen würden dem Zweck des ganzen Akkords zuwiderlaufen[96]). Nicht begreifen kann ich, wie man, für den Fall der Zurückweisung des Antrages auf Eröffnung des Präventivakkords, dem Gericht — in Abänderung der bisherigen wohlbewährten ratio der Kon-

[96]) Anders Jäger: § 109 Anm. 1, 2, 11 und zum Teil Tischbein: S. 63.

kursordnung — die Verpflichtung der Konkurseröffnung von Amts wegen aufhalsen will[97]). Ein gewissenloses Weiterwirtschaften kann wohl das Einschreiten des Strafrichters, nach unseren deutschen Rechtsbegriffen aber nicht des Konkursrichters, mit sich bringen. Das Konkursgericht kümmert sich auch sonst ex officio nicht um zivil- oder strafrechtliche Unregelmäßigkeiten. Die neueren Gesetze des Auslandes verlangen jedenfalls meist einen Antrag, während früher allerdings in einigen Ländern von Amts wegen der Konkurs eröffnet wurde. Zugleich mit der Eröffnung des Verfahrens des Präventivakkords setzt das Gericht einen Termin zur Beratung des Akkordvergleiches, Prüfung der Forderungen und Abstimmung an. Eine Forderungsanmeldefrist gesetzlich zu statuieren, erscheint angezeigt. Von einer schriftlichen oder protokollarischen Anmeldung kann auch nicht abgesehen werden, da die Liste der Passiven möglichst authentisch übersichtlich hergestellt werden muß. Auch dreht es sich um das Stimmrecht, das von der Art und Weise der Forderung abhängt. Die Anmeldungen sind in der Gerichtsschreiberei zur Einsicht der Beteiligten niederzulegen. Der Gerichtsschreiber hat den Eröffnungsbeschluß usw. mit Schreiben an die dem Wohnort nach bekannten Gläubiger bekanntzugeben. Der Vergleichstermin soll auf verhältnismäßig bald anberaumt werden. Am Präventivakkord beteiligen sich bloß die nichtbevorrechtigten Gläubiger. Nachträgliche Abstimmung schriftlich betätigen zu dürfen, kann nicht gutgeheißen werden[98]). Es ist zu verlangen, daß die Entscheidung hinsichtlich der Stimmberechtigung sofort erlassen und nicht, wie dies verschiedene ausländische Rechte tun, die Entscheidung betr. das Stimmrecht auf den Zeitpunkt des Erlasses der Bestätigung verschoben wird[99]). Nach Erteilung der Stimmberechtigungen müssen die Aktiven und Passiven der Erörterung unterzogen werden. Die Chancen des Vergleiches sind zu würdigen und der Revisor oder Vertrauensmann hat Bericht zu erstatten. Nach erteilter Bestätigung muß das Verfahren aufgehoben werden. Die Sätze der Gerichtskosten des Konkurses sind für den Präventivakkord zu ermäßigen. Während des Verfahrens steht dem Schuldner die Verfügung über sein

---

[97]) Siehe Jäger: zu § 103 KO.; Motive II S. 325; Oetker: Grundbegriffe I S. 174ff.; Könige: Recht 1905 S. 451. Erfreulicherweise dagegen Popper: S. 15.

[98]) Anders Pollak: Juristisches Literaturblatt 1895 S. 614 und Lieblich: Juristische Vierteljahrsschrift Bd. 37 u. 38.

[99]) Anders Gertscher: Österreichische Gerichtszeitung 1905 S. 127 sowie Bernicken.

Vermögen zu. Jene ausländischen Normen, die weitgehende Kompetenzen dem Schuldner in bezug auf Besitz und Geschäft belassen, sind die dem Endzweck des Abwendungsakkords am meisten angepaßten. Jörissen, der impulsivste Verteidiger unseres Akkords, macht mir für den Fall der Gesetzwerdung viel zu viel Konzessionen an Reglementierungen. Dies mag zum Teil daher kommen, daß er den gewiß sehr dankenswerten, aber m. E. den Schuldner zu stark bevormundenden Wagnerschen Entwurf, den ich unten wiedergebe, als conditio sine qua non für den Fall der Gesetzwerdung ansieht. Jörissen spricht wohl (bei Widerlegung der S. 8 Abs. 2 der Denkschrift des Reichsjustizamtes) von der dem Schuldner im allgemeinen zu belassenden Selbstverwaltung. In einzelnen opfert er aber — anscheinend, um den Justizbehörden den Weg zum Gesetz zu ebnen — Punkt für Punkt schuldnerische Befugnisse der Selbstverwaltung. Schon die eidesstattliche oder gar eidliche Beteuerung der Vollständigkeit der Kreditorenliste ist solch eine zu starke Pression. Sodann liebäugelt Jörissen mir viel zu sehr mit Verschärfung konkursrechtlicher Bestimmungen und versteigt sich sogar zur Genehmigung eines obligatorischen Ermittelungsverfahrens für jeden Fall, bei welchem eine Masse unter 50% ist. Ein Gesetz um solchen Preis kann mir nicht als wünschenswert erscheinen. Die Jetztzeit mit ihren hohen Anforderungen an den Familien-Ernährer eignet sich zu drakonischen Verschärfungen der Konkursstrafbestimmungen wahrlich nicht. Die geplante Einrichtung kann nur prosperieren, wenn die Ehrbegriffe durch sie geschont werden. Dem Akkordschuldner bestimmte Rechtshandlungen, deren Vornahme absolute oder relative Unwirksamkeit zur Folge hätte, zu verbieten, würde wiederum Konkurs-Analoga schaffen, die bitter von Schuldner und irgendwelchen Vertragsgegnern desselben empfunden würden. Dann wäre er eben auch minoris gentis. So kann auch die Bestimmung der Konkursordnung, daß Rechte an den zur Masse gehörigen Objekten nach Eröffnung des Verfahrens wirksam nicht erworben werden können, nach meinem Dafürhalten — erst recht nicht, wenn, wie ich vorschlage, die Ediktalladung perhorresziert wird — nicht in dem Gesetz über den Abwendungsvergleich Platz finden. Diejenigen ausländischen Normen, welche den Inspektoren, Kontrolleuren oder wie die Treuhänder und trustees heißen mögen, die Genehmigung gewisser schuldnerischer Geschäfte verstatten und die ich im Zusammenhang mit dem jeweiligen bürgerlichen Recht der betr. Staaten nicht nachgeprüft habe, passen in den Rahmen unserer Zivilrechte zweifellos nicht hinein. Ein zweischneidiges Schwert wäre auch die Bedrohung des Übertretens dieser Bestimmungen mit dem gerichtlichen Konkurs (zumal, wie oben dargelegt, ein Offizialkonkurs ohne Antrag dem deutschen Konkurswesen fremd ist). Den Gläubigern, welche gesetzliche Gründe zur Ablehnung des Akkordantrages kennen lernen — und dazu zählen ja unter Umständen Rechtsgeschäfte gewagter Natur während der Akkordepoche — ist es ja vollständig unbenommen, zu ihrem Schutze diese schuldnerischen Maßregeln prüfen und den Präventivakkordantrag zurückweisen zu lassen. Daß die Gläubigerschaft, die doch immerhin den Schuldner in gewissem Umfange durch ihr Stimmrecht in Händen hat, das ihrige dazu beitragen wird, um nicht durch Transaktionen während der Akkordzeit, die die Masse dezimieren oder mindestens gefährden, ihre wohlberechtigten Guthaben schmälern zu lassen, ist einleuchtend. Normen, dahingehend, daß das Gericht bestimmte, noch lange laufenden zweiseitigen Verträge stornieren oder gar für erloschen erklären darf, wogegen in der Art des § 17ff. KO. Gegenkontrahent Ersatzanspruch hätte, würden so tief in zivilrechtliche Grundsätze eingreifen, daß ich mir an dieser Stelle die Prüfung solcher curae posteriores, die sich verschiedene Befürworter des Gesetzes m. E. verfrüht und unnötig gemacht haben[100]), ersparen möchte. Wenn das Gesetz unter Dach und Fach gebracht sein wird, dann erst wollen wir das lucrum cessans resp. damnum emergens prüfen, welches dem Vertragsgegner des Schuldners, dessen Verträge der Richter evtl. lösen wird, entgehen resp. erwachsen wird.

Mehr Sorgen bereitet mir die Idee einiger Akkordfreunde, das Präventivakkord- in das Konkurs-Verfahren (von Amts wegen — cf. oben —) für den Fall überzuführen, daß — wie Tischbein wörtlich ausführt —

1. der Antrag auf Eröffnung des Präventivakkordverfahrens trotz Vorliegens des Konkursgrundes abzuweisen gewesen wäre oder ein Fall, in dem er zurückzuweisen wäre, eingetreten ist;
2. eine wesentliche Verfahrensvorschrift verletzt ist und der Fehler nicht mehr gutgemacht werden kann (ähnlich KO. § 186 Ziff. 1);
3. a) der Schuldner den Anordnungen des Gesetzes oder des Gerichtes nicht nachkommt, oder
   b) wenn sich herausstellt, daß der Schuldner vor der Eröffnung des Verfahrens Rechtshandlungen vorgenommen hat, die der nicht für den Präventivakkord übernommenen Anfechtung nach KO. §§ 29ff. unterliegen würden, wenn statt des Präventivakkordverfahrens der Konkurs eröffnet worden wäre, oder

[100]) Freund: Zeitschr. f. Handelsr. Bd. 60 S. 67ff.

c) ein Einschreiten des Gerichts im Sinne von KO. § 101 Abs. 2 Satz 1 angebracht wäre;

4. wenn der Präventivakkord keine genügende Mehrheit findet.

Der Autor dieser Vorschläge gibt unumwunden zu, es seien diese Vorschriften weit strenger, wie beim konkursmäßigen Zwangsvergleiche. Trotzdem will er meine Abmahnung (in der Zeitschrift für Rechtspflege) nicht gelten lassen, weil von dem Schuldner ein weit größeres Maß von Vertrauenswürdigkeit verlangt werden müsse, als beim Zwangsvergleich. Er will — mit mir — nicht so weit gehen, wie Wagner (§ 14 Ziff. 3, 4, 5 — siehe unten). Aber meine Warnung soll (nach T.)[101]) unberechtigt sein. Ich möchte T. doch ins Gedächtnis rufen, was die Reform eigentlich bezweckt: „ein einfaches, billiges, rasches, den Kredit des Schuldners schonendes und seine wirtschaftliche Existenz erhaltendes Zwangsvergleichsverfahren zur Abwendung des Konkurses“. So sagt derselbe S. 36. Sollen diese Attribute noch auf ein Verfahren, wie das Seite 85 und 86 seiner Schrift vorgeschlagene, und auf die Feststellung, daß die von ihm geplanten Vorschriften weit strenger seien, als beim Zwangsvergleich im Konkurs, zutreffen? Summum ius summa iniuria. Ein Kautschukgesetz, das dem Schuldner die Gefahr brächte, wenn er „den Anordnungen des Gesetzes oder des Gerichts nicht nachkäme“, dem von dem Richter obligatorisch einzuleitenden (Ist-Form!) Konkurse zu verfallen, wäre Freund und Feind der Reform nicht wohl mundgerecht zu machen. Ich komme übrigens auf diese Einzelheiten, die mehr oder weniger mit den Musterentwürfen Wagner und Bernicken in Zusammenhang stehen, noch bei näherer Betrachtung derselben zurück. Dagegen pflichte ich denjenigen bei[102]), welche ein weitgehendes Ermessen des Gerichts in bezug auf Beurteilung des Akkordantrages, als der kombinierten Vertrags- und Vergleichstheorie, auch den heutigen wirtschaftlichen Grundsätzen über Gläubigerautonomie, zuwiderlaufend, strikt ablehnen. Wenn die Befürworter der weitgehenden richterlichen Kompetenzen mit den Verwerfungsgründen des § 188 Abs. 2 KO. operieren, so wird einerseits übersehen, daß der Vergleich des Konkurses

1. nur auf Gläubigerantrag vom Gericht verworfen werden kann;
2. wenn er dem gemeinsamen Interesse der Nichtbevorrechtigten entspricht, und weiter, daß die antragsbegründenden Tat-

[101]) S. 86.

[102]) Oetker: S. 56; Freund: S. 98.

sachen normalerweise im Konkursfall dem Gericht evident gemacht sind, was im Nichtkonkursfall, der allemal eine kursorischere Art erfordert, durchaus fehlt[103]).

Daß der Präventivakkordantrag äqual dem Antrag auf Konkurseröffnung zu behandeln ist, wird die Eingliederung des neuen Gesetzes in den Rahmen der Fallissementsgesetzgebung wohl von selbst ergeben. Der leider noch nicht zum Gesetze bereifte österreichische Entwurf huldig dem nämlichen Standpunkt. Ich möchte deshalb die Deduktion derer, welche, für den Fall der Überleitung in den Konkurs, die Willenserklärungen und Beschlüsse des Abwendungsverfahrens außer Acht lassen wollen, und welche insbesondere verneinen, daß die Rechtsfolgen der Konkurseröffnung zurückbezogen werden auf den Moment der Abwendungsantragsstellung, mit einem Fragezeichen versehen. Mit einem noch größeren aber die Vorschläge derjenigen, welche eine Verwerfung des Akkordpetitums, der Majorität der Zustimmenden ungeachtet, statuiert haben wollen,

4. wenn sich herausstellt, daß ein Grund zur Überleitung des Präventivakkordverfahrens in das Konkursverfahren vorliegt;
2. wenn es an der erforderlichen Sicherstellung der im Konkurs bevorrechtigten Gläubiger und derjenigen Gläubiger fehlt, die Anspruch auf volle Erfüllung ihrer Forderungen haben.

Anders liegt es und eine Verwerfung ist berechtigt, wenn der Vergleich in unlauterer Weise zustande gebracht ist. Dem außergerichtlichen Zwangsvergleich (obligatorisch und stillschweigend) eine kassatorische Klausel beizugeben[104]), scheint mir — bei nochmaliger näherer Prüfung[105]) der verschiedenen Entwürfe und Motive — in das bestehende Zwangsvergleichssystem nicht zu passen. Dieses de lege ferenda aufgestellte Verlangen und dasjenige, einen gerichtlichen Anspruch auf Aufhebung des außerkonkursmäßigen Zwangsvergleiches, weil er nicht erfüllt sei, in das neue Verfahren einzugliedern, widerspricht vielmehr — genau besehen — der ganzen Konstruktion. Die Gläubigerschaft darf nicht deshalb, weil

---

[103]) Petersen-Kleinfeller: zu § 188 Anm. 11ff.; Jäger: ebenda Kohler: Lehrbuch S. 489; Motive II S. 418; Protokolle S. 112f.

[104]) Kohler: S. 497; Jäger: zu § 195 Anm. 1; Oetker: Grundbegr. S. 227; Fitting: § 47; Löhr: Zeitschr. f. Zivilpr. Bd. 16 S. 390.

[105]) In meinem Aufsatz 1913 Nr. 8 Zeitschr. f. Rechtspflege habe ich dem Vorschlag Ausdruck verliehen, der Schuldner solle erst dann die Früchte des Nachlaßverfahrens einheimsen, wenn er seine Gläubiger nachweisbar befriedigt haben werde und dieser Nachweis solle den vollstreckbaren Schuldtitel ersetzen.

der Kridar oder sein Bürge mit der diesen obliegenden Leistung in Verzug ist, vom Vergleiche zurücktreten. Der § 195 der m. E. analog zur Anwendung kommenden KO. bestimmt vielmehr, daß eine Klage auf Aufhebung des Zwangsvergleiches aus dem Grunde der Nichterfüllung desselben nicht stattfindet. Nach ausländischem Recht ist eine Klage auf Auflösung des Vertrages wegen Nichterfüllung zum Teil in Anwendung. So nach französischem (la résolution de ce traité en cas d'inexécution), belgischem, holländischem, schweizerischem und ungarischem Recht. Wenn die Regel des Bürgerlichen Gesetzbuches (§ 326) auf die ganze Zwangsvergleichslehre Anwendung fände, wäre eine Wiederaufnahme, die aber auch die Konkursordnung nicht vorsieht, im Prinzip anzuwenden. Richtig ist, daß die Gläubiger sich gegen die Willkür des Schuldners durch Klauseln, auch die kassatorische, schützen können[106]). Wenn in dem Vergleich bestimmt ist, daß der Nachlaß an dem einzelnen Guthaben unwirksam werden soll, falls der Kridar oder sein Bürge moros werden, so ist der vergleichsmäßige Erlaß der Forderung, unbeschadet der den Gläubigern durch den Vergleich gewährten Rechte, aufgehoben, wie dies auch bei der Beseitigung des vergleichsmäßigen Erlasses in dem Falle, daß der Vergleich durch Betrug zustande gekommen ist, der Fall ist.

§ 21.

Entwurf Wagner.

Nach Erörterung dieser allgemeinen Richtlinien möchte ich nunmehr zur Vervollständigung des Materials zunächst den vielbesprochenen Entwurf Wagner hier bekanntgeben: Er betitelt sich

Zusammenstellung der Grundzüge für eine gesetzliche Regelung des Schuldnachlasses außerhalb des Konkursverfahrens.

1. Ein Gemeinschuldner, der zum Antrage auf Eröffnung des Konkurses berechtigt ist, kann statt dessen einen Schuldnachlaß im Wege des Zwangsvergleiches beantragen.

2. Der Antrag auf Schuldnachlaß ist unzulässig:
   1. wenn der Gemeinschuldner nicht im Besitz der bürgerlichen Ehrenrechte ist, wenn er mit Zuchthausstrafe bestraft ist oder wenn er wegen eines Verbrechens verfolgt wird;

---

[106]) Lothar Seuffert: Deutsches Konkursprozeßrecht 1899 S. 445.

2. wenn gegen den Gemeinschuldner in den letzten fünf Jahren ein Konkursverfahren geschwebt hat, oder wenn er innerhalb dieser Frist schon einmal einen Schuldnachlaß beantragt hat.

3. An dem Verfahren über den Schuldnachlaß nehmen nur die Gläubiger teil, die nach den Vorschriften der Konkursordnung als nicht bevorrechtigte Konkursgläubiger anzusehen sind.

4. Für das Verfahren über den Schuldnachlaß ist das Amtsgericht ausschließlich zuständig, in dessen Bezirk der Gemeinschuldner seine gewerbliche Niederlassung und in Ermangelung einer Niederlassung seinen allgemeinen Gerichtsstand hat.

5. Mit dem Gesuch, in dem der Antrag auf Schuldnachlaß gestellt wird, hat der Gemeinschuldner

1. eine Übersicht der Vermögensmasse beizubringen nebst
2. einem besonderen Verzeichnis seiner Gläubiger unter genauer Angabe ihrer Adressen und ihrer Forderungen.

Er hat

3. seine Handlungs- und Geschäftsbücher zur Einsicht zur Verfügung zu stellen,
4. sich zur Ableistung des Offenbarungseides zu erbieten und
5. einen Vorschlag über den Schuldnachlaß vorzulegen und dabei anzugeben, in welcher Weise die Befriedigung der Gläubiger erfolgen und in welcher Weise Sicherheit geleistet werden soll.

Der nachgesuchte Schuldnachlaß darf 60% nicht übersteigen.

Mit dem Gesuch nebst Anlagen sollen so viele Abschriften eingereicht werden, daß jedem der vom Gemeinschuldner angegebenen Gläubiger eine Abschrift zugesandt werden kann.

6. Die Zulassung des Antrages ist vom Gericht zu verweigern, wenn das Gesuch nach §§ 1, 2 unzulässig ist.

Entspricht das Gesuch den im § 5 angegebenen Erfordernissen nicht, so hat das Gericht unter Bestimmung einer Frist den Gemeinschuldner aufzufordern, das Gesuch zu vervollständigen. Geschieht dies nicht, so ist das Gesuch zurückzuweisen.

7. Ist das Gesuch zugelassen, so ernennt das Gericht zwei Vertrauensmänner mit dem Auftrage, die Richtigkeit der Angaben des Gemeinschuldners und die Geschäftslage des Schuldners, sowie die Annehmbarkeit des Schuldnachlasses, insbesondere die vorgeschlagene Sicherheit zu prüfen. Von den Handelskammern können bei jedem Amtsgericht

ihres Bezirks die erforderliche Anzahl von Vertrauensmännern bestimmt werden, aus denen das Gericht die Auswahl trifft.

Die ernannten Vertrauensmänner dürfen weder Gläubiger noch Schuldner des Gemeinschuldners sein.

8. Gleichzeitig hat das Gericht unter abschriftlicher Mitteilung des Gesuches des Gemeinschuldners nebst dessen Anlagen sämtliche Gläubiger unter Bestimmung eines Termins zur mündlichen Verhandlung über den Schuldnachlaß zu einer Versammlung zu laden.

Die Ladung eines Gläubigers kann nur dann unterbleiben, wenn die Zustellung der Ladung untunlich ist.

9. In der Versammlung zur mündlichen Verhandlung über den Schuldnachlaß muß der Gemeinschuldner selbst erscheinen, jede von ihm gewünschte Auskunft erteilen, die Richtigkeit seiner Angaben, soweit es vom Gericht verlangt wird, eidesstattlich versichern und auf Antrag eines Gläubigers den Offenbarungseid ableisten. Die Vertrauensmänner haben über das Ergebnis ihrer Prüfung und über den nachgesuchten Schuldnachlaß zu berichten.

10. Sodann sind in der Versammlung die Forderungen der einzelnen Gläubiger an den Gemeinschuldner zu prüfen und demgemäß ihre Abstimmungsberechtigung festzustellen.

Wird eine von dem Gemeinschuldner angegebene Forderung von einem anderen Gläubiger bestritten, oder wird von einem Gläubiger eine Forderung geltend gemacht, die der Gemeinschuldner nicht anerkennt, oder eine höhere Forderung geltend macht, als der Gemeinschuldner anerkennt, so hat, wenn die Sache nicht durch einen Vergleich zu erledigen ist, das Gericht nach Anhörung der Vertrauensmänner über die Abstimmungsberechtigung des Gläubigers zu entscheiden. Die Entscheidung ist sofort zu verkünden, sie ist nicht anfechtbar.

Der Gemeinschuldner sowie der Gläubiger, der durch diese Entscheidung benachteiligt ist, haben ihren Widerspruch gegen die Entscheidung sofort einzulegen, wenn sie sich ihre Rechte vorbehalten wollen.

Der Widerspruch ist zu Protokoll zu nehmen.

11. Nachdem die Abstimmungsberechtigung aller Gläubiger festgestellt ist, beschließt die Versammlung über den Schuldnachlaß.

Zur Annahme des Schuldnachlasses ist erforderlich, daß die Mehrzahl der im Termin anwesenden Gläubiger zustimmt und daß die Gesamtsummen der Forderungen der zustimmenden Gläubiger drei Viertel der Gesamtsumme aller beteiligter Forderungen beträgt.

12. Bei der Berechnung der nach § 11 erforderlichen Mehrheiten bleibt der Ehegatte des Gemeinschuldners außer Betracht, wenn er dem Vergleiche zugestimmt hat.

Das Gleiche gilt von demjenigen, welchem der Ehegatte des Gemeinschuldners während des Schuldnachlaßverfahrens oder in dem letzten Jahre vor der Eröffnung des Verfahrens eine Forderung gegen den Gemeinschuldner abgetreten hat, soweit das Stimmrecht auf der abgetretenen Forderung beruht. Diese Vorschrift findet keine Anwendung, wenn der Ehegatte zur Abtretung durch das Gesetz oder durch einen Vertrag verpflichtet war, welcher früher als ein Jahr vor der Eröffnung des Schuldnachlaßverfahrens geschlossen wurde.

13. Der angenommene Vergleich über den Schuldnachlaß bedarf der Bestätigung des Gerichts. Vor der Entscheidung sind die beiden Vertrauensmänner zu hören.

14. Die Bestätigung ist zu versagen:

1. wenn die für das Verfahren über den Schuldnachlaß gegebenen Vorschriften nicht beobachtet sind;
2. wenn der Fall der Unzulässigkeit des Antrags auf Schuldnachlaß nachträglich eingetreten ist;
3. wenn ein dringender Verdacht vorliegt, daß der Schuldnachlaß durch Begünstigung eines Gläubigers oder sonst in unlauterer Weise zustandegekommen ist;
4. wenn bei dem Schuldnachlaß die Rechte der Gläubiger nicht gleichmäßig festgesetzt sind und die Benachteiligung einzelner Gläubiger der Billigkeit nicht entspricht;
5. wenn über die Abstimmungsberechtigung einzelner Gläubiger erhebliche Zweifel obwalten;
6. wenn der Schuldnachlaß dem gemeinsamen Interesse der nichtbevorrechtigten Gläubiger widerspricht.

15. Die Entscheidung über die Bestätigung des Vergleiches ist in der Versammlung unter Angabe der Gründe zu verkünden. Die Verkündung der Bestätigung kann ausgesetzt werden, bis der Gemeinschuldner seiner Verpflichtung aus § 16 nachgekommen ist.

16. Der Gemeinschuldner ist verpflichtet, die durch den Schuldnachlaß ermäßigten und von ihm nicht bestrittenen Forderungen nach ihrem Betrage und nach ihrer Fälligkeit zu besonderem Protokoll anzuerkennen und sich wegen derselben der sofortigen Zwangsvollstreckung zu unterwerfen.

Jedem Gläubiger ist auf seinen Antrag eine vollstreckbare Ausfertigung des Protokolls zu erteilen, denjenigen Gläubigern, die wegen ihrer Forderung einen vollstreckbaren Schuldtitel vorher erworben hatten, nur dann, wenn der ältere Schuldtitel dem Richter herausgegeben wird.

17. Der Antrag auf Schuldnachlaß kann bis zur Verkündung der Entscheidung über die Bestätigung des Zwangsvergleiches zurückgenommen werden.

18. Wenn mit Bestimmtheit anzunehmen ist, daß die Fortsetzung des Verfahrens zu einem Schuldnachlaß nicht führt, so kann das Gericht nach Anhörung der Vertrauensmänner jederzeit die Aufhebung des Verfahrens beschließen. Der Beschluß ist mit Gründen den Beteiligten zuzustellen.

19. Gegen die Entscheidungen des Gerichts steht dem Gemeinschuldner und jedem durch die Entscheidung benachteiligten Gläubiger die sofortige Beschwerde zu.

20. Solange ein Verfahren auf Herbeiführung eines Schuldnachlasses anhängig ist, ist die Eröffnung des Konkursverfahrens ausgeschlossen.

21. Nachdem das Gesuch auf Schuldnachlaß zugelassen ist, hat das Gericht auf Antrag des Gemeinschuldners die Einstellung der Zwangsvollstreckungen in das bewegliche Vermögen des Gemeinschuldners anzuordnen.

22. Sobald der Gemeinschuldner seiner Verpflichtung zur Ausstellung der Schuldtitel gemäß § 16 genügt hat, hat das Gericht auf seinen Antrag die Zwangsvollstreckungen wegen der Forderungen, die dem Schuldnachlaß unterliegen, soweit sie auf anderen vollstreckbaren Schuldtiteln beruhen, nach Maßgabe der Bestimmungen des Schuldnachlasses aufzuheben.

23. Wird der Antrag auf Schuldnachlaß zurückgenommen, so ist die Einstellung der Zwangsvollstreckungen von Amts wegen wieder aufzuheben. Dasselbe geschieht, wenn das Verfahren über den Schuldnachlaß vom Gericht aufgehoben wird.

24. Wenn der Gemeinschuldner Vermögensstücke beiseite schafft oder durch Verschleuderung von Waren sein Vermögen vermindert oder durch Zahlungen einzelne Gläubiger bevorzugt, kann jeder Gläubiger im Wege der Klage verlangen, daß das Verfahren aufgehoben wird.

Für den Rechtsstreit ist das Landgericht ausschließlich zuständig, in dessen Bezirk das Amtsgericht sich befindet, das das Verfahren über den Schuldnachlaß leitet.

Das Prozeßgericht kann im Wege der einstweiligen Verfügung Sicherungsmaßregeln anordnen, insbesondere einen Verwalter einsetzen.

25. Der bestätigte Zwangsvergleich über den Schuldnachlaß ist für jeden zur Abstimmung zugelassenen Gläubiger wirksam, auch für den, der gegen den Schuldnachlaß gestimmt hat, und für den, der sich an der Abstimmung nicht beteiligt hat.

26. Ist ein Gläubiger zum Termin zur Verhandlung über den Schuldnachlaß geladen, mit seiner Forderung aber überhaupt nicht oder nicht mit dem ganzen Betrage seiner Forderung zur Abstimmung zugelassen, und hat er gegen die Zurückweisung Widerspruch in der Versammlung erhoben, so ist der Schuldnachlaß für ihn nur wirksam, wenn jener Umstand auf das Ergebnis der Abstimmung über den Vergleich ohne Einfluß war.

27. Ist ein Gläubiger zum Termin zur Verhandlung über den Schuldnachlaß nicht geladen, und hat er auch nicht an der Abstimmung über den Schuldnachlaß teilgenommen, so wirkt der Schuldnachlaß für ihn nur dann, wenn die Annahme des Vergleiches über den Schuldnachlaß auch erfolgt wäre, wenn er gegen ihn gestimmt hätte.

28. Der Schuldnachlaß kann von jedem Gläubiger im Wege der Klage gegen den Gemeinschuldner angefochten werden:

1. wenn an der Abstimmung über den Vergleich ein Gläubiger teilgenommen hat, der eine gültige Forderung gegen den Gemeinschuldner nicht hatte, oder wenn die Forderung eines bei der Abstimmung beteiligten Gläubigers nicht in voller Höhe bestand; es sei denn, daß nach Richtigstellung seiner Abstimmungsberechtigung doch die vorgeschriebene Mehrheit für den Vergleich bestehen blieb;
2. wenn der Schuldnachlaß durch ungerechtfertigte Begünstigung eines Gläubigers oder durch Betrug oder sonst in unlauterer Weise zustandegekommen ist.

29. Ist der Schuldnachlaß nach den Vorschriften der §§ 26, 27 oder 28 für den Gläubiger nicht wirksam, so verliert er auch für die anderen Gläubiger seine Wirksamkeit.

---

§ 22.

Kritik des Entwurfs Wagner.

Diese Grundsätze sind von neueren Verfechtern des konkurslosen Vergleiches nicht durchwegs gebilligt worden. Daß das Verfahren auf

Schuldnachlaß ein gewisses Vertrauen auf Ehrlichkeit des Gemeinschuldners voraussetzt, ist oben erwähnt und wohl berechtigt. Allein jeden Schuldner, gegen den ein — etwa unbegründetes (angeberisches) — Verfahren wegen eines Verbrechens schwebt, ausnahmslos des Vorrechtes des konkurslosen Zwangsakkordes berauben, hieße einem eigenartigen, bisher unbekannten Rechtsgrundsatz Geltung verschaffen. Wie wenn sich später die Unschuld herausstellt? Wie wenn der Betroffene in Vermögensangelegenheiten einwandfrei, aber vielleicht auf geschlechtlichem oder von mir aus staatspolitischem Gebiet ein Sünder ist, wie wenn er ehrenhaft sein Geschäft betrieb, aber etwa wider seine Zeugenpflicht sich schwer verfehlte? Eher ließe sich noch die Unzulänglichkeit der Wiederholung des Schuldnachlaßverfahrens innerhalb 5 Jahren rechtfertigen. Aber auch in dieser Verallgemeinerung kann eine unbillige Härte liegen, worauf verschiedentlich hingewiesen wurde. Schon der Antrag des Schuldnachlasses soll im angegebenen Zeitraum nicht vorgekommen sein dürfen! Das geht doch zu weit. An dem Verfahren über den Schuldnachlaß sollen nur die Nichtbevorrechtigten teilnehmen dürfen. Im Einzelfall läßt sich nach meinen Erfahrungen die Mitwirkung der Bevorrechtigten nicht ohne weiteres ausschalten, wenn für sie auch der konkurslose Zwangsvergleich an sich keine Wirkung hat. Der nachgesuchte Schuldnachlaß soll 60 % nicht übersteigen dürfen. Mir erscheint die ziffernmäßige Abgrenzung recht willkürlich. Jeder Praktiker hat Arrangements erlebt, bei welchen die ehrlichsten Schuldner nicht mehr als 25% bieten konnten, während im Konkursfall 10 oder sogar 5% herausgekommen wären. Würde diese — auch der Höhe nach recht scharfe — Begrenzung zum Gesetz werden, so wäre nach meinem Dafürhalten das konkurslose Arrangieren schwerer, wie bisher. Auch bestehen gewaltige Bedenken, den Offenbarungseid dieser Einrichtung einzuverleiben. Wenn schon solche Belästigungen den Schuldner treffen, dann ist zu einem Konkursverfahren (das keineswegs den obligatorischen Offenbarungseid vorsieht), kein großer Schritt mehr. Wagner sieht dann zwei Vertrauensmänner vor, die das Gericht zu ernennen hat. Sie sollen die Richtigkeit der Angaben des Gemeinschuldners und seine Geschäftslage prüfen. Sie sollen die Annehmbarkeit des Schuldnachlasses und die vorgeschlagene Sicherheit ins Auge fassen. Von den Handelskammern kann die erforderliche Anzahl von Vertrauensmännern bestimmt werden. Die Vertrauensmänner dürfen weder Gläubiger, noch Schuldner des Gemeinschuldners sein. Ich habe das Gefühl, als wenn Wagners Apparat zu „gerichtlich" wäre, wenn ich mich so ausdrücken darf, zu bureaukratisch, weitschweifig und die Geheimhaltung gefährdend. Welche Gewähr läge für die Vertrauenswürdigkeit der — unbeeidigten — Vertrauensmänner vor? Ihre Stellung, die Wagner als die eines sachkundigen Beirats, Beraters des Schuldners und Vermittlers des Gläubigers kennzeichnet, ist — rein ideal gedacht — sehr löblich. In Wirklichkeit birgt diese dreifache Natur viele Unzuträglichkeiten in sich. Daß der Schuldner eidesstattliche Versicherungen geben und „auf Antrag eines Gläubigers" (wie streng!) den Offenbarungseid leisten muß, kann nicht gutgeheißen werden. Sind schon solche Demütigungen des Gemeinschuldners veranlaßt, dann entsteht die wichtige Frage, ob nicht lieber gleich das durchwegs verlässige, einheitliche, vorbereitete, prüfbare, den Leichtsinn nicht begünstigende Konkursverfahren an Stelle der konkurslosen Einrichtung treten soll. Das Gericht soll nach Anhörung der Vertrauensmänner über das Recht zur Abstimmung entscheiden. Diese Entscheidung soll nicht anfechtbar sein. Hierbei bemerkt Wagner (der trotzdem einen protokollierten Widerspruch gegen die Entscheidung zuläßt), daß durch die Feststellung des Abstimmungsrechtes noch nicht die Rechtmäßigkeit der Forderung rechtskräftig festgestellt sein soll. Das sei nicht der Zweck des Nachlaßschuldverfahrens. Wagner fährt fort: „Bleiben bei den Verhandlungen eine erhebliche Anzahl von Forderungen oder bleibt eine sehr große Forderung streitig, so wird zu erwägen sein, ob ein solcher Fall überhaupt für das Schuldnachlaßverfahren sich eignet, das nur für Gemeinschuldner in Betracht kommen kann, deren geschäftliche Lage klarliegt." Es wird sich fragen, ob es bei dem Mangel an Klarheit überhaupt einen Zweck hat, das Verfahren fortzusetzen. Kurz: der Entwurf Wagner schwankt, wie er Widerspruch, Bestreitung und Vergleich in Einklang bringen will. Ich will diesen verwickelten Stoff im Rahmen des gegenwärtigen Gutachtens nicht näher erörtern. Aber es scheint mir einzuleuchten, daß hier nicht das letzte Wort gesprochen ist. Wagner meint mit Recht, es würde zu Verwirrungen führen, wenn für die Abstimmung im Schuldnachlaßverfahren etwas anderes gälte, wie für den Zwangsvergleich im Konkurs. Auch die Konkursordnungsbestimmungen über den Ehegatten sind beibehalten. Der angenommene Vergleich bedarf der gerichtlichen Bestätigung; vor der Entscheidung sind die Vertrauensmänner zu hören. Die Bestätigung ist nach Wagner zu versagen:

1. wenn die für das Verfahren über den Schuldnachlaß gegebenen Vorschriften nicht beobachtet sind;
2. wenn der Fall der Unzulässigkeit des Antrages auf Schuldnachlaß nachträglich eingetreten ist;

3. wenn ein dringender Verdacht vorliegt, daß der Schuldnachlaß durch Begünstigung eines Gläubigers oder sonst in unlauterer Weise zustandegekommen ist;
4. wenn bei dem Schuldnachlaß die Rechte der Gläubiger nicht gleichmäßig festgesetzt sind und die Besserstellung einzelner Gläubiger der Billigkeit nicht entspricht;
5. wenn über die Abstimmungsberechtigung einzelner Gläubiger erhebliche Zweifel obwalten;
6. wenn der Schuldnachlaß dem gemeinsamen Interesse der nichtbevorrechtigten Gläubiger widerspricht.

Die Kritik dieser 6 Versagungsgründe ist oben grundsätzlich bereits gebracht. Im einzelnen: 2. und 3. sind zu streng. Schon ein Verdacht zerstört nach Ansicht des Wagnerschen Entwurfes das Vertrauen zum Gemeinschuldner. 4. ist eine Kautschukbestimmung. Der Spielraum für das richterliche Ermessen ist zu weit. Durch 5. läuft der Schuldner und die bona fide handelnde Gläubigerschaft eine viel zu große Gefahr. Über jedem Konkursabwendungsvorschlag hängt so ein Damoklesschwert. Dieser Wankelmut der Wagnerschen Vorschläge entwertet sie. Solange ein Verfahren auf Herbeiführung eines Schuldnachlasses anhängig ist, ist die Konkurseröffnung ausgeschlossen. Das ist folgerichtig. Kann der Gläubiger Tatsachen glaubhaft machen, wonach der Schuldner darauf ausgeht, während des Schuldnachlaßverfahrens sein Vermögen beiseite zu bringen, so soll Antrag an den Richter auf Aufhebung und Klage nebst einstweiliger Verfügung in diesem Sinne zulässig sein. Nachdem das Gesuch auf Schuldnachlaß zugelassen ist, hat das Gericht auf Antrag des Gemeinschuldners die Einstellung der Zwangsvollstreckungen in das bewegliche Vermögen des Gemeinschuldners anzuordnen. Die Prozesse werden also nicht unterbrochen, können aber ausgesetzt werden. Es fragt sich, ob nicht doch Vorschriften über die Behandlung schwebender Rechtsstreite angezeigt wären. Die Anträge auf Einstellung der Vollstreckung sollen die Verwertung der Pfänder und damit eine nicht mehr zu ändernde volle Befriedigung der sie betreibenden Gläubiger verhüten. Das ist logisch, aber man bedenke doch die Umwälzung, welche das Schuldnachlaßverfahren im ganzen Verkehrsleben hervorrufen würde, wenn man ihm die Ausdehnung im Wagnerschen Sinn gäbe! Darum nochmals: mehr ein Verfahren in der Art des gerichtlichen Erbschein- oder auch Mahnverfahrens! Quieta non movere! Wenn der Gemeinschuldner Vermögensstücke beiseite schafft oder durch Verschleuderung von Waren sein Vermögen vermindert, oder durch Zahlungen einzelne Gläubiger bevorzugt, kann jeder Gläubiger im Wege der Klage verlangen, daß das Verfahren aufgehoben wird. Zum Schutze der Gläubiger ist hier ein außerordentliches Rechtsmittel gegeben. Ich fürchte: das neue Verfahren würde die Rechtssicherheit im Schuldenbeitreibungsverkehr nicht erhöhen. Zu viele Anträge und Gegenanträge würden geschaffen. Dem Streit der Gläubigergruppen wäre erst recht Tür und Tor geöffnet. Dazu kommt die Bestimmung des § 28 des Wagnerschen Entwurfs: Der bestätigte Schuldennachlaß kann von jedem Gläubiger im Wege der Klage gegen den Gemeinschuldner angefochten werden:

1. wenn an der Abstimmung über den Vergleich ein Gläubiger teilgenommen hat, der eine gültige Forderung gegen den Gemeinschuldner nicht hatte, oder wenn die Forderung eines bei der Abstimmung beteiligten Gläubigers nicht in voller Höhe bestand; es sei denn, daß nach Richtigstellung seiner Abstimmungsberechtigung die vorgeschriebene Mehrheit für den Vergleich bestehen blieb,
2. wenn der Schuldnachlaß durch ungerechtfertigte Begünstigung eines Gläubigers oder durch Betrug oder sonst in unlauterer Weise zustande gekommen ist.

Durch diesen Satz sollen die rechtmäßigen Gläubiger geschützt werden gegen den, der zu Unrecht an der Abstimmung teilnahm. Es würde das vor allem vorkommen, wenn der Gemeinschuldner einen Gläubiger fingiert, um durch ihn einen Schuldnachlaß durchzusetzen, den er sonst nicht erreichen würde.

Falls es zu einer gesetzlichen Regel eines Konkursabwendungsvergleichs käme, müßte selbstverständlich vor allem die Ausdehnung des Verfahrens auf Handelsgesellschaften und überschuldete Nachlässe in Betracht gezogen werden. Haben sich doch die Nachlaßkonkurse unter dem Erbrecht des BGB. schon verdoppelt. Die Abwendung der Konkurse von Handelsunternehmungen und Erbmassen würde erhebliche wirtschaftliche Vorteile mit sich bringen. Gerade das rasche Sinken der Werte im Konkursverfahren spricht für die Einführung auch auf diesen Gebieten.

§ 23.

Entwurf Bernicken.

Zur Vervollständigung der Literatur füge ich auch den Entwurf eines Gesetzes über den Präventivakkord von Bernicken an:

§ 1. Wer entweder im Handelsregister eingetragen ist oder, ohne im Handelsregister eingetragen zu sein, geordnete, seinen Verhältnissen entsprechende, fortlaufende Aufzeichnungen führt, aus denen seine Vermögenslage sich ermitteln läßt, kann, wenn er in Vermögensverfall geraten ist und solange nicht der Konkurs über sein Vermögen eröffnet ist, bei dem Amtsgericht seiner gewerblichen Niederlassung und in Ermangelung einer solchen bei dem seines Wohnsitzes den Antrag auf Eröffnung des Präventivakkordverfahrens stellen.

§ 2. Mit dem Antrage hat der Schuldner einzureichen:

1. eine Darstellung der Ursachen seines Vermögensverfalls,
2. eine Übersicht seiner Vermögenslage,
3. ein vollständiges Verzeichnis seiner Gläubiger,
4. die schriftliche Zustimmung von mindestens $^2/_3$ seiner Gläubiger;

Der Schuldner hat dem Antrage die von ihm geführten Bücher bzw. Aufzeichnungen beizufügen und sich zur eidlichen Bekräftigung sämtlicher Angaben zu erbieten.

Die Zustimmung der Gläubiger betrifft lediglich die Einleitung des Verfahrens.

§ 3. Dem Antrage soll beigefügt werden ein Vergleichsvorschlag und die Angabe, wie die Durchführung des Vergleichs gesichert werden soll.

§ 4. Das Gericht kann den Antrag durch unanfechtbaren Beschluß ablehnen:

1. wenn einer der Voraussetzungen des § 2 nicht genügt ist,
2. wenn der Antragsteller wegen der in einer den §§ 239—244 KO. bezeichneten strafbaren Handlungen rechtskräftig verurteilt worden ist,
3. falls die Person des Schuldners keine ausreichende Garantie dafür bietet, daß er in redlicher Absicht die Einleitung des Verfahrens beantragt hat,
4. falls der vorgeschlagene Akkord dem Interesse der Gläubiger zu dienen nicht geeignet ist,
5. falls nicht ein zur Deckung der Kosten des Verfahrens ausreichender Geldbetrag vorgeschossen wird.

Das Gericht ist zur Zuziehung von Sachverständigen bei Prüfung des Antrags berechtigt.

Der Beschluß soll spätestens 14 Tage nach Eingang des Antrages erlassen werden.

§ 5. Gibt das Gericht dem Antrage statt, so ernennt es je nach dem Umfange der Masse 1—5 Vertrauensmänner und verpflichtet diese zu gewissenhafter Wahrnehmung der Rechte aller Gläubiger.

Von den Vertrauensmännern soll einer die Befähigung zum Richteramte haben und die übrigen vornehmlich aus der Zahl der in den Zustimmungserklärungen etwa empfohlenen Personen genommen werden, von denen die Hälfte Nichtgläubiger sein soll.

§ 6. Die Vertrauensmänner können alle ihnen angemessen erscheinenden Maßnahmen zur Überwachung des Geschäftsbetriebes des Schuldners treffen; sie können dazu die Hilfe des Gerichts in Anspruch nehmen. Gegen ihre Maßnahmen hat der Schuldner Erinnerung an das Gericht.

Unter Zuziehung der Vertrauensmänner hat der Schuldner, sofern dies nicht schon gemäß § 3 geschehen, einen eingehend ausgearbeiteten Akkordvorschlag aufzustellen und einzureichen unter gleichzeitiger Angabe, wie die Durchführung dieses Vergleiches gesichert werden soll.

Das Gericht kann auf Antrag der Vertrauensmänner zwecks Sicherung der Gläubiger dem Schuldner die Verfügungsmacht über einzelne Vermögensstücke oder über bestimmte Arten von solchen entziehen oder beschränken.

Die Vertrauensmänner haben sich gutachtlich zu äußern,

1. ob die Aufzeichnungen übersichtlich und richtig geführt sind und ob die gemäß §§ 2 und 3 mit dem Antrage eingereichten Aufstellungen den Aufzeichnungen entsprechen,
2. wie im Falle der Konkurseröffnung das Verhältnis der Aktiv- zur Passivmasse sich stellen würde,
3. ob die Fortführung des Verfahrens ratsam ist und welchen Erfolg es verspricht.

§ 7. Das Gericht beruft zugleich unter Bestimmung einer Frist, die 14 Tage nicht übersteigen soll, eine Gläubigerversammlung, zu der alle in dem vom Schuldner aufgestellten Verzeichnis benannten und sonst bekannt gewordenen Gläubiger geladen werden.

§ 8. Von der Eröffnung des Verfahrens bis zu seiner Aufhebung kann über das Vermögen des Schuldners weder der Konkurs eröffnet noch für solche Gläubiger, die im Falle des Konkurses zu den im § 61 KO. bezeichneten gehören würden, eine Zwangsvollstreckung, Arrest oder einstweilige Verfügung angeordnet oder ausgeführt werden.

§ 9. Der Akkordvorschlag, die Bilanz und die Darlegungen des Schuldners sowie das Gutachten der Vertrauensmänner sind unverzüglich nach Eingang und Prüfung durch das Gericht in der Gerichtsschreiberei zur Einsichtnahme für jeden Gläubiger offen zu legen. Es kann eine Abschrift von allen oder einzelnen Stücken verlangt werden.

§ 10. In der unter Leitung des Gerichts stattfindenden Gläubigerversammlung sind abstimmungsberechtigt alle bekannt gewordenen Gläubiger, soweit sie nicht ein Vorzugs-, Aussonderungs- oder Absonderungsrecht in Anspruch nehmen.

Die Gläubiger können zum urkundlichen Nachweis ihrer Forderungen, soweit Urkunden vorhanden sind, eventuell zum Eid angehalten werden. Vertreter von Gläubigern können sich durch auf die Ladung niedergeschriebene Vollmacht legitimieren.

Zur Abstimmung wird jeder angebliche Gläubiger auf Verlangen zugelassen. Widersprechen der Schuldner oder andere Gläubiger, so hat dies auf die Zulassung zur Abstimmung keinen Einfluß.

§ 11. Der Schuldner ist zu persönlichem Erscheinen im Termin verpflichtet; das Gericht entscheidet nach freiem Ermessen, ob es statt seiner einen Vertreter zulassen will.

Der Schuldner ist sowohl im Termin als auch sonst zur Auskunfterteilung verpflichtet.

§ 12. Im Termin erstatten die Vertrauensmänner über die im § 6 Abs. 4 bezeichneten Verhältnisse Bericht. Wählen die Gläubiger in der Versammlung mit absoluter Stimmenmehrheit der Anwesenden andere Vertrauensmänner, so hat das Gericht diese unter Entlassung der bisherigen zu ernennen.

Der Schuldner hat sich über den Vergleichsvorschlag zu erklären; er hat einen Eid zu leisten,

> „daß er alle von ihm in bezug auf das Präventivakkordverfahren gemachten Angaben und Darlegungen nach bestem Wissen richtig und vollständig abgegeben, nichts verschwiegen und nichts hinzugesetzt habe".

Halten $3/4$ der anwesenden Gläubiger vor der Abstimmung noch weitere Ermittelungen für erforderlich, so hat das Gericht die Abstimmung zu vertagen und einen anderen Termin, der nicht über 14 Tage hinaus angesetzt werden soll, zur Fortsetzung der Verhandlungen festzusetzen. Dieser Termin wird den Anwesenden verkündet, die abwesenden Gläubiger werden besonders geladen. Eine abermalige Vertagung ist unzulässig.

§ 13. Zur Annahme des Vergleiches ist erforderlich, daß,

a)	sofern er den Gläubigern	30-40%	ihrer Forder. gewährt,	90%	der anwesenden stimmberechtigt. Gläubiger,	die 90%	der Gesamts. aller stimmbrchtgt. Forderg. vertr.,
b)	„ mehr als	40-50%	„	80%	„	„ 85%	„ „ „
c)	„ „	50-60%	„	75%	„	„ 80%	„ „ „
d)	„ „	70-75%	„	66²/₃%	„	„ 80%	„ „ „
e)	„ „	75%	„	d. Mehrz.	„	„ 75%	„ „ „

dem Vergleiche ausdrücklich zustimmen.

Wird nur eine dieser Mehrheiten erreicht, so kann der Schuldner im Verlauf des Termins eine nochmalige Abstimmung, die eine Stunde nach der Verkündigung in demselben Termin stattfinden muß, verlangen.

Das Gericht kann auch binnen fünf Tagen nach dem Termin eingehende schriftliche Zustimmungserklärungen berücksichtigen.

Aus besonderen Gründen kann das Gericht auch über die Bestätigung eines Vergleichs, der nur die zur darüberliegenden Prozentklasse erforderliche Mehrheit erlangt hat, befinden.

§ 14. Hat der Akkord lediglich eine Stundung zum Gegenstande, so genügt zur Annahme einfache Majorität der anwesenden stimmberechtigten Gläubiger, die 66²/₃ % der Gesamtsumme aller stimmberechtigten Forderungen vertreten.

§ 15. Erscheint der Schuldner bzw. sein Vertreter im Termin nicht, oder genügt der Schuldner während des Verfahrens in sonstiger Weise seinen Verpflichtungen nicht, so kann die Mehrheit der Vertrauensmänner die Aufhebung des Akkordverfahrens verlangen.

Der Schuldner kann bis zur Annahme des Vergleichs jederzeit die Aufhebung des Verfahrens beantragen.

§ 16. Der angenommene Vergleich bedarf der Bestätigung des Gerichts. Der Beschluß, durch den der Vergleich bestätigt oder verworfen wird, soll spätestens 14 Tage nach der Annahme verkündet werden.

Bei der Beschlußfassung über die Bestätigung befindet das Gericht zugleich über das Stimmrecht der abgegebenen Stimmen nach freiem Ermessen.

§ 17. Der Vergleich ist zu verwerfen, wenn die geforderten Mehrheiten nicht erreicht sind und auch § 13 Abs. 4 nicht Anwendung finden kann.

§ 18. Das Gericht kann den Vergleich verwerfen,

1. wenn er den Gläubigern nicht 30% ihrer Forderungen gewährt,
2. wenn er infolge bestimmt darzulegender Verhältnisse dem gemeinsamen Interesse der nicht bevorrechtigten Gläubiger widerspricht,

3. wenn seine Erfüllung nicht hinlänglich gesichert erscheint,
4. wenn der Akkord durch nicht in den Vergleichsbedingungen enthaltene Begünstigung eines Gläubigers oder sonst in unlauterer Weise zustande gebracht ist.

§ 19. Der Bestätigungsbeschluß hat festzusetzen, ob und wieviele der Vertrauensmänner und in welcher Weise sie nach Aufhebung des Verfahrens tätig sein sollen und ob bzw. wie weit die über den Schuldner verhängten Beschränkungen beseitigt werden.

Die den Vertrauensmännern zustehende Vergütung wird durch das Gericht festgesetzt.

§ 20. Der rechtskräftig bestätigte Präventivakkord ist für und gegen alle nicht bevorrechtigten Gläubiger wirksam, soweit sie in die Gläubigerliste aufgenommen sind, auch wenn dieselben an dem Verfahren oder an der Beschlußfassung über den Vergleich nicht teilgenommen oder gegen den Vergleich gestimmt haben. Die Gläubiger behalten die ihnen zustehenden Rechte gegen Mitschuldner und Bürgen des Schuldners und gegen ihre Regreßschuldner sowie die Rechte aus einem für die Forderung bestehenden Pfandrecht, aus einer für sie bestellten Hypothek, Grundschuld, Rentenschuld oder für sie eingetragenen Vormerkung.

§ 21. Aus dem rechtskräftig bestätigten Präventivakkord findet für die in die Gläubigerliste eingetragenen Gläubiger, deren Forderungen nicht vom Schuldner während des Verfahrens ausdrücklich bestritten worden sind, gegen den Schuldner und diejenigen, welche in dem Vergleich für dessen Erfüllung neben dem Schuldner ohne Vorbehalt der Vorausklage Verpflichtungen übernommen haben, die sofortige Zwangsvollstreckung in Gemäßheit der Akkordbestimmungen und unter entsprechender Anwendung der §§ 724—766, 767 Abs. 1 und 3, 768—793 ZPO. statt.

Der Vergleich ist mit Bestätigungszeugnis unter Beifügung einer beglaubigten Abschrift der Gläubigerliste bzw. etwaiger Nachträge für den Schuldner und auf Antrag eines Gläubigers auszugsweise für diesen auszufertigen.

§ 22. Nach rechtskräftiger Bestätigung des Vergleichs wird das Verfahren vom Gericht durch unanfechtbaren Beschluß aufgehoben.

Das Amtsgericht hat ein Verzeichnis derjenigen Personen zu führen, die bei ihm einen Antrag auf Einleitung des Verfahrens des Präventivakkordes gestellt haben. Nach Ablauf von zwei Jahren ist die Eintragung dadurch zu löschen, daß der Name unkenntlich gemacht wird.

Die Einsicht des Verzeichnisses ist jedem gestattet. Jeder kann bei dem Gericht beantragen, daß ihm, falls eine bestimmte Person in das Verzeichnis eingetragen wird, eine Benachrichtigung hiervon zugestellt werde.

§ 23. Das Gericht kann den Akkord auf Antrag eines Gläubigers nachträglich aufheben, wenn der Schuldner

a) in betrügerischer Absicht die Schuldenmasse zu hoch angegeben oder erhebliche Vermögensbestände verheimlicht hat,

b) wegen betrügerischen Bankrotts rechtskräftig verurteilt wird.

§ 24. Wird nach Aufhebung des Akkords über das Vermögen des Schuldners der Konkurs eröffnet, so nehmen an diesem Verfahren die Gläubiger, für und gegen die der Akkord wirksam war, mit dem noch ungetilgten Betrage ihrer ursprünglichen Forderungen teil.

Die neuen Gläubiger des Gemeinschuldners sind zur Teilnahme am Verfahren berechtigt, haben aber keinen Anspruch auf Befriedigung aus einer für die Erfüllung des Präventivakkordes bestellten Sicherheit.

§ 25. Eine Klage auf Aufhebung des Präventivakkordes aus dem Grunde der Nichterfüllung desselben findet nicht statt.

§ 26. Wird das Akkordverfahren oder der bestätigte Akkord aufgehoben, so kann auf Antrag eines Gläubigers das Gericht unmittelbar die Eröffnung des Konkursverfahrens beschließen, auch wenn die Voraussetzungen der §§ 102, 103 KO. nicht vorliegen.

Das Gericht setzt im Eröffnungsbeschluß den Zeitpunkt fest, an dem die Zahlungseinstellung als erfolgt gelten soll.

§ 27. Die Aufnahme einer Forderung in die Gläubigerliste im Verfahren des Präventivakkords unterbricht die Verjährung.

§ 28. Wenn dem Gericht gleichzeitig ein Antrag auf Konkurseröffnung und ein Antrag auf Einleitung des Präventivverfahrens zugeht, so entscheidet das Gericht, welchem Antrag stattzugeben sei. Durch die Eröffnung des einen Verfahrens wird der andere Antrag erledigt.

§ 29. Die Vorschriften der §§ 1—5, 9, 12—35, 37—70, 207 Abs. 2, 208—213, 239, 241, 242 und 244 KO. finden entsprechende Anwendung.

Das Anfechtungsrecht kann von jedem der Vertrauensmänner sowie von jedem Gläubiger ausgeübt werden.

§ 30. Gegen sämtliche in diesem Verfahren ergehenden Beschlüsse ist, sofern sie nicht unanfechtbar sind, nur eine beschleunigte, binnen einer Woche einzulegende Beschwerde zulässig.

§ 24.

Kritik des Entwurfs Bernicken.

Der Entwurf von Bernicken veranlaßt folgende Erörterung. Es läuft dem deutschen Konkurswesen zuwider, die Eintragung in das Handelsregister auch nur alternierend als ein Erfordernis des beneficium eines Präventivakkords festzusetzen. Auch die zweite Alternative erscheint unbegründet. Es kann jemand durchaus ehrlich sein und wegen seiner bedrängten Lage den erleichterten Modus des Präventivakkords verdienen, dennoch aber Anlaß und Anlagen zu geordneten und fortlaufenden Aufzeichnungen nicht besitzen. § 2 Absatz 4 ist, wie wiederholt in Bekämpfung des schweizerischen Systems dargelegt, nicht zu empfehlen. Die Bestimmung des § 4 ist zu scharf. Ich berufe mich auf diesbezügliche obige Darlegungen. In seiner Kommentierung gibt der Autor selbst zu, daß zur Prüfung der Berechtigung des Antrags häufig kaufmännische Sachverständige zuzuziehen seien. Ist dem aber so, so darf nicht a limine ein Antrag aus dem Gesichtspunkte der 5 Absätze des § 4 abgewiesen werden. § 4 Absatz 5 meint Bernicken ohnedies nur im Hinblick auf die lex lata. Denn er ist es ja, der in seiner Dissertation immer wieder das belgische System des kostenlosen Verfahrens im Falle der Unzulänglichkeit anempfiehlt. Der Apparat mit den 1—5 Vertrauensmännern, deren einer die Richterqualifikation haben muß, ist zu schwerfällig. Wenn ich mir denke, daß in der Kommentierung B. von Kaufleuten spricht, die an deutschen Handelshochschulen diplomiert worden seien, dann, wie gesagt, von Persönlichkeiten, welche die Richterqualifikation haben usw., so liegt die Befürchtung nahe, daß derartige Fürsprachen für die gute Sache über juristische Zwirnfäden stolpern. So ginge es auch, wenn die vielen Stadien und Ämter alle eingeführt würden, welche in den § 5 ff. des Entwurfs B. vorgeschlagen werden. Erwägungen rein psychischer Art beeinflussen bekanntermaßen Parteien in trüben Zeitläuften. Symptomatisch erscheint mir, daß in Fällen der wirtschaftlichen Not der Schuldner möglichst wenig mit Juristen und geschriebenen Gesetzen zu tun haben will und in seinem dunklen Drang nach anderen Helfern, Rechtskonsulenten, Treuhänder, nur womöglich keine Rechtsbeflissenen, zuzieht. Vor der berufsmäßigen Jurisprudenz hat er Angst. Solche psychologischen Empfindungen darf der Gesetzgeber, welcher die vitalen Schuldnerinteressen erfassen möchte, nicht außer acht lassen. Der Grundsatz der straffen Überwachung, aber möglichst geringen Einmischung, die Aufrechterhaltung möglichster Vertrags- und Vergleichsfreiheit, soll die künftige Präventivakkordordnung beherrschen. Mein Gedankengang ist folglich immer wieder der: es sollen die Männer des Vertrauens der Beteiligten berufen werden, damit alle Garantien dafür gegeben werden, daß der Zweck des Akkordverfahrens, die Erzielung einer möglichst hohen Quote, in kürzester Zeit, unter Schonung der wirtschaftlichen Existenz des schuldlosen Kridars, wirklich erreicht werde. An der unbedingten Autonomie ist festzuhalten. Der Widerwille der Schuldner- und Gläubigerschaft gegen zu viele Ämter, Verfügungen, Termine und Rechtszüge innerhalb des Präventivakkordverfahrens ist de lege ferenda zu respektieren. Über den dritten Absatz des § 6, daß das Gericht auf Antrag der Vertrauensmänner zwecks Sicherung der Gläubiger die schuldnerische Verfügungsmacht beschränken kann, habe ich schon in dem Sinne mich oben ausgesprochen, daß solcher Passus mit den Lehren des bürgerlichen Rechts nicht wohl zu verquicken sein wird. Während Wagner auf den schuldnerischen Eid großen Wert legt, statuiert Bernicken den Eid der Gläubiger, die zum Nachweis ihrer Forderung zum Schwur angehalten werden können. Nahrath konstruiert eine eidesstattliche Versicherung des Schuldners, daß die angeführte Bilanz so wahrheitsgetreu aufgestellt sei, als er dazu imstande gewesen sei, um einen schonenderen und verallgemeinteren Ersatz der Manifestation aufzustellen. Ich kann nie und nimmermehr glauben, daß sich irgend eine Gesetzeskommission dazu hergeben wird, dermaßen grundsätzlich die Lieferanten und Darlehensgläubiger in Versuchung zu führen. Es geht ein Zug gegen Abschaffung unnötiger Eide durch unser ganzes Rechtsleben. Die radikalsten Prozeßreformer möchten den größten Teil der Eide mit einem Federstrich beseitigen. Wenn nun auch dieser Standpunkt übertrieben erscheint, weil eine Änderung Schritt für Schritt erfolgen und die Möglichkeit der ev. Mißbräuche Eid für Eid differenziert werden müßte, so beobachtet man doch zweifellos die beklagenswertesten Eidesverletzungen da, wo der Schwur Vermögen und Existenzen zu konservieren vermag. Zumal solche Beeidigungen hält man heutzutage für sehr bedenklich, bei welchen Pflichtenkollisionen oder heikle Gewissensfragen in vermögens- oder familienrechtlichen Angelegenheiten gegeben sein können. Und nun will man einen Gläubigereid im Vorkonkurs einführen! Daß ich aus obigen Raisonnements den schuldnerischen Eid nicht gern sehe, ist bereits zu dem Wagnerschen Entwurf bemerkt worden. Die Abstufungen des § 13 sind abzulehnen. Denn sie sind viel zu kasuistisch. Außerdem legen sie eine Mindestquote von 30 vom Hundert zugrunde. Infolge des letzten

Absatzes des § 13 wird diese Limitierung nicht folgerichtig durchgeführt, indem dem Gericht „aus besonderen Gründen" die Möglichkeit der Bestätigung auch eines Akkordes unter 30% anheimgestellt wird. Ein derartiges richterliches Ermessen geht wahrlich zu weit. Der § 15 Absatz 2 und seine Kommentierung (S. 93) widersprechen sich. B. stellt nämlich zuerst folgenden § 15 Absatz 2 auf: „Der Schuldner kann bis zur Annahme des Vergleichs jederzeit die Aufhebung des Verfahrens beantragen." Dies scheint mir selbstverständlich zu sein. Dagegen schreibt B. zu § 15: „Leiten ihn dabei unredliche Motive, so wird das Gericht dem Antrage nicht stattgeben." Das eine schließt das andere aus. Wenn der Schuldner nach seinem Belieben bis zur Annahme des Vergleiches die Aufhebung des Verfahrens nach dem Gesetz beantragen kann, dann kann ihn auch das Gericht nicht daran hindern. Eine andere Frage ist natürlich die, ob nicht bei grundloser oder doloser Zurücknahme die Gläubiger sogleich die Konkurseröffnung beantragen werden. Dies wäre unter Umständen ihr gutes Recht. Ihre Selbstbestimmungsbefugnisse — dies sollte wie ein roter Faden durch das Gesetz in spe gehen — sind tunlichst intakt zu halten. Das Gericht kann demnach auch, wenn Antragsfreiheit besteht, sie nicht und durch nichts einschränken. B. verfällt in denselben Fehler, wie die anderen Schriftsteller, welche mit den verschiedensten Begründungen eine Überleitung vom Akkord zum Konkursverfahren von Amts wegen statuieren wollen. Schreibt er doch zu § 15: „Ein wirksames Mittel, den Schuldner zur Erfüllung seiner Verpflichtungen und zu redlichem Verhalten während des ganzen Verfahrens zu veranlassen, besteht darin, daß die Mehrheit der Vertrauensmänner bei Zuwiderhandlungen des Schuldners gegen seine Obliegenheiten die Aufhebung des Verfahrens verlangen kann. Dann ist nach § 26 die sofortige Eröffnung des Konkursverfahrens zulässig, auch ohne daß Zahlungseinstellung vorliegt — der Präventivakkord kann ja auch ohne diese beantragt werden —. Dieses über dem Schuldner während des ganzen Verfahrens schwebende Damoklesschwert wird ihn ebenso sicher von einer leichtfertigen Stellung des Antrages auf Eröffnung des Präventivakkordverfahrens, wie von indifferentem oder gar fraudulosem Verhalten während desselben, abhalten." Vernicken streift in seinen Marginalglossen zu § 16 auch den Gedanken, daß verschiedene Gesetzgebungen Verwandtenforderungen von der Abstimmung und Berücksichtigung überhaupt ausschließen. Ich möchte (obschon diese Anschauung erfreulicherweise im Texte des eigentlichen Entwurfs von B. keinen Platz gefunden hat) Verwahrung dagegen einlegen, daß man überhaupt solchen Modus für diskutabel erklärt. Ist es schon erstaunlich, mit welcher Kaltblütigkeit und Unüberlegtheit viele Konkursverwalter und Gläubigerausschußmitglieder bei der Prüfung von Forderungen, Stimmrechtserteilung, Dividendenschätzung und konkursmäßigen Zwangsvergleichsfragen, Verwandtenguthaben wie ein reines Nichts behandeln, so wäre die Festlegung eines Grundsatzes, daß Verwandtenforderungen nicht zu berücksichtigen seien, ein nicht zu billigender Eingriff in viele wohlerworbenen Rechte. Folgendes scheint in Vergessenheit geraten zu sein: so gut der Verwandte — was ganz richtig ist — oft Schiebe-Subjekt — und noch mehr -Objekt bildet, so gut ist er doch auch durch die Natur der Verhältnisse derjenige, an welchen sich zuerst wahrhaftig und wirkungsvollst der notleidende Schuldner wendet. Den Verwandten das Stimmrecht entziehen — sagt Benedikt[107]) — ist nicht nur gegenüber den ehrlichen verwandten Gläubigern ein Unrecht; es ist eine überflüssige Härte. Man kann also nicht mit einer verächtlichen Geste Verwandtenforderungen schlechthin im Papierkorb verschwinden lassen. Ersprießlicher sind die Bestimmungen des Code und seiner Töchterrechte über die Folgen der Fiktion von Forderungen, des Stimmkaufs und der Gewährung von Sondervorteilen beim Zwangsvergleich. Die allzu weiten Kompetenzen des Gerichts in den §§ 17 und 18 des Entwurfs B. haben meinen Beifall nicht. Erst recht zu mißbilligen ist das Prinzip des beschränkten Zwangsvergleichs des § 20 des B.schen Entwurfs, weil diejenigen, welche in die Gläubigerliste nicht aufgenommen sind, in keiner Weise gebunden erscheinen. Man denke doch an die Folgen! Der schikanöse Gläubiger, der sich im Dunkeln hält, tritt, nachdem seine Mitgläubiger den oder jenen Verzicht mit dem Schuldner paktiert haben, und der Schuldner sorglos sein zu dürfen annimmt, aus dem Dunkel hervor und diktiert nun gewalttätig seine Wünsche. Sein Ratschluß muß beachtet werden, so grausam er sein mag. In solchem Falle würde der Schuldner erst recht nicht aus noch ein wissen und der schöne Präventivakkord würde ein Ende mit Schrecken nehmen. Die wesentliche Tendenz der Akkordordnung: Zwingen aller Gläubiger, Aufräumen mit den Einflüssen der Akkordstörer des zwanglosen Vergleichs, darf dem Gesetzgeber nicht aus den Händen gleiten. Dagegen ist die Löschung des Akkordistenverzeichnisses schon nach Ablauf von zwei Jahren wiederum eine ganz unnötige Milde. Das Akkordistenverzeichnis selbst wäre eine wohl angebrachte Einführung. Verfehlt scheint mir endlich der § 28. Wenn ein Antrag auf Einleitung

---

[107]) Zur Reform der Konkursordnung S. 32.

des Präventivverfahrens vorliegt, so soll der zeitlich äquale auf Konkurseröffnung abzulehnen sein. — Soweit die Entwürfe, in welchen immerhin ein wackeres Stück Arbeit steckt.

§ 25.

Nutzanwendung und Schlußthese.

Es ist Jäger[108]) nachzufühlen, wenn er die Lösung des Problems des Präventivakkords zu den wichtigsten, aber auch heikelsten Aufgaben der Reichsgesetzgebung zählt. Beide Attribute sind wohl angebracht.

Daß die geplante humane und soziale Einrichtung ihre Mängel hat, wird ein objektiver Beurteiler nicht in Abrede stellen. Vor Mißbrauch ist kein Rechtsinstitut sicher, und es ist insbesondere nie im voraus abzusehen, in welcher Weise die unsoliden Verkehrskreise ein noch nicht eingeführtes Rechtsgebilde mißbrauchen werden. Ganz sicher kann es von unredlichen Elementen dazu benützt werden, die Vollstreckung hinzuziehen. Leichtsinnige Schuldenmacher können, wenn nicht gewisse Kautelen aufgestellt und insbesondere in der Praxis geschickt angewendet werden, des geplanten Fallissementgesetzes sich zu Verschleppungen bedienen[109]). Die ordentliche Konkursbeendigungsform begünstigt zweifelsohne unredliche Treibereien weniger. Es kann auch vorkommen, daß betrügliche Personen und Umstände durch das außerkonkursmäßige Verfahren eine zu gute und milde Behandlung erfahren. Allein diese Umstände rechtfertigen die Opposition nicht. „Der blinde Eifer gegen die Schuldner"[110]), welcher die Konkursgesetze früherer Tage beherrscht hat, soll der neuen Lehre kein Hemmschuh mehr sein. Die Nachteile der Vorenthaltung dieses Instituts für unser heutiges Gewerbsleben wiegen schwerer, wie die in der allenfallsigen Erleichterung von Umtrieben liegenden Schäden. Stattet man das Verfahren mit gewissen Garantien gegen unreelle

---

[108]) zu § 173 KO. S. 311.

[109]) Recht pessimistisch steht der Schuldnerschaft und so eigentlich der gesamten Materie Dr. iur. Nahrath, Konkursverwalter in Charlottenburg, gegenüber. So kommt es auch, daß er in seinem (nach Fertigstellung meines Manuskripts gegenwärtiger Arbeit — April 1914 —) im Druck erschienenen, dem rigorosen Schweizer Gesetz angelehnten Entwurf zu einem Gesetz über den Zwangsvergleich außerhalb des Konkurses zwar zu beherzigende Anleitungen gegen beliebte Schleichwege von Schuldnern, nicht aber abgerundete oder ausgefeilte Gesetzesparagraphen in knapper und genereller Fassung uns vorsetzt.

[110]) So Kleinfeller: 1894 Zeitschr. f. D. Zivilpr.

Machenschaften aus, und zeigen Gerichte sowie wohlanständige Kreditorengruppen den entschlossenen Willen, nur vertrauenswürdigen Schuldnern den Akkordweg zu glätten, dagegen den Ausschreitungen von Schiebern und gewissenlosen Konkursmachern tatkräftig und gemeinsam entgegenzutreten, mit anderen Worten der Gerechtigkeit keinen Schimpf antun zu lassen, entwickelt endlich unsere sich an das neue Gesetz anlehnende Judikatur dem Volksempfinden und Rechtsgefühl begreifliche Grundsätze, so werden die Vorschläge der vielen um das deutsche Rechtsleben hochverdienten Gelehrten und Praktiker eine unserer Rechtsentwicklung förderliche Wendung herbeiführen helfen. In dubio pro reo! Im Zweifel möge der vom Schicksal gerüttelte Schuldner die Trümmer seines Vermögens, vom einsichtigen Wohlwollen seiner Gläubiger und einem heilsamen Gesetz behütet, zusammenklauben und vor dem unerbittlichsten Zugriff, wenn irgend möglich, bewahren können.

Nach alledem verstehe ich unter einem gerichtlichen Ausgleichungsverfahren außerhalb des Konkurses einen zwischen den nichtbevorrechtigten, allenfalls auch bevorrechtigten Gläubigern, und dem Schuldner — gleichviel welchen Standes und gleichviel, ob eine Buchführung aufzuweisen er imstande sei — abgeschlossenen, der Bestätigung des Gerichts bedürfenden Vertrag, mit welchem, gegen Vereinbarung und allenfallsige Sicherstellung einer von der Gläubigerschaft nach freiem Ermessen zu genehmigenden Dividende, einerseits und gegen unbeschränkten Verzicht auf die unbezahlten Prozente andererseits, mit Zwangswirkung gegen die nicht beigegangenen nichtbevorrechtigten, allenfalls auch bevorrechtigten Gläubiger, die Eröffnung des Konkurses abgewendet werden soll, ohne daß bei Scheitern oder Nichtbestätigung des Vergleichs die Konkurseröffnung von Amts wegen zu erfolgen hat.

Die Schaffung eines so gestalteten gerichtlichen Ausgleichungsverfahrens außerhalb des Konkurses erscheint mir wünschenswert.

XVII.

Gutachten des Herrn Professor Dr. Heinrich Hoeniger in Freiburg i. Br.

über die Frage:

Entsprechen die Bestimmungen betreffend die Erstreckung der hypothekarischen Haftung auf Miet- und Pachtzinsforderungen und deren Durchführung bei Zwangsvollstreckung in das Grundstück dem praktischen Bedürfnisse?

Inhaltverzeichnis.

---

§ 1.

Wirtschaftliche Orientierung.

Die hier zur Begutachtung vorgelegte Frage ist aus dem im Wirtschaftsleben unserer Tage so sehr im Vordergrunde stehenden Problem der Hypothekennot erwachsen. Wo immer Schriftsteller die Hypothekennot behandeln, da heben sie auch auf die ungenügende Verhaftung der Mietzinsen für den Hypothekar ab (vgl. z. B. Heinitz DJZ. 1914, 34; Budde DJZ. 1912, 1207; Heilbrunn RuW. 1912, 423; Eickemeyer: Zur Frage der zweiten Hypothek S. 97 f., u. a. m.). Durch diesen Zustand unseres Hypothekenrechtes werden die viel besprochenen Mietzessionen ermöglicht, die unter Umständen bei einer Zwangsversteigerung dem das Grundstück erstehenden Zweithypothekar die Mieterträgnisse bis zu vollen vier Quartalen entgehen lassen.

Die herrschende Hypothekennot ist vor allem eine Not der zweiten Hypotheken. Diese zweiten Hypotheken wurden bislang fast durchgängig von einzelnen Privatkapitalisten an die Schuldner direkt gegeben. Gewöhnlich erfolgte diese Kreditgewährung in lokal begrenzter Art. Der Privatkapitalist gab Geld auf die zweite Hypothek zumeist nur an seinem Wohnort oder in dessen näherem Umkreise. Anläßlich der letzten großen Versteifung des Geldmarktes und der zu gleicher Zeit einsetzenden Bau- und Grundstückskrise hat sich das Privatkapital von der zweiten Hypothek fast fluchtartig zurückgezogen.

Als eine, aber auch nur als eine unter den vielen Ursachen dieser Flucht des Privatkapitals von der zweiten Hypothek wird die ungenügende Haftung der Mietzinsen für die Hypothek vielfach angesehen. Als andere Ursachen bezeichnet man, abgesehen von der sich jetzt ja bessernden Lage des Geldmarktes, vornehmlich noch die steuerliche Belastung des Grundbesitzes überhaupt und des Eigentumswechsels von Grundstücken insbesondere und schließlich den mangelhaften Zustand des Taxwesens in einzelnen Bundesstaaten. Allenthalben macht man Versuche, diese vermeintlichen Ursachen der Hypothekennot zu beheben. Man vermeint, nach deren Behebung werde das Privatkapital zur zweiten Hypothek wieder zurückkehren. Unter diesem Gesichtspunkte verlangt man auch eine stärkere Verhaftung der Mietzinsen zugunsten des Hypothekars.

Ob man wirklich durch all die verlangten Maßnahmen dieser Art das Privatkapital wieder zur Kreditgewährung auf zweite Hypotheken unmittelbar heranziehen wird können, erscheint bei auf größere Gesichtspunkte eingestellter Überlegung recht zweifelhaft. All die angeblichen Ursachen der Hypothekennot, die man durch diese vereinzelten Maßnahmen beseitigen will, sind nicht die eigentlichen und letzten Ursachen dieser Not; sie sind nur der Anlaß zum Ausbruch der offenen Krise. Die wahre Ursache der gegenwärtigen Not der zweiten Hypotheken muß tiefer gesucht werden. Die bisherige Art und Weise der Deckung des zweitstelligen Hypothekenkredits entsprach einfach nicht mehr der sonstigen Entwicklung unseres Wirtschaftslebens; sie paßt nicht mehr in das Zeitalter des sogenannten Effektenkapitalismus (vgl. über diesen bes. Liefmann, Unternehmungsformen 75 f. und Beteiligungsgesellschaften, 2. Aufl. 24 f.).

Der Privatkapitalist will bei seiner Vermögensanlage nicht mehr zu einem Schuldner persönlich in Beziehung treten. Er will nicht zur Überwachung von dessen Kreditwürdigkeit gezwungen sein. Er will nicht den Stundungsbitten eines persönlichen Schuldners Gehör und Gewähr geben müssen. Er will nicht zu persönlicher Rücksichtnahme irgendwelcher Art genötigt werden. Kurzum, er will die aus seiner Kapitalsanlage resultierende Gläubigerschaft möglichst unpersönlich gestalten. Dazu bietet das Effektenwesen das Mittel. Das Bedürfnis des erststelligen Hypothekenkredits wird längst zum größten Teile durch Vermittlung des Effektenwesens befriedigt; die Aktienhypothekenbanken greifen hier ein.

Die Art der Befriedigung des zweitstelligen Hypothekenkredits wird sich notwendig auf diese neue Entwicklung unserer kapitalistischen Wirtschaft einstellen müssen. Ist der Gläubiger-Kapitalist nicht mehr gewillt, persönlich und direkt dem Schuldner die zweite Hypothek zu geben, so wird man eben auch hier das Effektenwesen zu Hilfe rufen müssen. Durch Effektenausgabe irgendwelcher Organisationen oder Anstalten wird man das Kapital aufbringen müssen, um es dann auf zweite Hypotheken zu vergeben. Ansätze nach dieser Richtung sind schon reichlich vorhanden; so haben sich gemeinnützige Organisationen der Grund- und Hausbesitzer gebildet, die Pfandbriefe ausgeben, um so Hypothekengelder aufzubringen (vgl. dazu Eickemeyer 117 f.). Auch die vielfachen und vielgestalten Hilfsaktionen der Städte müssen zum sehr großen Teile unter diesem Gesichtspunkte gesehen werden. Denn wenn die Kommunen erhebliche Beträge für Hypotheken zur Verfügung stellen, so müssen sie diese durch Kommunal-Obligationen aufnehmen. Das Hypotheken-Kapital wird also auch hierbei wenigstens indirekt durch Vermittlung des Effektenwesens aufgebracht.

Zur Befriedigung eines so allgemeinen Bedürfnisses wie desjenigen der zweiten Hypothek können gemeinnützige Organisationen oder gar die Hilfen der Kommunen unmöglich ausreichen. Besonders die letztere ist durch die öffentlich-rechtliche Zweckbestimmung der Gemeinde in enge Grenzen eingeschlossen. Zu deren Aufgabenkreis gehört wohl die Fürsorge für das Wohnungswesen und daher auch die Hilfe bei der Hypothekenbeschaffung für notwendigen Wohnungsbau. So haben denn die Städte in der Tat sich auch regelmäßig auf die Hypotheken-Gewährung oder Garantierung bei Kleinwohnungsbau beschränkt. Damit ist aber der allgemeinen Hypothekennot natürlich nicht abgeholfen. Man hat sehr treffend die manchmal gar nicht unbeträchtliche Hilfe der einzelnen Städte einen Tropfen auf den heißen Stein der Hypothekennot genannt. Anstalten zur allgemeinen Befriedigung des gesamten Bedürfnisses an zweiten Hypotheken können in der Tat unsere Kommunen unmöglich werden.

In unserer kapitalistischen Wirtschaftsweise müssen notwendig so allgemeine Bedürfnisse privater Wirtschaftssubjekte, wie es das Bedürfnis nach zweiten Hypotheken ist, durch private Erwerbsunternehmungen gedeckt werden. Das private Erwerbsinteresse kann bei einer so allgemeinen Bedarfsdeckung auf die Dauer unmöglich ausgeschaltet werden. Diesen Gedankengang muß man nun mit der oben gefundenen These zusammenhalten, daß auch die Deckung der zweiten Hypotheken sich in die immer mehr um sich greifende Entwicklung zum Effektenkapitalismus einreihen muß. Dann kommt man notwendig zu der Forderung der Einrichtung privater Unternehmungen, die durch Effektenaufgabe Kapital zum Zwecke der Austeilung auf zweite Hypotheken aufbringen. Solche Unternehmungen müßten wohl Aktienbanken für zweite Hypotheken sein. Es müßte dann ein neues Reichsgesetz für solche gefordert werden[1]).

Die Hypothekennot wird, wie die vorstehenden Ausführungen wenigstens anzudeuten versuchten, nur durch ganz großzügige Maßnahmen beseitigt werden können. Besserungen an den einzelnen Symptomen, die den letzten Anlaß zur Hypothekenkrise gaben, werden schwerlich das Privatkapital zur zweiten Hypothek, die es geflohen, wieder zurückbringen. Man mag die Mietzinsen dem Hypothekar in der denkbar vollkommensten Weise verhaften, das Privatkapital wird deswegen im Zeitalter des Effektenkapitalismus doch kaum wieder von neuem Anlage in der zweiten

[1]) Daß die Ausgestaltung solcher Aktienbanken eine große Reihe schwieriger Fragen juristisch-technischer und wirtschaftlicher Art hervorruft, übersehe ich durchaus nicht. Ich habe mich darüber in einem nicht im Druck veröffentlichten Vortrage auf der Tagung des Gesamtausschusses des Hansabundes zu Köln am 13. Juni 1914 etwas näher ausgesprochen. Dr. Immerwahr, Direktor der Deutschen Grundkredit-Bank, hat im Grundstücks-Archiv 1911, 34 f. eine Reihe von Bedenken gegen den Plan solcher Aktienbanken geltend gemacht. Nicht alle seiner Bedenken scheinen mir durchschlagend. Vgl. zu dieser Frage auch Eschwege (Boden- und Hypothekenprobleme 38 f.). Die Hauptbedenken scheinen mir in folgenden zwei Punkten zu liegen: 1. Werden solche Aktienbanken genügend rentabel sein, um ausreichendes Unternehmungskapital anzulocken? 2. Wird sich ein genügender Absatz zweitstelliger Pfandbriefe erreichen lassen? — Es ist hier nicht der Ort, näher auf diese Fragen einzugehen. Ich hoffe, eine besondere Arbeit hierüber in den nächsten Monaten veröffentlichen zu können. Hier sollte nur der große Zusammenhang aufgerollt werden, in den die Frage der zweiten Hypotheken einzugliedern ist. Es war dies notwendig, um die hier zur Begutachtung vorgelegte Spezialfrage unter dem richtigen Gesichtswinkel zu sehen.

Hypothek suchen. Man kann demnach die hier zur Begutachtung gestellte Spezialfrage nicht lediglich unter dem wirtschaftlichen Gesichtspunkte der Hypothekennot und ihrer Beseitigung sehen. Man muß vielmehr auf die wirtschaftliche Gesamtstruktur unseres Hypothekenwesens das Augenmerk richten.

Die Hypothekenkrise und die sie begleitenden zahlreichen Zwangsvollstreckungen brachten eine schwere Probe für die Bewährung unseres Hypothekenrechtes. Kleine und kleinste Mängel dieser Rechtsmaterie mußten sich unter diesen Umständen offenbaren. Im allgemeinen hat unser Hypothekenrecht diese Belastungsprobe gut bestanden. Nur bei den Normen über die Verhaftung des Mietzinses, namentlich im Falle der Zwangsversteigerung, sind gewisse Mängel zutage getreten. Diese gaben den Anlaß zu der Fragestellung für dieses Gutachten. Zahlreicher sind die Mängel, die sich in dem Immobiliarvollstreckungswesen selbst gezeigt haben.

Die Frage der Verhaftung der Mietzinsen für die Hypotheken, insbesondere auch im Falle der Zwangsvollstreckung in das Grundstück, findet sich in zwei getrennt zu betrachtenden Normenkomplexen geregelt:

1. Die allgemeine Regelung der Frage ergibt sich aus den §§ 1123 bis 1125 BGB. in Verbindung mit § 21 Abs. 2; § 148 Abs. 1 ZwVG.; § 865 ZPO. und § 47 KO.

2. In Betracht kommt ferner § 57 ZwVG. Diese Vorschrift regelt zwar nur durch Verweis auf § 573 BGB. den Erwerb des Rechtes auf die Mietzinsen durch den Ersteher des versteigerten Grundstückes. Sie berührt aber praktisch in sehr hohem Grade die Frage des Rechtes des Hypothekars an den Mietzinsen. Gewöhnlich muß der zweite Hypothekar, wenn er mit seiner Hypothek nicht ganz ausfallen will, das Grundstück in der Versteigerung erstehen. Er wird also dann aus dem Hypothekar der Ersteher des Grundstückes. Der § 57 ZwVG. findet auf ihn Anwendung. Gerade durch diese Anwendung des § 57 ZwVG. auf den Zweithypothekar-Ersteher ist die hier zur Begutachtung vorgelegte Frage brennend geworden. Im übrigen ist, wie unten auszuführen sein wird, auch wenn der Zweithypothekar das Grundstück nicht ersteht, der § 57 ZwVG. mindestens indirekt für den Umfang der Verhaftung der Mietzinsen zugunsten des Hypothekars von großer Bedeutung.

Die beiden hier zu begutachtenden Fragen sind in den letzten Jahren vielfach in der juristischen Literatur vornehmlich in Zeitschriften-Aufsätzen behandelt worden. Zahlreiche Interessenverbände haben sich mit ihnen beschäftigt. Es sind vielfach Eingaben an die gesetzgebenden Körperschaften und das Reichsjustizamt gerichtet worden. Von diesen Eingaben seien hier folgende erwähnt: 1. Die Anträge des Sonderausschusses für Hypothekenbankwesen des Centralverbandes des Deutschen Bank- und Bankiergewerbes vom 12. Juli 1910, vom 4. März 1913 und vom 4. November 1913 betreffend die korrekturbedürftige Rechtslage des Hypothekengläubigers gegenüber Vorausverfügungen des Eigentümers über die Mietzinse im Zwangsversteigerungsverfahren und andere revisionsbedürftige Materien des Zwangsversteigerungsgesetzes (abgedruckt im BankArch. 9, 331 f. und 13, 67 f.). 2. Der Antrag der Ältesten der Kaufmannschaft von Berlin vom 15. April 1912 an das Reichsjustizamt (abgedruckt in JW. 1912, 558 f. und DNotV. 1912, 375 f.). 3. Der Antrag des Vorstandes des Deutschen Städtetages betreffend die Abänderungen des Hypothekenrechtes vom März 1914. 4. Die Anträge des deutschen Bauschutztages vom April und Mai 1914 an den Reichstag und das Reichsjustizamt (abgedruckt in dessen Tätigkeitsbericht vom 1. April 1914). 5. Eingabe des Verbandes zum Schutze des Deutschen Grundbesitzes und Realkredites (EV.) vom Januar 1913 mit Anlagen, nämlich den Äußerungen von Kreditinstituten und den Berichten der Zwangsverwalter und mit der Zwangsvollstreckung in das unbewegliche Vermögen vertrauter Personen (Schriften des Verbandes Heft Nr. 6). Ferner eine Anzahl von Anträgen und Petitionen der verschiedenen Verbände der Grundstücksinteressenten.

In der gesamten Literatur und in den zahlreichen Eingaben ist man sich über die Reformbedürftigkeit der aufgeführten Vorschriften im wesentlichen einig. Auch die Abänderungsvorschläge weichen nur in Einzelheiten voneinander ab. Bei dieser Sachlage ist ein detailliertes Eingehen auf diese zumeist in kurzen Aufsätzen niedergelegte Literatur[2]) nicht er-

---

[2]) Außer der im Text zitierten Literatur sei hier auf folgende verwiesen: Mettier, Pfandhaftung der Früchte (Miet- und Pachtzinse) eines Immobile. Zürich 1904. — Karl Müller, Recht des Hypothekengläubigers. Leipz. Diss. 1909. — Wiener und Samolewitz, Die Rechtsunsicherheit des Hypothekengläubigers und Vorschläge zur Besserung 1912. — L. Eschwege, Boden- und Hypothekenprobleme 1913. — Werner, DJZ. 1910, 742. — Mißstände im Hypothekenwesen. Bericht von Walther Seyfart mit Erörterungen und der Beschlußfassung des 35. Verbandstages des Zentralverbandes der Haus- und Grundbesitzer-Vereine Deutschlands (Schriften des Verbandes. Neue Folge Bd. XVIII Heft 5) 1913. Daselbst S. 14—15 weitere Literatur.

Außerdem zahlreiche Aufsätze in Tages- und Fachzeitschriften (vgl. z. B. Grundstücks-Archiv 1913, 343 f.).

Von zahlreichen Korporationen und Verbänden sowie auch persönlich von deren Leitern und Geschäftsführern wurden mir zahlreiche Drucksachen und auch sonst reiches Material zur Verfügung gestellt. Ich möchte nicht versäumen, auch hier dafür zu danken.

forderlich. Es soll vielmehr versucht werden, unter Berücksichtigung dieses gesamten Materials in möglichster Kürze nur die Quintessenz desselben herauszuheben und darauf aufbauend die eigene Ansicht zu entwickeln.

Das Reichsjustizamt hat sich auf die verschiedenen Eingaben hin mit den hier zur Begutachtung vorgelegten Fragen eingehend beschäftigt. Es hat auch bereits nach Zeitungsberichten einen Gesetzentwurf ausgearbeitet und dem Bundesrate vorgelegt. Dieser soll ihn sogar schon angenommen haben. Dem Reichstage wurde er bis jetzt nicht vorgelegt. Eine Veröffentlichung desselben ist nicht erfolgt. Im Jahresbericht 1913/14 des Schutzverbandes für Deutschen Grundbesitz (Schriften desselben Heft Nr. 20 S. 113) ist auf Grund von Zeitungsberichten folgendes als Inhalt des Entwurfes angegeben:

> Zunächst schlägt der Entwurf vor, die Bestimmungen des Bürgerlichen Gesetzbuches dahin abzuändern, daß die Wirkung von Vorausverfügungen über Miet- und Pachtzinsforderungen, die dem Erwerber eines Grundstückes oder den Hypothekengläubigern gegenüber eintritt, auf das laufende Vierteljahr beschränkt wird. Nur wenn der Übergang des Eigentums (oder der sonst maßgebende Zeitpunkt) in den letzten halben Monat eines Kalendervierteljahres fällt, soll es bei dem bisherigen Zustande bleiben, daß die Wirkung der Vorausverfügungen, insbesondere etwaiger Vorauszahlungen, sich auch auf das nächste Vierteljahr erstreckt. Weiter soll nach dem Entwurfe bei der Zwangsversteigerung für die Berechnung des laufenden (und gegebenenfalls des folgenden) Kalendervierteljahres, für das die Vorausverfügung wirksam bleibt, nicht mehr der Zuschlag, sondern die Beschlagnahme des Grundstücks maßgebend sein. Ist also die Beschlagnahme nicht erst im letzten halben Monat des dem Zuschlag vorhergehenden Kalendervierteljahres erfolgt, so gebühren fortan dem Ersteher die Mieterträgnisse vom Tage des Zuschlages an. Das sogenannte Wiederaufleben der Vorausverfügungen nach dem Zuschlag, wenn ihm eine Zwangsverwaltung vorausgegangen war, wird damit beseitigt.

§ 2.

Das Prinzip der hypothekarischen Haftung der Mietzinsen.

In vollem Umfang haftet für die Hypothek nur das Grundstück selbst, also der Grund und Boden nebst seinen Bestandteilen. In gemindertem

Maße ergreift die hypothekarische Haftung auch selbständige Gegenstände, die zu dem Grundstücke in Beziehung stehen: so die vom Grundstück getrennten Erzeugnisse und Bestandteile und die Zubehörstücke (§§ 1120—1122), so die mit dem Grundstücke verbundenen Rechte auf wiederkehrende Leistungen (§ 1126), so die Versicherungsforderung über das Grundstück (§§ 1127—1130) und so schließlich die Miet- und Pachtzinsforderungen (§§ 1123—1125). Die Haftung dieser selbständigen Gegenstände ist in allen diesen Fällen besonders geregelt. Voraussetzungen, Umfang und Dauer der Haftung sind in jedem der Fälle verschieden.

Für die Miet- und Pachtzinsen stellt das Gesetz in § 1123 den ganz lapidaren Satz an die Spitze, daß sich die Hypothek auf sie erstreckt. Erstreckung der Hypothek auf eine Forderung muß eigentlich bedeuten, daß an dieser Forderung für den Hypothekar ein Pfandrecht entsteht. So in der Tat bei der Versicherungsforderung aus jeder Gebäudeversicherung. Auch hier erstreckt das Gesetz die Hypothek auf sie. Es weist dann folgerichtig in § 1128 Abs. 2 dem Hypothekar die Stellung eines Forderungspfandgläubigers gegenüber dem Versicherer zu. Dem Mieter gegenüber hat der Hypothekar zweifellos diese Pfandgläubigerstellung nicht. Das ergibt sich e contrario aus § 1128 Abs. 2 mit Sicherheit.

Der § 1123 Abs. 1 wird durch die folgenden Vorschriften so sehr eingeschränkt, daß er einfach als viel zu weit gefaßt zu bezeichnen ist. Auf Grund seiner Hypothek schlechthin hat der Hypothekar überhaupt noch kein dingliches oder sonstiges Recht irgendwelcher Art an dem Mietzins. Es muß vielmehr erst noch ein anderer Tatbestand hinzutreten, um die Haftung auszulösen, nämlich die besondere Beschlagnahme der Mietzinsen selbst. Die Beschlagnahme des Grundstücks löst diese Rechtsfolge noch nicht aus (ZwVG. § 21 Abs. 2). Diese besondere Beschlagnahme der Mietzinsen, die Voraussetzung für deren hypothekarische Verhaftung ist, erfolgt entweder durch einfache Forderungspfändung des Hypothekars nach § 865 Abs. 2 S. 2 auf Grund eines dinglichen Titels (RG. 76, 117 und 81, 198) oder durch Beschlagnahme des Grundstückes zum Zwecke der Zwangsverwaltung nach § 148 Abs. 1 ZwVG.

Wenn und solange die Mietzinsen vom Hypothekar nicht auf einem dieser beiden Wege beschlagnahmt worden sind, kann eigentlich von einer hypothekarischen Haftung der Mietzinsen nicht gesprochen werden. Wenn fast durchgängig in den Kommentaren und Lehrbüchern ausgesprochen wird, die hypothekarische Verhaftung der Mietzinsen trete unmittelbar mit der Hypothekenbegründung und nicht erst mit der Beschlagnahme ein, so muß diese herrschende Meinung als unrichtig bezeichnet werden. Es läßt sich keine einzige Rechtsfolge in bezug auf den Mietzins angeben, die lediglich durch den Tatbestand des Hypothekeneintrags ausgelöst würde. Es hat keinen Sinn, von einer Verhaftung des Mietzinses zu sprechen, die gar keine Rechtsfolgen hervorbringen würde. Endemann, Lehrbuch III § 123 führt aus: Die dingliche Verhaftung entstehe mit der Hypothekenbestellung unmittelbar; eine dingliche Gebundenheit aber in dem Sinne der Einziehungs- und Verfügungsbeschränkung trete erst mit der Beschlagnahme ein. Crome, System 3, 700 läßt auch die Mietzinsen unmittelbar haften, spricht aber von der definitiven Verhaftung erst durch deren Beschlagnahme. Solchen Ausführungen gegenüber ist die Frage aufzuwerfen, in welchen Rechtsfolgen sich denn diese noch nicht definitive Verhaftung äußere. Es gibt einfach keine solchen Rechtsfolgen vor der Beschlagnahme. Eine Verhaftung ohne Rechtsfolgen ist aber keine Verhaftung. Vor ihrer Beschlagnahme sind die Mietzinsen der Hypothek eben einfach noch nicht verhaftet. Vorher kann sie jeder beliebige Gläubiger des Vermieters pfänden (§ 865 Abs. 2 Satz 2 ZPO.).

Wenn man trotzdem von der durch § 1123 Abs. 1 hervorgerufenen Vorstellung nicht loskommt, die Mietzinsen würden mit Hypothekenbegründung auch schon hypothekarisch verhaftet, so liegt das an der rückwirkenden Kraft, die der Verhaftung des Mietzinses durch den nachträglich hinzutretenden Tatbestand der Beschlagnahme desselben zukommt. Wenn der Hypothekenschuldner im Januar über den Mietzins des ganzen Jahres verfügt hat, so war und ist seine Verfügung voll wirksam; denn irgend eine dingliche Verhaftung des Mietzinses zugunsten des Hypothekars besteht nicht. Die Verfügung bleibt auch für alle Zeiten wirksam, wenn nicht spätestens bis zum Ende des ersten Halbjahres der besondere Tatbestand der Beschlagnahme hinzutritt. Erst dieser bringt die Verhaftung zur Entstehung. Diese wirkt dann allerdings in gewissem Umfange rückwärts und ergreift die schon früher getroffene Verfügung wenigstens teilweise.

Die gegebene Rechtslage läßt sich in folgenden Sätzen zusammenfassen: Ohne weiteres haften die Mietzinsen für die Hypothek nicht. Die Haftung wird erst durch den besonderen Tatbestand der Beschlagnahme ausgelöst. Diese Verhaftung kann dann rückwirkend früher getroffene Verfügungen ergreifen. In dieser Rückwirkung der erst durch die Beschlagnahme ausgelösten Verhaftung des Mietzinses liegt eine Eventualität, mit der jeder Erwerber eines Rechtes an dem Mietzinse aus einem verhypothezierten Grundstücke rechnen muß. Man kann also höchstens sagen: der Mietzins sei von vornherein eventuell oder, noch genauer, bedingt für den Fall seiner nachträglichen Beschlagnahme verhaftet.

Gegen diese grundsätzliche Regelung sind bis jetzt Bedenken nur vereinzelt erhoben worden. Nur in dem gelegentlich gemachten Vorschlage der Abänderung des § 865 ZPO. muß man bei genauerer Betrachtung einen Angriff auf das Grundprinzip des Gesetzes sehen. Wenn die Eingabe der Ältesten der Kaufmannschaft (JW. 1912, 560; DNotV. 1912, 380) eine Änderung des § 865 Abs. 2 ZPO. dahin fordert, daß noch nicht fällige Mietzinsen nicht gepfändet werden können, wenn Hypotheken auf dem betreffenden Grundstücke lasten, so würde das in der Tat die Forderung einer mit der Hypothekenbestellung beginnenden Verhaftung des Mietzinses bedeuten. Das Grundprinzip des Gesetzes erscheint aber, wie die folgenden Ausführungen ergeben werden, wirtschaftlich gerechtfertigt. Vorschläge zur Änderung des § 865 ZPO. sind daher abzulehnen.

Gegen das Grundprinzip des Gesetzes sind auch dann Bedenken nicht zu erheben, wenn man den in letzter Zeit immer wieder gehörten Satz im wesentlichen akzeptiert: Die Mietzinsen sind in erster Linie zur Deckung der Hypothekenzinsen bestimmt. In diesem Satze wird ein richtiger Gedanke viel zu allgemein ausgesprochen. Man meint damit in Wirklichkeit nur folgendes: Wenn die Hypothek Not leidet, wenn Zinsen oder Kapital nicht gezahlt werden, dann soll der Hypothekengläubiger in erster Linie auf die Mietzinsen greifen dürfen. Andere Gläubiger des Eigentümers sollen ihm im Hinblick auf dieses Befriedigungsobjekt nachstehen. Vorher getroffene Dispositionen sollen im Falle des Notleidens der Hypothek dem Hypothekengläubiger gegenüber möglichst unwirksam sein. Niemand aber verlangt, der Eigentümer solle auch dann nicht über die Mietzinsen verfügen dürfen, wenn er die Hypothekenzinsen prompt zahlt. So erklärt die erwähnte Eingabe der Ältesten der Kaufmannschaft, die durch ihren Änderungsvorschlag zu § 865 ZPO. an das Grundprinzip des Gesetzes rührt — eigentlich etwas im Widerspruch mit dieser ihrer Forderung —, die freie Dispositionsbefugnis über die Mietzinsen nur dann für bedenklich, wenn die Zahlung der Hypothekenzinsen gefährdet ist. Ohne solche Gefährdung besteht kein Grund zur Sperrung der Mietzinsen durch dingliche Verhaftung.

Der wirtschaftliche Gesichtspunkt für die Haftung der Mietzinsen für die Hypothek muß also dahin formuliert werden: Im Falle des Notleidens der Hypothek sind die Mietzinsen möglichst zur Befriedigung des Hypothekars zu reservieren. Solange die Hypothek nicht Not leidet, sind die

Mietzinsen dem Hypothekenschuldner zu freier Disposition zu überlassen. Das Gesetz trägt diesem auf seine richtige Begrenzung zurückgeführten wirtschaftlichen Grundsatze im wesentlichen Rechnung. Es verlangt nur noch, daß sich das Notleiden der Hypothek in der juristischen Form der Beschlagnahme der Mietzinsen dokumentiert.

Daß ein juristisch zweifelsfreies Merkmal für dieses Notleiden der Hypothek gefordert wird, ist unerläßlich und durchaus zu billigen. Ob das Gesetz völlig das richtige Merkmal getroffen hat, soll unten in § 4 untersucht werden.

Der hier eben entwickelte Grundgedanke des Gesetzes wird in der Literatur vielfach übersehen. Man läßt sich von dem ungenauen Schlagworte blenden: die Mietzinsen müssen zur Deckung der Hypothekenzinsen reserviert werden. So führt z. B. Nußbaum, Deutsches Hypothekenwesen S. 77 aus:

> Bei Mietsgrundstücken bilden die Mietseinnahmen die wirtschaftliche Unterlage für die Hypothekenzinsen, und bei landwirtschaftlich genutzten Pachtgrundstücken muß die Pacht für den Realgläubiger die aus dem Grundstück gezogenen Früchte ersetzen, die dem Pächter zufallen. Leider traten bei der Schaffung des BGB. die besonders für die Behandlung der Mieten in Betracht kommenden wirtschaftlichen Gesichtspunkte in den Hintergrund. Man folgerte die Haftbarkeit der Miets- und Pachtzinsen hauptsächlich daraus, daß sie „an die Stelle der Nutzungen des Grundstücks treten", und zog daraus die Folgerung, daß es dem Eigentümer erlaubt sein müsse, über die Mieten ebenso wie über die Erzeugnisse des Grundstückes innerhalb gewisser Grenzen, ohne Rücksicht auf die Hypothekengläubiger, zu verfügen. Hieraus haben sich im Verkehr überaus große Mißstände entwickelt.

In ähnlicher Weise argumentiert Heilbrunn (RuW. 1912, 424). Dieser letztere Schriftsteller glaubt als wesentlich noch folgendes hervorheben zu sollen. Die Erzeugnisse landwirtschaftlicher Grundstücke müßten erst durch die Wirtschaft des Eigentümers gehen, um sich in eine Geldrente umzuwandeln. Die Mietzinsen seien aber regelmäßig Geld. Das scheint vielleicht für einen Augenblick bestechend. Tatsächlich aber geht es am Kernpunkt vorbei. Es handelt sich ja doch lediglich darum, daß irgendwie geartete Vermögensgegenstände in gewissen Fällen dem Hypothekar neben der Substanz des Grundstückes pfandweise verhaftet werden sollen. Die Art dieser Sicherungs- oder Befriedigungsobjekte ist dabei ganz gleichgültig. Es ist wirtschaftlich durchaus richtig, wenn das Gesetz natürliche und zivile Früchte hinsichtlich der prinzipiellen Regelung ihrer hypothekarischen Verhaftung gleichstellt. Über beide kann der Eigentümer so lange frei verfügen, als er seine Hypothekenschuldpflicht prompt erfüllt. Erst die Verletzung dieser, die sich in besonderer Weise juristisch dokumentieren muß, löst die Verhaftung der Grundstücksfrüchte im weitesten Sinne aus.

Deutlicher Beweis dafür, daß die Angriffe auf das Prinzip des Gesetzes fehlgehen, ist die Tatsache, daß keiner der Kritiker die volle Konsequenz aus seiner Kritik zieht. Er müßte sonst verlangen, es solle für den Hypothekar mit Begründung der Hypothek ipso iure die Verhaftung der Mietzinsen eintreten, also ein Pfandrecht an der Mietforderung bestehen. So viel ich sehe, ist diese Forderung noch nie aufgestellt worden. Sie würde ja bedeuten, daß die Hypothek eine Art antichretisches Pfandrecht werden sollte. Heilbrunn verlangt allerdings, ähnlich wie die Ältesten der Kaufmannschaft, daß jede Vorausverfügung über noch nicht fälligen Mietzins dem Hypothekar gegenüber relativ unwirksam sein soll. Welchen Wert aber diese Unwirksamkeit hat, wenn der Hypothekenschuldner aus anderen Mitteln prompt den Hypothekenzins zahlt, ist nicht einzusehen. Es liegt ganz klar zutage, daß auch wirtschaftlich erst die Nichterfüllung der Hypothekenschuldnerpflicht das entscheidende Moment für das Unwirksamwerden von Vorausverfügungen über den Mietzins sein kann. Durchaus mit Recht hat daher das Gesetz von dem Eintritt dieses Tatbestandes das Wirksamwerden der Verhaftung des Mietzinses abhängig gemacht. Durchaus mit Recht hat es aber nach Eintritt dieses Tatbestandes auch eine Rückwirkung der Verhaftung auf früher getroffene Vorausverfügungen in gewissem Umfange angeordnet.

Der Grundsatz, daß nur das Grundstück mit seinen Bestandteilen von der Hypothekenbestellung selbst an dem Hypothekar haftet, daß dagegen die sonstigen mit dem Grundstück in Beziehung stehenden Vermögensgegenstände erst durch Beschlagnahme, wenn nun auch rückwirkend, verhaftet werden, ist im Gesetz restlos durchgeführt. So werden die Erträgnisse aus subjektiv-dinglichen Rechten nach § 1126 auch erst mit der Beschlagnahme der hypothekarischen Haftung unterworfen. Umgekehrt ist diejenige Forderung, die ein Surrogat für die zerstörte Sachsubstanz des von vornherein haftenden Grundstücks ist, nämlich die Versicherungsforderung für das Gebäude, eben auch dem Hypothekengläubiger von vornherein pfandweise verhaftet (§ 1128 Abs. 2).

Aus dem Ausgeführten ergibt sich: Der Grundsatz des Gesetzes ist: Erst mit dem juristisch dokumentierten Notleiden der Hypothek tritt eine

Verhaftung der Miet- und Pachtzinsen zugunsten des Hypothekars und mit gewisser Rückwirkung auf frühere Vorausverfügungen in gewissem Umfang ein. Diese grundsätzliche Regelung entspricht dem praktischen Bedürfnisse. Sie ist wirtschaftlich durchaus gerechtfertigt.

Es bleiben jedoch zwei Fragen zu untersuchen:

1. Entspricht die Begrenzung des Umfanges dieser erst durch das Notleiden der Hypothek ausgelösten hypothekarischen Haftung der Mietzinsen dem praktischen Bedürfnisse? (Vgl. § 3.)
2. Ist das die Haftung auslösende Moment durch das Tatbestandserfordernis der Beschlagnahme der Miet- und Pachtzinsen in einer dem praktischen Bedürfnisse entsprechenden Weise normiert? (Vgl. § 4.)

§ 3.

Der Umfang der Haftung.

Die durch die Beschlagnahme der Mietzinsen ausgelöste Verhaftung derselben ist ihrem Umfange nach in doppelter Weise begrenzt.

1. Die Begrenzung ist zunächst nach rückwärts gerichtet. Ein Jahr nach der Fälligkeit der Mietzinsforderung wird diese grundsätzlich von der Haftung frei. Das erleidet nur eine Einschränkung bei Vorleistungspflicht des Mieters. Es könnte sonst durch Vereinbarung der Pränumerando-Zahlung auf sehr lange Zeit, z. B. auf mehrere Jahre, nach Ablauf eines Jahres die Erstreckung der hypothekarischen Haftung auf den Mietzins überhaupt verschlossen sein. Dies aber könnte wiederum leicht zu einer Umgehung des unten zu erörternden § 1124 Abs. 2 benutzt werden. Die Absicht des Gesetzes ist, die hypothekarische Haftung vom dritten Kalendervierteljahre ab unbedingt zu garantieren. Daher bestimmt es genau wie bei § 1124 Abs. 2, daß auch bei Pränumerando-Zahlung die Befreiung des fälligen Mietzinses von der Haftung nur für das zur Zeit der Beschlagnahme laufende und das folgende Kalendervierteljahr eintritt. Ob diese letztere Zeitgrenze richtig bemessen ist, soll erst unten bei Besprechung des § 1124 Abs. 2 näher erörtert werden.

Im übrigen hat die Vorschrift eine erhebliche praktische Bedeutung überhaupt nicht. Daß überhaupt beitreibbarer Postnumerando-Mietzins über ein Jahr lang rückständig bleibt, wird zu den allerseltensten Ausnahmen gehören. Irgendwelche Bedenken gegen diese Nichtverhaftung der länger als ein Jahr rückständigen Postnumerando-Mietzinsen sind bis jetzt nicht erhoben worden. Es lassen sich solche auch nicht finden. Daher bedarf die Vorschrift des § 1123 Abs. 2 S. 1 keiner weiteren Erörterung.

2. Die Haftung der Mietzinsforderung ist aber durch § 1124 Abs. 2 auch nach vorwärts begrenzt. Wird durch die Beschlagnahme die Haftung ausgelöst, so ergreift sie zwar grundsätzlich die Mietzinsen sofort von dem Momente ihres Wirksamwerdens an. Das erleidet jedoch eine gewichtige Ausnahme, wenn über den Mietzins im voraus verfügt war. Der durch die Verfügung Berechtigte geht dem Hypothekengläubiger für das zur Zeit der Beschlagnahme laufende und für das folgende Kalendervierteljahr vor. Vollkommen wirksam wird also die hypothekarische Haftung erst von dem dritten der Beschlagnahme folgenden Quartale ab. Die Beschlagnahme ist rückwirkend, indem sie vor ihrer Ausbringung liegende Verfügungen trifft. Sie bringt aber nur eine begrenzte Haftung der Mietzinsen hervor, indem sie erst vom dritten Quartale ab die Vorausverfügungen in ihrer Wirksamkeit zerstört.

Diese Wirksamkeit der Vorausverfügungen für zwei Quartale hat in unserem Wirtschaftsleben die größte Bedeutung gewonnen. Solche Vorausverfügungen sind in allen Fällen, in denen die Hypothek Not leidet, fast die Regel geworden. Bei weitaus der Mehrheit aller Vollstreckungsmaßnahmen in ein Grundstück stellen sich solche Vorausverfügungen für erhebliche Zeit bald heraus (vgl. die Sammlung der Äußerungen in den Schriften des Verbandes zum Schutze des Deutschen Grundkredites Heft Nr. 6 S. 16—51).

Diese Vorausverfügungen geschehen in den verschiedensten Formen. Der Mietzins wird abgetreten. Ein Gläubiger, der vorweg vor dem Hypothekar befriedigt werden soll, wird zur Pfändung der Mietzinsen veranlaßt. Häufig sind wohl auch Zessionar und Pfändungspfandgläubiger Strohmänner. Man hat sogar auch in der rangschlechteren Nießbrauchbestellung eine Verfügung über den Mietzins zuungunsten des Hypothekars sehen wollen, so daß der im Range nachgehende Nießbraucher bei der Zwangsverwaltung vor dem Hypothekar noch zwei Quartale den Mietzins an sich ziehen würde. Doch ist dem das RG. (68, 10 f.) mit Recht entgegengetreten (vgl. dazu Martin Wolff, Sachenrecht § 138 Anm. 28 sowie die Kommentare und ferner RG. 81, 147 und neuestens JW. 1914, 679).

Der Kreis der Geschäfte, durch die man dem Hypothekar die Mietzinsen für zwei Quartale zu entziehen sucht, ist ständig im Wachsen begriffen. So bedient man sich neuerdings dazu des Pachtvertrages über das vermietete Hausgrundstück kurz vor der Zwangsversteigerung. Der Pächter zahlt dabei angeblich für die ganze Pachtzeit den Zins voraus. Nach Friedländer (BankArch. 12, 368) soll glaubhaftem Berichte zufolge eine natürlich völlig mittellose G. m. b. H. verschiedenen, in Zahlungsschwierigkeiten befindlichen Hauseigentümern ihre Grundstücke rechtzeitig vor Einleitung der Zwangsvollstreckung in dieser Weise abgepachtet haben. Goldschmidt (JW. 1912, 1016) will gegen diese Pachtverträge sogar die Gesetzgebung in Bewegung setzen. Er verlangt notarielle Beurkundung derselben und ebenfalls in notarieller Urkunde erklärte Zustimmung der Hypothekare. Mit Recht hält Friedländer diese Gesetzesänderung für unnötig, wenn das Hypothekenrecht in Ansehung der Gültigkeit der Vorausverfügungen über die Mietzinsen in angemessener Weise geändert wird.

Die Tatsache solcher Vorausverfügungen in der übergroßen Zahl aller Vollstreckungen in das Grundstück ist heute offenkundig. Es bedarf daher keines näheren Eingehens darauf. Nur auf einige besonders markante Momente sei hingewiesen. Es hat sich heute anscheinend schon eine ganze Zunft von Geldgebern zweifelhafter Art gebildet, die vor dem Zusammenbruch stehenden Hauseigentümern die Mietzinsen für zwei Quartale eskomptieren. Ich habe eine ganze Reihe auf solche Geschäfte bezüglicher Inserate gesammelt. Auch der Deutsche Bauschutztag hat in seiner Eingabe vom 11. Februar 1914 auf ein solches Inserat aufmerksam gemacht, das so charakteristisch ist, daß es hier wiedergegeben sei:

> „Schlaue Hausbesitzer, die wegen Zinszahlung in Bedrängnis vor Zwangsverwaltung stehen, und sich auf ihre Mieten noch rechtzeitig Gelder machen möchten, melden sich schnell und vertrauensvoll unter . . .“

Der jetzige Rechtszustand hat zahllose Beschwerden der verschiedensten Kreise unseres Wirtschaftslebens hervorgerufen. Man sieht in ihm, wie früher ausgeführt, eine wesentliche Ursache der herrschenden Hypothekennot.

Man hat natürlich auch mit den Mitteln des geltenden Rechtes gegen die ärgsten Auswüchse der Benachteiligung der Hypothekengläubiger durch Vorausverfügung über die Mietzinsen vorzugehen versucht. Fälle, wie die zuletzt geschilderten, bei denen die Absicht solcher Benachteiligung kraß zutage tritt, fordern zu einer Anwendung des Anfechtungsgesetzes geradezu heraus. In der Tat hat auch das Kammergericht (KGBl. 1913, 99; Urteile vom 30. September 1911 und vom 26. Oktober 1912) solchen Anfechtungsklagen stattgegeben. Der Eigentümer hatte, um einen früheren Kredit zu decken, die Mietzinsforderung abgetreten. Zur Zeit der Abtretung hatte er keine weiteren Mittel mehr, um den Hypothekengläubiger zu befriedigen. Das KG. führt aus:

Wer also die Mietzinsforderungen an einen anderen Gläubiger abtritt, ohne die Mittel zu einer anderweitigen Deckung der Hypothekenzinsen zu haben, der muß sich regelmäßig dessen bewußt sein, daß diese Abtretung notwendig dazu führt, den Hypothekengläubigern die Mittel zu ihrer den gesetzlichen Vorschriften entsprechenden Befriedigung zu entziehen; und dann ist die weitere Annahme gerechtfertigt, daß er diesen Erfolg beabsichtigt habe. Daß die Benachteiligung der Gläubiger das ausschließliche Ziel der Handlung des Schuldners wäre, wird zur Anwendung des § 3 Nr. 1 des AnfG. nicht erfordert (siehe Urteil des RG. in der JW. 1906 S. 179, 29).

Dies würde nach den Ausführungen des KG. selbst dann zutreffen, wenn dem Anfechtungsbeklagten bei Einräumung des Kredits die Mietzession versprochen worden ist. Der Charakter des Erfüllungsgeschäftes, den dann die Mietzession annimmt, hindert die Anfechtung nicht (vgl. Warneyer 1911, 167). Weiterhin wird der Tatbestand, aus dem das KG. die Kenntnis des Anfechtungsbeklagten von der Gläubigerbenachteiligungs-Absicht folgert, häufig vorliegen. Es wird also nicht ganz selten mit der Anfechtungsklage zu helfen sein. Trotzdem ist darin keine allgemeine und durchgreifende Hilfe gegen die dargelegten und so schwer empfundenen Mängel zu finden. In vielen Fällen wird eben doch der Beweis der Benachteiligungsabsicht und der Kenntnis derselben nicht oder nur sehr schwer zu führen sein. Dem Hypothekengläubiger muß schon Schutz gegen die objektive Benachteiligung gewährt werden, auch wenn sie ohne Schädigungsabsicht erfolgt.

Unter diesen Umständen bedarf die Frage, ob die Vorschrift des § 1124 Abs. 2, die die Wirksamkeit der Vorausverfügung für Quartale sichert, dem praktischen Bedürfnisse entspricht und ob sie juristisch haltbar ist, der näheren Betrachtung. Es wird dabei zunächst von der erheblichen Verschärfung des gegenwärtigen Zustandes durch § 57 ZwVG. für den Fall, daß der Zweithypothekar das Grundstück ersteht, abgesehen (vgl. darüber unten § 5).

Im Falle des Notleidens der Hypothek sollen die Mietzinsen zu deren Deckung und insbesondere zur Deckung der Hypothekenzinsen unbedingt reserviert sein. Diesen wirtschaftlichen Grundsatz haben wir schon oben als richtig erkannt. Er bedarf in unserem heutigen Wirtschaftsleben kaum einer näheren Begründung. Der Hypothekenkredit wird, soweit es sich dabei nicht um eine hypothekarische Sicherung von Bankkrediten handelt, in der weitaus überwiegenden Zahl der Fälle mit Rücksicht auf die Mieterträgnisse des Hauses gewährt. Die Hypotheken sind größtenteils auf die Mieteinnahmen fundiert. Solange der Hypothekenschuldner seine Verpflichtungen erfüllt, hat das Gesetz keinen Anlaß, auf diese ökonomische Verkettung besondere Rücksicht zu nehmen. Es kann gleichgültig sein, mit welchem Teile seiner Mittel der Hypothekenschuldner erfüllt. Nur wenn er nicht erfüllt, muß sich die wirtschaftliche Beziehung zur rechtlichen Bindung verdichten. Das Gesetz hat für den Fall des Notleidens der Hypothek diese Bindung des Mietzinses zur Deckung der Hypothek ja auch versucht, aber in der Begrenzung eben, daß diese Bindung erst vom dritten Quartale ab voll wirksam wird. Es ist zu untersuchen, welche Gründe den Gesetzgeber zu dieser Grenzziehung veranlaßt haben. Dazu ist auf die Entstehungsgeschichte des Gesetzes einzugehen.

In dem Vorbilde unseres Grundstücksrechtes, in der preußischen Gesetzgebung, findet sich eine andere Begrenzung. Vorausverfügungen über Mietzinsen sind nach § 31 des Preußischen Eigentums-Erwerbsgesetzes vom 5. Mai 1872 nur für ein Vierteljahr dem benachteiligten Hypothekar gegenüber wirksam. Die preußische Praxis hat mit dieser Bestimmung nur gute Erfahrungen gemacht. Entwurf I BGB. hat im § 1069 Abs. 2 im wesentlichen das preußische Recht übernommen. Die Motive (3, 664) weisen darauf ausdrücklich hin. Dem Hypothekar gegenüber sollte eine Verfügung über die Mietzinsforderung unwirksam sein, wenn sie sich auf eine spätere Zeit als auf die ersten drei Monate nach der zugunsten des Hypothekengläubigers erfolgten Beschlagnahme bezieht.

Der weitere Gang der Entstehung unseres jetzigen Gesetzes wird in der Eingabe des Deutschen Städtetages vom März 1914 unter II so treffend geschildert und vor allen Dingen kritisiert, daß es am besten ist, diese Ausführungen hier wiederzugeben:

> Die jetzige Fassung des § 1124 Abs. II ist erst in der Kommission für die zweite Lesung des Entwurfs des Bürgerlichen Gesetzbuches in das Gesetz hineingekommen. Als Grund geben die Protokolle an: „da eine Übereinstimmung mit der analogen Vorschrift des § 514 wünschenswert sei". (Protokolle der Kommission, Band III, S. 62.) Der § 514 des Entwurfs ist der jetzige § 573, der die Wirksamkeit von früheren Verfügungen im Falle des freihändigen Verkaufs eines Grundstücks regelt. Die Analogie zwischen diesem § 573 und dem § 1124 ist indessen ganz äußerlich. Innerlich ist sogar ein Gegensatz vorhanden. In beiden Fällen handelt es sich darum, daß ein älteres Recht gegen einen neuen Tatbestand geschützt werden, daß aber auch der neue Tatbestand nach angemessener Frist seine Wirkung äußern soll. Im Falle des § 573 ist der ältere Tatbestand die

Verfügung des alten Eigentümers über die Mietzinsen; der Verfügungsgläubiger hat sein Recht erworben, bevor das Grundstück verkauft war; folglich ist es nur billig, ihn möglichst lange in seinem alten Recht zu belassen. Im § 1124 dagegen ist der ältere Tatbestand (wenigstens regelmäßig) die Beleihung des Grundstücks; der Personalgläubiger, der die Mieten pfändet oder sich abtreten läßt, weiß genau oder kann wenigstens wissen, daß und in welcher Höhe das Grundstück hypothekarisch belastet ist; folglich liegt gar kein Grund vor, ihn zu schützen, sobald der ältere Hypothekengläubiger zugreift. Die Gegensätzlichkeit beider Fälle wird vom Gesetz selbst durch folgende Vorschrift deutlich genug anerkannt. Wenn im Falle des § 573 der Erwerber weiß, daß über den Mietzins verfügt ist, so muß er gemäß Satz 2 dieses Paragraphen diese Verfügung auf ihre ganze Dauer gegen sich gelten lassen. Das bedeutet, daß die Wirksamkeit des neuen Tatbestandes (also im § 573 des Kaufes) von dem Wissen des Käufers über den alten Tatbestand abhängt. Im § 1124 dagegen hängt die Wirksamkeit der Pfändung des Personalgläubigers in keiner Weise von seinem Wissen über den alten Tatbestand (die Beleihung des Grundstücks) ab; denn hier ist es ganz selbstverständlich, daß der Personalgläubiger von dieser Beleihung weiß. Weil aber der Personalgläubiger im § 1124 die ältere Tatsache der Beleihung kennt, so ist eine möglichst kurze Bemessung der Frist bis zum Wirksamwerden des älteren Rechtes des Realgläubigers angezeigt. Diese Frist braucht nicht länger zu sein als die höchstübliche Mietzahlungsperiode. So lang muß die Frist freilich sein, weil die Miete oft im voraus gezahlt wird, und weil selbst im Falle nachträglicher Mietzahlung dem Mieter nicht zugemutet werden kann, die auf Grund einer Pfändung für die laufende Mietzahlungsperiode getroffene Maßregel zu ändern. Im Gegensatz zum § 573, wo sich für den Fall, daß der Käufer eine bestehende Verfügung über die Mietzinsen nicht kennt, die Ansprüche des Verfügungsberechtigten und des Erwerbers gleich schutzbedürftig gegenüberstehen, muß überhaupt für den § 1124 die Erwägung gelten, daß neben den Ansprüchen des Realgläubigers nur noch die Interessen des Mieters schutzbedürftig sind; die Interessen des Personalgläubigers sind nach der sonst das bürgerliche Recht allgemein beherrschenden Anschauung gegenüber den Ansprüchen des Realgläubigers nicht schutzbedürftig, weil der Personalgläubiger die Ansprüche des Realgläubigers gekannt hat. Deshalb beantragen wir, den § 1124 BGB. in seinem Absatz 2 durch Streichung der Worte „und das folgende" zu ändern.

Die zweite Kommission ist also unzweifelhaft durch einen Fehlschluß zu der jetzigen Regelung des § 1124 Abs. 2 gelangt. Die Analogie zu § 573 ist in der Tat im Kernpunkte verfehlt. Auf den Mietzinsen eines verhypothezierten Grundstückes liegt, wie oben ausgeführt, von vornherein zwar nicht eine unmittelbare, aber doch eine eventuelle — durch den besonderen Tatbestand der Beschlagnahme jederzeit auszulösende — Haftung für die Hypothek. Kraft der Publizität des Grundbuches muß jeder Rechtserwerber an der Mietzinsforderung mit dieser Eventualhaftung rechnen. Ihm gegenüber könnte man daher mit vollem Rechte die Verhaftung des Mietzinses sofort mit der Beschlagnahme in Wirkung treten lassen. Lediglich die Interessen des Mieters fordern eine gewisse Begrenzung des Umfangs der ausgelösten Verhaftung. Diese ist nun noch etwas näher zu betrachten.

Zuvor sei aber noch darauf hingewiesen, daß § 1069 Abs. 2 des Entwurfs I durch die zweite Kommission nur zum Teil abgeändert ist. Der andere Teil dieser Norm ist in § 1126 unverändert übernommen. Vorausverfügungen über wiederkehrende Leistungen aus subjektiv-dinglichen Rechten sind nur insoweit dem Hypothekengläubiger gegenüber wirksam, als sie innerhalb von drei Monaten nach der Beschlagnahme fällig werden.

Die beiden Dreimonatsfristen in § 1069 Abs. 2 des Entwurfs I haben ganz verschiedene Bedeutungen. Bei den Erträgnissen subjektiv-dinglicher Rechte sind die drei Monate genau wie nach dem jetzigen § 1126 Zeitraum für das Fälligwerden der Leistung. Handelt es sich z. B. um eine jeweils für ein ganzes Jahr im voraus zu erfüllende Reallast, die zwei Monate nach der Beschlagnahme fällig wird, so würde eine Vorausverfügung darüber, die sich auf 14 Monate nach der Beschlagnahme „bezieht", dem Hypothekengläubiger gegenüber wirksam sein. Bei dem Mietzins kommt es dagegen nicht auf die Fälligkeit an, sondern auf den Zeitraum, für dessen Dauer er die Gebrauchsüberlassung entgilt. Denn dieses Entgelten der Gebrauchsüberlassung ist unter dem Sich-Beziehen des Mietzinses zu verstehen.

Handelt es sich z. B. um den Regelfall einer quartalsmäßigen Mietzinszahlung, so würde nach Entwurf I § 1069 Abs. 2 bei Beschlagnahme am 1. März über zwei Drittel des Mietzinses des zweiten Quartals zuungunsten des Hypothekars wirksam verfügt sein. Es würde also eine Zerteilung der Mietzinsposten oft nach komplizierten Bruchteilen eintreten. Daher erscheint diese Art der Regelung wenig glücklich und nicht im Interesse der Mieter gelegen. Es war übrigens zu § 31 Preußisches Eig.-Erw.-Ges. bestritten, ob mit dem dortigen Ausdruck „Vierteljahr" das laufende Kalendervierteljahr oder eine Dreimonatsfrist gemeint war (vgl. Förster-Eccius, Preußisches PrivR. III § 199 Anm. 18 und Krech-Fischer, Preußisches ZwVG. § 1 Anm. 5 c).

Wenn, wie ausgeführt, für die Einschränkung der Verhaftung des Mietzinses, die durch die Beschlagnahme ausgelöst wird, allein das Interesse des Mieters maßgeblich sein darf, so ergibt sich ohne weiteres die Begrenzung auf das laufende Kalendervierteljahr. Diese wird mit Recht auch stets verlangt. Auf mehr als das laufende Kalendervierteljahr ist zum Schutze des Mieters — von einer gleich zu erörternden Ausnahme abgesehen — die Wirksamkeit der Vorausverfügungen nicht zu erstrecken.

Wird diese Begrenzung auf das laufende Kalendervierteljahr eingeführt, so erheischt das Interesse derjenigen Mieter, die den Zins pränumerando zahlen, noch eine Kautel. Gerade die besten Mieter pflegen den Mietzins schon einige Tage vor Fälligkeit zu zahlen. Diese Übung liegt auch sehr im Interesse der prompten Regulierung der Hypothekenzinszahlung. Eine am 25. März erfolgte Pränumerando-Zahlung für das zweite Quartal würde aber bei der vorgeschlagenen Gesetzesänderung durch am 26. März erfolgende Beschlagnahme dem Hypothekar gegenüber unwirksam werden. Dies ist für das Preußische Recht ausgesprochen worden (vgl. die Zitate bei Förster-Eccius a. a. O.). Zum Schutze des Mieters und zur Aufrechterhaltung der Übung der Mietzinszahlung kurz vor dem Fälligkeitstermin wird eine kurze Zusatzfrist von etwa einem halben Monat vor dem Quartalsersten sehr zweckmäßig sein.

Bei Postnumerando-Mietzinszahlung ist ein Bedürfnis für eine entsprechende Maßnahme im Interesse des Mieters nicht zu erkennen. Zahlt letzterer diesen Mietzins kurz vor Quartalsschluß, so zahlt er immer für das laufende Kalendervierteljahr. Auch für § 1123 Abs. 2 S. 2 bedarf es einer ähnlichen Zusatzfrist nicht; denn dort handelt es sich um schon fällig gewordenen Pränumerando-Zins.

Ich komme also übereinstimmend mit dem weitaus größten Teile der Literatur und der Petitionen zu der Forderung:

In § 1124 Abs. 2 und in § 1123 Abs. 2 S. 2 sind die Worte „und das folgende" vor Kalendervierteljahr zu streichen.

Ferner ist dem § 1124 Abs. 2 der Satz hinzuzufügen:

Sie ist jedoch auch noch für das folgende Kalendervierteljahr wirksam, wenn es sich um im voraus zu

entrichtenden Miet- oder Pachtzins handelt und wenn sie in der zweiten Hälfte des letzten Monats vor dessen Beginn und vor der Beschlagnahme getroffen worden ist.

§ 4.

Der die Haftung auslösende Tatbestand.

Die nur bedingt oder eventuell vorhandene Haftung wird ausgelöst durch die Beschlagnahme der Mietzinsen selbst, sei es im Wege der Forderungspfändung nach § 865 ZPO. auf Grund eines dinglichen Titels, sei es durch Beschlagnahme des Grundstücks zum Zwecke der Zwangsverwaltung nach § 148 Abs. 1 ZwVG. Die Beschlagnahme des Grundstücks zum Zwecke der Zwangsversteigerung löst dagegen nach geltendem Rechte die Verhaftung der Mietzinsen nicht aus. § 20 Abs. 2 ZwVG. Darauf wurde schon oben hingewiesen. Hier ist nun die Frage aufzuwerfen, ob diese Normierung des die Verhaftung auslösenden Momentes den praktischen Bedürfnissen entspricht.

Gegen diese Normierung sind mancherlei Bedenken erhoben worden. So vornehmlich von den Ältesten der Kaufmannschaft zu Berlin, die in ihrer Eingabe vom 15. April 1912 folgendes ausführen:

> Daraus, daß die Gesetzgebung den Zusammenhang zwischen Hypothekenzinsen und Mietzinsen gelöst hat, ergibt sich noch ein weiterer Fehler des Gesetzes, wenn nämlich einerseits die Beschlagnahme zum Zwecke der Zwangsversteigerung die Miet- und Pachtzinsforderungen nicht umfaßt, anderseits aber die Zinsen der Hypotheken aus dem Erlöse bei der Zwangsversteigerung zu berichtigen sind. Ist es richtig, daß die Mietzinsen für die Bezahlung der Hypothekenzinsen zu verwenden sind, so gibt es nur zwei Möglichkeiten. Entweder man schließt die Hypothekenzinsen von der Geltendmachung in der Zwangsversteigerung aus; dann können auch die Miet- und Pachtzinsen aus dem Verfahren ausgeschieden werden. Oder man läßt die Anmeldung von Zinsforderungen in der Zwangsversteigerung zu. Dann müssen aber auch die Miet- und Pachtzinsen von dem Zwangsversteigerungsverfahren erfaßt werden. Letzteren Weg hat z. B. das Preußische Recht vor dem Gesetze vom 13. Juli 1883[3]) sowie das frühere Bayerische Recht gewählt[4]). Daß

---

[3]) Die Eingabe verweist auf RG. 23, 56. — Aus diesem Urteil wird unten (S. 815) der hier in Betracht kommende Teil wiedergegeben.

[4]) Die Eingabe zitiert hierzu: Verhältnis der Miet- und Pachtzinspfändung zur Immobiliarvollstreckung von Anton Steiner, Zeitschrift für Rechtspflege in Bayern, Jahrg. I Bl. 7 S. 161.

ein Bedürfnis besteht, die Miet- und Pachtzinsen in das Verfahren der Zwangsversteigerung einzubeziehen, ergibt die Erfahrung, daß in der überwiegenden Anzahl aller Fälle neben der Zwangsversteigerung die Zwangsverwaltung beantragt wird. Der Ausschluß der Miet- und Pachtzinsen von der Zwangsversteigerung vermehrt daher nur das Schreibwerk und verteuert das Verfahren. Die rein theoretische Erwägung, daß Zwangsversteigerung und Zwangsverwaltung zwei verschiedene Arten der Zwangsvollstreckung seien, zwischen denen der Gläubiger wählen könne, rechtfertigt die Aufrechterhaltung des bestehenden Rechtszustandes nicht.

Bei einer bloßen Versteigerung des Grundstückes ohne gleichzeitige Beschlagnahme der Mietzinsen laufen während der Zeit des Versteigerungsverfahrens die rückständigen Hypothekenzinsen sowie die öffentlichen Lasten auf. Diese werden bei Verteilung des Versteigerungserlöses der Hypothek zugerechnet, und zwar sogar bis zu einem Rückstande von zwei Jahren. § 10 Ziff. 4 ZwVG. Die Zinsrückstände der ersten Hypothek drücken daher die zweite Hypothek im Range zurück. Durch diese Regelung entstehen nicht eigentlich Zins-, sondern Kapitalverluste der nachfolgenden Hypothekare. Die erwähnte Eingabe der Ältesten der Kaufmannschaft hebt auch dieses Moment treffend, wie folgt, hervor:

> Die Verluste der Hypothekengläubiger sind nicht etwa lediglich Zinsverluste, sondern stellen eine Kapitalvernichtung dar. Obgleich die Miet- und Pachtzinsen in erster Linie dazu bestimmt sind, die Zinsenansprüche der Hypothekengläubiger zu befriedigen, bleiben diese ungedeckt. Der Hypothekengläubiger meldet seine Zinsforderung in der Zwangsversteigerung an. Da die Zinsforderungen vor dem Kapital aus dem Meistgebot befriedigt werden müssen, werden Zinsen aus dem Kapitalwert des Grundstücks getilgt. Diejenigen Hypothekengläubiger aber, die nicht an bevorzugter Stelle stehen, fallen aus.

Ob nicht zur Behebung dieses Mißstandes und übrigens auch anderer, hier nicht zu erörternder (vgl. darüber Heinitz, DJZ. 1914, 34) die Frist des § 10 Ziff. 4 ZwVG. zu verkürzen ist, steht hier nicht zur Erörterung; denn es handelt sich hierbei nicht um Normen über die hypothekarische Verhaftung der Mietzinsen. Hier steht jetzt zur Untersuchung allein die Frage, ob die Regelung des die Verhaftung der Mietzinsen auslösenden Tatbestandes zu praktischen Bedenken Anlaß gibt oder nicht. Zur Erörterung dieser Frage muß auf die oben schon angestellten grundsätzlichen wirtschaftlichen Erwägungen über das Verhältnis von Mietzins und Hypothek zurückgegriffen werden.

Wir erkannten: Der Grundstückseigentümer und Hypothekenschuldner ist so lange in der Verfügung über Miet- und Pachtzins frei, als er die Hypothekenschuld prompt erfüllt. Erst deren Nichterfüllung ist Anlaß zur Auslösung der einerseits zwar begrenzten, anderseits aber auch rückwirkenden Verhaftung der Miet- und Pachtzinsen gegeben. Also erst das Notleiden der Hypothek löst die Verhaftung aus. Dieses Notleiden muß sogar auch noch durch einen Vollstreckungsakt dokumentiert sein. Soweit deckt sich das wirtschaftliche Erfordernis mit den Normen der lex lata.

Nun greift aber hier in der geltenden Gesetzgebung eine weittragende Einschränkung Platz. Gerade die bedeutsamste Vollstreckungsmaßnahme des Hypothekars, die Beschlagnahme des Grundstücks zum Zwecke der Versteigerung, die am wuchtigsten das Notleiden der Hypothek dokumentiert, löst die Verhaftung der Mietzinsen nicht aus. Wirtschaftliche Gründe für diese einschneidende Ausnahme lassen sich nicht finden. Was den Gesetzgeber zu dieser übrigens schon im § 16 Abs. 2 des Preußischen ZwVG. vom 13. Juli 1883 sich findenden Normierung veranlaßt hat, wird in der Entscheidung des RG. vom 13. März 1889 (23, 56), wie folgt, geschildert:

> Der nach früherem preußischen Rechte bestehende Rechtszustand, daß die Einleitung der Zwangsversteigerung eines Grundstückes gleichzeitig eine Beschlagnahme der Einkünfte desselben zugunsten der Hypothekengläubiger enthielt, ist durch § 16 des Gesetzes vom 13. Juli 1883 über die Zwangsvollstreckung in das unbewegliche Vermögen dahin geändert, daß die auch jetzt eintretende Beschlagnahme sich auf die zur Immobiliarmasse gehörigen beweglichen Gegenstände mit Ausnahme der Pacht- und Mietzinsen erstreckt. Als Grund dieser Ausnahme geben die Motive (S. 18) an, daß die Beschlagnahme nur solche Verfügungen auszuschließen habe, welche nicht durch die dem Schuldner verbleibende Verwaltung und Nutzung des Grundstücks gerechtfertigt werden. Um die Beschlagnahme auf die Revenuen auszudehnen, muß der Gläubiger deshalb neben der Zwangsversteigerung die Zwangsverwaltung beantragen (§§ 139 flg. des Gesetzes vom 13. Juli 1883).

Der Grund für die gesetzliche Regelung ist also in der Tat rein theoretischer Natur. Die Ältesten der Kaufmannschaft charakterisieren ihn daher in den oben wiedergegebenen Ausführungen durchaus treffend.

Zwangsversteigerung und Zwangsverwaltung sollen begrifflich getrennte Vollstreckungsarten sein. Die erstere ergreift die Sachsubstanz, die letztere ihre Erträgnisse. Die konsequente Durchführung dieser begrifflichen Unterscheidung siegt dann über wirtschaftliche Notwendigkeiten.

Für die Gestaltung des geltenden Rechtes dürfte aber neben diesem theoretischen auch wohl noch ein verfahrenstechnischer Grund maßgebend gewesen sein. Nußbaum (Hyp.-Wesen S. 77) deutet ihn an; Hagelberg (DJZ. 12, 746) spricht ihn aus. Im Versteigerungsverfahren ist für die Einziehung und Verwertung der Mietzinsen kein geeignetes Organ vorhanden. In der Zwangsverwaltung, die auf Vollstreckung durch Erträgnisverwendung gerichtet ist, hat man dafür in dem Zwangsverwalter ein solches geschaffen. Da wirtschaftlich die Auslösung der Verhaftung der Mietzinsen durch jede Vollstreckungsmaßnahme in das Grundstück, also auch durch Einleitung der Zwangsversteigerung, erforderlich erscheint, so bleibt nur die Frage zu untersuchen: Läßt sich nicht das erwähnte verfahrenstechnische Bedenken leicht beheben? Läßt sich nicht auch im Versteigerungsverfahren ein verhältnismäßig einfacher Weg zur Einziehung und Verteilung der Mietzinsen finden?

Zur Beantwortung dieser Frage muß man das Ziel, das erreicht, und den Mißstand, der behoben werden soll, scharf ins Auge fassen. Die durch Beschlagnahme des Grundstücks zum Zwecke der Zwangsversteigerung verhafteten Mietzinsen sollen zur Deckung der öffentlichen und privaten Lasten des Grundstücks während der Dauer des Versteigerungsverfahrens verwendet werden. Das Auflaufen dieser Lasten während der Verfahrensdauer zu erheblichen Rückständen und die infolgedessen eintretende Kapitalvernichtung zum Nachteile der späteren Hypothekare soll vermieden werden. Man erreicht diesen Erfolg in einfachster Weise, wenn man mit jeder Zwangsversteigerung ipso iure eine beschränkte, nur die Miet- und Pachtzinsen betreffende Zwangsverwaltung verbindet. Es ist dann einfach bei jeder Versteigerungsanordnung ein Verwalter für Einzug und Verwertung der Miet- und Pachtzinsen zu bestellen. Auf sein Amt und seine Aufgabe sind in der durch den begrenzten Zweck ohne weiteres gegebenen Beschränkung die Vorschriften über die Zwangsverwaltung anzuwenden.

Die begriffliche Reinheit des Gegensatzes zwischen Zwangsversteigerung und Zwangsverwaltung wird manchem durch diesen Vorschlag aufgehoben erscheinen. Aber begriffliche Unterscheidungen können nicht über wirtschaftliche Notwendigkeiten siegen. Wir müssen dann einfach den

Begriff der Immobiliarzwangsversteigerung etwas anders formulieren. Sie begreift dann eben nicht mehr bloß die reine Substanzverwertung des Grundstückes, sondern sie wird eben auch während der Dauer ihres Verfahrens zwangsweise Ertragsverwertung in Ansehung der Miet- und Pachtzinsen.

Hinzuweisen ist hier auf die Regelung im neuen Schweizer Zivilrecht. Art. 806 des Schweiz. Ziv.-Ges. erstreckt die Pfandhaft auf die Miet- und Pachtzinsforderungen, die seit Anhebung der Betreibung auf Verwertung des Grundpfandes bis zu der Verwertung selbst auflaufen. Die Grundpfandgläubiger erlangen von Gesetzes wegen vom Augenblick der Betreibung der Subhastation an ein Forderungspfandrecht an den Miet- und Pachtzinsforderungen (vgl. dazu Wieland Anm. 4 zu Art. 806).

Diese schweizerische Regelung erscheint für unser Recht nicht praktisch. Regelmäßig sind mehrere Grundstückspfandgläubiger vorhanden. Aus dieser Mehrheit der Pfandgläubiger mit verschiedenem Range in Verbindung mit den nicht ganz einfachen Normen über das Pfandrecht an Forderungen ergeben sich für den Mieter große Komplikationen. Er wird überhaupt nicht wissen, an wen er zahlen soll und wie er sich durch Zahlung wirksam befreie. Man müßte ihm wenigstens die Hinterlegung gestatten. Dann kommen für unser Recht noch die in gewissem Umfange gültigen Vorausverfügungen über den Mietzins hinzu, die das schweizerische Recht nicht kennt (Art. 806 Abs. 2). Das Forderungspfand am Mietzins auf Grund der Grundstücksbeschlagnahme könnte erst nach Unwirksamwerden der Vorausverfügung in Kraft treten oder müßte dem durch die Vorausverfügung geschaffenen Rechte, z. B. gerade auch einem Pfandrechte, für die Zeit von dessen Wirksamkeit im Range nachgehen. Kurzum, der Rechtszustand wäre übermäßig kompliziert.

Man könnte vielleicht ferner noch an den Vorschlag denken, die durch die Versteigerungsanordnung beschlagnahmten Mietzinsen während der Dauer des Versteigerungsverfahrens einfach auflaufen zu lassen. Sie würden dann dem Ersteher zufallen. Dieser würde dann entsprechend höher bieten. Dadurch würde die aus den Rückständen an Lasten und Zinsen sich sonst ergebende Kapitalvernichtung wieder paralysiert. Man müßte dann den Mietern die Grundstücksbeschlagnahme eröffnen (vgl. auch Art. 806 Abs. 2 Schweiz. Ziv.-Ges.) und ihnen aufgeben, die während der Dauer des Verfahrens fällig werdenden Mietzinsen zu hinterlegen. Das hat aber viele Schwierigkeiten. Sie ergeben sich so leicht, daß kaum mehr darauf eingegangen zu werden braucht. Nur auf eines sei hingewiesen. Was geschieht denn, wenn der Mieter nicht oder nicht rechtzeitig zahlt? Wer treibt dann den Mietzins bei? Wie wichtig in praxi gerade diese Fragen sind, ergibt sich aus folgenden Ausführungen der Eingabe der Ältesten der Kaufmannschaft:

> Dazu kommt, daß erfahrungsgemäß in dem Augenblick, in dem auf Grund der Mietzinspfändung den Mietern verboten wird, an den Eigentümer zu zahlen, die Mietzinsen vielfach überhaupt nicht mehr eingehen. Auf dem dritten Deutschen Maklertag in Frankfurt a. M. am 5. Juni 1909 hat der Berichterstatter Dr. Heilbrunn mit Recht darauf hingewiesen, daß die Mieter gewöhnt sind, ihre kleinen Mietsbeträge in Raten abzuliefern, welche sie von ihrem Haushaltungsgeld zurückhalten, und daß sie dieses Geld, wenn der richtige Augenblick verpaßt wird, verbrauchen, so daß die Mietzinsen nie wieder beigetrieben werden können.

Ohne ein Organ, das die verhafteten Mietzinsen einzieht, also ohne einen besonderen Verwalter für diesen Zweck, ist nicht auszukommen. Es bleibt eben nur übrig, in jede Zwangsversteigerung eine begrenzte Zwangsverwaltung hinsichtlich der Miet- und Pachtzinsen einzuschieben. Das heißt ja auch eigentlich nur gesetzlich und ipso iure einen Zustand herbeiführen, der tatsächlich längst herrscht; denn jeder einsichtige Gläubiger bringt eben angesichts des jetzigen Rechtszustandes lediglich zum Zwecke der Mietzinsbeschlagnahme mit der Zwangsversteigerung sofort auch die Zwangsverwaltung aus. Jetzt macht das — wie die Ältesten der Kaufmannschaft hervorheben — nur unnötiges Schreibwerk und, wie man hinzufügen muß, unnötige Kosten. Die in ihrer theoretischen Begriffsabgrenzung so schön und rein geschiedenen Vollstreckungsinstitute werden dadurch eigentlich in ihren Funktionen verzerrt. Funktion der Zwangsverwaltung ist doch die Durchführung einer Vollstreckung lediglich aus den Erträgnissen, ohne daß die Sache selbst dem Schuldner genommen wird. Sie muß aber jetzt auch ausgebracht werden, wenn die Vollstreckung von vornherein auf Entziehung der Sache aus dem Schuldnervermögen gerichtet ist. Dadurch wird sie ihrer eigentlichen Funktion entfremdet.

Nach alledem komme ich zu dem Vorschlage:

> § 21 Abs. 2 ZwVG. ist zu streichen. An seine Stelle ist folgende Vorschrift zu setzen:
>
> Während der Dauer des Zwangsversteigerungsverfahrens sind die Miet- und Pachtzinsen zur Deckung der auf diese Zeit entfallenden öffentlichen und privatrechtlichen Lasten des Grundstückes zu verwenden. Ein

etwaiger Überschuß fällt dem Ersteher des Grundstückes zu. Zu dieser Verwendung der Miet- und Pachtzinsen sowie zu deren Einziehung wird ein Verwalter bestellt. Die Vorschriften der §§ 146—161 finden entsprechende Anwendung.

Nicht bloß in Maßnahmen der Singularvollstreckung kann sich das Notleiden der Hypothek dokumentieren. Stärker kommt es wohl noch durch den Konkurs über das Vermögen des Eigentümers des verhypothezierten Grundstückes zum Ausdruck. Diese Konkurseröffnung müßte daher auch die hypothekarische Haftung der Mietzinsen auslösen. Das tut sie aber nach geltendem Rechte nicht.

Nach §§ 47 und 4 Abs. 2 KO. müssen die Hypothekare im Konkurse des Eigentümers ihre abgesonderte Befriedigung nach den Regeln der Immobiliar-Zwangsvollstreckung unabhängig vom Konkursverfahren betreiben. Solange demnach eine die Verhaftung des Mietzinses auslösende Grundstücksbeschlagnahme nicht erfolgt ist, bleibt der Mietzins trotz des Konkurses von der hypothekarischen Haftung frei. An Stelle des Eigentümers kann ihn der Konkursverwalter zur Masse einziehen und über ihn zugunsten der Masse Vorausverfügungen in dem gesetzlich statthaften Umfange wirksam treffen. Das hat das RG. (23, 56) in der mehrfach angeführten Entscheidung vom 13. März 1889 für das frühere, aber dem jetzigen inhaltlich völlig gleiche Recht eingehend begründet. Es hat auch für das neue Recht daran festgehalten (vgl. 52, 141), und zwar nach der gegebenen Gesetzeslage durchaus mit Grund.

Der jetzige Rechtszustand ist gegenüber dem wirtschaftlich als richtig erkannten und mehrfach betonten Satze, daß jedes Notleiden der Hypothek die Verhaftung des Mietzinses auslösen muß, unhaltbar. Mit Eröffnung des Konkurses über das Vermögen des Grundstückseigentümers muß daher die hypothekarische Haftung der Mietzinsen wirksam werden. Dies geschieht, wenn man die bereits vorgeschlagenen Gesetzesänderungen voraussetzt, zweckmäßig durch folgenden Zusatz zu § 47 KO.:

Dem Hypothekengläubiger gegenüber gilt die Eröffnung des Konkurses über das Vermögen des Eigentümers als Beschlagnahme des Grundstückes. Der (neuvorgeschlagene) § 21 Abs. 2 ZwVG. findet entsprechende Anwendung. Solange nicht der dort vorgesehene Verwalter bestellt ist, nimmt der Konkursverwalter dessen Aufgaben wahr.

§ 5.

Mietzins und Ersteher.

Der § 57 S. 1 ZwVG. regelt das Verhältnis des Erstehers des Grundstückes in der Zwangsversteigerung zu Vorausverfügungen über den Mietzins. Diese Norm hat am meisten zu Bedenken Anlaß gegeben. Sie hat die heftigsten Angriffe erfahren. Auf Grund der bekannten, sich gerade mit ihr beschäftigenden Entscheidung des Reichsgerichts vom 5. Dezember 1906 (64, 418) ist die Frage der Mietzinszession eigentlich erst brennend und zum Gegenstande so vieler Verhandlungen, Petitionen und Eingaben geworden.

Der ganze Sachverhalt ist in eingehender, alle praktischen Möglichkeiten umfassender Weise in der erwähnten Eingabe des Sonderausschusses für Hypothekenbankwesen des Centralverbandes des Deutschen Bank- und Bankiergewerbes vom 12. Juli 1900 dargestellt. Es ist am zweckmäßigsten, diese ausgezeichnete Darstellung von berufener Seite hier wiederzugeben. Die Eingabe führt aus:

> In erster Linie ist es die in § 57 ZVG. für das Zwangsversteigerungsverfahren als entsprechend anwendbar erklärte Bestimmung des § 573 Satz 1 BGB., die unter Umständen eine schwere Schädigung der Hypothekengläubiger herbeizuführen geeignet ist, so daß nach dieser Richtung zunächst ein Eingreifen von kompetenter Stelle als unabweisbares Bedürfnis erscheint. Nach § 573 Satz 1 BGB. ist eine Verfügung, die der Vermieter vor dem Übergang des Eigentums über den auf die Zeit der Berechtigung des Erwerbers entfallenden Mietzins getroffen hat, insoweit wirksam, als sie sich auf den Mietzins für das zur Zeit des Überganges des Eigentums laufende und das folgende Kalendervierteljahr bezieht. Daß, wenngleich § 573 BGB. nur von (rechtsgeschäftlichen) Verfügungen des Vermieters spricht, ihnen doch nach dem Willen des Gesetzgebers diejenigen Verfügungen gleichzustellen sind, die gegen den Vermieter von einem Gläubiger des letzteren im Wege der Zwangsvollstreckung vorgenommen werden, hat das Reichsgericht wiederholt ausgesprochen, so in den Urteilen vom 28. Mai und 20. September 1904 und vom 5. Dezember 1906, Entsch. des RG. in Zivils. Bd. 58 S. 181, Bd. 59 S. 177 und Bd. 64 S. 418. Bis zum Bekanntwerden des letzterwähnten reichsgerichtlichen Urteils herrschte vielfach mit Rücksicht auf die Bestimmung des § 1124 Abs. 2 BGB.,

welche die Verfügung dem Hypothekengläubiger gegenüber für unwirksam erklärt, soweit sie sich auf den Miet- oder Pachtzins für eine spätere Zeit als das zur Zeit der Beschlagnahme laufende und das folgende Kalendervierteljahr bezieht, noch die Auffassung, daß § 573 Satz 1 BGB. demjenigen Ersteher gegenüber, der zugleich Hypothekengläubiger ist, außer Anwendung zu bleiben hat. In seinem Urteile vom 5. Dezember 1906 hat jedoch das Reichsgericht, ohne daß ihm dabei ein Rechtsirrtum nachgewiesen werden könnte, das Gegenteil ausgesprochen; einerseits erlischt mit dem Zuschlag die Hypothek und damit hört der Hypothekengläubiger auf, Hypothekengläubiger zu sein, anderseits erreicht das Zwangsverwaltungsverfahren mit dem Zuschlag sein Ende, und das ruhende Pfändungspfandrecht des persönlichen Gläubigers lebt wieder auf. Dieser Rechtszustand ist für den Hypothekengläubiger außerordentlich unbefriedigend, wie in folgendem Beispiel darzutun versucht wird:

Angenommen, ein vermietetes Grundstück im Werte von 100 000 Mk. ist gemäß § 11 HypBkGes. mit einem zu 4½% verzinslichen Hypothekenkapital von 60 000 Mk. belehnt; die Zinsen sind am 1. Januar und 1. Juli zu entrichten. Die am 1. Januar 1910 fällig gewordene Zinshälfte mit 1350 Mk. ist nicht bezahlt worden. Da dem Schuldner in der Regel eine sogenannte Respektfrist von 14 Tagen eingeräumt ist und die Schuldurkunde vor Einreichung eines Zwangsversteigerungsantrages dem Schuldner zugestellt sein muß, wird normalerweise der Zwangsversteigerungsantrag wohl nicht früher als in der ersten Hälfte des Monats Februar dem Vollstreckungsgerichte zugehen. Nach § 36 Zw.VG. soll der Versteigerungstermin erst nach der Beschlagnahme des Grundstücks und nach dem Eingang der Mitteilungen des Grundbuchamtes bestimmt werden, also nach der Zustellung des Versteigerungs- oder Beitrittsbeschlusses (§ 22 Abs. 2 ZVG.). Sehr viele Vollstreckungsgerichte (die Praxis ist hierin verschieden) warten für den Fortgang des Verfahrens den Ablauf der 14tägigen Beschwerdefrist ab. Da die Bekanntmachung der Terminsbestimmung mindestens 6 Wochen vor dem Termine bewirkt sein muß, wird es auch bei promptester Sachbehandlung durch das Vollstreckungsgericht und bei glatten Zustellungsverhältnissen nicht möglich sein, einen Termin vor dem 1. April 1910 zu bekommen. Dabei ist aber zu berücksichtigen, daß in jenen Gebietsteilen, in welchen das Versteigerungsverfahren nicht durch das Gericht, sondern, wie in Bayern, durch den Notar erfolgt, durch die Abgabe der Akten an diesen eine weitere Verzögerung in der Terminsbestimmung eintritt, ganz abgesehen davon, daß in einzelnen Bundesstaaten vor der Anberaumung eines Versteigerungstermines noch eine amtliche Schätzung des Grundstückes einzuholen ist, so in Sachsen auf Grund des § 24 der Verordnung betreffend die Zwangsvollstreckung ins unbewegliche Vermögen vom 5. Dezember 1899; auch in Württemberg ist zufolge § 16 der Verfügung des Just.-Minist. vom 10. Oktober 1899 und in Baden gemäß § 7 des AG. z. ZwVG. vom 18. Juni 1899 eine amtliche Schätzung zu erholen.

Im Versteigerungstermine, der, wie erwähnt, frühestens im April stattfindet, ist, wenn es sich z. B. um ein in München gelegenes Grundstück handelt, zur Deckung der erststelligen Hypothek zu 60 000 Mk. ein Gebot erforderlich in Höhe von etwa 63 800 Mk., da

etwa	700 Mk.	Gerichtskosten und Kosten des Versteigerungsbeamten,
"	1000 "	Grund- und Haussteuern nebst Gemeinde- und Kreisumlagen, Wasserzins, Fäkalieneinleitungsgebühr, Kaminkehrerlöhne,
"	1350 "	Zinshälfte per 1. Januar 1910 aus 60 000 Mk.,
"	750 "	Zinsen aus 60 000 Mk. vom 1. Januar 1910 bis zum Versteigerungstage (angenommen etwa Mitte April),

i. S. etwa 3800 Mk. in Ansatz zu kommen haben.

Außerdem hat der Ersteher zu bezahlen:

2200 Mk.	bayer. Staatsgebühr (2,2%)	Wert von 100 000 Mk. zugrunde gelegt.
666 "	Reichsstempelabgabe (0,66%)	
500 "	gemeindliche Besitzveränderungsabgabe (0,5%)	

i. S. 3366 Mk.

Der als Ersteher auftretende zweite Hypothekengläubiger hat also über die bei der Hingabe seiner Hypothek ihm vorgehende Belastung hinaus etwa 7200 Mk. bar zu bezahlen.

Zieht man in Erwägung, daß zur Versteigerung gelangende Mietshäuser nicht gerade am besten unterhalten sind und der Ersteher zur Instandsetzung derselben, insbesondere der Wohnungen, nicht selten erhebliche, über das normale Maß weit hinausgehende

Aufwendungen zu machen hat, so wird man begreiflich finden, daß es für manchen schon eine schwere Aufgabe bedeutet, obige Summe von etwa 7200 Mk. aufzubringen; dazu kommt noch, daß der als Ersteher auftretende Hypothekengläubiger in seinem Wirtschaftsplane schon dadurch gestört ist, daß der Subhastat bei ihm ebenso, wie bei dem ersten Hypothekengläubiger, mit der Zinszahlung im Rückstande geblieben ist. Beträgt seine Hypothek 20 000 Mk., was einer Grundstücksbeleihung von 80% entspricht, so kommt zu der Barausgabe von etwa 7200 Mk. noch ein Minus an normalerweise ihm zu Gebote stehenden Mitteln von 1000 Mk. (angenommen sind 5% rückständige Zinsen aus 20 000 Mk. des zweiten Gläubigers aus dem der Subhastation vorausgehenden Jahre; erfahrungsgemäß sind derartige Ausstände oftmals da). Es bedarf hiernach wohl keiner näheren Erörterung, daß es schwere Opfer sind, welche der zweite Hypothekengläubiger zu bringen hat, wenn er sein Guthaben retten will, Opfer, die ihm um so schwerer fallen, wenn er, wie dies bei manchen der Fall ist, dabei auf fremde Hilfe angewiesen ist.

Nun aber gestaltet sich die Abwicklung durchaus nicht immer so glatt wie in dem vorerwähnten Falle. Wir brauchen nicht auf Ausnahmefälle, wie unbekannten Aufenthalt des Grundstückseigentümers, Ableben desselben und die dadurch notwendig werdenden Formalitäten — Beschaffung eines Erbscheines, Aufstellung eines Erbenvertreters u. dgl. —, Umstände welche schon die Anberaumung eines Termins verzögern, hinzuweisen, um die Möglichkeit eines wesentlich langsameren Vollstreckungsverfahrens darzutun. Letzteres wird vielmehr auch durch Umstände veranlaßt, die sehr häufig vorkommen und die erfordern, daß bei der Anberaumung des Termins die Frist zwischen der Anberaumung und dem Termin selbst sehr reichlich und wesentlich länger als im obigen Falle bemessen wird. Der wechselnde Aufenthaltsort der Hypothekengläubiger, Todesfälle unter denselben und die dadurch bedingten Schwierigkeiten und Verzögerungen in der Zustellung werden nicht selten behufs Vermeidung von Terminsaufhebungen im Hinblick auf § 43 Abs. 2 ZwVG. dazu führen, den Versteigerungstermin von vornherein ziemlich weit hinaus anzuberaumen. Das Gesetz sieht in § 36 für N o r m a l f ä l l e eine Sollfrist bis zu 6 M o n a t e n vor, indem es bestimmt, daß, wenn nicht besondere Gründe vorliegen, der Zeitraum zwischen Anberaumung des Termins und dem

Termin nicht mehr als 6 Monate betragen soll. Nicht zum wenigsten aber kommt hier in Betracht die besonders in größeren Städten vielfach herrschende Überlastung der Vollstreckungsgerichte, welche oft auf lange Zeit hinaus schon die Terminstage mit Terminen voll besetzt haben und daher beim besten Willen nicht in der Lage sind, die Frist zwischen der Anberaumung des Versteigerungstermins und dem Termine selbst kurz zu bemessen. Endlich verbietet eine billige Rücksichtnahme auf die Schuldner in vielen Fällen ein Vorgehen alsbald nach Fälligkeit der Zinsen; sind es doch häufig ganz außerordentliche Umstände, welche den Schuldner an der prompten Begleichung der Zinsen hindern und nach deren Beseitigung normalerweise begründete Aussichten bestehen, daß er nunmehr seinen Verbindlichkeiten nachzukommen vermag. Wenn nicht besondere Umstände vorliegen, wird sich eine Hypothekenbank durch dringende auf derartige Umstände hinweisende Gesuche des Schuldners veranlaßt sehen, entweder mit der Stellung des Versteigerungsantrages einige Zeit zuzuwarten, oder bei bereits eingeleitetem Zwangsversteigerungsverfahren eine vorläufige Einstellung desselben zu bewilligen.

Aus den vorerwähnten Gründen erhellt, daß in unserem Beispiele der Versteigerungstermin außerordentlich frühzeitig und mit außerordentlich kurzer Frist anberaumt ist und daß dieses Beispiel daher keineswegs als normaler Fall angesehen werden kann. Träte in unserem Beispiel auch nur einer der mannigfaltigen besprochenen Verzögerungsgründe ein, so würde der Versteigerungstermin nicht im April, sondern vielleicht erst im darauffolgenden Vierteljahre stattfinden, was zur Folge hätte, daß zu den oben bezeichneten Hypothekenzinsen aus der erststelligen Hypothek weitere Zinsen kommen und ebenso ein entsprechender Betrag an dem Zinsenausfall des zweiten Hypothekgläubigers für seine eigene Hypothek. Es würde also hier der über den Nennbetrag der ersten Hypothek hinaus bar zu zahlende Betrag wohl auf über 8000 Mk. (statt 7200 Mk.) und der eigene Zinsenausfall des zweiten Hypothekgläubigers auf über 1000 Mk. sich beziffern, mithin eine Aufwendung aus eigenen oder fremden Mitteln in Höhe von etwa 9000 Mk. erfordern.

Eine Verringerung der vom Ersteher zu zahlenden Zinsen aus dem vorgehenden Hypothekkapitale durch Einleitung der Zwangsverwaltung ist dann nicht zu erwarten, wenn eine Verfügung über die Mieten, wozu, wie oben ausgeführt, auch Pfändungen von Mieten gehören, stattgefunden hat; denn in diesem Falle gehören die Mieterträgnisse des zur Zeit der Beschlagnahme laufenden und des folgenden Kalendervierteljahres — in unserem Beispiele die Erträgnisse für die Zeit vom 1. Januar 1910 bis 30. Juni 1910 — dem Zessionar bzw. dem Pfändungsgläubiger. Die Schädigung des Hypothekengläubigers, der das Grundstück zur Rettung seines Guthabens erstehen muß, geht aber noch weiter, da nach dem heutigen Stande der Gesetzgebung und der Rechtsprechung die im Eingang unseres Ergebenen wiedergegebene Vorschrift des § 573 Satz 1 BGB., welche durch § 57 ZVG. für entsprechend anwendbar erklärt ist, Platz greift, wonach Verfügungen über die Mieten dem Ersteher gegenüber, auch wenn dieser Hypothekengläubiger ist, für das zur Zeit des Zuschlages laufende und das folgende Kalendervierteljahr wirksam sind. Dem Ersteher gehen also in unserem Beispiele die Mieterträgnisse des zweiten und dritten Quartals bzw. des dritten und vierten Quartals, je nachdem der Versteigerungstermin im zweiten oder dritten Quartal stattfindet, verloren. Dabei hat er, wie wir uns auszuführen erlaubten, mit Rücksicht auf den vernachlässigten Zustand des Grundstückes in der anfänglichen Besitzzeit für Instandsetzung und Vermietung der Räume erhebliche, über das normale Maß hinausgehende Aufwendungen zu machen; zu diesen muß er, da Mieterträgnisse fehlen, wieder eigene oder fremde Mittel heranziehen und ebenso die auf diese erträgnislose Zeit treffenden Hypothekzinsen der Bankhypothek gleichfalls mit eigenen oder fremden Mitteln bestreiten. Bei einer 7prozentigen Bruttorente beträgt der Ausfall des Erstehers an Mieten zufolge der Anwendung des § 573 Satz 1 BGB. in unserem Beispiele 3500 Mk. (7% aus 100 000 Mk. = 7000 Mk. Brutto pro anno). Es erhöht sich also der von dem Ersteher zur Rettung seiner Hypothek von 20 000 Mk. aufzubringende Betrag von der oben berechneten Summe von etwa 9000 Mk. auf mindestens 12 500 Mk., eine Summe, die für manchen geradezu unerschwinglich ist.

Zu einem ähnlichen Ergebnisse gelangt man auch bei Versteigerungsobjekten, die in anderen Gebietsteilen des Reiches gelegen sind; wenn vielleicht auch in einzelnen Staaten die in Ansatz zu bringenden Gebühren etwas niedriger sind, so sind sie in anderen wieder höher; so beträgt z. B. die in Elsaß-Lothringen zu entrichtende Gebühr 7% des Wertes, in den meisten Städten 1—2%.

Unter diesen Verhältnissen dürfte ein Verlangen nach Abhilfe hinsichtlich der Anwendbarkeit des § 573 Satz 1 BGB. in erster Reihe jedenfalls gegenüber demjenigen Ersteher gerechtfertigt erscheinen, der das Objekt zur Rettung seiner Hypothek erstanden hat, bei einem geringeren Gebote also nicht voll gedeckt wäre, etwa dadurch, daß in § 57 ZVG. die Anwendbarkeit des § 573 Satz 1 BGB. für den Fall ausgeschlossen wird, daß ein Hypothekengläubiger zur Rettung seines Guthabens das Hypothekenobjekt einzusteigern genötigt ist. Eine Abhilfe nach der bezeichneten Richtung dürfte um so eher erfolgen können, als damit die Absicht des Gesetzgebers verwirklicht würde, welche zweifellos dahingegangen ist, daß der Zeitraum, für welchen das Pfandrecht des Hypothekengläubigers an den Miet- und Pachtzinsforderungen unwirksam werden kann, auf zwei Vierteljahre beschränkt wird. Die Motive (Mugdan III Seite 371) sagen in dieser Beziehung:

„Das Interesse des letzteren (sc. des Hypothekengläubigers) ist hinlänglich gewahrt, wenn das Gesetz dafür sorgt, daß ihm der Zins nicht auf eine längere Zeit als 3 Monate nach der Beschlagnahme entzogen werden kann."

Eine Berücksichtigung des Hypothekengläubigers, der zur Rettung seines Hypothekenguthabens ein Grundstück einsteigern muß, würde auch nicht einzig in der heutigen Gesetzgebung dastehen. Wir verweisen in dieser Hinsicht auf das Reichsstempelgesetz vom 15. Juli 1909, welches denjenigen Meistbietenden, dem eine durch ein geringeres Gebot nicht oder nicht völlig gedeckte Hypothek zustand, bei der Abtretung der Rechte aus dem Meistgebote ausdrücklich von der Verpflichtung zur Entrichtung der Reichsstempelabgabe befreit.

Eine Regelung der Frage in dem vorerwähnten Sinne würde auch die Klagen der Grundeigentümer über die Zurückhaltung des Privatkapitals in der Hingabe von zweiten Hypotheken vermindern. Daß die in der Tat wahrgenommene Zurückhaltung des Privatkapitals unbegründet wäre, vermögen wir angesichts der vorstehend geschilderten Verhältnisse nicht zu behaupten.

Die voranstehenden Ausführungen lassen sich kurz und übersichtlich dahin zusammenfassen:

I. In dem vorangegangenen Ziffernbeispiel:

Bei einem Anwesenswerte von 100 000 Mk., einer Bankhypothek von 60 000 Mk. und einer zweiten Hypothek von 20 000 Mk.

hat der zweite Hypothekengläubiger, wenn er das Anwesen um ein die Bankhypothek deckendes Gebot einsteigert und die Bankhypothek ihm liegen belassen wird, aufzuwenden:

a) etwa 7200 Mk., wenn das Verfahren wegen der im Januar fälligen Bankzinsen betrieben und möglichst beschleunigt durchgeführt wird, so daß der Versteigerungstermin im April stattfindet,

b) etwa 8000 Mk., wenn das Verfahren wegen derselben Zinsen betrieben wird, jedoch einer der vielen möglichen Verzögerungsgründe vorliegt, so daß der Termin etwa erst im Juli stattfindet.

In beiden Fällen kommt noch ein Entgang an Zinseneinnahmen aus der eigenen zweiten Hypothek hinzu, welcher im Falle a) gegen 1000 Mk., im Falle b) über 1000 Mk. beträgt.

Das Minus an Einnahmen zuzüglich des bar aufzuwendenden Betrages beziffert sich mithin auf 8000 Mk., bzw. 9000 Mk., je nachdem der Versteigerungstermin im April oder im Juli stattfindet.

Hierzu kommt dann noch die Schädigung durch § 573 BGB.

Die Weiterbelastung des Hypothekgläubigers durch eine Reichswertzuwachssteuer hat bei dem gegenwärtigen Schwebezustande der Gesetzgebung keinen ziffernmäßigen Ausdruck finden können, ist aber nach Perfektwerden des Gesetzes zweifellos die Quelle weiterer größerer Einbußen für den Ersteher, an dem sie doch hängen bleiben.

II. Im theoretischen Überblick:

Angenommen, die Zwangsverwaltungsbeschlagnahme erfolgte im ersten Quartal 1910, nachdem vorher eine Mietzinspfändung stattgefunden hatte:

a) Erfolgte der Zuschlag am 10. April 1910, so gehören die auf die Zeit von der Pfändung bis zum 30. September 1910 treffenden Mieterträgnisse dem Pfändungsgläubiger.

Gründe: Nach §§ 1123, 1124 BGB. ist die Vorausverfügung auch dem Hypothekengläubiger gegenüber wirksam, soweit es sich nicht um eine spätere Zeit als das zur Zeit der Beschlagnahme laufende und das folgende Quartal handelt. Hier kommt nur das erste Quartal 1910 vom Zeitpunkte der Beschlagnahme an und vom zweiten Quartal 1910 nur die Zeit bis zum 10. April (Tag des

Zuschlags) in Frage; es ist mithin die Vorausverfügung dem Hypothekengläubiger gegenüber bis zum 10. April 1910 wirksam. Von diesem Tage ab käme als Berechtigter der Ersteher in Betracht, allein gemäß § 573 Satz 1 BGB. und § 57 ZwVG. ist ihm gegenüber die Vorausverfügung wirksam für das zur Zeit des Zuschlags laufende und das folgende Quartal, also für die Zeit vom 10. April 1910 bis zum 30. September 1910.

b) Erfolgt der Zuschlag am 10. Juli 1910, so gehören die Mieterträgnisse für die Zeit von der Pfändung bis zum 30. Juni 1910 dem Pfändungsgläubiger, jene vom 30. Juni 1910 bis 10. Juli 1910 zur Masse, jene vom 10. Juli bis zum 31. Dezember 1910 wieder dem Pfändungsgläubiger.

Gründe: Wie sub a) erwähnt, ist die Vorausverfügung dem Hypothekengläubiger gegenüber wirksam für das erste Quartal von der Beschlagnahme an und für das zweite Quartal, also hier bis zum 30. Juni 1910. Die Mieterträgnisse für die Zeit vom 30. Juni bis zum 10. Juli (Tag des Zuschlags) gehören zur Masse (§§ 20, 21, 148 ZwVG.). Vom 10. Juli ab gehören die Erträgnisse normalerweise dem Ersteher; nach § 573 Satz 1 BGB. und § 57 ZwVG. ist aber die Vorausverfügung dem Ersteher gegenüber für das zur Zeit des Zuschlags laufende und das folgende Quartal wirksam, also für die Zeit vom 10. Juli bis zum 31. Dezember 1910.

c) Erfolgt der Zuschlag am 10. Oktober 1910, so gehören die Mieterträgnisse für die Zeit von der Pfändung bis zum 30. Juni 1910 dem Pfändungsgläubiger, jene vom 30. Juni bis 10. Oktober 1910 der Masse, jene vom 10. Oktober 1910 bis 31. März 1911 wieder dem Pfändungsgläubiger.

Gründe wie oben sub b).

Es bedarf kaum eines Hinweises darauf, daß die Verhältnisse, wie sie gegenwärtig liegen, den Hypothekengläubiger zu einem rücksichtslosen Vorgehen gegen den Schuldner geradezu zwingen und eine Revision des gegenwärtigen Rechtszustandes neben dem Interesse des Gläubigers auch dem schuldnerischen Interesse zugute käme.

Eine etwas kürzere Darstellung der Wirkungen, die sich aus § 57 ZwVG. auf Grund der Entscheidung des RG. vom 5. Dezember 1906 ergeben, bringt Budde, Direktor der Berliner Hypothekenbank, auch an einem ziffernmäßigen Beispiele in DJZ. 1912, 1207 ff. Der Sonderausschuß für Hypothekenbankwesen hat dann in der Eingabe vom 4. März 1913 noch einmal auf die wirtschaftlichen Schädigungen hingewiesen, die der jetzige Rechtszustand hervorruft (BankArch. 13, 68).

Sehr verschärft wurde der gegenwärtige Mißstand durch die Entscheidung des OLG. Hamburg vom 7. Februar 1913 (OLGRpr. 27,214). Nach ihr könnte nämlich der Eigentümer sogar während der Zwangsverwaltung mit Wirkung gegen den Ersteher auf zwei Quartale über den Mietzins verfügen. Die durch die Zwangsverwaltung herbeigeführte Beschlagnahme der Mietzinsen ruft nur eine dem beitreibenden Hypothekar gegenüber eintretende Unwirksamkeit von Verfügungen des Eigentümers hervor. Es handle sich also nur um eine relative Unwirksamkeit. Dem Ersteher des Grundstücks gegenüber behielten Vorausverfügungen über den Mietzins gemäß § 57 ZwVG. für zwei Quartale Wirksamkeit. Dem soll nach Ansicht des OLG. auch § 865 Abs. 2 ZPO. nicht entgegenstehen. „Diese Vorschrift verbietet die Pfändung der Mietzinsforderungen nach der Beschlagnahme und gewährt dem beteiligten Realgläubiger das Recht, die Aufhebung der unzulässigen Vollstreckungsmaßregel zu verlangen, sie enthält aber keine materiell-rechtliche Norm und trifft besonders darüber keine Bestimmung, in welchen Grenzen der Hypothekar diese Befugnis ausüben kann und ob sie ihm auch hinsichtlich derjenigen Gegenstände zusteht, auf die sein Recht sich nicht erstreckt." Dies gelte nicht nur einem fremden Ersteher gegenüber, sondern auch dem Hypothekar, dem das Grundstück zugeschlagen wird. Mit dem Zuschlag höre er eben auf Hypothekar zu sein. Die nur an seine Hypothekengläubigerstellung anknüpfenden relativen Unwirksamkeiten fielen weg.

Die wirtschaftliche Bedeutung dieser Rechtslage hat der Sonderausschuß für das Hypothekenbankwesen in seiner Eingabe vom 4. November 1913 (BankArch. 13, 69), wie folgt, geschildert:

> Mit dieser Entscheidung wird dem Hauseigentümer, welcher seinen Zusammenbruch kommen sieht, geradezu ein Weg gewiesen, wie er über seine Besitzzeit hinaus selbst dann noch Geld aus dem Grundstück herausziehen kann, wenn die Hypotheken-Gläubiger schon durch Zwangsverwaltung das ihnen gesetzlich gegebene Mittel der Beschlagnahme angewendet haben. Daß von dieser Maßnahme in Berlin und anderen Großstädten, wo die gesetzlichen Möglichkeiten schnell zum Nachteile der Hypotheken-Gläubiger in Anwendung kommen, Gebrauch gemacht werden wird, bedarf keiner besonderen Betonung. Damit wird aber die wirtschaftliche Bedeutung des Instituts der Zwangsverwaltung überhaupt hinfällig.

Bisher bietet nämlich die Zwangsverwaltung nur ein sehr unvollkommenes Mittel, um den Gläubiger seiner materiellen Befriedigung näher zu bringen. Sie hat im Gegenteil infolge der meist durch sie entstehenden Unkosten und des geringen Einflusses, welchen der Gläubiger dem berufsmäßigen Zwangsverwalter gegenüber auf die Verwaltung selbst hat, eher Nachteil wie Nutzen. Ihre Bedeutung bestand bisher wesentlich darin, daß nur auf diesem Wege den schädigenden Verfügungen des Eigentümers über die Mieten ein Ende bereitet werden konnte. Wenn nun auch nicht einmal dieser Erfolg mit der Zwangsverwaltung erreicht werden kann, wird das Institut jede praktische Bedeutung verlieren und zweckmäßigerweise überhaupt nicht mehr in Anwendung kommen.

Ganz besonders nachteilig ist die Wirkung der Entscheidung für die nachfolgende Zwangsversteigerung. Denn selbst wenn bei Einleitung der Zwangsverwaltung über die Mieten seitens des Eigentümers nicht verfügt war, so ist der Kaufreflektant bei Abgabe seines Gebotes noch in Ungewißheit darüber, von wann an er in den Genuß der Mieten gelangt. Denn bis zum Zuschlag, der regelmäßig mit der Aufhebung der Zwangsverwaltung zusammenfällt, kann ja der Subhastat nach der Entscheidung die Mieten noch abtreten; eine solche Abtretungserklärung kann dem Ersteher noch nach dem Zuschlag mit Wirksamkeit entgegengehalten werden und er erfährt erst dann, daß ihm die Mieten noch für das auf den Zuschlag folgende Kalendervierteljahr entgehen. Er muß also immer damit rechnen, daß ihm die Mieten für diese Zeit entzogen sind. Dieser Umstand wird noch mehr wie bisher den Kreis der Bietungslustigen einschränken und damit nachteilig auf den Hypothekarkredit wirken.

Diese von berufener Seite geschilderten Mißstände müssen sicher behoben werden. Darüber ist man einig. Zu untersuchen ist aber zunächst, ob eine Abhilfe mit den vorhandenen Mitteln unserer Rechtsordnung, also ohne Gesetzesänderung erfolgen kann.

Man könnte hier zunächst vielleicht zweifelhaft sein, ob sich das Ergebnis der Entscheidung des RG. vom 5. Dezember 1906 (64, 415) nicht möglicherweise hätte vermeiden lassen. Wenn unser oberster Gerichtshof die wirtschaftlichen Zusammenhänge hier mehr in den Vordergrund gerückt hätte, so hätte er die Irrgänge des Gesetzgebers erkannt und vielleicht auf dem Wege der analogen Rechtsanwendung zu einem befriedigenderen Ergebnisse kommen können. Einen Versuch nach dieser Richtung hat Rodewald (ZBlFG. 13, 617 ff.) unternommen. Zwingend sind seine Ausführungen freilich nicht; sie konnten es nach Sachlage wohl auch nicht sein. Wenn schon immer die analoge Rechtsanwendung in letzter Linie auf einem niemals ganz sicheren Werturteile beruht, so scheint sie in diesem Falle besonders unsicher. Man wird daher den vorsichtig abgewogenen Satz in der ersten der wiedergebenen Eingaben des Sonderausschusses für Hypothekenbankwesen unterschreiben müssen: Bei der Begründung seiner Entscheidung könne dem RG. ein Rechtsirrtum nicht nachgewiesen werden.

Auf anderem Wege will Lindemann (Recht 1912, 694) auf dem Boden des geltenden Rechtes die geschilderten Mißstände beheben. Er stellt sich auf die Grundlage der Entscheidung vom 5. Dezember 1906. Nun meint er, wenn die Vorausverfügung über den Mietzins über das zweite Quartal hinaus dem Hypothekengläubiger gegenüber unwirksam sei, so könne dieser auf Beseitigung der verbotswidrigen Verfügung, das wäre z. B. „auf Rückübertragung der Mietforderung auf den Zedenten oder im Falle einer verbotswidrigen Pfändung auf Unzulässigkeitserklärung der Zwangsvollstreckung" klagen. Das sei genau so, wie wenn auf Rückschaffung verhafteter und unzulässig entfernter Zubehörstücke geklagt werde. Die Unrichtigkeit dieser Argumentation ist alsbald erkannt worden (vgl. Bendix JW. 1913, 412 und Mittelstein im Recht 1913, 220).

Wenn die Zession nach zwei Quartalen dem Hypothekengläubiger gegenüber unwirksam wird, so ist doch eine Klage auf Rückzession einer gar nicht mehr wirksam zedierten Forderung einfach unmöglich und in sich widerspruchsvoll. Vor allem aber verstößt diese ganze Argumentation — wie Martin Wolff SachenR. § 138 Anm. 26 kurz und treffend hervorhebt — gegen das Wesen der relativen Unwirksamkeit. Die Mietzession ist ja nicht schlechthin unwirksam, sondern eben nur diesem Hypothekengläubiger gegenüber. Wie soll er ihre vollständige Aufhebung verlangen dürfen? Der Hinweis auf die Rückschaffung verbotswidrig entfernter Zubehörstücke geht an dem Kernpunkte vorbei; denn diese Rückschaffung des Besitzes bedeutet keineswegs eine volle Aufhebung der über die Zubehörstücke getroffenen Verfügungen.

Auf diesem Wege ist also nicht zu helfen. Diese Art der Hilfe wäre auch, wie Bendix hervorhebt, wenig glücklich. Sie würde den Hypothekar, der sein Recht verfolgt, mit unnötigen Prozessen belasten. Der böswillige Hypothekenschu dner könnte ihm durch Vorausverfügungen verschiedenster Art, deren jede er dann mit besonderer Klage bekämpfen müßte, die Rechtsverfolgung sehr schwer machen. Mit den Mitteln des gegenwärtigen Rechtes wird sich der durch die Entscheidung vom 5. Dezember 1906 klargestellte Rechtszustand, daß jedem Ersteher, und so auch dem erstehenden Zweithypothekar gegenüber Mietzinsverfügungen für zwei Quartale vom Zuschlag an wirksam sind, kaum beheben lassen.

Dagegen scheint es sehr zweifelhaft, ob der durch die Entscheidung des OLG. Hamburg vom 7. Februar 1913 geschaffene Zustand unvermeidlich ist. Diese Entscheidung ist sehr angreifbar. Ja, mir erscheint sie unhaltbar. Das OLG. stützt seine Auffassung auf die nur relative Natur der Unwirksamkeit, die den Vorausverügungen über beschlagnahmte Mietzinsen anhaftet. Sind solche Verfügungen nur dem Hypothekengläubiger gegenüber relativ unwirksam, so kann, so denkt wohl das OLG., eben der Schuldner auch relativ wirksam verfügen. Das OLG. übersieht aber, daß die Frage der relativen Unwirksamkeit sich nur bei Vorausverfügungen vor der Beschlagnahme erhebt. Bei Verfügungen nach der Beschlagnahme zum Zwecke der Zwangsverwaltung greifen ganz andere Normen ein. Nach § 148 Abs. 2 ZwVG. wird dem Schuldner mit Wirkung gegen jedermann die Verwaltung und Benutzung des Grundstückes entzogen. Dispositionen des Schuldners, die das Grundstück betreffen, sind, von verschwindenden Ausnahmen abgesehen (vgl. z. B. RG. 20, 293), jedermann gegenüber unwirksam. Wirksam verfügen kann nur noch der Verwalter. Auch über die Mietzinsen steht ihm allein die Disposition zu. Zweifellos kann auch der Zwangsverwalter, wenn es im Einzelfalle aus besonderen Gründen notwendig sein sollte, den Mietzins abtreten. Diese seine Verfügung über den Mietzins ist absolut wirksam. Wie sollte daneben noch eine relativ wirksame Verfügung des Schuldners bestehen können? Nur durch dieses im wesentlichen absolute Verfügungsverbot für den Schuldner des § 148 Abs. 2 ZwVG. wird auch der § 865 Abs. 2 S. 2 ZPO. verständlich. Es wäre unerträglich, wenn der Schuldner relativ wirksam verfügen könnte, wenn ihm aber nicht relativ wirksam gepfändet werden könnte. Dann würde die Zwangsverwaltung eine Begünstigung des Schuldners zum Nachteile seiner Personalgläubiger bedeuten. Gegenstände, die deren Zugriff entrückt sind, könnte er durch relativ wirksame Verfügung zu Gelde machen.

Sollte es gelingen, die Gründe gegen die Ansicht des OLG. Hamburg zur Geltung zu bringen, so wäre damit aber der Hauptmißstand, der sich aus § 57 ZwVG. selbst und aus der seine Tragweite klarstellenden Entscheidung vom 5. Dezember 1906 ergibt, noch nicht beseitigt. Es muß daher die Frage aufgeworfen werden, ob diese letztere Vorschrift aufrecht erhalten werden kann. Zu deren Beantwortung sind zunächst wieder die legislatorischen Gründe der Einführung dieser Norm zu prüfen.

Hier ergibt sich schon aus dem Wortlaut dieser Bestimmung, die auf § 573 BGB. verweist, daß die Parallele zu dieser letzteren Norm wie bei der Gestaltung des jetzigen § 1124 Abs. 2 BGB. maßgebend war (vgl. oben § 3). Auch hier trifft im wesentlichen die Kritik der Eingabe des Deutschen Städtetages zu, die ausführt:

In die Erwägung über die innere Gegensätzlichkeit zwischen dem Fall des § 573 BGB. und dem Fall des § 1124 BGB. muß auch der § 57 des Zwangsversteigerungsgesetzes einbezogen werden. Wenn nämlich ein Personalgläubiger damit rechnen muß, daß der Realgläubiger seine natürlichen Ansprüche auf die Mietzinsen des Grundstückes durch Beschlagnahme gemäß § 1124 BGB. geltend macht, so muß er auch damit rechnen, daß diese Geltendmachung bis zur Ersteigerung des Grundstücks im Zwangsversteigerungsverfahren durch den Realgläubiger führt. Daß der § 57 des Zwangsversteigerungsgesetzes in dem von uns (in der oben abgedruckten Stelle) erörterten Sinne innerlich an die Seite des § 1124 BGB. und nicht an die Seite des § 573 BGB. gehört, wird schon im geltenden Recht dadurch erkennbar, daß der Satz 2 des § 573, der den Umfang der Wirksamkeit einer früheren Verfügung über die Mietzinsen gegenüber dem Erwerber vom Wissen dieses Erwerbers abhängig macht, im § 57 des Zwangsversteigerungsgesetzes nicht zitiert wird. Deshalb ist es auch nicht angezeigt, die Änderung des § 57 Zwangsversteigerungsgesetzes auf den Fall zu beschränken, daß ein Hypothekengläubiger selbst das Grundstück ersteigert. Solche Regelung würde überdies Vereinbarungen, durch die ein anderer als Ersteigerer auftritt, zum Nachteil für den Nachhypothekar erschweren. Deshalb beantragen wir allgemein, im Falle des Zuschlags die Wirksamkeit der bestehenden Verfügungen über die Mietzinsen dem Ersteigerer gegenüber auf das laufende Vierteljahr zu beschränken. Die Sonderregelung für den Fall, daß Hypothekengläubiger und Ersteigerer identisch sind, müßte wegen der Rechtsprechung des Reichsgerichts daneben bestehen bleiben. Ferner muß bei Anwendung des § 574 auf den Fall der Zwangsversteigerung die gleiche Beschränkung auf das „laufende Vierteljahr" eintreten wie im § 573. Wir bitten, für den ganzen § 57 Zwangsversteigerungsgesetzes folgende Fassung zu erwägen:

„Ist das Grundstück einem Mieter oder Pächter überlassen, so finden die Vorschriften der §§ 571, 572 und 575 des Bürgerlichen Gesetzbuches entsprechende Anwendung; das Gleiche gilt von den Vorschriften der §§ 573 Satz 1 und 574 des Bürgerlichen Gesetzbuches mit der Maßgabe, daß die Wirksamkeit der Verfügungen und Rechtsgeschäfte dem Ersteher gegenüber sich nur auf das zur Zeit des maßgebenden Ereignisses laufende Vierteljahr erstreckt. Der Ersteher ist jedoch berechtigt, das Miet- und Pachtverhältnis unter Einhaltung der gesetzlichen Frist zu kündigen. Die Kündigung ist ausgeschlossen, wenn sie nicht auf den ersten Termin erfolgt, für den sie zulässig ist.

Eine Beschlagnahme von Miet- und Pachtzinsforderungen zugunsten eines Hypothekengläubigers wirkt, falls diesem Hypothekengläubiger oder seinem Rechtsnachfolger der Zuschlag erteilt wird, für den Ersteher; das Gleiche gilt für den Grundschuld- und Rentenschuldgläubiger."

Diese Ausführungen treffen auf den stillschweigend vorausgesetzten und praktisch wohl weitaus die Regel bildenden Fall zu, daß das zu versteigernde Grundstück hypothekarisch belastet wird. Notwendig ist dies natürlich keineswegs. Die gesetzliche Regelung muß auch den praktisch gewiß seltenen Fall ins Auge fassen, daß das zu versteigernde Grundstück nicht in Pfandhaft steht. Hier würde dann für die Versteigerung die Analogie zu § 573 völlig durchgreifen. Der Rechtserwerber an den Mietzinsen eines nicht verhypothezierten Hauses braucht mit einer Eventualhaftung der Mietzinsen nicht zu rechnen. Er muß also bei der zwangsweisen Veräußerung genau so geschützt werden wie bei der freiwilligen. Die meisten Abänderungsvorschläge zu § 57 ZwVG., und so auch der eben wiedergegebene, übersehen diesen, wenn auch im praktischen Leben als Ausnahme zu bezeichnenden Fall. Das Gesetz aber muß ihm Rechnung tragen. Dies geschieht durch Aufrechterhaltung der jetzigen Fassung des § 57 S. 1 ZwVG. mit seiner Bezugnahme auf § 573 BGB. Der Fehler des Gesetzes ist, daß es für die Versteigerung des verhypothezierten Grundstückes keine Sondernorm getroffen hat. Wie eine solche auszugestalten ist, das bleibt nunmehr noch zu untersuchen.

Es muß hierzu wiederum auf den wirtschaftlich als richtig erkannten Grundgedanken zurückgegriffen werden. Jedes Notleiden der Hypothek, das sich in einer Vollstreckungsmaßnahme dokumentiert, löst die Mietzins-Verhaftung aus. Die Rechtserwerber am Mietzinse des verhypothezierten Grundstückes muß mit dieser Eventualhaftung rechnen. Er ist dem Hypothekengläubiger gegenüber überhaupt nicht zu schützen. Für eine Analogie zu § 573 BGB. ist bei Versteigerung eines verhypothezierten Grundstückes kein Raum. Der allein in Betracht kommende Schutz des Mieters ist aber nur für das Moment der Beschlagnahme und nicht mehr für das des Zuschlages ins Auge zu fassen. Dies geschah oben in den Erörterungen zu § 1124 Abs. 2 BGB. (vgl. oben § 3). Bei der Zuschlagserteilung kommt ein nochmaliger Schutz des Mieters dem Erwerber gegenüber gar nicht in Frage. Hieraus folgt: die Frage der Wirksamkeit von Vorausverfügungen über Mietzinsen eines verhypothezierten Grundstückes dem Ersteher gegenüber ist auf den Zeitpunkt der Beschlagnahme zurückzubeziehen. Nach den hier gemachten Vorschlägen tritt diese Beschlagnahme auch mit der Ausbringung der Zwangsversteigerung ein. Auch dem Ersteher gegenüber soll eine Vorausverfügung nur über denjenigen Mietzins wirksam sein, der sich auf das zur Zeit der Beschlagnahme — nicht des Zuschlages — laufende Kalendervierteljahr bezieht. Die zu § 1124 Abs. 2 in Vorschlag gebrachte Karenzzeit für den letzten halben Monat vor Quartalsschluß ist auch hier zu berücksichtigen.

Dieser ganze Vorschlag findet seine Rechtfertigung noch in einem Gedankengange, der in anderem Zusammenhange und in etwas anderer Richtung von Rodewald a. a. O. ausführlich erörtert wird. Ist die Verhaftung der Mietzinsen einmal ausgelöst, so hat der die Vollstreckung betreibende Hypothekar das berechtigte Interesse, daß die zu seinen Gunsten verhafteten Mietzinsen auch zu seinen Gunsten mitversteigert werden. Die Versteigerung selbst darf dem Hypothekar doch nicht einen Wert entziehen, der ihm durch die Beschlagnahme bereits verhaftet war. Was die hypothekarische Haftung einmal ergriffen hat, muß zugunsten des Hypothekars mitversteigert werden. Der Ersteher, der diesen Wert erhält, wird dann eben zum Vorteile des Hypothekars mehr zahlen müssen. Damit kommt man zu der Formulierung: alle Vorausverfügungen über den Mietzins dürfen dem Ersteher gegenüber — und zwar auch, wenn er nicht der Hypothekar ist — nicht in weiterem Maße wirksam sein, als sie dem Hypothekengläubiger gegenüber nach der Beschlagnahme wirksam bleiben.

In konsequenter Durchführung des wirtschaftlichen Grundgedankens komme ich zu einer Forderung der Abänderung des § 57 ZwVG., die sich, soweit ich sehe, mit keinem der bisher gemachten Vorschläge ganz deckt, die aber in ihrem praktischen Ergebnis etwas weiter geht als die meisten bisher gemachten Vorschläge.

Ich schlage vor, hinter den unveränderten Satz 1 des § 57 ZwVG. die weitere Bestimmung einzufügen:

> Ist das Grundstück mit einer Hypothek, Grund- oder Rentenschuld belastet, so sind alle Verfügungen über die Miet- und Pachtzinsen dem Ersteher gegenüber inso-

weit unwirksam, als sie dem Hypotheken-, Grund- oder Rentenschuldgläubiger gegenüber durch die Beschlagnahme unwirksam wurden.

§ 6. Zusammenfassung der Vorschläge.

Die mir zur Begutachtung vorgelegte Frage beantworte ich, wie folgt:

Die Bestimmungen betreffend die Erstreckung der hypothekarischen Haftung auf Miet- und Pachtzinsforderungen und deren Durchführung bei Zwangsvollstreckung in das Grundstück entsprechen nicht dem praktischen Bedürfnisse.

Es empfehlen sich folgende Gesetzesänderungen:

1. In § 1124 Abs. 2 und in § 1123 Abs. 2 S. 2 sind die Worte „und das folgende" vor Kalendervierteljahr zu streichen.

   Ferner ist dem § 1124 Abs. 2 der Satz hinzuzufügen:

   „Sie ist jedoch auch noch für das folgende Kalendervierteljahr wirksam, wenn es sich um im voraus zu entrichtenden Miet- oder Pachtzins handelt und wenn sie im Laufe der zweiten Hälfte des letzten Monats vor dessen Beginn und vor der Beschlagnahme getroffen worden ist."

2. § 21 Abs. 2 ZwVG. ist zu streichen. An seine Stelle ist folgende Vorschrift zu setzen:

   „Während der Dauer des Zwangsversteigerungsverfahrens sind die Miet- und Pachtzinsen zur Deckung der auf diese Zeit entfallenden öffentlichen und privatrechtlichen Lasten des Grundstückes zu verwenden. Ein etwaiger Überschuß fällt dem Ersteher des Grundstückes zu. Zu dieser Verwendung der Miet- und Pachtzinsen sowie zu deren Einziehung wird ein Verwalter bestellt. Die Vorschriften der §§ 146—161 finden entsprechende Anwendung."

3. Zu § 47 KO. ist folgender Zusatz zu machen:

   „Dem Hypothekengläubiger gegenüber gilt die Eröffnung des Konkurses über das Vermögen des Eigentümers als Beschlagnahme des Grundstückes. Der (neuvorgeschlagene) § 21 Abs. 2 ZwVG. findet Anwendung. Solange nicht der dort vorgesehene Verwalter bestellt ist, nimmt der Konkursverwalter dessen Aufgaben wahr."

4. Hinter den unveränderten Satz 1 des § 57 ZwVG. ist die weitere Bestimmung einzufügen:

„Ist das Grundstück mit einer Hypothek, Grund- oder Rentenschuld belastet, so sind alle Verfügungen über die Miet- und Pachtzinsen dem Ersteher gegenüber insoweit unwirksam, als sie dem Hypotheken-, Grund- oder Rentenschuldgläubiger gegenüber durch die Beschlagnahme unwirksam wurden."

Eine Änderung des § 865 ZPO. empfiehlt sich nicht.

Der 32. Juristentag, der in der Zeit vom 10. bis 12. September 1914 zu Düsseldorf stattfinden sollte, ist wegen des Krieges vertagt worden.

Berlin, im September 1914.

Der Schriftführer der Ständigen Deputation
Justizrat Dr. Hugo Neumann.

Bericht über die Rechtsentwicklung in Deutschland und Österreich in den letzten beiden Jahren.

Von Landgerichtsrat **Vormbaum** in Charlottenburg.

I.

Reichsgesetzgebung.

Die Gesetzgebung des Deutschen Reichs hat in den letzten beiden Jahren einige wichtige privatrechtliche Gesetze geschaffen, welche zum Teil mit internationalen Abkommen zusammenhängen. Die Rechtsentwicklung ist sonst auf den meisten Gebieten ziemlich gleichmäßig gewesen, nur sind Strafrecht und Strafverfahren in den Hintergrund getreten, da die im letzten Bericht schon erwähnten neue gesetzgeberischen Arbeiten auf diesen Gebieten vorbereitet werden. Die sozialpolitische Gesetzgebung des Reiches ist weiter entwickelt worden. Einschneidende Änderungen weist die Finanzgesetzgebung des Reiches auf, für welche politische Rücksichten maßgebend waren. Besonders zahlreich sind auch diesmal internationale Abkommen, welche den Bedürfnissen des modernen Verkehrs Rechnung tragen.

1. Die seit Jahren vorbereitete Novelle zur Abänderung der Vorschriften des Handelsgesetzbuchs über das Wettbewerbsverbot (Konkurrenzklausel) ist endlich durch das Gesetz vom 10. Juni 1914 (RGBl. 209) nach langen Beratungen und parlamentarischen Kämpfen zustande gekommen. Die wesentlichen Bestimmungen des Gesetzes sind das Erfordernis der Schriftform und die Verpflichtung des Prinzipals, dem Handlungsgehilfen eine Entschädigung zu zahlen, die für jedes Jahr des Verbots mindestens die Hälfte der von ihm zuletzt bezogenen vertragsmäßigen Leistungen erreicht. Das Wettbewerbsverbot ist unverbindlich, wenn es nach Ort, Zeit oder Gegenstand unter Berücksichtigung der gewährten Entschädigung das Fortkommen des Gehilfen unbillig erschwert und sich

auf eine längere Zeit als zwei Jahre seit der Beendigung des Dienstverhältnisses erstreckt. Es ist auch nichtig, wenn die dem Gehilfen zustehende jährliche Leistung 1500 Mk. nicht übersteigt oder der Gehilfe zur Zeit des Abschlusses minderjährig ist oder der Prinzipal sich die Erfüllung auf Ehrenwort oder unter ähnlichen Versicherungen versprechen läßt. Das Gesetz gibt eingehende Vorschriften über die Berechnung der Entschädigung und Anrechnung etwaiger anderer Bezüge des Gehilfen, z. B. Provisionen. Im Verhältnis zu einer Vertragsstrafe nach § 340 BGB. bestimmt es, daß der Handlungsgehilfe, wenn er eine solche versprochen hat, nur nach dieser Vorschrift in Anspruch genommen, eine unverhältnismäßig hohe Strafe auch herabgesetzt werden kann. Der Prinzipal kann bei der Übertretung des Verbots zwischen der festgesetzten Geldstrafe oder der Erfüllung wählen, jedoch wenn das Verbot nicht von einer Entschädigung abhängt, nur die Vertragsstrafe verlangen. Die Vorschriften der §§ 60—73 und 75 f. (neu) des Handelsgesetzbuchs werden auf Handlungslehrlinge und auch Volontäre ausgedehnt soweit sie nicht auf das dem Handlungsgehilfen zustehende Entgelt Bezug nehmen.

Die internationalen wechselrechtlichen Beziehungen der Völker betrifft das Gesetz über die Folgen der Verhinderung, wechsel- und scheckrechtlicher Handlungen im Ausland vom 13. April 1914 (RGBl. S. 107). Eine mit Zustimmung des Bundesrats erlassene kaiserliche Verordnung kann, wenn die Vornahme einer Handlung, die im Auslande zur Ausübung oder Erhaltung der Rechte aus einem Wechsel oder Scheck vorzunehmen ist, durch ein ausländisches Gesetz verhindert wird, vorschreiben, daß diese Rechte trotz der Versäumung bestehen bleiben, wenn die Handlung unverzüglich nach Wegfall des Hindernisses nachgeholt wird.

Das Seerecht berühren die beiden internationalen Abkommen zur einheitlichen Feststellung von Regeln über den Zusammenstoß von Schiffen und über die Hilfsleistung und Bergung in Seenot, die am 23. September 1910 in Brüssel zwischen Deutschland, Argentinien, Österreich-Ungarn, Belgien, Brasilien, Chile, Kuba, Dänemark, Spanien, den Vereinigten Staaten von Amerika, Groß-Britannien, Griechenland, Italien, Japan, Mexiko, Nikaragua, Norwegen, den Niederlanden, Portugal, Rumänien, Rußland, Schweden und Uruguay geschlossen sind (RGBl. S. 49 ff., 99 ff.). Der durch einen solchen Zusammenstoß infolge Zufalls oder höherer Gewalt oder aus ungewisser Ursache entstandene Schaden ist von demjenigen zu tragen, der ihn erlitten hat, sonst von dem schuldigen Schiffe und bei gemeinsamem Verschulden nach Verhältnis der Schwere des den Schiffen zufallenden Verschuldens. Im Zweifel haften beide Schiffe zu gleichen Teilen, Dritten gegenüber immer als Gesamtschuldner unter Vorbehalt des Rückgriffs untereinander. Die Schadensersatzansprüche verjähren in zwei Jahren, Rückgriffsansprüche in einem Jahre. Das erste Abkommen verpflichtet besonders die Kapitäne der bei Zusammenstößen beteiligten Schiffe, einander beizustehen. Hilfsleistung oder Bergung begründen, wenn sie Erfolg gehabt haben, einen Anspruch auf angemessene Vergütung. Bemerkenswert ist aus dem zweiten Abkommen, daß ein unter dem Einfluß der Gefahr abgeschlossener Vertrag über die Hilfsleistung und Bergung wegen Unbilligkeit der vereinbarten Bedingungen angefochten werden kann. Auch in diesem Falle ist der Kapitän verpflichtet, allen von ihm auf See in Lebensgefahr angetroffenen Personen, selbst feindlichen, Beistand zu leisten, soweit er dazu ohne ernste Gefahr für sein Schiff und dessen Besatzung und Reisende imstande ist. Beide Abkommen sind nicht anzuwenden auf Kriegsschiffe und Staatsschiffe, die ausschließlich für einen öffentlichen Dienst bestimmt sind.

Die beiden Abkommen sind nach Bekanntmachung des Reichskanzlers vom 9. Februar 1913 (RGBl. S. 89) von Deutschland, Österreich-Ungarn, Belgien, Frankreich, Groß-Britannien, Mexiko, den Niederlanden, Rumänien und Rußland, dasjenige über die Bergung und Hilfsleistung auch von den Vereinigten Staaten von Amerika in Brüssel ratifiziert worden, nach späteren Bekanntmachungen haben Italien, Dänemark, Portugal, Japan, Liberia beide, und Nicaragua das erste Abkommen ratifiziert.

Sehr wichtig für das internationale Privatrecht sind die beiden Haager Abkommen vom 17. Juli 1905 über den Geltungsbereich der Gesetze in Ansehung der Wirkungen der Ehe auf die Rechte und Pflichten der Ehegatten in ihren persönlichen Beziehungen und auf das Vermögen der Ehegatten, ferner über die Entmündigung und gleichartige Fürsorgemaßregeln (RGBl. S. 453 ff., 463 ff.). Sie sind nach einer Bekanntmachung des Reichskanzlers vom 30. Juli 1912 erst am 24. Juni 1912 im Haag ratifiziert worden (RGBl. S. 475), können also erst jetzt hier besprochen werden. Abgeschlossen sind sie zwischen Deutschland, Belgien, Frankreich, Italien, den Niederlanden, Portugal, Rumänien und Schweden. Frankreich hat am 12. November 1913 den Vertrag schon wieder gekündigt (RGBl. 1914 S. 9). Für die Rechte und Pflichten der Ehegatten in ihren persönlichen Beziehungen soll das Gesetz des Heimatstaates maßgebend sein, ferner auch für die Wirkungen der Ehe auf das bewegliche und unbewegliche Vermögen der Ehegatten. Das erste Abkommen beschäftigt sich außerdem eingehend mit den Eheverträgen, der Fähigkeit der Verlobten, sie einzugehen und ihrer Form. Im allgemeinen ist das

Heimatstaatsrecht des Ehemannes für den Inhalt des Ehevertrages entscheidend, für die Form das Gesetz des Landes, wo er errichtet ist. Erwerben die Ehegatten während der Ehe beide dieselbe (andere) Staatsangehörigkeit, so ist auf ihre Eheverträge das Gesetz ihres neuen Heimatsstaates anzuwenden. Das zweite Abkommen erklärt grundsätzlich das Gesetz des Heimatsstaates als maßgebend für die Entmündigung, und die Behörden dieses Staates zuständig für das Verfahren. Jedoch hat in dringenden Fällen die örtlich zuständige Behörde alle erforderlichen vorläufigen Maßregeln zum Schutze der Person und des Vermögens des Ausländers, der entmündigt werden soll, zu treffen. Die weiteren Vorschriften bieten weniger Interesse, sie betreffen hauptsächlich die Zuständigkeit der Behörden des Aufenthaltsortes. Das Abkommen ist für die Dauer von fünf Jahren geschlossen, jedoch ist Belgien an dem zweiten nicht beteiligt. Es hat aber das erste Abkommen am 15. Februar 1913 ratifiziert (RGBl. S. 249).

2. Strafrecht, Strafverfahren und Gerichtsverfassung sind nur wenig geändert worden.

Zu nennen ist zunächst das wichtige Gesetz gegen den Verrat militärischer Geheimnisse vom 3. Juni 1914 (RGBl. S. 195), welches die Gefährdung der Sicherheit des Reichs durch den Verrat von Schriften, Zeichnungen oder anderen Gegenständen, deren Geheimhaltung im Interesse der Landesverteidigung ist, ferner von Nachrichten derselben Art an ausländische Regierungen oder deren Agenten mit sehr strengen Strafen belegt. Strafbar ist auch die Verschaffung des Besitzes oder die Kenntnis solcher Gegenstände und Nachrichten, um sie zum Verrat zu gebrauchen, ferner das Anknüpfen oder Unterhalten von Beziehungen mit Spionen und Agenten einer ausländischen Regierung, um solche wichtige Tatsachen mitzuteilen. Auch die Verabredung eines solchen Verbrechens ist strafbar, selbst wenn auch nur der Versuch dazu nicht ausgeführt ist. Zu erwähnen ist auch das für die Presse wichtige Verbot der Veröffentlichung von Nachrichten über Truppen- oder Schiffsbewegungen oder über Verteidigungsmittel während eines Krieges gegen das Reich oder bei drohendem Kriege. Bei den schwersten Verbrechen ist das Reichsgericht für die Untersuchung und Entscheidung in erster und letzter Instanz ausschließlich zuständig.

Auf die Initiative des Reichstags ist das Gesetz vom 8. August 1913 (RGBl. S. 621) über Änderung des Militärstrafgesetzbuchs zurückzuführen. Es ermäßigt in den Fällen militärischen Aufruhrs und Ungehorsams (§§ 100, 106, 107, 110) die früher hierfür festgesetzten harten Strafen.

Um minder bemittelten Schöffen und Geschworenen die Ausübung ihres Dienstes zu erleichtern, gewährt ihnen das Gesetz vom 29. Juli 1913 (RGBl. S. 618) Vergütung der Reisekosten und Tagegelder für jeden Tag der Dienstleistung.

Das Gesetz betreffend die Änderung der Gebührenordnung für Zeugen und Sachverständige vom 10. Juni 1914 (RGBl. S. 214) ändert die Sätze der alten Gebührenordnung vom 30. Juni 1878 besonders zugunsten der Sachverständigen.

Auch einige Auslieferungsverträge des Reichs sind hervorzuheben, zunächst ein Zusatzvertrag zu dem Vertrage mit Luxemburg vom 6. Mai 1912, ratifiziert am 23. August 1912 (RGBl. S. 491, 493) und ein anderer mit den Niederlanden vom 28. Juli 1913, ratifiziert am 22. August 1913 (RGBl. S. 704 ff.), welcher den Auslieferungsvertrag zwischen dem Reich und den Niederlanden auf das Schutzgebiet Kiautschou ausdehnt. Brasilien hat den Auslieferungsvertrag mit dem Deutschen Reiche vom 17. September 1877 am 14. März 1913 gekündigt (Bekanntmachung des Reichskanzlers vom 14. Mai 1913 RGBl. S. 312).

3. Das Deutsche Reichs- und Landesstaatsrecht ist durch das neue Reichs- und Staatsangehörigkeitsgesetz vom 22. Juli 1913 (RGBl. S. 583 ff.) sehr vervollkommnet worden. Es trägt den Bestrebungen vieler, namentlich kolonialpolitischer Kreise Rechnung und hat das in vielen Beziehungen nicht mehr moderne Gesetz vom 1. Juni 1870 der überseeischen Entwicklung des Reichs folgend beseitigt. Es führt den Begriff der unmittelbaren Reichsangehörigkeit in weiterem Umfange ein. Neu ist die Einbürgerung von Ausländern statt der bisherigen Naturalisation, diese und die Wiedereinbürgerung von Deutschen, welche die Staatsangehörigkeit verloren haben, sind eingehend geordnet, jene ist erschwert, diese erleichtert. Beseitigt ist vor allem der Verlust der Staatsangehörigkeit durch ununterbrochenen vierjährigen Aufenthalt im Auslande, ohne Eintragung in die Matrikel des Konsulats. Als Rechtsmittel ist der Rekurs eingeführt. Mit diesem Gesetze hängt das Gesetz vom 22. Juli 1913 (RGBl. S. 593) zur Abänderung des Reichsmilitärgesetzes sowie des Gesetzes über Änderungen der Wehrpflicht vom 11. Februar 1888 eng zusammen. Demnach können Personen, die keinem Staate angehören, wenn sie sich dauernd im Reichsgebiete oder einem Schutzgebiete aufhalten, zur Erfüllung der Wehrpflicht wie Deutsche herangezogen werden. Ferner wird das Losen bei der Aushebung beseitigt und die Erfüllung der Wehrpflicht den Reichsangehörigen, welche im Schutzgebiet oder Ausland eine feste Stellung als Kaufmann, Gewerbetreibender u. a. erworben haben, sehr erleichtert.

Das Deutsche Reich und Frankreich haben am 2. Februar 1912 einen am 14. September 1912 ratifizierten Vertrag über die Staatsangehörigkeit der Eingeborenen in den zwischen beiden Ländern ausgetauschten Gebieten in Äquatorialafrika geschlossen. Dieses Gebiet ist durch eine kaiserliche Verordnung vom 3. Oktober 1912 (RGBl. S. 512) mit dem Schutzgebiete Kamerun vereinigt worden.

Eine alte Ungleichheit ist durch das Gesetz zur Einführung des Gesetzes über den Unterstützungswohnsitz im Königreich Bayern vom 30. Juli 1913 (RGBl. S. 495) beseitigt worden, jedoch können gewisse Vorschriften des Gesetzes im Verhältnis zum Königreich Bayern nur mit dessen Zustimmung geändert werden.

Den seltenen Fall einer authentischen Erklärung eines Gesetzes gibt die Bekanntmachung des Reichskanzlers vom 28. November 1912 betreffend die Ausführung des Gesetzes über den Orden der Gesellschaft Jesu (RGBl. S. 553), welche die verbotene Ordenstätigkeit erläutert. Nicht darunter fallen wissenschaftliche Vorträge und schriftstellerische Tätigkeit, wohl aber geistliche und unterrichtende.

Die Militärgesetzgebung des Deutschen Reiches weist ein grundlegendes Gesetz über die Friedenspräsenzstärke des deutschen Heeres vom 3. Juli 1913 (RGBl. S. 496) auf. Diese Wehrvorlage erhöht die Friedenspräsenzstärke des deutschen Heeres von 544 211 auf 661 478 Mann und demgemäß die Truppeneinheiten bei den verschiedenen Waffengattungen. Auch die Besoldungsordnung für die Personen der Unterklassen des Reichsheeres, der Marine und der Schutztruppen vom 31. Mai 1900 wird abgeändert, indem die Bezüge erhöht werden.

Zu nennen sind noch zwei Gesetze über die Gewährung von Beihilfen an Kriegsteilnehmer vom 19. Mai 1913 (RGBl. S. 297) und ein Beschluß des Bundesrats vom 26. März 1914 (RGBl. S. 57 ff.), welcher Familien für ihre im Reichsheer, in der Marine oder in den Schutztruppen eingestellten Söhne Aufwandsentschädigungen von 250 Mk. jährlich gewährt. Die Entschädigung steht den Eltern oder den Großeltern zu und ist bei der Gemeindebehörde geltend zu machen.

Die Aufbringung der Mittel für die starke Vermehrung des Heeres ist nicht ohne Schwierigkeiten möglich gemacht worden. Das gesamte Volksvermögen ist durch die außerordentliche Finanzmaßregel eines einmaligen Wehrbeitrages gemäß dem Gesetz vom 3. Juli 1913 (RGBl. S. 505) herangezogen worden, um die Kosten für die Verstärkung der Wehrmacht zu decken. Ferner hat das Besitzsteuergesetz von demselben Tage (RGBl. S. 254) zum ersten Male eine direkte Reichsvermögenssteuer geschaffen und in die finanzielle Selbständigkeit der einzelnen Bundesstaaten eingegriffen. Es erübrigt sich, den Inhalt beider Gesetze im einzelnen wiederzugeben, da er in der Presse eingehend erörtert und den Lesern wohl bekannt ist. Das Gesetz über den Wehrbeitrag ist inzwischen gegenstandslos geworden, aus dem Besitzsteuergesetz aber ist zu erwähnen, daß diese Steuer eine Vermögenszuwachssteuer ist und den innerhalb gewisser Zeitabschnitte eingetretenen Zuwachs des Vermögens physischer Personen, auch von Ausländern, besteuert, wenn sie im Deutschen Reich ihren Wohnsitz oder dauernden Aufenthalt haben.

Außer diesen beiden Gesetzen hat das Gesetz über Änderungen im Finanzwesen vom 3. Juli 1913 (RGBl. S. 521) in das bestehende Recht eingegriffen. Es überträgt die Erhebung des Reichsanteils bei der Wertzuwachssteuer nach dem Zuwachssteuergesetze vom 14. Februar 1911 bis zum 1. April 1915 den Gemeinden und beseitigt die Besteuerung der Schecks und der ihnen gleichgestellten Quittungen nach dem Reichsstempelgesetz vom 15. Juli 1909 vom 1. Januar 1917 ab. Auch das Erbschaftssteuergesetz vom 3. Juli 1906 ist durch die Einführung einer Steuer von 5 Prozent für die Abkömmlinge ersten Grades von Geschwistern geändert. Das Reich soll von dem Rohertrage der Erbschaftssteuer $^4/_5$, die einzelnen Bundesstaaten $^1/_5$ erhalten.

Das Reichsgesetz wegen Änderung des Reichsstempelgesetzes vom 3. Juli 1913 (RGBl. S. 544) erhöht aus fiskalischen Gründen die Stempel auf die Urkunden von Gesellschaftsverträgen und führt den Stempel auf Versicherungsverträge ein. Die Steuer ist regelmäßig von dem Versicherer zu entrichten. Das Gesetz ist durch Bekanntmachung des Reichskanzlers vom 2. August 1913 in neuer Fassung veröffentlicht worden.

Zu erwähnen ist noch ein Gesetz vom 14. Mai 1914 (RGBl. S. 121), welches §§ 16, 17 des Gesetzes über die gemeinsamen Rechte der Besitzer von Schuldverschreibungen vom 4. Dezember 1899 in betreff der Bestellung von Vertretern der Gläubiger abändert.

Auf dem Gebiete des Verkehrsrechts ist zunächst das Postscheckgesetz vom 26. März 1914 (RGBl. S. 85), nebst der Postscheckordnung vom 22. Mai 1914 zu nennen. Dieses führt Konten bei Postscheckämtern für die Überweisung von Geldsummen an und durch die Inhaber ein. Die Post haftet dem Inhaber nach bürgerlichem Recht für die Erfüllung ihrer Verbindlichkeiten. Der Anspruch gegen die Postverwaltung verjährt in zwei Jahren.

Der Bundesrat hat auf Grund des Art. 2 § 8 Abs. 6 des Gesetzes betreffend den Ausbau der deutschen Wasserstraßen und die Erhebung von Schiffahrtsabgaben vom 24. Dezember 1911 (RGBl. S. 1137) Bestimmungen über die Strombauräte, ihre Berufung und ihre Beratungen erlassen, welche der Reichskanzler am 17. Juni 1913 bekannt gemacht hat.

Zu erwähnen ist ferner eine Bekanntmachung des Reichskanzlers vom 21. Juni 1913 (RGBl. S. 326), welche die Verordnung über den Verkehr mit Kraftfahrzeugen vom 3. Februar 1910 in mehreren Punkten meist technischer Art abändert.

4. Die sozialpolitische Gesetzgebung des Reiches ist durch die Reichsversicherungsordnung, welche auf Grund der kaiserlichen Verordnung vom 5. Juli 1912 (RGBl. S. 439) im ganzen Umfang in Kraft getreten ist, einstweilen abgeschlossen, es sind aber noch zahlreiche Ausführungsverordnungen für das Reich und die einzelnen Bundesstaaten notwendig geworden, die im einzelnen hier nicht erwähnt werden können. Zu nennen ist die Bekanntmachung betreffend Übergangsbestimmungen zur Reichsversicherungsordnung vom 11. Juli 1913 (RGBl. S. 577 ff.).

Das Versicherungsgesetz für Angestellte vom 8. November 1912 ist durch die kaiserliche Verordnung vom 8. November 1912 (RGBl. S. 533) am 1. Januar 1913 in Kraft gesetzt worden. Auch zu diesem Gesetz sind zahlreiche Ausführungsverordnungen bekannt gemacht worden, u. a. eine solche vom 21. Juli 1913 (RGBl. S. 329 ff.) über den Geschäftsgang und das Verfahren der Schiedsgerichte und des Oberschiedsgerichts für die Angestelltenversicherung.

Die Fortbildung der Arbeiterversicherung hat mehrere internationale Abkommen notwendig gemacht, so dasjenige zwischen dem Deutschen Reich und Belgien wegen der Unfallversicherung vom 6. Juli 1912, ratifiziert am 10. Januar 1913 (RGBl. S. 23 ff.), und dasjenige zwischen dem Deutschen Reich und Italien vom 31. Juli 1912 (RGBl. S. 171 ff.). Dieses ist am 25. März 1913 ratifiziert worden.

5. Die Kolonialgesetzgebung der beiden letzten Jahre enthält die Kennzeichen einer weiter fortschreitenden Rechtsentwicklung in den deutschen Kolonien.

Staatsrechtlich wichtig ist das Gesetz betreffend die Abänderung des Schutzgebietsgesetzes vom 16. Juli 1912 (RGBl. S. 443), wonach zum Erwerb und zur Abtretung eines Schutzgebietes oder von Teilen eines solchen außer bei Grenzberichtigungen ein Reichsgesetz notwendig ist.

Ein anderes Gesetz vom 22. Juli 1913 (RGBl. S. 599) überträgt gewisse Befugnisse des Bundesrats bei der Genehmigung von Vereinen und Stiftungen (§§ 23, 33 Abs. 2, 43, 80, 87 BGB.) dem Reichskanzler.

Die Ableistung der Wehrpflicht in den Schutzgebieten, welche für Reichsangehörige mehr und mehr in Frage kommt, ist durch das Wehrgesetz für die Schutzgebiete vom 22. Juli 1913 (RGBl. S. 610) neu geordnet worden. Die kaiserliche Verordnung über die Friedens- und Aufstandsleistungen für die bewaffnete Macht in Deutsch-Südwestafrika vom 3. September 1913 (RGBl. S. 711) bestimmt die Naturalleistungen, ihren Inhalt und die dafür gewährte Entschädigung im Kriege und im Frieden.

Die Vorschriften des preußischen Gesetzes über den Waffengebrauch des Militärs vom 20. März 1837 sind durch kaiserliche Verordnung vom 23. Dezember 1911 auf die Schutztruppe für Deutsch-Südwestafrika erstreckt worden (RGBl. 1913 S. 17 ff.).

Viel besprochen ist die sogenannte Diamantensteuerordnung vom 30. Dezember 1912 (RGBl. 13 S. 5 ff.). Sie führt eine Betriebssteuer von $^{66}/_{100}$ der Betriebseinnahmen ein. Diese Verordnung enthält strenge Strafbestimmungen (§§ 33 ff.) gegen Verkürzung der Steuer.

Eine Landwirtschaftsbank für Deutsch-Südwestafrika ist durch kaiserliche Verordnung vom 9. Juni 1913 (RGBl. S. 353 ff.) auf Grund des Schutzgebietsgesetzes errichtet worden. Die höheren Beamten der Bank sind Reichsbeamte, die Bank selbst genießt besondere Vorrechte im Grundbuchverkehr.

6. Die internationalen Verträge des Reichs betreffen, soweit sie bisher noch nicht erwähnt sind, besonders das Konsularwesen, den gewerblichen Rechtsschutz, die Sittenpolizei und den Post- und Telegraphenverkehr.

Der neue Konsularvertrag zwischen dem Deutschen Reich und Bulgarien vom 29. September 1911 (RGBl. S. 913, 435), verbunden mit einem zweiten Vertrage über den Rechtsschutz und die Rechtshilfe in bürgerlichen Angelegenheiten beseitigt die Konsulargerichtsbarkeit in Bulgarien über Angehörige des Deutschen Reichs, jedoch werden die Konsuln beider Teile ermächtigt, Eheschließungen von Angehörigen ihres Teils vorzunehmen, Vormünder und Pfleger für Angehörige ihres Teils zu bestellen und zu beaufsichtigen und die Nachlässe zu ordnen. Das Erbrecht und die Teilung des Nachlasses soll sich nach der Gesetzgebung des Landes des Verstorbenen richten. Den Angehörigen beider Teile wird der gegenseitige Rechtsschutz verbürgt. Sie werden von der Sicherheitsleistung befreit und zum Armenrecht zugelassen. Das Reichsgesetz zur Ausführung dieser beiden Verträge vom 29. November 1912 (RGBl. S. 492) bestimmt dementsprechend, daß die Vorschriften des Reichsgesetzes vom 5. April 1909 zur Ausführung des Haager Abkommens über den Zivilprozeß vom 17. Juni 1905 bei der Ausführung dieser Verträge anzuwenden sind.

Der Handels-, Zoll- und Schiffahrtsvertrag zwischen dem Deutschen Reich und Bulgarien vom 29. September 1911 (RGBl. 1912 S. 488 ff.) ist nach Zustimmung der gesetzgebenden Körperschaften bis zum 31. September 1917 verlängert worden.

Die auf der zweiten Haager Friedenskonferenz geschlossenen Abkommen sind inzwischen von mehreren anderen Staaten zum Teil genehmigt worden, so von Luxemburg und Brasilien, mit Ausnahme desjenigen über die Beschränkung der Anwendung von Gewalt bei der Eintreibung von Vertragsschulden (Bekanntmachungen des Reichskanzlers vom 6. November 1912 und 24. Februar 1914, RGBl. S. 530 und 20). Spanien hat seinen Beitritt zu dem Abkommen über die Beschießung durch Seestreitkräfte in Kriegszeiten erklärt und weitere acht Abkommen ratifiziert (Bekanntmachung des Reichskanzlers vom 10. und 30. April 1913, RGBl. S. 242, 293). Frankreich hat am 19. Juli 1913 das Genfer Abkommen vom 6. Juli 1906 zur Verbesserung des Loses der Verwundeten und Kranken bei den im Felde stehenden Heeren ratifiziert (RGBl. S. 624).

Dem Pariser Abkommen zur Bekämpfung der Verbreitung unzüchtiger Veröffentlichungen vom 4. Mai 1910 ist England durch eine Erklärung vom 3. Januar 1913 für eine Anzahl seiner Kolonien beigetreten (RGBl. S. 313).

Das internationale Abkommen zur Bekämpfung des Mädchenhandels vom 4. Mai 1910 hat große Bedeutung für die Sittenpolizei (RGBl. 1913 S. 31 ff.). Es ist geschlossen zwischen Deutschland, Österreich-Ungarn, Belgien, Brasilien, Spanien, Frankreich, Groß-Britannien, Italien, den Niederlanden, Portugal, Rußland und Schweden und bisher ratifiziert von Deutschland, Frankreich, Groß-Britannien, den Niederlanden, Österreich-Ungarn, Rußland und Spanien (Bekanntmachung des Reichskanzlers vom 7. Februar 1913, RGBl. S. 44). Das Abkommen will vor allem das Verschleppen von minderjährigen Frauen und Mädchen zu unsittlichen Zwecken durch gewissenlose Händler verhüten. Die vertragschließenden Staaten haben sich demgemäß verpflichtet, die erforderlichen gesetzlichen Maßnahmen zu veranlassen. Das Deutsche Reich hat ein Ausführungsgesetz am 14. August 1912 (RGBl. S. 44) ergehen lassen. Das Abkommen erleichtert auch den Rechtshilfeverkehr unter den beteiligten Behörden und vereinbart gegenseitige Mitteilungen der Strafnachrichten.

Nachdem die Pariser Verbandsübereinkunft vom 20. März 1883 zum Schutze des gewerblichen Eigentums, in Brüssel durch Abkommen vom 16. Dezember 1900 revidiert war, ist in Washington am 2. Juli 1911 schon wieder ein neuer internationaler Vertrag über diese Materie zwischen dem Deutschen Reich, Österreich-Ungarn, Belgien, Brasilien, Cuba, Dänemark, der Dominikanischen Republik, Spanien, den Vereinigten Staaten von Nord-Amerika, Frankreich, Groß-Britannien, Italien, Japan, Mexiko, Norwegen, den Niederlanden, Portugal, Schweden, der Schweiz und Tunis zustande gekommen. Von den beteiligten Staaten haben bisher Deutschland, Österreich-Ungarn, die Dominikanische Republik, Spanien, die Vereinigten Staaten, Frankreich, Groß-Britannien, Italien, Japan, Mexiko, Norwegen, die Niederlande, die Schweiz und Dänemark das Abkommen ratifiziert. Einige andere Staaten sind für ihre Kolonien beigetreten, so die Niederlande für Ostindien.

Das wichtige Abkommen gewährt den Angehörigen der Vertragsstaaten gegenseitigen Rechtsschutz in allen Angelegenheiten der Erfindungspatente, der Gebrauchsmuster, der gewerblichen Muster und Modelle, der Fabrik- oder Handelsmarken, der Handelsnamen und der Herkunftsbezeichnungen, enthält auch Abmachungen über das Vorrecht bei Erfindungen, den Ausführungszwang und die Einfuhr von Gegenständen durch den Patentinhaber, welche in einem oder dem anderen Verbandsland hergestellt sind, in das Land, in welchem das Patent erteilt worden ist, und die Einrichtung des internationalen Bureaus zum Schutze des gewerblichen Eigentums. Auch dieses Abkommen hat ein Reichsgesetz notwendig gemacht (vom 31. März 1913, RGBl. S. 236), wodurch namentlich das Gesetz zum Schutz der Warenbezeichnungen vom 12. Mai 1894 in mehreren Punkten abgeändert ist. Neu ist darin das Recht rechtsfähiger Verbände, welche gewerbliche Zwecke verfolgen, an Warenzeichen ihrer Mitglieder.

Der in früheren Berichten oft erwähnten Übereinkunft zum Schutze von Werken der Literatur und Kunst vom 13. November 1908 ist Holland für seine asiatischen Besitzungen mit Wirkung vom 1. April 1913 beigetreten (Bekanntmachung des Reichskanzlers vom 10. Februar 1913, RGBl. S. 47). Die urheberrechtlichen Beziehungen zwischen Deutschland und Rußland auf dem Gebiete der Literatur und Kunst sind durch eine Übereinkunft vom 28./15. Februar 1913 (RGBl. S. 301) neu geregelt worden. Das Abkommen berücksichtigt eingehend die Kinematographie. Geschützt werden auch deren Erzeugnisse, wenn sie persönliche Originalwerke sind. Eingehende Abmachungen sind getroffen über die Wiedergabe und Aufführung musikalischer Werke durch mechanische Instrumente, den Schutz der Photographien und die Wiedergabe von Werken der Literatur und Kunst durch Lichtbilder. Die Übereinkunft ist am 14. Mai 1913 ratifiziert worden.

Der neueste Zweig der Telegraphie, die Funkentelegraphie, ist Gegenstand eines neuen in London geschlossenen internationalen Funkentelegraphenvertrages vom 5. Juli 1912 (RGBl. S. 373 ff.), nebst Schlußprotokoll und Ausführungsübereinkunft von demselben Tage. Von den beteiligten Staaten haben ihn nach der Bekanntmachung des Reichskanzlers vom 28. Februar 1914 (RGBl. S. 41) bisher die Vereinigten Staaten, Griechenland, Italien, Uruguay, Deutschland, Belgien, die belgische Kongokolonie, Monaco, Ägypten, die Niederlande mit Kolonien, Rußland, Spanien, England, Japan, Norwegen, Rumänien, San Marino, Siam ratifiziert. Beigetreten sind Mexiko und England für Neufundland, seine australischen Inseln und Sansibar. Aus dem Vertrage ist zu erwähnen die Unterscheidung zwischen Küsten- und Bordstationen der Funkentelegraphie. Diese Stationen der beteiligten Staaten sind verpflichtet, miteinander Funkentelegramme auszutauschen. Notanrufe müssen von den Funkenstationen mit unbedingtem Vorrang aufgenommen und beantwortet werden. Es wird das internationale Bureau des Welttelegraphenvereins mit den Verwaltungsarbeiten für die internationale Funkentelegraphie beauftragt.

Montenegro und Griechenland haben das internationale Abkommen über den Verkehr mit Kraftfahrzeugen vom 11. Oktober 1909 am 20. Mai und 26. Juli 1912 ratifiziert (Bekanntmachung des Reichskanzlers vom 11. April 1913, RGBl. S. 242).

Das neueste Verkehrsmittel, das Luftschiff, hat völkerrechtliche Streitigkeiten hervorgerufen, welche in militärischen Rücksichten begründet sind. Frankreich und Deutschland haben deshalb ein diplomatisches Abkommen durch Notenwechsel (Bekanntmachung des Reichskanzlers vom 29. Juli 1913, RGBl. S. 601 ff.) getroffen, das sich besonders mit den Notlandungen der Luftfahrzeuge, welche der Militärverwaltung gehören, beschäftigt. Grundsätzlich ist das Überfliegen des gegenseitigen Gebiets ausgeschlossen.

II.

Landesgesetzgebung.

Die Landesgesetzgebung während der beiden letzten Jahre weist einige wichtige Gesetze auf dem Gebiete des Privatrechts auf, so vor allem das preußische Wassergesetz, außerdem Gesetze über das Berg- und Jagdrecht und die Teilung von Grundstücken innerhalb der durch das BGB. zugelassenen Vorbehalte für die Landesgesetzgebung.

Die Bekanntmachungen der Justizverwaltungen in den Gesetzsammlungen lassen erkennen, daß das reichsrechtliche Grundbuchrecht immer weiter eingeführt wird. Die Anlegung des Grundbuchs ist mehr und mehr durchgeführt in den preußischen Oberlandesgerichtsbezirken Cassel und Frankfurt a. M., in Baden, Hessen, Mecklenburg-Schwerin, Sachsen-Weimar und Elsaß-Lothringen.

Die von den Ausführungsgesetzen mehrerer Bundesstaaten zum BGB. getroffenen Bestimmungen zu § 1322 BGB. wegen Befreiung von der Aufgebotsfrist des § 1316 BGB. sind in Preußen, Baden, Mecklenburg-Schwerin, Oldenburg, Braunschweig, Sachsen-Altenburg, Coburg-Gotha, Schwarzburg-Sondershausen, Reuß ä. L., Schaumburg-Lippe, Hamburg, Bremen und Elsaß-Lothringen teils durch neue Gesetze, teils durch selbständige Verordnungen geändert worden. Sie enthalten alle übereinstimmend die Vorschrift, daß die zuständige Verwaltungsbehörde ermächtigt wird, die Befugnis zur Befreiung vom Aufgebot in dringenden Fällen, sofern beide Verlobte Reichsinländer sind, auf den Standesbeamten zu übertragen, vor dem die Ehe geschlossen werden soll (z. B. Preuß. VO. 16. Dezember 1912 GS. S. 229).

Das neue Reichs- und Staatsangehörigkeitsgesetz vom 22. Juli 1913 (RGBl. S. 583) hat im § 40 der Landesgesetzgebung die Bestimmung der zuständigen Behörden vorbehalten. Dies ist inzwischen in zahlreichen Bundesstaaten, so in Sachsen, Hessen, Mecklenburg-Schwerin und -Strelitz, Oldenburg, Sachsen-Altenburg, Gotha, Schwarzburg-Sondershausen, Schwarzburg-Rudolstadt, Waldeck, Schaumburg-Lippe, Lübeck und Bremen durch Verordnung, in Baden durch besonderes Ausführungsgesetz vom 18. März 1914 (GVOBl. S. 93ff.) geschehen.

Sehr zahlreich sind die Ausführungsgesetze und Verordnungen zur Reichsversicherungsordnung und zu dem Reichsgesetz über die Angestelltenversicherung. Sie betreffen besonders den Kreis der versicherungspflichtigen Personen und die Organisation der Versicherungsbehörden. Einzelne Bundesstaaten, so Bayern, haben besondere Ausführungsgesetze zur Reichsversicherungsordnung erlassen. Außerdem zu nennen sind die Gesetze über die landwirtschaftliche Unfallversicherung Preußens vom 23. Juli 1912 (GS. S. 207), Sachsens vom 4. Dezember 1912 (GVOBl. S. 533), Bremens vom 25. Dezember 1912 (GBl. S. 283), Reuß' ä. L. vom 19. April 1913 (GS. S. 24) und Elsaß-Lothringens vom 5. August 1912 (GBl. S. 96), ferner die von den Hansestädten erlassenen Gesetze über die Krankenversicherung der Dienstboten, welche besondere Gesindekrankenkassen einrichten. Im Königreich Sachsen ist ein besonderes Gesetz über die Befreiung von Lehrern und Lehrerinnen an öffentlichen Schulen und Anstalten von der Krankenversicherungspflicht vom 6. April 1914 (GVOBl. S. 34) veröffentlicht worden.

Sachsen-Weimar, Coburg-Gotha, Sachsen-Altenburg und die beiden Fürstentümer Reuß haben Staatsverträge wegen Errichtung gemeinsamer Oberversicherungsämter geschlossen.

Das Reichsviehseuchengesetz vom 26. Juni 1909 hat noch mehrere Ausführungsgesetze und Verordnungen notwendig gemacht, so in Württemberg, Hessen, Weimar, Oldenburg, Braunschweig, Sachsen-Altenburg, Coburg-Gotha, Anhalt, Schwarzburg-Rudolstadt, Waldeck, Reuß ä. L. und Reuß j. L., Schaumburg-Lippe, Lippe-Detmold, Lübeck und Elsaß-Lothringen. Das Reichsgesetz betreffend die Beseitigung von Tierkadavern vom 17. Juni 1911 ist Gegenstand von Ausführungsverordnungen in Sachsen-Altenburg und Schwarzburg-Rudolstadt.

Das ältere Reichsgesetz vom 30. Juni 1900 über die Bekämpfung gemeingefährlicher Krankheiten wird durch Ausführungsverordnungen in Sachsen-Meiningen, Sachsen-Altenburg, Coburg-Gotha, Schwarzburg-Rudolstadt und Reuß j. L. berührt.

Die Bestrebungen Preußens, die Lotterieverhältnisse im Deutschen Reiche einheitlich zu ordnen, drohten an dem Widerstande Bayerns gegen eine Lotteriegemeinschaft mit Preußen zu scheitern. Bayern hat jedoch den Staatsvertrag zwischen ihm, Württemberg und Baden einerseits und Preußen andererseits zur Regelung der Lotterieverhältnisse doch noch am 30. November 1912 ratifiziert. Die preußische Generallotterie-Direktion in Berlin verwaltet demnach die durch den Anschluß der erwähnten süddeutschen Staaten erweiterte preußische Klassenlotterie unter dem Namen preußisch-süddeutsche Klassenlotterie weiter. Bayern, Württemberg und Baden erhalten für die Beteiligung Anteile am Ertrage der Lotterie und sind in der Verwaltung vertreten. Der Vertrag ist auf 15 Jahre geschlossen. Gesetze über das Lotteriespiel sind auf Grund des Vertrages bekannt gegeben von Bayern vom 11. Oktober 1912 (GVOBl. S. 983ff.) und von Baden vom 26. April 1912 (GVOBl. S. 135ff.). Die Bildung von Losgesellschaften, die Veräußerung von Inhaberpapieren mit Prämien und der Handel mit Lotterielosen ist durch Gesetze von Schaumburg-Lippe und Bremen unter Strafe gestellt. Waldeck hat das entsprechende preußische Gesetz durch Verordnung vom 7. Januar 1913 eingeführt.

Das Reichswehrbeitragsgesetz machte zahlreiche Vollzugsvorschriften, besonders über die für die Veranlagung des Wehrbeitrages zuständigen Behörden in allen Bundesstaaten notwendig. Auch das Reichsstempelgesetz in seiner neuen Fassung vom 3. Juli 1913 hat Vollzugsverordnungen in Baden, Oldenburg, Sachsen-Meiningen, Sachsen-Altenburg, Coburg-Gotha, Schwarzburg-Sondershausen, Waldeck, Reuß j. L., Lübeck und Bremen veranlaßt.

Das Pfandleihgewerbe ist Gegenstand einer bayrischen Verordnung vom 8. Januar 1912 (GVOBl. S. 18) und eines Ausschreibens vom 27. Mai 1913 (Samml. S. 635) in Sachsen-Meiningen.

Eine Verordnung über den Geschäftsbetrieb der Versteigerer ist auf Grund des § 38 RGO. ergangen in Baden am 14. Februar 1914 (GVOBl. S. 62).

Mit dem Stellenvermittlergesetz vom 2. Juni 1910 beschäftigten sich Ausführungsverordnungen in Mecklenburg-Schwerin, Sachsen-Altenburg, Hessen, den Fürstentümern Reuß, Hamburg und Bremen. Die beiden Großherzogtümer Mecklenburg haben durch Bekanntmachungen vom 28. Januar 1913 und 17. April 1914 den Gewerbebetrieb der Personen, welche fremde Rechtsangelegenheiten besorgen, neuen Vorschriften unterstellt.

Zu nennen sind auch Ausführungsbestimmungen zum Hausarbeitsgesetz in Weimar, Oldenburg, Sachsen-Altenburg, Coburg-Gotha, Anhalt, Sachsen-Meiningen, Reuß j. L., Lippe-Detmold und Bremen.

Das Staatsschuldbuchwesen macht immer weitere Fortschritte. Es sind jetzt auch Bayern, Baden und Oldenburg zur Einführung von Staatsschuldbüchern übergegangen, welche im allgemeinen die von Preußen und dem Deutschen Reiche früher hierfür aufgestellten Grundsätze befolgen.

Die wachsende Bedeutung der Lichtspiel-Unternehmungen hat auch die Gesetzgebung auf sie aufmerksam gemacht. Die Gesetze und Verordnungen der Bundesstaaten, welche sich mit ihnen beschäftigen, betreffen besonders den Besuch von Lichtspieltheatern durch Jugendliche. Außer Verwaltungsverordnungen in Sachsen-Weimar, Schwarzburg-Rudolstadt, Schwarzburg-Sondershausen, Sachsen-Altenburg, Gotha, Sachsen-Meiningen, Schaumburg-Lippe und Hamburg ist vor allem hier das Württembergische Gesetz betreffend öffentliche Lichtspiele vom

31. März 1914 zu nennen (RGBl. S. 8). Es führt eine sehr strenge Zensur der Bildstreifen ein und verbietet im allgemeinen den Besuch der Vorstellungen durch Personen unter 17 Jahren, außer bei Jugendvorstellungen. Es wird auch die Reklame für Lichtbilder verboten und unter Strafe gestellt, die Geldstrafe bis 150 Mk. oder Haft sein kann.

In den beiden letzten Jahren haben einzelne deutsche Bundesstaaten erwähnenswerte Staatsverträge abgeschlossen. Preußen und Oldenburg haben ihren alten Vertrag vom 20. Juli 1853 über den Erwerb des Jadebusens durch Preußen und die Anlegung eines Kriegshafens an der Nordsee auf oldenburgischem Gebiet durch einen Zusatzvertrag vom 10. Februar 1912 in einem einzelnen Punkte abgeändert. Durch einen Staatsvertrag vom 10. April 1912 hat Preußen für Schwarzburg-Rudolstadt die Auseinandersetzungsgeschäfte bei Grundstückszusammenlegungen, Gemeinheitsteilungen, Aufhebung von Dienstbarkeiten, Ablösung der Reallasten und die Bildung und Errichtung von Waldgenossenschaften auf die preußischen Auseinandersetzungsbehörden, nämlich die Generalkommission in Merseburg und das Oberlandeskulturgericht in Berlin übernommen. Die thüringischen Staaten hatten durch einen Staatsvertrag vom 15. Dezember 1910 ein gemeinschaftliches oberstes Verwaltungsgericht in Jena gegründet. Die Vertragsstaaten Sachsen-Weimar, Sachsen-Altenburg, die beiden Fürstentümer Schwarzburg, Coburg und Gotha haben zu diesem Staatsvertrage Ausführungsgesetze ergehen lassen, welche hauptsächlich die Zuständigkeit des obersten Verwaltungsgerichts im Verwaltungsstreitverfahren der einzelnen Staaten betreffen. Das Gericht hat ferner eine Geschäfts- und eine Kostenordnung ausgearbeitet, welche die Vertragsstaaten genehmigt haben. Erwähnenswert ist aus der Geschäftsordnung das beschränkt mündliche Verfahren. In jeder Sache hat der Berichterstatter schriftlich zu berichten, dieser Bericht wird dann in der mündlichen Verhandlung gelesen.

Die an dem gemeinschaftlichen Oberlandesgericht in Jena beteiligten thüringischen Staaten und noch einige andere, nämlich Sachsen-Weimar, Sachsen-Altenburg, Sachsen-Meiningen, Coburg-Gotha, die beiden Fürstentümer, Schwarzburg und Reuß und Schaumburg-Lippe haben nach preußischem Vorbild Verordnungen über die erste juristische Prüfung und das Rechtsstudium erlassen, in denen sie den Studierenden überlassen den Gang ihrer Studien selbst zu bestimmen, die Zahl der praktischen Übungen aber erhöhen.

Der juristische Vorbereitungsdienst und die zweite juristische Prüfung sind Gegenstand von Verordnungen in Bremen und Elsaß-Lothringen.

Aus der elsaß-lothringischen (vom 16. August 1913 GBl. S. 85), welche manche für die juristische Ausbildung interessante Neuerung enthält, soll erwähnt werden, daß der Referendar zehn Monate bei Verwaltungsbehörden zu beschäftigen ist und die Referendare nur nach Bedarf als Assessoren in den höheren Justizdienst übernommen werden, wenn sie die zweite Prüfung bestanden haben.

Die drei Hansestädte haben den am 22. Mai 1908 von ihnen geschlossenen Vertrag über das hanseatische Oberlandesgericht in Hamburg durch einen am 23. Mai 1913 vom hamburgischen Senate ratifizierten Zusatzvertrag abgeändert, welcher die Gehaltsverhältnisse der Beamten betrifft.

Die wichtigsten Gesetze und Verordnungen der einzelnen Bundesstaaten die nicht gemeinschaftlich dargestellt werden können, sind folgende:

1. Preußen:

Das bereits erwähnte Wassergesetz vom 7. April 1913, durch königliche Verordnung vom 13. April 1914 am 1. Mai 1914 in Kraft gesetzt (GS. S. 53ff.), ist eine lang vorbereitete sorgfältige Kodifikation des privaten und öffentlichen Wasserrechts in Preußen. Sein Inhalt kann hier nur angedeutet werden. Das Gesetz behandelt die Wasserläufe, die wild ablaufenden Wasser, die geschlossenen und die unterirdischen Gewässer und unterscheidet drei Gruppen von Gewässern: die Schiffahrtsstraßen, diejenigen Wasserläufe, welche für die Wasserwirtschaft von größerer Bedeutung sind, endlich alle übrigen Strecken von Wasserläufen. Dem Gesetz sind Verzeichnisse der Wasserläufe erster und zweiter Ordnung beigegeben. Die Wasserläufe unterstehen, abweichend von dem früheren Rechte, dem Privateigentum, die Wasserläufe erster Ordnung dem des Staates, die übrigen dem der Eigentümer der Ufergrundstücke (Anlieger). Dieses Eigentum ist aber zugunsten der Allgemeinheit weitgehend beschränkt. Die Benutzung der natürlichen Wasserläufe ist in gewissem gesetzlichen Umfange jedermann gestattet. Eigenartig und neu ist die Verleihung von Rechten an Wasserläufen, besonders von Benutzungsrechten. Das Gesetz beschäftigt sich ferner mit den Stauanlagen und Talsperren und der Reinhaltung der Gewässer durch die Berechtigten. Die Unterhaltung und der Ausbau der Wasserläufe soll der Regel nach statt, wie bisher durch die Anlieger, jetzt durch die Wassergenossenschaften erfolgen. Neu geschaffen sind ferner die Wasserbücher, worin die Rechtsverhältnisse der Wasserläufe, besonders die Benutzungsrechte und Zwangsrechte an ihnen eingetragen werden sollen. Die Eintragung hat Rechtswirkung und die Vermutung der Richtigkeit für sich. Der Bezirksausschuß legt die Wasserbücher an und führt sie, die Einsicht ist abweichend vom Grundbuch jedermann gestattet. Das Gesetz beschäftigt sich auch mit den wichtigen Rechten an Grundwässern, die nicht zu den Wasserläufen gehören. Das Wassergenossenschaftswesen wird im Anschluß an das frühere Wassergenossenschaftsgesetz vom 1. April 1879 geordnet, die Verhütung von Hochwassergefahren entsprechend dem Deichgesetz vom 28. Januar 1848 und dem Gesetz zur Verhütung von Hochwassergefahren vom 16. August 1905. Die Zwangsrechte betreffen hauptsächlich die Fälle, in denen ein Eingriff in fremde Rechte vom Gesetz vorgesehen und geregelt ist. Aus den Vorschriften über die Organisation der Wasserbehörden ist zu erwähnen, daß erste Instanz im Verwaltungsstreitverfahren der Bezirksausschuß, desgleichen für das Beschlußverfahren bei Wasserläufen erster Ordnung, bei den übrigen der Kreis- oder Stadtausschuß ist. Beschlußbehörde zweiter und letzter Instanz ist das neu geschaffene Landeswasseramt. Auf dieses bezieht sich eine Verordnung vom 18. März 1914 (GS. S. 56). Es untersteht dem Staatsministerium. Die im Gesetz §§ 367—369 vorgesehenen Wasserbeiräte sind Gegenstand einer Verordnung vom 7. April 1913 (GS. S. 53).

Mit dem Wassergesetz nichts zu tun haben die Verordnungen vom 2. März 1914 (GS. S. 27) und vom 7. Januar 1914 (GS. S. 53) über die Ausgestaltung der Wasserstraßenbeiräte. Diese sollen bei der Unterhaltung, dem Ausbau und dem Betriebe der staatlichen Binnenschiffahrtsstraßen mitwirken und sind zu trennen in die Bezirkswasserstraßenbeiräte und den Landeswasserstraßenbeirat. Die Bezirke jener schließen sich an die Gliederung der Hauptflüsse an.

Dasselbe Gebiet wirtschaftlicher Fürsorge betrifft das Moorschutzgesetz vom 4. März 1913 (GS. S. 29), welches größere Moorgrundstücke einer besonderen Aufsicht unterstellt.

Das Gesetz betreffend ältere Hypotheken in Neu-Vorpommern und Rügen vom 28. Mai 1913 (GS. S. 271) enthält Übergangsbestimmungen über die Kostenfreiheit gewisser Eintragungen bei älteren Hypotheken nach dem Gesetz vom 21. März 1868 (GS. S. 293). Das Grundbuchwesen betrifft ferner eine Verordnung vom 18. März 1914 (GS. S. 49), welche die Verordnung über das Grundbuchwesen vom 13. November 1899 und die Verordnung über die Anlegung der Grundbücher im ehemaligen Herzogtum Nassau vom 11. Dezember 1899 ändert.

Durch eine königliche Verordnung vom 5. Mai 1913 (GS. S. 274) ist das Gesetz vom 20. August 1906 betreffend die Zulassung einer Verschuldungsgrenze für land- oder forstwirtschaftlich genutzte Grundstücke

(GS. S. 389) auf alle Landesteile, ausgenommen den Stadtkreis Berlin, ausgedehnt worden.

Die älteren Zusammenlegungs- und Gemeinheitsteilungsgesetze für die Rheinprovinz vom 5. April 1869 und 24. Mai 1885 ändert eine Novelle vom 28. Mai 1913 (GS. S. 285) in einigen Vorschriften, besonders inbetreff der Zusammenlegung von Ödländereien.

Das im Laufe der letzten Jahre mehrfach abgeänderte allgemeine Berggesetz vom 24. Juni 1865/19. Juni 1906 ist durch ein ferneres Gesetz vom 23. Dezember 1912 (GS. 1914 S. 1) im § 186 wieder geändert worden, desgleichen der § 70 Abs. 2 des Knappschaftsgesetzes vom 17. Juni 1912 durch eine Verordnung vom 30. Dezember 1912 (GS. 1914 S. 1).

Dem Schutz der Ausgrabungen dient das preußische Ausgrabungsgesetz vom 26. März 1914 (GS. S. 41). Es beschränkt das Privateigentum im öffentlichen Interesse. Für die Kulturgeschichte wichtige Gegenstände dürfen nur so ausgegraben werden, daß nicht das öffentliche Interesse an der Förderung der Wissenschaft und Denkmalspflege beeinträchtigt wird. Der Regierungspräsident muß den Beginn der Grabung genehmigen. Gelegenheitsfunde solcher Sachen müssen spätestens am nächsten Werktage von dem Entdecker, dem Eigentümer des Grundstücks oder dem Leiter der Arbeiten, bei dem der Gegenstand entdeckt worden ist, der Ortspolizeibehörde angezeigt werden. Diese hat sofort den Erwerbsberechtigten zu benachrichtigen. Ausgegrabene oder gefundene Gegenstände sind gemäß §§ 9, 10 auf Verlangen des Staates, der Provinz, des kommunalständischen Verbandes, des Kreises oder der Gemeinde, in welcher der Gegenstand entdeckt ist, abzuliefern, wenn zu besorgen ist, daß er wesentlich verschlechtert wird oder der inländischen Denkmalspflege oder Wissenschaft verloren geht. Die Entschädigung wird in einer Schätzungskommission festgestellt, gegen deren Beschluß den Beteiligten binnen drei Monaten nach Zustellung der Rechtsweg offen steht. Die Strafbestimmungen sehen für Unterlassung der Anzeige, Schädigung oder Beseitigung der gefundenen Gegenstände Geldstrafen bis zu 20 000 Mk. oder Haft oder sogar Gefängnisstrafe bis zu drei Monaten vor.

Das Verfahren der freiwilligen Gerichtsbarkeit berührt das preußische Gesetz über die Zuständigkeit der Gerichtsschreiber der Amtsgerichte für die öffentliche Beglaubigung einer Unterschrift vom 18. März 1914 (Pr. GS. S. 35). Dieses ändert Art. 36 und 60 des preußischen Gesetzes über die freiwillige Gerichtsbarkeit vom 21. September 1899.

Die alte Hinterlegungsordnung vom 14. März 1899 ist durch eine neue vom 21. April 1913 (GS. S. 225) ersetzt, die laut königlicher Verordnung vom 2. Februar 1914 am 1. April 1914 in Kraft getreten ist. Der Satz, zu dem hinterlegtes Geld zu verzinsen ist, wird auf 2½% bestimmt. An Stelle der bisherigen Hinterlegungsstellen, der Regierungen, sind im allgemeinen die Amtsgerichte getreten. Das Justizministerium hat durch eine umfangreiche allgemeine Verfügung vom 5. Februar 1914 (PrJMBl. S. 115ff.) Ausführungsvorschriften zu dem Gesetz erlassen, welche die Annahme zur Hinterlegung, die Verzinsung und deren Einstellung, das Aufgebot, die Beendigung der Hinterlegung durch Herausgabe und den Geschäftsgang bei den Hinterlegungsstellen und -Kassen zum Gegenstande haben.

Die dienstliche Stellung der Amtsanwälte ist durch ein Gesetz betreffend die Dienstverhältnisse der Beamten der Amtsanwaltschaft vom 24. Januar 1913 (GS. S. 230) neu geregelt worden. Es ändert §§ 62, 63 des preußischen Ausführungsgesetzes zum Gerichtsverfassungsgesetze vom 24. April 1878 und §§ 15, 19 des Gesetzes vom 9. April 1879 über die Abänderung der Disziplinargesetze. Wesentlich ist darin, daß die Amtsanwälte vom Justizminister ernannt werden, welcher die Ernennung den Oberstaatsanwälten überträgt. Abweichend von der bisherigen Stellung werden etatsmäßige Amtsanwälte gegen festen Gehalt auf Lebenszeit, die übrigen auf Kündigung angestellt.

Zu nennen ist noch eine königliche Verordnung vom 4. November 1912 (GS. S. 225) über die Reisekosten der Justizbeamten bei gerichtlichen Geschäften innerhalb des Amtsgerichtsbezirks der Beschäftigung.

Die preußische Verwaltungsgesetzgebung ist nicht sehr umfangreich. Zu erwähnen ist ein Gesetz über die Abänderung und Ergänzung der Ausführungsgesetze zum Reichsgesetz über den Unterstützungswohnsitz vom 23. Juli 1912 (GS. S. 195). Es ordnet die Voraussetzungen der Unterbringung der aus öffentlichen Armenmitteln unterstützten Personen in einer öffentlichen Arbeitsanstalt, Erziehungs-, Heil- oder Trinkerheilanstalt durch die zuständige Beschlußbehörde und das Verwaltungsstreitverfahren in solchen Fällen. Ferner wird § 65 Abs. 1 des preußischen Ausführungsgesetzes zum Bundesgesetz über den Unterstützungswohnsitz vom 8. März 1871 (GS. S. 130) geändert. Die Verwaltungsbehörde kann demnach auf Antrag des Armenverbandes die nach den Vorschriften des BGB. Unterhaltspflichtigen anhalten, den Hilfsbedürftigen nach Maßgabe ihrer gesetzlichen Verpflichtung die erforderliche laufende Unterstützung zu gewähren.

Das Gesetz betreffend die Anlegung von Sparkassenbeständen in Inhaberpapieren vom 23. Dezember 1912 (GS. 1913 S. 3) zwingt die öffentlichen Sparkassen, von ihrem verzinslich angelegten Vermögen Mindestbeträge bis zu 25% in mündelsicheren Schuldverschreibungen auf den Inhaber anzulegen.

Die Reinigung öffentlicher Wege liegt nach dem Gesetz vom 1. Juli 1912 (GS. S. 187) den Gemeinden als öffentliche Last ob. Diese können sie aber durch Ortsstatut den Eigentümern der angrenzenden Grundstücke übertragen.

Politischen Charakter hat das Besitzbefestigungsgesetz vom 26. Juni 1912 (GS. S. 183) mit Verordnung vom 12. März 1913 (GS. S. 33) über sein Anwendungsgebiet. Und das Gesetz über die Maßnahmen zur Stärkung des Deutschtums in den Provinzen Westpreußen und Posen vom 28. Mai 1913 (GS. S. 269). Jenes stellt der Staatsregierung 100 Millionen Mark zur Verfügung zur Festigung und Stärkung des ländlichen Besitzstandes in den national gefährdeten Teilen der Provinzen Ostpreußen, Pommern, Schlesien, Schleswig-Holstein durch Erwerb von ländlichen Grundstücken, bäuerlichen und größeren Gütern und zur Umwandlung in Rentengüter oder Veräußerung an deutsche Landwirte und Arbeiter. Der Staat soll sich mit Hilfe dieses Fonds bei gemeinnützigen Rentengutsgesellschaften beteiligen. Dieses erhöht jenen Fonds um 175 Millionen zur Festigung bäuerlicher Güter durch Umwandlung in Ansiedlungsrentengüter und zur Förderung der Seßhaftmachung von Arbeitern.

Der Medizinalgesetzgebung gehört die königliche Verordnung vom 16. Dezember 1912 (GS. S. 233) an, welche eine Standesvertretung der Zahnärzte, nämlich eine Zahnärztekammer für Preußen in Berlin errichtet, und deren Zusammensetzung und Tätigkeit bestimmt.

2. Bayern:

Aus Bayern sind erhebliche Gesetze und Verordnungen kaum zu verzeichnen. Die königliche Verordnung über die Vorbedingungen für den höheren Justiz- und Verwaltungsdienst vom 27. Juli 1912 (GVBl. S. 695) ändert die vielbesprochene gleiche Verordnung vom 18. Oktober 1910 in mehreren wichtigen Punkten und stellt ein anderes Notensystem für die zweite Staatsprüfung auf. Sie bestimmt auch die Zusammensetzung der Prüfungskommission. Der Text der Verordnung ist durch die beteiligten Ministerien am 1. August 1912 (GVBl. S. 703) neu bekannt gemacht.

Die Führung der Amtsanwaltsgeschäfte ist durch königliche Verordnung vom 21. September 1912 (GVBl. S. 895) statt, wie bisher Verwaltungsbeamten, Beamten der Justizverwaltung übertragen worden.

In das Militärstrafrecht greift das Gesetz vom 5. November 1912 über den Kriegszustand ein (GVBl. S. 1161). Dieser kann nach Ausbruch eines Krieges oder bei unmittelbar drohender Kriegsgefahr verhängt werden. Gleichzeitig oder während dessen kann die königliche Verordnung das Standrecht anordnen. Die Verordnung bestimmt außerdem die Zuständigkeit des für den Kriegszustand angeordneten standrechtlichen Gerichts und dessen Verfahren. Vollzugsvorschriften sind am 13. März 1913 ergangen.

Auf Grund des Vogelschutzgesetzes vom 30. Mai 1908 und des Art. 125 des bayrischen Polizeistrafgesetzbuches vom 26. Dezember 1871 ist am 5. Mai 1913 eine Verordnung zum Schutze der Vögel veröffentlicht (GVBl. S. 189).

Aus einer Verordnung über die Fakultäten der drei Landesuniversitäten vom 22. Juli 1913 (GVBl. S. 423) ist zu erwähnen, daß die etatsmäßigen außerordentlichen Professoren unter bestimmten Voraussetzungen Sitz und Stimme in der engeren Fakultät haben sollen.

Der Bayerische Staatsanzeiger soll nach der königlichen Verordnung vom 25. November 1912 (GVBl. S. 1215) amtliches Organ für die Veröffentlichung der Bekanntmachungen aller bayerischen Ministerien vom 1. Januar 1913 ab sein.

Mit der Feuerbestattung beschäftigen sich die oberpolizeilichen Vorschriften des Ministeriums des Innern vom 28. Dezember 1912 (GVBl. S. 1297ff.). Sie schreiben die Genehmigung der Ortspolizeibehörde zur Einäscherung vor, welche nur unter besonderen Voraussetzungen zu erteilen ist. Dazu gehört namentlich die Bescheinigung des zuständigen Amtsarztes über die Todesursache und der Ortspolizeibehörde, daß ihr Umstände, welche den Verdacht einer strafbaren Handlung zur Herbeiführung des Todes begründen, nicht bekannt sind.

Das Apothekenwesen ordnet eine Verordnung vom 27. Juni 1913 (GVBl. S. 343) mit Ministerialbekanntmachung vom 28. Juli 1913 (S. 367ff.). Sie enthält Vorschriften über die Bewilligung zum Betriebe von Apotheken, den Betrieb selbst und dessen eaufsichtigung.

Bayern hat wie die Reichspostverwaltung eine Postscheckordnung am 7. Juni 1914 (GVBl. S. 160) erlassen.

Dem Bereich des kirchlichen Vermögensrechts gehört die Kirchengemeindeordnung vom 24. September 1912 (GVBl. S. 911) an. Sie enthält auch Normen über die Kirchensteuern, die Kirchengemeindedienste, ortskirchliche Vertretungskörper, den Geschäftsgang der Kirchenverwaltung, die Staatsaufsicht und die Stolgebühren für katholische und protestantische Kirchenstiftungen und Kirchengemeinden. Hierzu sind eine Kirchenwahlordnung vom 20. Oktober 1912 (GVOBl. S. 999ff.) und Vollzugsvorschriften vom 19. Oktober 1912 (GVOBl. S. 1071ff.) ergangen.

3. Sachsen:

Auch die sächsische Gesetzgebung ist nicht sehr umfangreich. Die Verordnung vom 8. Februar 1913 (GVOBl. S. 56) über die Änderung des § 68 der Verordnung vom 26. Juli 1899 zur Ausführung der Grundbuchordnung bestimmt, daß der Reichsfiskus (Königlich Sächsische Militärverwaltung) als Berechtigter im Grundbuch einzutragen ist, wenn die sächsische Armeeverwaltung für ihn das Eigentum oder ein anderes Recht an einem Grundstück oder ein Recht an einem solchen Recht erwirbt. Die sächsischen Gesetze über die freiwillige Gerichtsbarkeit vom 15. Juni 1900 sind durch ein Gesetz vom 18. Oktober 1912 (GVOBl. S. 471) in einzelnen Punkten geändert, ferner auch das Gesetz über die Gerichtskosten und die Kostenordnung für Rechtsanwälte und Notare vom 21. und 22. Juni 1900. Die Zuständigkeit des Gerichtsschreibers für Beurkundung von Erklärungen vor dem Grundbuchamt oder der Schiffsregisterbehörde ist erweitert, ebenso diejenige des Vorstandes einer Behörde für die Beurkundung des Vertrages, durch den sich ein Teil verpflichtet, das Eigentum an einem Grundstück zu übertragen und um die nach § 873 Abs. 2 BGB. zur Bindung der Beteiligten erforderliche Beurkundung vorzunehmen.

Die Schonzeiten für bestimmte Fischarten und die Strafvorschriften gegen Verletzung der Schonzeiten und das Fischen mit gewaltsamen Mitteln enthält die Ministerialverordnung zur Ausführung des Fischereigesetzes vom 15. Oktober 1878 vom 16. Mai 1913 (GVOBl. S. 137). Die Schonzeit für Amseln und Eichhörnchen bestimmt abweichend von dem Gesetz vom 22. Juli 1876 ein neues Gesetz vom 25. Februar 1914 (GVOBl. S. 21).

Die früher erwähnte Ausführungsverordnung zu §§ 1316, 1322 BGB. über die Befreiung vom Aufgebot hat Sachsen in Gestalt einer Verordnung vom 28. Februar 1913 (GVOBl. S. 57) zur Abänderung der Ausführungsverordnung zum Personenstandsgesetz vom 12. Juli 1899 erlassen.

Die Zwangsvollstreckung wegen einer Geldforderung gegen den sächsischen Staat soll nach einem Gesetz vom 30. März 1914 (GVOBl. S. 35) erst dann beginnen dürfen, wenn sie dem Fiskus unter Bezeichnung des Schuldtitels, der Schuldsumme und des Gegenstandes, in den sie ausgebracht werden soll, von dem Gläubiger angekündigt wird und seit Zustellung der Kündigung ein Monat verstrichen ist. Die Ankündigung, welche erfolgt, ehe ein vollstreckbarer Titel vorgelegen hat, bleibt außer Betracht. Nach einer an demselben Tage ergangenen Ausführungsverordnung ist die Ankündigung im allgemeinen an das Finanzministerium zu richten.

Die revidierte Landgemeindeordnung vom 24. April 1873 wird durch ein Gesetz vom 4. Juli 1912 (GVOBl. S. 387) betroffen. Neu sind namentlich die Bestimmungen über die Wahlen der Gemeindeältesten und Vertreter, die Pflichten des Gemeinderats und -vorstands. Der Text des Gesetzes ist am 11. Juli 1913 (GVOBl. S. 280ff.) neu bekannt gegeben.

Die Mitglieder der Ständeversammlung erhalten auf Grund eines Gesetzes vom 30. Juni 1912 (GS. S. 384) eine außerordentliche Aufwandsentschädigung für die Zeit, während welcher der Landtag versammelt ist.

Das Beamtenrecht weist ein neues Gesetz über die Versorgung der Hinterlassenen von Staatsdienern vom 15. Juni 1912 auf (GVOBl. S. 303). Es beschäftigt sich mit dem Witwen- und Waisengeld und dem Gnadengenuß. Ähnliche Vorschriften geben die Gesetze vom 21. Juli 1912 über die Versorgung der Hinterlassenen der evangelisch-lutherischen und reformierten Geistlichen (GVOBl. 309), die Versorgung der Hinterlassenen von Lehrern (GVOBl. S. 314). Außerdem ist das Gesetz vom 16. Juli 1902 über die Gewährung von Wohnungsgeldzuschüssen durch ein Gesetz vom 1. Juli 1912 (GVOBl. S. 409) geändert worden, namentlich in der Berechnung des pensionsfähigen Betrages.

Interessant ist das Gesetz über die Anstaltsfürsorge von Geisteskranken vom 12. November 1912 (GVOBl. S. 483) mit Ausführungsverordnung (GVOBl. S. 484). Es enthält einen Aufnahmezwang für die Landesanstalten und Vorschriften über das Beschwerdeverfahren bei Ablehnung des Aufnahmeantrags und über die Anstaltskosten.

Die Steuergesetzgebung ist erweitert durch ein Gemeindesteuergesetz (GVOBl. S. 193), ein Kirchensteuergesetz (GVOBl. S. 223), und ein Schulsteuergesetz (GVOBl. S. 250ff.) vom 11. Juli 1913. Die Gemeinden dürfen innerhalb der Grenzen der Reichs- und Landesgesetzgebung direkte und indirekte Steuern erheben, die Kirchen- und Schulgemeinden zur Deckung ihres Bedarfs Besitzwechselabgaben, Einkommensteuer, Grundsteuer und Kopfsteuer.

Zu erwähnen sind noch das neu bekanntgemachte Kirchengesetz zur Abänderung der Kirchenvorstands- und Synodalordnung vom 5. Juli 1912 (GVOBl. S. 397) und das Kirchengesetz über die Kirchengemeindeverbände vom 10. Juli 1913 (GVOBl. S. 377).

4. Württemberg:

Den modernen Bestrebungen, Berufsvormünder einzuführen, ist Württemberg durch sein Gesetz über die Berufsvormundschaft vom 8. Juni 1912 (RegBl. 158ff.) entgegengekommen. Berufsvormünder werden Gemeindebeamte, denen Hilfspersonen, besonders Frauen, beigegeben sind. Das Gesetz ändert auch das Württembergische Gesetz über die Fürsorgeerziehung Minderjähriger vom 29. Dezember 1899. Erwähnung verdienen auch die Ausführungsverordnungen der Ministerien der Justiz und des Innern vom 21. Oktober 1912 (RegBl. S. 271, 782ff.).

Den veränderten Verhältnissen im Hinterlegungswesen trägt eine Verordnung der Minister der Justiz und der Finanzen vom 10. März 1913 (RegBl. S. 27ff.) Rechnung, welche die älteren Verfügungen vom 1. Dezember 1899 und 14. Oktober 1907 an zahlreichen Punkten abändert.

Nach dem Verfassungsgesetz über die Änderung des § 164 der Verfassungsurkunde vom 8. Juni 1912 ernennt der König den Präsidenten der ersten Kammer, wählt die Kammer den Vizepräsidenten. Die Zivilliste des Königs ist durch ein Gesetz vom 29. Mai 1913 (RegBl. S. 135ff.) auf jährlich 2 150 000 Mk. festgesetzt worden. Der bisher in Württemberg übliche Personaladel, welcher an den Besitz gewisser Orden geknüpft war, ist durch ein Gesetz vom 1. September 1913 (RegBl. S. 221) unbeschadet erworbener Rechte aufgehoben worden.

Das Beamtenrecht ist auch in Württemberg in vielen Punkten abgeändert worden. Der Text des Beamtengesetzes vom 1. Oktober 1912 ist neu bekannt gegeben auf Grund des Gesetzes vom 23. Juli 1910. Die Ordnungsstrafen gegen Beamte sind durch königliche Verordnung vom 27. Juni 1912 (RGBl. S. 188) neu festgesetzt worden. Die dienstlichen Verhältnisse der Oberamtsärzte betrifft ein Gesetz vom 10. Juli 1912 (RegBl. S. 270). Der Oberamtsarzt soll danach besonders die Durchführung der Gesetze auf dem Gebiet des Gesundheitswesens überwachen. Er ist Gerichts-, Impf- und Schularzt seines Bezirks.

Das Gesetz betreffend die Rechtsverhältnisse der Lehrer an den Volksschulen (Lehrergesetz vom 10. Juli 1912) (RegBl. S. 235) überträgt das neue Beamtengesetz auf die Lehrer.

Die Unfallfürsorge für Körperschaftsbeamte ist Gegenstand eines Gesetzes vom 7. Mai 1914 (RegBl. S. 139ff.). Es gründet eine Fürsorgekasse für diese Beamten. Die Pensionsrechte dieser Beamten sind durch ein Gesetz von demselben Tage (RegBl. S. 154) mit dem ersten Gesetz in Übereinstimmung gebracht worden. Der Text ist durch Bekanntmachung vom 7. Mai 1914 (RegBl. S. 195ff.) neu bekannt gegeben.

Von den württembergischen Finanzgesetzen ist ein solches vom 10. Mai 1914 zu dem Gesetze vom 8. August 1903 über die Besteuerungsrechte der Gemeinden und Amtskörperschaften zu erwähnen, welches den Gemeinden Prozente der Einheitssätze der staatlichen Einkommensteuer zuweist (RegBl. S. 123).

Auf Grund des § 368 Nr. 8 des Strafgesetzbuchs und des Art. 32 Ziff. 5 und Art. 51 Abs. 1 des Landespolizeistrafgesetzes vom 27. Dezember 1871 ist eine königliche Verordnung vom 4. September 1912 (RegBl. S. 591ff.) über die Feuerpolizei ergangen.

Ein ähnliches Gesetz wie das preußische Ausgrabungsgesetz ist das kürzere württembergische über den vorläufigen Schutz von Denkmalen im Eigentum bürgerlicher oder kirchlicher Gemeinden oder öffentlicher Stiftungen vom 14. März 1914 (RegBl. S. 45). Solche Denkmäler, nämlich Kunst- oder Altertumsgegenstände, deren Erhaltung im öffentlichen Interesse liegt, dürfen nur mit Genehmigung der Aufsichtsbehörde beseitigt, veräußert oder verpfändet werden.

Wie Bayern hat auch Württemberg eine neue Postscheckordnung erlassen.

5. Baden:

Das badische Gesetz über das Grundbuchwesen vom 21. März 1914 (GVBl. S. 97) ändert das Ausführungsgesetz zur Grundbuchordnung vom 19. Juli 1899 (GVBl. S. 273), indem es den Kanzleibeamten des Grundbuchamts eine gewisse Zuständigkeit in Grundbuchangelegenheiten überträgt, die ihnen der Stadtrat auf Vorschlag des Grundbuchamts widerruflich verleiht. Der Text des Grundbuchausführungsgesetzes vom 19. Juni 1899 ist dann am 22. April 1914 neu bekannt gegeben (GVBl. S. 119).

Das badische Bergrecht, nämlich die Verordnung vom 31. Dezember 1890, das Verfahren in Bergsachen betreffend und die Bergpolizeiverordnung vom 20. Juni 1891, werden in zahlreichen Punkten ergänzt und abgeändert durch eine Verordnung vom 2. Mai 1913 (GVBl. S. 427, 429).

Das Gebäudeversicherungsgesetz vom 10. September 1902 hat durch eine Novelle vom 7. Oktober 1912 (GVOBl. S. 403ff.) verschiedene

Änderungen erlitten. Hervorzuheben ist, daß der Anspruch des Eigentümers gegen einen Dritten auf Schadenersatz auf die Gebäudeversicherungsanstalt übergeht, soweit sie dem Eigentümer den Schaden ersetzt. Der Übergang kann nicht zum Nachteil des Eigentümers geltend gemacht werden. Auch die Vorschriften über den Versicherungsvertrag werden neu geordnet. Der Wortlaut des Versicherungsgesetzes ist durch Bekanntmachung vom 26. Oktober 1912 (GVOBl. S. 412) demgemäß einheitlich bekannt gemacht, ferner sind dazu zwei Vollzugsverordnungen vom 31. Dezember 1912 (GVBl. 1913 S. 1ff.) und vom 24. April 1914 (GVBl. S. 133) ergangen.

Aus dem Gebiet der Gerichtsverfassung ist die Ministerialverordnung über die Dienstaufsicht über die Gemeindegerichte vom 13. März 1913 (GVOBl. S. 197) zu erwähnen, welche sie den Amtsgerichten überträgt.

Der Strafvollzug wird einheitlich geordnet durch eine landesherrliche Verordnung vom 24. Februar 1913 über den Vollzug der Freiheitsstrafen (GVOBl. S. 133ff.).

Kleinere Steuergesetze und -Verordnungen sind das Gesetz über die Änderung der Warenhaussteuer vom 5. August 1912 (GVOBl. S. 376 ff.), welches die Sätze dieser Steuer ändert, die Verordnung vom 9. April 1914 (GVOBl. S. 109), welche die Gemeindegebührenordnung vom 31. Dezember 1896 ändert und den Gemeindebeamten Reisegebührnisse zubilligt.

Eine großherzogliche Verordnung vom 7. Oktober 1912 (GVOBl. S. 401) legt die Zuständigkeit der Oberrechnungskammer unter Abänderung einer früheren Verordnung vom 14. Dezember 1878 fest.

Die Aufgaben und der Zweck der badischen Landwirtschaftskammer, die Wahrnehmung der laufenden Geschäfte durch den Vorstand, die Bestreitung der Kosten und das staatliche Aufsichtsrecht sind Gegenstand eines badischen Gesetzes vom 26. September 1912 (GVOBl. S. 397 ff.) zur Abänderung des Gesetzes vom 28. September 1906.

6. In Hessen ist ein Gesetz über die landständische Geschäftsordnung am 23. März 1914 veröffentlicht worden (RegBl. S. 55ff.). Es hebt das frühere Gesetz vom 17. Juli 1874 und mehrere Artike (der hessischen Verfassungsurkunde vom 17. Dezember 1820 auf. Eine landesherrliche Verordnung vom 14. Februar 1914 (RegBl. S. 44ff.) teilt auf Grund des Art. 19 des Gesetzes über die Landstände vom 1. Juni 1911 die Städte, welche mehrere Abgeordnete zur zweiten Kammer wählen, in bestimmte Wahlkreise ein. Anleitung für die Wahlen der Stadtverordneten, der

Gemeinderäte, Bürgermeister und Beigeordneten geben die Ministerialverordnungen vom 23. März 1912 (RegBl. S. 249, 285).

Den juristischen Vorbereitungsdienst betrifft die großherzogliche Verordnung vom 8. Februar 1913 (RegBl. S. 74ff.), welche den Kandidaten für den höheren Staatsdienst gestattet, die zweite Staatsprüfung zu wiederholen, um eine bessere Note zu erlangen.

Zu nennen sind aus dem Beamtenrecht ferner die Gesetze über die Besoldungen, den Ruhegehalt und die Hinterbliebenenversorgung der Staatsbeamten vom 21. März 1914 (RegBl. S. 97ff.) und die Novellen von demselben Tage zu den Gesetzen über die Gehalte und die Pensionierung der Volksschullehrer und deren Witwen und Waisen (RegBl. S. 186, 197). Die Texte der Gesetze über die Besoldung der Staatsbeamten und die Revision der Bestimmungen über die Versetzung der Zivilbeamten in den Ruhestand sind dann durch Bekanntmachung vom 30. März 1914 (RegBl. S. 195ff.) neu veröffentlicht worden.

Die Zustellungen und die Gebühren im Verwaltungsstreitverfahren sind Gegenstand zweier landesherrlicher Verordnungen vom 23. März 1912 (RGBl. S. 185, 188ff.).

Das Gesetz vom 31. März 1913 (RegBl. S. 105) ändert das Gesetz vom 6. August 1902 über die Handelskammern in betreff der Wahl ihrer Mitglieder, die Wahlberechtigung und die Beiträge.

An das Gesetz vom 19. August 1899 schließt sich eine Ausführungsverordnung des Ministeriums des Innern vom 8. Juli 1913 (RegBl. S. 160ff.) über die Feuerbestattung an.

Den Gesetzen verschiedener anderer Bundesstaaten über die Güterzerstückelung folgend, hat Hessen durch eine Ministerialbekanntmachung vom 23. Mai 1912 (RegBl. S. 391) für den Güterhändler, welcher Grundstücke kaufen will, eine strenge Anzeigepflicht auferlegt.

Das Großherzogtum hat zur Vermeidung der Doppelbesteuerung mit Österreich und Luxemburg Staatsverträge am 3. Januar 1912 und 8. April 1913 geschlossen (RegBl. S. 378, 123).

Die Kosten für die höheren Schulen werden durch das Gesetz vom 21. März 1914 (RegBl. S. 192) dem Staat, den Gemeinden aber die Unterhaltung der Schulhäuser mit den erforderlichen Nebenanlagen und den Wohnungen für die Schuldiener, ferner auch besonders bestimmte Ausgaben übertragen.

7. Mecklenburg-Schwerin und Mecklenburg-Strelitz haben durch großherzogliche Verordnungen vom 14. Februar 1914 die Ver-

ordnungen zur Ausführung des Gesetzes über die Angelegenheiten der freiwilligen Gerichtsbarkeit vom 9. April 1899 und die Gerichtskostenordnung abgeändert (RegBl. S. 227; OffizAnz. S. 162) und bestimmt, daß die nach ausländischem Gesetze oder aus anderen Gründen erforderliche Beglaubigung der Urkunden mecklenburgischer Gerichte im allgemeinen durch das Justizministerium, jedoch für Urkunden, welche im Rechtsverkehr zwischen Deutschland und Österreich gebraucht werden, gemäß dem Vertrage vom 25. Februar 1880/13. Juni 1881 durch die Amtsgerichte erfolgen soll.

Die Satzung der Brandversicherungsgesellschaft der mecklenburgischen Stände ist in beiden Großherzogtümern bekannt gegeben durch Ministerial-Bekanntmachungen vom 25. und 31. März 1913 (OffizAnz. S. 93ff.; RegBl. S. 90ff.).

Das Kontributionsedikt vom 12. Mai 1903 ist durch Verordnungen der Großherzöge vom 6. Mai 1913 aufgehoben und ein Einkommensteuer- und Ergänzungssteuergesetz, welches alle Personen mit Einkommen über 2000 Mk. steuerpflichtig macht und zur Selbsteinschätzung verpflichtet, nebst umfangreicher Ausführungsanweisung am 6. Mai 1913 (RegBl. S. 121ff.; OffizAnz. S. 229ff.) erlassen worden.

Aus dem Beamtenrechte ist für Mecklenburg-Schwerin noch die Verordnung vom 17. Mai 1912 und 15. Juni 1912 (RegBl. S. 247ff., S. 355ff.) zu erwähnen, welche eine neue Satzung für die Versorgung der Witwen und Waisen der Zivil- und Militärdiener, der Prediger und anderer Kirchendiener und der Lehrer enthalten.

In Mecklenburg-Schwerin ist eine neue Verordnung über die äußere Heilighaltung der Sonn- und Festtage vom 29. November 1912 (RegBl. S. 551) zu einer früheren Verordnung vom 9. Februar 1906 bekannt gegeben worden.

Mecklenburg-Strelitz hat den Vorbereitungsdienst und die Prüfung für die Gerichtsschreiber nach einer Bekanntmachung vom 30. September 1912 (OffizAnz. S. 393) geregelt.

Zu erwähnen ist noch eine Verordnung für Mecklenburg-Strelitz vom 24. Dezember 1912 (OffizAnz. 1914 S. 1ff.), welche den römisch-katholischen Pfarrgemeinden die Stellung als Körperschaften des öffentlichen Rechts verleiht und Vorschriften über die Aufsicht, den Kirchenvorstand und die Verwaltung der Geschäfte enthält.

8. Weimar:

Die Familienfideikommisse und die Familienstiftungen des Großherzogtums werden durch eine höchste Verordnung vom 20. Dezember

1912 (RegBl. S. 815ff.) den Zivilkammern der Landgerichte unterstellt, soweit nicht gemäß der Stiftungen eine andere Behörde zur Aufsicht berufen ist. Die Oberaufsicht führt das Staatsministerium.

Die Hingabe von Darlehen zur Förderung des Kleinwohnungsbaues gegen Verpfändung von Grundstücken und neu errichteten Wohnhäusern hat ein Nachtrag vom 19. März 1913 zu dem Gesetz über die großherzogliche Landeskreditkasse vom 16. September 1897 (RegBl. S. 67) im Auge.

Die Gerichtsschreiberordnung vom 28. August 1912 (RegBl. S. 721) verlangt für die Anwärter zu diesem Dienste die Vollendung des 21. Lebensjahres, Erfüllung der militärischen Dienstpflicht und die Gerichtsschreiberprüfung nach mindestens zweijährigem Vorbereitungsdienst.

Durch das Gesetz vom 18. September 1912 (RegBl. S. 689) werden die Grundsteuer aufgehoben und die Vermessungs- und Katasterbehörden der Abteilung des Innern im Staatsministerium unterstellt. Die Grundsteuerkataster werden als Grundstückskataster fortgeführt. Hierzu ist eine Ministerialverordnung am 19. Dezember 1912 (RegBl. S. 691) ergangen.

Die Steuergesetzgebung ist weiter entwickelt worden. Zu nennen sind ein Nachtragsgesetz vom 1. April 1914 zum Gesetz über die Ergänzungssteuer vom 30. März 1910 (Besitzsteuergesetz RegBl. S. 131), ein Ergänzungssteuergesetz von demselben Tage (daselbst S. 149) und ein auf Grund des § 1 Abs. 5 des Reichsgesetzes über Änderungen im Finanzwesen vom 3. Juli 1913 ergangenes Zuwachssteuergesetz (RegBl. S. 73) vom 20. März 1914.

9. Oldenburg:

Eine Ministerialbekanntmachung zum § 2 des Ausführungsgesetzes zum BGB. vom 15. Mai 1899 (GBl. S. 105) bestimmt, daß zur Beurkundung eines Vertrages, durch den sich ein Teil verpflichtet, das Eigentum an einem im Gebiet der Herzogtums Oldenburg liegenden Grundstück zu übertragen, auch die Bahnvorstände befugt sind, sofern einer der Vertragschließenden durch sie vertreten wird.

Das Gesetz vom 5. Mai 1914 (GBl. S. 151) verbietet das Ausnehmen oder Zerstören der Eier oder Nester und das Fangen oder Töten nützlicher Vögel.

Mit dem Gemeindeverfassungsrecht beschäftigt sich das Gesetz vom 6. Januar 1914 über die Änderung der revidierten Gemeindeordnung vom 15. April 1873 (GBl. S. 7ff.). Es ersetzt die geltenden Vorschriften der §§ 13, 17, 18 und 37 über die Wahlen von Ersatzmännern und die Zusammensetzung der Gemeindekommissionen durch andere.

Nach dem Zweckverbandsgesetz für das Großherzogtum vom 30. April 1914 (GBl. S. 139) können sich Amtsverbände, Bürgermeistereien, Gemeinden und Ortsgenossenschaften zur Erfüllung einzelner kommunaler Aufgaben zu einem Zweckverband vereinigen. Ein solcher kann auch gegen den Willen der Beteiligten von dem Ministerium des Innern oder den Regierungen zur Erfüllung kommunaler Aufgaben gebildet werden, wenn diese den Beteiligten obliegen und es das öffentliche Interesse fordert. Das Gesetz regelt eingehend die Satzung, welche die Rechtsverhältnisse des Zweckverbandes bestimmt, besonders den Verbandsausschuß und sein Verfahren.

Das Diensteinkommen der im Staatsdienst beschäftigten Beamten und Arbeiter und der Lehrer und Lehrerinnen an den Volksschulen ist durch ein Gesetz vom 30. Dezember 1912 (GBl. S. 317) erhöht werden.

Die Lichtspielvorstellungen dürfen nach einem Gesetze vom 15. März 1913 (GBl. S. 479) von den Gemeinden durch Ortsstatut bis zur Höhe von 15% der Eintrittspreise besteuert werden.

10. Braunschweig:

Einzelne Abänderungen des Berggesetzes vom 15. April 1867 enthalten die Gesetze vom 17. Mai und 10. Dezember 1912 (GVOS. S. 273, 681ff.). Das letzte gibt Vorschriften über die Knappschaftsvereine und ihre Krankenkassen. Der 7. Titel des Berggesetzes ist am 14. März 1913 neu bekannt gemacht worden (GVOS. S. 55).

Eine authentische Erklärung des Wassergesetzes vom 20. Juni 1876 enthält das Gesetz vom 28. Mai 1913 (GVOS. S. 207), welches den Begriff des gewonnenen Landes an Flußarmen erläutert.

Nach dem Gesetz vom 10. Februar 1913 (GVOS. S. 33) betreffend die Rittergüter des Herzogtums müssen diese in die von der Ritterschaft geführte Matrikel eingetragen werden, im Herzogtum liegen, mit Wohn- und Wirtschaftsgebäuden versehen, zu selbständiger Bewirtschaftung geeignet sein und einen gewissen Grundsteuerreinertrag haben.

Die früheren Gesetze über die Landesbrandversicherungsanstalt vom 8. Januar 1906 und 19. Dezember 1910 sind durch ein neues Gesetz vom 9. Mai 1913 (GVOS. S. 171) aufgehoben worden.

Den Zigeunern oder nach Zigeunerart umherziehenden Personen verbietet ein Gesetz vom 9. Februar 1913 (GVOS. S. 15) das gemeinschaftliche Reisen und Lagern in Horden bei Geldstrafe oder Haft.

Das Braunschweigische Landesgrundgesetz ist durch das Gesetz vom 18. Mai 1912 (GVOS. S. 287) über die Abänderung und Ergänzung von

Verfassungsvorschriften berührt worden. Zu erwähnen sind daraus neue Bestimmungen über die Wahl der Präsidenten und Vizepräsidenten der Landesversammlung und den Ausschuß der Landesversammlung. Die Landesversammlung ist beschlußfähig, wenn mindestens $^2/_3$ der gesetzlichen Zahl der Abgeordneten anwesend ist. Durch herzogliche Verordnung vom 19. Mai 1912 (GVOS. S. 293) ist auch noch eine neue Geschäftsordnung für die Landesversammlung erlassen.

Die Gehaltsordnung für die Staatsbeamten vom 17. Juni 1910 und das Gesetz über die Gewährung von Wohnungsgeldzuschüssen vom 9. März 1911 sind durch eine Novelle vom 28. März 1913 ergänzt worden.

Das Verwaltungszwangsverfahren wegen Beitreibung von Geldbeiträgen nach dem Gesetze vom 9. April 1888 wird durch ein Gesetz vom 30. Juni 1913 (GVOS. S. 243) in einzelnen Punkten abgeändert.

Auch in Braunschweig sind neue Steuergesetze ergangen. So das Gesetz über die Besteuerung des Wertzuwachses vom 9. Oktober 1913 (GVOS. S. 303), welches den Gemeinden überläßt, die Wertzuwachssteuer vom 1. Juli 1913 an durch Ortsstatut weiter zu erheben und die herzogliche Verordnung vom 24. September 1913 (GVOS. S. 287), welche den landesrechtlichen Stempel auf Gesellschaftsverträge abändert.

11. Sachsen-Meiningen:

Ein Staatsministerialausschreiben vom 12. Juni 1912 (Samml. S. 395ff.) gibt eine eingehende Unterweisung für die Standesbeamten und bestimmt auch die Zuständigkeit für alle nach §§ 1322, 1706, 1723 BGB. vorgesehenen Befreiungen und Erklärungen.

Das Verfahren bei der Fortschreibung der Grundsteuerregister, der Karten und der Gebäudesteuerrollen ist Gegenstand eines Ausschreibens vom 5. März 1912 (Samml. S. 115).

Das Feilbieten und das Ausreißen und Ausgraben wild wachsender Pflanzen auf fremdem Grund und Boden wird durch ein Gesetz vom 19. Dezember 1912 (LVOS. S. 387) bei Strafe untersagt.

Wie in anderen Bundesstaaten, gewährt das Gesetz vom 17. Dezember 1912 (LVOS. S. 373) den Landtagsabgeordneten Tagegelder und Anspruch auf Ersatz der Aufwendungen an Fahrkosten.

Das Gesetz vom 16. Dezember 1912 über das Kostenwesen in Auseinandersetzungssachen (LVOS. S. 383ff.) enthält Ausführungsbestimmungen zum Staatsvertrage mit Preußen vom 31. Januar/4. Februar 1911.

Das Gesetz vom 12. Dezember 1913 über die Hinterziehung von Gemeindeabgaben (LVOS. S. 405) bestraft diese mit dem vierfachen Betrag der hinterzogenen Abgaben.

12. Sachsen-Altenburg:

Hier sind nur kleinere Gesetze und Verordnungen zu nennen. Zunächst ein solches vom 18. März 1912, welches das Gesetz vom 18. Dezember 1909 (GS. S. 57), die Landesbrandkasse betreffend (GS. S. 19) ergänzt. Der Text dieses Gesetzes ist am 26. April 1912 einheitlich bekannt gemacht (GS. S. 183ff.).

Ausführungsbestimmungen zum Reichsgesetz gegen den unlauteren Wettbewerb vom 7. Juli 1909 veröffentlicht eine Ministerialverordnung vom 23. Mai 1912 (GS. S. 222).

Die Grundsätze für die Handhabung der Bestimmungen der Gewerbeordnung für den Gewerbebetrieb im Umherziehen, namentlich den Wandergewerbeschein werden durch eine Verordnung vom 10. November 1910 (GS. S. 359) ergänzt.

Das Gesetz vom 25. November 1897 über die äußere Heilighaltung der Sonn- und Feiertage wird durch ein Gesetz vom 29. Dezember 1913 (GS. S. 143ff.), welches die Sonntagsruhe und die Beschränkung der Lustbarkeiten zum Gegenstande hat, abgeändert. Der Text des Sonntagsruhegesetzes ist am 29. Dezember 1913 (GS. S. 155ff.) einheitlich bekannt gemacht worden.

An Steuergesetzen sind hier zu erwähnen das Gesetz über die Erhebung der Zuwachssteuer nach dem Reichsgesetz vom 14. Februar 1911 vom 23. Dezember 1913 (GS. S. 151), das Gesetz vom 24. Dezember 1912 (GS. S. 370), welches das Stempelsteuergesetz vom 9. Januar 1911 abändert und das Gesetz über die Erhebung einer Abgabe vom Kohlenbergbau vom 21. Dezember 1913, das eine Förderabgabe für Kohle einführt.

13. Die Herzogtümer Coburg und Gotha haben eine Verordnung zur Ausführung des Berggesetzes vom 30. November 1912 erlassen (GS. S. 245; Cob. GS. S. 327ff.), welche die Arbeitsausschüsse und Sicherheitsmänner betrifft.

Den Vogelschutz hat eine Verordnung für Gotha vom 30. Juni 1913 (GS. S. 239) und für Coburg vom 2. Dezember 1912 (GS. S. 371) im Auge.

Ein anderes gemeinschaftliches Gesetz vom 29. Januar 1913 (GS. S. 131ff.; Gotha GS. S. 51ff.; Cob. GS. S. 87ff.) ändert das Gesetz über das Verwaltungszwangsverfahren vom 9. November 1892 in betreff der Vorschriften über die Pfändung von Forderungen.

Einzelne Änderungen der Gebührenordnung für Notare vom 14. März 1911 und des Gerichtskostengesetzes vom 18. April 1911 gibt ein Gesetz vom 28. Januar 1913 (GS. S. 31).

Coburg hat ein besonderes Gesetz über die Vorausleistungen zum Wegebau am 22. Mai 1912 (GS. S. 91) erlassen.

Auch hier finden sich Steuergesetze, so das Gesetz betreffend die Abänderung des Einkommensteuergesetzes vom 2. Dezember 1908 vom 21. Januar 1913 (GS. S. 41), welches die Steuersätze für die Einkommen der Steuerpflichtigen ändert, welche ihren Wohnsitz oder Aufenthalt außerhalb des Herzogtums Coburg haben, ferner das Gesetz betreffend die Vermeidung von Doppelbesteuerungen vom 20. Mai 1912 (GS. S. 81).

Das Wohnungswesen in Coburg betrifft das Gesetz über die Wohnungsaufsicht vom 21. Mai 1912 (GS. S. 85). Es gestattet den Erlaß allgemeiner Vorschriften über die Beschaffenheit und Benutzung von Wohnungen und sonstigen Räumen durch Menschen (Wohnungsordnung), und sieht die Einsetzung von Wohnungskommissionen und Wohnungspflegern vor.

In Gotha sind zahlreiche kleinere Gesetze ergangen, von denen nur die wichtigsten erwähnt werden können.

Das Gesetz vom 5. März 1913 (GS. S. 103) ändert ein Gesetz vom 8. Juli 1896 über die Vermessung und Abmarkung der Grundstücke und enthält einen neuen Messungskostentarif.

Für das Beamtenrecht sind zu nennen die Gesetze über die Änderung der Besoldungsverhältnisse der Beamten der herzoglichen Landeskreditanstalt und Hinterlegungsstelle vom 10. Mai 1912 und das Gesetz über die Besoldungsordnung gothaischer Staatsbeamter, Geistlicher und Volksschullehrer vom 14. Mai 1912 (GS. S. 57ff.). Dazu ist eine Besoldungsordnung für gemeinschaftliche Beamte der Herzogtümer Coburg und Gotha vom 31. März 1912 (Cob. GS. S. 71ff.) und für Coburg eine Beamtenbesoldungsordnung vom 3. Juni 1912 (GS. S. 117ff.) zu nennen.

Das Gothaische Gesetz vom 30. September 1903 über das Staatsschuldbuch hat im Lauf der Zeit zahlreiche Abänderungen notwendig gemacht, welche das Gesetz vom 7. März 1913 (GS. S. 109ff.) enthält. Der Text ist am 14. April 1913 (GS. S. 123ff.) neu bekannt gemacht worden.

Bewohner der Grundstücke, welche keinem Gemeindebezirk zugehören, können nach einem Gesetz vom 30. April 1914 zu den Gemeindeabgaben herangezogen werden (GS. S. 13). Ein Zuwachssteuergesetz ist erlassen am 30. April 1914 (GS. S. 19).

14. Anhalt hat ein Knappschaftsgesetz vom 8. April 1914 (GS. S. 419ff.) über die Knappschaftsvereine und Pensionskassen der Bergarbeiter bekannt gemacht.

Das Feuerversicherungswesen ist Gegenstand eines Gesetzes vom 26. März 1911 mit Ausführungsverordnung vom 12. Mai 1912 (GS. S. 97). Zur Ausführung des Reichsgesetzes über die privaten Versicherungsunternehmen sind zwei Ministerialverordnungen vom 8. und 22. August (GS. S. 151, 153) ergangen.

Das Staatsrecht betrifft das Gesetz über die Einführung einer Geschäftsordnung für den Landtag vom 16. April 1914 (GS. S. 471ff.), während das Gesetz über die Abänderung der Kreisordnung vom 23. März 1912 (neue Vorschriften über die Zusammensetzung der Kreistage gibt.

Zu erwähnen ist sodann ein Gesetz über die Gebühren der Medizinalbeamten vom 22. März 1912 (GS. S. 51).

Das Gesetz betreffend die Abänderung des Handelskammergesetzes vom 13. März 1912 (GS. S. 27) errichtet eine Kleinhandelsabteilung und führt andere Beiträge für die Handelskammern ein.

Von dem Vermögen der Sparkassen sollen nach dem Gesetz vom 25. März 1914 (GS. S. 413) mindestens 20% in mündelsicheren Schuldverschreibungen auf den Inhaber und hiervon mindestens $^{3}/_{5}$ in Schuldverschreibungen des Deutschen Reiches oder eines Bundesstaates, den die im Reichsschuldbuch oder Schuldbuch eines Bundesstaats eingetragenen Forderungen und die dem Anhaltischen Staat oder Landesarmenverband gewährten kündbaren Darlehen gleichstehen, angelegt werden.

Das Gesetz betreffend die Zuwachssteuer vom 13. April 1914 (GS. S. 457) ordnet die Rechte der Gemeinden an der Zuwachssteuer gemäß dem Reichsgesetz vom 14. Februar 1911. Der Staatsanteil fällt weg.

Auch Anhalt hat ein Gesetz über die Beseitigung der Doppelbesteuerung vom 29. März 1914 (GS. S. 417) erlassen.

Das Fortbildungsschulgesetz vom 15. April 1914 (GS. S. 461) gibt den Gemeinden das Recht für Personen unter 18 Jahren den Fortbildungsschulzwang einzuführen. Gemeinden mit über 2000 Einwohnern oder mit mehr als 40 männlichen in gewerblichen Betrieben beschäftigten oder in Dienststellung befindlichen Personen müssen dies tun. Das Gesetz enthält dann weitere Vorschriften über die Verwaltung und Unterhaltung der Fortbildungsschulen.

15. Schwarzburg-Sondershausen:

Zwei Gesetze zur Abänderung des Ausführungsgesetzes zum BGB. vom 19. Juli 1899 vom 10. November 1913 (GS. S. 161) und vom 7. Mai 1914 (GS. S. 169) sind zu nennen. Das erste verlangt für die Änderung eines Familiennamens die Genehmigung des Landesherrn, für die Änderung eines im Geburtsregister eingetragenen Vornamens diejenige des Ministeriums. Das zweite gibt Bestimmungen über die Berufsvormünder, wozu durch Ortsgesetz Gemeindebeamte bestellt werden können.

Eine kleine Änderung des Berggesetzes § 109 Abs. 2 vom 6. März 1894 enthält ein Gesetz vom 15. April 1913 (GS. S. 79).

Ehefähigkeitszeugnisse gemäß Art. 4 des Haager Abkommens vom 12. Juli 1902 erteilen nach einer Verordnung vom 29. Juli 1912 (GS. S. 529) die Amtsgerichte. Eine Ministerialbekanntmachung vom 1. Juli 1912 (GS. S. 541) ändert die Geschäftsanweisung für die Gerichtsvollzieher in zahlreichen Punkten.

Noch einige dem Staats- und Verwaltungsrecht angehörende Gesetze sind aufzuführen.

Die Ausführungsverordnung zum Landtagswahlgesetz vom 27. Juni 1912 (GS. S. 493ff.) betrifft die Vorbereitung der Wahl und die Wahlhandlung. Eine Ausführungsverordnung zur Kreisordnung vom 4. September 1912 (GS. S. 605ff.) bestimmt die Zuständigkeit der Landräte und Kreisausschüsse, während das Gesetz über die Zuständigkeit der Verwaltungsgerichte (Zuständigkeitsgesetz) vom 3. Oktober 1912 (GS. S. 715) die örtliche und sachliche Zuständigkeit im Verwaltungsstreitverfahren regelt. In erster Instanz entscheidet auf Antrag oder Beschwerde das Bezirksverwaltungsgericht, in zweiter auf Berufung oder Beschwerde das Landesverwaltungsgericht und in dritter Instanz auf Revision das Oberverwaltungsgericht. Dazu gehört ein Gesetz betreffend das Verfahren vor diesen Gerichten vom 12. Oktober 1912 (GS. S. 727).

Die Organisation der Forstbehörden ist durch ein Gesetz vom 30. September 1912 (GS. S. 725) zu demjenigen über die Reorganisation der Staatsverwaltung vom 17. März 1850 abgeändert worden.

Zu erwähnen sind aus dem Finanzrecht noch ein Gesetz betreffend die Aufbesserung der Bezüge der Altpensionäre vom 15. November 1913 (GS. S. 167), welches das Wartegeld und den Ruhegehalt der Staatsbeamten, Geistlichen und Volksschullehrer und die Bezüge ihrer Hinterbliebenen erhöht, und eine umfangreiche Ausführungsverordnung zum Einkommensteuergesetz vom 15. Dezember 1912 (GS. S. 765ff.).

16. Schwarzburg-Rudolstadt:

Das Gesetz vom 6. März 1914 (GS. S. 26) über die Abänderung des Ausführungsgesetzes zum Reichsgesetz über die Angelegenheiten der freiwilligen Gerichtsbarkeit vom 11. Juli 1899 (GS. S. 94) erweitert die Zuständigkeit der Gerichtsschreiber für die Beglaubigung von Unterschriften. Das Gesetz vom 9. April 1913 (GS. S. 177) bestimmt die ordnungsmäßige Fortführung der Grundsteuerbücher.

Dem gewerbsmäßigen Güterhandel will ein Gesetz vom 3. März 1913 (GS. S. 151ff.) vorbeugen. Es enthält im wesentlichen dieselben Grundsätze wie das bayrische Güterzertrümmerungsgesetz und führt eine Besitzwechselabgabe bis zu 3% des Wertes der zerschlagenen Grundstücke an die Gemeinden ein. Jede Zerschlagung muß von dem zuständigen Landratsamt genehmigt werden, auch hat der Verkäufer ein einwöchiges Rücktrittsrecht. Die Gemeinden und landwirtschaftlichen Darlehnskassen oder ländlichen Genossenschaften haben ein Vorkaufsrecht.

Die Bauordnung für das Fürstentum vom 4. März 1913 (GS. S. 81ff.) enthält öffentliches Baurecht, aber auch nachbarrechtliche Bestimmungen, die sich auf §§ 906—909, 912—916 BGB. und die dazu erlassenen Ausführungsbestimmungen beziehen.

Die Ministerialbekanntmachung vom 9. August 1912 (GS. S. 125) über den Erlaß einer Unterweisung für die Standesbeamten enthält auch Vorschriften über die Befreiung von den Erfordernissen der §§ 1303 und 1315 BGB. Öffentliche Beamte, Geistliche und Lehrer bedürfen der Genehmigung ihrer vorgesetzten Dienstbehörde zur Verheiratung.

Das Jagdrecht betrifft das Gesetz vom 13. März 1913 (GS. S. 67), welches das Gesetz über die Schonzeit des Wildes vom 18. Juli 1874 abändert.

Gewisse Mineralien sind nach einem Gesetze vom 7. Mai 1913 zur Abänderung des Berggesetzes vom 20. März 1894 (GS. S. 19) dem Schürfrecht nicht unterworfen. Das Recht auf ihre Aufsuchung und Gewinnung steht nur dem Staate zu.

Eine Landesgebührenordnung für Rechtsanwälte ist am 17. März 1914 (GS. S. 65) veröffentlicht worden.

Das Landtagswahlgesetz vom 16. November 1870 ist im § 1 Abs. 2 durch ein Gesetz vom 28. Juni 1913 über die Wahlen durch die Höchstbesteuerten geändert worden (GS. S. 201).

Wie in anderen Bundesstaaten sind den Landtagsabgeordneten Tagegelder und Reisekosten für die Dauer ihrer Tätigkeit gewährt worden durch ein Gesetz vom 3. März 1913 (GS. S. 51).

Für das Beamtenrecht ist wichtig das Gesetz über die Besoldung der Staatsbeamten vom 22. März 1913 (GS. S. 135). Die Beamten erhalten danach durch Berufung in eine etatsmäßige Stelle einen zivilrechtlichen Anspruch auf die Besoldung. Die Gehaltsstufen sind dreijährig.

Die Steuergesetzgebung umfaßt zunächst ein Gesetz vom 28. Juni 1913 über die weitere Abänderung des Einkommensteuergesetzes vom 31. Mai 1902 (GS. S. 209). Der Text ist in abgeänderter Fassung mit einer Ausführungsverordnung am 28. Juni 1913 (GS. S. 243ff.) neu bekannt gemacht worden.

Die künftige Geltung des Zuwachssteuergesetzes gemäß dem Reichsgesetz vom 3. Juni 1913 ordnet ein Gesetz vom 26. März 1914 (GS. S. 79) mit einer Ausführungsverordnung vom 1. April 1914 (GS. S. 89ff.)

17. Waldeck:

Mit der Enteignung von Grundstücken für die Errichtung und Erhaltung von Marksteinen befaßt sich ein Gesetz vom 12. März 1912 (RegBl. S. 53). Demnach müssen sich der Eigentümer, Pächter und Nutznießer von Grundstücken die Arbeiten der Landesvermessung auf ihren Grundstücken gegen Schadensersatz gefallen lassen und die für die Festlegung trigonometrischer Punkte erforderliche Bodenfläche dem Staat zu Eigentum überlassen. Der zuständige Kreisamtmann teilt die Enteignung dem Amtsgericht mit, welches das Grundbuch von Amts wegen berichtigt. Der Eigentümer kann die Festsetzung der Entschädigung binnen 6 Wochen mittels Klage im Rechtswege anfechten.

Dieselben Zwecke wie das bayerische und das in diesem Bericht bereits erwähnte schwarzburgische Gesetz verfolgt das waldeckische über die Güterzerstückelung vom 22. Januar 1912 (RegBl. S. 31) mit Ausführungsanweisung vom 19. Dezember 1912 (RegBl. S. 194), welches auf denselben Rechtsgrundsätzen aufgebaut ist. Die Zerstückelung unterliegt einer Abgabe an den Staat, die Gemeinden können durch Ortsstatut Zuschläge erheben.

Das für Preußen neu geschaffene Knappschaftsgesetz, welches das Allgemeine Berggesetz vom 1. Januar 1869/5. Januar 1911 abändert, ist in Waldeck durch Bekanntmachung vom 13. Januar 1913 eingeführt worden (RegBl. S. 31ff.).

Die Verpflichtung der Staatsbeamten zur Stellung von Kautionen ist durch ein Gesetz vom 29. Dezember 1913 (RegBl. 1914 S. 21) aufgehoben. Die gestellten Kautionen fallen an die Beamten zurück.

Zu erwähnen ist noch ein Medizinalgesetz über die Desinfektion bei ansteckenden Krankheiten vom 7. Januar 1914 (RegBl. S. 18).

18. Reuß ä. L.:

Die Schonzeiten des jagdbaren Wildes werden durch eine höchste Verordnung vom 17. April 1914 (GS. S. 41) an Stelle der Verordnung vom 20. Juli 1903 anders festgesetzt.

Das Verfassungsgesetz vom 18. Mai 1913 über den Landtag (GS. S. 33) ersetzt §§ 54, 55 der Verfassung durch neue Bestimmungen über die Zusammensetzung der Landesvertretung und bestimmt im § 58, wer wahlberechtigt ist. Ferner enthält es neue Vorschriften über das Wahlverfahren und die Wahlbezirke.

Die beiden Gesetze über einige Gegenstände der Verwaltung vom 25. Juli 1912 (GS. S. 101ff.) und über die Verwaltungsrechtspflege vom 27. Juli 1912 mit Ausführungsverordnungen vom 17. und 18. Dezember 1912 (GS. S. 101ff., 68ff., 235, 236ff.) setzen die Zuständigkeit des sächsischen Oberverwaltungsgerichts in reußischen Verwaltungssachen auf Grund des zwischen Sachsen und dem Fürstentum geschlossenen Staatsvertrages vom 22. Januar 1911 fest und geben Vorschriften über das Beschwerdeverfahren gegen Entscheidungen der Verwaltungsbehörden.

Die Versorgung der Hinterbliebenen von Staatsdienern, Lehrern und Kirchendienern ist durch ein Gesetz vom 5. Mai 1913 (GS. S. 29) abweichend vom bisherigen Recht verbessert worden.

An Steuergesetzen sind noch zu erwähnen ein Gesetz vom 25. Juli 1912 (GS. S. 105ff.) zur Ausführung des Reichszuwachssteuergesetzes vom 24. Februar 1911 und ein solches vom 29. Mai 1913 betreffend die Kosten des Berufungsverfahrens in Staatssteuersachen (GS. S. 46ff.). In dasselbe Gebiet gehören mehrere Ausführungsverordnungen vom 28. August 1912 zur Ausführung des Einkommens- und Vermögenssteuergesetzes und des Gemeindeabgabengesetzes (GS. S. 107, 109, 201ff.).

19. Reuß j. L.:

Das Grundbuchwesen betrifft eine landesherrliche Verordnung vom 11. Januar 1913 über die Anlegung und Führung der Flurbücher, Flurkarten und Kataster und deren Verbindung mit dem Grundbuch (GS. S. 27ff.), während das Gesetz vom 14. Juni 1912 (GS. S. 61) die genaue Feststellung und Veranlagung der Grenzen bei Neuvermessung der Grundstücke durch das Katasteramt vorschreibt.

Ein Nachtragsgesetz vom 7. Januar 1913 (GS. S. 1) zum Berggesetz vom 9. Oktober 1870 verbietet das Schürfen unter Gebäuden ohne Erlaubnis des Grundeigentümers.

Eine kleine Abänderung des Ausführungsgesetzes zum Bürgerlichen Gesetzbuch vom 18. August 1899 enthält das Gesetz vom 18. Juni 1912 (GS. S. 81) in betreff der Vollziehung der Beschlüsse des Vormundschaftsgerichts auf Unterbringung in Zwangserziehung und die Kosten der Zwangserziehung, ferner in betreff der Strafen für Entziehung aus der Zwangserziehung. Die Gebührenordnungen für das Gericht, die Notare und Rechtsanwälte, die Gerichtsvollzieher, Zeugen und Sachverständigen vom 10. August 1899 sind durch ein Gesetz vom 11. Mai 1914 (GS. S. 149) für die Notadressen bei Wechseln abgeändert.

Den in den thüringischen Staaten zahlreich erlassenen Gesetzen über das Verwaltungsstreitverfahren schließt sich das Gesetz vom 17. Juni 1912 (GS. S. 67ff.) an. Es bestimmt die Rechtsmittel im Verwaltungsstreitverfahren, die Beschwerden und das Verfahren bei dem Bezirksausschuß in den Fällen der §§ 20, 21 RGO. Hierher gehört auch eine Ministerialverordnung über das Zustellungswesen in Verwaltungssachen vom 17. Juli 1912 (GS. S. 129).

20. Schaumburg-Lippe.

Das Gesetz über die Vorausleistungen zum Wegebau vom 18. März 1913 (LVO. S. 444) legt dem Unternehmer einer Fabrik, eines Bergwerks, eines Steinbruchs, einer Ziegelei oder eines ähnlichen industriellen Unternehmens, welches besonders starke Benutzung öffentlicher Wege veranlaßt, einen angemessenen Beitrag zur Unterhaltung des Weges auf.

Der Gerichtsstand des fürstlichen Hauses und die Gerichtsbarkeit über seine Mitglieder sind in einer landesherrlichen Verordnung zum Ausführungsgesetz zum Gerichtsverfassungsgesetz vom 2. Dezember 1913 (LVO. S. 571) geregelt.

Arbeitsscheue und säumige Nährpflichtige können nach einem Gesetz vom 18. März 1913 (LVO. S. 446ff.) in einer Arbeits-, Erziehungs- oder Heilanstalt untergebracht werden.

Im Steuerrecht ist neu das Ergänzungssteuergesetz über das Besteuerungsrecht der Religionsgemeinschaften vom 18. März 1913 (LVO. S. 452), welches die Eheleute verschiedener Religionsgemeinschaften und den Grundbesitz besteuert. Die Reichsstempelabgabe für Grundstücksübertragungen ist nach einem Erlasse vom 15. April 1912 zu den Gerichtskosten einzuziehen (LVO. S. 263).

Das Ausführungsgesetz zum Reichszuwachssteuergesetz vom 12. März 1913 (LVO. S. 435) hebt die Besteuerung zugunsten der Gemeinden inbetreff gewisser Grundstücke auf.

21. Lippe-Detmold:

Das Baufluchtliniengesetz vom 13. Dezember 1899 wird durch ein Gesetz vom 26. März 1913 (GS. S. 19) in einem Punkte, nämlich der der Errichtung der Gebäude an Straßen und die Innehaltung der Baufluchtlinien abgeändert.

Eine ausführliche Bestimmung der landesrechtlichen Gebühren für Rechtsanwälte enthält das Gesetz vom 13. Juni 1912 (GS. S. 815).

Eine Auseinandersetzung der Rechtsverhältnisse zwischen dem Staat und dem fürstlichen Domanium gibt das Gesetz vom 12. Juli 1912 (GS. S. 823 ff.), indem es die Einkünfte aus dem Domanium zwischen der Kammer und Landkasse teilt.

Die aktive und passive Wahlberechtigung zum Landtage ist abweichend von dem früheren Gesetze vom 3. Juli 1876 durch ein Gesetz vom 19. Oktober 1912 (GS. S. 251) festgesetzt worden. Es gibt zugleich Vorschriften für die Ausübung des Wahlrechts, die Wahlbezirke und die Wahlhandlung. Dies neue Landtagswahlgesetz ist am 21. Oktober 1912 veröffentlicht worden (GS. S. 954ff.).

In dem Gesetze vom 22. Dezember 1913 mit Besoldungsordnung und einem anderen Gesetze von demselben Tage sind die Gehalte der Staatsbeamten, Lehrer und Lehrerinnen und die Ruhegehalte und Bezüge der Witwen und Waisen erhöht worden (GS. S. 103, 115, 116).

Kurz zu erwähnen sind noch die neuen Gesetze über die staatliche Einkommensteuer mit Selbsteinschätzungsverfahren vom 12. Juni 1912 (GS. S. 729ff.) und Ausführungsanweisungen vom 28. September und 7. November 1912 (GS. S. 843ff., 983ff.) und das Gesetz über die Wirkung des Steuererlasses auf das Gemeindebürgerrecht vom 6. Dezember 1913 (GS. S. 99).

22. Hamburg:

Das hamburgische Gesetz zur Ergänzung des Ausführungsgesetzes zum BGB. vom 14. Juli 1899 (Amtsbl. S. 995) bestimmt (§ 80a) die Eröffnung von Testamenten, die seit mehr als 54 Jahren amtlich verwahrt sind.

Mit den Ausverkäufen und dem Verschleudern von Waren beschäftigt sich eine Verordnung vom 1. Februar 1913 zum Reichsgesetz gegen den unlauteren Wettbewerb vom 7. Juni 1909 (Amtsbl. S. 98). Sie bestraft das Verschieben oder Nachschieben von Waren mit Gefängnis bis zu einem Jahre und mit Geldstrafe bis zu 5000 Mk. oder mit einer dieser Strafen.

Das revidierte Gesetz über die Organisation der Verwaltung vom 2. November 1896 wird durch ein Gesetz vom 19. März 1913 (Amtsbl. S. 163) geändert. Der Geschäftskreis der Justizverwaltung wird anders bestimmt. Erwähnenswert ist eine neue Kassenordnung für die Justizkasse vom 1. April 1913 (Amtsbl. S. 171ff.).

Das Reichsgesetz über die Angestelltenversicherung hat ein Gesetz vom 27. Januar 1913 (Amtsbl. S. 91) veranlaßt, welches den staatlichen Angestellten Anwartschaft auf Ruhegeld und ihren Hinterbliebenen Anspruch auf Rente entsprechend dem Reichsgesetze gewährt. Eine neue Gehaltsordnung für die Beamten des Hamburgischen Staates ist am 20. Juni 1912 (Amtsbl. S. 611) ergangen. In das Beamtenrecht fällt auch das Gesetz über die Anrechnung von Kriegsjahren auf die pensionsberechtigte Dienstzeit der Beamten vom 12. Juli 1912 (Amtsbl. S. 752).

Auch in Hamburg ist das Wahlrecht für die Bürgerschaft durch ein Gesetz vom 3. November 1913 (Amtsbl. S. 723), welches in die Verfassung eingreift, geändert worden. Passiv wählbar sind alle Bürger über 30 Jahre, die mindestens 3 Jahre ihren Wohnsitz oder ihren Geschäftsbetrieb im Hamburgischen Staat gehabt haben, sofern sie Steuern bezahlt und keine Armenunterstützung aus öffentlichen Mitteln bezogen haben, in kein Konkursverfahren verwickelt gewesen und im Besitz der bürgerlichen Ehrenrechte sind. —

Hamburg hat zum erstenmal ein Einkommensteuergesetz am 9. Januar 1914 eingeführt (Amtsbl. S. 44ff.). Es besteuert die Einkommen über 1000 Mk. nach dem System der Selbsteinschätzung. Die Höhe der Steuer (die Zahl der Steuereinheiten) wird für jedes Jahr durch Beschluß des Senats und der Bürgerschaft bestimmt. Rechtsmittel gegen den Steuerbescheid sind die Beschwerde an die Steuerdeputation, gegen deren Entscheidung der Rechtsweg gegeben ist.

Die hamburgische Erbschaftssteuer (Gesetz vom 22. März 1911) ist durch ein Gesetz vom 3. Dezember 1912 (Amtsbl. S. 761) für die Abkömmlinge ersten Grades von Geschwistern auf 80%, diejenige zweiten Grades auf 50%, für uneheliche und vom Vater anerkannte Kinder und deren Abkömmlinge auf 66²/₃%, für andere Erben auf 16²/₃% Zuschlag erhöht worden.

Die Fortbildungsschulpflicht ist von einem Gesetz vom 16. Juni 1913 (Amtsbl. S. 449) festgesetzt worden.

23. Lübeck:

Die Waisenpflege in der Gemeinde ist Gegenstand eines Lübeckischen Nachtragsgesetzes zum Ausführungsgesetz zum BGB. §§ 122—125 vom 23. Januar 1914 (GVOS. Nr. 6). Es bestimmt das Stadt- und Landamt (Jugendamt) zum Gemeindewaisenrat für die Stadt und die Vorstädte und ist auch für das bürgerliche Vormundschaftsrecht wichtig. Die gesetzliche Berufsvormundschaft ist bereits durch ein Gesetz vom 13. Februar 1912 (GVOS. S. 67) eingeführt worden, wozu eine Verordnung über die Beaufsichtigung des Kostkinderwesens vom 6. März 1912 (GVOS. S. 236) gehört.

Die Haftung des Staates und der Gemeinden für vorsätzliche oder fahrlässige Verletzung der Amtspflichten durch ihre Beamten ist, wie schon in mehreren anderen Bundesstaaten durch ein Gesetz vom 23. Februar 1912 (GVOS. S. 78) festgelegt.

Ein Nachtragsgesetz zur Bauordnung für die Landbezirke vom 3. Aug. 1867 vom 21. Februar 1913 (GVOS. S. 54) will der Verunstaltung des Straßenbildes und der Landschaft durch geschmacklose Bauten und Reklamen vorbeugen. Ein Gesetz vom 9. Mai 1913 (GVOS. S. 82) gewährt den Anliegern von Straßen, wenn diese höher gelegt werden, eine Entschädigung, wegen deren Feststellung durch die Senatskommission der Rechtsweg gegeben ist.

Mit der freiwilligen Gerichtsbarkeit beschäftigt sich außer einem unwesentlichen Nachtragsgesetz zur Grundbuchordnung vom 27. September 1912 (GVOS. S. 493) ein Gesetz vom 27. September 1912 (GVOS. S. 496) zum Ausführungsgesetz zum Reichsgesetz über die Angelegenheiten der freiwilligen Gerichtsbarkeit (GVOS. S. 496). Es erweitert die Befugnisse des Stadt- und Landamts für die Abnahme von Versicherungen an Eidesstatt und Aufnahme von Verpflichtungserklärungen in dem Verfahren gegen die Väter unehelicher Kinder.

Die Zusammensetzung der Kommission für die zweite juristische Prüfung und die Vorschriften über diese selbst sind in einer Verordnung vom 15. November 1912 (GVOS. S. 510ff.) enthalten.

Die Beschlußfassung auf Anträge des Senats durch die Bürgerschaft erfolgt gemäß dem Gesetze GVOS. S. 71.

Die Gesetze über die Rechtsverhältnisse der Beamten und ihre Pensionierung sind in einer durch mehrere Nachtragsgesetze abgeänderten Fassung durch Senatsverordnung vom 28. Januar 1914 (GVOBl. S. 35, 53ff.) neu bekannt gemacht worden. Die Kautionspflicht der Beamten ist für die Gerichtsvollzieher durch ein Gesetz vom 23. Juli 1912 (GVOBl. S. 479) aufgehoben.

An Steuergesetzen sind zu nennen ein neues Einkommensteuergesetz vom 11. November 1913 (GVOS. S. 175) mit Einschätzungsverfahren auf Grund der Steuererklärungen und Vorschriften für die Berechnung des steuerpflichtigen Einkommens. Die landesrechtlichen Zuschläge zur Reichserbschaftssteuer sind durch ein Gesetz vom 8. November 1913 (GVOS. S. 173) auf 25 bis 100% erhöht worden.

24. Bremen:

Bremen hat einige bemerkenswerte Gesetze für das Gebiet des Privatrechts ergehen lassen, zunächst ein Gesetz über die Haftung der Straßenbahnen für Sachschäden auf Grund des Art. 105 des Einführungsgesetzes zum BGB. vom 6. Juli 1913 (GBl. S. 234). Hierin wird eine strenge Haftpflicht des Straßenbahnunternehmers für seine Angestellten festgesetzt. Bei mitwirkendem Verschulden ist § 254 BGB. anzuwenden.

Ähnlich wie Lübeck hat auch Bremen die Jugendpflege durch vier Gesetze vom 21. Dezember 1912 (GBl. S. 273ff.) eingehend neu geregelt. Das erste Gesetz betrifft das Jugendamt. Dieses führt auch die Generalvormundschaft über Minderjährige nach dem dritten Gesetze, welches die Aufgaben des Generalvormundes festlegt. Das zweite Gesetz ändert das Ausführungsgesetz zum BGB. in seinen Vorschriften über den Gemeindewaisenrat. Ein viertes über die Fürsorgeerziehung Minderjähriger vom 21. Dezember 1912 hebt das Gesetz über die Zwangserziehung jugendlicher Personen vom 18. Juli 1899 auf. Dazu tritt eine Verordnung über die Aufsicht der Pflegekinder vom 19. Januar 1913 (GBl. S. 13).

Eine Reihe von Gesetzen beschäftigt sich mit dem Grundbuchwesen. Das Gesetz vom 27. März 1913 ändert das Enteignungsgesetz vom 18. Juli 1899 (GBl. S. 95). Die Kosten der Rücknahme gewisser Anträge hat stets der Grundeigentümer zu tragen. Die Beurkundung von Verträgen öffentlicher Behörden über Erwerb oder Veräußerung von Grundstücken ist Gegenstand eines Gesetzes vom 14. Mai 1914 (GBl. S. 135) an Stelle eines Gesetzes vom 20. Dezember 1899. Verwaltungsbehörden und Beamte sind nach einer Verordnung vom 14. Mai 1914 (GBl. S. 136) auch zuständig für die Beglaubigung von Unterschriften oder Handzeichen und die Ausstellung von Lebensbescheinigungen in den Fällen des § 29 der Grundbuchordnung.

Das Gesetz über die Kanalbeiträge vom 3. Juli 1912 (GBl. S. 163) gibt Vorschriften über die an den Staat zu zahlenden Kanalbeiträge der

Anlieger. Die Beitragspflicht wird als öffentliche Last auf dem verpflichteten ganzen Grundstück eingetragen.

Ein weiteres nennenswertes Gesetz ist eine Novelle zur Jagdordnung vom 27. September 1889, vom 5. April 1913 (GBl. S. 97) über die jagdbaren Tiere.

Der Erschließung von Baugelände und Herbeiführung zweckmäßiger Gestaltung von Baugrundstücken dient ein ausführliches Umlegungsgesetz vom 6. Juli 1913 (GBl. S. 207ff.).

Die Vorschriften über die Anstellung der Gerichtsvollzieher sind durch ein Gesetz vom 23. Juli 1913 (GBl. S. 265), welches das Ausführungsgesetz zum Gerichtsverfassungsgesetz abändert, neu geregelt worden, eine neue Gerichtsvollzieher- und Versteigerungsordnung sind an demselben Tage ergangen.

Mit dem Beamtenrecht haben ferner mehrere Gesetze vom 19. Januar 1913 (GBl. S. 11ff.) zu tun, welche das Reichsgesetz über die Versicherung der Angestellten und die Reichsversicherungsordnung mit den bremischen Bestimmungen über Ruhegeld und Hinterbliebenenrente der staatlichen Angestellten in Einklang bringen. Hierauf bezieht sich auch ein anderes Gesetz vom 25. Dezember 1912 (GBl. S. 292), welches die nach der Reichsversicherungsordnung versicherungspflichtigen Angestellten betrifft, und ein anderes Gesetz vom 27. September 1912 (GBl. S. 204), welches die Ruhelohnberechtigung der in staatlichen Betrieben beschäftigten Arbeiter im Auge hat.

Die Berechnung der Einkommensteuer hat nach einem Gesetze vom 26. Juli 1912 (GBl. S. 179), welches das Einkommensteuergesetz vom 23. Februar 1910 abändert, nach dem Durchschnitt der drei letzten Geschäftsjahre zu erfolgen. Zu erwähnen ist ferner auf diesem Gebiet ein Gesetz über die Firmen- und Gewerbesteuer vom 28. November 1913 (GBl. S. 339).

25. Elsaß-Lothringen:

Das elsaß-lothringische Berggesetz vom 16. Dezember 1873 ist durch zwei Gesetze vom 23. August 1912 (GBl. S. 105) und 25. Juli 1913 vielfach abgeändert worden. Sie führen eine Mutungssperre besonders für Steinkohlen, Eisenerze und Salze ein und geben neue Vorschriften über die Verleihung des Bergwerkseigentums. Ein anderes Gesetz vom 28. Mai 1913 (GBl. S. 67) führt eine Förderabgabe und eine Zusatzabgabe zur Gewerbesteuer für die Salz-, Kali-, Magnesia- und Bohrsalzbergwerke ein. Das abgeänderte Gesetz ist am 12. Juni 1913 als Bergwerkssteuergesetz bekannt gemacht worden (GBl. S. 69ff.).

Die Gebühren für Jagdscheine sind durch ein Gesetz betreffend Änderung des Gesetzes über die Jagdpolizei vom 7. Mai 1883, vom 28. Mai 1912 für In- und Ausländer erhöht worden (GBl. S. 70).

Aus dem am 23. August 1912 neu bekannt gemachten, durch ein Gesetz von demselben Tage (GBl. S. 111) abgeänderten Sparkassengesetz vom 14. Juli 1895 ist hervorzuheben, daß Ehefrauen ohne Mitwirkung des Ehemannes Minderjährige nach vollendetem 14. Lebensjahre ohne Mitwirkung des gesetzlichen Vertreters die auf ihren Namen eingezahlten Spareinlagen zurückziehen können. Der gesetzliche Vertreter kann dies aber vorher durch schriftlichen Einspruch verhüten.

Die neue Amtsbezeichnung Amtsgerichtsdirektor ist für die aufsichtführenden Amtsrichter der größeren Amtsgerichte durch kaiserliche Verordnung vom 21. Juni 1913 (GBl. S. 81) eingeführt worden.

Die Verfassungsänderungen in Elsaß-Lothringen sind noch nicht abgeschlossen. Ein Gesetz vom 10. Dezember 1913 (GBl. S. 115), überträgt beiden Kammern des Landtags die Prüfung der Rechnung über den Landeshaushalt, und ein anderes vom 16. Juli 1912 (GS. S. 80) gewährt den Mitgliedern des Landtags und dem Präsidenten beider Kammern für die ordentliche Sitzungsperiode Entschädigungen.

Auch im Reichsland ist durch ein Besoldungsgesetz vom 9. Juni 1913 (GBl. S. 41ff.) eine Besoldungsordnung mit Bestimmungen über das Besoldungsdienstalter, dessen Berechnung und die Dienstalterszulagen für die Beamten ergangen.

Das Rechtsmittel des Einspruchs gegen den Steuerbescheid des § 43 des Reichszuwachssteuergesetzes vom 14. Februar 1911 wird durch ein Ausführungsgesetz vom 14. Juni 1912 (GBl. S. 71) gewährt.

Eine Apothekerkammer ist als Person des öffentlichen Rechts für Elsaß-Lothringen durch Gesetz vom 30. Juli 1912 errichtet worden (GBl. S. 87ff.).

Gesetzgebung in Österreich.

Von Ministerialvizesekretär **Dr. Fortner** in Wien.

Die gesetzgeberische Ernte in Österreich wurde auch in dieser Berichtsperiode durch die Ungunst der parlamentarischen Verhältnisse wesentlich beeinträchtigt. Wenn auch eine Reihe von Vorlagen zur verfassungsmäßigen Erledigung gelangte, so stehen doch die meisten von ihnen an Bedeutung und Umfang weit hinter anderen Entwürfen zurück, die schon vor geraumer Zeit im Reichsrate eingebracht, aber bisher nicht verabschiedet wurden. Aus den letzteren seien auf dem Gebiete der Justizgesetzgebung der Entwurf einer Novelle zum Allgemeinen bürgerlichen Gesetzbuch, die Entwürfe von Gesetzen, betreffend die Fürsorgeerziehung und den Versicherungsvertrag, der Entwurf eines neuen Gesetzes über Erwerbs- und Wirtschaftsgenossenschaften sowie die Gesetzesvorlagen zur Reform des Strafrechts beispielsweise hervorgehoben. Eine vollständige Stockung erfuhr die parlamentarische Tätigkeit durch die notwendig gewordene Vertagung des Reichsrates, die der Ministerpräsident auf Grund Allerhöchster Ermächtigung am 16. März 1914 verfügte. Seither wurden mehrere wichtige Gesetze nach § 14 des Staatsgrundgesetzes vom 21. Dezember 1867 über Änderungen in der Reichsvertretung im Wege kaiserlicher Verordnung zustande gebracht.

Der nachstehende Bericht umfaßt die Zeit von Ende Mai 1912 bis Anfang Juni 1914. Er behandelt, wie die Berichte früherer Jahre, an erster Stelle die Ergebnisse auf dem Gebiete der Justizgesetzgebung, um sich sodann den Normen aus dem Bereiche der internationalen Rechtsbeziehungen, bemerkenswerten Gesetzen in anderen Rechtszweigen, den wichtigsten von den obersten Verwaltungsbehörden erlassenen Vorschriften und endlich der Landesgesetzgebung zuzuwenden.

I.

Aus den Justizgesetzen des Jahres 1912 sind zunächst einige Normen strafrechtlichen und strafprozessualen Inhalts hervorzuheben.

Ein Gesetz vom 7. Juni 1912 über das Halten von Vervielfältigungsapparaten beseitigte die Bestimmungen des Strafgesetzes über das unbefugte Halten oder Verfertigen einer Winkelpresse und einer Ministerialverordnung vom 4. Januar 1859, behielt dagegen die Strafdrohungen wegen unbefugten Haltens oder Verfertigens eines „Preß- oder Stoßwerkes" bei. Das Halten von Druckerpressen oder ähnlichen Vervielfältigungsapparaten wird von einer Bewilligung der politischen Landesbehörde abhängig gemacht. Das Zuwiderhandeln gegen diese Bestimmung begründet eine nach § 5 des Gesetzes zu ahndende Polizeiübertretung. Gewisse Vervielfältigungsapparate, darunter die meisten im kaufmännischen Betriebe verwendeten Apparate, wurden vom Bewilligungszwang ausgenommen.

Eine weitere Abänderung des Strafgesetzes führte ein Gesetz vom 20. Juli 1912 herbei. Die nach dieser Novelle in das Strafgesetz einzufügenden §§ 55 a und 266 a bestimmen, daß die Verwahrungs- und Untersuchungshaft, die der Verurteilte vor der Verkündigung des Urteils erster Instanz erlitten hat, auf Freiheits- und Geldstrafen anzurechnen ist, soweit der Verurteilte sie nicht verschuldet hat. Um die Zweifel zu lösen, die sich aus dem Mangel einer ausdrücklichen Bestimmung darüber, mit welchem Rechtsmittel die Entscheidung über die Anrechnung angefochten werden könne, ergaben, wurde mit einem Gesetze vom 11. Juli 1913 eine Ergänzung des § 283 StPO. verfügt. Gleichzeitig wurde die auf Freiheitsstrafen abgestellte Vorschrift des § 400 StPO., betreffend die Anrechenbarkeit der Zeit, die der Verurteilte seit der Verkündigung des Urteils erster Instanz in Haft zubrachte, auch auf Geldstrafen ausgedehnt.

Einige Mängel zu beseitigen, die sich bei der Anwendung der Strafprozeßordnung vom Jahre 1873 im Laufe der Zeit herausgestellt hatten, ist der Zweck eines zweiten Gesetzes vom 20. Juli 1912. Die Abänderungen der Strafprozeßordnung, die es verfügt, betreffen insbesondere die Ausgleichung der ungerechtfertigten Verschiedenheit, die zwischen den Vorschriften des strafgerichtlichen und zivilgerichtlichen Verfahrens über die Fristen bestand, ferner die Voraussetzungen für die Entlassung eines freigesprochenen Angeklagten aus der Untersuchungshaft im Falle einer Nichtigkeitsbeschwerde oder Berufung des Staatsanwalts gegen das Urteil, das Verfahren bei Ergreifung der Nichtigkeitsbeschwerde oder der Berufung, die Verlängerung der Frist zur Anmeldung der Beschwerde gegen die Wiederaufnahme des Strafverfahrens von drei Tagen auf acht Tage, den Aufschub des Antritts einer Freiheitsstrafe, wenn der Aufschub „zur Ordnung von Familienangelegenheiten dringend geboten erscheint", die Unterbrechung der Vollstreckung der Freiheitsstrafe aus wichtigen Gründen, die Verschiebung oder Unterbrechung der gegen eine Militär-(Landwehr-)Person verhängten Freiheitsstrafe, wenn der Verurteilte zur Dienstleistung einberufen wird, und endlich die Zulässigkeit der Stundung einer Geldstrafe auf längstens sechs Monate sowie der Bewilligung ihrer Entrichtung in Teilbeträgen innerhalb der gleichen Frist.

Durch zwei Gesetze vom 20. Juli 1912, mit denen eine Militärstrafprozeßordnung für die gemeinsame Wehrmacht und für die Landwehr erlassen wurde, erfuhr das Militärstrafverfahren eine vollständige Neuerung. Eine Verordnung des Ministers für Landesverteidigung vom 23. Mai 1914 bestimmte als Zeitpunkt des Beginnes der Wirksamkeit dieser Vorschriften den 1. Juli 1914.

Zivilrechtliche Normen sind in der zweiten Hälfte des Jahres 1912 nur ganz wenige zu verzeichnen. Mit einem Gesetz vom 15. Juli 1912 wurde den Anhängern des Islams nach hanefitischem Ritus die Anerkennung als Religionsgesellschaft im Sinne des Staatsgrundgesetzes über die allgemeinen Rechte der Staatsbürger verliehen. Art. 15 des genannten Staatsgrundgesetzes bestimmt unter anderem, daß jede gesetzlich anerkannte Kirche und Religionsgesellschaft im Besitze und Genusse ihrer für Kultus-, Unterrichts- und Wohltätigkeitsanstalten bestimmten Anstalten, Stiftungen und Fonds bleibt.

Ein Gesetz vom 29. Juli 1912 stellte Bestimmungen über die „Haftung für den Zusammenstoß von Schiffen und die Ansprüche für Hilfeleistung und Bergung in Seenot" auf. Der Zweck dieses Gesetzes ist, den Vorschriften der beiden, denselben Gegenstand betreffenden internationalen Übereinkommen, die in diesem Berichte später noch zu erwähnen sein werden, auch für den Bereich des Inlandes Geltung zu verschaffen.

Durch ein Gesetz vom 30. November 1912 über den Einfluß der höheren Gewalt auf die Vornahme wechselrechtlicher Handlungen wurde eine infolge der damaligen Kriegswirren auf dem Balkan besonders fühlbar gewordene Lücke der österreichischen Gesetzgebung ausgefüllt. Das Gesetz, das den Vorschriften des Art. 53 der in Haag vereinbarten einheitlichen Wechselordnung für Österreich schon jetzt Wirksamkeit verschaffte, ermöglicht dem Inhaber eines Wechsels die Geltendmachung seiner Regreßrechte auch dann, wenn er der in der Wechselordnung aufgestellten Bedingung der rechtzeitigen Präsentierung des Wechsels und Erhebung des Protestes mangels Zahlung wegen Eintritts höherer Gewalt nicht entsprechen konnte.

Noch spärlicher sind die Normen, die im Jahre 1913 auf dem Gebiete der Justizgesetzgebung ergangen sind. Außer dem bereits im Zusammenhang mit dem Gesetze über die Anrechenbarkeit der Verwahrungs-

und Untersuchungshaft gennanten Gesetze vom 11. Juli 1913, betreffend die Ergänzung der §§ 283 und 400 der Strafprozeßordnung, sind nur noch zwei Gesetze hervorzuheben: ein Gesetz vom 9. Januar 1913, das eine Abänderung des Notwegegesetzes verfügte, und ein Gesetz vom 12. Juli 1913 über die Einrechnung einzelner militärischer Dienstleistungen in die Zeit des richterlichen Vorbereitungsdienstes, der Gerichts-, Advokaturs- und Notariatspraxis.

Durch das erste dieser beiden Gesetze wurde die Bestimmung des § 1 Abs. 3 des Gesetzes vom 7. Juli 1896, RGBl. Nr. 140, wonach die Einräumung eines Notweges für Waldgrundstücke nicht stattfindet, außer Kraft gesetzt. Diese Bestimmung war in das Notwegegesetz seinerzeit deshalb aufgenommen worden, weil zufolge § 24 des Forstgesetzes vom 3. Dezember 1852 ohnedies jeder Grundeigentümer verpflichtet ist, Waldprodukte, die anders gar nicht oder nur mit unverhältnismäßigen Kosten aus dem Wald geschafft und weiter gefördert werden können, auf die mindest schädliche Weise gegen volle Schadloshaltung über seine Grundstücke bringen zu lassen. Da sich aber zeigte, daß diese Vorschrift des Forstgesetzes für die Bedürfnisse der Waldbesitzer nicht ausreicht, wurde die angeführte Novelle geschaffen, die den Wäldern, die bisher nur von der Last des Notwegegesetzes getroffen werden konnten, auch dessen Vorteile zuwendet.

Das erwähnte Gesetz vom 12. Juli 1913 ordnete an, daß die Zeit, während welcher ein Rechtspraktikant (Auskultant), ein Advokaturs- oder Notariatskandidat infolge der Einberufung zur ausnahmsweisen aktiven Dienstleistung im Frieden oder zur teilweisen oder vollen Ergänzung des gemeinsamen Heeres, der Kriegsmarine oder der Landwehr auf den Kriegsstand dem richterlichen Vorbereitungsdienste, der Gerichts-, Advokaturs- oder Notariatspraxis entzogen ist, in die vorgeschriebene Dauer des richterlichen Vorbereitungsdienstes, der Gerichts-, Advokaturs- oder Notariatspraxis eingerechnet wird, jedoch nur insoweit, als die Zeit der militärischen Dienstleistung im Laufe eines Jahres sechs Monate nicht überschreitet.

In die erste Hälfte des Jahres 1914 fallen einige wichtige Justizgesetze, die zum überwiegenden Teile im Wege kaiserlicher Verordnung erlassen wurden. Mit Zustimmung der beiden Häuser des Reichsrates kam nur das gleich zu besprechende „Güterbeamtengesetz“ vom 13. Januar 1914 und ein Gesetz vom 16. März 1914 zustande, mit dem die Wirksamkeit des Gesetzes vom 30. August 1891 über die Ausübung der Konsulargerichtsbarkeit neuerlich, und zwar bis 31. Dezember 1917, ausgedehnt wurde.

Das Gesetz über den Dienstvertrag der in land- und forstwirtschaftlichen Betrieben zu Diensten höherer Art angestellten Personen (Güterbeamtengesetz) stellt einen neuen Schritt in der Ausgestaltung unseres Dienstvertragsrechtes dar, die schon durch das Zustandekommen des Handlungsgehilfengesetzes vom 16. Januar 1910 eine Förderung erfahren hatte. Das Anwendungsgebiet des Güterbeamtengesetzes erstreckt sich auf alle land- und forstwirtschaftlichen Betriebe und deren Nebengewerbe im eigentlichen Sinne, ferner auf Jagd und Fischerei sowie den nicht gewerblichen Gartenbau; keine Anwendung findet das Gesetz auf Dienstverhältnisse, die durch das Berggesetz oder das Handlungsgehilfengesetz geregelt sind. Bisher war das Dienstverhältnis der sogenannten Güterbeamten nach den allgemeinen dienstrechtlichen Bestimmungen des bürgerlichen Gesetzbuches zu beurteilen, das in Hinkunft nur mehr aushelfende Rechtsquelle bleibt. Das neue Gesetz bedeutet im wesentlichen „eine Kodifizierung der Verhältnisse, wie sie heute schon in gutgeführten Betrieben tatsächlich liegen". Gleichwie das Handlungsgehilfengesetz, dem es zahlreiche Rechtssätze entnommen hat, verfolgt es ausgesprochen sozialpolitische Absichten, indem es eine gesetzliche Verbriefung der billigen Ansprüche der Güterbeamten gibt und das Mindestmaß der Berechtigungen festlegt, die durch den Dienstvertrag weder aufgehoben noch beschränkt werden können.

Als das wichtigste der Justizgesetze, die in dieser Berichtsperiode Wirksamkeit erlangten, muß die kaiserliche Verordnung vom 1. Juni 1914, betreffend Änderungen des Verfahrens in bürgerlichen Rechtsangelegenheiten, die sogenannte „Gerichtsentlastungsnovelle" angesehen werden, welche die Rechtspflege vor den Gefahren schützen will, die ihr aus der Überlastung der Gerichte entstehen können.

Die richterlichen Geschäfte in Zivilsachen sind in den letzten 15 Jahren in ungewöhnlicher Weise angewachsen und hatten bereits einen Umfang erreicht, der ein Eingreifen der Gesetzgebung dringend notwendig erscheinen ließ. Um nur wenige Beispiele herauszugreifen, sei auf folgende Ziffern hingewiesen. Der Gesamtanfall der bezirksgerichtlichen Klagen hat sich in dem genannten Zeitraum um 86 Prozent vermehrt. Besonders stark sind von der übermäßigen Steigerung die Gerichte in Galizien und der Bukowina getroffen, wo sich die Zahl der Bagatellklagen verdoppelt, die Zahl der übrigen bezirksgerichtlichen Klagen mehr als verdreifacht hat. Bei den Gerichtshöfen (im gesamten Inland) ergab sich eine Steigerung der Wechselklagen, die zu Zahlungsaufträgen führten, um 118 Prozent, bei den übrigen Klagen um 142 Prozent. Eine ähnliche Steigerung war in anderen Zweigen der gerichtlichen Tätigkeit und bei den Rechtsmittelinstanzen zu beobachten. Die Belastung der meisten Gerichte wuchs dadurch derart an, daß „die Grenze der Leistungsfähigkeit nicht nur erreicht, sondern vielfach schon überschritten" war. Ganz und gar unhaltbar waren die Verhältnisse beim Obersten Gerichtshof geworden, dessen Überbürdung als eine beispiellose bezeichnet werden mußte.

Diese Zustände veranlaßten die Regierung schon im Jahre 1909, den Entwurf eines Gerichtsentlastungsgesetzes und einer Revisionsnovelle dem Reichsrate zu unterbreiten. Die beiden Entwürfe wurden mit verschiedenen Änderungen in den folgenden Sessionen stets wieder eingebracht, sind jedoch nicht zur Verabschiedung gelangt. Nach der Vertagung des Reichsrats im März 1914 entschloß sich die Regierung, die beiden Entwürfe vereint durch eine kaiserliche Verordnung in Wirksamkeit treten zu lassen.

Die Novelle strebt die Entlastung der Gerichte hauptsächlich durch eine Vereinfachung und Verminderung der Geschäfte sowie eine teilweise Beschränkung des Rechtsmittelzuges an, da eine Personalvermehrung in einem Umfang, der dem Zuwachs an Geschäften entsprechen würde, nicht nur wegen der damit verbundenen Kosten, sondern auch wegen des Mangels an Richteramtsanwärtern unmöglich gewesen wäre.

Die Entlastung, welche die Novelle herbeiführen will, kommt den Gerichten aller Instanzen zugute. Die Bezirksgerichte erfahren unter anderem eine Erleichterung durch die Erweiterung des einen billigen und raschen Rechtszug ermöglichenden Mahnverfahrens. Für Galizien, Bukowina und Dalmatien, wo das Mahnverfahren bisher nicht in Geltung stand, sind Sonderbestimmungen für eine Übergangszeit von fünf Jahren vorgesehen. Für die Gerichtshöfe brachte die Novelle die Neuerung, daß in Streitsachen bis 2500 Kr. nicht von einem Senat, sondern von einem Einzelrichter des Gerichtshofes zu entscheiden ist. Bei den Oberlandesgerichten wird nach der Novelle in Rechtssachen, die vor dem Gerichtshofe von einem Einzelrichter verhandelt werden, die Entscheidung in einem Senat von drei Richtern statt wie bisher von fünf Richtern gefällt. Der Oberste Gerichtshof wird dadurch entlastet, daß Revisionen gegen gleichlautende Urteile, wenn der Streitwert, über den das Berufungsgericht entschieden hat, 1000 Kr. nicht übersteigt, als unzulässig erklärt und auch in der Zulässigkeit des Revisionsrekurses einige Beschränkungen eingeführt werden.

Außer den angeführten grundlegenden Neuerungen enthält die Novelle noch eine Reihe von anderen Bestimmungen, die das Verfahren von unnötigen Förmlichkeiten befreien, die Massengeschäfte vereinfachen (Urteilsvermerk statt Protokoll, vereinfachte Ausfertigung der Urteile in Säumnisfällen usw.) oder Lücken und Unklarheiten des Gesetzes beseitigen und auf diese Weise gleichfalls durch Ausschaltung von Streitigkeiten zur Entlastung der Gerichte beitragen. Hervorzuheben wäre ferner eine Änderung und Ergänzung unserer Zuständigkeitsvorschriften, insbesondere hinsichtlich des Gerichtsstandes des Erfüllungsortes und des aus dem ungarischen Rechte übernommenen Gerichtsstandes für kaufmännische Warenforderungen. Diese Neuerungen wurden durch die Regelung der Vollstreckungsrechtshilfe im Verhältnisse zu Ungarn nahegelegt. Das bezügliche Übereinkommen soll unter der Voraussetzung seiner Annahme durch das ungarische Parlament — in Österreich auf Grund einer gemäß § 84 EO. zu erlassenden Regierungserklärung — am 1. Januar 1915 in Kraft treten.

An Vollzugsvorschriften zur Gerichtsentlastungsnovelle sind ergangen: ein Erlaß über die Beseitigung von Mängeln in der Rechtspflege mit Hilfe der Entlastung der Gerichte, zwei Verordnungen, betreffend die Durchführung einiger Bestimmungen der Novelle und ein Erlaß zur Erläuterung der Novelle. Alle diese Vorschriften tragen das Datum vom 2. Juni 1914. Beigegeben wurden Beispiele für Parteieneingaben und deren Erledigung durch Stampiglienaufdruck. Die Verwendung von Stampiglien erfährt eine wesentliche Erweiterung.

Eine kaiserliche Verordnung vom 1. Juni 1914 über die Teilung von Katastralparzellen und die Verbücherung des Erwerbes von Liegenschaften (Parzellenteilungsnovelle) soll es der Bevölkerung ermöglichen, ihren gesetzlichen Pflichten zur Mitwirkung bei der Aufrechthaltung und Herstellung der Ordnung im Grundbuche nachzukommen. Die Novelle trifft Verfügungen, denen zufolge sich die Parteien bei der Übertragung von Liegenschaften geringeren Wertes in Hinkunft die für die grundbücherlichen Amtshandlungen nötigen Pläne und die Erwerbsurkunden um einen im Verhältnis zum Werte des Grundstücks erschwinglichen Preis werden verschaffen können. Sie erweitert den Kreis der Organe, die zur Ausfertigung tabularfähiger Teilungspläne befugt sein sollen, und stellt ferner bestimmte Voraussetzungen auf, unter denen Urkunden über den Erwerb von Liegenschaften geringen Wertes beim Grundbuchsgerichte aufgenommen werden können. Endlich gestattet die Novelle, daß Grundbuchsgesuche, die sich auf Urkunden über die Erwerbung solcher Liegenschaften gründen, auch bei den Gerichtshöfen mündlich angebracht werden können.

Im Interesse der Übereinstimmung des Grundsteuerkatasters mit dem Grundbuche war es notwendig, die durch die Parzellenteilungsnovelle eingeführten Neuerungen auch durch eine entsprechende Änderung der einschlägigen Bestimmungen des Grundsteuergesetzes zu ergänzen. Diesem Bedürfnisse trägt eine kaiserliche Verordnung vom 1. Juni 1914, betreffend einige Abänderungen des Gesetzes vom 23. Mai 1883 über die Evidenzhaltung des Grundsteuerkatasters Rechnung.

Damit ist die Zahl der Justizgesetze dieser Berichtsperiode der Hauptsache nach erschöpft. Es sei nur noch die kaiserliche Verordnung vom 7. April 1914 über die Verwendung von Teilen der Gebarungsüberschüsse der gemeinschaftlichen Waisenkassen genannt, mit der die Wirksamkeit des den gleichen Gegenstand betreffenden Gesetzes vom 3. Juni 1901, die schon einige Male, zuletzt mit Gesetz vom 10. Januar 1913, verlängert worden war, bis 31. Dezember 1914 ausgedehnt wurde.

II.

In der Ausgestaltung der internationalen Beziehungen wurden während der letzten zwei Jahre weitere Fortschritte gemacht.

Zwei internationale Übereinkommen vom 23. September 1910, die sich mit der „einheitlichen Feststellung bestimmter Regeln über den Zusammenstoß von Schiffen und über Hilfeleistung und Bergung in Seenot" befassen, traten im Jahre 1913 in Wirksamkeit. Sie stellen den ersten Schritt zur Schaffung eines materiell einheitlichen internationalen Privatseerechts dar und bieten eine Grundlage für die Annäherung der widerstreitenden Rechtsauffassungen zunächst hinsichtlich zweier wichtiger Fragen: der Frage der Haftungspflicht für die Folgen der Zusammenstöße zur See und der Frage der Entschädigungsansprüche für geleistete Hilfe in Seenot. Die beiden Übereinkommen wurden bisher von 24 Staaten, darunter den wichtigsten Seehandelsstaaten, unterzeichnet. Wie schon oben erwähnt, erging im Jahre 1912 in Österreich ein Gesetz, das den Zweck hat, den Vorschriften der zwei Übereinkommen auch für den Bereich des Inlandes Geltung zu verschaffen.

Mit Japan wurde ein Handels- und Schiffahrtsvertrag vom 28. Oktober 1912 geschlossen. Er enthält unter anderem Bestimmungen über den Erwerb unbeweglichen Vermögens durch Angehörige eines der vertragschließenden Teile, die im Gebiete des anderen sterben, sowie über die Rechts- und Parteifähigkeit von Aktien- und anderen Gesellschaften.

Auf Grund des Gesetzes vom 26. Februar 1907, das den Justizminister unter der Voraussetzung des Bestehens der Gegenseitigkeit ermächtigt, den Urheberrechtsschutz nach dem Gesetze vom 26. Dezember 1895 auch ausländischen Werken zuzugestehen, wurde die Verordnung vom 27. Mai 1914 erlassen, die den in der Schweiz erschienenen, nicht schon nach § 1 des österreichischen Urhebergesetzes geschützten Werken der Literatur, Kunst und Photographie den Schutz in Österreich einräumt.

Im Jahre 1913 fand der Pariser Unionsvertrag vom 20. März 1883 zum Schutze des gewerblichen Eigentums und das Madrider Abkommen vom 14. April 1891 über die internationale Registrierung von Fabriks- und Handelsmarken, beide revidiert zu Brüssel, den 14. Dezember 1900, und zu Washington, den 2. Juni 1911, die verfassungsmäßige Zustimmung beider Häuser des Reichsrats (Österreich war der Union im Jahre 1908 beigetreten). Im Zusammenhang mit der Revision der beiden Übereinkommen steht die teilweise Novellierung des österreichischen Markenschutzgesetzes, die in einem Gesetze vom 17. März 1913, vorbehaltlich einer weiterreichenden Reform des Markenrechts, durchgeführt wurde und in erster Linie den Zweck verfolgte, den inländischen Markenschutzerwerbern dieselbe günstige Behandlung zu sichern, die die Ausländer auf Grund der Staatsverträge beanspruchen können. Gleichzeitig wurden auch einige Härten des österreichischen Markenrechts beseitigt. Eine Verordnung des Ministeriums für öffentliche Arbeiten regelte die Durchführung des Madrider Abkommens.

Auch auf dem Gebiete des internationalen Rechtshilfeverkehrs sind verschiedene Neuerungen zu verzeichnen.

So wurde mit Bulgarien ein Staatsvertrag, betreffend die gegenseitige Gewährung von Rechtshilfe (gleichzeitig mit einem Konsularvertrag und Auslieferungsvertrag) geschlossen und am 1. August 1912 verlautbart. Zu seiner Durchführung erging eine Verordnung des Justizministeriums vom 14. August 1912. Die mit der bulgarischen Regierung vereinbarte Mitteilung von Zivilstandesurkunden der beiderseitigen Staatsangehörigen ist Gegenstand einer Verordnung des Ministeriums des Innern und des Ministeriums für Kultus und Unterricht vom 12. Juli 1912. Zu erwähnen sind ferner einige Verordnungen des Justizministeriums (vom 6. März, 7. August und 28. Dezember 1913) über die Erwirkung der Rechtshilfe in Groß-Britannien und Irland, in Frankreich und in Rußland. Eine Verordnung des Justizministeriums vom 5. Oktober 1912 stellte auf Grund einer mit der großherzoglich luxemburgischen Regierung getroffenen Vereinbarung bestimmte Grundsätze auf, die für den schriftlichen Verkehr zwischen den österreichischen und den luxemburgischen Justizbehörden zu gelten haben. Mit der Durchführung des

Haager Prozeßübereinkommens vom 17. Juli 1905 im Verhältnisse zu Belgien befaßt sich ein Erlaß des Justizministeriums vom 24. August 1913. Das Inkrafttreten des genannten Übereinkommens für den Verkehr mit den dänischen Antillen wurde mit Kundmachung vom 19. November 1912 verlautbart.

Dem Bereiche der internationalen Strafrechtspflege gehört zum Teile das am 20. Februar 1913 kundgemachte internationale Übereinkommen vom 4. Mai 1910 zur Bekämpfung des Mädchenhandels an. Ausführungsbestimmungen zu dem Übereinkommen wurden mit Erlaß des Justizministeriums vom 22. Februar 1913 getroffen. Das Zustandekommen eines Auslieferungsvertrages mit Bulgarien ist bereits oben erwähnt worden. Ein Erlaß des Justizministeriums vom 25. Mai 1913 enthält Bestimmungen über die Ergreifung von Verbrechern, die nach den Vereinigten Staaten von Amerika flüchten. Hinsichtlich der Abtretung österreichischer Strafakten nach Rumänien und rumänischer Strafakten nach Österreich wurde ein Einvernehmen mit der rumänischen Regierung erzielt (JMVBl. vom 14. Juni 1913). Den Geschäftsverkehr in Strafsachen mit den niederländischen Behörden betrifft eine Verordnung des Justizministeriums vom 24. Februar 1914.

III.

Von den Gesetzen, die ihrem Hauptgegenstande nach anderen Rechtsgebieten angehören, sollen im folgenden nur diejenigen herausgegriffen werden, die entweder allgemeines Interesse beanspruchen können oder mit der Justizpflege wenigstens teilweise in Beziehung stehen.

Bald nach Beginn dieser Berichtsperiode fand die Reform des Wehrgesetzes ihren Abschluß, der mit Rücksicht auf den krisenhaften Zustand, in dem sich die auswärtigen Angelegenheiten während der letzten Jahre wiederholt befanden, erhöhte Bedeutung zukam. Unter den zahlreichen, zum Teil sehr ausführlichen Vollzugsvorschriften, die zum Wehrgesetze erlassen wurden, ist auch eine Verordnung des Justizministeriums vom 8. April 1913 über die Mitwirkung der Gerichte an der Durchführung des Wehrgesetzes zu erwähnen.

Von drei Gesetzen, die Ende 1912 für den Fall kriegerischer Verwicklungen geschaffen wurden, enthalten Anordnungen privatrechtlicher Natur das Gesetz vom 21. Dezember, betreffend die Stellung der Pferde und Fuhrwerke, und das Gesetz vom 26. Dezember, betreffend die Kriegsleistungen.

In einem Gesetze vom 2. Januar 1913 über die Errichtung von Ingenieurkammern, findet sich die Bestimmung, daß die vor dem Kammervorstand in der vom Gesetz bezeichneten Art abgeschlossenen und beurkundeten Vergleiche Exekutionstitel im Sinne des § 1 Ziff. 15 EO. sind. In das Gebiet des Namenrechts schlägt die Bestimmung des § 23 des Gesetzes ein, wonach die Bezeichnung „Ingenieurkammer" den auf Grund dieses Gesetzes gebildeten Körperschaften vorbehalten und der Gebrauch dieser sowie jeder zu Verwechslungen damit geeigneten Bezeichnung anderen Körperschaften und Anstalten untersagt ist.

Mit einem Gesetz vom 3. Januar 1913 wurde der Kreis der Steuer- und Gebührenerleichterungen, die den Erwerbs- und Wirtschaftsgenossenschaften aus sozialpolitischen Rücksichten schon bisher gewährt worden waren, von neuem erweitert.

Von sonstigen Gesetzen gebührenrechtlichen Inhalts sind anzuführen ein Gesetz vom 9. Juli 1913, das den Zweck verfolgt, bei einer durch außergewöhnliche politische oder wirtschaftliche Ereignisse veranlaßten allgemeinen Zinsfußerhöhung die sonst gemäß § 5 des Gesetzes vom 9. März 1889, RGBl. Nr. 30, und § 7 des Gesetzes vom 22. Februar 1907, RGBl. Nr. 49, eintretende Verwirkung der Gebührenbegünstigung der zu Konvertierungszwecken gewährten Hypothekendarlehen auszuschalten, dann ein Gesetz vom 9. Juli 1913 über Gebührenbefreiungen anläßlich von Aktenerneuerungen bei öffentlichen Behörden und Ämtern, sowie ein Gesetz vom gleichen Tage, mit welchem für das Verfahren zur Durchführung des Dalmatinischen Landesgesetzes vom 28. März 1911, betreffend die Rechtsverhältnisse an Bäumen als selbständigen Eigentumsobjekten auf fremdem Grund und Boden, Gebührenerleichterungen gewährt wurden, und endlich eine kaiserliche Verordnung vom 7. April 1914 über die Verlängerung der Wirksamkeit der Bestimmungen über Stempel- und Gebührenbefreiungen aus Anlaß der Aufteilung der kulturfähigen Gemeindegründe in Dalmatien.

Durch zwei Gesetze vom 11. Februar 1913 wurde die Krankenversicherung und Unfallversicherung auf die Betriebe der Seeschiffahrt und Seefischerei ausgedehnt. Eine kaiserliche Verordnung vom 7. April 1914 verfügte die Einbeziehung der Bergarbeiter in die allgemeine Unfallversicherung und erfüllte damit einen langjährigen Wunsch der Bergarbeiterschaft. Diese entbehrte zwar auch bisher einer gesetzlichen Fürsorge bei Unfällen nicht vollständig, doch waren die bezüglichen Leistungen der Bergwerksbruderladen unzulänglich.

Ein Gesetz vom 14. April 1913 über die Verhütung und Bekämpfung übertragbarer Krankheiten setzte in § 48 mehrere den gleichen Gegenstand berührende Vorschriften des Strafgesetzes vom Jahre 1852 sowie das Patent vom 21. Mai 1805, JGS. Nr. 731, außer Wirksamkeit. Es ordnete ferner die Einfügung einer neuen Bestimmung in das Strafgesetz an, welche die „Gefährdung der Gesundheit durch übertragbare Krankheiten" mit Strafe bedroht. Auf Grund des Gesetzes vom 14. April 1913 erging eine Ministerialverordnung vom 5. Mai 1914, betreffend die Anzeige von übertragbaren Krankheiten.

Ein Gesetz vom 21. April 1913 verfügte eine Abänderung und Ergänzung des § 74 der Gewerbeordnung, betreffend die „Vorsorge für Hilfsarbeiter".

Durch ein Gesetz vom 12. Juli 1913 wurde das Gesetz vom 18. April 1869, betreffend die Organisation des Reichsgerichts, das Verfahren vor demselben und die Vollziehung seiner Erkenntnisse, teilweise abgeändert.

Eine Änderung des Gesetzes vom 28. Dezember 1911, betreffend die staatliche Förderung der Wohnungsfürsorge, hatte ein Gesetz vom 1. September 1913 zum Gegenstande.

Unter den Gesetzen, die in der ersten Hälfte des Jahres 1914 erlassen wurden, ist außer einigen bereits angeführten Vorschriften das Gesetz vom 25. Januar über das Dienstverhältnis der Staatsbeamten und der Staatsdienerschaft, kurzweg Dienstpragmatik genannt, hervorzuheben. Dieses Gesetz bezweckt die Schaffung eines soweit als möglich einheitlichen Staatsdienerrechts und stellt sich als das endliche Ergebnis langjähriger Verhandlungen dar. Wichtige Neuerungen, die es einführt, sind insbesondere die Zeitvorrückung, die Einsicht in die Qualifikation und die Ausgestaltung des Disziplinarrechts. Ausgenommen von der Wirksamkeit des Gesetzes sind die Minister und die mit der selbständigen Leitung eines Ministeriums betrauten Beamten, der Präsident des Obersten Rechnungshofes, die richterlichen Beamten und die Staatslehrpersonen. Auf die richterlichen Beamten ist jedoch bis zur Erlassung eines ihr gesamtes Dienstverhältnis regelnden Gesetzes eine Reihe von Bestimmungen der Dienstpragmatik mit gewissen Änderungen sinngemäß anzuwenden. — Zur Dienstpragmatik wurden zahlreiche Durchführungsvorschriften erlassen.

IV.

Sehr zahlreich sind die Anordnungen, die im Laufe der letzten zwei Jahre von den obersten Verwaltungsbehörden erlassen wurden. Diejenigen Vorschriften, die zur Durchführung der unter I bis III besprochenen

Normen ergingen, wurden bereits im Zusammenhang mit diesen erwähnt. Von den übrigen, die zumeist von keinem allgemeineren Interesse sind, seien nur folgende Verordnungen und Erlasse angeführt.

Das im letzten Berichte behandelte Gesetz vom 26. April 1912, betreffend das Baurecht, wurde in einem ausführlichen Erlasse des Justizministeriums vom 11. Juni 1912 erläutert. Weitere Durchführungsbestimmungen zu dem genannten Gesetze enthält eine Ministerialverordnung vom 3. Juni 1912 über die Handhabung der gebührenrechtlichen Vorschriften des Gesetzes in bezug auf gemeinnützige Bauvereinigungen, dann eine Ministerialverordnung vom 11. Juni 1912, betreffend die Durchführung der privatrechtlichen Bestimmungen des Baurechtsgesetzes und der Bestimmungen über das Verfahren, sowie eine Verordnung des Finanzministeriums über die Bemessung des Gebührenäquivalents von dem Werte der mit Baurechten belasteten Liegenschaften.

Gleichfalls die Durchführung eines in eine frühere Berichtsperiode fallenden Gesetzes betreffen zwei Verordnungen des Justizministers vom 8. April und 12. Dezember 1913. Mit ihnen wurde für die Oberlandesgerichtssprengel Lemberg, Krakau und Triest, wo noch immer Mangel an Richteramtsanwärtern herrscht, die Wirksamkeit der auf dem Gesetze vom 6. April 1910, RGBl. Nr. 69, fußenden Verordnung vom selben Tage über die zeitweise Abkürzung des richterlichen Vorbereitungsdienstes bis zum 8. April 1915 (Lemberg und Krakau) und bis zum 31. Dezember 1914 (Triest) verlängert.

Auf dem Gebiete des gerichtlichen Depositenwesens wurde eine größere Anzahl von Vorschriften erlassen. Die meisten davon sind jedoch nur für die innere Amtsgebarung der Depositenämter von Bedeutung.

Im Interesse der Übersichtlichkeit der öffentlichen Bücher und der Ersparung von Zeit und Arbeit erging eine Verordnung des Justizministeriums vom 22. Januar 1914 über die Umschreibung von Einlagen öffentlicher Bücher. Schließlich sei in diesem Zusammenhang noch eine Verordnung des Justizministeriums vom 16. April 1914 über die Anschaffung neuer Grundbuchsmappen erwähnt.

V.

Die Landesgesetzgebung schlug in den letzten beiden Jahren keine wesentlich neuen Bahnen ein.

Die agrarischen Landesgesetze erfuhren zunächst eine Vermehrung durch Novellen vom 30. Juni 1912 und 7. November 1912, mit welchen die Zusammenlegungsgesetze für Niederösterreich und Schlesien geändert wurden. In Görz und Gradiska kamen Gesetze (vom 21. März 1913) über die Teilung von Grundstücken, die im Eigentum von Agrargemeinden stehen, und die Regulierung der hierauf bezüglichen Benützungs- und Verwaltungsrechte, über die Zusammenlegung (Kommassation) in Gemenglage befindlicher landwirtschaftlicher Grundstücke, sowie über den Schutz der Alpen und die Förderung der Alpenwirtschaft neu zustande. In Niederösterreich und Salzburg wurden Gesetze (vom 16. Oktober 1912 und 21. März 1913) über die Verbesserung der Weiden geschaffen. Der Krainer Landtag verabschiedete ein Gesetz (vom 3. Juli 1912), betreffend die Pflicht zur Erhaltung von Einfriedungen zum Schutze der Kulturgründe gegen das Weidevieh, und in Görz und Gradiska verfügte ein Gesetz vom 26. Juli 1912 eine Abänderung des Landesgesetzes über den Schutz des Feldguts.

Zu erwähnen wäre ferner die wegen der allgemeinen Zinsfußerhöhung vorgenommene Abänderung einiger Bestimmungen des Bukowinaer Landesgesetzes vom 7. September 1909 über die Errichtung von Rentengütern (durch eine Novelle vom 26. Mai 1913), sowie die Schaffung eines Jagdgesetzes für Mähren vom 26. Juli 1912.

Bestimmungen über die Ergänzung der Grundbücher durch Aufnahme des öffentlichen Gutes wurden durch ein Landesgesetz für Niederösterreich vom 6. Januar 1913 und ein Landesgesetz für die Bukowina vom 24. März 1913 getroffen.

Ein Landesgesetz für Görz und Gradiska vom 26. Februar 1913 stellt ein weiteres Glied in der Reihe der Gesetze über die Errichtung von Gemeindevermittlungsämtern dar.

Unter den Normen über Landesabgaben und Gemeindeabgaben wären die Wertzuwachsabgaben-Gesetze für Krain, Triest und Schlesien (vom 4. Juni 1912, 27. Januar und 2. Mai 1913) hervorzuheben.

Druck von Leonhard Simion Nf., Berlin W 57.

FSC
www.fsc.org
MIX
Papier | Fördert gute Waldnutzung
FSC® C083411

Kolibri 360 GmbH
Ferdinand-Jühlke-Straße 7
99095 Erfurt, Deutschland
produktsicherheit@kolibri360.de